同济大学教材学术著作出版基金委员会资助“十二·五”
“智慧型”城市交通建设理论基础之一

交通需求管理理论与方法

Theory and Method for Transportation Demand Management

晏克非 编著

同濟大學出版社
TONGJI UNIVERSITY PRESS

内 容 简 介

本书系统地阐述了交通需求管理(TDM)的理论与方法,介绍了国内外将 TDM 概念应用于交通规划与城市交通综合治理的成果。主要内容包括"TDM"的历史回顾及发展趋势,交通需求特性,交通供给特性,供需均衡理论与 TDM 策略,优化交通结构的 TDM 方法,城市道路交通拥挤收费与停车收费理论,TDM 实施的绩效评估与保障机制,以及 TDM 典型的应用实例。

本书内容新颖、体系完整、案例丰富、叙述深入浅出,针对国内外城市交通面临的问题,提出了如何实现 TDM"三个优化"(即优化土地利用、优化交通模式、优化交通流配置)的现代规划设计理念与方法。本书的内容凝聚了作者及其团队多年来积累的相关科研课题及博、硕士生论文成果,拓展与丰富了 TDM 的内涵,形成了"智慧型"城市交通构建的重要理论基础。

本书可供高等学校交通规划与管理(含运输工程相关二级学科)、交通工程、土木工程(道路工程)城市规划专业的研究生、本科生(高年级)作为教材使用,亦可供从事交通规划与设计、公共(轨道)交通、城市规划、交通与土建、运行与管理等专业领域的技术人员(规划师、工程师)参考。

图书在版编目(CIP)数据

交通需求管理理论与方法 / 晏克非编著. -- 上海:同济大学出版社,2012.6

ISBN 978-7-5608-4886-0

Ⅰ.①交… Ⅱ.①晏… Ⅲ.①交通运输管理 Ⅳ.①F502

中国版本图书馆 CIP 数据核字(2012)第 106767 号

交通需求管理理论与方法

晏克非 编著

责任编辑 杨宁霞 高晓辉 **责任校对** 徐春莲 **封面设计** 陈益平

出版发行 同济大学出版社 www.tongjipress.com.cn

(地址:上海市四平路 1239 号 邮编:200092 电话:021-65985622)

经 销 全国各地新华书店

印 刷 同济大学印刷厂

开 本 787 mm×1 092 mm 1/16

印 张 23.5

字 数 586 000

版 次 2012 年 6 月第 1 版 2012 年 6 月第 1 次印刷

书 号 ISBN 978-7-5608-4886-0

定 价 42.00 元

序　一

我国大城市交通的可持续发展仍然面临着严峻的形势：一方面是城镇化、机动化快速增长对交通形成的挑战，突出表现在交通供需矛盾紧张，城市道路不堪负荷，公交优先步履艰难，慢行交通未有保障，污染、排放日益严重；另一方面则是科技创新对于传统城市规划理论的挑战，30年来的历史经验表明，我国大城市交通发展模式与美、欧国家不同，从人口、用地及城市结构规划上都存在显著差异，传统的面向机动车交通和路网设施的需求规划方法受到质疑。

众所周知，破解城市交通发展难题涉及方方面面，但是其核心问题仍然是如何解决好供需关系问题。上述两方面的挑战，无论是现状交通整治、节能减排、车辆禁行（或拥有），或者是网络规划调整，用地、设施以及政策等都与正确认识与处理好供需矛盾休戚相关。从我国大城市交通规划与整治的实际出发，交通供需关系上有两个重要特点值得关注：一是要重申“交通的目的是实现人和物的移动，而不是车辆的移动”的规划原则，强调用“方便大众出行”来诠释城市交通发展的理念，编制城市交通规划，贯穿设计、运行、管理全过程；二是交通设施规划的对象已不是单一路网，而是复合交通网络（包括道路网、公交网、轨道网）。大城市交通体系的更新，交通方式选择的多样化，人们的出行行为机理（包括质量与效率要求）和网络技术已成为主导交通规划、治理的新内容；另外交通网络容量规划是城市交通可持续发展的关键，复合交通网络不同结构组合下容量的变化，不同资源配置与政策约束下交通模式的变化都是我国大城市综合交通体系规划的难点与热点，但这都与交通需求管理（TDM）理论密切相关。

本书凝聚了作者长期以来在高等学校中教学与科研工作的成果，深入浅出地阐明了交通需求管理（TDM）的理论与方法，详尽地介绍了TDM的历史渊源及应用于我国城市交通规划和整治的必要性和可行性，特别是将TDM的理念、内涵拓展到交通与土地的互动规划，拓展到交通项目的可行性阶段论证，提出了“三个优化”（优化土地利用、优化交通模式、优化交通流配置）的TDM规划设计理念与政策，这对于正确把握大城市交通不同层次的交通供需关系分析具有重要指导意义。

感谢作者为我国交通规划与管理方向及相关专业研究生提供了一本十分有价值的著作。

东南大学教授、交通学院院长　王炜

2012年5月26日

序 二

由城市交通可持续发展的理念可知，城市交通网络设施的规划建设应与需求管理密切结合，使交通项目的投入能够获得最佳的回报，能在社会发展、环境生态和经济财务上全面体现其可持续发展。在这方面，世界银行对发展中国家的贷款援助项目的实施过程为我们树立了榜样，其理念和成果在自 1986 年以来出版的三本评估报告（1986 年《城市交通运输》，1996 年《可持续发展的交通》，以及 2002 年《畅通的城市》）中都得到了充分的体现。

本书作者在“芜湖市世界银行贷款项目（芜湖三环路建设）”的案例（第 10.2 节）中，详细介绍了基于 TDM 供需平衡关系的芜湖市三环路、二环路（弋江路）与主干道（九华中路）的交通需求分担与供给导向（建设规模与时序）、互动影响的分析过程，并在不同供需变化的背景下，探讨了贷款的交通建设项目适度供给、客货功能分担、TDM 策略导向以及网络化改善的服务水平评价和成本效益分析，为主管部门的科学决策提供了很好的支撑。该项目是作者团队与世行专家合作完成的建设项目可行性论证的成功案例。本书作者还从都市交通发展战略层面（第 10.4 节）、交通枢纽地区用地与交通设施资源配置一体化规划层面（第 10.3 节），阐明了基于 TDM 策略的交通建设供给导向的重要理念和运用。

本书的另外一个重要特点是在阐明交通需求经济特性的同时，还分析了交通供给在空间上不可转移和时间上不可存储的特性，说明交通需求与供给体系发展的不平衡性始终存在；作者支持这样的论断，即交通需求的非理性增长，最容易导致供需关系的失衡，而交通供给在满足需求的同时，往往会诱增新的交通需求，也容易导致供需关系失衡。作者明确指出我国大城市交通系统的供需均衡难以靠“市场”力量来实现经济学上的“帕累托”最优状态。大城市交通的可持续发展，需要通过政府的主导与干预，其基本原则是，要使城市交通的外部成本内部化，要使交通参与的“受益者”所得，适度补偿“受损者”的所失，以体现社会公平性和效用最大化。作者在第 7 章和第 8 章阐明了拥挤收费和停车收费的机理和定价方法，并对两类收费措施进行了可行性比较，这方面内容很值得城市主管部门参考。

本书的第三个特点是，从理论到实践案例都十分强调 TDM 实施过程要从供需关系上开始进行全面分析的重要性。实际上，交通供需是一个整体，这两者如同“一个硬币的两面”，不可分割、不可取代，两个方面要同步进行、协调发展，这就构成城市交通可持续发展的基础。我国大城市交通在资源和环境的共同约束条件下，就更加凸显出交通需求管理与交通供给适度化的重要性；交通的供给和需求关系是从不平衡到平衡再到不平衡的动态循环的过程，这其中包括了多种因素的影响和供需的互动调整过程。**首先是土地利用强度和功能布局**，这是交通需求生成的源头，属于城市规划层面的控制管理；**然后是交通的结构组成影响**，这是交通方式与运行的基础，属于政府主导层面的调控；最后是设施供给与政策导向，可以影响交通出行选择，影响多模式交通网络的分配，这里既有对需求的调控，也有对供给的调控。本书作者在第 5 章、第 6 章对上述观点进行了充分的理论阐述，包括如何制定大都市机动车牌照的拥有（永久性牌照与年限制牌照）计划和使用（运行过程的 TDM 措施）政策；如何通过投资政策与票价机制，推进公交优先和慢行保障；如何以适度供给和精细化设计，整合城市交通系统的时空资源，提高交通运行效率等。**相信这种需求管理与适度供给结合的理念，对我国大城市交通体系的完善和政策导向具有重要的指导意义。**

感谢作者为我国交通运输工程相关专业研究生提供了一本理论与实际结合的教科书。

长江学者、同济大学教授、博士生导师 

2012 年 5 月 23 日

序　三

伴随着我国乃至世界范围的交通快速机动化，交通阻塞、交通事故和资源消耗与污染问题日显突出。究其主要原因，当是交通供需矛盾所致，以往人们为缓解交通问题，不少从供给上大做文章，然而，实践证明基于交通需求的交通问题对策更具关键性意义。因此，20 世纪 70 年代，美国交通领域的专家们发现了许多省钱又能改善交通的方法，可以代替大规模扩建道路系统的做法。这些措施具体包括整体挖掘交通运输系统的容量、减少或调节交通需求及其供需协调改善交通措施，这些不同的方法可以统称为交通系统管理（TSM，Transportation System Management）技术。其中的交通运输需求调节即所谓的交通需求管理（TDM，Transportation Demand Management，）是通过宏观的公共政策、中微观的服务与管理技术，从交通需求的源头着手，对其进行适当的限制或调节，以实现交通需求在时间、空间和方式上分布的适度均衡，有效地利用交通运输系统资源，促进交通运输系统通畅地运转。TDM 之所以引起关注，是因为它提供了一个不需投资或只需少量投资就可以提高交通运输系统效率的方法。作为概念 TSM 和 TDM 于 20 世纪 80 年代末期即被引入国内，由于我国交通设施的长期不足，所以重视交通基础设施的建设指导思想至今仍占据着主流，TSM 和 TDM 并未引起应有的重视。

令人可敬的是中国交通工程学界的前辈、同济大学交通工程系的晏克非教授长期以来不仅持之以恒地关注交通需求管理的研究，并开设了专门的研究生课程。本专著正是作者长期的 TDM 教学实践与科研成果的积累上，形成的“破解城市交通发展难题”的新理念与方法，相信对于逐步由“建设”向“管理”转变的我国大城市交通的可持续发展具有重要的理论意义与使用价值。

相信随着交通运输系统的信息化、感知化和智能化，以及智慧城市建设的快速发展，为我们做到“交通系统运行与建设两手抓、两手都要硬”提供了可能。进而可实现城市与交通的更加融合与协调、实现交通供给与需求在时空和方式间的最佳平衡，体现“智能交通系统”服务于城市管理与民生的各项需求，满足社会与经济可持续发展的需要，从真正意义上达到交通需求管理的目标。因此，本专著的意义和价值也定将是与时俱进的。

鉴于交通运输工程学科和交通需求管理与多学科交叉，因此本书不仅可作为交通运输工程学科相关专业研究生（含高年级本科生）的重要专业教材与参考书，还可作为城市科学、管理工程与科学以及公共政策等领域的参考书。开卷有益，相信本著作将带给我们诸多的启迪。

适逢同济大学建校105年之际，晏克非教授以其辛勤的劳动，使本书得以付梓出版，更有特殊的意义，对此表示衷心感谢和敬意！受邀为此书作序，感到诚惶诚恐。一则为如此凝聚晏教授多年心血的著作作序，甚感责任重大；二则担心自己才疏学浅，恐难能胜任准确地介绍和评论该书。但考虑到《交通需求管理理论与方法》对城市可持续发展具有重要的价值，认为自己有责任给予推荐，特撰写此序。相信本书的出版必将对我国城市和交通科学的研究与探索产生积极的影响。

谨作此序，愿与广大的读者共同探索！

同济大学教授、博士生导师

2012年5月20日

前　言

进入21世纪以来，伴随着我国迅猛发展的城镇化与机动化进程，城市交通在供需关系上正在发生着巨大的变化，突出表现在三个方面：**一是机动化交通的需求增长带来了道路拥堵、排放污染、能源消耗等严峻挑战**。全国私人小汽车以年均25%的速度爆炸式增长(2011年底已达6540万辆)与过度使用产生的负面效应日益凸显，诸多城市公交优先落实步履艰难，公共交通出行结构比重始终处于低下水平，步行、自行车等慢行交通没有得到有效改善与保障。**二是我国城市交通供应系统的建设面临着结构性改革与创新发展的选择**。尽管交通设施投资总体上仍然处于高强度投入阶段(2008年投资1.2万亿元到2010年超过2万亿元，年增长率40%以上)，但城市道路交通反而有日趋恶化的趋势(大、中、小城市几乎都存在)，说明了光靠修路(特别是宽马路)难以解决汽车增长与道路供应的矛盾，因此要十分重视路网结构缺陷和出行方式的改善，另外，在大城市要重视复合型交通网络体系的构建(包括轨道交通、常规公交、BRT等)。**三是城市交通面临着土地资源与环境保护方面的更多约束**。城镇化的过于集中(从目前的50%水平，城镇人口6.5亿，加上每年增长率将超1%以上)、城市用地资源短缺(在国家"18亿亩耕地"不可突破的宏观控制下，城市规划人均用地指标不得超过100 m^2，城市道路面积率不得超过15%)，城市难以拿出更多的土地修建道路，交通建设只能走"集中、紧凑发展路子"；另外，城市交通的污染和排放正成为低碳交通目标的巨大障碍(专家估计交通拥堵比较严重的城市小汽车排放的气态污染物已占到城市污染物总排放的50%～80%)；我国已宣布，力争到2020年，单位GDP的二氧化碳排放比2005年要降低40%，并作为约束性指标纳入国民经济和社会发展中、长期规划。

基于上述背景来研究应对交通发展变革的TDM理论与方法，正是本书的主题；TDM的核心理论是交通供需关系分析。事实上，传统的TDM应对交通问题的对策与措施也是基于交通供需平衡分析的结果，从深层次上看，交通难题的解决还在于关注源头上的供需平衡问题。**回顾TDM产生的历史与其发展趋势，TDM已不再是单纯的交通管理策略，它已成为在全球范围内推进交通可持续发展的价值观和方法论，指导着世界城市交通体系的改革，包括：如何转变单一道路交通模式为道路网、轨道网、公交网等构成的复合交通系统；如何转变对机动化(小汽车)交通模式的依赖为以公共交通为主体的多模式交通结构；如何推进城市结构与布局(用地)规划的调整和交通体系的互动协调发展。**

本书作者从2001年开始编写了"交通需求管理(TDM)的理论与方法"讲义，作为硕士研究生教材开讲，就提出TDM不应局限于一般意义上的道路交通需求管理，而应作为交通系统规划与治理的一种新思路和理念，将其内涵概括为“三个优化”，即优化交通流配置、优化出行方式结构、优化土地利用模式。经过十余年来的教学与科研实践，特别是参与国家科技攻关、自然科学基金以及863计划，省、部与地方政府重大交通规划项目、重点工程建设、交通疏导整治、世行贷款、世博交通等诸多项目研究成果的积累，更加丰富了对TDM的认识，同时也增强了出版本书的意愿。

本书的编著内容立足于城市交通供需关系研究与均衡理论，重点探讨了“破解城市交通发展难题”在规划、政策、建设、管理不同层次的TDM方法，系统地介绍了国内外将TDM应用于城市交通规划与综合治理的经验，反映了作者在本研究领域的成果与见解。全书共10章，主要包括“TDM”产生历史回顾及发展趋势，交通需求特性，交通供给特性，供需均衡理论与TDM策略，优化交通结构的TDM方法，城市道路交通拥挤收费与停车收费理论，TDM实施的绩效评估与保障机制，以及典型TDM应用实例。本书可作为高等学校交通规划与管理（含运输工程相关二级学科）、交通工程、土木工程（道路工程）、城市规划方向的硕士研究生（含高年级本科生）教材与参考书使用，亦可供从事交通规划与设计、轨道交通、城市规划、交通土建、运行与管理等领域的专业技术人员（规划师、工程师）参考。

本书是在作者“交通需求管理（TDM）的理论与方法”讲义基础上充实完成的。由晏克非主编、统稿。参与部分内容编写与修改工作的还有同济大学、东南大学、华中科技大学、长沙理工大学等院校（单位）的正（副）教授、高级工程师、博士等，他（她）们是：陈峻、谢辉、刘友军、柳伍生、文雅、于晓桦、王正、黎冬平、云美萍、单晓芳、张欣怀等。

本书的完成还得益于多年来国内外同行的学术交流与探讨，得益于本团队多位博士、硕士论文研究，以及谢辉、于晓桦同志协助书稿整理、校核的辛勤劳动，在此深表谢意。

感谢东南大学王炜教授，同济大学孙立军教授、杨晓光教授为本书作序。感谢张小宁教授对本书部分内容的审核。

由于作者理论水平有限，书中难免存在诸多不足之处，敬请读者批评指正。

晏克非

2012年6月于同济大学

目　录

第 1 章　交通需求管理概述

1.1　交通需求管理的概念及其发展背景

1.1.1　什么是 TDM

交通需求管理，英文缩写为 TDM，相关的英文单词包括：Transportation Demand Management，Traffic Demand Management，Travel Demand Management①。在欧洲，与 TDM 对应的交通策略为"移动性管理"（Mobility Management）；而在日本，则称 TDM 为缓解交通堵塞的智慧袋（良方）②[1, 2]。

国内外对于 TDM 有多种理解，定义不一，以下摘录几处③④：

美国交通工程专家埃里克·弗格森的定义："交通需求管理是改善交通行为的技术，它的实施可以避免投巨资扩展交通运输系统。"

C. O. Kenneth 认为交通需求管理是指"通过影响人们的出行行为来达到减少旅行需求或在时间和空间上重新分配旅行需求"。交通需求管理并不是一个单独的行为，而是一组行为或者策略，其目标是鼓励出行者使用可以替代单独驾车出行的方式，特别是在一天中最为拥挤的时间。

加拿大维多利亚运输政策研究所 TDM 百科全书在线是这样定义的："TDM 是一系列有助于有效使用运输资源的策略的统称"。

美国联邦公路管理局（The Federal Highway Administration，FHWA）和公共交通管理司（Urban Mass Transportation Administration，UMTA）的定义："通过提高车道车辆使用的占有率或者通过影响出行的时间和需要，使运输系统运送旅客的能力达到最大"。

澳大利亚交通工程专家 R. T. Underwood Hardstedtet 则认为："交通需求管理是缓和交通增长和减少交通拥挤负面效应的一种方法"。同时提出交通需求管理的一些具体内容：减少出行需要，改变出行方式，避免交通高峰，鼓励更有效地使用可行的道路空间。

国内徐吉谦在《交通工程总论》一书中指出[3]：所谓"交通需求管理"，就是为保持城市可持续发展，充分发挥道路资源的潜在功能，在扩建道路基础设施的同时，对城市交通需求实行最有效的调控、疏解、引导等管理措施，对城市客、货运出行采取从宏观到微观的多方面有

---

① 华盛顿交通运输局 http://www.wsdot.wa.gov/transit.

② 日本国土交通部 http://www.mlit.go.jp/road/index.html.

③ Transportation Research Board，TRB，ABE50. http://www.trb-tdm.org.

④ TDM 百科全书网站：http://www.vtpi.org.

效管理措施，以期优化交通分布，减少交通需求总量，同时优化城市结构、路网结构、交通结构和交通管理模式，防止和避免有限的城市道路空间资源的浪费，实现城市交通供需的总体平衡，从而保障城市交通安全、快速、可靠、舒适、经济与低公害地运行。

本书所阐述的交通需求管理概念，试图深化与凝练交通规划与综合治理相结合的智慧型交通发展模式，即"针对各类交通问题不单是从满足需求上考虑，而是从供需关系上进行规划协调与互动式管理；强调从源头上调控交通生成（分布）与设施供应（交通网络体系）的平衡；强调精细地设计与配置交通设施资源，克制粗糙滥用；强调对出行结构的优化管理，减少对小汽车出行的依赖，强调如何促进公交优先与慢行交通保障，引导人们（车辆）睿智、高效、安全地出行"。

从 TDM 的产生、历史与当今发展趋势看，TDM 可以看作是一种应对城市交通需求（包括交通生成—分布—方式—分配）变化，全面实施有效管控与正确引导的科学方法，以达到交通需求和交通供应在不同阶段、不同层次上的时空适度平衡（供需均衡）目标。

1.1.2　TDM 内涵的拓展

1.1.2.1　交通的内禀特性

交通的目的是为了实现人与货物的空间移动，其每一个出行单元（trip）的产生、分布、方式、路径选择无不打上人与社会经济活动的烙印，城市的交通需求和供给都与社会活动密切相关。因此，基于交通出行过程分析的 TDM 理论与方法不能忽视交通供需关系的四个内禀特性[4]：

(1) 社会经济属性是交通运输的基本属性。交通运输是城市功能组成（居住、工作、游憩和交通）的基本要素之一，是人类社会生产、生活活动的支撑。从产业的特点上看，交通运输与其他物质基础产业（例如电力、给水、通信、能源、房地产）的不同点，体现在它显著的服务功能属性上，作为基础性、服务性的第三产业，交通具有强烈的社会属性：一方面，交通供给的基础设施建设（包括交通工具）的形态、规模、管理服务水平要受到社会的经济、文化及科技进步的影响，甚至是政治因素的影响〔例如奥运会、世博会以及亚太经济合作组织会议（APEC）等国际性活动〕；另一方面，交通供给又是社会经济运行所必备的前提和必要保证，经济规模越大，要求的交通设施与空间体系就越大，经济推动着交通的发展，并使之与其相适应，无论何种模式的经济都会有一定规模结构的交通体系支撑其运行；从城市功能活动上看，交通的需求是城市功能活动的产物及其功能运行的动力，而交通的生成与分布又都与人（货物）的出行行为（travel behavior）休戚相关，不同的出行者的属性（性别、年龄、职业、收入）以及物流经济特征等都通过"出行效用（trip utility）"的价值观念得以体现与度量，度量的尺度往往是时间、费用以及相对可达性（relative accessibility）等。因此，交通运输系统（包括需求和供给）的规划、建设、运行与管理往往不仅是单纯的工程技术问题，还涉及社会、经济甚至是政治的各个方面。

(2) 交通需求增长过程的一致性与稳定性。Andreas Schafer 和 David Victor 等的研究表明[5]：在全世界范围内，个人收入与交通需求是相继增加的，即随着人均收入的增加，人们不断地追求速度与舒适更高的交通工具。在低收入阶段，机动交通以一般公共汽车和低速火车为主，平均运行速度只有 20～30 km/h；随着收入的增长，交通方式以小汽车（摩托车）为主，小汽车在户与户之间的运送速度可达到 30～60 km/h，而且具有较大的机动灵活性，但是其平均速度往往因地区而不同，比设计速度要低些，这是因为交通系统中存在着拥挤和其他影响效率的因素。大约在人均 GDP 达到 1 000 美元时，小汽车的拥有和使用在起步；而在人均 8 000～10 000 美元时，其增长达到峰值，我国也不例外(图 1-1(a))。当人均收入更高时，航空和高速铁路的比重将会加大(其速度可超过 600 km/h)，全世界几乎都这样，我国城市交通发展历程也说明了这一点。研究还表明：**人们通常平均用于交通的时间有一定稳定性**，每人每天花在交通上的时间通常在 1.0～1.5 h，而在集群而居的城市人群中，每天花在交通上的时间大致 1.1 h 左右；一次通勤出行单程时间大约在 30 min，可接受的通勤时间(包括公交、小汽车)为 42～45 min，这与人的收入、职业、体力相关并有所差异。其中小汽车出行时间为 25～35 min，公交车出行时间为 40～50 min(图 1-1(b))；另外，除了工作通勤之外的行为，300 m 内人们购物的比例是 62%[16]。不同目的的出行时耗不同，与城市规模也有一定的相关性，但变化不大，换句话说，**人们总是会设法选择相适应的交通方式，使自己的出行耗时稳定在可以承受的某一范围内**[6]。

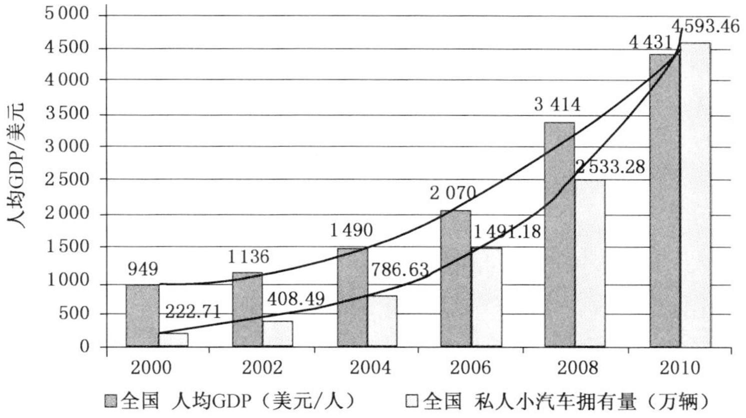

(a) 我国人均 GDP 与车辆拥有量关系图

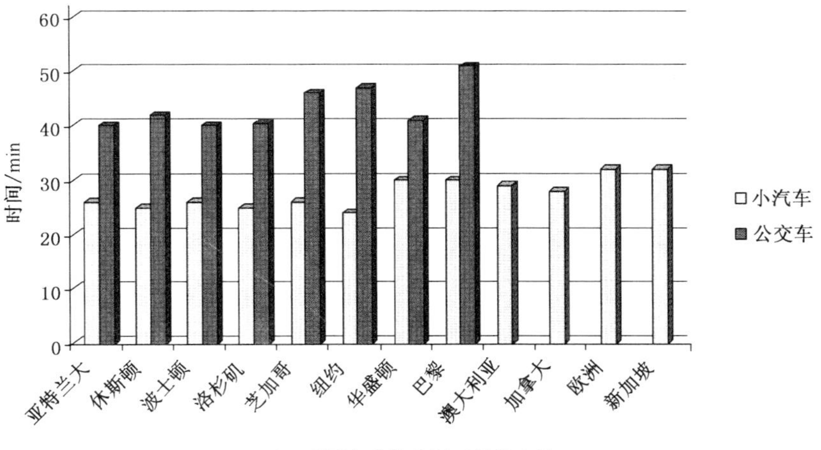

(b) 不同方式的出行时间稳定性

图 1-1 交通需求增长一致性与稳定性

(3) 交通需求的时间—空间延伸性(time-space distension)、交通供应(设施、空间、资源)的约束性以及交通需求与供给发展的不对称(平衡)性始终存在。交通需求增长与交通供应(空间、资源)建设,始终存在着发展的矛盾。交通经济学里有一条非常著名的定律——"当斯定律"(Downs Law),表述为:在政府对城市交通不进行有效管控的情况下,新建的道路设施会诱发更多的交通量,而交通需求总是倾向于超过交通供给[7]。经验表明,道路交通发展受供应与空间的约束特别明显。

交通需求的时间—空间延伸性体现在交通的发展增强了人类对时间和空间的把握程度,人们总希望能拥有更大的时间—空间的伸延追求,体现在供需关系上就是探索如何利用可能的空间和时间,满足各类人群(包括行动障碍者)对现代移动性(mobility)的需求,正如美国学者 Wachs 称[8]:流动性是一种被低估了的人权,你永远不会对它感到满足。另一方面,为了满足这种延伸性需要形成适应现代社会经济发展的高效、安全与环境可持续的交通体系。交通运输的延伸性发展的原因有两个:一是社会进步有可能通过市场经济的价格机制向社会的每个成员提供交通服务;二是科技进步不断扩展交通的服务功能,提高运输的质量。这两点成为交通需求不断延伸发展的催化剂。

交通供给(设施、空间、资源)的约束性表现在,随着人口增长及城市化的进程加快,交通发展空间早已凸显不足,另外,交通的发展始终受到环境与资源的约束。在我国这样人口集中、土地紧张、能源不足的国家,城市用地和能源消耗无法满足像美国那样的以小汽车交通为主流的运输模式。交通基础设施拓展的空间已极其有限,交通供需的关系往往难以达到自然平衡。

明确交通需求与供给发展的不对称(平衡)性,交通运输受到空间的约束是非常重要的,它从根本上与困扰城市发展的交通堵塞问题紧密相连。人们常常将交通拥挤问题归咎于道路面积的不足,但是诸国学者的研究表明[5]:交通堵塞在两千年前的罗马城就十分严重,而在 19 世纪的纽约市,马车开始运营 10 年之后,人们就开始抱怨马车的拥挤。电车运营 5 年之后就变得拥挤不堪。汽车交通始于 1907 年,但到了 1914 年就产生了交通堵塞。美国在 20 世纪 20 年代初期修筑了第一批州际公路,但到了 20 年代末州际公路就堵塞得很严重;中国台湾的第一条高速公路(从基隆到高雄 372 km)使用不到预测年限三分之一就已经拥挤不堪,上海内环高架快速路 1993 年底通车,到 1994 年底就有两个路段流量达到饱和。加利福尼亚大学交通研究中心的研究人员指出:人们无法建造足够多的道路来解决交通堵塞,交通量的上升总是超过道路的通行能力。德国运筹工程师Dietrich Braess 最早在 1968 年指出[9]:有时在一个交通网络上增加一条路段,或者提高某个路段的局部通行能力,反而使所有出行者的出行时间都增加了,导致整个路网的整体运行水平降低,这种现象在每个时代都有出现。这就是 Braess 悖论。

(4) 经济学上的交通外部效应问题,是当今科技发展与经济环境讨论的热点与难点之一。交通的外部效应是指,交通活动对其他经济单位所产生的非市场性影响[10]。交通的外部性可以是有益的,即正外部效应,例如修一条干路给周边地区经济带来活力与生机;也可能是有害的,即负外部效应,例如汽车交通带来的交通拥挤、空气污染、交通事故等。交通的外部效应的量化(货币价值或在 GDP 中的比重),以及如何将交通外部成本内部化,如何评价交通外部效应(与成本)是非常重要的。例如,机动化交通造成的环境污染、资源消耗等社会外部成本,如何通过道路收费等经济手段让其使用者承担,即为交通外部成本内部化,从而体现社会公平,并达到经济与环境资源的利用更有效率的目的,这也是交通需求管理的重要内容之一。

1.1.2.2 TDM 的供需平衡

TDM 理论的核心问题就是研究交通系统的供需平衡。英国的著名交通规划学者 J. Thomson在 1982 年出版的《城市布局与交通规划》中总结了世界上 30 个大城市的交通问题和解决办法，指出：传统的交通规划往往停留在设计一些道路交通设施来运送预测的客货量，这样做是不够的，一个好的交通规划要做到用地布局形式和整个交通系统设计的结合，使人们在交通上用最短的时间花最少的钱，能非常方便地参加他们想要参加的活动或获得他们想要的东西。如果能用一个短的“步行行程”来解决人们的活动问题，那就是交通规划最大的成就[16]。国内外大城市 30 年来交通发展的历程，印证了 J. Thomson 结论的正确性。做好城市交通规划，一是要交通体系与城市结构互动平衡，二是要“以人为本”，这两点正是现在诸多城市还存在的缺陷。J. Thomson 曾总结了世界大城市 7 个方面的问题（交通拥塞、车祸、公交拥挤、公交运营困境、步行交通难、环境恶化、停车难等）与解决办法（5 种发展战略建议），提出了影响城市结构与城市交通体系的四大因素：地理特征、相对可达性（relative accessibility）、建设控制和动态作用，在供需平衡的关系上，J. Thomson 特别强调，一个城市的自然地理条件是固有的，没有人可以改变，至于建设控制与建筑布局，只要政治能力（政府）强大也能奏效，而“相对可达性”涉及人们出行行为选择效用（出行时间、费用、舒适性等），与城市结构有着密切的内在联系，而决定“相对可达性”的交通政策会对城市结构与交通体系产生重大影响。

本书提出的 TDM 理论方法与传统的需求管理方法有所不同。图 1-2 用天秤来表示整个交通供需系统，交通的需求和供给就像是天秤两端的砝码（D 和 S），通过支点 O，可以建立起交通需求（demand）和供给（supply）的平衡。

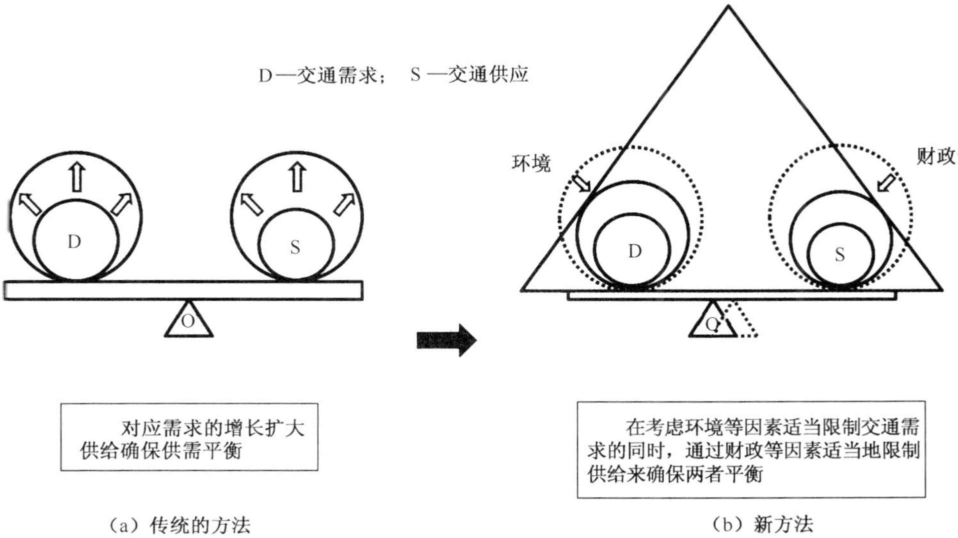

图 1-2　供需关系平衡图

（1）一般的交通供需关系平衡分析：见图 1-2（a），随着城市经济发展和结构体系的变化，在无外界约束的条件下，交通需求（D）的增长，需要供给（S）端增加砝码，才能保持天秤的平衡，即需要扩大交通供给以满足不断增长的交通需求。这就是以往城市交通规划、建设、运行管理的基本思路。但是，如果需求的增长过度，势必导致供需的不均衡，要么扩大供给满足需求，要么天秤失衡，导致交通拥塞而瘫痪。这里还不包括供给在财政方面的约束和环境(排放和污染)、生态的破坏(图 1-2(b))。

(2) 传统的 TDM 方法：为了解决需求增长供给失衡的困境，传统的方法是采取提高供给和加强需求管理，其主要目标是从现状出发，适度地控制需求，扩大供给，优化交通组织等来促进需求和供给在一定发展进程中的平衡。通过管理阶段的 TDM 措施，使供需关系达到一定水平的平衡，当"挖潜"措施结束时交通设施难以满足需求的继续增长，那就降低交通系统的服务水平，表现在图 1-2(a)中，支点向需求砝码方向挪动(图 1-2(b))，整个交通系统服务能力降低。

(3) 基于"智慧型"概念的 TDM 方法：见图 1-2(b)，该方法是在传统 TDM 的基础上，进一步关注对交通系统的规划、建设与运行进行全面的管理，关注环境与财政的约束条件下的供需平衡问题。其特点有三：第一，交通供给不仅是面向道路网，而且包括路网在内的复合交通网络；第二，TDM 的实施对象不仅是小汽车与公交，还包括自行车与步行交通，其重点着眼于交通需求结构的转变；第三，TDM 的方法不仅着眼于交通体系本身，还重视用地规划调整，重视从源头上管住需求生成与分布。

下面讨论多模式交通体系发展中的 TDM 蓄水池效应。在大城市多模式交通体系发展中，小汽车交通和公共交通发展存在着既竞争又互补的关系，基于两类交通方式功能性、社会性、外部性差异(如前所述)，可以将这种竞争、互补的供需关系用"蓄水池效应"来说明，如图 1-3 所示。图中由天秤，蓄水池 Q 与 CAR，BUS 两个互通的容器组成为一个开放的交通平衡系统，表示城市交通结构的供需关系构架由小汽车、公共交通的多模式交通系统及其客流需求组成。天秤右端的容器 CAR 表示小汽车交通的服务能力(容量)，天秤左端的容器 BUS 表示包括轨道交通、公交车等公共交通系统的服务能力(容量)，客流总需求 Q 通过输水管与 BUS 容器、CAR 容器互通，在蓄水池内全方式需求量 Q 可以通过杠杆(支点 A)的调节维系系统总体平衡，支点 A 的移动代表着政府导向与 TDM 决策。

蓄水池效应实际上描述了在市场机制和政府主导双重作用下，交通供需关系的平衡过程：

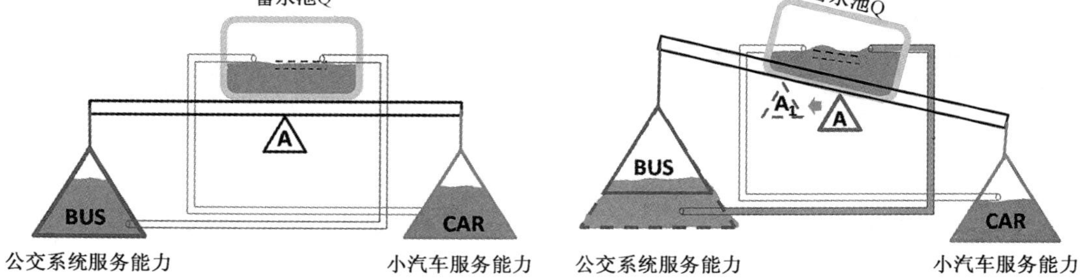

(a) 系统平衡时　　(b) 支点左移

图 1-3　多模式交通体系发展中的蓄水池效应

(1) 所谓市场机制运行，从两方面理解，一是出行者(不论是公交还是小汽车)都按照出行者效用最大化原则选择出行方式，且整体上服从 Wardrop 均衡原理：当一种交通方式服务水平下降时，一部分出行者就会考虑选择其他出行方式以实现其出行效用最大化运行。

二是公交或者小汽车的出行需求在一定条件下会相互转化，表现在蓄水池效应上就是CAR和BUS容器中的液体将通过蓄水池作用的流动达到新的平衡状态。例如，当公交（BUS容器）服务水平提高，或者是政策优惠时，支点A向左移动到A，小汽车出行者有可能部分转向公共交通出行，容器CAR的液面降低，而容器BUS的液面上升（图1-3(b)）。

（2）所谓政府主导作用，实际上就是TDM的政策和策略的驱动，考虑到公共交通系统服务能力（容量）往往大于小汽车系统的服务能力（容量），而小汽车交通的时空资源的占用要比公共交通大得多。当城市的交通客流总需求Q规模增长较大时，就面临着资金投向和建设规模的选择，为了达到可持续发展目标（绿色、低碳、环保）下的供需平衡，就需要通过政府的主导作用，加大对公共交通的扩容和扶持力度（即支点A向左移动），促进小汽车容器的液体流向公共交通容器，使公交服务水平和小汽车服务水平都得到提高（图1-3(b)中液面下降），使蓄水池Q和BUS容器、CAR容器达到新的平衡。

蓄水池效用的分析印证了TDM在调控交通结构上的作用。说明通过政府的政策引导与市场调节相结合，促进公交优先与小汽车交通的包容增长与和谐共存的重要作用，因此，在我国大城市制定城市规划与交通政策过程中，不必过分强调私人交通与公共交通之间的竞争替演，而更应重视两者之间的互补共存，以达到整个交通体系的可持续发展。

1.1.2.3 TDM内涵拓展

进入21世纪以来，伴随着我国迅猛发展的城镇化与机动化进程，城市交通在供需关系上正在发生着巨大的变化，突出表现在三个方面：一是机动化交通（私人小汽车）爆炸式增长（2011年底全国已达6 540万辆）与过度使用产生的负面效应日益凸显，带来了道路拥堵、排放污染、能源消耗严峻挑战，而大中城市公交优先落实步履艰难，公共交通出行结构比重仍然处于低下水平，步行、自行车等慢行交通难以得到改善与保障。二是我国城市交通设施投资总体上仍处于高强度投入阶段（2008年投资1.2万亿元到2010年超过2万亿元，年增长率40%以上），但城市道路交通反而有日趋恶化的趋势（大、中、小城市几乎都存在）。三是城市交通面临着土地资源与环境保护的更多约束：城镇化过于集中（城镇人口6.5亿，加上每年增长率将超1%以上），城市用地资源短缺（在国家“18亿亩耕地”不可突破的宏观控制下，城市规划人均用地指标不得超过100 m^2，城市道路面积率不得超过15%），城市难以拿出更多的土地修建道路，交通建设只能走“集中、紧凑发展路子”；另外，城市交通的污染和排放正成为低碳交通目标的巨大障碍，我国已宣布，力争到2020年，单位GDP的二氧化碳排放比2005年要降低40%，并作为约束性指标纳入国民经济和社会发展中长期规划。

上述发展背景与形势，说明单靠修路（特别是宽马路）难以解决汽车增长与道路供应的矛盾，要重视路网结构缺陷的改善和出行方式的改变，特别是要制定出行方式替代与优化、摆脱对小汽车的依赖的交通政策；另外，从供需关系上看，人多地少的国情，促使城市交通体系的建设要进行结构性改革。TDM的核心理论是交通供需关系分析，传统的TDM主要应用于交通运行阶段的对策与措施，从深层次上看，交通难题的解决还应解决好源头上的供需平衡问题；TDM已不再是单纯的管理策略，它已成为在全球范围内推进交通可持续发展的价值观和方法论，指导着世界城市交通体系的改革，包括：如何转变单一道路交通模式为道路网、轨道网、公交网等构成复合交通系统；如何改变对机动化（小汽车）交通的依赖模式为以公共交通为主体的多模式交通结构；如何推进城市结构与布局（用地）规划的调整和交通体系的协调发展。本书提出的TDM的理论与方法，正是基于上述理念与内涵，建议将

TDM 拓展为以下三个“优化”：

（1）**优化交通流的配置**。基于供需均衡理论出发，包括：现状人流、车流的优化组织与疏导；现状供给设施（路网、停车场、公交线路站场以及信息、标识等）的优化配置设计；通过错时通行、单向通行、停车收费、拥挤收费、信息诱导等手段，引导与控制流量、流向分布，引导交通需求在供应网络上的均衡分配，从而达到交通需求管理的目的。

（2）**优化出行方式结构**。基于供需均衡理论出发，通过落实公交优先、保障慢行交通，引导与限制小汽车交通出行行为，促进出行结构优化，提高交通供应系统的整体承载能力，并减少能源消耗、环境污染等外部性效应。这是我国当前应对大、中城市交通难题的关键。这里的 TDM 包括：如何制定小汽车拥有与使用的限制政策；如何提升公交优势；如何加强对慢行交通路权的保护；如何改善绿色交通条件与安全环境，营造人与生态和谐共存的交通空间。

（3）**优化土地利用模式**。基于供需均衡理论出发，通过用地规划的调整与布局优化，减少不合理的出行生成，消除效率低下的交通需求；以低碳交通为目标寻求新的出行替代方式，优化出行链。这是从交通源头上实施 TDM，例如基于 TOD（Transit Oriented Development）的交通引导开发，依托 SID（Station Integrated Development）的枢纽的综合开发，美国的精明增长管理（Smart Growth Management）等，本质上都依托土地利用与交通规划层面的互动研究。

实质上，三个“优化”TDM 是由浅入深，从管理、建设、规划三个不同层面基于供需关系的理解与研究。

2010 年 11 月在“中国大城市交通规划 2010 年学术年会”上，作者与多位专家起草了关于破解城市交通发展难题的《中国城市交通可持续发展的对策与建议》，这是延续《北京宣言（1995）》目标与原则，以智慧与创新推进我国城市交通发展模式重大转变的新一轮宣言稿[11]。该建议书采用 TDM 新的理念与方法，提出了我国下一个历史阶段（10～20 年）城市交通亟待解决的主要问题和对策方针。由此可以归纳梳理出在构建绿色、低碳、环保目标指引下，为保证 TDM 有效性实施的六条原则：

（1）**“以人为本”的原则**。强调“交通的目的是实现人与物的移动，而不是车辆的移动”的落实，要以“方便大众出行”诠释城市交通发展的理念，使交通规划建设真正体现“服务民生，惠及民生”的宗旨。交通需求管理就是要将上述基本原则落实到实际中，从规划、建设到运营管理采取的 TDM 政策与措施必须在“以人为本”的原则下进行，而不是“以车为本”、以设施为本。

（2）**“优先发展公共交通，充分保障慢行交通，引导与限制小汽车发展”的原则**。根据不同交通方式在出行时空资源占用、能耗与排放上的差异，按照社会公平性与分布差别化原则对公交、小汽车和自行车（行人）交通实施不同的政策，例如，按人均出行动态占路面积，公交、自行车与小汽车之比为 1∶5∶27；而按人公里的能耗比大约为 1∶0.1∶7；按人公里的二氧化碳排放比大约为 1∶0.1∶7。显然，在交通供需关系的 TDM 实施策略上，应该倾向于占用土地与空间资源较少、能耗低、排放低的公共交通、自行车方式；对于占用土地与空间资源较多、能耗高、排放高的小汽车交通方式，则应从城市地域空间上实施引导与限制。

（3）**“公共交通引导城市发展”的原则**。城市公交系统是引导土地集约、节约使用、交通节能减排的关键要素。美国以小汽车为导向发展出现的弊病是一面镜子。中国正经历快速城镇化阶段，如果城市交通的发展方向控制不好，中国城市问题将越演越烈。城市规划以轨道交通等公交体系建设发展为导向，将有利于控制城市蔓延、小汽车泛滥以及能源消耗与环境污染。因此，要坚持“公共交通引导城市发展”的原则，并推进不同层次城市规划建设与交通规划建设的同步编制与整合。

(4) “因地制宜，差别调控”的原则。各类城市的供需关系具有其自身的特点，规划、建设、运行不同阶段的 TDM 策略方案不能千篇一律、生搬硬套。对不同的用地性质、街区环境、区位条件、路网结构、交通组成、管理体制等，要区别对待、具体分析、充分论证。将差别化交通发展政策作为指导 TDM 实施的基本原则。通过差别化政策的引导与调控，实现对城市交通拥堵分类治理，对城市空间和土地使用分类优化，对城市资源、文化和环境实施分类保护。

(5) 基于 TDM 建设项目的经济与财政可持续、社会可持续和环境可持续的原则。我国作为发展中的新兴国家，基于交通供需均衡发展的规划建设项目应该学习世界银行提出的“运输系统的发展需要根据一套精心设计的发展策略，才能达到均衡发展的目的”。面对需求的挑战，要以“可持续发展”为运输政策的基础，对于基础设施建设应采取有效的成本效益评估；对基础设施使用者负担的费用，应考虑其产生的所有社会成本；世界银行报告[5]指出：“要建立反映外部成本(道路损坏、空气污染、噪音、拥堵与肇事等因素)的道路使用者收费机制，其中以增收燃料税最具代表性，制定并执行一个具有较高净效益的策略是非常迫切的”；“要重新界定政府在运输部门的角色，政府应该从供应者与管理者的角色，逐步兑变成维护竞争机制、维护社会环境与维护大众利益的监督者”。

(6) 政府主导，多方协作，公众参与的原则。TDM 的实施，离不开政府的主导与支持。TDM 实施方案中的策略与政策，往往会触及某些人群或某些团体的利益，例如对小汽车使用的限制(拥挤收费等)容易招致小汽车拥有者的反对，政府的支持与决心，将决定 TDM 实施的成败。另外，TDM 不仅是针对现状交通改善措施，而是系统地对交通需求生成、分布的全方位控制与导向，除政府的主导决策外，还需要规划、建设、运营等各个部门的通力合作。最后，策略的实施还依靠交通行为的参与者共识，因此必须得到公众的支持。将多层次、多方式、广泛的公众参与作为 TDM 必备程序和制度，才能有力、有序推进我国 TDM。

1.1.3 TDM 产生的历史及发展趋势

1.1.3.1 TDM 在美国的产生与发展

美国是个地广、人稀、钱多、车多的国家，小汽车是城市客运交通的主体，美国的城市布局和生活方式已决定了把整个国家建在四个汽车轮子上[12]。美国最早 TDM 的实践可追溯到第二次世界大战期间，那时的石油与橡胶极度短缺，大量的工人需要从事与战争相关的工作，联邦政府对汽车、轮胎的生产，石油的销售都实行了严格限制，一个典型的 TDM 计划——驾车者合乘(carpool)通勤措施被迫执行了，由此，联邦政府与大多数州都鼓励合乘，并视其为爱国行为[13]。那时候，工作地点是组织 TDM 措施的有效场所，如政府部门要求所有的战争产品的生产商在生产基地实施合乘计划[14]。二战后，大量复员军人回国后一般都被安置在条件较好的郊区居住，而就业岗位和购物地点都还在城内，于是他们将抚恤金用在了购车上，“车轮上的生活，郊区化布局”从此开始蔓延。战后 30 年，美国郊区人口增长 275%，住在郊区的人们必须开车上下班，必须去买第二辆、第三辆车。50 年代，随着美国的经济复苏，小汽车年产量由 250 万辆增加到 800 万辆，年均增长率 14.0%，拥有量从 2 800 万辆增加到 5 200 万辆，年均增长率 7.2%，千人小汽车拥有量达到 313 辆。直到 80 年代末，美国小汽车千人拥有量超过 570 辆，轿车已占汽车总量的 77%[12]。

与此同时，美国又经历了以国家州际高速公路建设为核心的公路交通大发展时期。30年间，全国建有高速公路6.1万公里，联系着各州42个首府及95%的5万人口以上的城镇，到1993年高速公路已有8.5万多公里，占全世界高速公路总长度的50%。事实上，美国政府扩建公路的计划早在20世纪初就开始实施。1950年，美国城市地区的公路为32.3万英里；1970年为56.1万英里，增长率为73.7%；到2000年又增长到85.9万英里，比1970年增长了53.1%①。

美国借助良好的自然地理条件与汽车工业支柱的经济优势，实施了高速公路与小汽车并驾齐驱的交通模式，推进自由惬意的小汽车生活方式。然而好景不长，这些大规模建设的道路网很快被汹涌的小汽车流所淹没，车增修路，路多车增，循环伊始，大都市区的交通拥堵现象不但没有缓解，反而越来越恶化，例如美国洛杉矶(图1-4(a))。1938年，洛杉矶南加利福尼亚提出了"城市汽车路"的报告，根据小汽车的交通分布形式，建议兴建一个完整的全长675 km的汽车路网。于是，洛杉矶在空中、地面、地下都新建了更大规模的交通基础设施，交通用地占城区面积的56%，成为一座名副其实的汽车城。迄今为止，洛杉矶一直是充斥小汽车为基础而发展起来的；然而，修路并没有给洛杉矶的交通带来好转，通勤距离增大，拥堵时间延长，1970年，洛杉矶的280万人口中，有429人因车祸死亡，52 823人受伤；2009年通勤者人均年出行延误为63 h，成为全美交通最为拥堵的城市。人们的住宅快要建到山区了(图1-4(b))，高峰时高速公路交通仍然十分紧张[16]。可见，小汽车发展模式显现的负面问题是，汽车发展与道路建设刺激了汽车交通需求过度增长，**出现了"小汽车增长—交通拥堵、环境恶化—修建道路—小汽车继续增长—再恶化"的无休止的交通拥挤怪圈。**

(a) 洛杉矶中心区

(b) 居住区遥感图

图1-4　洛杉矶城市扩张

随着交通公害、能源危机的增加(特别是1973年、1979年两次石油危机的到来)，依赖小汽车发展的后果日益严重，美国政府越来越重视应对政策与措施的制定。美国最早提出交通系统管理(Transportation System Management, TSM)的计划，其着眼点是针对交通拥堵问题，如何挖掘已有的道路交通设施潜力，包括增加运输效益、增扩容量、减少局部流量等方面。运用各种手段与措施的整合，提高交通系统的运行效率，TSM重点是"挖潜"，其中也包括了TDM的有关内容。例如60年代，政府颁布了《公共交通法》，引导大城市交通向

① http://www.commerce.gov/.

大容量轨道交通发展；1970 年，国会制定了著名的《清洁空气法 1970 年修正案》(*Clean Air Act Extension of* 1970)，在各个城市降低空气污染方面取得相当不错的成绩；为应对危机，1974 年美国通过《公路紧急能源保护法案》(*The Highway Emergency Energy Conservation Act*)，在全国范围内，限定小汽车行驶速度不得超过 55 英里/小时，以节省汽油。美国人深刻地认识到，不能让小汽车无限制地发展下去，应该要有更好更多的出行方式替代。

TDM 作为交通界的一术语，在学术上被正式提出来是在 70 年代中晚期的美国。当时是作为 TSM 的一部分，美国联邦公路管理局(FHWA)与城市公交管理局(UMTA)合作要求作 TSM，并将 TDM 作为 TSM 的一部分[17]，更加重视对需求的控制与管理，提出了减少出行生成和改变出行时间与方式、控制机动车使用、压缩不合理出行等，包括小汽车合乘(carpooling)、高占有率汽车制度 HOV(high occupancy vehicle)、SOHO(small office home office)、错开工作时间、停车换乘与拥挤收费等政策与措施的推行等。

然而，TDM 是通过抑制小汽车的出行需求而产生的，在美国这个以小汽车为主导发展的国家，其实施必将遇到相当大的困难。例如 80 年代，环境保护法规定，要求相应发展公共交通代替小汽车出行，但是代价极其巨大，每年需投入 60 亿美元以上用于公共交通建设，也只能解决 1.5%～2.0%的小汽车出行量，收效甚微。

90 年代以后，美国加强对 TDM 的实施策略研究，一方面深化与推进已有道路交通模式环境下的 TDM 实施策略的研究与运用，另一方面则越来越重视综合交通体系的构建。1991 年，美国交通政策白皮书——《路上综合交通运输效益法案》(ISTEA)，开卷明义宣布，汽车轮子上的国家，开始采取发展综合交通运输的政策，把 TDM 与交通规划结合起来，其目的是发挥多种交通方式的特长，尤其是大容量公共交通和快速轨道交通的特长，这就是著名的“冰茶法案”。90 年代至今，TDM 已经成为美国交通专家规划建设思路的主流。

另外，美国国家科学院交通运输研究委员会(Transportation Research Board，TRB)特别成立了 TDM 分委员会，致力于提高全国的 TDM 研究与推广。1993—1994 年 TRB 的两个专业委员会(FHWA 和 FTA)研究出版了三个报告，指导全国 TDM 行动，帮助规划、实施、运作与监控 TDM 计划，分别是：

(1) *A Guidance Manual for Implementing Effective Employer-based Travel Demand Management Programs*(《有效实施雇主为基础的 TDM 计划指导手册》)，1983 年。

该手册介绍了以一个工作单位为主体，如何去开发和实施 TDM 的步骤，指导单位选择有效的 TDM 策略。手册对 TDM 规划的整体情况进行了简要说明，然后指导单位鉴别什么样的策略对本单位最有意义，接着说明要将出行量减少到理想水平或者必须水平该实施何种策略。手册的核心内容是指导选择减少必要出行量的 TDM 策略，提供一系列的出行量减少的定量计算步骤与计算表单。手册提出了单位发展 TDM 的五个步骤：决定计划目标和要求—进行场所分析—选择 TDM 策略—实施管理支持—准备工作计划。

(2) *Overview of Travel Demand Management Measures Final Report* (《TDM 措施概要》)，1994 年。

报告中阐述了 TDM 的主要目的是降低道路系统中的车流量，为居民出行提供更多选择，方便其出行，并提出了 TDM 可采用的措施：合乘措施，公共交通出行，非机动化出行，压缩工作周，变更工作时间，公交优先和停车管理等。

(3) *Implementing Effective Travel Demand Management Measures*: *Inventory of Meas-*

ures and Synthesis of Experience(《有效实施 TDM 措施:措施清单与经验总结》),1994 年。

1997 年,美国通勤交通协会 TDM 研究分会出版了 *TDM Case Studies and Commuter Testimonials*(《TDM 案例研究与通勤者参与 TDM 感受的推荐书》),旨在推广与通勤有关的 TDM 措施。

2002 年,TRB 又出版了 TCRP 报告 *Public Agency Guidance on Employer-Based TDM Programs and Employer Technical Memorandum Characteristics of Effective TDM Programs*。在每年的 TRB 年会上,都有诸多文章对此进行研究,如《研究收费价格弹性、补助合乘车服务与需求之间的关系》[18]、《限制机动车政策对出行行为的影响》[19]、《人们对拥挤管理政策如何反应?》[20]等。

为了推进和保障 TDM 的有效实施,美国各州还建立了多种类型的组织机构和公众参与制度,与政府的交通管理部门进行广泛合作组织,如 TMA(Transportation Management Association),交通管理协会[21],它是由各种开发商、企业、建设公司、土地所有者等组成,来协调土地利用、停车与减少出行的相关实施 TDM 的利益关系,提出诸如错时工作制、通勤班车服务、优惠停车服务以及鼓励合乘等计划措施。

如果是在某一城市或局部地区,往往采用 NA(Negotiated Agreement,协商协议[22])的方法,使 TDM 得以实施。城市规划师将 TDM 计划提供给写字楼、居民与公交、地铁站之间的班车服务,包括:公交和合乘车辆上下班的职工提供出租车免费乘车证或经济补贴;改善步行者的步行道等设施;实行错时工作制;鼓励不采用汽车出行等制度。

美国还制定了出行减少条例(Trip Reduction Ordinance, TRO),通过地方政府(市、县)的法规形式,保证 TMA 和 NA 交通需求管理制度的实施。

1.1.3.2 TDM 在欧、亚等国的进展

TDM 产生于美国,但 TDM 概念借鉴到欧洲最早成为交通规划变革的主流思想。20 世纪 50 年代初,法国曾提出“要使每个员工拥有一辆小汽车”的口号,结果导致严重的交通堵塞,经过反思,欧洲各国选择了发展公共交通,致力于快速轨道交通和地铁的建设。例如,联邦德国在 60 年代初人均国民收入超过 1 300 美元时,对全国二十多个城市的有轨交通系统进行了全面改造;70 年代后人均国民收入超过 2 500 美元时,进行了大规模地铁修建。这些轨道交通构成了市区内、市区与郊区间的客运骨架,并通过换乘站点紧密衔接公共汽车和长途汽车线路,联系着全国各地。德国柏林公交网络非常发达,每个人都可以很方便地使用公交体系,一般人们只要走 200 m 肯定能找到一个公交站,1 km 以内肯定会有 1 座地铁或者是城际铁路火车站[23]。法国巴黎,城市人口集中在面积较小的老城区,1976 年,总体规划确定了在距中心区 15～40 km 的环形范围内建立 5 座新城、发展 9 个郊区中心的布局,成功地控制了城市“摊大饼”式的扩展,促进了城市中心区就业向郊区疏散。同时,巴黎建设了十分发达的轨道交通,包括地铁、市域快速轨道交通(RER)、市郊铁路和轻轨等不同形式,通过提高运营效率,大大缩减了人们的公共交通出行时间。在欧洲的 TDM 被称为移动性管理(mobility management)。移动性管理的重点是对小汽车为代表的机动车严格限制与管理,对公共交通和慢行交通(步行和自行车)给予有力支持与优先。移动性管理的思想日益渗透到欧洲城市交通的规划建设与管理的各个领域,逐渐主导了欧洲交通的发展。近年来,欧盟提出了“未来十年通行管理策略”(Mobility Management Strategies For the Next Decade, MOST)行动计划,实际上是对 32 个欧洲城市监督其 TDM 示范性工程的执行情况

的计划[24]。MOST 计划旨在提高为各类社会服务改善交通方案的可达性。MOST 计划将大量资源用于教育,以提高公众的可持续发展的交通意识,培养人们对于可持续机动性的交通方式的积极态度,包括吸引在校学生形成非小汽车的通勤方式。MOST 也致力于修整一些政策的决议,例如使税法更加有利于非小汽车模式的使用,使土地利用方法更加有利于无小汽车空间的使用,以及改变现存的基础设施结构来改善非小汽车方式的利用。

与美国、欧洲城市相比,亚洲绝大多数城市的汽车工业发展较晚,且人口密度远远大于欧美国家,由于经济增长和土地资源约束的条件不同,亚洲城市的 TDM 通过借鉴欧美的经验与教训,比较早地注意从战略规划、交通设计与运行过程等不同层面,体现 TDM 思想。主要特点表现在两方面:一是亚洲诸多国家的政府采用行政干预手段实施 TDM 计划,包括车辆管理、道路使用、公交优先、限制出行等方面,其中新加坡是行政干预实施 TDM 的成功典垦,从 1975 年开始的区域拥挤收费(ALS)到 1990 年执行的电子收费(ERP),以及车辆拥有限额制度(拥车证、车辆注册、附加费、关税、汽油税、路税等经济手段),有力地限制了私人小汽车的增长,有效控制道路网络的交通负荷,每年还为政府创造 40 亿新元以上的收入,高强度的政策干预和经济手段取得了公认的成功;二是重视 TDM 的综合治理,亚洲各国的主要城市如东京、首尔、北京、香港、上海等均较早在交通政策制定时确立了公共交通作主的 TDM 发展策略,重视从"建、管、限"三方面缓解交通拥堵的综合措施。其中日本交通工程研究学会出版的《TDM——缓解堵塞智慧袋》(2002),总结了日本多个城市将 TDM 作为交通规划与治理的一种新思路取得的经验,包括多项成功的 TDM 技术措施和广泛的群体合作经验。

1.1.3.3　中国 TDM 的发展背景

回顾中国城市交通的发展历程,大致可以归纳为两个阶段:

第一阶段是从 1980 年到 1995 年期间,交通基础设施供给不足,"三低"(路网密度低、道路面积率低、道路设施服务水平低)是这一阶段我国城市交通普遍存在的主要问题。这个时期的交通建设被称为"历史还账"。80 年代初,全国城市道路总长约 2.9 万 km,1994 年达到约 11 万 km,年均增加 5 826 km,同期,道路面积由 2.56 万 m^2 增加到 11.8 万 m^2,人均道路面积由 2.8 m^2 上升到 6.6 m^2,道路面积的年均增长率为 11.6%,此时北京市中心区的道路面积率只有 6.3%,上海为 5.1%,仍不及发达国家的 1/2;以道路为主的城市交通体系在逐渐形成。1983 年,全国城市机动车保有量近 200 万辆,比 1977 年几乎翻了一番,到 1994 年,城市机动车保有量已近 500 万辆(千人拥有量为 8 辆),又比 1983 年翻了一番多。其中,私人汽车数量也在成倍增长,到 1993 年,全国私人汽车拥有量已发展到 60 万辆。与此同时,我国自行车拥有量大。自行车是人们的主要交通工具,当时全国城市自行车超过了 1.8 亿辆,城镇百户拥有率达 198 辆,自行车占全国人口总数的 40%。与小汽车和自行车相比,常规公共交通却招致萎缩。1978 年到 1994 年的 16 年间,全国公交车辆和线路长度分别增长 2.5 倍和 2.8 倍,公交车辆达到 0.6 辆/千人,但公交的运营速度由 12~14 km/h 下降到 5~10 km/h,新增的运力被运输效率下降所抵消。以混合交通为主要特征的道路交通面临的主要问题是"出行难"的挑战:行车难、停车难、行路难,地面道路交通供需矛盾尖锐,交通拥堵成为交通综合治理的重点。各方面对 TDM 的理解体现在"全面规划、近远结合、标本兼治、综合治理"的十六字方针上。

第二个阶段是从 1995 年到 2010 年,随着经济的快速增长与人民生活水平提高,中国城市交通得到前所未有的发展。中国政府从国家战略上实施对交通建设的高强度投入,特别是在高速公路网络和城市干道设施方面。十余年的时间内，我国高速公路从 574 km(1991 年)上升为 74 100 km(2010 年)，翻了近 130 倍(图 1-5)。与此同时，1994 年我国发布了《汽车工业产业政策》和《中国家用轿车发展战略研究》报告，我国汽车工业成为国民经济的支柱产业迅速发展，并实现了两个战略重点转变(包括到 2000 年的小汽车为主的生产转变和 2005 年家用小汽车生产为主的转变)。1995 年，我国的私人小汽车拥有量不足 250 万辆，而到 2010 年，增加到 6 539 万辆，平均年增长率达到 24.3%①(图 1-6)。进入 21 世纪，小汽车出行比例大幅度增加，大量的城市土地资源和道路被小汽车通行、停放所占用，诸多大城市出现了小汽车爆炸式增长与透支使用，拥堵、能耗、污染、事故与经济损失等负面效应已经凸显。

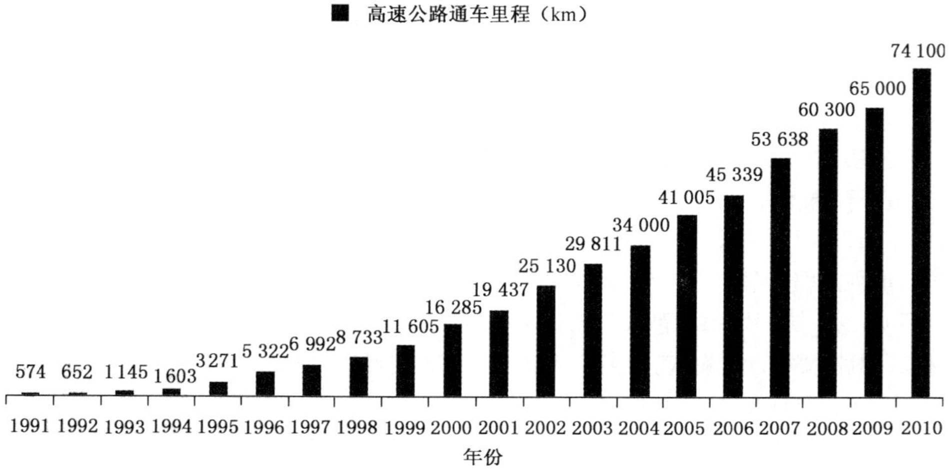

数据来源：中国统计年鉴，中国国家统计局。

图 1-5　1991—2010 年我国高速公路通车里程增长

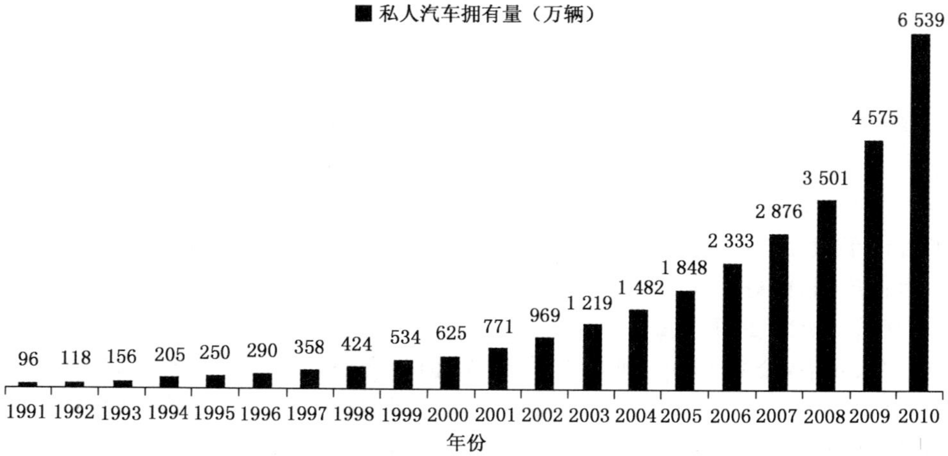

数据来源：中国统计年鉴，中国国家统计局。

图 1-6　1991—2010 年我国私有汽车拥有量变化

① 中华人民共和国国家统计局，中国统计年鉴 http://www.stats.gov.cn/tjsj/.

在此背景下，TDM的研究和实践运用一直受到我国专家学者和政府主管部门的重视。1995年9月25日至9月27日，北京召开由联合国人居中心、中华人民共和国共同主持的“国际城市交通研讨会”，会议中心议题之一是围绕“城市交通需求管理”，从认识与实践两方面进行探讨，会议提出在中国大城市实施TDM的计划。交通需求的管理正式列入国家行动计划。同年11月8～10日由建设部、财政部和世界银行等5个单位在北京联合召开中国城市交通发展战略国际研讨会，通过《北京宣言》——“中国城市交通发展战略”，提出“五项原则”、“四项标准”、“八项行动”，以提高运输效率、提高城市交通管理地位、制定交通需求管理政策作为未来交通发展的战略。强调了**“交通目的是实现人和物的移动，而不是车的移动”**、“以人的需要为中心”的交通新理念，其中，《北京宣言》的八项行动为：

行动1　改革城市交通运输行政管理体制。

行动2　提高城市交通管理的地位。

行动3　制定减少机动车空气和噪音污染的对策。

行动4　制定控制交通需求的政策。

行动5　制定发展大运量公共交通的战略。

行动6　改革公共交通管理和经营。

行动7　制定交通产业的财政战略。

行动8　加强城市交通规划和人才培养。

在这样一种发展背景下，面对已经出现的严峻的交通问题挑战，我国大中城市越来越重视“全面规划、近远结合、标本兼治、综合治理”贯彻十六字方针的交通治理，越来越重视交通发展模式的转型，通过对国内外交通的经验教训的总结，已经深刻认识到，单靠增加道路设施供给已经无法满足日益增长的交通需求，**交通需求管理应该渗透到交通领域的方方面面，要从用地规划调整、出行方式转变、信息化智能化管理等方面来寻求供需关系的协调**。京、沪、穗、深等城市围绕城市交通可持续发展提出了系统的TDM应对策略，如北京市人民政府《关于进一步推进首都交通科学发展加大力度缓解交通拥堵工作的意见》(2010年)，以及北京市交通发展研究中心完成、北京市质量技术监督局审查的《城市道路交通拥堵评价指标体系(地方标准稿)》(2010年)，从“摇号限车”限制小汽车增长，到“建、管、限”三方面，从“规划、建设、组织、管理”四个层次提出的全面实施TDM政策的宣言和行动纲领[25]。如广州市人民政府《亚运后广州中心城区缓解交通拥堵方案(征求意见稿)》以及深圳市《深圳市打造国际水准公交都市五年实施方案》(2011年)都从实际出发，提出了调整小汽车拥有和使用，提升公交优势，包括拥堵收费、停车管理，以及提高公交质量为导向、推进公交企业改革的TDM政策。上述编制单位还就交通拥堵的分级和风险进行了评估与实证研究。另外如2010年上海世博交通从规划设计、运行过程全面实施了TDM战略和策略，确保7 000万人次(高峰日130万人次)的巨大客流安全集散，其中公共交通(轨道、常规公交、专线巴士)承担比重达到90%以上；之后，上海提出了“创新转型”发展理念指导下的综合交通运输体系构建的“后世博”供需发展策略[26]，提出了坚持“以人为本、安全为先、管建并举、管理为重”的发展原则。

1.1.3.4　TDM在全球范围的推动

进入21世纪以来，交通拥堵、环境污染和能源消耗问题日益突出，**可持续发展的城市交通作为一个新课题摆在世界面前**，TDM在世界范围内刮起了一阵旋风，无论是发达国家还是发展中国家都积极展开相关研究及实践。其中，《京都议定书》的出台(1997年)和生效

(2005 年),《罗马宣言》的诞生(2005 年)、“德班世界气候大会”的召开(2011 年)以及 2010 年在我国深圳召开的“有效的交通需求管理”等国际论坛会议,是四次对 TDM 有重大影响与推动作用的世界性事件。

1.《京都议定书》[27]

气候变化是人类社会共同面对的可持续发展的重大问题。工业化、城镇化、机动化过程大量燃烧的化石原料排放的二氧化碳致使大气温室气体浓度显著上升,造成全球气候变暖为特征的显著变化(图 1-7)。全球气候变化与能源安全是国际社会高度关注的全球性重大问题,为了应对全球气候变暖,保护地球生存环境,1997 年 12 月,在日本京都联合国“气候公约”第三次缔约方大会以第 1/CP. 3 号决议通过了《(联合国气候变化框架公约)京都议定书》(简称《京都议定书》)。《京都议定书》规定工业化国家(附件一缔约方)要减少温室气体的排放,到 2012 年承诺期内整体上比 1990 年至少减少 5.0%,《京都议定书》在 2005 年 2 月 16 日起正式生效。

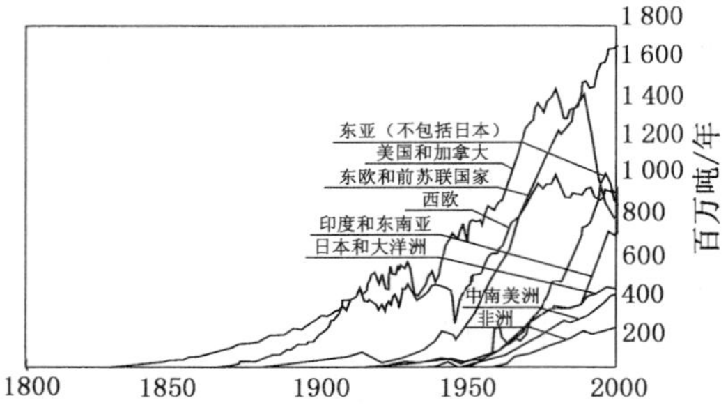

图 1-7　不同地区碳排放量

诸多研究报告说明,环境能源问题与交通运输行业从来都是息息相关的。2004 年,世界与能源相关的温室气体排放有 23%来自交通运输,而交通运输中约 75%来自于道路上的车辆,交通运输的温室气体排放增加速度比其他消耗能源部门都要快。有研究表明,全球气候变暖与地球上有 10 亿辆小轿车在运行有直接关系,在交通拥堵比较严重的城市,小汽车排放的气态污染物占城市污染物总排放的 50%~80%。《京都议定书》如能有效实施,将极大推动 TDM 的发展。

《京都议定书》缔约方第一期承诺的基本内容包括:

减排目标　到 2012 年,工业化国家温室气体排放总量平均减少 5.2%(以 1990 年排放水平为基准),规定了国情差异的限排承诺。其中,欧盟削减 8%,美国削减 7%,加拿大、日本削减 6%,东欧各经济转型国削减 5%~8%,澳大利亚容许增加 10%等。

限排气体　二氧化碳以及甲烷、氮氧化合物、氢氟碳化物、全氟化碳和六氟化硫等 6 种。

参与缔约国实施情况　149 个国家和地区签署了该协议,分三类缔约方国家(附件一:缔约方,附件二:发达国家缔约方,非附件一:发展中国家缔约方)。根据国际气候公约秘书处公布的 1990—2007 年排放汇编[27]情况(表 1-1),2007 年附件一缔约方总体排放温室气体为 181.12 亿吨(二氧化碳当量),比 1990 年 188.48 亿吨下降了 3.9%,但从 1990 年到 2007 年总排放量却增加了 3%。汇编资料还公布了各国减排目标实施进展情况:相比 1990 年的变化,美国增加了 16.8%,加拿大增加了 26.2%,日本增加了 8.2%,澳大利亚增加了 30%。

国际气候公约秘书处的公布资料还说明,美国二氧化碳的主要来源是能源工业和交通运输,分别占总排放的 40%和 31.5%。相比 1990 年,这两个部门的排放增长分别是 32.81%和 29.76%,这对于后工业化国家的发展具有警示意义。《京都议定书》为全球的交通可持续发展指明了方向,即要大大地改变能源消耗大且污染环境严重的交通模式,要选择土地与空间节约的、效率与效益高的公共交通的交通模式,为子孙后代留下发展的空间。人类要改变过度消耗资源的生活方式,要学会重新利用许多用了就扔的资源。

表 1-1　　　　　　　　不同类别缔约方对全球排放的贡献等指标比较

项目	单位	世界	发达国家	发达国家缔约方	发展中国家缔约方
1900—2005 年累积二氧化碳排放	Mt	1 092 769	808 799.7	632 919.2	275 213.2
对世界二氧化碳总排放贡献率	%	100	74.1	57.9	25.2
2005 年世界人口比重	%	100	19.60	13.71	80.40
1900—2005 年人均累积二氧化碳排放	t/人	169.9	641.5	717.6	53.2
2005 年人均二氧化碳排放	t/人	4.22	11.25	12.86	2.32
2005 年人均能源消费	t/人	1.78	4.81	5.54	1.00

资料来源：*Climate Analysis Indicators Tool*（*CAIT*）*Version 5.0*；*IEA*（*2007*）。

然而，《京都议定书》中"节能减排"的目标，触及了某些国家与集团的利益，特别是对一些机动化程度较高的发达国家，因此在实现时遇到了重重困难。2001 年，美国总统布什宣布退出协议，理由是议定书内容将会给美国经济带来过重的负担；还有一些未参加国怀疑二氧化碳等温室效应的真实性，自己制定的减排目标能否得到认可；日本环境省提议用经济手段限制二氧化碳排放、欧洲提议增收石化燃料税等难以实施；就在最近（2011 年 12 月），加拿大保守党政府因经济困难，宣布退出协议，以避免遭议定书规定的 140 亿加元（加拿大元）的惩罚，这是继美国之后第二个签署国退出，对全球减排产生消极影响。对于提倡节能减排的 TDM 的推行，也是任重而道远。

在 2009 年 12 月 18 日，温家宝总理在哥本哈根联合国机构组织负责人会议上，阐明到 2020 年单位 GDP 二氧化碳排放要比 2005 年下降 40%～45%，并强调不附带任何条件，不与任何国家减排挂钩；我国提出**"应当坚持共同但有区别的责任"**的原则，发达国家应率先大幅量化减排，并向发展中国家提供资金和技术支持，发展中国家应根据本国国情，尽可能减缓排放。所谓"共同"，指不论发达国家还是发展中国家都要共同面对、共同努力，都有采取减缓和适应气候变化措施的共同责任；所谓"有区别"，指发达国家和发展中国家的历史责任、发展阶段、能力大小和贡献方式的不同，发达国家一方面要对其历史排放和当前高人均排放承担责任，要改变不可持续的生活方式，率先大幅度地减少排放，另一方面还应向发展中国家提供资金支持和转让技术。

2. 德班世界气候大会

在《京都议定书》第一承诺义务即将到期（2012 年）前，2011 年 11 月 28 日至 12 月 9 日，联合国气候变化框架公约第 17 次缔约方会议在南非德班召开，"绿色气候基金"是德班气候大会核心议题，《京都议定书》第二承诺期的存续问题，是德班大会期待解决的关键问题。

会议经过三个星期的讨论，针对 2050 年前，全球升温控制在 2℃以内，假设实现该目标的概率为 50%，全球的碳预算仅约 14 400 亿吨，提出现有趋势下如何进行公平的碳排放分配问题以及《京都议定书》第二期承诺的实施期限（德班会议并没有解决好）。但是不论碳排放空间将来如何分配，不论发达国家（附件一国家）还是发展中国家（非附件一国家）都将共同面临全球减排的严峻挑战。**特别是我国作为人口、经济的发展中大国，在未来的全球气候**

变化的进程中，具有特殊的地位，包括责任和义务。从某种意义上说，《京都议定书》的推进将在全球范围内对交通运输的发展（如何节能减排、如何减少燃油机动车出行与运输、优化城市交通结构等 TDM 的实现）产生极其深远的影响。

3.《罗马宣言》

2005 年 6 月 5～9 日，国际公共交通协会（UITP）在意大利的首都罗马召开了第 56 届 UITP 世界大会，会上发布了《罗马宣言》，倡议世界各地的政治首脑致力于发展完善的公共交通系统。《罗马宣言》的主要内容是：作为我们居住环境中不可分割的部分，公共交通为人们就业、服务、教育及娱乐提供了经济的出行方式，同时是实现长期社会、环境及经济目标的有力手段。然而，由于城市不断受到交通堵塞、环境污染等问题的困扰，如今的交通系统常常无法满足市民的需求。因此 UITP 希望城市、地区及国家领导人实施以公共交通为主的交通政策，并承认公共交通状况的改进是促进增长、实现经济及社会发展以及减少环境危害的催化剂。为达到这一目标，我们必须做到：

（1）根据行人数量分配城市空间。私人汽车对于个人及相关企业来说的确很重要，但在公共交通及私人汽车分享交通资源方面必须有一个平衡。公共交通必须有专用车道，以此保证公共交通更加快速、可靠。这是吸引市民以及提高交通效率的关键。

（2）为交通方式选择收取合理费用。每位交通工具的使用者都应为其所产生的环境及经济消费（尤其是交通拥堵及环境污染）支付相应的费用。这是对交通长期可持续发展的一项基本要求。这将迅速地改善交通流速，降低污染并增加来自公共交通的经济回报。

（3）土地使用及交通用地联合规划。城市、地区、国家及国际层面，以更广阔的视角考虑公共交通问题已刻不容缓。综合考虑土地使用及交通用地需要的规划政策将有助于创建宜居型社区。

（4）坚持为多数人服务的基本原则。交通系统的组织应满足最广泛的社会需要，并为大多数市民提供可持续的交通选择。这意味着交通系统要安全、可靠、方便、经济，同时要为大多数人提供必要信息以保证其高效性。

（5）加强公共交通投入。为使现代交通系统发挥其潜能，需要对公共交通系统进行大量的持续性投资，而公共交通投资应得到立竿见影的回报，包括更有效的能源管理、更有效的空间利用以及更多的就业机会。

4. 国际组织关于 TDM 的专题研讨会议

近年来，包括美国科学院研究委员会（TRB）、美国交通工程师协会（ITE）、世界工程师大会（WEC）、世界智能交通大会（ITS）等在年会和每届大会议程中对 TDM 的研究、运用与发展都有很多学术论文与专题交流。在一些国家政府（省、州、市）主导下，关于 TDM 的学术会议在世界各地积极召开。其中，2008 年 8 月在我国深圳召开的主题为“有效的交通需求管理”的城市交通论坛很具有代表性。会上来自美、英、德、新加坡、韩国、中国等专家学者和政坛人物发表了如何推进 TDM 的理论与实践研究的真知灼见，包括：

（1）伦敦议员穆拉德·奎尔士。伦敦应对交通挑战三方面对策，特别强调改变人们出行行为以及交通生成需求，鼓励人们利用自行车出行，合理使用小汽车，鼓励人们使用公共交通的办法。采用差别化的交通拥挤收费政策是伦敦进行交通需求管理的一大特征，2003 年 2 月实施以来，三年间中心区机动车交通下降 31％，氮化物排放减少 13％，PM10 可吸入颗粒物减少 15％，二氧化碳减少 15％，净收入达 1.22 亿英镑。

(2) **德国柏林建设部前部长詹斯·克劳茨。**柏林实施城市规划布局分散策略，以高效快速公交协调发展，减少中心区车流过于拥挤的问题，公交网路覆盖：200 m 找到一个公交站、1 000 m找到一个地铁站或城际火车站，在柏林工作的人 90%都不用开车。柏林研究认为，1/4 的污染物来自于地面机动车交通，为推进欧盟的空气清洁行动计划，在中心城区(88 km^2)，设置一个空气污染的限制值(欧Ⅳ标准)，限制车辆进入该环保区域，受限制的车辆约占全市 120 万辆机动车的 7%。目前，PM10 可吸入颗粒物不超标，二氧化硫和一氧化碳也没问题。

(3) **韩国国土交通和海洋部都市广域交通科事务官崔信炯。**首尔推出的 TDM 政策主要是公交专用道和智能卡系统、拥挤收费和停车限制。1996 年中心区实施进出隧道收费，实施后隧道车速提高 136%，逐步加大收费力度和扩大收费区域，在市中心 7 个商业区实施停车泊位配件标准上限控制，停车泊位减少 9 500 个，交通流量下降 0.4%。

(4) **新加坡陆路交通管理局拥挤收费副署长林升隆。**新加坡陆路交通发展的 TDM 目标是建立“以人为本”的陆路交通体系，采取了三方面的策略：一是将公共交通真正打造成为可与小汽车竞争、成为人们愿意选择的交通方式；二是优化道路网络，并且提升它的可达性；三是控制小汽车拥有与使用。从 1975 年的 ALS(人工收费)到 1998 年的 ERP(电子道路收费系统)，研究制定出收费区域的 85%位的速度标准(45～65 km/h)作为交通拥堵的界限，为更多的驾车出行者提供路径和出行时间、出行方式选择的可能性。

(5) **纽约环境协会总裁、宜居城市项目副主任安迪·达雷尔。**纽约市面对人口、经济的增长，同时又要减少 30%温室气体排放的矛盾，**纽约市交通拥挤的社会成本(不包括对人们健康的损害)每年大概是 130 亿美元。**城市面临着低碳或是高碳排放的选择。纽约市提出 2030 年要让纽约市成为全美空气洁净度最高的城市，温室气体排放减少 30%以上，并提出 127 项与 TDM 有关的工作，其中重点是洁净交通技术、解决拥挤收费和公共交通体系升级。目前，纽约的人均温室气体排放在美国是最少的城市(图 1-8(a))。2008 年，纽约市一些地方做了实验[23]，通过交通流的错时管理，将部分原来是车行道的地方改造为公共场所，工作之余人们可以到这些地方来看看报、读读书，然后吃点午餐等(图 1-8(b))。这种做法实际上传递给人们一个信息，即**交通是能够管理和改变的。**

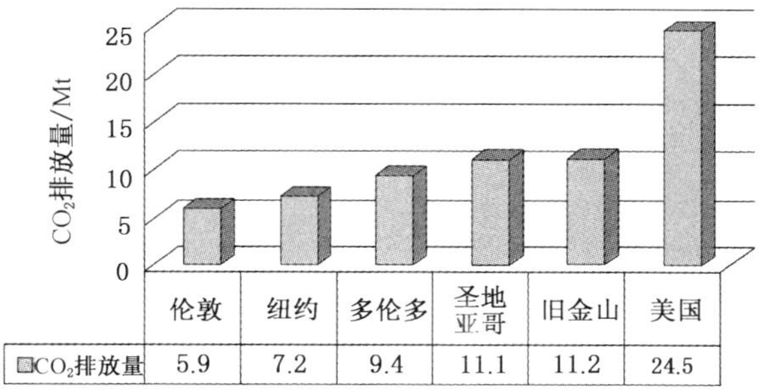

(a) 不同城市的人均温室气体排放

(b) 纽约市道路空间错时利用图

注：公吨(Mt)是公制的单位，即为我们平常说的“吨”，1 公吨(tonne/metricton) = 1 000 公斤。

图 1-8 纽约的 TDM 策略

(6) 英国 MVA 集团主席，香港 MVA 亚洲总裁，资深国际交通顾问弗雷德·布朗。以香港 TDM(拥堵管理设计)做了分析，提出拥挤造成了经济、时间成本和空气的污染的关系，如图 1-9 所示，对应不同时间段内商业区的平均速度随车流密度增加而降低。结合 TOD 理念，提出优先大力发展轨道交通、协调交通与土地利用，结合土地使用来考虑轨道交通建设是一种不错的选择(图 1-10)。

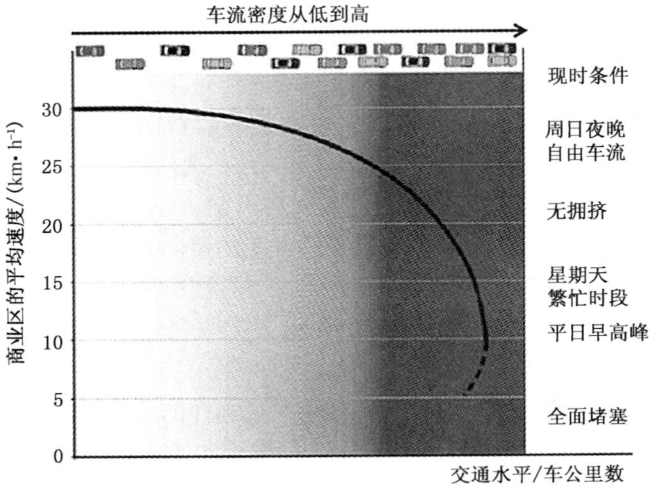

图 1-9　交通流与速度的关系

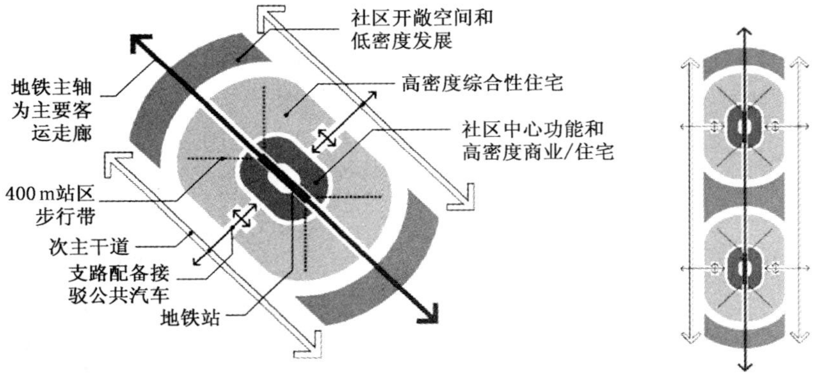

图 1-10　TOD 导向交通体系

交通需求管理的政策作用包括限制小汽车拥堵、停车调控、物理性限制、道路使用收费政策(图 1-11)以及抑制车辆拥有的政策(图 1-12)。通过比较世界各地千人拥有率的分析，大致情况是中国香港 50～120，欧洲 300～500，美国 600～800，新西兰最高 900，中国大陆是 100～150。因为有汽车工业这一层原因，现在亚洲面临的问题是选择何种交通发展模式。

另外，道路增长总是跟不上交通需求的增长。交通需求管理是任何交通策略不可缺少的组成部分。从实现减少拥堵、洁净空气的目标看，要有更全面的 TDM 措施和途径，而不能依靠其中某一项政策。

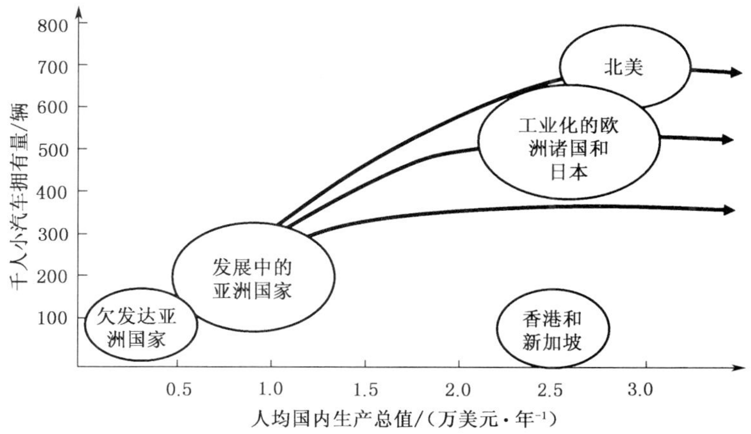

图 1-11　人均汽车拥有量与 GDP 的关系

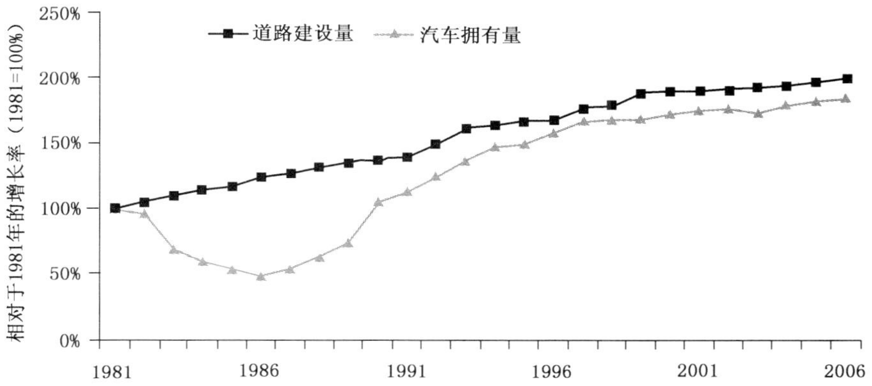

图 1-12　管理车辆拥有量和道路网容量(香港)

(7) 美国能源基金会北京代表何东全。中国交通的外部成本很大,考虑交通需求管理的实施,根据社会福利的经济学理论,就是要把这种外部成本内部化到使用者的成本中去。通过对北京六环以内范围(约 1 000 km^2)的拥挤的外部成本建模计算(时间、空气污染、排放、事故、噪音),这一块所谓的社会成本将达到 190 亿人民币。这样,总的交通外部成本加在一起占到北京 GDP 的 7%左右。如果要达到这样一个外部成本内部化的平衡点,即能够减少 20%～30%的交通量,它的费用成本是人均四十几块钱,相对来说这是一个非常高的数据(相当于每出行 1 km,要交出 1 元人民币)。

(8) 北京建设部巡视员王凤武[28]。分析了中国城市发展(城镇化、机动化)的主要特点及交通拥堵的严重形势与问题,特别是小汽车过度使用带来的能源消耗的上升与排放污染加剧的问题(包括世界发展趋势,图 1-13、图 1-14),并强调我国小汽车每年的油耗已经达到 4 000 万吨,交通能耗占到全社会总能耗 20%以上。在交通拥堵比较严重的城市,小汽车排放的气态污染物占城市污染物总排放的 50%～80%,可吸入颗粒污染物占总排放的 10%～20%,交通拥堵的直接经济损失为 GDP 的 4%～10%。

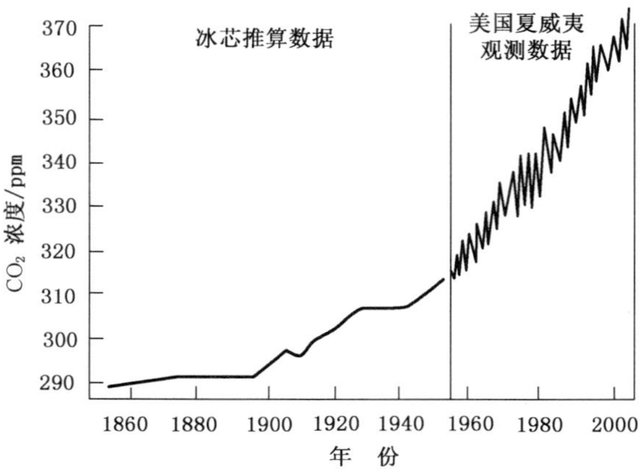

图 1-13 150 年来大气中 CO_2 浓度变化

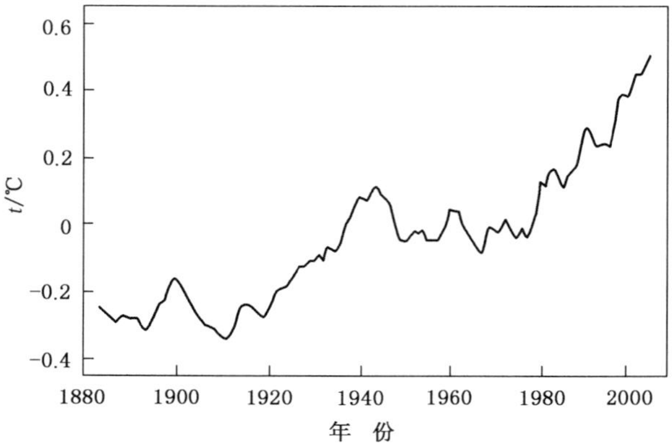

图 1-14 近百年全球平均气温变化

关于 TDM 的实施策略，提出了重新审视现有交通资源分配与利用政策，在城市道路建设上不宜只考虑做加法，而应适当考虑做减法。应该学习欧洲无车日关闭的车道变成永久性的无车区，甚至整个中心城区设为永久性无车区：重申《罗马宣言》提出的公共交通是适用所有人的出行方式，无论穷人还是富人，官员还是群众，都能够利用公共交通实现舒适、高效的出行。发展多元化的公共交通，形成由城市轨道交通、快速公交、公共汽（电）车等多种公交方式组成的完整的公交系统，可以满足不同人群、不同目的、不同层次的多样化的出行需求。

综上所述，TDM 从产生到发展，经历了漫长的历史时期，也在不断地实践与创新，时至今日，TDM 已不再是单纯的管理策略，它已成为在全球范围内推进交通可持续发展的价值观和方法论，指导着世界城市交通体系的改革，包括：如何转变单一模式的道路交通系统为道路网、轨道网等的复合交通系统；如何转变机动化（小汽车）交通的依赖模式为以公共交通为主体的多模式交通结构；应该关注城市用地规划与布局的调整和交通体系的协调发展。世界各大城市的交通体系结构正在发生重大的变化，在这种形势下，应赋予 TDM 新的内涵，从供需关系的不同层次上，包括战略、规划、建设、管理与运行，提出支持 TDM 新的理念、理论与方法。

1.2 我国城市实施 TDM 的必要性

1992 年联合国通过《21 世纪议程》,1994 年我国颁布《中国 21 世纪议程》,将“可持续发展战略”作为走向未来的导向与纲领。指出在适度控制下,对交通需求进行管理就可以缓堵、改善环境,并为子孙后代留下更多的土地、资源、城市空间以及清洁的环境以推进可持续发展。这种“资源节约、保护环境、适度均衡发展”的原则与我国“大力发展城市公共交通的政策”,“走资源节约,环境保护道路”是一脉相承的。对于我国大城市规划如何从集中型的发展模式转向多心(轴向)开敞发展模式(布局形态),对于人口密集、用地紧张、交通拥堵、环境污染与能源紧缺的大城市中心区,交通需求管理的实施显得更为迫切。

1.2.1 我国城镇化进程加速的挑战

城市人口增长及其分布是影响交通需求最基本的因素。我国的城市化正处在初期向中期过渡阶段。改革开放 30 年来,我国城镇化的主要特点是城镇化率增长速度快。1980 年中国城镇化率还只有 20%,1990 年为26.4%,到 2000 年达到 35%。当前我国城镇人口已经超过 6.51 亿,城镇化水平已经超过 49.5%,每年的增长都几乎超过 1%,每年有 1 500 万～1 800 万人从农村迁往城镇。我国城镇化另外一个特点是,**城镇化向大城市集中的趋势非常明显**,主要是我国幅员辽阔,自然地理与经济水平存在差异。100 万人口以上的城市 80 年代初只有 10 个,到 1990 年增加到 32 个,2000 年已达到 46 个,目前已超过 190 个,约占城市总数的 29%;1990 年 200 万人口以上的城市只有 9 个,2000 年增加到 17 个,当前我国 200 万人口(城区)以上的城市已达到 26 个,其中包括 300 万人口左右(包括流动人口)的城市,如北京、上海、重庆、武汉、广州、沈阳等;特大城市的人口超过 4.05 亿,约占城市人口总数的 63%。有预测认为到 2030 年,全国将有 20 个大都市圈,其城市平均人口可达到 500 万人。如果按照这一预测,届时我国将会成为世界上大城市最多的国家[29]。**城市人口的集聚带来的人口膨胀、交通拥堵、能源短缺、环境污染等问题也将越来越多**,这与我们建设“绿色、低碳、环保”的目标是相悖的。

在城镇化的推进过程中,国内诸多城市从集中型发展模式转向多心开敞发展模式。但由于历史的沿革,部分城市的发展建设还局限于改变“三低”(路网密度低、道路面积率低、道路设施服务水平低)的单一道路网交通状态,这实际上容易导致美国的公路交通模式的再现,亚洲曼谷交通是个典型的例子,主要表现为城市低密度蔓延、建设卫星城和卧城、过早推动美式郊区化、浪费了大量的土地资源。郊区化的直接后果是削弱了市政设施的规模效应,引起家庭轿车大规模增长,并加速拉动城市空间拓展。城市面积的扩大,导致居民出行距离也在增大。广州市通勤交通平均出行距离从 1984 年的 2.54 km 增至 2005 年的 6.42 km。上海市的平均出行距离则从 1995 年的 4.5 km 增至 2004 年的 6.9 km,北京市平均出行距离由 2000 年的 8.0 km 增长到 2010 年的 9.8 km,这应引起我国交通界的深思。

城镇化进程的加快,出行距离的增加,促使了城市出行需求的增长与扩大。而反映在道路上是人或物周转量的增加,其增速将远远大于道路系统承载能力的增长。增长的交通需求若仅仅依靠一条或几条道路建设、改造杯水车薪是难以奏效的。出行方式多样化选择也是我国城镇化过程的主要特点，如何对多模式交通发展的引导与管理是 TDM 的重要内容。而城镇化过程中产生的交通拥堵、能源短缺、环境污染等问题更是不容忽视。因此从供需关系出发，如何科学实施引导城市建设、交通结构转变的交通需求管理，才是适应城镇化进程并应对交通所带来的能源环境等问题的根本性对策。

1.2.2 我国机动化急剧增长的挑战

与城镇化同步进入高潮的是我国小汽车保有量爆发式增长和过度使用。自从 1994 年国务院发布《汽车工业产业政策[1994]17 号文》并实现两个战略重点转变，我国汽车工业已成为国民经济支柱的重点产业，小汽车也开始步入普通家庭，成为人们日常主要消费支出之一。特别是进入 21 世纪，当人均 GDP 超过 1 000 美元，私人小汽车的拥有量出现急剧增长，京、沪、穗等城市情况如图 1-15 所示。

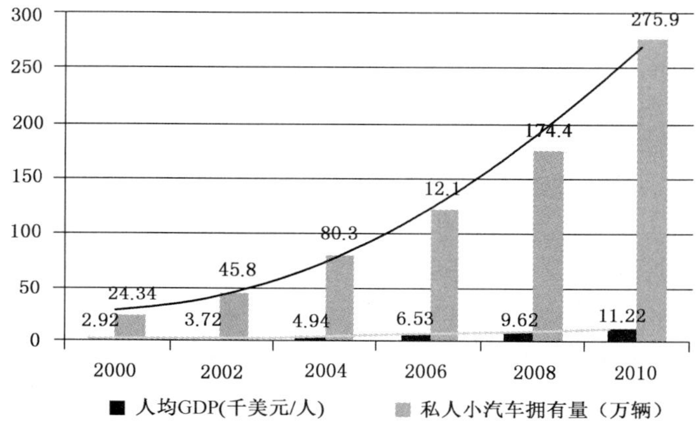

(a) 北京

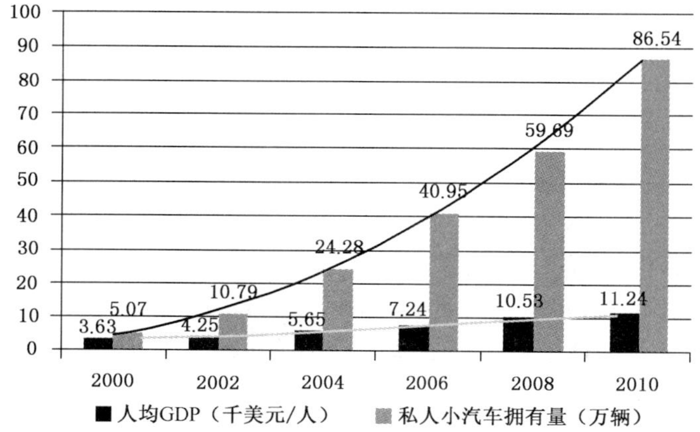

(b) 上海

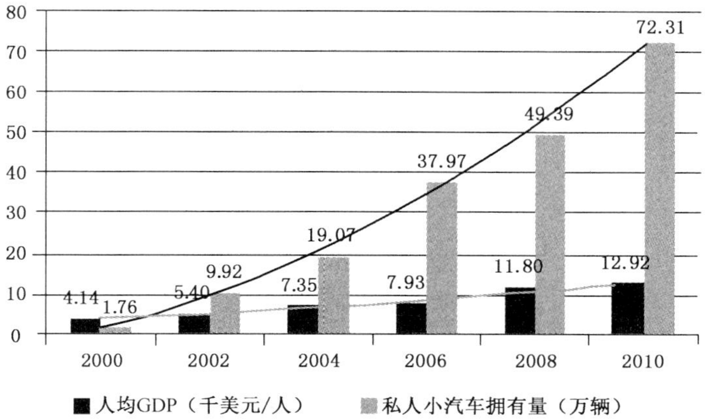

(c) 广州

图 1-15　人均 GDP 与私人小汽车拥有增长趋势

2005 年，我国汽车保有量达到 3 160 万辆，比 2001 年增长 96%，2008 年达 6 122 万辆，2011 年汽车保有量首次突破 1 亿辆大关(其中，私人汽车保有量达 6 539 万辆，私人小轿车超过 3 443 万辆)，占机动车总量的 45.88%(2011 年 8 月底，全国机动车总量达到 2.19 亿辆)。目前，我国已经成为世界最大的汽车生产国和第一大新车市场，我国汽车生产年平均增长率超过 20%，我国汽车销售量从 2009 年 1 000 万辆到 2010 年突破了 1 750 万辆，2011 年突破 1 850 万辆，据专家分析，2020 年将超过 3 500 万～4 000 万辆，我国汽车保有量将从目前的 1 亿辆达到 2020 年的 2.5 亿～2.8 亿辆[30]，我国主要城市的汽车增长见表 1-2。

专家分析，小汽车的爆炸式增长随即带来小汽车的过度使用，这是导致道路交通拥堵的直接原因。以北京市为例，北京机动车，特别是私人小汽车发展存在“三高”(高速度增长、高强度使用、高密度聚集)特征[31]：

表 1-2　　我国各主要城市机动车、民用汽车和私人小汽车保有量变化情况　　万辆

项目	机动车保有量			民用汽车保有量			私人小汽车保有量		
	2000 年	2005 年	2010 年	2000 年	2005 年	2010 年	2000 年	2005 年	2010 年
北京	150.7	258	480.9	104.12	214.6	452.9	49.41	99.2	275.9
上海	—	—	250	49.19	95.15	170.25	5.07	32.21	86.54
天津	—	112.6	—	47.89	67.69	158.59	20.84	37.4	—
重庆	—	—	—	21.13	51.22	117.56	5.78	9.19	—
杭州	39.60	107.84	183.25	16.28	49.27	124.31	12.62	44.73	94.24
苏州	—	141.42	204.64	44.94	—	124.96	—	—	97.97
广州	135.04	177.38	215	—	76.15	161	1.76	30.30	
深圳	—	81.31	175	—	77.09	166.97	—	36	117.63
长沙	—	40.41	—	—	—	—	—	—	—
沈阳	35.98	59.95	—	19.23	38.25	83.2	—	—	56.2

资料来源：各地市统计年鉴及国家统计年鉴。

（1）高速度增长。北京机动车保有量2000年达到150万辆（历时50年），2003年8月、2007年5月，先后突破200万辆、300万辆大关，分别用时6年半和3年9个月，而东京这一过程分别用时5年和10年；而从300万辆到400万辆，北京仅用了2年7个月，而东京实现这一变化却用了12年的时间。进入21世纪以来的10年间，北京市机动车年均增长25.1万辆，2009年净增量更是高达51.5万辆，一年的净增量几乎与香港机动车保有总量相当，北京市机动车在400万辆的量级上仍然保持这样高的增长速度实属世界罕见。

（2）高强度使用。小汽车保有量的增加一定程度上促进了小汽车的使用量，特别是在机动化发展的初期，如图1-16（a）所示。中国大城市小汽车使用率（尤其是早晚高峰的通勤出行）普遍高于发达国家的大城市，而对小汽车依赖的程度更是有过之而无不及。表现在两个方面：一是小汽车年平均行驶距离长，例如北京市的小客车年均行驶1.5万公里，是伦敦的1.5倍，东京的两倍多；二是小汽车每次出行距离短，北京市车均出行5 km以下的出行比例高达44%，见图1-16（b），而这恰恰是最适宜利用步行和自行车出行的距离。当这部分需求转向小汽车时，必然造成交通资源浪费，给道路交通带来压力。

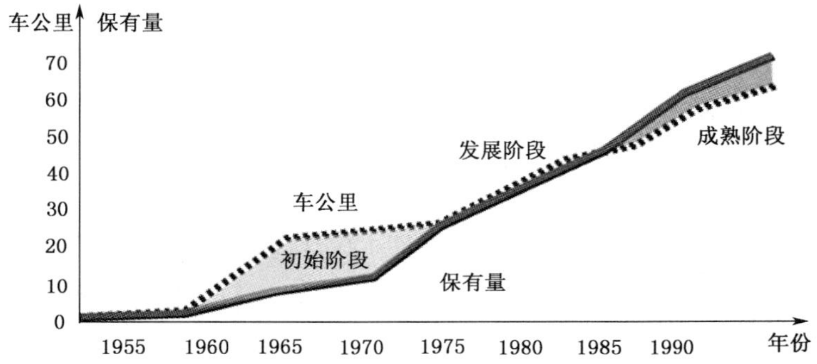

（a）小汽车保有与使用的关系示意图

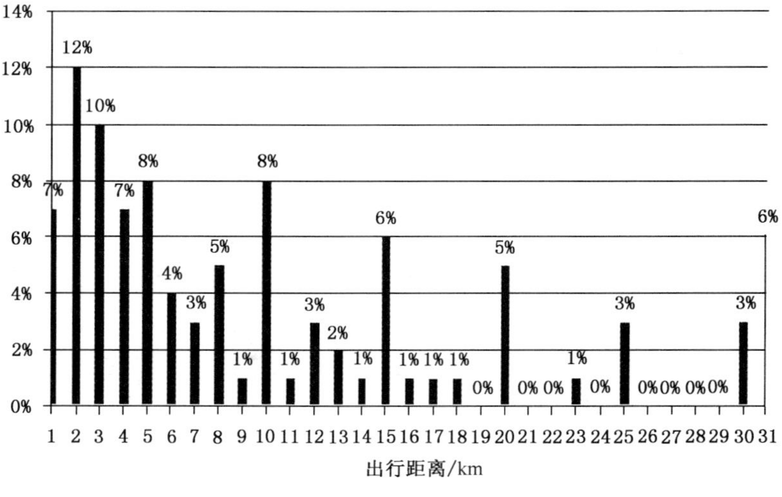

（b）北京小汽车出行距离分布

图1-16　我国小汽车高强度使用

（3）高密度聚集。与世界城市“中心城区低、外围高”的机动车保有量分布态势相反，北京市 400 万辆机动车 80%以上集中在六环范围内。北京城区户均私人小汽车保有量水平是巴黎同等可比区域的 1.8 倍,纽约同等可比区域的 2.3 倍(图 1-17)。

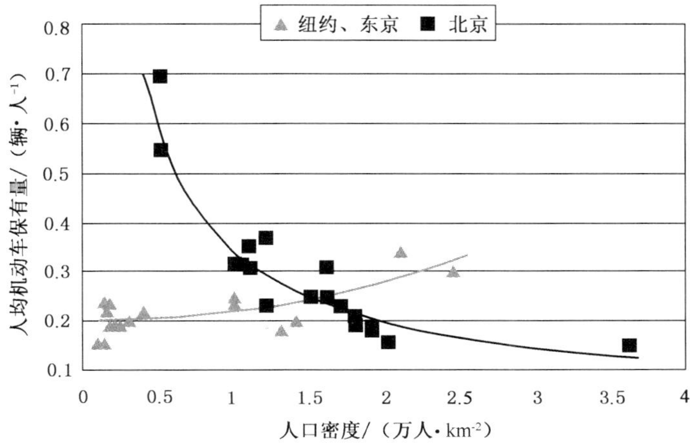

图 1-17　北京、纽约、东京人均机动车保有量与人口密度的关系对比

“三高”的需求会产生以下严峻后果:

(1) 导致城市中心区路网的严重交通拥堵。据分析,按照北京市目前私人小汽车使用强度,每净增 100 万辆私人小汽车,需要增加 282 万车公里的路网容量(相当于整个三环内的路网容量,相当于五环内路网容量的 30%);需要增加停车面积 30 km^2(相当于二环内面积的一半)。显而易见,按照目前的机动车发展趋势,有限的资源承载空间与迅速增长的私人小汽车需求之间的矛盾将进一步加剧,反映在路网上就是交通拥堵仍将不断恶化。

(2) 交通拥堵又进一步带来能源消耗及尾气排放的增加,逐步加重了城市中心区的环境污染。研究表明,车辆速度从 40 km/h 降低到 15 km/h 时,尾气排放平均增加 250%,油耗平均增加 67%。而北京是一个平原城市,空气扩散速度慢,中心城区增加的机动车尾气排放使得市区空气质量恶化。能源消耗方面,按照目前使用强度测算,全市每增加 100 万辆私人小汽车,每年至少增加 13.5 亿升的燃油消耗。

(3) 汽车交通需求过度增大将对城市规划和路网规划产生严重影响。北京的规划用地单元基本都是围墙围合起来的单位大院式结构,院内路网稀疏,院外马路宽敞,内外连通性差,断头路很多,这种历史沿革存在的缺陷原本就难以适应汽车交通。同国外城市相比,相同的道路面积密度,北京的道路线密度指标只相当于国外城市的 1/3,如果北京的小汽车交通发展模式不发生根本性的改变,即使多环放射(七环、八环甚至十环)继续建设,也难以解决人口膨胀、交通拥堵、环境污染难题,只会是陷入“小汽车增长导致拥堵与修路循环”永无休止的怪圈。

小汽车爆炸式增长与过度使用带来的交通拥堵在我国诸多大城市普遍存在。据调查[32],在中国 655 个城市中,约有 2/3 的城市在早晚出行高峰时段经受交通拥堵,而交通带来的能源消耗、环境污染、交通事故等负外部效应的资金投入也是无法预估的。应对小汽车增长,首先要从小汽车拥有和使用两方面改变对小汽车出行依赖,并通过其他 TDM 方法,提高可持续发展的交通方式的吸引力，形成良性循环的交通结构。因此，交通需求管理是全面地实施综合性交通治理最有力的理论支撑与行动策略。

1.2.3 我国城市土地与能源的约束

我国人口多，耕地少，耕地面积只占国土面积的9.91%，13亿多人口的人均耕地面积不足1.19亩，为世界人均水平的1/5。而城市用地资源更是非常短缺，形势严峻。城市扩展、道路建设都需要占用宝贵、稀少的耕地，在空间可利用上比发达国家更受限制，仅为发达国家的50%～60%。在国家“18亿亩耕地”不可突破的宏观控制下，我国城乡规划用地指标也作出了严格的“红线”约束：城市规划人均用地指标不得超过100 m^2，城市道路面积率不得超过15%。而2008年，我国城市道路面积率已经达到11.3%，进一步提升的空间已经不大。城市难以拿出更多的空间修建道路。

近年来，我国在道路设施建设上的投入是巨大的。2008年，我国交通基础设施的投资约1.2万亿元；2009年达2万亿元，比2008年超出80%；2010年交通投资已超过2万亿元。虽然交通建设投资在不断增加，但交通拥挤的状况非但没有缓解，反而有恶化的趋势[33]。**事实表明，城市交通的好坏，已经不只是取决于道路交通供给的多少、资金投入的多少，而应该有一种更“智慧”的思想和方法来指导交通的发展。**TDM为我们提供了这样一种思路：提供公共交通优先的道路网、建设地下轨道网，通过限制行驶、限制停车、更高额收费等措施控制私人轿车的拥有与使用，避免低效方式对城市空间的过多占用。

我国能源丰富，但人均不足(图1-18)。以石油资源为例，石油是交通的“血液”。1993年，我国成为成品油的净进口国，1996年又变成原油的净进口国。近10年来，我国石油消费量年平均增长率达到7%以上，而国内石油供应年增长率仅有1.7%。**据统计，交通运输业已经成为继工业和生活之后的第三大能源消耗行业，其能源消耗占到总消耗量的20%以上，我国汽车运输每年消耗的汽油占其生产品的90%。**2010年我国机动车的燃油消耗达到1.38亿吨，据估测，到2020年我国的机动车能源消耗将达到2.56亿吨。“十一五”期间，我国新增了1亿吨的炼油能力，但是几乎全被新增加的小汽车市场消耗(图1-19)。按此发展趋势，专家估计2020年我国的石油消耗总量将达到6亿～8亿吨，城市交通运输的排放与污染可能将对城市的生态环境和工业文明带来苦果[34]。

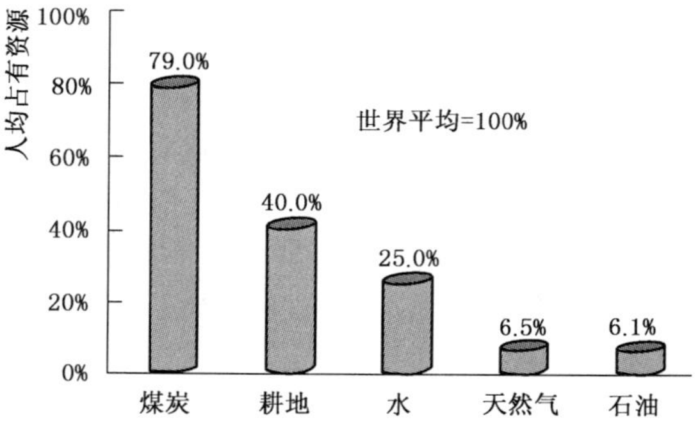

图1-18　我国主要资源人均占有水平

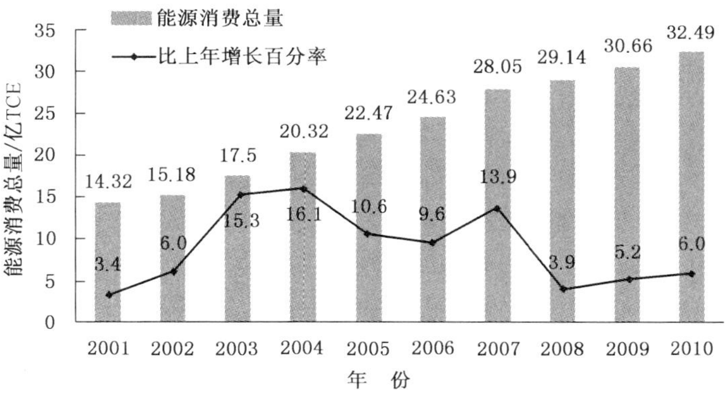

图 1-19　“十五”以来中国能源消费

土地和资源的约束，决定了在资源短缺条件下，我国城市发展道路要走“集中、紧凑发展路子”。我国的城市发展政策是“控制大城市规模，合理发展中等城市，积极发展小城市”，经济政策是“走资源节约，环境保护的道路”。国家制定的宏观经济政策和城市发展政策决定了城市交通发展政策应当选择节约资源、保护环境的战略，推进 TDM 战略正是这一政策选择的必由之路。

1.2.4　实现“低碳交通”的目标要求

专家估计 2020 年我国城市交通运输的排放与污染有可能占城市碳排放的 50%～80%以上[28]。2009 年 11 月 25 日，在哥本哈根会议上，我国宣布，力争到 2020 年，单位 GDP 的二氧化碳排放比 2005 年降低 40%，并作为约束性指标纳入国民经济和社会发展中长期规划，强调加快建设以低碳为特征的工业、建筑和交通体系（图 1-20）。交通被列入我国十大重点节能工程，其中明确了城市公交要大力发展轨道交通和大运量快速公共汽车系统，推动智能交通系统的建设。为此，加快发展低碳交通运输体系便成了我国交通运输系统一项重大而紧迫的战略任务。

低碳交通是指低污染、低排放、高效低耗的可持续发展的交通模式的统称，低碳交通与低碳经济、低碳城市的目标密切相关（图 1-21）。低碳交通具有两个鲜明的特征要求：一是指减少汽车交通 CO_2 的排放，即减少城市温室气体的排放，统计资料表明，目前我国大城市的温室气体排放“大户”中[34]，交通运输与建筑各占了 28%，而工业的排放已经降到了 14%；二是减少机动车污染物的排放，主要是指要减少碳氢化合物（HC/CO）、氮氧化合物（NO_x）以及污染物颗粒（即尾气排放中小于 2.5～10 μm 的悬浮颗粒），这些污染是所有汽车交通污染物排放中最主要的成分（总的污染物排放成分有一百多种），它们对环境和人体有巨大的危害。

城市交通碳排放及其他交通污染排放的影响因素有三大方面：城市交通系统结构、城市道路交通负荷状态、交通流速度及其速度离散性。从低碳城市构建的根本目标出发，如何优化城市交通运输体系的发展方式是实现低碳交通的关键。采用以公共交通（特别是轨道交通）运输模式来替代传统意义上的交通模式（特别是小汽车客运），减少对碳氢燃料为动力的交通方式的依赖，是实现低碳交通的核心问题。

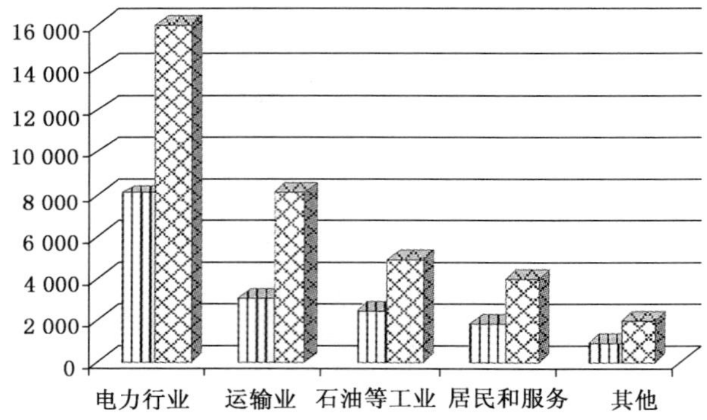

图 1-20　各行业碳排放比较

图 1-21　低碳交通的目标

1.3　国内外实施 TDM 的实例与研究现状

前已述及，交通需求管理起源于美国。目前美国、欧洲各国、日本、新加坡和我国等，围绕综合治理城市交通问题以及 TDM 对策，正在开展广泛的研究和应用。尽管各地的 TDM 政策特点与实施重点不尽相同，但其实施结果和研究结论都表明，TDM 对策对解决城市交通问题能取得相当的效果。

1.3.1　美洲 TDM 的实施与研究

1.3.1.1　美国 TDM 的实施与研究

如前所述，美国是小汽车发展模式的典型，人口密度较低、小汽车普及率高、人均道路面积高成为交通供需的基础。与其交通特点相对应，美国 TDM 政策更多关注私人小汽车，控制其交通出行量增长，而对于公共交通，美国大多数城市从政策层到执行层并没有刻意地去引导发展，只是适当地鼓励乘坐。近年来，美国各地 TDM 已渗入到交通运输规划与管理的各个领域，取得了一定成效，其具体措施如下①②③。

1. 推行 HOV 制度

美国 TDM 中典型的措施有高承载率汽车（High Occupancy Vehicle, HOV）制度，其规定在一定时间段的某些道路上，必须有 2 人或以上的人乘车。该措施近 20 年来已经成功地推广到美国 20 多个大城市，1991 年的“路上综合交通效率化法案”（ISTEA）中，HOV 专用车道成为交通拥挤管理规划中的强制措施。如美国南方第一大城市休斯顿市（135 万人口），该地区集中了得克萨斯州 20%的人口与车辆，人均汽车拥有量高达 1.1，而公共汽车分担率只有 5%，休斯顿市没有地铁，而有一个发达的环状放射公路网，内环（8.8 km）、中环（61.5 km）、外环（141 km）采取 P&R 的郊区停车换乘公交，建设快速道路。采用 HOV 制度，控制放射式布局道路，规定在 6：35—20：10 必须有 3 人以上乘车，其他时间必须在 2 人以上，对违反规定的，处以 50～65 美元罚款，图 1-22 为休斯顿

① Transportation, T. D. M. I. o. t. A. f. C., TDM Case Studies and Commuter Testimonials. Washington D. C, 1997.
② Focus G. Transportation Demand Management: Testing How to Talk About It. Puget Sound Regional Council, 2003.
③ (FDOT), t. F. D. o. T., Transportation Demand Management Strategies. 2004.

市的 HOV 车道。

(a) HOV 街道实景　　(b) 环放式公路网与 HOV 车道布局图

图 1-22　休斯顿市 HOV 车道

2. 出行替代方式减少出行需求①

"在家上班"方式由于能降低企业成本，减少企业和个人的交通开支而受到青睐，同时又能减少道路的交通流量而受到社会的鼓励。美国用这种方式工作的人数从 1990 年的 400 万迅速扩展到 1998 年的 1 600 万，并以每年 20%的速度增长。美国南加州 13 个办事处 400 个工作人员每周 1～2 天在家上班，结果工作出行下降 30%，每天人均出行次数从 0.9 下降到 0.63。SOHO 族，是指利用微型办公室或者在家办公的工作者。在美国，SOHO 族人口急剧增长，从 1988 年到 1998 年，美国在家办公或者远程办公的人数增加了 77%，估计总人数达到了 4 300 万，上网人数 9 800 万；日本 1 500 万网民，德国 1 300 万，尤其另人惊讶的是，大约 95%的新兴企业是由 SOHO 族创办的。从交通角度来说，"在家上班"方式减少了出行需求，减少道路交通量，是一种很重要的 TDM 策略。

3. 鼓励实行可变工作时间，消减高峰期间的道路交通量

(1) 错开工作时间：错开工作时间是由业主设定开始上班的时间。例如，上午员工开始上班的时间为 15 min 一个间隔，这个措施的主要作用是拉平高峰期间的交通量。

(2) 压缩工作日：压缩工作日是允许员工在少数的几天比平常工作更长的时间，一种经常采用的措施是"4/10"，即员工工作 4 天，每天工作 10 h。这种方法的影响有两点：减少车辆在工作日的走行公里以及鼓励员工在非高峰时间出发与到达。

(3) 弹性上班制：弹性上班制允许员工在一定的时间范围内设定他们到达和离开的时间，员工要求在一两个小时范围内到达，8 h 后离开。这个措施在几个方面潜在影响着出行，在拥挤地区，它能鼓励员工避开拥挤时段，从而拉平了高峰小时交通量。另外，在员工工作时间不同的地方，单独实行合乘措施是比较困难的，通过实行弹性上班制可以调整员工达到和离开的时间，有利于实施合乘策略。

亚利桑那州 Tucson 市区在 20 世纪 80 年代开始就致力于减少出行，并制定了专门的减少出行计划[39]，要求雇用单位的全职雇员数超过 100 名时，必须参加该计划，并且各单位必须劝其员工至少使用非小汽车通勤一次。这项强制性计划使参加单位增加了其他出行方

① Corporation C, et al.. A Guidance Manual for Implementing Effective Employer-based Travel Demand Management Programs. 1993.

式，减少了年出行里程。结果显示，在 1995 年，仅此项计划就取得了下述成果：减少了 6 000 万公里出行里程，减少使用 300 万加仑（1 加仑＝3.785 升）汽油，节省 2 500 万美元，减少 240 万镑（1 镑＝0.454 千克）的污染排放物。

在 1996 年佐治亚州亚特兰大的奥运会期间，管理当局对各种 TDM 措施高度重视，并且积极采用临时性的 TDM 措施，在实践中取得了很好的效果。使得早/晚高峰期间车辆出行减少 6.8%～2.2%①，并且氧化物水平比平时有所降低。

4. 优先停车和停车换乘

（1）优先停车。优先停车的方法是一种鼓励员工选用合乘方式的比较容易实现的方法。优先停车意味着在合适的地点专门给乘者预留停车空间，或者在工作地点为合乘提供免费或低费用的停车，而在这些地点单独开车上班的员工必须付停车费用。除了能够刺激新的合乘的形成，优先停车也有助于维持合乘。一旦合乘者习惯停在优先空间，他就不会在乎丢失单独开车的特权。

（2）停车换乘。美国停车换乘设施（park & ride）指设置在城市中心区外围（边缘与郊区），供小汽车出行者（以上班为主）长时间停放小汽车，换乘合乘车进入中心区。从 20 世纪 30 年代的底特律到 40—50 年代遍及美国，60 年代被广大公众接受，1973 年能源危机使之得到广泛使用。70 年代到 80 年代一系列立法和政策导向，公众对交通拥挤和空气污染的关注得到加强，成为 TSM 的一部分。到 80—90 年代成为“交通需求管理”TDM 的一部分。目前华盛顿特区有 152 个各类换乘停车场（总的容量 5.32 万泊位）。很多城市换乘停车场容量超过 1 200 泊位，全美最大的换乘停车场 2 552 泊位；在俄亥俄州，克利夫兰市的停车设施分类有远距离停车换乘设施（Remote Park & Ride Facility）、市内停车换乘设施（Local Park & Ride Facility）和外围停车换乘设施（Peripheral Park & Ride Facility）。

5. 收费调节

收费调节为利用分时间段收费差别来缓和阻塞（美国加利福尼亚州交通部）。主要包括拥挤收费和停车收费。

（1）道路拥挤收费，是在经常发生阻塞的道路上设置收费车道，用来进行道路交通的管理策略。例如连接洛杉矶郊外住宅区与市中心的加利福尼亚州道 91 号线（以下“SR91”），在早晨前往市中心方向，傍晚向郊外方向时常发生拥堵。为了缓和道路阻塞现象，加利福尼亚州交通部借助民间资本在原有 8 车道的基础上将中央分隔带拆除建设成双向 4 车道（收费车道）。在新设的收费车道上，采取分节假日、分时间带、分方向不同收费（0.6～3.2 美元），但是，对 3 人以上合乘的车辆采取免费（图 1-23）。这种 TDM 策略，分散了高峰时段的交通，并引入车载式变压按钮的自动收费系统，可以为驾车者不停车完成收费，减少了因停车收费发生阻塞。同时通过平均乘车人员的增加，来达到削减通行交通量的目的。另外，新设车道行程时间比原有道路缩短 20 min。并且由于原有车道的交通量向收费车道转移，缓和了交通阻塞现象。将新设收费车道设在中心分隔带处，使驾车者对现存道路和新设车道的通行状况一目了然，容易把握在两种道路上运行状况的差别。美国的道路拥挤收费是对小汽车使用者的资源分配策略，其实质上还是为小汽车服务的交通需求管理。

---

① Transportation，T. D. M. I. o. t. A. f. C.，TDM Case Studies and Commuter Testimonials. Washington D. C，1997.

(2) 停车收费，作为交通需求管理策略得到广泛运用，如美国旧金山对城市中心区的商业停车交易征收 25%的税收来限制中心区停车设施的过度开发，每年这方面的财政收入将近 5 000 万美元，并将其中一部分用于发展公共交通；芝加哥市将公共停车收费的价格提高 30%～120%，使其接近商业性停车场的价格之后，使停车的需求量下降 35%，而且附近的商业区停车需求量也没有增加；Eugene 市将公共停车场的价格提高近一倍，其中将室外停车泊位的价格由 6 美元提高到 16 美元，而将车库内的泊位价格由 16 美元提高到 30 美元，之后停车需求量下降了 35%，其中近一半是改变了停车的地点，而另一半则改变出行方式。

(a) 实景拍摄

(b) SR91 公路 3 人合乘免费标志牌

图 1-23　SR91 收费公路

美国在各地实施 TDM 的同时，也非常重视对 TDM 的研究，包括国家科学院交通运输研究委员会(TRB)成立的 TDM 委员会对交通需求管理计划、策略、实施的一系列研究报告，以及 TRB 年会的交通需求管理议题的学术交流等。美国甚至出版了专门的杂志 *TDM Review*，用来评估 TDM 计划的实施是否有效，它的应用带来了什么后果，以及 TDM 费用与效益的分析。而且，美国还成立 TDM 实施组织机构——交通管理协会(Transportation Management Association, TMA)，分布在美国各州，为了使企业和开发商们在一个特定区域内用 TDM 方法共同解决交通问题，例如安排汽车合乘服务，提供公共交通信息、交通管理计划等。但是，作为典型的自愿性质组织，它资源有限，而且对成员并没有强制约束力。

为了增加 TDM 的约束力，美国加州实施"出行减少条例"(Trip Reduction Ordinance, TRO)，见第 9.1.2 节的说明。

1.3.1.2　加拿大 TDM 的研究

加拿大与美国的发展模式比较类似，其 TDM 的实施策略也沿用了美国以"为小汽车服务"为主要目的。在加拿大对 TDM 研究中最具代表性的机构是，加拿大维多利亚运输政策研究所(Victoria Transport Policy Institute)在互联网上为 TDM 特别建立了一个网站(网址为 http:www.vtpi.org/tdm)，并将其命名为 TDM 在线百科全书。该网站全面介绍世界各地(主要是美国和加拿大)的 TDM 相关知识，内容丰富，但是比较庞杂，该网站的内容多次受到引用。网站创始人与主管 Todd Litman 写了多篇有关 TDM 及其有效性的论文，特别分析了一些成功的案例与评估 TDM 的费用与效益，成为 TDM 理论与实践研究方面颇具影响力的人物，Litman 相信 TDM 是运输业中一项重大的事情①。TDM 在线百科全书包括六个章节，主要内容包括：介绍取得各种特定目标的 TDM 策略，如减少拥挤、保护能源、

① North Carolina Statewide Transportation Demand Management (TDM) Plan, 2004.

减少污染排放、解决停车问题等；详细介绍具体的 TDM 措施方法，并根据各措施对出行影响的特点不同分为几类，即改善的交通选择、刺激使用驾驶小汽车的替代方式、停车与土地使用管理、政策与机构改革等；TDM 计划及其支持系统，陈述如何联合使用各种措施实现既定的目标。

1.3.2 欧洲 TDM 的实施与研究

与美国不同，欧洲将 TDM 视为过程，而非目的。**欧洲的 TDM 被称为移动性管理（mobility management）**，认为交通的最终目的还是为了提供人们出行的移动性、便利性。欧洲的移动性管理是一种旨在通过部分团体或个人的行为而减少道路交通量的战略。移动性管理的主要活动包括：为出行者和货运公司提供有效信息；影响交通方式的选择使大家倾向于选择可持续的交通方式；统一考虑土地利用和城市规划。

移动性管理提供的服务可划分为以下 6 类。

(1) 关于交通供给：如现有的公共交通、自行车相关设施等。

(2) 信息和交通产品市场：包括与交通有关产品、与交通无关产品的存储与销售，如车票预定、代售电影票等。

(3) 服务协调及服务机构：如私车合乘匹配、出租车电话预约等。

(4) 建议与讨论：如建议、协助公司实施通行性计划等。

(5) 教育与培训：包括学校教育宣传等。

(6) 新产品与服务：包括成本比较分析等。

欧洲移动性管理的最大特点是抑制小汽车出行，大力发展公共交通和慢行交通。欧洲各国家主要城市的人口密度要大于美国，且由于历史原因，欧洲大城市的规划较美国紧凑，街道狭窄，公共交通特别是轨道交通是很多欧洲大城市的主要出行方式，部分欧洲国家的 TDM 中，发展公共交通更为重要。

因此，欧洲的移动性管理主要包括两个方面：一方面是采取惩罚性措施阻止和降低小汽车交通量，如停车管理措施、道路定价措施、改变道路基础设施结构以利于非私人机动车方式等；另一方面采用正面的鼓励措施，包括改进公共运输系统，通过“移动性中心”（mobility center）提供个性化出行服务，以及使公司和通勤者都能受益的“绿色通勤计划”等。

欧洲大部分的国家都对移动性管理非常感兴趣，其政策主要包括阻止和减少小汽车交通量，改善可持续的交通方式等管理措施。1991 年，德国建立了第一个通行性管理中心，目前已成为交通需求管理应用最广泛的国家之一；英国 1996 年 3 月开始实施移动性管理策略，计划使诺丁汉地区员工在 3 年内单独驾乘工作通勤下降 30%；荷兰在综合运用一系列移动管理措施后，其公共交通出行率上升了 8%～40%[13]，等等。欧洲作为移动性管理领域的革新者，一直在不懈进行相关 TDM 研究，而且已经在一些国家进行实践。

1.3.2.1 欧洲阻止和减少小汽车交通量的 TDM 方法

交通拥堵影响了普通上班族上下班出行时间，也导致了空气和噪音污染的问题，使一些欧洲国家在部署 TDM 措施时采取了非常激进的手段。例如，荷兰采用的一种 TDM 手段是把小汽车从国际性道路网上转移出来，以便让货车能更通畅地将货物从鹿特丹运到欧洲的其他国家。这些 TDM 手段要么跟中断交通流有关，要么与减少交通量有关，以下进行具体阐述。

1. 通过停车措施来终止和减少交通

激进的停车策略在欧洲努力控制小汽车使用中发挥了至关重要的作用。典型地与停车空间控制相关的策略已经尽力来影响交通行为，它是通过限制可用的停车空间的数量和调节那些空间的利用来实现的，那些空间的利用则是通过谁能停车在这、何时停以及停车时长来进行限制。在一些情况下，实施停车空间收费来减少私人小汽车交通需求以及驾车者有限数量停车空间时发生的许多交通问题。上面提到的策略的结合经常被用于欧洲公司的“绿色通勤者计划”中。

1994 年，瑞士的城市管理机构提出提高短时间和中等时间的公共停车收费价格，遭到了商业、工业人士的反对，认为收费价格超过维护和控制的费用是不对的，这样做违反了宪法原则(使用道路是免费的)，最后由法庭判定提高收费价格，理由是考虑到中心区有过大的停车需求，停车时间超过 30 min 的结果是过分地使用公共物品，从而最后的结果是：苏黎世的市政可以合法地对 30 min 内的停车收取 0.5 CHF(瑞士法郎)，1 h 为 2 CHF，2 h 为 5 CHF。

荷兰通过调整国家的停车政策来限制商业区和地方政府提供免费的停车服务，减少对小汽出行的停车补助以达到缓解城市交通和机动车的交通空气污染问题。阿姆斯特丹被认为是在实施停车规则中最大胆的城市之一；有一项措施是限制在公交可达地区新商业开发设置的停车位数量。例如，在最靠近公交站点的商业点，每 10 名职工最多只提供 1 个停车位，此约束极大地限制了特定区域的交通量。这实际上是一项名为 A-B-C 的国家政策。

在意大利博洛尼亚，也通过停车限制来抑制私人小汽车的使用；驾车者必须支付相对高额的停车费用，居民只能使用特定的停车位，甚至在某些情况下居民必须支付停车费用。仅在指定的时段里，博洛尼亚地一些区域对居民、商业业主和出租车有出入限制，它是通过电子设备检验车辆是否有通行证来执行的。

越来越多的公司和机构通过停车措施来缓解单位的交通问题。例如，英国的谢菲尔德大学把停车场分类并入它的出行计划中，这种分类是通过位置、便利性、价格和限制来区分的。停车场被分成各种等级，根据分数和标准来分配停车位。将最佳的停车位优先分配给那些有大量分数的通勤者。分数给予那些满足指定标准和由于有更紧急的事及优先权而有往返需要的人，例如，如果有一通勤者从他(她)家没有到公共交通的线路经过，由于其他原因要乘汽车，或者要接送孩子上下学，那么他(她)就会得到分数。虽然证实这个计划效果的具体统计很难获得，但是迹象表明，职工和学生独自驾车去学校的数量在减少。

2. 制定税费政策减少和终止交通量

制定税费政策影响出行者的交通行为，也是欧洲移动性管理的重要内容。税费政策最典型的就是道路收费和交通税策略。基于 TDM 的道路收费策略一般包括道路收费和拥挤收费。其中道路收费是向道路所有的通过者收取道路使用费用，它作为一种限制交通量的途径，越来越多地引起人们的关注。欧洲议会制定了一份名为“关于运输中公平而高效的收费”的“绿皮书”，其中阐述了一个公平有效的收费策略，充分证明了他们对道路收费的浓厚兴趣。

(1) 道路收费应该与潜在的成本尽可能的紧密相连。

(2) 道路收费应该高度区分以鼓励人们调整出行行为。

(3) 定价的结构应该向道路使用者透明化。

(4) 道路收费应该对不同的交通方式一视同仁,收费收入应该流向发生了费用的交通方式。

(5) 行程中运输定价应与社会上这些行程的成本联系起来。

(6) 所有基础设施建设的成本应该可以从长期的收费中得以回收,除非该设施的建设是基于其他的政治原因。

(7) 仅是出于增加税收的目的来增加额外的收费很可能会让人们产生误解。

鉴于"绿皮书"内容,道路定价计划会吸引越来越多欧共体成员国的兴趣,道路收费方案已经处在了不同的发展阶段。例如,挪威首都奥斯陆市自从 20 世纪 70 年代末就开始对小汽车实行电子收费。对进入市中心的车辆往返大约平均收取 1.70 英镑,此项每年为政府增加 6 500 万英镑的财政收入。一些研究表明,自从开始道路收费,公共交通出行有所增加。此项收费不仅有回收部分运输成本的目的,还是限制小汽车与提高公共交通出行的可行办法。而挪威的城市卑而根和特隆赫姆,城市道路收费才刚刚起步。收费得来的这部分收入通常用于建造新的基础设施,或者是现有道路的养护。另一种道路收费策略是拥挤收费,这项策略的目的是均衡分配一天中的交通需求,以此来优化现有交通设施的利用。收费价格随着时间和交通需求的不同而波动,在出行的高峰小时内可以减少交通量。为了确保交通量更易于管理,应从战略上考虑拥堵收费地点和时段。在欧洲,法国巴黎最近声称要成为现有少数实行拥挤收费方案的国家之一。英国伦敦已开始实行拥挤收费(后文将详细介绍)。

征收交通税也是欧洲一些国家采用的 TDM 策略。法国从 1971 年开始向企业员工征收交通税。根据规定,位于人口数量超过 1 万的行政区的所有组织和拥有 9 名以上员工的企业都必须缴纳交通税。具体税款各地会有所不同,当地政府可以设定最低的税额。当前,该税额为每一符合条件的组织总工资的 0.55%~1.72% 。作为回报,员工可以享受交通补贴或免费乘坐公交工具。交通税的收益被部分用来资助城市交通基础设施项目,其中包括巴黎地铁的升级和延伸及轻轨和地铁系统。据估计,对于像法国里昂这样的城市,执行交通税制度,每年可筹集约 1 亿英镑的资金。英国也一直用征收税制度来鼓励人们使用其他的交通方式取代私家车出行。英国政府的 1998 年白皮书《一份交通新协议:要益于每个人》中,专家们建议反对修建新的交通基础设施,取而代之签署的可行性管理办法更进步、更可行。方法之一是政府减少私家车的使用,提倡能供得起的交通方式来扶持那些公司通勤员工。白皮书强调了修改能满足这个目标的税收方案的必要性,评述了已经产生的一些变化,这些变化有助于公司制订员工通勤计划。2002 年英国制定了一项新的税收方案,即税收不再仅仅取决于公司车辆价格的百分比,还取决于其二氧化碳的排放水平。

3. 通过改建基础设施终止和减少交通量

据统计,欧洲私家车的拥有量呈继续上升的趋势。过去对上述趋势的解决办法都是一味地修建新道路和增加额外的基础设施,欧洲的 TDM 决策者们认为这些方法既不可行也没有显著效果,现今正逐渐被另一方法所取代,**即通过改建基础设施来终止和减少交通量**。例如欧洲一直倡导的**"交通宁静化"理念是欧洲 TDM 观点的集中体现,主要表现在从交通基础设施设计上对机动车的限制**。交通宁静化的理念起源于 20 世纪 60 年代,荷兰率先倡导街道空间回归行人使用，对街道实施物理限速、物理交通导向，包括设置渠化岛、减速带，限速，减少交叉口转弯半径，缩窄车道等一系列的手段，改善社区居住及出行环境（图 1-24）。实现交通稳静化的设计。该理念随后迅速传播至包括法国在内的欧洲各国，已有较为成熟的理论体系和实践案例。欧洲逐渐出现了越来越多的步行专用区和禁止车辆进入商业区，荷兰尤为显著，它的步行专用区大约有 6 000 个。其他的地方更加积极地推进步行者友好型环境：维也纳的步行区域内设置有艺术品、雕塑和喷泉；德国的历史文化旅游区禁止机动车进入。对临近街道进行重新配置也被证明可以产生本质上的区别，比如丹麦的欧登塞限制机动车进入公园和儿童玩耍区。

（a）限速、设置减速带

（b）增加导流岛限速

图 1-24　交通宁静化设计

苏黎世、维也纳和慕尼黑城市坚决抵制多车道开阔马路等城市形象工程，要求处处有公园、绿树花草环绕社区，**把城市交通安静工程建立在人文景观、和谐社会、空气清新、清水环绕的自然氛围之中**。法国里昂，许多街区采取了道路封闭措施限制机动车通行。道路封闭方式包括路口摆放花坛、设置栅栏、设置石质路障等。实行道路封闭的街区面积通常不大，防止因过度限制机动交通而产生的不便。苏黎世主张建设单向行驶街道，扩大人行道；车辆在平面交叉路口只准小转弯，不准大转弯，只能在立交路口大转弯；坚持持续行车，决不搞一会儿停顿、一会儿流动的城市机动车交通，等等。

1.3.2.2　改善可持续的交通方式的策略

欧洲的 TDM 也包括一些正面的激励措施，从设施建设和管理政策等方面给予公共交通、慢行交通等可持续的交通方式以优先权。

这些激励方式包括改进公共运输系统，例如降低费用，多用户乘车卡，扩充现有的运输体系，更舒适的乘车，提供往返服务，增加支路里程，提高车速和可靠性，提供更多的公交卡充值点，以及为某些运输需求提供特定的路线等；还包括改善慢行交通的通行环境，例如增加步行道、设置自行车租赁点、拓宽步行空间和自行车空间等[35]（图 1-25）。

在欧洲的许多城市，如日内瓦、苏黎世、里昂、芬兰等，公交车能像火车一样准点运行，人们乘坐公交车可以同“打的”或自己开车一样方便准时。每个公交车站牌下均有运行时刻表，车上也备有相同的时间表供乘客索取，公交车实际到站时间与运行时间表上的时间误差很小。通过这种措施，极大地提高公交的吸引力。在苏黎世市中心，公共交通承担了出行的 75%，甚至连苏黎世市长也是乘坐公共交通通勤的。

(a) 随处可见的自行车租赁

(b) 安静的苏黎世林荫步道

图 1-25　欧洲 TDM 措施

自 1995 年以来，作为丹麦政府一部分的 Danish Folketing 拨款给交通运输部。这些资金用于启动和支撑题为“更加安全的自行车交通” 的示范项目，该项目使交通更加安全并减少了对环境的破坏。该项目证明骑自行车的安全性是可以提高的，而且在更加合适的交通条件下出行者会将小汽车出行改变为骑自行车出行。

哥本哈根被认为是在改善步行条件领域最富有创新的城市。在城市禁止车辆驶入的空间中，人们因公事或私事增加的活动时间可以证明哥本哈根在这个领域的成就。自 19 世纪 60 年代以来，一系列的调查记录了这些城市文化改变的数据，这些数据简要地说明了交通行为和大众生活的改变。此外，这些调查指出哥本哈根现在的禁止车辆驶入区数量是 1968 年的四倍。通过各种方法和政策，哥本哈根已由机动车支配中心转变成为对行人友好的、可供多种非机动车交通方式选择的区域。哥本哈根的第一个行人专用区(stroeget)，在夏天的白天或晚上有 80 000 人步行通过 10～12 m 宽的街道。这里曾经堵满了公交车、卡车和小汽车，这一状况早在 1962 年设置第一条行人专用区后开始得到了改变。对实验的结果的惊讶使交通规划师们意识到通过设置行人友好空间来解决交通问题的潜力。Stroeget 对行人开放以后，在步行区的人数与禁止车辆进入区域面积成比例地增长。哥本哈根每增加 14 m^2的步行使用区，就有一人出现迁入和开始享受城市生活。

除了这些改进措施以外，欧洲的 TDM 策略也包括一些机动中心的“绿色往返计划”，这些公司中心位于英国、德国以及荷兰的一些主要城市，对顾客提供超过 50 项的运输服务，包含了所有的可用模式，如共用小汽车和上下班交通车合乘服务。最终，公司和往乘车返者都能从绿色往返计划里受益。这些计划同时为雇主和雇员提供奖励，通过提供一系列的奖励从而减少驶向工地的机动车交通量，例如对骑自行车的人、上下班合伙乘车的人，或者乘坐公交上班的人提供奖励，同时也提供对雇主和雇员同时受益的电话上班和可变的工作时刻表。

1.3.2.3　欧洲 TDM 的 MOST 计划

欧洲未来 10 年通行管理策略(MOST：MObility management STrategies for the next decade)是在 32 个欧洲城市一项 TDM 试验计划的尝试，这些城市跨越了传统(公司和学校)、新的旅游和新规划枢纽站点。方案是为了改善所有地区接近公共交通通道和推进对可持续交通方式的积极态度。该计划通过 MOST 监测和评价工具箱(MOST MET)形成的清晰指南,对各项实施 TDM 策略的效果进行分析。MOST 方案是通过车公里的减少和工具箱数据分析来估计的。

在教育部门,在 MOST 试验计划的传统范围,家长选择用 MOST 的交通方式接送孩子。例如,在比利时的林堡,官方以“按部就班”的方法实施了四个分开的方案,第一步是宣传一个“公交免费”学校周,鼓励其他交通方式,导致自行车 23%的增长。接下来的步骤促进各省全面计划的发展,它的目标是整合基础设施的发展,而本质上是确保通行性管理。在旅游部门,MOST 寻求鼓励游客利用公共交通来减轻高峰旅游时段运输系统的压力。

在西班牙马拉加,通行性管理和运输基础设施的一个详细的长期的发展计划已经形成,这份计划执行了专一的“旅游者巴士服务”,发信息传单和发起小卡片服务都是为了改善所提供的服务水平。

MOST 策略同样被用于站点发展,为可供选择的持续的可行性方案和减少拥堵综合新的交通管理策略。在德国不莱梅,Botanika(当地的一个杜鹃花公园)计划包括“步行指导系统”计划和对公园游客在公园咖啡馆里的信息分发。

1.3.2.4 英国伦敦的拥挤收费措施

拥挤收费是典型的需求管理措施,在伦敦取得了显著成功[23]。

为缓解伦敦市中心区的拥堵状况,伦敦交通局于 2003 年 2 月 17 日开始推行局部区域(22 km^2)的交通拥挤收费,并配合开辟了一个拥挤收费相关的网站,介绍与发布有关信息,这是全球最大的拥挤收费计划。图 1-26 和图 1-27 是伦敦拥挤收费区域部分道路采取的相应渠化措施。由于实施强度大,伦敦市长亲自挂帅,伦敦交通当局非常注意监控收费带来的相关影响,定期发布交通拥挤变化的情况,检查该方案的实施效果。年度监控报告从拥堵状况、交通构成、公共交通及出行方式、社会影响、商务及经济影响、交通事故、环境影响以及税收管理计划等诸多方面,对伦敦中心区拥堵收费政策的实施进行了深入细致的分析研究。

图 1-26　伦敦的拥挤收费区域及标志

图 1-27　伦敦单行道路

目前,这一行动取得了较为明显的成效,英国其他城区与通道大有效仿趋势,以下简要介绍伦敦拥挤收费情况。

1. 收费区域

由内环路围成(连接尤斯顿路、潘敦维尔路、塔桥、象堡、伏克斯豪尔桥及梅丽勒波恩路），该区域占地 22 km²，有 8 个区全部或部分位于收费管制区域内（图 1-28），区域内聚集了大量的政治、法律、商业、财政和娱乐设施，交通需求很大，但是道路容量有限（中世纪以后伦敦路网几乎没有扩张），供需之间严重的失衡导致伦敦市中心的交通状况特别糟糕；但在内环路上行驶不收费。2004 年 8 月 11 日，市长凯·利文斯顿宣布，将伦敦市实施道路拥挤收费的区域扩展 1 倍，延伸至伦敦西区，覆盖肯辛顿以及切尔西这两个著名富人居住区（图 1-29）。

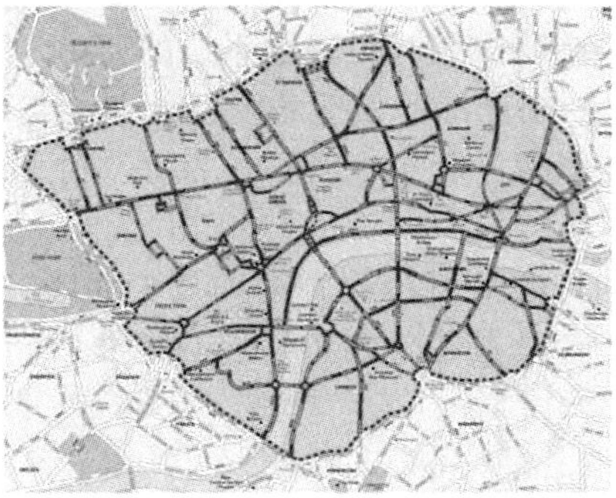

图 1-28 伦敦开始的拥挤收费区域示意

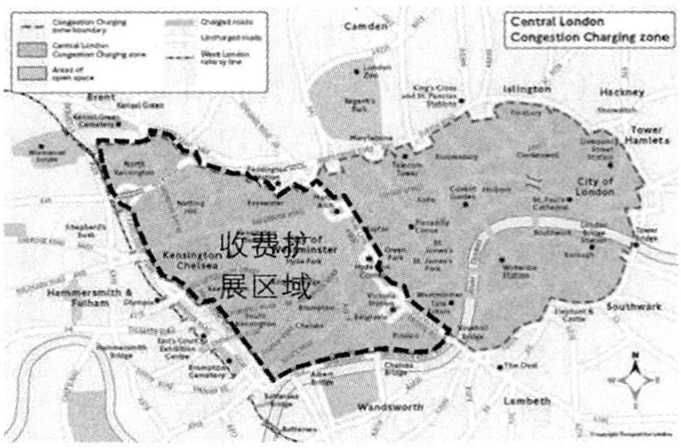

图 1-29 伦敦扩展后的拥挤收费区域示意

2. 收费对象

只有进入内环内的车辆才收费，给住在收费区的居民打 90% 折扣，对急救车、某些 NHS 车、残障车、公交车和班车、伦敦批准营业的出租车、某些区间车及某些“对环境友好的”车辆等不收费，如小型摩托车、电动滑板车、出租车、急救车和使用环保燃料的小轿车不在收费之列。

3. 收费方式

对平日（星期一到星期五）7:00—18:30 驶入伦敦中心部（约 2 100 万平方米）的车辆收取交通费，周末与公共假期除外。全天收取一次费用，采用统一的收费标准，目前是每天 8 英镑（相当于 104 元人民币）。起初是 5 英镑。根据机动车的登记号码可以按每天或每周、月度、年度来缴纳费用。安装在收费对象地区周围的摄像机在识别车牌后，进行核实通过因特网及电话等完成支付的车辆。自 2007 年起，交费区域已扩大一倍，2009 年在伦敦市内任何地方行车都要交费，平均每行驶 1 英里（约合 1.7 km）要交费 0.8 英镑。到 2015 年，计划每辆汽车都将必须装配受控设备，其行驶状况被有关部门全程自动监控和记录，政府按照不同路段不同里程价格的原则每月收取上路费，即使在伦敦外围地区行车也再无免费可言。

4. 收费效果

实施拥挤收费政策之后，城市总体交通量下降，公共交通方式客流量增加，交通拥挤、能耗和排放等方面都有了较大的改观。

1）对总体交通量的影响

2004 年，车辆每公里的通行时间比收费前的 2002 年减少了 30% 左右；交通过量延误时间从收费前的 2.3 min/km 降至收费后的 1.5～1.8 min/km（非拥挤状况下的延误都是 1.9 min/km）；伦敦运输局调查显示，收费之后拥挤水平平均下降了 30%；公众也普遍认为交通拥挤水平得到了很大的改善。根据拥挤收费实施 6 个月后的监控报告，前后收费区收费时段内的拥堵水平对比如图 1-30 所示。

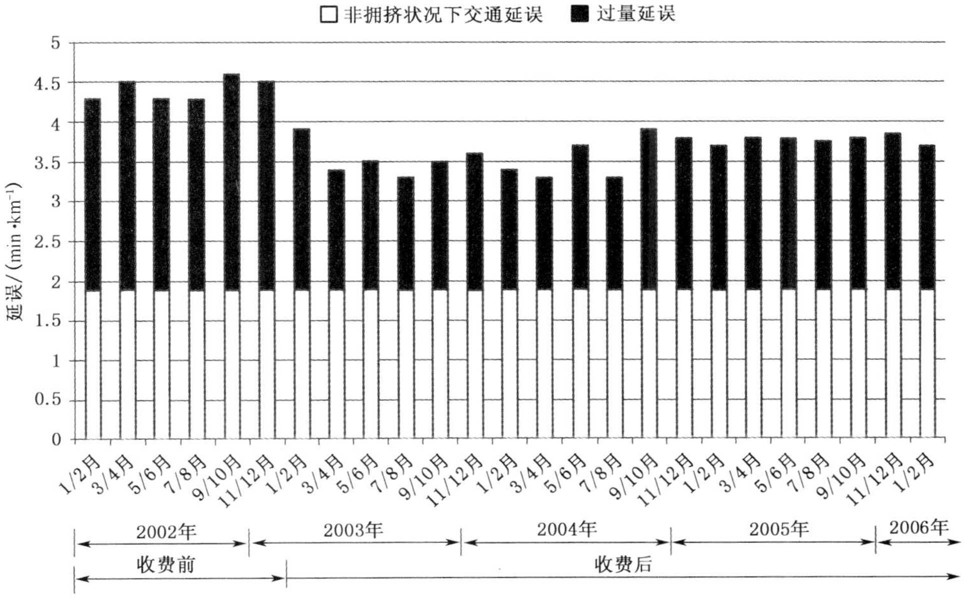

图 1-30 实施前后收费区收费时段内的拥堵水平对比表

实施拥挤收费后，收费区内外交通量均受到不同程度的影响。区域内部循环交通量：2003 年与 2002 年相比，收费区收费时段内四轮及其以上机动车的车公里数减少了 15％，所有的车辆的车公里行程减少了 12％，小汽车则减少了 34％。对于收费区域之外的交通情况，伦敦运输局围绕收费区，在路段布置了 29 个监测点进行持续监测。数据表明，与收费前相比，半数以上点的交通流量不变或达到 13％的下降，其余的点有 7％的增加。

2）对出行结构的影响

拥挤收费对不同交通方式的影响是不同的。2003 年春季与 2002 年春季相比，收费时间段内进入收费区车辆(指的是四轮及四轮以上的车辆)减少了 16％。根据伦敦运输局的调查，收费时段进入收费区的小汽车减少 30％，出租车增加 20％，巴士和长途汽车增加 20％，货车和卡车减少 10％，脚踏车增加 20％，动力二轮车增加 10％～15％(图 1-31)。

拥挤收费改变了人们的出行行为。伦敦运输局曾经在 6 个月运行报告中分析，每天穿行中心区的小汽车数量减少了 60 000 车次，这包括：20％～30％的减少是由于车辆绕过收费区或减少通过收费区的出行频率；50％～60％的减少是由于出行者使用公共交通；15％～25％的减少是由于出行者使用其他交通方式。实际调查的数据显示，2003 年秋季与 2002 年同期相比每天穿行中心区的小汽车减少了 65 000 车次，这与其早先的预测大致相同。其中，公共交通客流量得到显著提高。早高峰(7:00—10:00)进入收费区的巴士乘客从77 000 人次增加到了 106 000 人次。巴士增加了 560 辆(2003 年秋季与 2002 年秋季比较)，整个巴士网络的平均车载乘客数量增加。收费引入以来，巴士的行程时间和可靠性也得到很大的改进，由于晚点或者其他因素而使乘客额外的等候时间，在整个伦敦范围减少 20％，收费区及其附近减少大约 1/3。收费区内巴士速度提高了 7％。

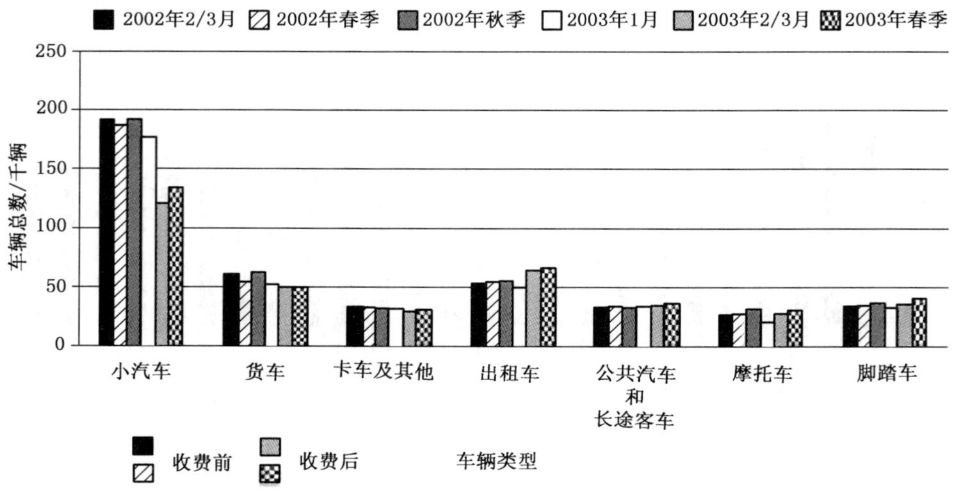

图 1-31　不同方式收费前后交通量变化对比表

3）交通事故和环境影响

在整个伦敦交通事故数量不断下降的背景下，收费区内的交通事故数量下降更为明显。根据 2003 年 2～8 月的观察数据，个人伤亡事故与前一年同期相比下降了 8%，行人事故减少了 6%，摩托车和机踏两用自行车下降了 4%，自行车下降了 7%，小汽车则下降了 28%。

在环境影响方面，调查显示，几项指标如氮化物排放减少了 13%及悬浮颗粒物的排放，如 PMl0 排放减少了 15%，二氧化碳排放减少了 15%，表明该政策是非常有效的。

4）对经济和社会的影响

根据伦敦市交通局的成本效益分析估计，拥挤收费方案每年的成本在 1.3 亿英镑左右，包括管理成本、运行成本以及增加新的公共交通设施等成本在内；而拥挤收费的效益则更大，拥堵的减少、时间和能源的节省以及污染和事故的减少等产生的经济效益每年大约在 1.8 亿英镑。因此，拥挤收费方案的实施每年对伦敦的净贡献值大约在 5 000 万英镑。

交通拥挤收费政策的一个重要事项就是要合理地使用收费收入。伦敦拥挤收费净收入主要用于公共汽车服务改善、道路安全改善及学生上学道路的安全改善、步行与自行车条件改善，以及货物运输改善等方面。同时，明确地告诉人们所得收入将用在哪些方面，将会带来怎样的好处，这样才能够说服人们接受政策。报告针对收费区内和伦敦其他地区的居民作了大量调查访问。在收费区内，近半数的居民在采访过程中对收费政策毫不怀疑地持正面态度，认为交通得到了改善，环境质量也大为提高。而当涉及实施收费政策导致的收益和支出时，不管是收费区还是伦敦其他地区，将近 70%的居民认为实施拥堵收费后他们有所收益或者没有改变，其中年轻人、低收入者和老年人更倾向于认为得到了收益。

虽然收费政策推出时伦敦正处在经济复苏的时期，但大量研究显示，收费政策并没有对收费区内的商业活动产生负面影响，各种各样的商业调查数据都支持这一观点。同时，针对商业和房地产市场的调查也表明，拥堵收费并没有对其产生任何重要的影响。但是，伦敦的商人们对拥堵收费政策非常反感，一半的商人认为该项政策使他们企业利润明显降低，三分之二的公司认为他们的顾客明显减少，而三分之一的公司已经开始考虑搬迁出伦敦市中心区了。

5. **新伦敦交通收费计划**

由于伦敦中心区拥堵收费方案的成功，英国开始探索一种革命性的全新交通收费系统，其目的就是使开车多的人比开车少的人多交更多费用，其核心思想与拥堵收费方案一脉相承。

实施该系统后，所有车辆将安装一个黑匣子，利用全球卫星定位系统，来记录司机的行驶路线、时段及所行驶的里程。非高峰期在郊区道路开车，每英里只需2便士；而要在高峰期进入伦敦，每英里将交费1.34镑。

研究认为，实施这种全新的交通收费系统，将使英国的交通能力提高40%，英国交通大臣阿利泰利斯·达林2005年就提议，在英国全境实施一种革命性的全新交通收费系统，即根据不同路线、不同时段及车程长短，对全国所有道路进行定价收费，以取代目前的交通税和燃油费。解决交通问题不能只盯着过去的遗留问题，而更应该着眼未来。**实施这种新的交通收费系统不仅技术上是可行的，也是公平的，即开车多的人就应该比开车少的人多交费。**按照达林建议，2009年就新交通收费系统进行试验，可望于2014年全面投入使用。**英国将成为世界第一个在全国范围内使用这种收费系统的国家。**

然而，实行新的交通收费系统也会带来诸多问题。旅游部门担心提高交通费用会增加旅馆的空房率；环保部门则认为，取消燃油税不利于新能源的发展；更有人置疑，新交通收费系统每年的收入高达80亿～90亿英镑，而系统维持费用每年只需要20亿英镑，那样，节余的经费不知应该用于改善公共交通设施，还是应该用于继续扩建交通网络。

1.3.3 亚洲其他国家与地区TDM的实施

与欧、美城市相比，亚洲城市的人口密度最高，由于人口、土地、经济等方面的种种限制，决定了亚洲诸多城市就选择了公共交通方式为主流的发展模式，如东京、汉城、新加坡、香港等均是以公共交通作为其TDM的发展基础。相比于欧美，亚洲政府采用了比较强制的TDM政策，从土地利用、交通规划、交通政策等方面都透露出强制居民出行以公共交通为导向的讯息。

1.3.3.1 新加坡TDM的成功经验

新加坡是通过行政手段干预交通供需关系的典型。新加坡整个陆域只有704 km^2，居住人口约448万人，如图1-32南部是CBD地区，市内总的车辆数大约是70.7万辆，用地有限，无地方汽车工业需要保护，既是一个独立城市，又只一个国家政府，道路交通建设均属国家政府职能，没有私人财团干预，城市的规划较少受到干扰，高层次的交通文化和严厉的违章惩罚措施是TDM实施成功的良好基本条件。新加坡1964年刚刚独立时，道路拥挤非常严重(图1-33)。从1975年开始，新加坡实行区域"通行证"制度，高峰拥挤收费坚持近20年，到1990年1月开始执行车辆限额制度之后，道路交通状况有了更明显的好转，没有了以往严重的堵塞现象。据资料统计，在高峰小时，市区机动车的平均速度可达到30 km/h，而世界其他城市如纽约、伦敦等的平均车速为10～12 km/h。另外，新加坡市区公共交通工具的使用比例高达71%，而欧美各国仅为3%～26%。除行政干预之外，新加坡还实行拥车证制、车辆注册、附加注册费、关税、汽油税、路税、公路电子收费等经济手段抑制私人交通出行量的增长。在有效控制道路交通量的同时,每年新加坡政府这发面的收入可达 40 亿新元。新加坡高强度的政策干预和经济手段是 TDM 的主要实施政策,并取得了公认的成功。

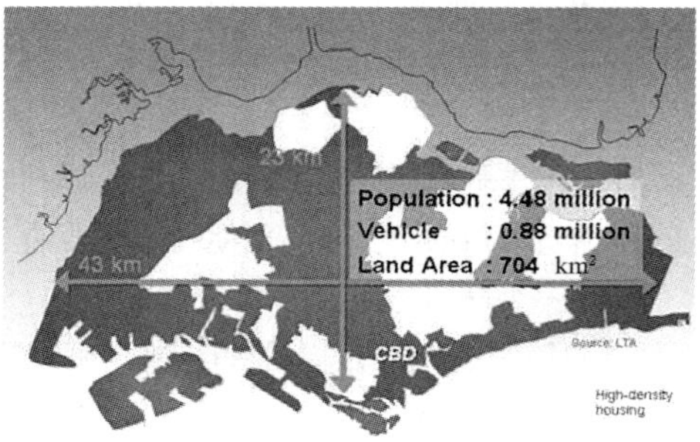

图 1-32　新加坡

图 1-33　20 世纪 70 年代的新加坡交通状况

为有效保障交通运输系统的效率与质量,新加坡交通部于 1995 年 9 月成立执法机构——陆路交通管理局(Land Authority Authority, LTA),由四个部门整合而成,使得陆路交通的规划与管理有了一个强有力的统一协调管理机构,其任务是为新加坡人提供一个世界级的运输系统,使出行顺利、无缝(seamless)衔接。根据新加坡总理的要求,LTA 于 1996 年向国会提交了一份交通政策白皮书,陈述如何达到交通规划管控目标。白皮书阐述了许多重要的 TDM 思想,主要包括以下内容[36]。

1. 整合交通运输与土地利用规划

白皮书提出,进一步将交通规划与城市发展结合起来,致力于居住区、工业区甚至于两者之间发展上的适当融合,并且在 MRT 站周边进行混合高密度土地开发,能够确保通勤者到达上班地点、家、休闲场所和其他社会活动节点之间的可达性最大。新加坡是迄今为止在这方面做得比较成功的国家。例如,通过房屋开发署(HDB)规划的住房,使城镇人口远离市中心来分散人口,并且通过有效的道路、高速道路和公共交通运输体系,将两者有效连接起来。这样就避免了日益严重的城市内部拥堵和使一些城市蔓延问题,同时,向日益增长的公共交通系统需求提供交通供给。现有的 MRT 网络交通通道也是基于这一理念规划的。从 1971 年第一次战略发展规划到 1991 年修正的规划中,为了解决交通问题,推出了两个关键的土地利用 TDM 规划策略:通过发展 MRT 网络各个车站附近地区和分区的边缘中心来分散市中心的商业和其他的经济活动,这样可以更好地利用 MRT 网络带来的益处;另外将工作岗位密集区(例如工业园区、商业停车场和商贸中心的位置)设置在居住区附近来减少人们的出行需求。

同时,充分将 MRT 车站同周围建筑物开发和其他的交通运输模式整合一体化发展。例如,在 the New Woodlands 车站,接驳交通设施,如公共汽车换乘点、出租车和小汽车的上落点,都与车站周边建筑很好地融为一体。即使在恶劣的天气里,通勤者也能容易、舒适地换乘。

2. 对使用道路的需求实施管理

这是新加坡成功经验最有成效之处,新加坡管理道路交通拥挤主要是针对私有车辆,并且主要采用税费政策，推行了一系列从车辆拥有权到车辆使用措施，并将两者有效结合起来。

1）车辆进入许可费

早在1973年，就对在新加坡逗留的国外注册车辆引入了"进入许可费(Vehicle Entry Permit, VEP)"，使得新加坡国内外注册的车辆使用费基本相当，这项收费于2000年开始已经用自动化手段取代人工收费。

2）区域通行证制度

1975年开始，引入区域通行证制度(Area Licensing Scheme, ALS)，规定在高峰时段内，除了公交巴士和紧急车辆外，其他车辆都需要购买并出示许可证(限制车辆使用月票、日票3新加坡元)才能进入7.25 km^2的限制区，同时引入了P&R系统。1984年2月、1986年11月两次扩大ALS的范围，1994年11月开始实施全日(CBD地区从早上7：30—晚上7：C0，快速路与外环路从早上7：30—早上9：30)通行许可证计划，使CBD区域的交通量减少了9.3%。

1995年，道路定价计划(Road Pricing Scheme, RPS)开始实施，1998年人工收费系统为电子道路收费制度(Electronic Road Pricing, ERP)所取代(图1-34)，在控制区内依靠自动化检测和收费，通过检测装置和区别各收费标准，可以在最繁忙道路收取最高费用，对不拥挤路段不收费。新加坡电子收费纪录一天内即会消除，大大降低对公众隐私权的干涉。电子化道路价格提供了计算拥挤的方法，保障了控制区域的各类社会经济活动，降低了收费系统自身的成本(EPR运行成本是总收费收入的10%，而人工收费系统成本是收入的40%)，另外，车辆不停车使得车速提高，污染减少。

图1-34　ERP标识

3）车辆定额配给制度

1990年前，政府采用了控制小汽车增长的抑制性财税条令，包括车辆进口关税、注册费与公路税等，到1990年，开始实施强制性的车辆定额配给制度(Vehicle Quota System, VQS)，以管理车辆数量的增长，所谓VQS是车主在注册新车之前必须通过竞标获得车辆拥有许可证(Certificate of Entitlement, COE)，政府每个月根据当前的道路交通状况以及永久性离开道路系统车辆数来决定发放的许可证数量，VQS实质上是通过计划车辆注册指标干预购买行为。这个方法有效地将小汽车的增长率从6%下降到3%，实现了严格控制小汽车总量的交通目标。

4）车辆注册费与使用税的调整

1991年，新加坡出台了"周末车计划"(weekend car scheme)，参加这项计划的车主在交通高峰时不能使用车辆，但是可以在平峰时候使用，他们通过这一行动可以获得车辆注册费和道路使用税减除。这项计划可以使得在车辆数增加的情况下不恶化交通状况。到1994年，这项计划被“平峰车辆计划”(Off-Peak Car，OPC)取代，以使得更多车辆有这项权力。1992年，将COE的有效期从先前的10年缩减到5年，使得车辆能够有效更新，保障运行在道路上车辆的车况。1998年，车辆税的结构得到修订，包括车辆使用前的注册费与附加注册费，以及道路使用税的税率。

3. 改进公共交通运输

改善公共交通系统，使其更好地使用，这是新加坡政府制定陆路交通政策的基石。每天，所有采用机动车出行方式的居民有51%使用公共交通，其中300万人坐公交车、70万人乘坐轨道交通。长远来看，要改善公共交通可达性、便利性、舒适性和快速性以期进一步提高公共交通的出行承担率，采取的措施有编制好的步行街和市中心区规划提高居民步行出行率，成功的步行空间可以丰富市中心的生活；在距离城市比较远的MRT站和公交换乘站设置自行车停车设施；在更多的地点实施P+R换乘；应用停车政策来抑制对小汽车交通的需求。

通过联合实施上述各项措施，新加坡的TDM取得了巨大的成效，具体包括：大大改善了以公共汽车为主的大众交通系统(保障公交专用道设施)；严格控制小汽车的增长与使用，在高峰时段减少私家车2.47万辆，车速增加22%，收费期间收费区内交通辆减少13%，从27万辆减少到23.51万辆，单人驾车数减少，车辆的出行从高峰转移到平峰。

1.3.3.2 日本的TDM措施研究

相比而言，日本的大城市并没有新加坡那么严格的管制政策，但由于其政府自交通发展政策制定时期就确立了以轨道交通为主的交通发展模式，并出台一系列TDM措施推动公共交通的发展，因此这些城市的交通供需相对均衡，且对于交通项目的投资评估也有较规范的程序。实际工程项目中TDM政策，往往在交通源的发生阶段就得以研究实施，将交通建设与土地利用相结合，创造其附加价值。

日本国土面积37.8万km^2，人口1.2亿，是一个人口高密度国家。20世纪90年代，TDM的研究者测算了人口高密度的东京大都市圈由于车速下降，交通延误的时间损失折算金额达12兆日元。

日本交通工程研究学会1999年出版了《TDM——缓解堵塞智慧袋》一书，从POS(即停车换乘P&R组织Organization与系统System)的观点阐明TDM作为交通规划与管理拥堵的“良方”，特别强调了实施TDM政府与民间组织、市长合作的保障机制作用，重视将汽车尾气排放作为环境指标，实施责任管理评估，总结了日本多个城市将TDM作为交通规划与治理的一种新思路取得的经验，包括多项成功的TDM技术措施和广泛的群体合作经验。以下为典型的示例。

1. 札幌市交通需求管理策略

札幌市为日本第三大都市，市区面积1 121 km^2，177万人口。对20世纪70年代出行结构中公交巴士比例下降、小汽车交通增加、道路饱和趋势，札幌市提出“抑制小汽车出行，促进公共交通，禁止违章停车，创建有魅力城市”的口号。组织“城市交通对策执行委员会”，由商业、运输、企业、警察等27个社会团体构成。由政府和民间共同筹资，提出了供需统筹管理的有效计划与措施，见表1-3。

表 1-3　　札幌市的交通需求管理策略

政策名			政策概要
需求方	手段的变更	通过土地利用与停车场的建设来诱导出行	交通设施的有效利用(地铁东礼线荣町出口被利用作停车场); 征借公用休闲空地作为停车场; 移入低利息融资制度建设停车场
		公交优先	通过调整中心线,缓解阻塞现象(增加通往市中心的车道数); 增设和扩充公交专用道(实施后,巴士速度从 18.4 km/h 上升到 23.2 km/h)
		提供公交信息	引入公交车辆优先系统(PTPS); 公交信息中心的试验(向公共场所派驻工作人员以及用电话回答市民提问); 引入公交综合向导系统(在 JR 札幌站东售票口南侧设置,可提供发车时间、到站时间和中转站等信息); 便携式交通图(引导公交路径的选择,介绍公交换乘方法及线路图等)
		市中心循环巴士试验	
		改良巴士	引入底盘低的巴士
		改善运营服务	豪华巴士的直接投入 交通一卡通的试运行
		提倡利用自行车	在换乘枢纽处免费租用闲置的自行车
需求方	合理的利用小汽车	关于 TDM 的宣传	召开 TDM 专题讨论会 市民交通论坛 交通宣传 制成方便行人的交通法规宣传册
		有关停车法规的制定与引导	严格施行惩治违规停车的条例; 在停车场与店铺之间运行免费巴士
		改变社会,商业习惯	
供给方		有效利用现有的设施	停车场引入向导系统,停车引导系统 政府部门的停车场假日开放
		完善交通枢纽	完善停车场 完善交通终点站
加强交通组织		制定灵活的政策	关于 TDM,设置与市民直接对话的窗口
		采取政府与民间合作的交通对策	札幌市市中心交通对策执行委员会 由商界、运输业界、街道委员会等 27 个团体构成,依靠政府拨款(200 万日元)关系团体赞助(250 万日元)运营

资料来源:http://www.mlit.go.jp/road/index.html.

2. 长冈市——购物巴士券的试行措施

战后随着日本经济的快速发展,在 20 世纪 50 年代开始出现“逆城市化”现象,人们将住处搬到环境优美而宁静的郊区,每天开车到市区工作,形成上下班时间出入城的潮汐现象;“逆城市化”后期,大量的就业岗位在郊区设立,形成多个新的市郊中心,交通拥挤也蔓延到郊区,中心区商业逐渐衰退,形成中心空洞。在这种背景下,长冈市的行政、商业、公交公司都意识到市中心商业衰退带来的危机,积极采取对策推进市中心的商业繁荣,缓解市中心道路阻塞,提高交通弱者(不拥有或不方便使用私人小汽车的出行者)出行的便利性;与巴士公司联系,采用“购物巴士券”办法来优化出行方式,并在 1989 年试行。

该项 TDM 措施运行费用分配为商店 70%、巴士公司 20%、运输省 10%。具体实施如下：在通往长冈市中心的巴士上，设置购物巴士券兑换券，乘客可自行在巴士内取得一张兑换券。以此为凭证，持兑换券前往加盟"购物巴士券"系统的商店，商家对于持兑换券购物达 2 000 日元以上者免费赠送一张或若干张"购物巴士券"。凭购物巴士券可免费乘坐会乘巴士，还可凭购物巴士券免费乘坐其他巴士车辆。

"购物巴士券"制度实施达到了良好的效果。"购物巴士券"正式实行后，各方分担费用比例为商店 80%、巴士公司 20%。目前日本有两座城市推行了该项制度。

3. 东京——汽车排放尾气的资助管理

东京为达到 NO_2 的环境标准，颁布了《汽车排放尾气抑制指导纲要》，实施了"削减汽车排放尾气特别方法"（简称"NO_x"法）。政府根据年度环境指标，制定本年度的 NO_x 排放量，并具体落实到公司及个人，由公司及个人自主制定减少尾气排放的计划书。根据试行结果与实际评估相结合，达到或超额完成的给予财政和税收上的奖励，对没完成的则给予处罚。该项实施方案五项程序示意见图 1-35。该办法颁布后，有 93.8% 的运输从业者提出了自己的计划书，尾气排放量削减了 11.9%（原计划为 10%），并且运输从业者新创了许多抑制尾气排放的方法。这项计划达到了改善环境的目的，后来在东京全市推广。

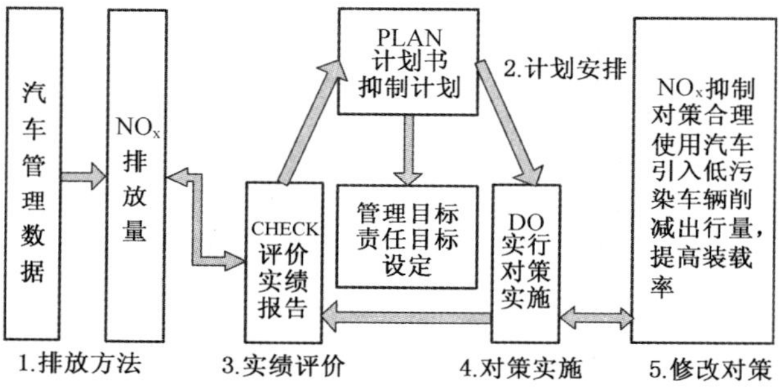

图 1-35　东京 NO_x 排放量自主管理程序

4. 日本巴士协会——ITS 实证实验系统

由于道路阻塞引发的巴士服务质量的下降，使乘客远离巴士，家用小汽车的使用反而增多，更激化了道路拥堵，陷入恶性循环。对此，1996 年日本巴士协会引入了"巴士运行管理系统"（ITS 实证实验系统）。

ITS 实证实验系统通过 Internet 网，向住宅及大型公共、商业场所全面提供公交运行及换乘信息，在信息输出端提供画面影像，用户可随意查阅，大大方便巴士出行，该系统可提供以下信息：路线运行状况（主要区间巴士的位置，区间乘车时间）；重要停靠占巴士预计到达时间的动态信息；到途中主要停靠站的时间；福利巴士运行状况（在画面用其他颜色显示）；普通巴士运营时刻表（全线所有停靠站的预定时刻表）；周边导游图。

巴士协会引入"ITS 实证实验系统"后，根据调查有 86.9% 的出行者赞同该系统的运行，公交乘坐率提高了 25%。目前该系统已经在全日本推广。

1.3.4 我国 TDM 的实施与研究

随着城市与交通的发展，我国已经着手制定 TDM 计划，并首先部分大城市得到应用。

借鉴国外的经验，并结合我国国情，可以分为长期和短期两类措施。短期 TDM 主要应用于大型赛事和会展活动期间，如北京奥运会、上海世博会、广州亚运会等，投入相对较少，见效时短而显著；长期 TDM 和城市规划、交通整治结合，从用地规划到交通运营管理实施对交通系统的综合整治，投入较大，是“一劳永逸”的交通对策，但实施效果需要长时间的验证。下面介绍我国几个典型城市的 TDM 策略。

1.3.4.1 北京 TDM 策略

1. 北京奥运 2008 年 TDM 策略

奥运会期间的北京交通问题为世人所关注。国际奥委会在《申办城市手册》中谈到交通问题时指出：成功举办奥运会的关键因素是要有一个有效的交通系统，而北京正面临着经济发展和城市快速扩展而产生的交通需求的挑战。

北京是有着 1 600 多万人口的国际特大型城市，自身人口的需求已经对交通造成沉重的压力，奥运会的召开更会带来数量巨大、时间和空间集中的客运需求和货运需求。奥运期间，北京采取系统和妥善的解决方案，通过交通供给调节和需求调节两方面措施来缓解北京交通的矛盾。

1）主要保障措施

（1）3 条 280 km 的奥运会专用道实现了住宿地到场馆，赛时交通 30 min 到达的承诺。

（2）共有 2 万多人进行交通管理和调度等工作，公交、地铁、各个企业都做了充分的准备，实现赛事交通的专业化服务。

（3）奥运期间开辟 34 条奥运公交专线，提供直达赛场的公共交通服务，对整个城市公共交通系统形成有效的补充。

（4）安排 5 千多辆出租车，重点服务于运动员村、媒体村、奥林匹克公园周边地区。

（5）实施临时性单双号限行管理政策，减少 20%～30%的背景流量，使车辆行驶速度明显上升，拥堵指数大幅度下降，保障城市交通有效地运行。

（6）公共交通保障措施到位、运营效率明显提高，赛时公交、地铁、出租总的运输量一天达到了 2 千万人次，公交出行比例达到了 45%(赛前是 34.5%)。

（7）采取有效措施，保证整个城市生产生活的运输，绿色通道的安全畅通。

（8）通过高效的组织，出色完成了开闭幕式的转场和进场运输工作。

2）启示

（1）良好的交通基础设施是奥运交通畅通运行的前提条件。申奥成功以后，北京的交通基础设施投资近 2 千亿元，无论是轨道交通、高速公路，还是城市公路都有了很快的发展，使得基础设施承载能力和服务水平大幅度提高。

（2）公共交通，特别是轨道交通在奥运的交通保障和城市运营中起到至关重要的作用。

（3）需求管理的政策措施的效果非常明显。通过机动车限行、错时上下班、货运车辆绕行，使得道路流量削减了 23%，路网的平均速度提高了 24.1%。

（4）社会各界的支持保障各项交通政策顺利实施。

（5）奥运期间运行的体制机制是各项奥运措施顺利实施的保证。

2. 北京 2010“治堵”新政[31]

面对北京市小汽车交通的增加与城市拥堵的加剧，2010 年 12 月 23 日，北京市政府公布了《关于进一步推进首都交通科学发展加大力度缓解交通拥堵工作的意见》，从“建、管、限”三方面提出了缓解交通拥堵的综合措施，并提出对小客车实施数量调控和配额管理制度。除限制购车数量外，北京市还将进一步完善城市规划，优化调整城市功能布局，严格控制中心城建设总量增量，加快新城建设，以缓解中心城区功能和人口的过度集中。

2010年出台的方案充分体现交通需求管理的观点，并以此为出发点从规划、建设、组织和管理4个层次系统地提出了28条改善措施，包括以下几个方面TDM亮点：

(1) 规划方面强调编制实施《北京市交通运输综合规划》，突出落实公交站场、公共停车场等交通设施用地，以充分发挥交通引导和服务作用；将大型建设项目交通影响评价纳入审批环节，与环境影响评价具有同等作用。

(2) 交通建设方面强调完善中心城道路微循环系统，加大优先发展城市公共交通力度，突出完善公交网络化建设，改善自行车、步行交通系统和驻车换乘条件。

(3) 交通管理方面突出以差别化收费政策以及拥堵路段或区域交通拥堵收费来管理机动车需求；注重高新技术应用，发展新一代智能交通管理系统；建立并完善缓解交通拥堵机制，将缓解交通拥堵纳入督查和绩效考核内容。

自治堵新政逐步实施以来，北京市道路交通拥堵得到初步缓解。根据北京市交通委员会公布的2011年1月以来的交通拥堵信息，工作日高峰时段平均交通拥堵指数从2010年的8.32(重度拥堵)以上，迅速下降到6(中度拥堵)。换算成拥堵时间，体现会更明显。2011年元旦后，北京市路网日严重拥堵和中度拥堵持续时间共1.75 h，与元旦前工作日(3.92 h)相比减少了2.17 h。来自北京市交通管理局路面流量监测系统的数据也显示，治堵新政实施以来，市区主干路交通量下降9.8%，运行速度上升3.5%，二、三、四环常规拥堵路段的拥堵状况均有所缓解。晚高峰速度20 km/h以下的拥堵路段已降至平均每天66条，环比减少29条，减少约30%。

北京治堵新政的执行将对治理北京交通拥堵产生积极有效的影响，其中包含与体现了交通需求管理的重要思想。北京作为首都，其交通治理在全国具有风向标意义。对全国影响很大，其中的TDM策略也会更加深入到交通的方方面面。诚然，治堵是一个系统而长期的工程，其具体落实还需要经过长时间的实践考验与评估。

3. 北京机动车拥有控制策略

以前，北京的机动车购买政策相对自由，政府干预很少，基本以市场化方式运行。随着人们购买力提高，过度宽松的政策为北京带来了机动车总量的爆炸式增长，截至2010年底，北京机动车保有量达480万辆。机动车高速度的增长、高强度的使用，以及高密度的聚集同时引发大量社会和环境问题，如交通拥堵、污染和能耗等一系列难题已经给北京可持续发展带来巨大挑战。北京市相关部门着手制定对于私家车拥有限制的政策，从2011年开始，如果想在北京买车，并不是有钱就行，还需要一系列复杂的手续和审核过程，摇号取得购车指标后，才能够进行车辆的购买。

2011年北京市政府对北京市新增小客车的数量限定为24万辆，即平均每月2万辆，指标额度中个人占88%，营运小客车占2%，单位占10%。符合购买条件的购车者需要网上登记、审查，最终获得一个有效的申请编码，每月8日为申请指标截止日期。所有有效编码会被统一放入摇号计算机，并于每月26日进行公开摇号产生一定数量的指标。取得指标的购车者在6个月内需要办理完成机动车登记手续，否则重新申请，未取得指标的购车者信息自动进入下个月的摇号系统。北京的摇号购车政策也受到各界人士的质疑：一是有效申请购车者越来越多，摇号中签率越来越低(2012 年 3 月低到 2%)；二是作为交通需求管理的手段，能否起到有效减少小汽车交通的作用，还有待实践的验证。

1.3.4.2 上海 TDM 策略

上海市 90 年代以来随着社会和经济持续快速增长，交通设施建设的高强度投入，道路容量不断扩大、轨道网络加快建设，使原来道路交通拥挤的矛盾得到明显缓解。与此同时，提出了交通发展战略和交通设施、运行、管理的政策与规划。其中关于改善中心城区的干道路网、轨道交通网络规划，实施机动车保有与使用的控制策略，按区域差别的停车设施建设，收费与定价管理，客货运输组织与管理等均体现了 TDM 的政策理念与方法。

1. 机动车保有量调控政策

1) 对小汽车(私家车、单位车)发展采取额度控制政策

上海是我国最早、最坚决采取控制私家车发展的大城市。首先体现在小汽车的拥有方面，上海采用私车牌照无底价竞拍方式(1998 年 6 月开始执行)，每期 1 500～2 000 辆，竞拍价位 8 000～15 000 元。通过“牌照拍卖”计划，上海小汽车总量的增长速度得到一定的控制(具体请见本书第 10 章)。

2) 对摩托车发展采取逐步退出控制政策

根据《上海市城市交通白皮书》关于“逐步减少摩托车，并加强对摩托车的管理”的要求，上海市制定了限制摩托车拥有量发展的政策，同时考虑到本市不同区域市民的实际情况，出于方便郊区出行的考虑，本市摩托车的上牌和车辆更新政策按照公私不同、车种不同、牌照不同，实施了区别对待政策。

在车辆登记管理上，本市将摩托车分为两轮摩托车(排量 50cc 以上)和轻便摩托车(排量 50cc 及以下)。两轮摩托车主要以沪 A 和沪 B 牌照为主，主要在中心城区使用。轻便摩托车以沪 C、沪 D、沪 E 牌照为主，主要在郊区使用。为控制摩托车的发展，除特殊行业外，目前不再发放沪 A 和沪 B 摩托车牌照，原有沪 A 和沪 B 牌照的两轮摩托车注销后不再更新，持有沪 A、沪 B 摩托车牌照的单位和个人可以转换为小汽车牌照。沪 C、沪 D、沪 E 仍可上牌，但 2010 年 3 月上牌暂停。

3) 对出租车采取总量控制政策

根据《上海市城市交通白皮书》关于“合理控制出租车总量，加强运营车辆许可证管理，适度发展租赁车和郊区区域性出租车”的要求。“十一五”期间，出租车年均增长量控制 500 辆左右，“十一五”期末，为保障世博交通，新增了 1 500 辆出租车。

4) 对地面公交发展采取鼓励政策

随着轨道交通的大规模发展，地面公交线网处于不断优化的过程中，地面公交车辆的总量呈现逐步减少的趋势。《上海市城市交通白皮书》要求加大车辆更新力度和清洁能源的使用，启用大容量、低底盘、大功率的公共汽(电)车。“十一五”期间，每年更新的车辆规模在 2 000～3 500 辆。

5) 对货运机动车发放通行证

货运车机动车白天进入市区的通行证是根据条、块结合的方式，以每个单位货运车机动车拥有量的 5%发放，由集团公司、组织协会统一申报、调配使用。

2. 机动车使用管理政策

上海以提高公交吸引力、排堵保障为抓手，制定了一系列限制性的交通工具使用管理政

策，主要包括限外、禁摩、禁货、环保限行等政策。

1）车辆收费管理

在沪使用的小汽车的主要费用包括油费（含燃油税）、停车费、各类税及保险费、高速公路通行费、上海市贷款道路建设车辆通行费、车辆养护费用等，总费用在 2 万～3 万元/年车。目前上海尚未实施拥堵收费政策。

2）高峰期高架系统外牌车辆限行政策

上海从 2003 年左右实施对外牌车辆早晚高峰期快速路限行的政策，具体时间为周一到周五 7：30—9：30，16：30—18：30，主要方式是交警在主要匝道口现场执法管理。2011 年开始加大执法力度和效率，即在高峰时段对高架车辆进行牌照识别，起到了较好的作用。

3）高污染车辆限行政策

2006 年 2 月起，上海实施限制无环保标志机动车通行的政策，对于达不到国家第一阶段机动车排放标准的在用本地及外地车辆实施内环以内区域限行。2009 年 8 月，市政府发布《上海市政府关于对高污染车辆实施扩大限制通行范围的通告》，决定从 2009 年 8 月 1 日起全天在中环路范围内对高污染车辆实施限行措施。

2009 年 11 月，上海市在新车登记注册过程中，对所有轻型汽油车以及公交、环卫、邮政车辆，提前实施“国四”标准。上海市油品进行了改进，2009 年初发布车用成品油（沪四标准）。2010 年 8 月，上海市重型汽油车开始实施“国三”阶段排放标准。外省市转入上海市的车辆在 2010 年 11 月开始实施“国四”准入标准；针对机动车排放尾气中 PM2.5 比重最高，上海已计划 2013 年推出“国五”相当于欧盟标准排放标准。

4）禁摩行驶政策

交通管理部门近几年根据白皮书的精神和交通管理的实际需要，不断扩大禁止摩托车的行驶范围。目前沪 A 和沪 B 牌照摩托车禁止在中心区主要干道以及重点火车站周边道路上行驶（图 1-36(a)）；沪 C 牌照摩托车禁止在中心城主要区县和浦东部分地区行驶（图 1-36(b)），沪 C、沪 D 和沪 E 轻便摩托车禁止在中心区浦西地区行驶（图 1-36(c)）。

5）禁货政策

外环线以内的货车持证入内，晚上 8 点以前禁止货车驶入外环线中心城，白天入城需要公安局核发的通行证。

6）临时性区域道路交通管控政策

为确保大型活动组织，临时性采取的区域性道路交通管控政策，除公交外，限制社会客车驶入，如世博会期间采取管控区政策。

7）公交路权优先政策

近年来上海积极推进公交专用道建设，截止 2010 年，上海的公交专用道规模已经达到 161.8 km，其中 2010 年新增 48.3 km，新增世博专用道结合世博配套道路建设开展，主要集中在浦东地区。

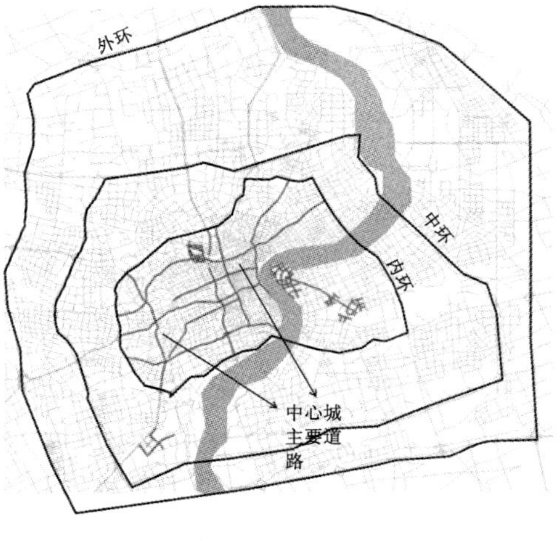

(a) 沪 A、沪 B 摩托车禁行道路

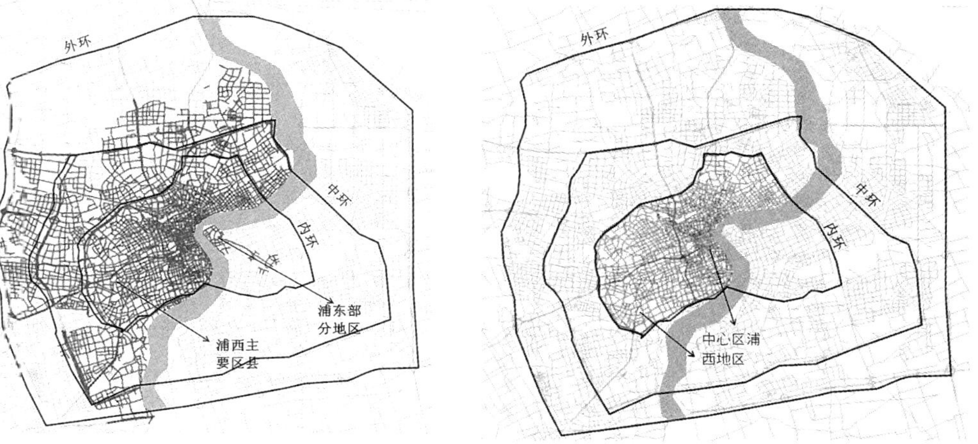

(b) 沪 C 两轮摩托车禁行道路　　(c) 沪 C、沪 D、沪 E 轻摩禁行道路

图 1-36　上海摩托车禁行道路

3. 机动车停车差别化收费政策

为了加强对上海市经营性停车场(库)的管理,规范服务收费行为,市政府于 1995 年颁布了《上海市收费停车场(库)计费规定》,该规定将全市的经营性停车场(库)按其所在的地段分为 6 级,每个等级的停车场(库)又按照其设施、设备状况分为 6 等。计费标准以第六级第六等停车场(库)1 元/小时为基价,收费停车场(库)的地域等级差每上一级,每小时加收 1 元,等级级差每上一等,每小时加收 1 元。该规定中停放时间的确定标准为按小时计费,不足 1 小时的按 1 小时计费,超过 1 小时按 1 小时递进,超过 8 小时至 24 小时则按 8 小时计费,连续停放超过 24 小时,超过部分按上述标准重新计算。收费停车场(库)经营者执行上述收费标准时,允许下浮,即该标准规定了停车收费的最高限制。外商投资性质的停车场(库)收费实行市场调节价,其收费标准由企业自定。

2005 年 3 月 1 日批准实施生效的《上海试点区域道路停车场和路外公共停车场(库)收费标准和计算办法》,在中心城核心区域的 20 km^2,对经营公共停车场(库)实行收费标准的限价,最高收费不得超过每小时 10 元,以后以半小时计费,而路面停车场,第一小时为 15 元,以后每半小时 10 元。外资、合资投资性质的停车场(库)收费标准由企业自订,其收费标准和浮动的具体幅度报相关部门备案即可。

2006 年,为进一步规划和加强机动车停车管理,上海市发布《关于全面规范和加强机动车停车管理的实施意见》,上海市在内环线 110 km^2 以内全面实施规范和加强机动车停车管理,随后将逐步向内环以外区域推行,并按重点区域、内环线以内其他区域、内外环线间(含外环线外城镇)实施差别化管理。道路停车收费设下限,白天按时、夜间按次,居民夜间停车可包月,白天重点区域第 1 小时达 15 元。公共停车收费设上限,最高不超过 10 元,允许并鼓励经营企业降低收费标准。推广停车咪表,按 15 min 累计计费。

4. 鼓励绿色交通出行

1) 公交优先政策

上海已经形成相对完善的轨道交通网络和地面公交网络,相关的公交优先政策包括路权优先，建设公交专用道提升公交运行速度，公交费率调整优化，如递远递减的公交费率政策及换乘优惠。公交运行补贴，在政府购买企业服务，补贴票价收入与运营支出间的差额。目前两网的整合工作正在展开，围绕轨道交通站点的最后 1 公里的短驳巴士也在推广。

2）鼓励推广公共租赁自行车

2009 年 3 月，上海市闵行区开始建立公共自行车免费租赁服务系统，为居民提供从地铁站点、大型卖场等公共场所到小区内的“短驳”服务(图 1-37)。目前上海浦东张江功能区、宝山、松江、崇明、徐汇等区域，都相继开展了公共自行车或租赁自行车的试点。网点建设多以轨道交通站点为中心，向周边 3 km 左右的范围内进行网点规划建设。一般覆盖轨道站点、公交枢纽、政府机关、医院、商厦、居民小区等区域，为市民提供方便快捷的交通工具。

(a) 莘庄地铁站的闸机网点

(b) 居民区内的自行车停放点

图 1-37　上海自行车租赁点

5. 其他交通需求管理政策

上海已经在规划与开发国际一流的交通信息化系统，包括：基于 GIS 的交通信息网络平台；已在建设一个高标准的城市建设与管理信息化工程，包括文字图形和数据资源、由数字化地图和遥感信息组成的标准化基础数字平台。另外，上海全市层面已经实施了近 30 年的错时上下班，学校、工厂、医院、机关、三产、娱乐等岗位上班时间已经存在一定的差异，交通出行处于相对均衡的状态。

2010 年，上海世博会的成功举办，顺利确保了 7 000 多万人次的有序集散，这不仅与大规模建设的轨道交通网和道路交通网的供应改善基础条件有关，还有赖于长期以来上海市交通需求管理所奠定的良好基础。关于世博会的 TDM 实践，具体请见本书第 10 章案例内容。

1.3.4.3　香港 TDM 策略

香港是建设在公共交通网络基础上的城市，本身的城市规划就是从交通需求管理的角度出发，坚持轨道交通引导城市发展的政策。重视交通与土地利用规划是香港的特征，香港 20 世纪 70 年代以来，就出台一系列 TDM 措施，有效地支持了以公共交通为主导的城市交通发展模式。

香港面积 1 070 km^2，大部分是山地与岛屿，高密度建成区只有 96 km^2，人口 600 万。

香港的高密度城市形态决定了其用于交通基础设施的用地非常有限，根本不可能适应私人小汽车为主的交通方式，因此只有大容量的公共交通才能够满足城市交通需求；其次，高密度城市所特有的紧凑型布局，较易适应具有固定运行线路的公共交通，且密集的人口也有利于提高公共交通工具的使用频率。香港政府意识到必须采取公共交通，特别是大容量轨道交通优先发展的策略，同时为引导高密度城市形态的可持续发展以及为其大容量公共交通提供充足的客源，必须以公共交通线路为依托，进行交通引导城市发展（Transit Oriented Development，TOD）廊道开发。

港岛的早期发展，与1904年投入使用的电车线路有关，这条横亘于整个港岛北部的交通线路，奠定了港岛后来的带型发展模式，70年代之后，新开辟的九龙和新界的交通连接线路很好地将新城与中心城联系起来，并由于快速轨道交通站点和支线交通的合理布局控制了新城的规模，保护了开放空间。80年代开始，公共交通一直负担着全港80%以上的客流量，仅有大约6%的居民出行使用私人交通工具。目前，香港地铁已建成7条城市轨道线路，分别为观塘线、荃湾线、港岛线、将军澳线、东涌线、机场快线、迪士尼线等，以及隶属于九铁公司的四条铁路线路：东铁、马铁、西铁和轻铁。这些轨道沿线大部分都进行了高密度开发，并以公共交通社区式的土地利用形态为典型开发模式，以轨道车站为中心积极发展新市镇，逐渐形成串珠式公共交通走廊发展（图1-38）。

图1-38　香港城市沿轨道线路发展

根据1992年的分区人口统计结果分析，全香港约有45%的人口居住在距离地铁站仅500 m的范围内。如果仅以居住在九龙新界以及香港岛的居民统计，这一比例更高达65%。除少数散布在半山和山顶的高级别墅外，绝大多数位于非铁路沿线的住宅也围绕公共汽车站形成高密度组团。这种布局有助于公共汽车线路拉长站距，提高旅行速度，同时也缩短了居民向站点步行的距离。由于客源充足，公共汽车公司能够保持良好的经营效益，维持高质量的服务，形成良性循环。

早在2001年，香港特区规划署和拓展署公布新界分区发展的选址和规划原则，其中的选址原则之一：尽量沿铁路线路发展新区，充分发挥火车站和新铁路（即新的轨道线路）带来的发展机会，距离现有和规划中的火车站超过1.5 km的地区将不予考虑；在铁路沿线进行发展，将市中心和高密度居住区布置在车站附近，方便大部分居民步行前往车站。因此，几乎每一个交通枢纽（火车站、地铁站等）都进行了站点综合开发，充分体现了香港政府以公共交通，特别是大容量轨道交通为导向的城市发展策略（图1-39）。在新界约有78%的就业岗位集中在8个位于地铁站附近的就业中心内，其用地面积之和仅占新界总面积的2.5%；商务中心更是高度集中在各类公共交通工具的大型枢纽处，其中中环—金钟—铜锣湾地铁沿线的平均就业密度每公顷超过2 000人。

(a) 青衣站

(b) 九龙站

图 1-39　香港地铁车站综合开发

除了城市规划有利于公共交通发展外，香港还有针对性地实施了道路的 TDM 策略，以配合交通引导城市发展战略的实施。主要体现在以下几方面：

(1) 香港三次全市性总体交通研究对需求管理的重视与合理定位：第一次整体运输研究于 1976 年完成；在 1986 年至 1989 年进行的第二次整体运输研究为香港制订了适用至 2001 年的运输纲领；运输署于 1997 年 8 月委托顾问展开了第三次整体运输研究。三次研究都确立交通政策基本原则，都强调了“对道路的使用进行需求管理”(政策白皮书，第三原则)不超过道路系统能承受的容量水平。考虑采取的三项措施包括分散交通需求、控制车辆拥有和管理车辆使用。

(2) 车辆与驾驶员的发照制度，限制车辆与驾驶员的数量，达到控制交通需求目的。TDM 的措施表现在大幅度提高小汽车税率。1973 年、1982 年香港两次调整税制，使首次登记税增加 1 倍，每年驾驶照税增加 2 倍，现在登记税是车辆购买价的 90%～120%。这对小汽车拥有量下降起决定作用，同样小货车的增长也靠提高车辆税控制。

(3) 1997 年开始的电子道路收费系统 ERP(Electronic Road Pricing)的目标是人及货物的流动性，从“用者自付”理论出发，有效、公平、灵活管理交通运输及道路使用，加之与 ITS 结合改善交通拥挤——建立实用的道路电子收费制度，去收费区内，路段平均时速维持在 1997 年水平。

(4) 香港结合轨道交通的建设实施停车换乘(P＋R)方案。交通部与九广铁路公司合作在 1997 年 12 月 19 日启动了在上水的停车换乘系统试运行方案。这个站点是由一个具有 170 车位的、离车站大约 3 min 步行距离的露天停车场组成。使用情况是这样的：出行者将他们的小汽车停放在这个系统中，然后他们必须使用指定的铁路方式去九龙市区。由于出行者接受的是每小时 3 港币的资助性停车费，所以他们被要求在停放他们车子的 90 min 内，去在九龙市区的三个九广火车站之一盖印他们的停车票。在他们的返程途中，使用者被要求再次在九广火车站之一盖印他们的停车票，并且在 90 min 内回到他们的车内。没有遵守这个 90 min 要求的人，将被索要通常的每小时 12 港币的停车费。因为停车换乘系统的停车场位于新界的北部，然而出行者可以盖印他们停车票的三个指定的九广火车站是在九龙市区最近的三个车站。这种安排确保了那些将车停在停车换乘系统停车场的人使用九广铁路去九龙。

交通部和九广铁路公司合作提供的经济资助是为了鼓励使用停车换乘系统。然而，将车停在其他附近停车场的人得不到这项经济资助。交通部和九广铁路公司从这项提供的资助中获利，并促使了由私人小汽车向铁路的模式转变——减少道路上的私人小汽车和交通拥挤状况，增加了九广铁路的客运量。

1.3.5 基本结论

从欧美的情况来看，TDM 主要针对通勤交通而展开，大多数 TDM 的计划都包括多项策略的结合，鼓励通勤者理性使用小汽车，选择使用符合地区条件的非小汽车通勤方式(含合乘车、公交车、自行车与步行等方式)。在美国和加拿大，由于城市是沿道路网发展起来的，小汽车是人们出行的主要交通方式，相对应的 TDM 策略也主要是针对小汽车交通的管理策略，通过减少出行量，推行合乘计划，优先停车和收费调节等措施，做到均衡道路流量，使道路交通系统发挥最大功效，更好地为小汽车服务；而欧洲诸国提倡公共交通方式，推行"移动性管理"策略，通过停车措施、拥挤收费、税费制度、基础设施改善等方法限制和减少小汽车的使用，大力发展公共交通，并为行人和自行车等慢行交通方式创造了"宁静化"的交通条件；亚洲众多城市都是人口密集城市，与欧美相比，其 TDM 策略最主要的特点在于：一是城市规划结合 TDM 同时进行，以公共交通引导城市的发展，从而将交通模式彻底定位为以公共交通主导的发展模式；二是采用相对强制的 TDM 政策，坚定城市发展以公共交通为主导的模式，从政策上、经济上给予公共交通出行大力支持。

我国借鉴了国外的 TDM 思想与经验，因地制宜的实施了诸多 TDM 策略，尤其是大型赛事会展、活动期间，TDM 策略充分发挥了对交通组织与管理的优势，确保交通系统的有效运行；TDM 不仅被运用于交通系统的短期运行保障，而且已经与城市规划、交通规划、建设等方面结合，应用于交通综合治理中，例如北京的"治堵"新政在全国大城市交通应对拥堵挑战中具有"风向标"作用；上海和香港的"与时俱进"的 TDM 政策渗透到城市规划和交通发展战略与运行管理中，具有重要示范价值。

总结国内外城市交通需求管理所涉及的问题，结合本书中 TDM 的内涵，本节所介绍的实例与研究大致可归类为以下三个层次的 TDM 策略。

1）优化城市结构与土地利用策略

(1) 在开发建设新区时应重视完善生活、市政设施配套，以减少不合理的非必要的出行。以交通为导向(TOD)，引导城市的用地空间布局与开发，通过增强吸引老城中心区市民迁人、定居的力度，以减少人口和就业岗位的分离。

(2) 结合老区的拆迁更新，优化各小区居住就业等用地复合类型配比，使居住与上班就近，减少跨区长距离的通勤、通学出行，减少出行距离与总的交通运输量。

(3) 对某些敏感地区或地段，其土地使用功能和开发强度均应严格控制，防止交通吸引与发生过分集中，造成拥挤阻塞。

(4) 对于较大的城市新开发区，在可能条件下建立城市副中心，避免中心区过分集中。

2）优化交通结构策略

(1) 设施供给：优先保证公共交通和慢行交通设施，并从网络优化、道路规划、断面设计上体现公交优先、保障慢行交通和限制小汽车通行的原则；改善公交服务，运用先进技术提高公交准时性、舒适性，以提高公交吸引力等。

（2）经济手段：道路收费，停车收费，财政补贴或减税，增收税费等。

（3）行政手段：限制车辆拥有与使用，合理控制出租车的总量，差别化（时间、空间）的限行、禁止双号通行等。

3）优化道路交通流策略

（1）空间均衡法：区域限制法，调整工作岗位，组织单向交通，设置可变车道，变更线路等。

（2）时间调控法：错时上下班，弹性上班，压缩工作日，分期度假等。

（3）经济行政手段：禁止某种方向行车，禁止或限制某种车辆通行，征收拥挤费，停车收费等。

（4）运用高新技术减少出行，发挥道路设施潜力：电子商务和电话会议，利用现代信息技术与卫星定位系统，电话上班等。

1.4 关于本书

本书定位为研究生专业课教材，内容涉及规划学、经济学、管理学、工程学及社会学等诸多领域的知识，学科交叉性很强。本书的选材与编著，注意到 TDM 理论与实践问题的结合，注意到“交通需求管理（TDM）理论与方法”课程体系的建立；同时，直面我国城市交通发展难题，注重理论联系实际。书中案例丰富，涵盖作者及其团队多年积累的相关科研课题及博、硕士论文成果，拓展与丰富了 TDM 的内涵，形成了“智慧型”城市交通规划建设的基础。

本书前期课程是交通工程的基础理论知识、城市规划原理、城市经济学，以及城市交通规划。

本书共 10 章，可分成三个部分：

第一部分由第 1～3 章组成，阐明 TDM 的基本概念和产生的历史背景、发展趋势，在我国推行 TDM 的必要性；运用经济学、行为学、工程学等相关理论，阐明交通需求的内部和外部特性（包括出行效用特性），以及影响需求的主要因素；介绍了交通供给系统的资源特性和准公共物品特性（包括供给效用特性），以及交通供给网络分类及容量的定义。

第二部分由第 4 章、5 章、7 章、8 章组成，重点介绍交通的供需均衡理论及基于均衡理论的 TDM 策略；详细讨论了道路拥挤收费理论与停车收费机理及其 TDM 策略。运用微观经济学理论解释了交通供需关系及需求导向机理，阐明供给适度论的内涵及动、静交通需求的联合管理；结合实际讨论了拥挤收费的分类和定价理论（包括最优定价、次优定价、动态拥挤收费），以及停车收费与拥挤收费的对比分析，基于供需导向的停车收费定价和泊位共享的 TDM 策略。

第三部分由第 6 章、9 章、10 章组成，介绍了优化交通结构的 TDM 策略与方法，以及 TDM 绩效评估与实施保障机制，介绍了如何加大公交政策支持，确立“公交优势”的方法，以及慢行交通保障的规划设计与信息指引管理策略；介绍了在新形势下对私人小汽车、摩托车以及超标助动车的使用、限制与管理。最后，从规划、设计、管理不同层次介绍和分析了实施 TDM 策略的综合案例。

思考题

1. 什么是 TDM?"TDM"的核心问题是什么?TDM 与 TSM 有何区别?
2. 试从 TDM 产生的历史回顾和参考文献[1]～[6]的阅读,说明为什么 TDM 不能单从满足需求上考虑,而应从供需关系上进行互动性管理。
3. 什么是 TDM 的"三个优化"?它与城市交通规划的工作内容有什么不同?
4. 为什么说 TDM 在我国推行是必要的,也是可行的?
5. 为什么随着我国城镇化、机动化加速增长,不能推行美国的小汽车交通发展模式?推行 TDM 与汽车产业发展的矛盾如何处理?
6. 结合国内外 TDM 的经验,改善通勤出行拥挤的 TDM 措施有哪些?试举例分析。
7. 如果你为某个城市制定 TDM 方案,你将需要什么类型的资料和分析工具?
8. 为什么说全球气候变化与实施 TDM 政策的关系十分密切?为了实现 2020 年我国单位 GDP 二氧化碳排放比 2005 年降低 40%的目标,你认为我国城市交通最迫切实施的 TDM 政策是什么?试分析说明。

主要参考文献

[1] 交通工学研究会,TDM 研究会.涉滞缓和の知惠袋[M].丸善株式会社,1999.
[2] 陆锡明.中国城市交通发展战略[M].北京:中国建筑工业出版社,1995.
[3] 徐吉谦.交通工程总论[M].北京:人民交通出版社,2008.
[4] 王元丰.交通运输的内禀性分析[J].北京:铁道学报,2001,12:89-92.
[5] Andreas Schafer, David Victor. The Past and Global Mobility[J]. Scientific American, 1997:58-61.
[6] 邹志云,蒋忠海.国内不同类型城市居民出行特征分析[J].武汉理工大学学报,2008,6:554-557.
[7] 李晓江.中国城市交通的发展呼唤理论与观念的更新[J].城市规划,1997,6:554-557.
[8] Gibbs W W. Transportation's Perennial Problems [J]. Scientific American, 1997:54-57.
[9] Braess D. Überein Paradox on ausder Verkehrsplanung[M]. Unternehmensforschung, 1969.
[10] 唐子可.轨道交通车站地区的城市土地利用规划理论与关键技术[D].上海:同济大学,2009.
[11] 晏克非.我国城市交通可持续发展的对策与建议[J].交通与运输,2011,1:4-5.
[12] 周干峙等.发展我国大城市交通的研究[R].院士咨询项目,1990.
[13] Ferguson, Erik. The Rise and Fall of the American Carpool: 1970-90[J]. Transportation, 1997,24: 349-376.
[14] Governments S. C. A. o.. 2008 regional transportation plan making the connections[R]. Travel Demand Management Report, 2008.
[15] 晏克非.汽车行驶基本原理与性能[M].北京:人民交通出版社,1996.
[16] Thomson J. 城市布局与交通规划[M].北京:中国建筑工业出版社,1982.
[17] Douglas P B Q, INC.. Statewide Transportation Demand Management (TDM) Plan[R]. North Carolina Department of Transportation and Institute for Transportation Research & Education, 2004.
[18] McGuckin N, Zmud J. Trip Chaining Trends in the U. S. - Understanding Travel Behavior for Policy [R]. TRB 84th Annual Meeting, Washington D. C. , 2005.
[19] Shiftan Y, Golani A. The Effect of Auto Restrain Policies on Travel Behavior [R]. TRB 84th Annual Meeting, Washington D. C, 2005.
[20] Choo S, Mokhtarian P L. How do People Respond to Congestion Policies [R]. TRB 84th Annual Meeting, Washington D. C, 2005.

[21] 王刚. 实施有效交通需求管理——TDM在美国[M]. 北京:中国人民公安大学出版社,2004.
[22] 郭继孚,毛保华,刘迁,等. 交通需求管理——一体化的交通政策及实践研究[M]. 北京:科学出版社,2009.
[23] 深圳市人民政府. 城市交通论坛——有效的交通需求管理[C]. 深圳,2008.
[24] Francis A. Cleland, Tom Cooper, et al. Transportation Demand Management in Europe: A Synthesis of Research Recordings [M]. National Center for Transit Research, Center for Urban Transportation Research, University of South Florida, 2003.
[25] 聚焦北京治堵新政[J]. 城市交通,2011,1:80-82.
[26] 陆锡明,陈必壮,顾煜. "后世博"上海综合交通发展展望[C]//中国城市交通规划2011年年会暨第25次学术研讨会论文集,2010:15-20.
[27] 李俊峰,徐华清,崔成,等. 减缓气候变化:原则、目标、行动及对策[M]. 北京:中国计划出版社,2011.
[28] 王凤武. 树立可持续交通发展观[R]//推进和谐城市交通建设. 深圳会议报告,2008.
[29] 邹德慈. 路网、交通与城市规划[J]. 城市交通,2011,1:2-4.
[30] 王静霞. 加强城市交通规划研究与实践　推动城市交通发展模式转变[J]. 城市交通,2011,1:1-5.
[31] 全永燊,孙明正. 中国大城市交通发展值得注意的几个倾向[J]. 城市交通,2011,2:3-5.
[32] 黄伟. 直面城市交通拥堵[J]. 城市交通,2011,1:2-3.
[33] 李晓江. 当前城市交通政策若干思考[J]. 城市交通,2011,1:3-5.
[34] 晏克非. 面向低碳交通的综合交通体系规划若干技术问题[J]. 交通与运输,2011,3.
[35] 晏克非,于晓桦. 欧洲交通见闻——丰富多彩的机动性管理措施[J]. 交通与运输,2012,1:36-40.
[36] Land Transport Authority Republic of Singapore. White Paper: A WORLD CLASS LAND TRANSPORT SYSTEM [R]. 1996.
[37] 世界银行永续运输(论政策改革之优先课题)[M]. 鼎汉国际工程顾问公司,译. 台北:鼎汉工程,1999.
[38] 晏克非. 新加坡的交通需求管理(上、下)[J]. 交通与运输,1994:5-6.
[39] 江巍. 城市交通需求管理策略及其评价技术研究[D]. 南京:东南大学,2004.

第 2 章　交通需求特性

2.1　交通需求的概念

2.1.1　交通需求的定义

交通需求(Transportation Demand)是指社会经济生活中,人或物在一定时间内,采用不同交通方式、完成不同出行目的进行空间移动的需求。交通需求的一个显著特点就是在一定时间内完成空间上的位移。

交通需求包括以下四项要素:

(1) 交通需求量。又称交通流量,是指人和物在社会经济生活中采用不同方式、实现各类活动目的所生成的交通需求数量(规模),其计量单位是人·次,车·次或人·公里、车·公里(吨·公里)。

(2) 交通需求的分布。包括交通需求的时间分布和空间分布,分别是指人和物产生的交通量在空间位移时的时间分布和空间分布;分布包含着交通需求产生的起止时间、起终地点和移动路径。

(3) 交通需求的结构。是指完成人和物空间位移的交通运输方式构成(分担比例),不同出行目的或不同移动距离的交通运输方式的需求是不同的。

(4) 交通需求的成本。是指完成人和物产生的交通量在空间位移的过程中,时间、费用、精力、排放等方面所消耗的成本。

2.1.2　交通需求的分类

交通需求按照服务对象可分为以人为主体的旅客交通需求和以物为主体的货物交通需求,本书主要研究的交通需求主要是旅客交通需求。

1. 基本需求

旅客交通出行根据社会经济活动(生产、生活、休憩等)的目的,一般可以分为上班、上学、业务、购物、文化娱乐、接送人以及其他等多种类型的交通需求,是由社会经济活动的需求所决定的。其中有的交通需求,如上班、上学等旅客交通需求是在比较确定的时段内习惯性运行,与城市自然地理、规模结构、形态布局及社会经济水平等相关,这类交通需求具有较大的稳定性,称为"基本需求",有时称为"刚性需求",通勤、通学之类的需求是最基本的交通需求。在一般情况下,从保障城市正常功能的角度考虑,对交通基本需求无疑应当给予满足,这是政府的责任。

2. 非基本需求

在城市社会经济生活中,如购物、文化、娱乐等这类需求在确定的时段内并不是非常稳定，往往受外界条件（气候、天气、交通出行的经济性与方便性等）的影响较大，其出行具有较大的不确定性，称为"非基本需求"，有时称为"弹性需求"。在一般情况下，非基本需求由基本需求派生而来，这类需求的满足往往取决于主客体的条件变化，往往取决于市场机制。

3. 交通出行链（"组合出行"）

随着社会经济的发展，基于城市社会活动出行需求的一个重要的变化是多种目的系列出行需求，也叫交通出行链。许多人在完成工作出行（上班）后，经常产生其他目的的出行，如下班后去接孩子、去商场购物或处理个人的事务等。这里工作出行是基本需求，而下班后的其他出行为非基本需求（"弹性"需求或者"派生"需求）。交通出行链在学术意义上可定义为：按照一定的社会经济活动目的取向，顺序排列的若干次"出行"组成的系列出行过程，其组成除了起终点还有中间的"换乘点"和"出行段"，与"单一出行"不同，出行链产生了多种方式的"组合出行"，更加重视出行的多方式换乘与接驳过程。出行链演绎着交通需求多样性的特征[1]。

2.2 交通需求的内在特性

交通需求的内禀特性，包括交通需求的社会属性特征，交通需求生成的一致性、稳定性，时间—空间延伸性等，已在第 1.1.3 节阐述了。从本节开始着重讨论交通需求的其他特征。

2.2.1 交通需求的多样性

1. 交通需求目的的多样性与异质性

社会经济活动的多样性产生了交通需求目的的多样性。不同的需求目的对出行方式的选择，出行的方便性、舒适性、安全性的要求也是不同的，例如，同一个人，为商务、娱乐活动目的的交通需求通常会倾向于舒适性较高的出行选择，而对于通勤、购物等则偏向于经济性的交通方式。

不同的人群，其经济属性（职业、收入）、社会属性（年龄、性别）的不同，对完成出行的时间、费用的敏感性存在差异，选择的交通方式大相径庭，完成同一目的可以有多种选择。

2. 交通需求的随机性

社会经济生活是一个高度开放性市场化的系统，这种高度开放性很大程度上决定了交通需求的随机性。交通需求的随机性主要指两方面：一方面是介入系统的服务对象、介入时间、介入地点和方式等都是不确定性的，无法事先确知；另一方面，影响系统交通出行的外部因素（如天气、拥堵等）也是随机的。

相对而言，基本需求的产生与分布虽然有一定的稳定性，但就个体而言，其出行时间、出行方式、出行路径选择等都存在着选择的差异；弹性需求更受到系统开放性和市场机制的影响，其随机程度更大。

3. 交通需求的可控性

交通需求起源于社会经济活动，而社会经济的发展及增长速度具有一定的规律性，决定了交通需求也存在一定规律，有规律的交通需求则具有可控性。在一定的时期内，对于一个确定的城市环境来说，交通需求其总量及时空分布与城市环境因素（人口规模、城市形态、土地使用布局、社会经济水平等）及某些组织管理方式与措施（如前面提到的市场机制、作息时间、运输作业与组织等）之间存在比较稳定的对应关系。随着这些因素的变化，掌握交通需求与这些因素间的变化规律，可以建立一种不同层次的出行需求和各种影响因素变量关系模型，并通过仿真模拟来预测交通需求的变化，以达到规划、管理与运行控制的目的。

4. 交通需求的替代性

在社会经济活动的信息化、智能化发展背景下，交通出行活动很多时候可以被通讯活动替代，不出行或短距离出行就可完成。如现代信息技术（Fax，Email，Tel，计算机网络）的出现，Teleworking（电话上班）或 Telecommuting（远程办公）易被大众接受，“在家上班”方式受到青睐。

2.2.2 交通需求分布的不平衡性

交通需求分布的不平衡性主要为交通需求在时间分布和空间分布上的不平衡性。

交通需求在时间分布上的特征表现在不同的时间段内，如一天、一周、一个月甚至一年，都有不同的特征及变化规律，如节假日与工作日，冬季与夏季等不同时间段，交通需求都一定的区别。正因为存在这种不平衡性，为了把握规划、设计与管理的决策，往往采取了选择第 30%位小时交通量、10%～12%高峰小时流量比、第 85%位车速等交通特征参数指标，从统计意义上来评价和描述交通需求分布的不平衡性。

交通需求的空间分布特征的具体表现是交通流的向心性和潮汐式特征。向心性是指交通需求多向配套设施完善、商业网点发达、娱乐设施密度较高的地区集中；潮汐性是指交通需求在走向上呈现对称性特点，如工业区与城市中心区之间的交通需求，上午交通需求走向是从城市中心区往工业区移动，下午则是从工业区往城市中心区移动。交通网络分布的不平衡性主要体现在城市全方式的 OD 分布与交通设施网络匹配的不均衡问题。

2.2.3 交通需求选择的灵活性

交通需求选择的灵活性是通过交通体系服务的多元化和提供的丰富信息来体现的。在出行的不同阶段，出行前、出行中获得的信息将直接或间接地影响出行者的选择和决定，出行者可以利用譬如出行信息系统选择最短的出行路径、最好的出行方式和最佳的出行时间，也可以按个人出行选择的偏好与习惯来选择从而使得出行的灵活性大大增加。

2.3 交通需求的外部特性

作为经济学中的专门术语，外部性最先是由英国经济学家马歇尔提出的，迄今已有 100 多年了。外部性的一般意义是指某一经济个体的生产和消费活动对其他个体产生的一种伴生影响，即个体的某一行为对其他个体产生的影响。这种影响可能是有益的，也可能是有害的。有益的外部性称为正外部性，反之为负外部性。**所谓交通需求“外部性”，是指在需求生成与增长（变化）的过程中，除了实现主体（人与物）自身活动目标（即内部效益）外，还使其他客体单位（如其他出行者、其他社会经济活动以及土地开发、环境变化等）获得了意外的收益或受损的现象。**在现代化的交通系统中，交通需求的外部性问题，主要是指交通拥挤、污染排放等负面问题，人们常说交通运输可持续发展问题突出，就是指交通运输的外部负面效应很大。

实际上，交通运输外部性特征包括外部效益和外部成本。具体表现为：交通需求可以为社会提供了相当大的经济效益和社会效益，它带来的利益可能远远超过了人们直接对其投入的费用，例如，城市地铁建设往往不仅满足了沿线区域高强度客流需求的运行，还会带来沿线周边地区土地的升值；同时交通需求也会对环境产生巨大的冲击，当今运输的发展大大增加了交通事故发生率，噪声、污染排放等不良影响，而且当交通拥挤超过一定程度，产生了交通运输的外部成本。

2.3.1 外部经济特性

认识交通需求的外部性，需要补充说明以下几个概念。

(1) 个人边际成本(personal marginal cost)：一个道路使用者加入到交通流之后，它自己所负担的费用就是个人边际成本，也叫平均可变成本(average variable cost)。对于单个道路使用者来说，一般只支付直接费用，包括车辆的运行费用和个人时间费用(图 2-1)。

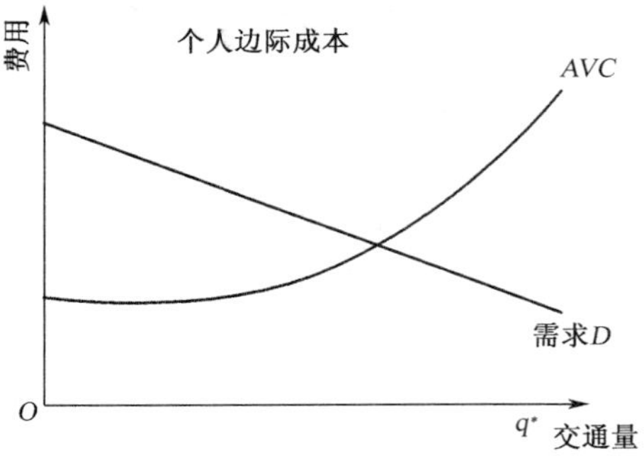

图 2-1 个人边际成本曲线图

(2) 用户剩余(users′ surplus)：道路使用者通过道路交通系统获得收益。具体的说，用户使用道路交通系统愿意支付的最大费用与实际付出的费用之间的差额构成用户剩余。如图 2-2 所示，横轴表示道路用户的数量，纵轴表示费用，第一个道路用户愿意支付费用金额为 c_1，第二个用户愿意支付费用金额变为 c_2，……当用户愿意支付的费用等于价格水平 P 时，便不会再有用户加入道路使用者行列，图 2-2 中阶梯状的矩形可以近似地用一根向右下方倾斜的曲线来表示，这就是需求曲线。合理的道路使用者总是以用户剩余最大化决定自己的最佳出行，毫无疑问，用户剩余总是正的，否则，用户的出行就不会发生。因此，用户剩余表示为图中需求曲线与价格曲线所围成的三角形面积。

(3) 社会边际成本(social marginal cost)：系统每增加 1 个单位用户时，总可变费用的增加部分就是社会边际费用(图 2-3)。

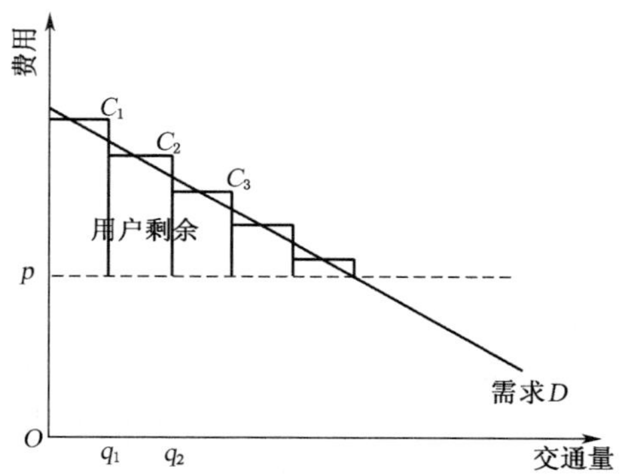

图 2-2 用户剩余示意图

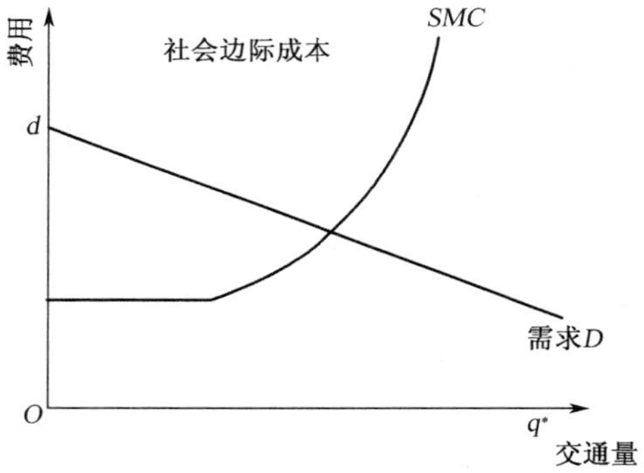

图 2-3 社会边际成本曲线图

（4）**管理者剩余**（regulators′ surplus）：道路系统管理者所获得的收益称为管理者剩余。管理者剩余是总收入与总费用的差值，其中总费用包含固定费用和可变费用。在道路使用阶段，它的固定费用是一定的，于是扣除固定费用后管理者剩余最大化，就等于利润最大化。利润与管理者剩余的一致性意味着，用总收入与总可变费用的差来表示管理者剩余不会影响分析效果。如图 2-4 所示，总可变费用可以用社会边际费用下方的面积来表示，第一个长方形表示在出现第一个用户的情况下，总可变费用的大小。当交通量未达到系统交通容量时，社会边际费用不变；当交通量超过系统交通容量时，社会边际费用开始增加。社会边际费用下方与横轴所围梯形面积表示在某种价格水平下的总可变费用。总收入表示为价格与总交通量的乘积，于是社会边际费用上方与某种价格曲线之间的面积就是该价格水平下的管理者剩余。

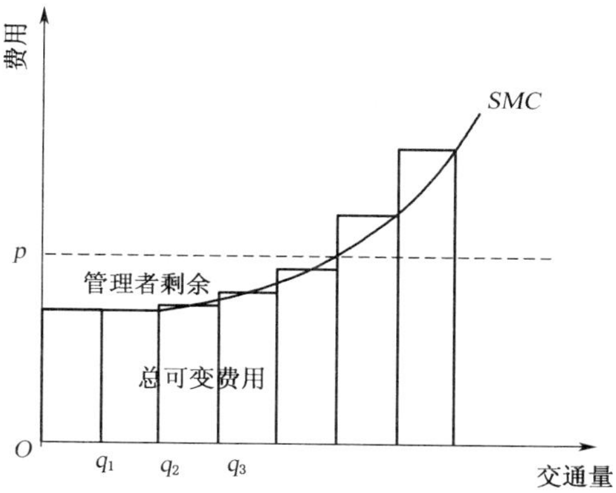

图 2-4　管理者剩余示意图

（5）**社会总剩余**（社会总福利 social gross surplus）：在竞争性的交通系统中，道路使用者用与价格相同的需求曲线上的点来决定交通量，与此同时，道路管理者用与价格相同的社会边际费用（边际成本）上的点来提供服务水平。于是，交通需求曲线与社会边际费用曲线的交点同时决定了最优服务水平与交通量，需求曲线与边际费用之间的面积就是社会总剩余，其中价格水平以上的部分是用户剩余，价格水平以下的部分是管理者剩余（图 2-5）。在拥挤定价过程中，理想的目标就是为了使社会总剩余达到最大化。

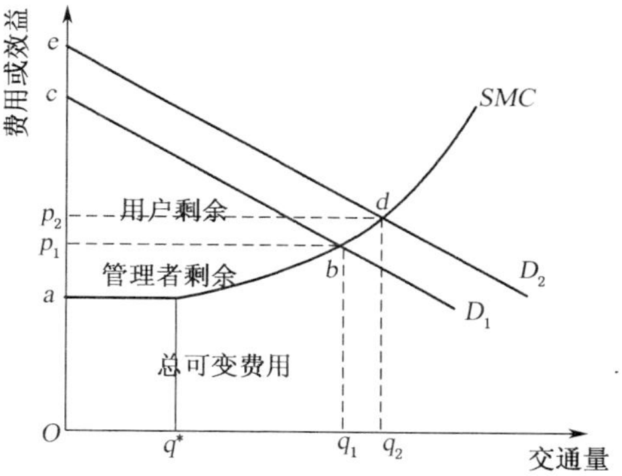

图 2-5　外部效益与内部效益关系

（6）**运输外部效益分析**：运输的外部效益是针对于内部效益而言的，在以上所介绍的社会总剩余中，无论是管理者剩余还是用户剩余都是在既有的成本曲线、需求曲线和价格水平的系统内决定的，因此属于市场体系内部的效益。而外部效益只有在产生不属于以上过程的效益时才会出现（图 2-5）。

最初，社会总剩余为图形 *cba* 所围多边形的面积，管理者剩余为 p_1ba 所围多边形面积，用户剩余为 cbp_1 所围三角形面积，以上三部分均为市场内部效益。另一条需求曲线 D_2 代表了用户在原来的价格或市场体系之外，对道路效用的其他评价更高。这些额外的效益可能来自道路设施对沿线土地价值上升带来的影响，也可能来自交通条件改善给当地带来了更大的知名度，或者道路沿线成为旅游观光景点等，但这条曲线所对应的运输需求已经不是由原来体现需求量与价格之间关系的函数所决定，出现了外部效益（面积 *bdec*）。显然，如果道路管理者能够根据新的均衡交通量 q_2 而把价格确定在 p_2，那么这种外部效益就被内部化了，此时 adp_2 面积代表管理者剩余，p_2de 面积代表用户剩余。此时无论是管理者剩余、用户剩余还是社会总剩余都比原来增加了。但是如果由于某些原因，上述内部化过程不能实现，道路管理者增加交通量所多支付的成本（q_1q_2db 面积），就需要以财政补贴或其他方式加以弥补，否则管理者将不愿意扩大供给，那么本来可以增加的社会效益就会受到损失。而此时，没有被内部化的面积 $bdec$ 才应被称作“外部效益”。

(7) **运输外部成本分析**：社会成本、个人成本及外部成本之间的关系是“社会成本＝个人成本＋外部成本”。社会成本中的个人成本部分是存在于市场体系内部的，即是内部性的；而另一些则存在于市场体系之外，即是外部性的，参考图 2-6。

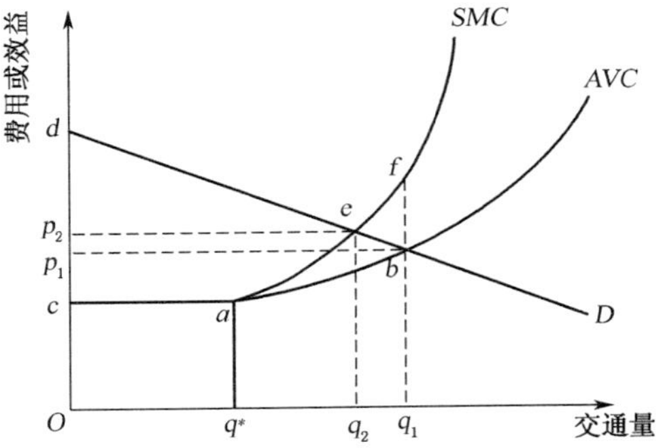

图 2-6　运输外部成本示意图

交通需求 D 与个人边际成本曲线 AVC 交点 b 决定的是均衡交通量 q_1，此时用户支付的价格是 p_1。而社会成本曲线 SMC 既包括由用户自己承担的内部成本，也包括由一个用户引起却要其他用户甚至整个社会来承担的外部成本。D 与 SMC 交点 e 决定的均衡交通量 q_2，此时用户应该支付的价格 p_2 则高于只考虑内部成本时的均衡价格 p_1。如果社会机制能够将用户只考虑内部成本时的均衡价格 p_1 提高到 p_2，能使只考虑内部成本时的均衡交通量 q_1 减少到最优均衡交通量 q_2，那么就成功地实现了外部成本的内部化。但如果不能使外部成本内部化，社会总剩余就会减少。图中，最优均衡交通量 q_2 所决定的社会总剩余为 $deac$ 的面积；而在外部成本不能内部化的情况下，交通量扩大到 q_1 处，用户剩余虽然增加了 p_2p_1be 的面积，但由此而引起的社会总成本却增加了相当于 q_1q_2ef 的面积，社会总剩余减少了 efb 的面积。

(8) **交通运输的外部成本类型**：交通运输的外部成本也有不同类型，一般可分为用户对其他用户引起的外部成本和用户对非使用者引起的外部成本两类。用户对其他用户引起的外部成本主要以交通拥挤为特征，被称为“俱乐部影响”。例如拥挤道路上某一驾车者加入对其他驾车者的延误影响确实是外部性的，但对道路上所有的驾车者这个“俱乐部”来说，这种影响又是内部的，交通网络的效率就这样由于用户自身问题而降低。用户对非使用者引起的外部成本则主要以排放和噪声等为特征，以道路使用为例，其环境污染这种外部性对社会造成更广泛的影响，特别是损害了那些未使用道路者的福利。

2.3.2　外部排放特性

近年来，我国的大气污染与温室气体排放已由原来的煤烟型发展为现在的煤烟加机动车尾气混合型，重要的特征就是 CO_2 排放与碳氢化合物、氮氧化合物以及污染物颗粒排放的加重（如第 1.2.4 节所述）。进入 21 世纪以来，机动车污染已成为我国大气污染的主要来源。特别是大城市正在发生结构性变化。如北京市机动车尾气排放对大气污染物中 CO，NO_x、碳氢化合物的分担率分别为 63.4%，46.0%和 73.5%。上海市中心地区机动车尾气排放对大气污染物中 CO，NO_x、碳氢化合物的分担率分别为 86%，56%和 96%。随着机动车保有量的增长，机动车排放加剧，大气污染造成的经济损失也在逐年增加。如我国机动车保有量从2000年的1 609万辆增长到2009年的7 619万辆；同期，我国大气污染造成的经济损失从2000年的2 300亿元左右增长到2009年的8 500亿元左右。2011年8月的统计数据表明，我国机动车拥有量已破亿，达到2.19亿辆，污染造成的经济损失也更加巨大。

因此，城市交通的节能减排和污染排放日益受到重视。国内外对各种方式的能源消耗和污染排放都进行了相关的研究，表明各类交通方式的能源消耗与排放有较大的差异，见表2-1、表2-2。

表2-1　城市主要交通方式能耗和尾气排放情况[2]

交通公式	摩托车	小汽车	常规公交	快速公交(BRT)	有轨电车	轨道交通
CO_2/[g·(人·km)$^{-1}$]	62	140	19.4	4.7	—	7.5
NO_x/[g·(人·km)$^{-1}$]	0.900	0.746	0.168	0.420	—	0.175
能耗/[kJ/(人·km)$^{-1}$]	1 495.0	2 795.10	714	720～1 080	180～360	324.1

数据来源：美国能源基金会(Energy Foundation)，1999。

表2-2　日本大城市圈各种交通方式能耗及大气污染物排放量

交通公式	能耗/[kJ/(人·km)$^{-1}$]	CO_2/[g·(人·km)$^{-1}$]	NO_2/[g·(人·km)$^{-1}$]	SO_2/[g·(人·km)$^{-1}$]
城市轨道交通	423	4.7	0.179	0.011
公共汽车	749	19.4	0.504	0.144
出租车	5 434	89.3	0.496	0.041
小汽车	2 520	44.6	0.257	0.021

数据来源：http://wenku.baidu.com/view/7cbb53f57c1cfad6195fa752.html.

从表2-1、表2-2中可以看出，小汽车的能耗和排放都是非常高的。美欧各主要城市检测数据显示，城市中各类主要废气（CO、CO_2、NO_x、SO_x、碳氢化合物、铅、悬浮粒子）40%～90%来自于汽车尾气，其中，小汽车及家用轻型车排出的占79%。

公共交通包括常规公交、快速公交和轨道交通，其人均燃油消耗、二氧化碳和氮氧化合物的排放量整体水平远远低于小汽车，常规公交人均能耗和排放均为私家车的14%左右，而快速公交和轨道交通的优势更加明显，轨道交通以其高运量、低能耗、低排放、快捷、经济、可靠等特点被越来越多的国家所采用。日本轨道交通的单位能耗仅是公共汽车的45%、小汽车的5.3%。轨道交通的CO_2的排放量仅为私家车的1/10、公共电汽车的1/4左右，其氮氧化合物、碳氢化合物、一氧化碳等有害物的排放量几乎为零。快速公交是在低能耗和排放的前提下，让人们从建设快速轨道交通高昂代价的困境中看到了一种更为经济的方式，其车速的提高，避免了拥堵时反复加减速和停车，有效地减少车辆的废气排放。波哥大“新世纪”快速公交系统比普通公交的污染降低了近40%，库里蒂巴的快速公交比常规公交节省用油30%。

事实上，各种交通方式的能耗、排放与两大因素相关：一是要从交通方式的动力消耗(能源)来源和使用全过程考量；二是要考虑各种方式的额定载客量不同，从节能减排的目标上看，建议采用“人·公里”作为能耗和排放的单位进行比较。综合诸多研究成果，粗略汇总了相关交通方式能耗、排放的相对值，以常规公交的单位（人·公里）为标准，各种交通方式相对比较结果见表 2-3、图 2-7。

表 2-3　城市主要交通方式能耗和尾气排放情况相对比较

排放/能耗	常规公交	BRT	轨道交通	出租	小汽车	摩托车	自行车
CO_2	1.0	0.24	0.38	6.0	7.10	3.13	0.1
NO_x	1.0	0.25	0.1	3.93	4.43	2.83	0.1
能耗	1.0	0.23	0.38	5.95	7.13	3.16	0.1

注：以常规公交的排放与能耗为 1 计算。

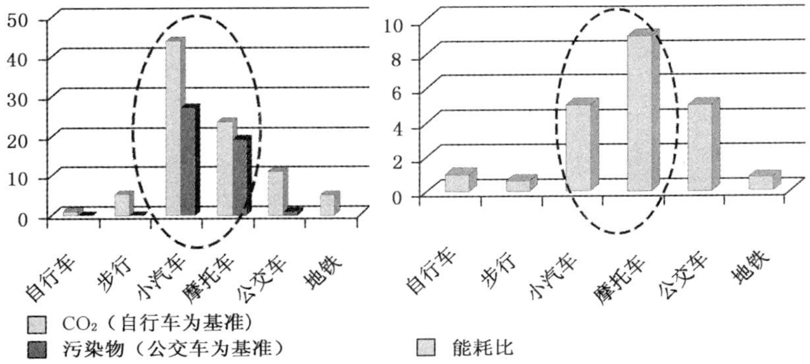

图 2-7　各种方式的排放、污染与能耗示意图

交通运输所导致的 CO_2 排放主要与汽车燃油（石油制品）的品质与燃烧率、行驶里程等多种因素有关。如果能降低汽车出行频率和行驶里程，CO_2 的排放量将会下降。另外，汽车运行速度也与碳排放数量有着密切的联系，一般而言，按照车辆的经济速度行驶，不仅节油，而且排放也少。研究表明，在寒冷的天气状况下，直接启动汽车将比在适当暖车后才启动要消耗更多的能量以及排放更多的 CO_2。

2.3.3　外部拥挤特性

交通的另一个负外部性表现在给城市带来的拥挤。所谓交通拥挤，是指交通需求超过设施容量时，超过部分的交通需求滞留在道路设施上的交通现象。当交通需求很小时，出行者可以很快到达目的地。随着交通需求的增加，道路交通由畅通的自由流状态开始变得混乱，到达目的地的时间逐渐变长。当交通需求超过了路段上通行能力最小地点（瓶颈）的道路容量时，道路交通状态就会发生变化。来自上游的交通需求中超过道路容量的部分，将无法通过瓶颈，在瓶颈处形成车辆排队，形成交通拥挤。交通拥挤不仅造成无效的等候，浪费时间，使运输系统效率下降，并成为诱发交通事故的重要因素，更重要的是，交通拥堵本身也存在负外部性问题。交通拥堵同时也降低了燃料的使用效率，增加了能源消耗和尾气排放量，因为交通拥挤时燃料不完全燃烧产生的尾气排放量远远大于汽车正常行驶时的尾气排放量。拥挤路段由于车辆大量积聚，使该路段的污染物浓度明显大于其他路段。根据美国的统计资料[3]，由于公路拥挤，美国每年损失 840 亿小时，按每小时最低工资 8 美元计算，结果是 6 270 亿美元，损失非常巨大。

尽管交通拥挤发生的时间和地点不同，但在拥挤路段上均表现为车辆大量排队、长时间等待以及尾气排放量增多等一系列行为，从而加大了道路使用者的成本，降低了出行效率，影响了居民的生活质量。因此，交通拥挤的外部性是一种负外部性。

2.4 交通需求方式的时空分布特性

2.4.1 时空消耗的概念

所谓时空消耗，是指交通个体(人或车)在一定时间内占有的空间或一定空间内使用的时间，单位是 $m^2 \cdot h$/人或 $m^2 \cdot h$/车。时空消耗可以根据不同的交通个体(行人、旅客、车辆)、不同的方式(步行、自行车、公共交通和小汽车等)、不同的时间区段(1 小时、1 天、1 周等)、不同的出行情况(乘坐、行驶、停放等)来定义和评价[4]。交通方式的时空消耗一般可以概括为动态时空消耗和静态时空消耗，动态时空消耗是指交通工具在运行中所占用的时间和空间资源，静态时空消耗则是指交通工具在停放时所占用的时空资源。当车辆行驶时，采用车辆主体(动的净空)在一定时间内占有的"公里・小时"数来度量；当车辆停放时，采用车辆主体在停车泊位上停放的"泊位・小时"度量。

2.4.2 各类方式时空消耗比较与计算

根据时空消耗的定义，假定各类方式均采用其标准单位车辆，且都满载，比较简单直观地计算该交通方式的人均时空消耗 C_i 为

$$C_i = \frac{A_i \times T_i}{L_{oi}} = \frac{D_i \times hd_i \times L}{L_{oi} \times V_i} = \frac{D_i \times ht_i \times L}{L_{oi}} \ (i \in I) \tag{2-1}$$

式中，C_i 为方式 i 标准单位运输工具的人均时空消耗($m^2 \cdot h$ / 人)；A_i 为方式 i 使用城市道路设施的有效面积(m^2)；T_i 为方式 i 使用城市道路设施的有效运营时间(h)；L_{oi}为方式 i 单位车辆的额定载客量(人)；D_i 为方式 i 安全行驶时横向净空(m)；hd_i 为方式 i 安全车头间距(m)；L 为出行距离(m)；V_i 为速度(m / h)；ht_i 为方式 i 安全车头时距(h)；I 为方式集合。

根据式(2-1)，计算各类交通方式的时空消耗，结果见表 2-4。

由此可见，从交通运输对时空资源的消耗上看，不同交通方式显示出明显的差异，出行者完成同一出行，时空消耗从大到小的顺序为

小汽车(单独驾车) ＞摩托车＞自行车＞常规公交＞步行＞轨道

公共交通的人均时空资源消耗明显优于个体机动车交通。以地铁为例，它具有运量大、速度快、安全、准时、低碳、环保、节省空间等优点，其人均时空消耗仅为小汽车的 1/20～1/7，步行和自行车的人均时空资源消耗也明显优于个体机动车交通，而且是零能耗。

表 2-4　　　　各种交通方式(工具)时空消耗特点[5, 6]

种类	交通方式类别	适应距离/km	单一车道宽度/m	标准载客量/人	运送速度/(km·h^{-1})	单向运能/(万人次·h^{-1})	动态每一乘客占用道路面积/(m^2·h^{-1})
个体交通	步行	0～2	0.80	1	4.0	0.1	0.8
	自行车	2～5	1.0	1	10～15	0.1	5.0
	摩托车/助动车	5～9	1.5～2.0	1～2	20～30	0.1	15～20
	小汽车	＞5	3.25	1～5	20～50	0.15	20～30
公共交通	常规公交	3～10	3.75	40～60	15～25	0.5～0.8	1.0
	快速公交(BRT)	4～20	3.75	120	25～40	1～1.3	0.7
	现代有轨电车	4～20	3.00	180	25～30	1～1.5	0.7
	轻轨	3～20	3.50	250	25～35	1.5～3	0.2
	地铁	4～30	3.50	310	35～45	3～6	0～0.2

2.4.3 各类方式出行距离的分布规律

各种交通方式适宜的出行距离是不同的，这与出行者的个人属性和时空消耗有关。出行者根据出行距离的大致远近选择相应的交通方式。国家 863“城市客运交通方式间资源配置优化技术”课题[1]通过对苏州、常州、番禺、昆山、蚌埠、濮阳等中小城市的出行调查获得了城市客运主要交通方式出行距离分布曲线(图 2-8)。

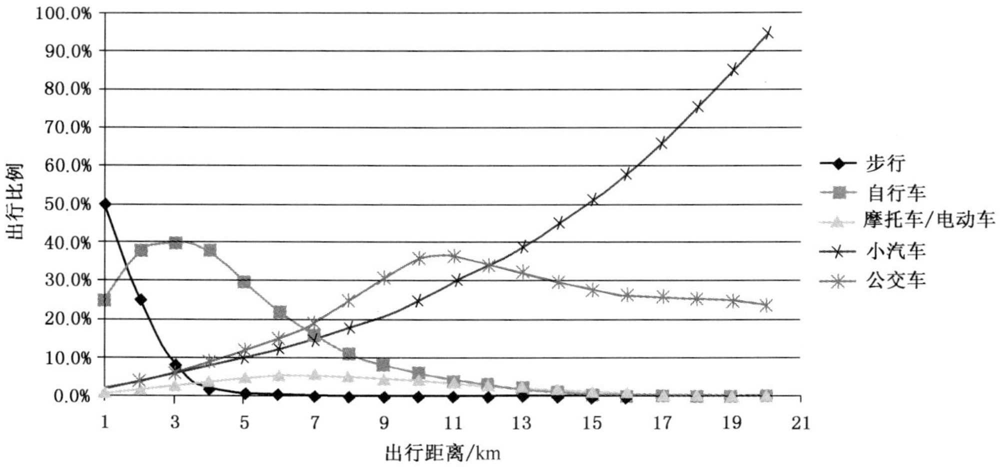

图 2-8　城市主要客运交通方式出行距离分担率曲线

分析上述距离曲线可知：

(1) 步行适宜距离大致在 2 km 以内，出行距离大于 3 km 后，步行方式距离曲线的比例已经十分低。

(2) 自行车适宜距离大致在 2.5～4.5 km，从 4.5 km 处开始下降，到 7 km 处，自行车出行方式距离曲线趋向于 0。自行车交通方式对人的体力和时间有一定要求。

(3) 摩托车、助力车适宜距离在 5～9 km，并在 7 km 左右达到峰值；大于 13 km 时，出行比例趋向于 0。

(4) 公交车适宜距离在 5～10 km，出行比例在小于 3 km 时几乎为 0，3～9 km 内处于不断上升的趋势中，大于 13 km 开始趋向于 0。公交车适用于中长距离的出行。

(5) 小汽车适宜距离在 5 km 以上，随着出行距离的增大，机动车方式分担率上升，小汽车在长距离出行中，占有很大优势。

上海市 2009 年的第四次综合交通调查数据表明，轨道、公交与慢行交通出行距离分布特征如图 2-9 所示。

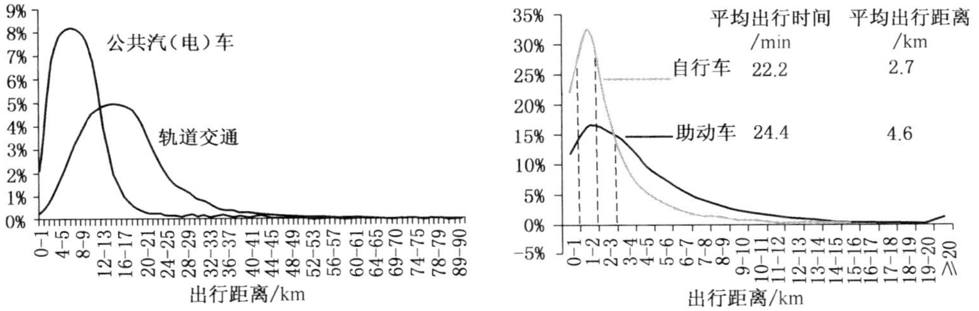

(a) 公共交通　　(b) 慢行交通

图 2-9　各方式出行距离分布特征[7]

公共汽(电)车平均出行距离 6.6 km；轨道交通平均出行距离 8.8 km；自行车是短途出行的理想方式，出行距离在 3 km 以内的比例为 73%；使用助动车出行时间在 30 min 以上的比例也不超过 30%。

2.5　交通需求主体行为特征

2.5.1　出行行为概念

交通需求生成的主体包括人和物，其中主体“人”的交通需求是为了实现社会经济活动的目的，从出发点到目的地的移动过程。人的交通需求又可称为出行行为过程，包含了出行者对于出行目的、出行方式、出行路径选择等一系列活动，是个人属性和出行环境条件相互作用的结果。

1. 出行过程选择特点(travel choice behavior)

出行行为是一系列的出行选择和决策的结果[8]：首先是出行目的地的选择；其次是出行方式的选择，包括步行、自行车、小汽车、公交、轨道等；第三是出行换乘选择，包括换乘接驳过程选择，例如对小汽车出行，存在着是选择直接驾车还是选择换乘点，乘轨道交通到达目的地(图 2-10)，对轨道交通出行，则存在直接到目的地还是选择换乘点，换乘公交出行到达目的地；最后是在交通网络中选择最佳出行路径达到目的地。

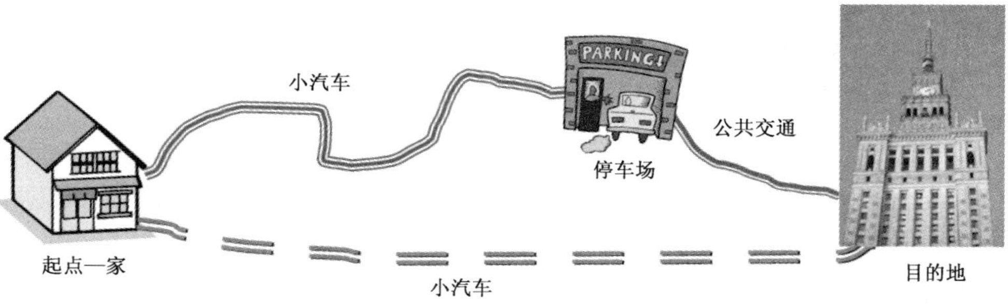

图 2-10　出行类型的选择

2. 出行选择的多准则性(multi-criterion)

出行选择行为与人的属性、年龄、爱好、职业、收入等因素以及出行条件相关。其中时间和费用是人们对出行选择的两个最主要的准则，而时间价值(Value of Time，VOT)是联系这两个因素的纽带，它表示人们愿意支付一定的费用来获得时间的节约。人们拥有不同VOT原则(市场化)对旅行时间和费用支出具有不同的敏感性，忽视时间、费用双准则性可能导致需求预测和定价政策产生很大的偏差。另外，还有其他一些影响交通行为的因素，如舒适性、可靠性(准时性)、安全性等。这些难以定量描述的因素也主导着某些出行者的选择行为，可以通过效用函数(本节后文介绍)进行统一描述。

3. 出行方式选择的多模式(multi-modal)

城市典型客运出行选择为步行、自行车、公交车、摩托车(包括助力车)和其他机动车(私家车、单位车和出租车)五类客运交通方式。随着城市规模和多模式交通体系的发展，居民出行往往需要通过多次交通换乘来完成社会经济活动，从而产生组合交通出行行为。常见的典型组合出行包括(起终点步行以外)：采用公交→轨道交通，轨道交通→公交，公交→轨道交通→公交，小汽车→轨道交通，非机动车→轨道交通等多模式的组合出行[1]。这里不单单指各类单一的交通方式，更重要的是考虑不同交通方式之间的换乘。

4. 出行行为对信息的敏感性

交通行为是在特定的交通环境下产生的，为了完成交通运输任务或达到某种出行目的，交通行为者的心理现象必然会反映出来。出行选择其实是出行者在特定交通环境下心理和行为的综合反映。出行选择需要考虑的内容有很多，例如出行时间、出行费用、延误时间、道路状况、道路拥挤程度以及天气状况等。出行者在选择出行时刻及出行路线时，必然会根据过去的出行经验以及新获取的信息做出综合判断，选择可能的总出行时间最低或者总出行成本最小的路线或者出发时刻(图 2-11)。因此，交通信息在出行选择过程中具有非常重要的作用。实时、有效的交通信息是出行者进行出行选择的前提和基础。

从信息发布内容来看，驾驶员更关心的是有关道路、外界状况的可变情况，因此当提供给驾驶员可变因素的信息后，如道路拥挤度、出行距离和天气情况，驾驶员会根据自身效用的最大考虑是否改变交通方式。人们通过感兴趣的渠道如 GPS 导航、互联网等方式发布的信息更能作出及时的调整出行进程。

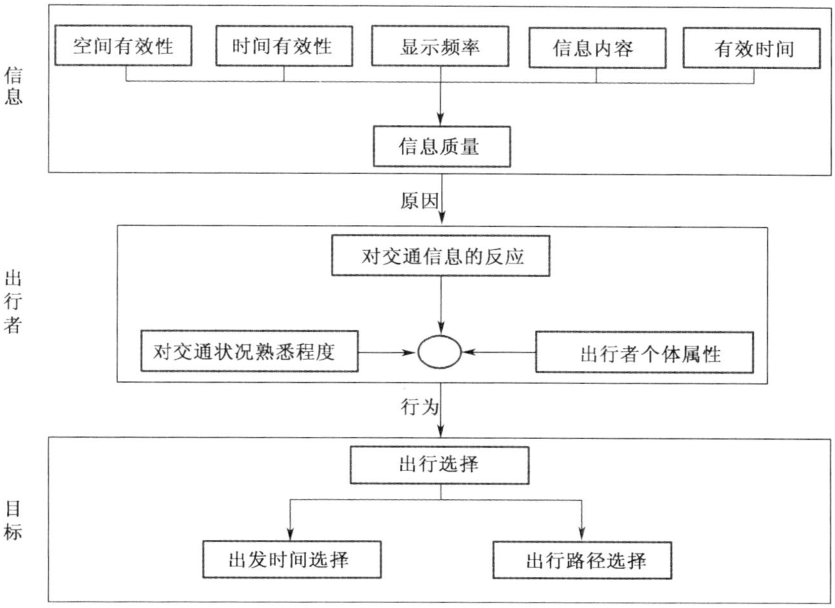

图 2-11　信息对出行决策的影响

2.5.2　出行效用特性

效用(utility)是微观经济学中最经典的术语之一。消费者行为学对效用的理解为一个人从消费一种物品或服务中得到的主观上的享受或有用性，更准确地说，效用是指消费者从消费某种商品和服务中获得的满足程度，并且这种满足程度纯粹是消费者的一种主观心理感受，它取决于消费者对所消费物品的主观评价[9]。消费者从消费某种物品中得到了满足，则是正效用，满足程度越高，效用越大；而当感受到不舒适或损失(困苦)，则是负效用。具有较大效用值的商品组合与具有较小效用值的商品组合相比被用来描述偏好。效用函数对每种可能消费的商品组合指定一个数值。具有较大效用值的商品组合与具有较小效用值的商品组合相比，消费者更为偏好前者。

效用是人们的价值观念在决策活动中的综合度量。

因此，消费者对于(x_1, x_2)的偏好甚于对于(y_1, y_2)的偏好的充分必要条件是(x_1, x_2)的效用大于(y_1, y_2)的效用，即

$$(x_1, x_2) > (y_1, y_2), \text{ if } \bigcup(x_1, x_2) > \bigcup(y_1, y_2)$$

类比于经济学中的效用概念，在交通行为理论中，出行效用被定义为人们对于出行方式的价值观念(时间、费用、舒适性、安全性)在决策活动中的综合度量，它可以综合地表明决策者对风险所持有的态度。通俗地说，出行者花费一定的时间和费用成本购买某种运输服务以获得空间位置转移的满足。每个人都会选择自己认为效用高的方式进行出行。因此，出行效用高的出行方式，被选择的概率大；出行效用低的出行方式，被选择的概率小。

20 世纪 70 年代，美国麻省理工学院(MIT)的 Mcfadden 等人将出行效用与非集计模

型结合，描述出行者的出行选择行为[9]。出行效用可以根据出行目的、出行者的属性等特征进行分类，由此产生“基于活动出行”的研究类别，这也是目前交通研究的热点之一。而传统方法是以广义效用函数来表示出行者选择各种方式的出行效用。广义效用函数是将所有影响出行选择的因素作为函数变量考虑，通常包括个人的社会经济特性（年龄、收入、是否拥有小汽车等）和各类方式选择特性（出行时间、出行费用、换乘次数等），然后可以以各种函数形式来表示，但通常考虑结果分析及系数标定上的方便而广泛采用线性函数形式：

$$V_{in} = \sum_{k}^{K} \beta_k x_{kin} \tag{2-2}$$

式中，V_{in} 即出行者 n 选择方式 i 的效用；x_{kin} 是个人 n 的选择肢 i 的第 k 个变量值；β_k 是待定系数，根据调查统计数据进行标定。

常用的描述出行选择的非集计模型包括 Logit 和 Probit 等（简单的 Logit 出行选择模型如式（2-3）），有兴趣的读者可以参见相关的著作与文献，这里不再赘述。

$$P_m = \frac{\exp(U_m)}{\sum\limits_{m' \in M} \exp(U_{m'})} \tag{2-3}$$

$$U_m = \beta_m + \beta_1 t_{\text{in}}^m + \beta_2 t_{\text{out}}^m + \beta_3 C_m \tag{2-4}$$

式中，P_m 是个人选择 m 的概率；U_m 是选择 m 的效用函数；t_{in} 是车内时间；t_{out} 是车外时间；C 是出行费用；参数 β_1，β_2，β_3 对每一种模式都是一样的；参数 C_m 对每种模式都是不同的，如果只有两种模式，则其中一种模式的出行效用的常数项可以置为 0。

基于离散数据的出行选择行为模型可以通过模型的集计，转为对集体行为的需求分析，这对交通需求管理的意义十分重大，可以用来预测与评估 TDM 的实施效果，下面举简单例子进行说明[10]。

【例 2-1】 某市，人们对小汽车出行的效用函数为

$$U_{\text{Auto}} = -0.13 - 0.03 t_{\text{in}}^{\text{Auto}} - 0.05 t_{\text{out}}^{\text{Auto}} - 0.1 C_{\text{Auto}}$$

公交车出行的效用函数为

$$U_{\text{Bus}} = -0.03 t_{\text{in}}^{\text{Bus}} - 0.05 t_{\text{out}}^{\text{Bus}} - 0.1 C_{\text{Bus}}$$

假设从 A 地到 B 地，出行情况如下：

$$\begin{array}{ll} t_{\text{in}}^{\text{Auto}} = 11.3\text{ min} & t_{\text{in}}^{\text{Bus}} = 14\text{ min} \\ t_{\text{out}}^{\text{Auto}} = 5\text{ min} & t_{\text{out}}^{\text{Bus}} = 8\text{ min} \\ C_{\text{Auto}} = 12 & C_{\text{Bus}} = 8 \end{array}$$

则

$$U_{\text{Auto}} = -0.13 - 0.03 \times 11.3 - 0.05 \times 5 - 0.1 \times 12 = -1.919$$

$$U_{\text{Bus}} = -0.03 \times 14 - 0.05 \times 8 - 0.1 \times 8 = -1.62$$

$$P_{\text{Bus}} = \frac{\exp(U_{\text{Bus}})}{\exp(U_{\text{Auto}}) + \exp(U_{\text{Bus}})} = \frac{0.20}{0.15 + 0.20} = 0.57$$

$P_{Auto} = 0.43$

由此可知，从 A 地到 B 地，将有 57% 的人选择公交车，43% 的人选择小汽车出行。注意，这里没有考虑个体属性的差异，实际上工资收入不同、是否拥有小汽车、出行目的不同等，都会影响出行方式的选择结果。

【例 2-2】 继例[2-1]，进一步考虑费用的变化对出行需求的影响。如果公交车的费用从现在的 8 元，改变为 0 元，4 元，12 元，16 元，在其他条件不变的情况下，公交车的分担结果如图 2-12 所示。

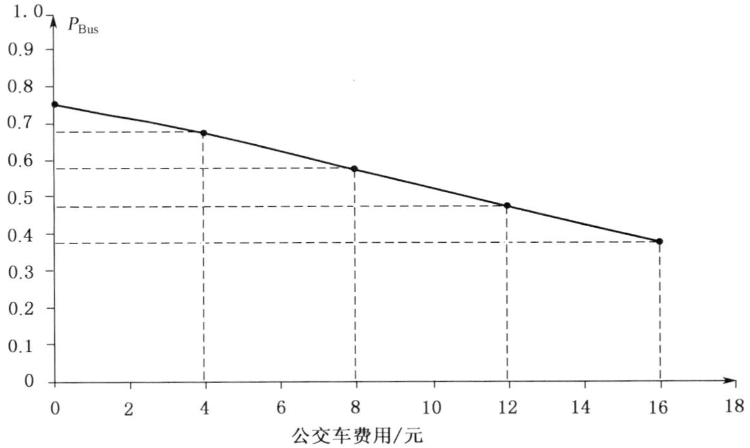

图 2-12 改变公交车费用对运输分担率的影响

【例 2-3】 继例[2-2]，考虑时间的变化对出行需求的影响。公交车的车外时间从现在的 8min，改变为 2 min，4 min，12 min，16 min，在其他条件不变的情况下，公交车的分担结果如图 2-13 所示。

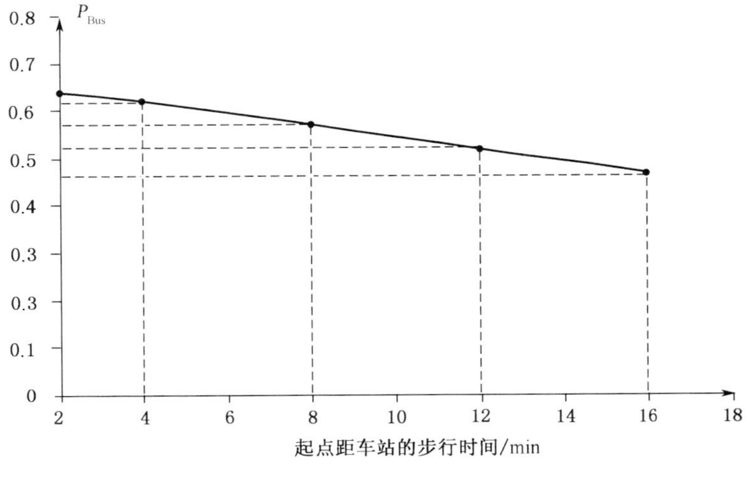

图 2-13 改变起点距公交车站距离对运输分担率的影响

以上例子反映出公交车的费用调整与出行起点距公交车站的距离对公交分担率的影响。因此，出行效用函数与出行选择模型可以定量地预测与评估交通规划与政策制定与实施的效果，对交通需求管理策略的制定与实施都具有重要作用。

实际上，出行方式的效用函数一般不是简单的线性函数，而可能是非线性函数。

【例 2-4】 在效用函数为非线性的情况下，考虑通过效用差来分析交通方式的竞争优势。假定存在三种单一交通方式：第 1 种方式是公交，第 2 种方式是出租车，第 3 种方式是小汽车，没有换乘和组合的情况，这三种方式的效用函数为[11]

$$U_1 = \phi_s(e_1)\varphi_s(I)\alpha_1 S + [\alpha_2 T_1 + \beta_2 \ln(T_1 + 1)] + [\alpha_3 C_1 + \beta_3 \ln(C_1 + 1)]$$

$$U_2 = \phi_s(e_2)\varphi_s(I)\alpha_1 S + [\alpha_2 T_2 + \beta_2 \ln(T_2 + 1)] + [\alpha_3 C_2 + \beta_3 \ln(C_2 + 1)]$$

$$U_3 = \phi_s(e_3)\varphi_s(I)\alpha_1 S + [\alpha_2 T_3 + \beta_2 \ln(T_3 + 1)] + [\alpha_3 C_3 + \beta_3 \ln(C_3 + 1)]$$

式中，T_1，T_2 和 T_3 分别表示三种方式所花费的时间；C_1，C_2 和 C_3 分别表示三种方式所花费的费用；α_1，α_2，α_3，β_2，β_3 为待定系数；$\phi_s(e_1)$，$\phi_s(e_2)$和 $\phi_s(e_3)$分别表示三种方式服务水平感知系数；$\varphi_s(I)$表示同一收入水平感知系数，为常数，而 α_1 为系数，那么可以令 $\varphi_s(I)\alpha_1 = \alpha_1$。

费用、时间、距离、速度等参数有如下关系：

$$S = v_1 T_1 = v_2 T_2 = v_3 T_3$$

$$C_1 = q_1 S,\ C_2 = q_2 S,\ C_3 = q_3 S$$

式中，v_1，v_2 和 v_3 分别表示三种方式的速度；q_1，q_2 和 q_3 分别表示三种方式的单位距离(km)价格，于是：

$$U_1 = \left[\phi_s(e_1)\alpha_1 + \frac{\alpha_2}{v_1} + \alpha_3 q_1\right]S + \beta_2 \ln\left(\frac{S}{v_1} + 1\right) + \beta_3 \ln(q_1 S + 1) \tag{2-5}$$

$$U_2 = \left[\phi_s(e_2)\alpha_1 + \frac{\alpha_2}{v_2} + \alpha_3 q_2\right]S + \beta_2 \ln\left(\frac{S}{v_2} + 1\right) + \beta_3 \ln(q_2 S + 1) \tag{2-6}$$

$$U_3 = (\left[\phi_s(e_3)\alpha_1 + \frac{\alpha_2}{v_3} + \alpha_3 q_3\right]S + \beta_2 \ln\left(\frac{S}{v_3} + 1\right) + \beta_3 \ln(q_3 S + 1) \tag{2-7}$$

通过调查，公共参数取值与三种方式的特性参数取值见表 2-5 和表 2-6。

表 2-5　　公共参数取值表

公共参数	α_1	α_2	α_3	β_2	β_3
取值	100	−20	−25	−150	−5

表 2-6　　三种方式的特性参数取值表

方式 \ 特性参数	服务水平感知系数	速　度	单位距离价格
公交车 1	$\phi_s(e_1) = 1$	$v_1 = 15$ km/h	$q_1 = 0.5$ 元/km
出租车 2	$\phi_s(e_2) = 1.6$	$v_2 = 30$ km/h	$q_2 = 3$ 元/km
小汽车 3	$\phi_s(e_3) = 2.0$	$v_3 = 35$ km/h	$q_3 = 5$ 元/km

通过上式可分别计算公交、出租车与小汽车三种方式在不同距离情况下的效用值，并进行差值分析，见表 2-7 和图 2-14。

表 2-7　　三种方式效用—距离变化表

距离/km	公交效用 U_1	出租车效用 U_2	小汽车效用 U_3	U_1-U_2	U_2-U_3
5	381.4	384.7	375.8	−3.3	8.9
10	776.1	783.0	766.9	−6.9	16.1
15	1 177.8	1 185.0	1 161.3	−7.2	23.8
20	1 584.2	1 589.5	1 557.7	−5.2	31.8
25	1 994.0	1 995.8	1 955.7	−1.7	40.1
30	2 406.3	2 403.5	2 354.9	2.9	48.6
35	2 820.6	2 812.4	2 755.2	8.3	57.2
40	3 236.6	3 222.3	3 156.3	14.3	66.0
45	3 653.8	3 633.0	3 558.2	20.8	74.8
50	4 072.1	4 044.5	3 960.7	27.6	83.8
55	4 491.4	4 456.6	4 363.8	34.8	92.8
60	4 911.4	4 869.2	4767.4	42.2	101.8

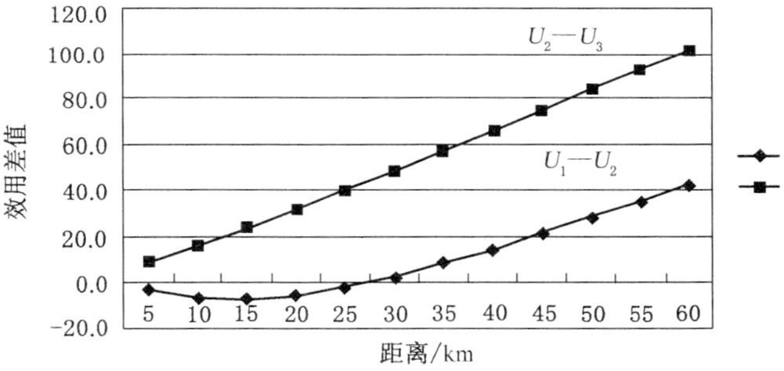

图 2-14　效用差值散点图

如图 2-14 所示，U_1-U_2 反映了公交与出租车效用比较情况：当距离在 25 km 及其以下时，效用差值 $U_1-U_2<0$，说明公交的效用低于出租车的效用；当距离在 30 km 及其以上时，效用差值 $U_1-U_2>0$，说明公交的效用高于出租车的效用，并且随着距离的不断增加，U_1-U_2 有递增的趋势，说明公交相比出租车的效用竞争优势更加明显，这与公交在长距离运输方面的优势有关。当距离在 25～30 km 时，U_1-U_2 处于过渡时期。

U_2-U_3 反映了出租车与小汽车的效用比较情况：由于小汽车的固定成本高，单位距离价格最高，小汽车的效用低于出租车的效用（显然也低于公交的效用），并且随着距离的增加，效用差值 U_2-U_3 递增。在这种情况下，服务水平感知的高系数并没有完全抵消单位价格的高费率。

当然，参数取值的不同，影响因素对效用计算的最终结果有着直接作用，现在从公式上分析 U_1-U_2 与参数之间的相互关系，由式(2-5)减去式(2-6)可以得到：

$$\begin{aligned}U_1-U_2=&\left\{\left[\phi_s(e_1)\alpha_1+\frac{\alpha_2}{v_1}+\alpha_3q_1\right]S+\beta_2\ln\left(\frac{S}{v_1}+1\right)+\beta_3\ln(q_1S+1)\right\}-\\&\left\{\left[\phi_s(e_2)\alpha_1+\frac{\alpha_2}{v_2}+\alpha_3q_2\right]S+\beta_2\ln\left(\frac{S}{v_2}+1\right)+\beta_3\ln(q_2S+1)\right\}\\=&\left\{\alpha_1[\phi_s(e_1)-\phi_s(e_2)]+\alpha_2\left(\frac{1}{v_1}-\frac{1}{v_2}\right)+\alpha_3(q_1-q_2)\right\}S+\\&\beta_2\ln\frac{\left(\frac{S}{v_1}+1\right)}{\left(\frac{S}{v_2}+1\right)}+\beta_3\ln\frac{(q_1S+1)}{(q_2S+1)}\end{aligned}\tag{2-8}$$

令

$$A=\alpha_1[\phi_s(e_1)-\phi_s(e_2)]+\alpha_2\left(\frac{1}{v_1}-\frac{1}{v_2}\right)+\alpha_3(q_1-q_2),$$

$$B=\beta_2\ln\frac{\left(\frac{S}{v_1}+1\right)}{\left(\frac{S}{v_2}+1\right)}+\beta_3\ln\frac{(q_1S+1)}{(q_2S+1)}$$

于是

$$U_1-U_2=A\cdot S+B \tag{2-9}$$

这里 $\phi_s(e_1)-\phi_s(e_2)<0$，$\frac{1}{v_1}-\frac{1}{v_2}>0$，$q_1-q_2<0$；$\ln\frac{\left(\frac{S}{v_1}+1\right)}{\left(\frac{S}{v_2}+1\right)}>0$，$\ln\frac{(q_1S+1)}{(q_2S+1)}<0$，所以 A，B 的符号可正可负，而 U_1-U_2 的符号又取决于 A，B，有图 2-15 所示的四种组合情况。

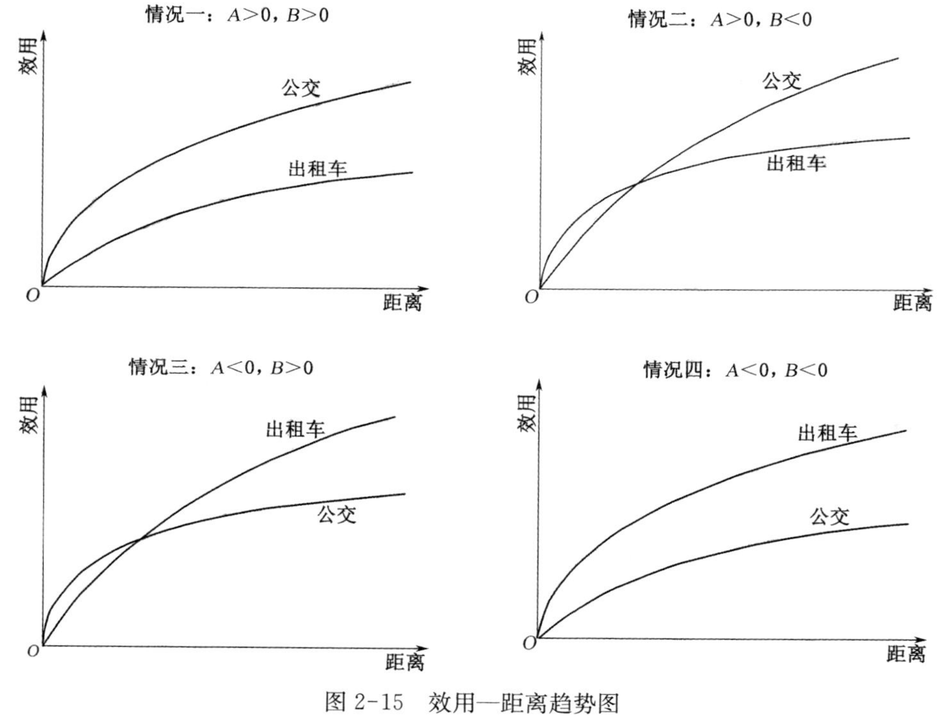

图 2-15　效用—距离趋势图

情况一：不管出行距离长度多大，公交的效用总是大于出租车的效用，即出行者认为公交的效用总是处于优势地位，总是选择公交作为出行方式而不是出租车，这在低收入阶层之中比较明显。他们很重视出行费用(经济)成本所付出代价的损失效用而忽略出行时间成本所损失的效用。

情况二：当出行距离比较短时，出租车的效用大于公交的效用；当出行距离超过一定长度时，方式偏好出现逆转，公交的效用又大于出租车的效用。即出行者在短距离出行时会选择出租车作为出行方式，而在长距离出行时会选择公交作为出行方式，说明公交的效用在长距离出行上处于优势地位，这在有一定经济基础的中等收入阶层之中比较明显。

情况三：出行者在短距离出行时会选择公交作为出行方式，而在长距离出行时会选择出租车作为出行方式，这在实际生活中一般是不存在的，不符合理性消费的原则，除非是某种极端的情形，比如短距离有公交可供选择，而长距离没有公交可供选择，只能选择出租车。

情况四：不管出行距离长度多大，出租车的效用总是大于公交的效用，即出行者认为出租车的效用总是处于优势地位，总是选择出租车作为出行方式而不是公交，这在高收入阶层之中比较明显。他们忽略出行费用（经济）成本所付出代价的损失效用而很重视出行时间成本所损失的效用。

这里只是讨论了公交和出租车效用随距离的变化情况，如果再引入小汽车，那么组合情况又会出现多种变化。由于小汽车成本高，拥有小汽车的出行者一般为高收入者。此类人群在出行的时候主要考虑服务水平（主要体现在舒适性），重视出行时间成本的负效用，对出行费用成本的负效用有所忽视，三种方式的效用—距离趋势有多种情况，但图 2-16 所示的情况比较典型，能体现市场因素的综合影响。

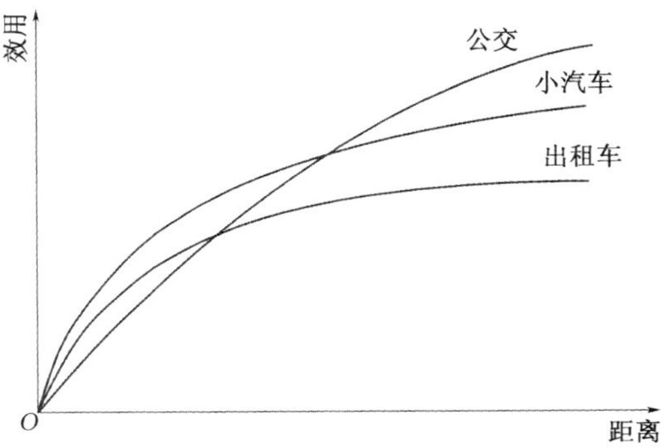

图 2-16　三种典型方式效用—距离趋势图

拥有小汽车的出行者一般不会选择出租车，因为出租车的服务水平比小汽车低，而出行费用较公交高，没有竞争优势。在长距离出行方面，公共交通还是具有一定优势的，比如发达国家的通勤者从郊区往市区一般会选择铁路线路（或者轨道交通）；还有城市之间的长距离出行一般也不会选择小汽车。

上述例子可以看出，从市场效用的角度可以有效地解释各种交通方式之间的竞争选择情况。效用并非一成不变的，它受很多因素影响，比如调整公共交通的票价或者提高私人交通的费率，可以对相应交通方式的出行效用产生明显影响。于是，制定相应的交通政策引导长距离出行从个体交通方式转移到公共交通方式，这对于公交优先政策的实施有显著作用和意义，有助于解决城市交通问题。

2.6　基于轨道交通的组合出行特性

城市组合客运出行方式往往以常规公交、出租车、非机动车（含助动车）、其他机动车等四类方式在城市客运交通枢纽（轨道枢纽）站点进行方式转换为研究对象。相对西方发达国家而言，中国城市客运交通出行方式具有多样化特性。以轨道为主体的换乘出行是我国目前最主要的组合交通出行方式。假定有出行者从 O 点到达 D 点，其出行过程如图 2-17 所示，需要先乘坐衔接交通方式到达轨道车站 S_1，S_1-S_2 为轨道交通出行，离开 S_2 到达目的地还需要采用衔接交通方式。

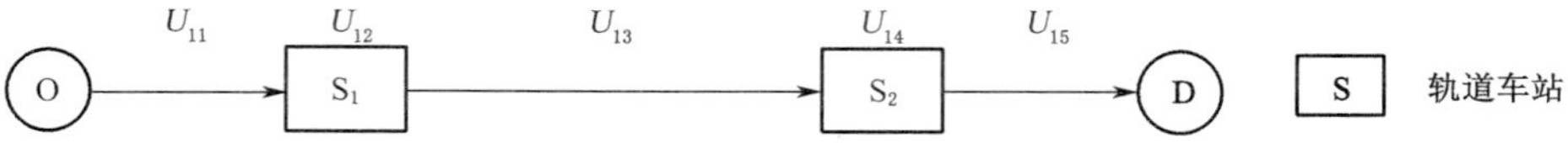

图 2-17　轨道交通组合出行示意图

2.6.1　基于轨道交通组合出行的衔接换乘特征

根据上海的调查研究表明，在我国大城市的轨道交通与衔接换乘交通接驳方式(出租车、公交车、慢行交通、私家车等)完成的组合出行比重达到 66.5%。从 2010 年以上海为代表的轨道交通组合出行调查资料[1, 12]，对不同衔接方式换乘的特征研究有以下成果。

1. 基于轨道交通车站进站、出站换乘的时间特征

如表 2-8 所示，从衔接交通方式换乘到轨道交通方式的平均换乘时间为 12.8 min；而从轨道交通方式换乘到衔接交通方式的平均换乘时间为 9.7 min。而乘客总出行平均时间为 80.7 min，两次换乘时间平均占到的比重为 15.9%和 12.4%，总比重为 28.3%，即乘客乘坐轨道交通时，用于衔接交通与方式之间 2 次换乘的时间就超过总出行时间 1/4。

表 2-8　　轨道交通与其他交通方式之间的平均换乘时间

换乘时间/min	<3	3～5	5～8	8～10	10～15	15～20	20～30	>30
进站换乘时间比例/%	4.7	9.3	31.8	0.9	13.1	11.2	26.2	2.8
出站换乘时间比例/%	14.4	14.4	25.0	18.3	10.6	7.7	4.8	4.8

对于从其他交通方式进站换乘轨道交通方式的乘客，能够接受平均换乘时间为 12.2 min；而对于出站乘客，能够接受的平均换乘时间为 11.5 min(表 2-9)。

表 2-9　　轨道交通乘客能够接受与其他交通方式之间的换乘时间

接受的换乘时间/min	5	10	15	20	30	>30
进站换乘比例/%	19.2	45.9	21.2	9.2	2.3	2.3
出站换乘比例/%	21.6	56.1	10.8	5.3	3.6	2.6

2. 轨道车站非机动车停放特征

调查表明，非机动车停放时间与出行目的、停车场饱和度有显著的相关性，而与车辆类型、停车者个人属性之间无显著相关性。这是由于出行目的为上班/上学的停放时间比较长，而以购物、休闲等出行的停放时间则相对较短，实际调查中的不同停放时间出行目的分布比例如 2-10 所示。

表 2-10　　轨道车站非机动车不同停放时间的停车者出行目的分布表　　%

停放时间＼出行目的	上班/上学	业务外出	回家	休闲/购物	探亲访友	其他	合计
<1 h	28.6	14.3	0.0	28.6	14.3	14.3	100.0
1～3 h	16.7	33.3	0.0	38.9	2.8	8.3	100.0
3～5 h	23.1	23.1	7.7	0.0	15.4	30.8	100.0
5～8 h	75.0	10.0	0.0	2.5	0.0	12.5	100.0
>8 h	91.2	4.9	2.0	1.0	1.0	0.0	100.0

3. **基于轨道换乘的P+R车辆停放特征**

根据上海轨道交通的两个P+R停车场(1号线锦江乐园站、2号线淞虹路站)的调查数据,车辆的停放时间特征如表2-11所示。

表2-11　　轨道枢纽车站P+R车辆停放时间分布

停放时间	<1 h	1~3 h	3~5 h	5~8 h	>8 h
分布比例/%	3.23	3.23	3.23	29.03	61.29

结果表明,约90%的车辆停放时间都超过了5个小时,淞虹路有292泊位2011年底工作日停放时间超过了10个小时,其出行目的以上班为主,因为P+R停车场费用优惠以及出行便捷等;上海已有的6个P+R停车设施在工作日基本以上班族停放车辆为主。调查数据表明,车辆的平均停放时间约为7.3个小时,早高峰停入的车辆基本是独占车位的。

4. **基于轨道交通车站换乘的衔接方式的参数特征**

结合轨道枢纽车站衔接交通的运行过程,综合调查结果,提出衔接交通资源的设施规模配置的主要基础参数,分析结果如表2-12所示。这些参数可以作为轨道车站衔接设施设计的参考依据。

表2-12　　轨道枢纽车站衔接交通运行参数汇总表

衔接交通	指标参数	取区间描述	建议取值	说明
公交车	公交线路复线系数	1.6~3.0	2.2	复线系数越大,乘客能够选择的公交线路越多,平均等待时间就越短
	中途站公交车运送量/始发站公交车运送量	1~44人/车 2~66人/车	9人/车 27人/车	运送量越大,公交线路的运送能力就越大,同时需要考虑车辆的饱和度情况
	中途站车辆停靠时间	服从Erlang分布	35s	与公交车的上客人数呈线性关系
出租车	乘客上车时间	服从指数分布	17 s	上车时间越小,乘客的平均等待时间越短
	平均载客量	1~4人/车	1.28人/车	平均载客量越大,出租车需求越小
非机动车	停放车辆类型	第一类独占型 第二类周转型	70% 30%	与出行目的显著相关,也可根据上班/上学出行比例确定
	车辆停放车型比例	自行车:电动车	0.6∶0.4	考虑车型的占地面积不同
P+R机动车	车辆停放时间	第一类独占型	80%	泊位周转率很低,可根据实际情况预测确定

注:独占型为车辆停放时间长,以上班/上学出行为主,周转率低;周转型为车辆停放时间较短,以其他出行目的为主,泊位的周转使用率较高。

2.6.2 基于轨道交通组合出行的换乘效用

图2-17中的轨道交通组合方式出行效用为

$$U_1 = U_{11} + U_{12} + U_{13} + U_{14} + U_{15} \tag{2-10}$$

式中,U_{11},U_{13},U_{15}为衔接交通方式和轨道交通方式的出行效用;U_{12},U_{14}为在轨道车站的换乘效用。

因此,可以将轨道交通组合方式出行效用表达为

$$U_{\mathrm{C}}=U_{\mathrm{M}}+U_{\mathrm{T}}=\sum_{i}U_{\mathrm{M}i}+\sum_{j}U_{\mathrm{T}j} \tag{2-11}$$

式中,U_{C} 为轨道交通组合方式出行效用;U_{M}, U_{T} 分别为在出行方式上的出行效用和在轨道车站的换乘效用,分别由 i 个、j 个组成,并认为轨道交通组合方式出行效用为各组成效用的线性函数。因此,轨道交通组合方式出行可以表达为组成方式效用和节点换乘效用两部分组成。

根据随机效用理论,轨道交通组合出行方式效用可表达为固定项和概率项:

$$\begin{aligned}U_{\mathrm{C}}&=V_{\mathrm{C}}+\varepsilon_{\mathrm{C}}=V_{\mathrm{M}}+V_{\mathrm{T}}+\varepsilon_{\mathrm{M}}+\varepsilon_{\mathrm{T}}\\V_{\mathrm{C}}&=V_{\mathrm{M}}+V_{\mathrm{T}}\end{aligned} \tag{2-12}$$

因此,影响出行者的轨道交通组合出行选择的因素中,不仅是出行方式效用,还包括了交通方式间的换乘效用。

从轨道交通组合方式出行角度,可以分析出轨道交通换乘效用具有以下特征。

(1) **换乘效用是轨道交通组合出行效用的组成部分,是纯粹的负效用。**组合出行过程中,换乘是乘客轨道交通组合出行的中间过程,换乘是组合出行的派生活动,换乘本身不是目的,换乘的目的是为了实现乘客在交通方式间的转换。因此换乘效用也是组合出行效用的派生效用,与换乘是组合交通的组成部分一样,换乘效用也是轨道交通组合出行效用的组成部分。

根据出行效用理论中的负效用的分类及特征,对于轨道交通组合出行来说,出行者的正效用是空间的位移,而负效用则是在出行过程中的时间、费用、拥挤等。分析轨道交通组合出行效用各部分对正效用的"贡献"。出行者在交通方式上能够带来两部分效用:一是空间的位移,这是正效用;二是出行的时间和费用等,这是负效用。因此有:

$$V_{\mathrm{M}}=V_{\mathrm{M}}^{+}+V_{\mathrm{M}}^{-} \tag{2-13}$$

而换乘虽然连接了两种交通方式,但是并没用带来空间上的位移,与出行的起终点无关,不产生出行的正效用,因此换乘只能产生负效用:

$$V_{\mathrm{T}}=V_{\mathrm{T}}^{-} \tag{2-14}$$

即从位移的角度上,换乘步行距离和换乘等待时间等活动是无意义的。

(2) **换乘效用是影响轨道交通乘客出行选择的重要内在因素,不仅影响到轨道交通方式的选择,同时也影响到衔接交通方式和轨道枢纽车站的选择。**

采用简单的示意图说明换乘效用在组合出行效用中的地位,如表 2-18 所示,从起点 O 到终点 D,出行者可以选择轨道交通组合出行和单一交通方式出行。采用轨道交通组合方式出行需在轨道车站 S 进行换乘,并可简化认为两种方式出行距离相同。根据基数效用理论的可加减性,可以

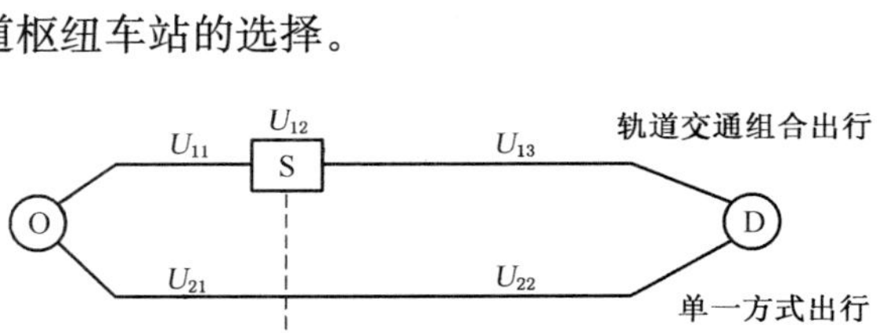

图 2-18　轨道交通组合出行与单一方式出行比较示意图

将单一方式拆分为两段,第一段与轨道交通组合出行的衔接交通方式出行距离相同。

因此两种方式的出行效用分别为

$$U_1 = U_{11} + U_{12} + U_{13}$$
$$U_2 = U_{21} + U_{22} \tag{2-15}$$

式中,U_1 为轨道交通组合方式出行效用;U_2 为单一方式出行效用。

根据效用最大化原则,出行者之所以会选择轨道交通组合方式出行,是因为其出行效用不低于其他方式出行效用,即:

$$U_1 \geqslant U_2 \tag{2-16}$$

可以认为轨道交通组合出行中的衔接交通出行效用和单一方式的第一段出行效用相等,$U_{11} = U_{21}$,因此有:

$$\begin{aligned} U_1 - U_2 &= (U_{11} + U_{12} + U_{13}) - (U_{21} + U_{22}) = (U_{12} + U_{13}) - U_{22} \\ &= (\bar{V}_{12} + \bar{V}_{13}) - \bar{V}_{22} \geqslant 0 \end{aligned} \tag{2-17}$$

通过上式的转换可以看出,出行者之所以会从衔接交通方式转移到轨道交通方式上,其最主要的原因是由于轨道交通相对于单一交通方式所具有的方式效用,而换乘效用作为纯粹的负效用则起到了减弱轨道交通方式效用的作用,当换乘时间较长时,就可能使得公式(2-14)不成立,因此,换乘效用能够影响到轨道交通方式的选择。而从式(2-17)也可以看出,只要当乘客在轨道交通方式上的负效用明显要低于其他方式时,才有可能发生方式转移,即换乘。

如图 2-19(a)所示,出行者选择轨道交通方式出行时,可以选择在 S_1 和 S_2 换乘,为简化表达,可以将其转换为图 2-19(b)。

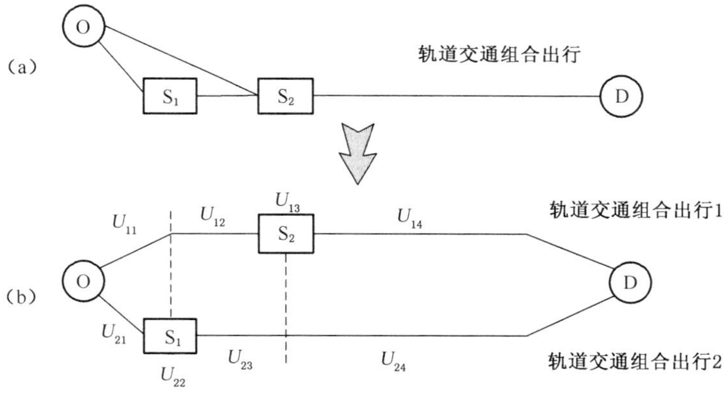

图 2-19　轨道交通组合出行间的选择对比示意图

因此,将两种轨道交通组合出行分段表示,其效用可以分别表示为

$$\begin{aligned} U_1 &= U_{11} + U_{12} + U_{13} + U_{14} \\ U_2 &= U_{21} + U_{22} + U_{23} + U_{24} \end{aligned} \tag{2-18}$$

同样地,出行者选择轨道交通组合方式 1 出行时,其充要条件为 U_1 不低于 U_2,而各分

段中，认为 $U_{11}=U_{21}$，$U_{14}=U_{24}$，因此有：

$$\begin{aligned} U_1-U_2 &= (U_{12}+U_{13})-(U_{22}+U_{23}) \\ &= (U_{12}-U_{23})+(U_{13}-U_{22})>0 \end{aligned} \tag{2-19}$$

因此，出行者在选择轨道交通方式出行时，不同轨道车站的换乘效用会影响到出行者的选择。

同样可以容易地分析出不同衔接交通方式的换乘效用也将影响到衔接交通方式的选择，如图 2-20 所示。

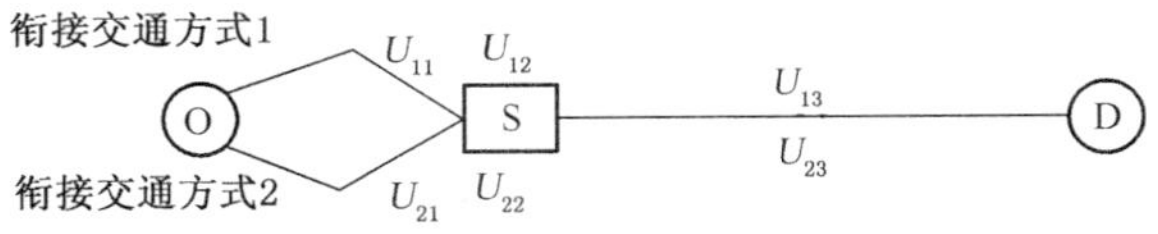

图 2-20　轨道交通组合出行衔接交通方式间的选择对比示意图

(3) 换乘效用与出行效用之间具有独立性与一致性的特征。根据效用理论，以及上面对于换乘效用的作用分析，换乘效用一方面作为纯粹的负效用具有独立性，即对换乘过程进行优化和改善，不会影响到位移的起终点，不会影响到出行的正效用和其他方式效用；另一方面与出行效用之间具有一致性，作为组合出行效用的组合部分，换乘效用值的大小也将直接影响到总出行效用值的大小，优化的方向是一致的。

换乘效用的独立性与一致性是研究轨道枢纽车站衔接交通资源配置的理论依据，即轨道枢纽车站换乘效用的优化能够提高整个出行的效用，但同时又与其他阶段具有相对独立性，这为优化提供了可能。而对于轨道枢纽车站的换乘优化问题，其实质就是要使得换乘效用最大化。

(4) 换乘效用具有主观性和可计量性的特征。换乘效用同样反映的是出行者在轨道枢纽车站进行换乘活动的主观感知，对于不同的乘客、不同的换乘方式下，同样的换乘可能会引起换乘效用的不同；而同时，换乘效用是可以进行计量的，可以进行排序或直接进行量化的表达，即随着换乘步行距离或换乘等待时间的增加，负效用肯定会增加。

因此，换乘是组合出行效用的组成部分，是“纯粹”的负效用，是影响轨道交通出行选择的重要内在因素，具有独立性和一致性、主观性和可计量性的特征。换乘效用最大化是换乘优化的根本内在目标。

2.7　交通需求的主要影响因素

根据交通基本需求的内涵，其影响因素有主要包括城市土地开发模式、经济发展水平、经济产业结构和产品结构、城市智能交通应用、城市交通管理策略与措施、城市交通网络与交通设施服务水平、人口密度、流动人口数量、旅游资源的开发程度、城市化水平等。各因素之间相互影响，应该综合分析影响常发性交通需求的若干关联因素，使决策者辨识其主次因素，作出合理的策略分析及决定。

2.7.1 土地利用对交通需求的影响

土地开发利用的内涵，包含着城市用地结构形态、功能布局、开发强度三个方面。城市形态布局是一个空间的概念(布局结构和空间特征)，城市形态的集中与分散对土地开发建设、人口与就业岗位分布产生巨大影响。

1. 用地结构形态对交通需求影响

城市各类功能性质用地所形成的结构布局形态对城市交通需求的影响很大。合理的用地规划与布局是控制交通需求生成、减少城市交通压力的有效手段之一，城市用地形态具有“向心聚集”和“离心扩散”的特征，这是城市发展的历史现象，是城市经济、地理和社会多方面复杂因素的结果，是最终产生“蔓延型”、“紧凑型”及“多中心”城市空间结构的形态的基础[14]：

1) 分散主义(“广亩城市”—1932 赖特)

认为住宅与就业分散是未来趋势，规划完全分散的低密度分布——依靠汽车与电力加上超级公路相连。其典型例子是美国 1945—1970 年采用房屋抵押贷款，鼓励居民郊迁，低密度的小汽车交通模式。

2) 集中主义(柯布西埃，《明日的城市》(1922))

主张用高层建筑改善城市中心区的聚集功能，并由铁路、高架、路网构成发达的高效交通系统，人口密度为 10 万人/km^2的巴黎德方斯可作为代表，而香港、新加坡的垂直空间概念得到更好体现与发挥，良好的建设与管理，加上东方文化理念下(群聚)社会可接受较高的交通拥挤。

3) 有机疏散形态理论

(1) 赫华德(E. Howard)的“田园城市”理论：在其著作《明天——一条引向真正改革的和平道路》中，提出城市“磁性”理论，认为城市集中是城市的“磁性”决定的，而将“磁性”有意识移植与控制，城市分散布局可以实现。

(2) 向心聚集：由于聚集的经济效益决定的(运费低、三产集中、金贸发展有利)，经济中心是社会发展与人类心理上的需要，是人的社会性决定的。

(3) 离心扩散：将高度集中的单中心结构转化为若干功能的空间相对分离的组团或多核结构，城市空间环境(城市空间的合理容量和城市环境质量)将得以改善，上海的组团布局形态发展是这种规划思维体现。

对应交通发展上为“核心—圈层”和“节点—走廊”格局理论。

(1) 核心—圈层格局的主旨是以中心区为活动焦点，把居住、工业、仓库等各种用地和对外交通路线安排在一系列同心圆上。这种观点较符合城市传统的扩展方式，在城市规划实践中占主要地位，克利斯泰勒(1933)的中心地理论、柯布西埃的“光辉城”，都体现了环绕“核心”发展的思想。

(2) 节点—走廊格局主张以交通干线为骨架，沿高速、高运量的交通轴线设置开发走廊。哥本哈根发展了 5 条郊区铁路走廊的“指状规划”，斯德哥尔摩和奥斯陆的数条地铁线也形成了类似的开发走廊，它们成“带形城市”的典型。

总之，特定条件下的城市对各种规划理论和方法具有明显的选择倾向，而城市规划理论导向使城市形态与交通网络形成不同的空间布局形态特征；城市布局指导下的土地使用和交通需求均带有明显的方向性。从 TDM 观念上看，**城市用地规划应引导出行生成与分布合理，减少出行消耗与排放，利于有序组织高效大容量方式交通的方针与政策。**

国内外城市结构形态发展的历史经验表明："核心—圈层"规划的交通模式（以汽车交通为主导的发展）必然导致低密度的蔓延型城市；因地制宜的"节点—走廊"格局以及与"多心—多轴"的开敞式城市规划格局，比较适用于现代多模式交通发展（包括轨道交通与汽车交通）的大城市[15]。

2. 用地功能组织形式对交通需求影响

城市开发用地的功能组织方式，可分为单一功能和复合功能开发两类。单一功能指用地以一种功能为主导、其他功能为附属。复合功能则包含多种主导功能，其本质特征在于特定用地范围内不同区位活动的要求，复合功能开发注重各大功能类别的有机综合（混合）。

（1）单一功能开发：1936 年的雅典宪章的功能分区原则，按照居住、工作、休憩进行分区与平衡，建立三者之间的交通网络。单一功能分区割裂了城市活动的有机联系——以北美为代表，刺激土地利用平面扩张（低密度开发），刺激了私人机动交通需求，这必须以充足的城市发展用地为前提，是实质上的城市分散主义。

（2）复合功能开发：1961 年，简・雅各布斯倡导土地复合使用，加强各种主导功能、不同区位的综合性、平衡性，采用粗线条的指导原则，综合开发规划，加强城市间的有机整体性。香港是高密度城市复合开发的典型，土地使用模型是以交通成本、可达性对区位活动的作用和影响为基点的。可达性和地价租金决定着经济模型。

不同的功能组织与开发方式对城市交通的影响有显著差异，比较两种不同城市开发用地的功能组织方式，对于人口岗位密度大、土地空间资源匮乏的亚洲国家（包括我国）城市，复合功能较单一功能具有减少交通需求、集约、节约用地的明显优势。

复合功能开发可将部分地面交通转化为内部垂直交通，对于用地稀缺、地价昂贵条件下建筑复合体可获得功能最大综合效益，且有助于分散交通负荷，促进市政设施集约利用，进一步减小出行发生量（图 2-21）。

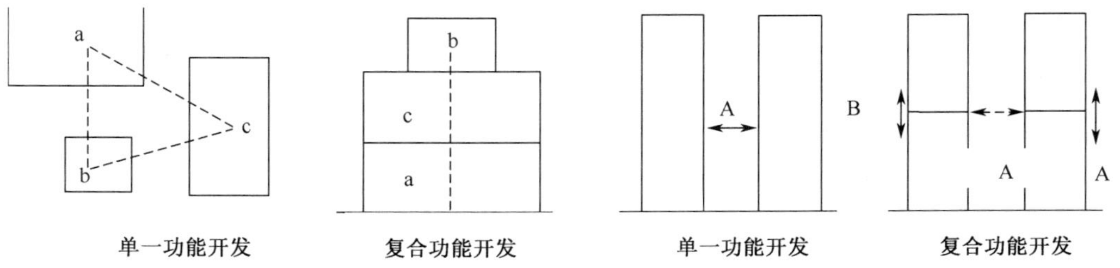

图 2-21　单一功能与复合功能开发时对出行分布的作用比较

表 2-13 是美国某城市的调查结果，显示围绕公交线网的土地利用开发模式能有效地减少出行总需求，特别对减少车辆的出行量效果明显。

复合开发可以均衡不同性质出行时空分布，分散交通的发生源和吸引源，减轻双向交通的不均匀性。同时，由于复合功能的设计以"24 小时设计周期"为基本原则（图2-22），使各种区位功能设施使用在时间上相互交错，共享使用，可以增强公共设施服务的效率与效益。

表 2-13　　　　　　　用地功能组织对出行的影响[9]

用地功能组织特征	减少的车辆出行量/%
围绕公交枢纽的居住用地开发	10
围绕公交枢纽的商业用地开发	15
沿公交走廊的居住用地开发	5
沿公交走廊的商业用地开发	7
围绕公交枢纽的居住混和用地开发	15
围绕公交枢纽的商业混合用地开发	20
沿公交走廊的居住混合用地开发	7
沿公交走廊的商业混合用地开发	10
居住混和用地开发	5
商业混和用地开发	7

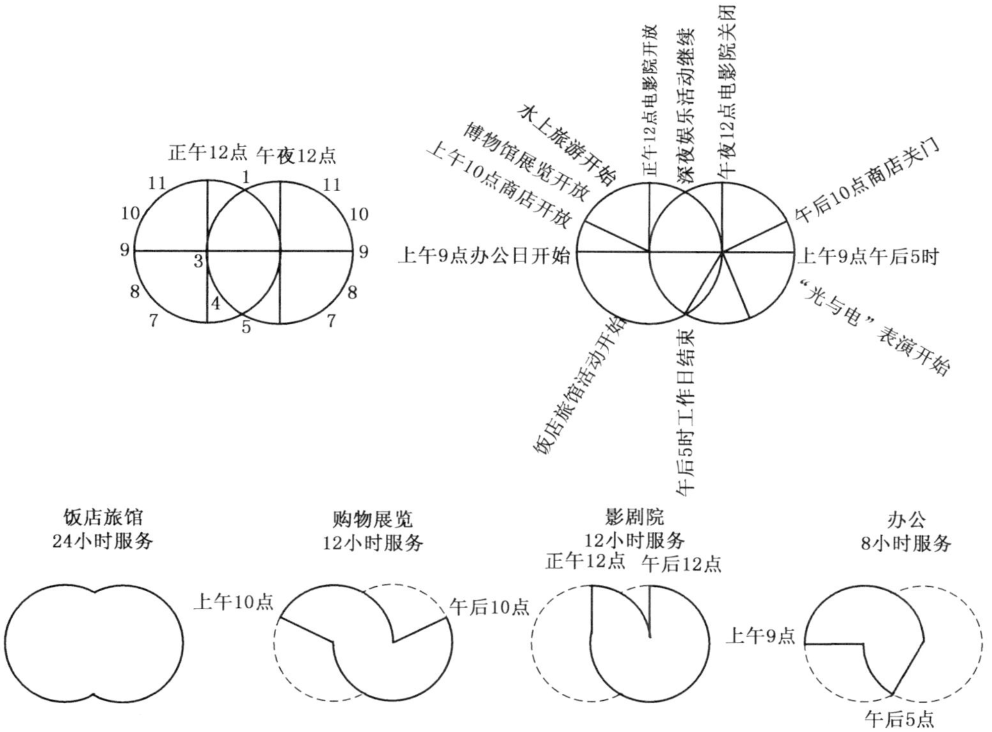

图 2-22　复合开发的 24 小时设计周期示意图

3. 开发强度(密度)对交通需求影响

1）用地开发强度(密度)影响交通量

居住密度越高,交通需求(发生量)会越大。高密度地区的交通需求集中,交通供给的影响更敏感，交通设施处于高容量状态，自我调节能力相对较弱。因此，在高密度开发地区，需要大容量的交通设施（地铁），以及更加稳定的交通组织与运营方案[13]。

2）用地开发强度（密度）影响交通方式选择

研究表明，不同密度地区交通方式结构明显不同：高密度开发地区居民通常采用公共交通和非机动车方式，而低密度开发地区则以私人小汽车交通方式为主。国外学者分别从居住密度和就业密度对交通方式选择的影响展开研究，并总结出一系列具有一定参考价值的结论和指标。从宏观上比较，目前世界上几个大洲之间的人口密度存在很大的差距，若以高、中、低划分，可分为高密度的亚洲、中密度的欧洲和低密度的美洲与澳洲等。表 2-14 分别选择位于这三种密度层次的三个代表城市作日常通勤交通方式的对比，由表可见，随着密度的增加，公共交通的比例在提高，私家车方式在降低[14]。

表 2-14　　不同开发密度城市的日常通勤交通方式构成　　%

城市地区	所在洲	开发密度	步行或自行车	公共交通	摩托车	私家车	合乘车	其他
莫里斯	美洲	低	1.9	4.2	0.8	81.2	8.2	3.7
伦敦	欧洲	中	14	13	1	71		
新加坡	亚洲	高	6.4	52.4	4.8	23.7	6.7	6.1

3）开发密度影响出行距离与分布

城市开发密度越大，居民出行的距离相对越短。一般来说，高密度地区使出行距离相对较短，且大多采用慢行交通方式，从而使人均机动车里程随人口密度的增加而下降。但人口密度高到一定程度时，这种变化趋势趋于平缓。由于开发密度高，各种城市功能在有限的地域范围内集成，人们的工作、文化娱乐、教育学习、探亲访友、购物社交等活动在有限的空间内组织，缩短了交通出行的距离，限制了机动车出行方式的选择。

在对出行分布的影响方面，高密度开发城市交通出行分布更容易在较小的范围内就地均衡。卫星城和西方蔓延式的城市发展模式中，在交通问题上最显著的问题之一在于各区之间的交通依赖。由于居住与就业的分离，新区与老区之间、新区与新区之间的交通出行量较大，从而产生交通瓶颈，导致钟摆式的交通分布状况。相比而言，高密度开发城市由于多种功能的用地在空间上相对集中，慢行交通比重较大，缩短了通勤距离，且使交通更好地在较小范围内均衡。

综上所述，城市土地利用对交通需求产生很大的影响，可以归纳为以下三点：

(1) 不同的城市空间结构产生不同的交通需求模式。“紧凑型”和“多中心”城市空间结构有利于形成以公共交通为主导的交通需求模式，“蔓延型”城市空间结构则容易形成以小汽车为主导的交通需求模式。

(2) 不同的用地类型生成不同的交通需求。居住用地将生成交通发生量，商业与办公用地则主要产生交通吸引量，混合功能的土地利用有利于减少机动车交通需求，缩短居民的出行距离。

(3) 不同的用地开发密度影响交通需求。密度高的地区，生成交通量大，选择公共交通出行的可能性高；反之，则容易选择小汽车出行。此外，高密度开发区的人均出行距离比低密度开发区的人均出行距离要低。

因此，对城市的用地规划优化是交通需求管理的最根本、最重要的内容与方法。

2.7.2 经济增长对交通需求的影响

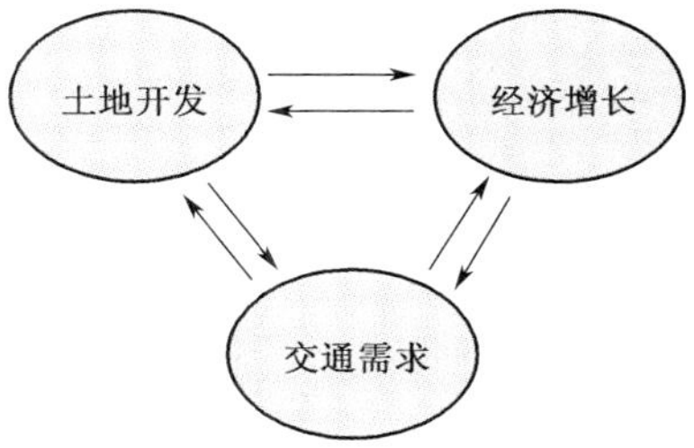

图 2-23 经济增长、土地利用与交通需求关系

前已述及，城市土地开发从多个方面会对交通需求产生影响。经济增长则是土地开发和交通增长的原动力，并进一步影响交通需求特征，土地、经济、交通三者既是城市发展的基本要素，又互相作用与影响(图 2-23)。

机动化已经成为当代社会经济的一个基本特征。国外调查资料表明，在众多推动机动化因素中，国民经济的增长是最主要的发展因素，主要城市机动车保有量与经济规模、道路建设都呈相关增长的态势(图 2-24、图 2-25、表 2-15)。

表 2-15　　我国部分大城市人均生产总值与机动车拥有量的关系

年份	北京		上海		广州	
	人均 GDP /(千美元·人$^{-1}$)	私人小汽车拥有/万辆	人均 GDP /(千美元·人$^{-1}$)	私人小汽车拥有/万辆	人均 GDP /(千美元·人$^{-1}$)	私人小汽车拥有/万辆
2000	2.915	24.34	3.63	5.07	4.142	1.76
2002	3.713	45.8	4.282	10.79	5.402	9.92
2004	4.943	80.3	5.649	24.28	7.350	19.07
2006	6.53	121	7.237	40.95	7.926	37.97
2008	9.618	174.4	10.529	59.69	11.798	49.39
2010	11.218	275.9	11.238	86.54	12.919	72.31

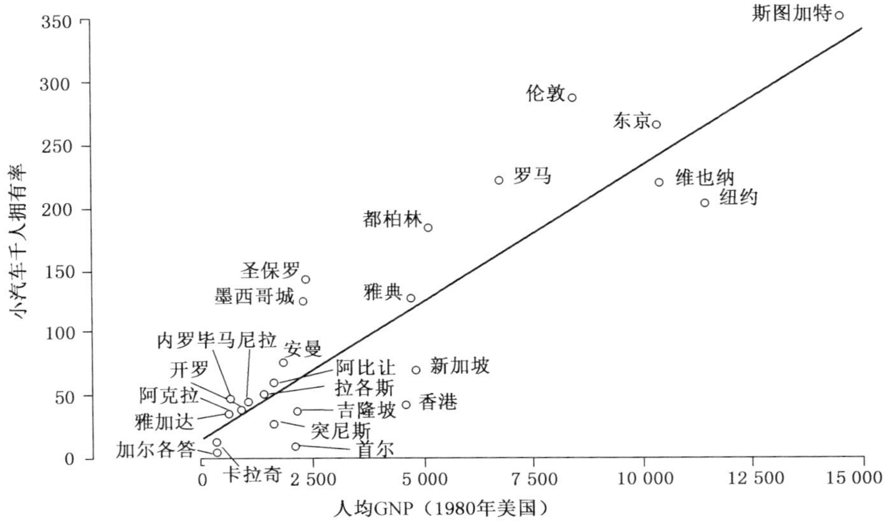

图 2-24 人均 GNP 与机动车拥有量的关系[9]

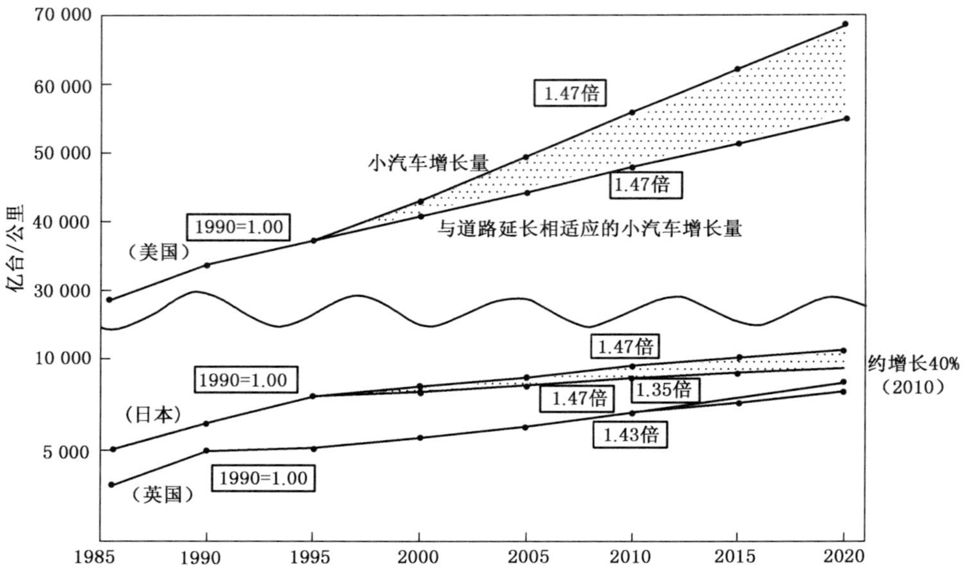

图 2-25　各国的汽车增长量预测[7]

机动车拥有水平同人均国内生产总值(GDP)高度相关，两者之间反映了收入弹性(income elasticity)的关系，即相对于一个百分点的收入增长，与机动车拥有量增长的百分点相关值。国外学者应用交叉分析、时间序列回归等方法分析后认为，这个弹性系数旨在1.02～1.95 之间，即收入增长一个百分点，将导致机动车拥有量增长 1%～2%，如表 2-16 所示。

表 2-16　　机动车收入弹性系数分析

研　究	样　本	弹性系数
Sibcrston (1970)	38 个市场经济国家，1965，汽车(客用小汽车)	1.14
	38 个市场经济国家，1965，机动车总量	1.09
	46 个国家，包括前苏联及东欧国家，1965，汽车	1.21
Whcaton (1980)	25 个国家，70 年代早期，汽车(客用小汽车)	1.38
	25 个国家，70 年代早期，机动车总量	1.19
	42 个国家，70 年代早期，汽车总量	1.43
Kain (1983)	23 个欧共体国家，1958	1.95
	23 个欧共体国家，1968	1.59
	98 个非社会主义国家，1977	1.30
Kain and Liu (1994)	52 个国家，1990，客用小汽车	1.58
	52 个国家，1990，商用车(火车)	1.15
	52 个国家，1990，机动车总量	1.44
	60 个国家，1990，客用小汽车	1.02

资料来源：S. 斯岱尔斯，刘志，中国城市交通发展国际研讨会论文，1995。

表中数据说明客用小汽车的收入弹性系数普遍高于货车及机动车收入弹性系数，这意味着客车的增长总是比货车增长快得多。我国近年来的机动车发展过程也证明了这一点。在城市，一般客车与货车年增长比重已经由 80 年代的 3∶7 转为 8∶2 以上，而且主要集中于经济发达地区的城市区域，因此随着国民经济的增长，城市道路系统将面临比公路系统更迫切的需求量。另有研究表明，不同经济发展水平国家的弹性系数也存在一定差异，各地客货运的弹性系数基本情况如下：

(1) 货运:货运增长弹性系数(交通运输量增长率与 GDP 增长率之比)。其中,不发达国家的弹性系数大于 2;发展中国家为 1～1.5;发达国家小于 1。

(2) 客运:比货运呈较高比例增长。我国 1981－2010 年 GDP 年平均增长率 8%～10%,客运增长率为 12%～15%。近 20 年来,国家城市 $\gamma_{经}=8\%\sim10\%$, $\gamma_{车辆}=18\%\sim20\%$以上,$\gamma_{道路}$(停车)=2%,比较国外弹性系数为 1.95 要高。

(3) 机动车:全国年增率 $\gamma_{辆}$ 4%～20%不等,这与城市采用的 TDM 政策有关。

2.7.3 科技发展对交通出行的影响

1. 通讯活动可以替代部分交通出行活动

出行的目的在于创造价值,如果价值能以某种出行替代方式实现,就会减少出行的动力,减少出行的发生。随着现代信息技术(Fax、Email、Tel、计算机网络)发展,很多社会经济活动不需要出行或短距离出行就可完成,因此 Teleworking 或 Telecommuting 易被大众接受。美国的股市 40%～60%的投资者在电脑上交易。上网交易便宜,已从大部分知识阶层转向一般的中低薪人员。1994 年美国的 1/3 劳动力至少部分时间在家办公。

根据美国尼尔森统计公司 2001 年的调查,美国上网总人数已达 9 800 万,日本和德国分别为 1 500 万和 1 300 万网民。全世界上网时间最长的是香港(人均月上网停留 9.75 h),加拿大统计调查显示目前上网人数达 53%,年收入越高上网比例越大。

我国信息网基础设施建设已经跃居世界前列,固定网络和移动网络规模仅次于美国,信息产业对国民生产总值的贡献已超过 10%。中国互联网络信息中心从 1998 年开始,于每年 1 月和 7 月推出中国互联网络发展状况统计调查,定期发布相关信息。据调查,中国的网民总人数从 2007 年 1 月的 1.37 亿人,至 2011 年 7 月的 4.85 亿人,年均增长 4 000 万人,增长率达 40%以上(图 2-26)。特别是 SOHO 族的出现,利用微型办公室或者在家办公的方式替代了传统的通勤上班方式,这支网上的"劳动大军"为交通需求的减少作出了贡献。

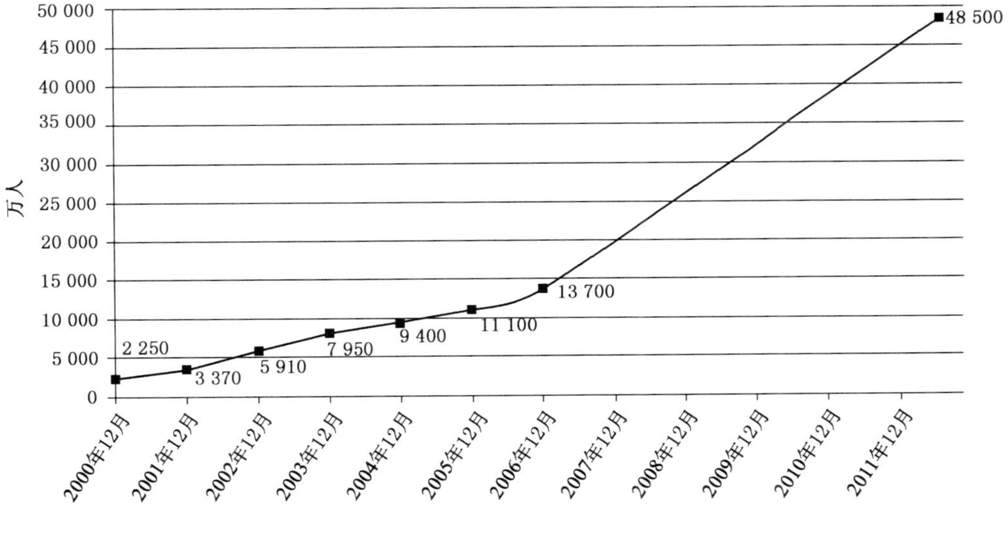

数据来源:中国互联网信息中心(CNNIC)。

图 2-26 中国历次调查网民总数状况

网络银行、网上公用事业、网络办公、网上购物、找工作、网银、买房等已经成为一种时尚与生活必需。网络的使用大大减少了人们的交通出行需求。交通在英文 communication 中本来就有交通与电信的意思，两者是互通的，这是交通具有可替代性的根源。

2. **信息化、智能化对交通出行的引导**

智能交通系统的发展，将计算机、信息、通信、自动控制、电子和系统工程等当代高新科技运用于对区域交通的规划、建设与控制中，通过基于移动通信网络下的定位技术与基于 GIS 的城市交通信息数据库等高科技手段的发展与运用，更加推动智能道路系统、先进的车辆导航系统、先进的信息发布与停车诱导的运用与普及，从宏观上有效控制交通需求的生成与分布。对于每位出行者来说，信息化、智能化技术的运用适时提供"该不该出行，采用何种方式出行，选择哪条路径出行"等出行决策的重要信息，使出行者的出行行为能够更加理性。

2.7.4 交通政策与管理措施对交通需求的影响

1. **拥挤收费对需求的影响**

拥挤收费是交通需求管理的一种手段，它通过价格杠杆来调节城市交通需求，达到减少拥挤区域的交通量、缓解交通拥挤的目的。拥挤收费的概念最早出现在 20 世纪 70 年代，现在已经逐步得到了重视和应用。新加坡是世界上最早实施城市道路收费并获得成功的国家之一，拥挤收费的实施取得了很好的效果，收费区的高峰小时交通量下降了约 45%，车速提高了 22%，总的交流量下降幅度达到 13%。伦敦也于 2003 年 2 月 17 日正式实施交通拥挤收费政策，实施后取得了很好的效果。第一年拥堵情况下降了 30%，收费区总的交通拥挤等级下降了 16%，车速的提高超过 20%，公交出行更加可靠。可见，交通拥挤收费确实能达到提高车辆运行速度、控制交通量和缓解交通拥挤的目的。

交通拥挤收费目前在我国还没有实施的经验，北京、上海、广州等大城市虽然对城市的交通拥挤收费策略进行了研究，但是由于诸多方面的因素都没有开展，要顺利实施交通拥挤收费这项交通需求管理手段，必须要从城市自身的实际情况出发经过反复论证后制定收费方案。其中收费方案包括收费对象、收费时间、收费方式、收费模式和收费费率的确定，本书第 7 章具体介绍"城市道路交通拥挤收费理论与实施方案"。

2. **停车收费对停车需求的影响**

停车收费是指采用经济手段对进入某些停车区域(或停放点)的车辆收取停车费用，以增加车主的出行成本，达到调节交通需求和缓解交通拥挤的目的。停车收费可以影响停车需求在空间位置上分布的变化，比如说从停车拥挤区域转向非拥挤区域；可以影响停车需求在一天时间内的重新分配，比如说将部分高峰小时的停车需求转化为非高峰小时停车需求；可以使出行需求在不同出行方式(比如说步行出行、自行车出行、公共交通出行等)之间的重新分配，从而改变总的停车需求量。因此停车收费是重要的交通需求管理策略，本书第 8 章将具体介绍"城市停车收费与管理策略"。

2.8 交通需求分析方法简介

城市交通的需求分析是各方面关注的热点和难点问题，需求分析不光是一般意义上的数学模型，它涉及以下内容：出行分布、方式划分以及交通网络分配；诸多影响交通需求的因素;需求自身与供给(交通体系)的相关关系。

交通需求是通过一系列指标来反映的,包括出行量、出行次数以及出行方式等。对交通需求的分析就是对上述特征指标分析的过程。从 20 世纪 50 年代开始,各国纷纷研究开发城市交通需求分析的数学模型,经典的四阶段模型是分析交通需求的重要手段。下面结合四阶段模型并说明 TDM 的影响和作用[17]。

1. 交通生成分析(trip generation)

交通生成阶段是四阶段交通需求分析法的第一阶段,研究对象地区内生成的总出行量,即生成交通量。研究对象区域的交通生成量包括研究对象区域各个交通小区的交通发生量(trip production)和交通吸引量(trip attraction)。

在交通生成阶段,TDM 的主要目的是尽量减少出行的产生。用地是交通产生的源泉,通过调整用地模式,提倡综合开发(复合型功能),可以将很多出行活动集中于一个地块内完成,避免不必要的出行。另外,通过先进的通讯技术和智能信息技术,采用微型办公,利用互联网和传真通讯等形式,减少实体出行也属于在交通生成阶段采取的 TDM 方法。

2. 交通分布分析(trip distribution)

交通分布阶段,即是预测交通吸引与发生从哪里来,到哪里去,分析城市各小区间的出行交换量。交通分布中最常用的基本概念是 OD 表,O(origin)表示出发地,D(destination)表示目的地。交通分布最常用的方法是增长率法和重力模型法。增长率法就是在初始 OD 的基础上,根据交通量的增长水平,得到 OD 表对应的增长系数,进而计算未来的 OD 矩阵。而重力模型法是模拟物理学中万有引力定律开发出来的,假定任意两个小区间分布(最简单模型)是交通量与小区的发生和吸引量成正比,与两个小区的距离(出行时间阻抗)成反比。

在交通分布阶段,TDM 对策主要是对城市土地利用类型的分布(包括布局结构)加以控制与调整,通过改变某些活动的地点,使出行由交通拥挤的终点向非拥挤终点转移;或者同时改变居住地与活动地布局,例如将交通发生场所与交通吸引场所混合规划布局,从而缩短出行的距离,减少出行次数等。

3. 交通方式划分(mode split)

方式划分阶段,就是让一个出行与一种交通方式相对应,一个地区的全部出行中利用该种交通方式的人所占的比例叫做该交通方式的分担。这一阶段的目的就是将交通分布所得到的全方式的 OD 矩阵划分为各种交通方式的 OD 矩阵。通常采用的方式划分方法有转移曲线法和基于个人出行活动的非集计模型法。

方式划分阶段是 TDM 重点关注的规划阶段。TDM 对策涉及城市总体发展的战略目标、发展模式选择,如公共交通、小汽车交通、两轮摩托与助动车交通、自行车交通等合理分担规模。具体的政策包括拥挤收费、停车收费、限制私人小汽车进入市区、公交优先政策等,促使出行者向高容量的公交系统转移。这也从一定程度上说明,TDM 对策更多体现了政府的政策导向,其来源于对城市自然地理条件、社会经济发展以及规划的战略目标的科学判断,至于技术分析模型往往只能是一种佐证,更重要的往往取决于政府决策者与专家团队的智慧。

4. 交通分配(traffic assignment)

交通分配阶段,是在各方式 OD 矩阵、网络图及网络图中各路段的走行时间已知的前提条件下,将 OD 矩阵分配到路网的各条路段上的过程。交通分配一直以来都是交通规划的重点与难点。分配模型通常被分为确定型和随机型，静态分配与动态分配，用户平衡模型与系统最优模型等多种类型。

交通分配实质上是对于出行路径的选择，在这一阶段，TDM 对策主要是从空间与时间上平衡与疏散交通流，例如采用先进的信息诱导技术，向出行者实时发布交通信息，或通过强制收费或价格优惠，使出行者避开拥挤路段等。

TDM 策略贯穿于交通需求分析方法的每一步骤，根据其作用机理，可以从土地利用、出行生成、机动化管理及交通政策等几个方面进行归纳，见表 2-17。

表 2-17　　交通需求管理措施

途径	土地利用管理	交通出行替代	限制机动车拥有和使用
措施	交通引导城市发展(TOD) 混合用地布局 站点综合开发(SID) ……	网络办公 居家工作/电子通勤 电话会议 ……	道路拥挤收费 停车管理及收费 车辆通行限制 车辆牌照管理……
途径	鼓励公共交通方式等		调整交通时空分布
措施	公共交通优先 合乘政策 停车换乘 公交票价政策	鼓励步行和骑车 高占有率车辆(HOV)优先 通勤财政补贴 ……	错时上下班 弹性上班制 交通信息发布 智能控制与诱导

大规模网络的交通需求预测离不开四阶段模型，四阶段模型不断地吸收其他模型的优点，在交通管理与政策评价方面也取得了一定的进展，模型中考虑交通行为的影响因素也越来越多。近年来，随着新技术的发展和应用，开发了一系列城市交通需求分析的计算机软件，并在很多城市和地区得到应用，包括 Trips，MEPLAN，Visum，EMME/2，TRANSCAD LEGION(人行)等规划仿真软件。借助于这些软件，交通需求管理的实施效果不再是纸上谈兵，而是可以获得事先的预见与评估，从而为政策的制定提供科学有力的依据。

思考题

1. 交通需求的社会属性体现在哪些方面？
2. 什么是“基本需求”、“弹性需求”？为什么说从城市功能保障上看，“满足基本需求”是政府的责任？
3. 试分析不同交通方式在出行过程中时空消耗的差异，对表 2-4 的合理性和准确性做出评价。(实践作业：围绕时空消耗讨论题作出观测分析)
4. 请收集主要交通方式(自行车、小汽车、公交车、轨道)的碳排放(CO_2)、污染物排放相关资料，作出分析与评估(对比 2.3.2 节内容)。
5. 什么是出行效用？试以自己的通勤出行(上班、上学)、购物活动的实际案例分析评估单一方式和组合方式出行在效用高低选择上的差异。
6. 什么是组合出行的换乘效用？为什么说换乘效用是负效用？为什么轨道枢纽车站的换乘优化的实质是换乘效用最大化？
7. 城市用地复合(混合)功能比单一功能开发有什么优点？它与“核心一圈层”的“蔓延型”城市用地规划概念上有什么不同？
8. 试分析香港的“高密度、紧凑型”城市结构的交通模式特点及适应性。

主要参考文献

[1] 陈俊，晏克非. 城市客运方式间的资源配置优化技术[R]. 国家863项目；2010.
[2] 程斌. 轨道交通与城市交通可持续发展[J]. 中国铁道科学，2001，2(22)：108-112.
[3] 世界银行. 永续运输(论政策改革之优先课题)[M]. 鼎汉国际工程顾问公司，译. 台北：鼎汉工程，1999.
[4] 王炜，杨涛，李旭洪，等. 城市交通规划理论和应用[M]. 南京：东南大学出版社，1998.
[5] 王正. 城市客运交通规划理论与实践[R](博士后出站报告). 上海：同济大学，1998.
[6] 孙有望. 城市轨道交通概论[M]. 北京：中国铁道出版社，1999.
[7] 上海市城市综合交通规划研究所. 上海市第四次综合交通调查报告[R]. 上海：上海市城市综合交通规划研究所，2009.
[8] 谢辉. 城市交通网络系统容量研究[D]. 上海：同济大学，2010.
[9] 关宏志. 非集计模型——交通行为分析的工具[M]. 北京：人民交通出版社，2004.
[10] 曼海姆. 运输系统分析基本原理(第一卷基本概念)[M]. 许绍林，译. 北京：人民交通出版社，1992.
[11] 刘辉. 城市客运枢纽组合交通方式的出行特征及其效用分析[D]. 上海：同济大学，2010.
[12] 黎冬平. 城市轨道枢纽车站衔接交通资源的配置优化技术[D]. 上海：同济大学，2010.
[13] 交通工学研究会，TDM研究会. 涉滞缓和の知惠袋[M]. 丸善株式会社，1999.
[14] 阎小培，周素红，毛蒋兴. 高密度开发城市的交通系统与土地利用——以广州为例[M]. 北京：科学出版社，2006.
[15] 文雅. 大城市内外客运交通衔接系统的规划理论与方法[D]. 上海：同济大学，2006.
[16] 莫一魁. 城市快速系统规划理论与方法研究[D]. 上海：同济大学，2007.
[17] 陆化普. 交通规划理论与方法[M]. 北京：清华大学出版社，2006.
[18] 晏克非. 交通需求管理理论与方法[R]. 上海：同济大学，2001.

第3章　交通供给特性

3.1　交通供给的概念

交通供给(transportation supply),从经济学上是指城市规划确定的城市交通用地供应量以及后期交通建设、管理、运营的资金投入规模;通常是指基于城市土地利用的为各类出行需求提供服务的交通运输设施,如城市道路(含停车场)、轨道交通(含车站)、交通管理、安全以及服务等设施;在结构形态上看可体现为各种交通运输工具运行与运营的设施体系,以及专门的工程结构物等。统称为城市功能服务的交通网络设施体系。因此,通常用"交通投入"、"交通设施"、"交通工具"、"交通网络"等名词来泛指"交通供给"。受交通条件、管理水平、交通行为等因素影响,交通供给表现出多种服务特性。

3.2　交通供给的资源特性

交通设施作为一种资源,与土地、水等资源一样,具有自然属性和经济属性。交通设施的自然特性是交通供给本身所固有的,与人类利用与否没有必然联系,具体表现在交通设施资源的基础性、有限性与稀缺性。交通供给的经济特性是在人类利用过程中所产生的,具体表现为产业特征(服务性第三产业)和交通设施的网络化效应。只有深入、全面地了解交通供给的资源特征,才可能有效地提高交通设施资源利用率。

(1) 交通供给是城市土地资源的一部分,具有有限性与稀缺性。城市居住的积聚发展趋势凸现了土地资料的有限性和稀缺性,交通设施是基于土地之上的构筑物。为了满足人类的生产生活出行需求,交通设施供应也朝着空中或地下集约型方向发展。大型枢纽、地下铁、高架道路的出现是最典型的例子。

(2) 交通设施是城市土地开发的前提与基础。城市土地开发均依托交通而建设,以交通设施为引导,以交通设施为基础。一方面,城市土地开发的原料建材需要通过交通设施运往项目开发基地;另一方面城市土地开发后人们的生产、生活等各种社会活动需要依靠交通设施来满足。一般交通设施越是发达的地区,其城市开发成功的几率越大。

(3) 交通设施专用性及在时间、空间上具有不可转移性。交通设施建成后,其服务能力与范围也相对固定,体现了资产专用性;相对于交通需求具有季节性和时段性波动特点,交通基础设施服务则表现为时间上的不可存储性和空间上的不可转移性,即在人流车流高峰期面临着交通设施资源供给不足,而在需求低谷时又会产生资源闲置,设施供应能力难以存储,难以转移,得不到充分利用。正因为此,如何合理保障交通设施供给一直是交通建设中的难题。

(4) 交通设施服务功能效应具有规模经济性。各种交通基础设施建设成本、服务功能各异,当各种基础设施组建成网络时,可以带来单一交通设施所不具有的功能和非常显著的经济效益。通过交通枢纽或枢纽性站点将各种交通设施交汇、组合，从一种交通设施转换到另一种交通设施，可以扩大单一交通设施的服务范围；通过一种交通设施弥补另一种交通设施的功能不足。

3.3 交通设施的"准公共物品性"

根据现代西方经济学的相关理论，社会资源可分为公共物品、私用物品和准公共物品（或称混合用品）三类[1,2]。

公共物品（public goods），又译为公用物品，纯粹的公共物品同时具有效用的不可分割性（non-divisibility）、消费的非竞争性（non-rivalry）、受益的"非排他性"（non-excludability）等三个特征。其中，效用的不可分割性表示向全社会提供的，具有共同受益或联合消费的特点，其效用为整个社会成员共享，不能将其分割为若干部分，分别归属于一部分消费者（个人或厂商）享用；消费的非竞争性是指消费者对公用物品的享用，不排斥、妨碍其他消费者同时享用，也不会因消费者的加入而减少其他消费者享用该种物品的数量或质量；受益的"非排他性"是指受益者不可能或很难利用技术手段排斥其他人从中受益。

私用物品（private goods），又译为私人物品，纯粹的私用物品同时具有与纯公用物品特性相对立的三个特性，即效用的"可分割性"、消费的"可竞争性"、受益的"排他性"。

准公共物品（quasi public goods），也称作"半公用物品"、"半私用物品"。它具有两个特性：①消费中的竞争性，即消费者的加入可能会减少或影响其他消费者对该物品的消费（质量和数量）；②受益中的排他性，即通过一定技术手段与方法有可能排斥一部分消费者享受该物品。

交通设施供应作为社会资源的一种，属于社会资源中的准公共物品，既具有公共物品特性，也具有私用物品的部分特性，具体表现如下：

(1) 资源的有限性决定了其消费具有竞争性。交通设施提供的服务是时间和空间上的连续性服务，任何出行者都有机会利用其完成出行，享受其提供的服务，但是交通设施提供的服务有限，在达到资源服务容量时，谁先得到谁享用，在消费上具有一定的竞争性。

(2) 容易采取技术手段实现受益的排他性。交通设施效用对整个社会成员均等，当采取一定的技术手段时，很容易排斥其他人从中受益，如收费的道路与桥梁，排斥了未缴纳相应费用的出行者或驾驶者使用；公交专用道可以排斥非公交车的受益权（图 3-1）。

(a) 公交专用道　　(b) 自行车专用道

图 3-1　交通设施的受益排他性

3.4 交通供给的效用特征

3.4.1 交通供给设施的效用度量

交通设施的主要功能是为出行者从一个地方到达另一个地方空间的位置的转移提供服务，这种服务的结果使出行者获得效用(见第 2.5.2 节)。出行者为实现在空间上的位移需花费一定的代价，如时间、费用等，称为出行者的"交通阻抗"。由于交通供给设施服务功能存在差异，交通阻抗的大小可能不同，如高等级设施能在较短时间内实现一定距离的出行位移，较低等级设施却需要较长时间来完成这种位移。"交通阻抗"代表(或传递)了由交通设施差异所形成的"供给效用"信息，**通常用"交通阻抗"来度量交通供给的效用。一般地，交通阻抗越大，交通供给的效用越小；交通阻抗越小，交通供给的效用越大。**

根据现代交通供给设施的构成，一般交通设施的交通阻抗由"行程段"的阻抗和"节点处"的阻抗两部分组成。

1. 行程段的阻抗

在诸多交通阻抗因素中，路径行程上时间因素是最主要的。出行者在选择哪种交通设施途径实现位移时，一般都是以时间最短为目标。某些交通供给设施中，路径上的走行时间、行驶时间与距离成正比，与路径上的流量无关，如城市轨道交通网，此时用时间或距离作为阻抗是等价的。有些交通设施，如城市道路、桥梁等，路径(路段)上的走行时间、行驶时间与距离不一定成正比，而与路段上的交通流量有关，此时就选用时间作为阻抗。这类走行时间、行驶时间与距离、流量的关系比较复杂，这种关系可以广义地表达为

$$C_a = f(V_a)$$

式中，C_a 为路段 a 上的费用；V_a 为路段 a 上的流量。

这个一般化的公式在城市道路上是比较多见的，因为交叉口的存在，不同路段上的流量会相互影响。

对于行程段上阻抗函数的研究，既有通过实测数据进行回归分析的，也有进行理论研究的。其中被广泛应用的是由美国联邦公路局(Bureau of Public Road, BPR)开发的函数，被称为 BPR 函数，形式为

$$t_a = t_0\left[1+\alpha\left(\frac{q_a}{c_a}\right)^{\beta}\right] \tag{3-1}$$

式中，t_a 为路段 a 上的阻抗；t_0 为零流阻抗，即路段上为空静状态时车辆自由行驶所需要的时间；q_a 为路段 a 上的交通量；c_a 为路段 a 的实际通过能力，即单位时间内路段实际可通过的车辆数；α，β 为阻滞系数，在美国联邦公路局，α，β 参数的取值分别为 $\alpha=0.15$，$\beta=4$，也可由实际数据用回归分析求得。

由上式可知，走行时间、行驶时间是路段流量的单调递增函数。

理想的路段阻抗函数应该具备下列性质：

(1) 真实性，用它计算出来的走行时间、行驶时间应具有足够的真实性。

(2) 函数应该是单调递增的，流量增大时，走行时间、行驶时间不应减少。

（3）函数应该是连续可导的。

（4）函数应该允许一定的“超载”，即当流量等于或超过通过能力时，走行时间、行驶时间不应该为无穷大。

（5）从实际应用的角度出发，阻抗函数应该具有很强的移植性，所以采用工程参数如自由流车速、通过能力等就比使用通过标定而得到的参数要好些。

2. 节点处的阻抗

节点处的阻抗是指车辆（或出行者）在交通节点处主要指在交叉口（或交通枢纽）处的阻抗。出行者在交通枢纽处的阻抗即为乘客的换乘阻抗，这部分内容将在下节进行介绍。车辆交通在交叉口的阻抗与交叉口的形式、信号控制系统的配时、交叉口的通过能力等因素有关。在城市交通的实际出行中，除路段行走、行驶时间外，交叉口延误占有较大的比重，特别是在交通高峰期间，交叉口拥挤阻塞比较严重时，交叉口延误可能会超过路段行驶时间。

交通工程学中，对信号交叉口的延误有过大量的研究，直接目的是为信号控制交叉口的配时，点控、线控和面控系统的设计以及交叉口通过能力的计算而进行的。节点处的阻抗可分为两类：

（1）不分流向类。在某个节点各流向的阻抗基本相同，或者没有明显的规律性的分流向差别。对这类问题比较好处理，用一个统一的值 D_i 表示车辆在节点 i 的延误。

（2）分流向类。不同流向的阻抗不同，且一般服从某种规律。城市道路就是这样的，如此，车辆在城市道路的交叉口一般有直行、左转、右转三个流向，所延误的时间差别明显，且一般服从以下规律：右转＜直行＜左转。

不分流向计算时，一般 D_i 表示来自节点 i 的车辆在交叉口的延误，其可以用 Webster 延误公式表示。

1958 年英国 TRRL（Transport and Road Research Laboratory）研究所的 F. V. Webster 等人根据排队论理论，提出了一个计算交叉口延误的模型。该模型主要包括两部分：一部分是车辆到达率为固定均值时产生的正常相位延误即均匀延误；另一部分是车辆到达率随机波动时所产生的附加延误。其具体形式为

$$t_w = \frac{T(1-\lambda)^2}{2(1-\lambda X)} + \frac{X^2}{2Q(1-X)} - 0.65\left(\frac{T}{Q^2}\right)^{\frac{1}{3}} X^{(2+5\lambda)} \tag{3-2}$$

式中，T 为信号周期长度；λ 为进口道有效绿灯时间与信号周期长度之比，即绿信比；Q 为进口道的交通流量；X 为饱和度，$X = Q/S$，S 为进口道通过能力。

人们在实践应用 Webster 延误公式中发现，当进口饱和度较小时，该公式计算结果比较合理，但是当进口饱和度较大时，如当饱和度趋向于 1 时，求得的延误趋向于无穷大，即饱和度越接近于 1，求得的延误越不正确，更无法计算过饱和情况下的延误。一般认为 Webster公式的适用范围为饱和度取值在 0～0.67，即当 $0 \leqslant X \leqslant 0.67$ 时，Webster 公式计算的结果才是合适的，当饱和度超过这个范围时，公式则不适用了。

Webster 公式的提出，对交叉口延误的计算起到了很大的推动作用，但是由于该模型在饱和度上的局限性，使得该模型很难直接应用于拥挤的交通，即饱和度较大的网络。所以在实际应用中，许多理论研究者或交通工程师对该模型进行了不同的修正，派生出了不同类型的改进公式，有兴趣的读者可以参考美国《道路通行能力手册》（HCM，1985）中对 Webster

公式的修正形式。

根据 Webster 公式可求得延误，但是问题并没有解决。因为延误公式是针对各个不同的进口道的，更准确地说，是针对不同流向（直行、左转、右转）的，车辆从 i 点驶经 j 点后流向不同的节点会有不同的延误，因此用同一个 D_{ij} 不能刻画这些延误。问题的关键在于目前图论等应用数学中很难有合理、适用的关于节点方位和路径走向的数学描述，因而在求最短路径的算法中就不能一般地表达不同流向车辆在交叉口的不同延误。这个问题一直还没能得到很好的解决，因此已有的城市道路交通分配、交通流分配理论一直忽略节点阻抗这个问题，只借用 BPR 函数作为城市道路上的阻抗，计算路段上的阻抗。

3.4.2 轨道交通的换乘效用特性[12]

3.4.2.1 轨道交通换乘效用

轨道交通的"非门到门"的运行特点决定了选择轨道交通的出行者需要采用其他交通方式进行衔接。出行者从起点到终点的整个出行过程中，不是采用单一的交通方式，而是采用了多种交通方式完成，是一种组合出行。

根据调查研究显示，轨道枢纽车站的到达衔接交通方式和离开衔接交通方式之间存在显著的相关性，而起（终）点与轨道车站之间的距离、交通方式的费用以及乘客换乘消耗的承受能力，直接影响了对于衔接交通方式的选择，其中最关键的还是出行起终点至轨道车站的距离及车站节点换乘的方便性。因为，轨道交通的换乘效用可以认为是轨道站点各种衔接过程的综合效用（见第 2.6.2 节），即轨道衔接交通方式的路径效用与轨道车站的换乘效用之和。

3.4.2.2 轨道车站换乘阻抗 BPR 函数

出行者在轨道枢纽车站的换乘过程中，从换乘通道网络的角度上，也需要计算出网络路径和节点的阻抗值，下面分析轨道节点换乘阻抗函数的表达式。

对于轨道枢纽车站换乘通道网络的阻抗，主要是换乘步行距离和换乘等待时间决定的，这种换乘阻抗值影响着换乘过程中乘客的换乘效用的度量。因此，换乘阻抗函数的确定，可以从换乘效用的角度进行分析。

根据对轨道枢纽车站换乘效用的分析，在乘客出行位移的角度上，在轨道枢纽车站的换乘是一个"无意义"的过程，与出行的起终点无关，因此换乘效用是"纯粹"的负效用，可以用换乘步行距离和换乘等待时间来表征：

$$y = f(x) \tag{3-3}$$

式中，y 为换乘路径或节点阻抗，是关于换乘步行距离、等待时间 x 的函数。

一般情况下，是直接采用换乘步行距离和换乘等待时间来表征，但通过换乘服务水平的研究表明并不完全是线性的关系，也不应该采用线性函数来计算。以一个简单例子说明，如有两个公交车站与轨道接驳，换乘量均为 1，其布局有两种情况：

布局一，公交车站 1 换乘步行距离 50 m，公交车站 2 换乘步行距离 550 m，线性函数下，其和为 600 m。

布局二，两个公交车站的换乘步行距离均为 300 m，线性函数下，其和为 600 m。

对比这两种布局，采用线性函数计算，其结果一致，即从换乘步行距离上两种布局的效果是一致的。而实际对于布局一，换乘距离只有 50 m 的乘客效用损失很少，但换乘距离为 550 m 的乘客效用损失很大，因为超过了乘客能够接受的换乘步行距离，甚至可能会导致乘客选择其他交通方式；而布局二，两个公交车站的换乘步行距离都在乘客能够接受的步行距离范围内，对乘客的效用损失较小，乘客愿意接受这种步行距离，显然布局二要优于布局一。

究其原因，是因为在乘客能够接受的换乘步行距离范围内，乘客的换乘效用损失较小，而一旦大于乘客能够接受的换乘步行距离，其效用损失就将急剧增加。即对于乘客而言，从 50 m 到 300 m 的效用损失，要远小于从 300 m 到 550 m 的效用损失。同样地，对于换乘阻抗函数也具有同样的特征。

因此分析换乘阻抗函数 $f(x)$ 应满足如下几个特征：

(1) 单调递增函数，随 x 值的增加，y 值单调递增，即随着换乘步行距离（等待时间）的增加，换乘阻抗值肯定增加；

(2) $x \geqslant 0$，$y \geqslant 0$ 恒成立，即只要有换乘步行距离（等待时间），就肯定有换乘阻抗值；

(3) 为凹函数，即随着 x 值的增加，y 值的上增速度加快，即随着换乘步行距离（等待时间）的增加，换乘阻抗值增加的速度也增加；

(4) 在能够接受的换乘步行距离（等待时间）范围内，y 值增加较慢，而一旦超过了能够接受的范围，y 值则开始急剧增加。

分析换乘阻抗函数特征，与典型的交通阻抗模型 BPR 函数（如式(3-1)）的特征非常吻合，其基本表达式为

$$y = x_0\left[1 + \alpha\left(\frac{x}{x_f}\right)^{\beta}\right] \tag{3-4}$$

式中，x_0 表征换乘阻抗的基本值；x_f 为乘客能够接受的换乘步行距离（等待时间）；x/x_f 为道路的服务水平——饱和度；α，β 为参数值，在计算道路交通阻抗时，典型取值为 $\alpha = 0.15$，$\beta = 4.0$，函数曲线如图 3-2 所示。

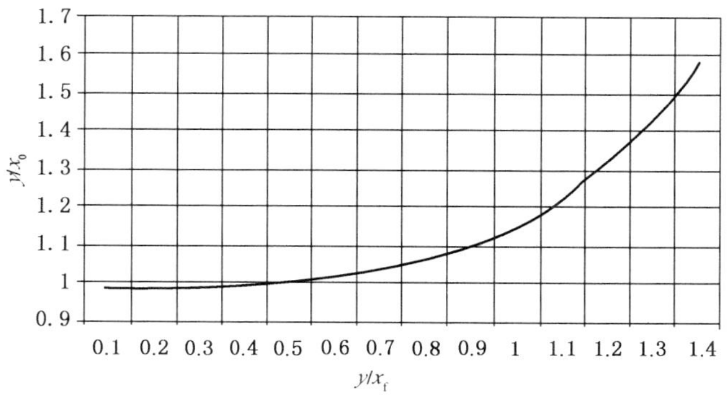

图 3-2　BPR 函数的基本曲线图

3.4.2.3　换乘阻抗函数的标定

对于公式(3-4)中的 x_0 采用实际值 x 来表征，即实际的换乘步行距离或换乘等待时间，由此公式可以表述为

$$y = x\left[1 + \alpha\left(\frac{x}{x_{\mathrm{f}}}\right)^{\beta}\right] \tag{3-5}$$

下面分别进行给出各参数的标定方法。

首先分析的基本参数取值限制，以符合 $f(x)$ 的函数特征值要求。对式(3-5)分别进行求导：

$$\left.\begin{aligned} &\text{特征(1)} \quad & y' &= 1 + \frac{\alpha(\beta+1)}{x_{\mathrm{f}}^{\beta}} x^{\beta} \\ &\text{特征(2)} \quad & y'' &= \frac{\alpha\beta(\beta+1)}{x_{\mathrm{f}}}\left(\frac{x}{x_{\mathrm{f}}}\right)^{(\beta-1)} \\ &\text{特征(3)} \quad & y''' &= \frac{\alpha\beta(\beta+1)(\beta-1)}{x_{\mathrm{f}}^{2}}\left(\frac{x}{x_{\mathrm{f}}}\right)^{(\beta-2)} \end{aligned}\right\} \tag{3-6}$$

由特征(1)，$y' > 0$，有 $\alpha > 0$；由特征(2)，$y'' > 0$，有 $\beta > 0$；由特征(3)，$y''' > 0$，有 $\beta > 1$。

本节采用换乘效用的概念来表征轨道枢纽车站换乘通道网络阻抗，一方面是要从乘客的角度更好地反映换乘的实质，另一方面则更有利于参数的标定。乘客在不同换乘步行距离下的换乘阻抗值，能够服从多项式 Logit 模型。同样地，对于换乘等待时间，也服从多项式 Logit 模型。因此，可以分别标定各衔接方式的换乘效用参数值。

以衔接设施 j 的换乘步行距离效用的参数值的标定方法为例，乘客对于不同换乘步行距离下的选择概率服从 Logit 模型，因此可以调查对于同一衔接设施下，乘客对于不同换乘路径的选择以及实际的换乘步行距离，分别统计其选择概率，并进行比较有：

$$\begin{aligned} U_{\mathrm{d},\,ijk} &= y_{\mathrm{d},\,ijk} = x_{\mathrm{d},\,ijk}\left[1 + \alpha_{\mathrm{d},\,j}\left(\frac{x_{\mathrm{d},\,ijk}}{x_{\mathrm{d},\,j,\,f}}\right)^{\beta_{\mathrm{d},\,j}}\right] \\ \ln\frac{P_{ijk}}{P_{ijl}} &= -\theta_{\mathrm{d},\,j}(U_{\mathrm{d},\,ijk} - U_{\mathrm{d},\,ijl}) \\ &= -\theta_{\mathrm{d},\,j}\left[(x_{\mathrm{d},\,ijk} - x_{\mathrm{d},\,ijl}) + \frac{\alpha_{\mathrm{d},\,j}}{x_{\mathrm{d},\,j,\,f}^{\beta_{\mathrm{d},\,j}}}\left(x_{\mathrm{d},\,ijk}^{(\beta_{\mathrm{d},\,j}+1)} - x_{\mathrm{d},\,ijl}^{(\beta_{\mathrm{d},\,j}+1)}\right)\right] \end{aligned} \tag{3-7}$$

式中，$x_{\mathrm{d},\,ijk}$，$y_{\mathrm{d},\,ijk}$ 分别为从闸机口 i 到衔接设施 j 的路径 k 的步行距离和换乘效用；$x_{\mathrm{d},\,j,\,f}$ 为衔接方式 j 的乘客换乘步行距离能够接受的值；$\alpha_{\mathrm{d},\,j}$，$\beta_{\mathrm{d},\,j}$ 为衔接方式 j 的换乘步行距离效用的参数值。

因此，通过实际的 RP 调查，可以获得多组数据，进行统计后，代入到公式(3-6)中，可以回归计算出相应的参数值，包括 $\alpha_{\mathrm{d},\,j}$，$\beta_{\mathrm{d},\,j}$，$x_{\mathrm{d},\,j,\,f}$，$\theta_{\mathrm{d},\,j}$。同样地，可以得到对于其他衔接交通方式的换乘步行距离以及换乘等待时间的参数值。

而对于换乘步行距离和换乘等待时间之间，由于量纲不同，因此需要确定两者之间的关系，由此可以给出组合效用函数进行参数拟合：

$$U_{ij} = K_{\mathrm{d},\,j}U_{\mathrm{d},\,ij} + K_{\mathrm{t},\,j}U_{\mathrm{t},\,j} \tag{3-8}$$

式中，$K_{\mathrm{d},\,j}$，$K_{\mathrm{t},\,j}$ 分别为到衔接设施 j 的换乘步行距离和换乘等待时间的效用损失的权重系数。

在分别获得了各衔接交通单元换乘步行距离和换乘等待时间的效用函数参数值后，还需要确定对于同一函数，两者之间的换算关系，即步行距离与等待时间的权重值 $K_{d,j}$，$K_{t,j}$。同样地，可以采用上述相同的思路，对于同一种衔接方式 j，调查乘客对于不同换乘步行距离和等待时间组合下乘客的选择行为，并认为选择概率同样服从多项式 Logit 分布，此时效用值采用公式(3-8)进行计算。

因此，可以在轨道枢纽车站选择同一种衔接交通方式 j 布置在不同位置且出行目的地相同的乘客。由于该调查在实际中获取样本量比较困难，可以采用 SP 调查，即给定换乘步行距离不同和换乘等待时间不同的多种组合条件下乘客的选择概率进行统计后回归计算出 $K_{d,j}$，$K_{t,j}$。

3.4.3 衔接设施的空间效用特性

轨道枢纽车站衔接交通设施布局是要对各种设施进行空间上的合理安排，而其内在的原因就是由于不同布局和设计形式下的衔接交通资源配置效果是不同的。而这种不同的反馈，就是在于不同布局和交通组织下，乘客所感受到的换乘效用不同。此处引入**衔接设施空间效用的概念来表征这种差异性。**

衔接设施空间效用：对于某一轨道枢纽车站衔接设施空间资源，在配置了衔接交通方式和具体设计形式后，能够提供给乘客（在进行换乘时）换乘效用的大小。因此，**衔接设施空间效用是乘客换乘效用在设施上的映射**，可表示为

$$U_{S,i} = f(U_{T,i}) \tag{3-9}$$

式中，$U_{S,i}$为衔接设施 i 的空间效用；$U_{T,i}$为乘客使用衔接设施 i 换乘时的换乘效用。

设施空间效用是关于换乘效用的函数，且这两者成正相关性，即乘客的换乘效用越大，衔接设施的空间效用也越大；反之，当其他因素一定时，设施的空间效用越大，乘客的换乘效用也越大。

根据轨道枢纽车站衔接交通资源配置的基本目标是实现换乘效用的最大化，因此进行衔接设施空间布局同样是要实现换乘效用的最大化，即要实现设施空间效用最大化。

影响换乘效用的因素很多，包括客流需求特征、衔接交通方式特征和衔接设施的空间配置等方面，而衔接设施的空间配置就是用设施空间效用来表征。下面分析影响设施空间效用的关键因素。

(1) 换乘步行距离：是影响轨道枢纽车站换乘效用的关键指标，而从设施布局的角度上，不同空间位置的设施，其换乘步行距离有很大的差异性，这就直接影响了设施空间效用。

(2) 到达的便捷性：是指乘客在换乘时到达衔接设施位置的便捷程度，越能方便地到达，其集散速度越快，乘客的换乘效用就越大，设施空间效用也越大。

(3) 上下车的交通冲突：是指乘客在换乘衔接交通方式时，完成人流与车流之间转化时与车辆之间的冲突程度，冲突越大，换乘效用越小，设施空间效用也越小。

这三个因素中，换乘步行距离对于换乘效用的影响权重最大。

现实生活中，往往存在许多交通设施供给共同为出行者提供服务，如道路与轨道交通设施，需要衔接设施来实现其换乘功能。

衔接设施的空间效用特性主要体现在空间效用的先天性、可改善性、一致性以及约束性，具体如下：

(1) 空间效用的先天性。由于轨道车站主体与衔接设施的空间相对位置是固定的,因此不同设施空间,其换乘步行距离不同,换乘效用不同,导致了设施空间效用的先天性差异在其他条件相同时,因为换乘步行距离的增加,设施空间效用依次为①>②>③,如图 3-3 所示。由于这种先天性的条件,使得在设施布局时,要尽可能地靠近车站布置。

(2) 空间效用的改善性。对于具体的衔接交通设施,可以通过一定的设计形式或者是交通组织方式进行改善,从而提高其供给效用。在无立体通道时,设施的供给效用为①>②>③,但当在衔接交通③增设了立体通道后,避免了乘客到达的干扰,使得设施空间效用大小为①>③>②,如图 3-4 所示。改善设施空间效用的方式包括增加立体通道、合理的交通组织方法和设计形式等。

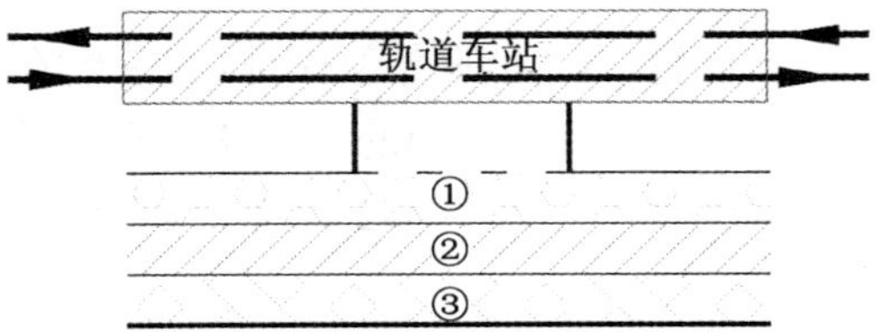

图 3-3　衔接交通设施空间效用的先天性示意图

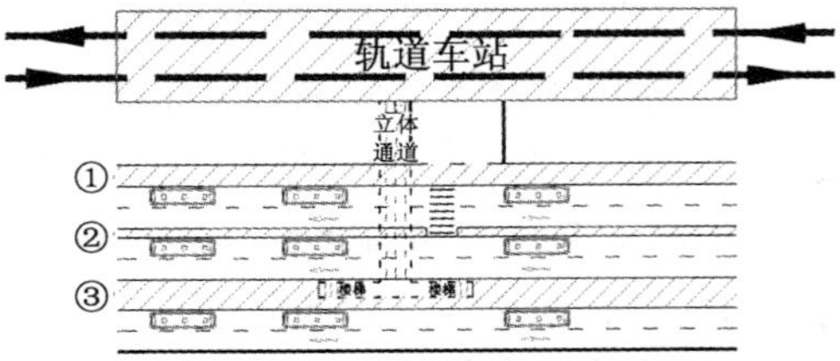

图 3-4　衔接交通设施空间效用的改善性示意图

(3) 空间效用的一致性。影响供给效用的因素中,在其他因素不变的情况下,单个因素的改善,能够带来供给效用的整体改善,即总体空间效用和单因素效用之间成正关系。

(4) 空间效用的约束性。单个影响因素的设施空间效用具有约束性,一旦某个因素的供给效用很低时,总供给效用会直接受到该因素的影响,而无法由其他因素来弥补。如换乘步行距离大大超过了乘客的可接受距离时,乘客不会选择该衔接交通,哪怕是其他因素做得再好,即单个因素效用对总效用产生了约束性。

交通设施的供给是为了满足出行者的日常社会活动出行需求,出行者的出行活动空间分布决定了交通设施的空间布局,交通设施相互交错,最终形成交通设施供给网络。然而,出行者社会活动的多样性,要求交通模式的多样性,多样化的交通模式相互衔接,形成一个复合交通供给网络,共同为不同的出行者服务。从交通网络角度,特别是从复合交通网络角度来分析,交通问题正成为研究的热点。

3.5　交通供给网络

交通供给通过各种交通方式为出行者提供服务,各种交通方式通过交通基础设施联系各个出行起始点和目的地,形成交通供给网络(图 3-5)。如前所述(3.2 节),交通供给的网络体系,会产生显著的规模效应。不同交通方式对交通基础设施有不同的要求,根据交通方式的不同,交通供给网络可分为单一级交通网络和复合交通网络,单一级交通网络包括道路网络和轨道交通网络。复合交通网络为单一级交通网络的有机组合。

图 3-5 显示,采用道路交通网络出行以小汽车(含出租)和常规公交等交通方式为代表,轨道交通网络出行以轨道交通方式为代表,采用复合交通网络出行的有小汽车与轨道交通和公交与轨道交通等 6 种组合形式,如表 3-1 所示。

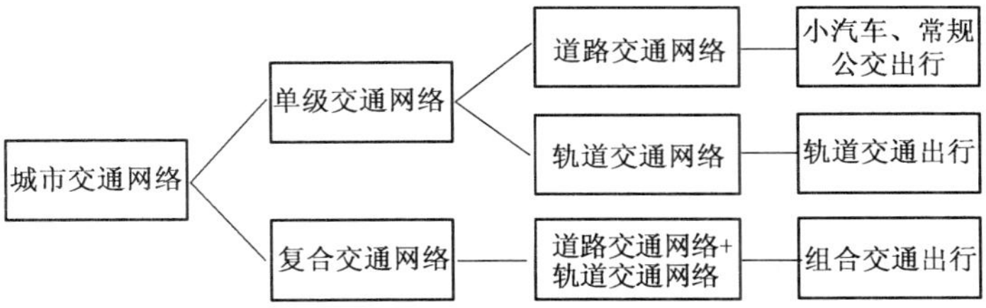

图 3-5　交通供给网络结构图

表 3-1　　**组合交通出行方式的可能组合形式**

交通方式	小汽车	公交	轨道
小汽车	—	√	√
公交	√	—	√
轨道	√	√	—

注:“—”表示不考虑;“√”表示考虑。

各种交通网络的定义如下:

道路交通网络:为小汽车出行和常规公交等出行提供出行服务的网络设施,以及其相关的交通供给设施,包括停车设施、道路设施等。

轨道交通网络:为轨道交通出行提供出行服务的网络设施,以及其相关的交通供给设施,包括车辆折返线、车辆运行线、车辆保养场等。

复合交通网络:除单一方式(小汽车、公交、轨道)出行外,还为“小汽车+轨道交通”的组合出行和“公交+轨道交通”或“轨道交通+公交”等三种典型组合出行提供出行服务的网络设施;是单一交通网络设施的有机组合。

各种交通网络的容纳能力是交通供给服务能力大小的度量,下面将结合交通网络的分类分别对各种交通供给网络容纳能力进行分析。

3.6　交通供给网络容量

3.6.1　道路网络容量

促使供给与需求在高水准上的均衡是提高城市道路网运输效率的最有效措施,道路网容量实际上构成了交通系统(道路供给)与社会经济系统(交通需求)相互作用的界面,道路网容量问题提出的主要目的是为了研究交通需求与交通供应之间的矛盾,其所处的地位决定了它具有重要研究意义。

3.6.1.1　道路设施通行能力与道路网络容量定义

对道路设施通行能力的评估,最早的研究属于美国交通研究机构(Transportation Research Board, TRB)的 1950 年第一版高速公路通行能力手册(Highway Capacity Manual, HCM),并在后来的 1965 年、1985 年、1994 年、2000 年分别进行过修订与出版,主要是反映道路系统的运行情况的分析。在 HCM 中提出了道路设施的服务水平和通行能力分析方法,包括城市街道、高速公路、信号或非信号交叉口、交织段、匝道等设施。HCM 给出的道路设施通行能力的定义是：**指在通常的道路、交通和管制条件下，在一定时间段内人或车辆实际通过车道、道路中某一点或断面的最大小时流率**。道路设施通行能力的计算是在理想通行能力的基础上根据道路、交通和管制条件进行不同程度的折减。具体公式是：

$$C = C_i \times f_1 \times \cdots \times f_i$$

式中，C 为道路设施的通行能力；C_i 为道路设施理想通行能力；f_i 为道路、交通和管理条件下的折减系数。

交通工程学中的描述道路通行能力是道路能够疏导或处理交通流的能力，具体是指道路上某一点某一车道或某一断面处，单位时间内可能通过的最大交通实体（车辆或行人）数，用"当量小汽车(pcu)数/时"表示。并归纳了影响道路通行能力的影响因素为道路条件、交通条件、管制条件以及其他条件等。

关于道路网容量的定义，从交通工程学的观点，自然联想到路段断面流量与通行能力、路段密度与空间容量的关系，还有从路网也会考虑到运送量与运送能力问题。几个概念比较如下：

(1) 交通流量 Q →断面通行能力 c_{ap}。道路断面通行能力是指道路交通断面单位时间通过的最多车辆数。

(2) 交通密度 k→交通空间容量 c_{a}。交通空间容量是指交通设施在单位空间上能容纳的最多车辆数。

(3) 设施运送量 Q →网络的运送能力 c_{b}。交通网络运送能力是指交通网络系统单位时间最大的输送或集散能力。

3.6.1.2 时空资源法网络容量定义

1. 理论路网容量

理论路网容量 $C_{理论}$，即道路路网设施在理想状态下单位服务时间里能容纳的最大车辆数，与道路设施的时空总资源和交通个体时空消耗有关。

城市道路设施的时空资源，在一定时期内是有限和相对稳定的，每一个交通需求者都在这一特定的时间、空间资源内占有某一部分。因此这些设施在一定时间、空间内所能容纳的交通需求是可以计量的。

城市道路设施时空总资源 TR_{s}(Resource)为

$$TR_{\text{s}} = L \times T \tag{3-11}$$

式中，L 为机动车道总长度(km)或城市道路设施总面积(m^2)，当机动车道宽度标准时，二者均可采用，本文采用前者；T 为城市道路单位服务时间(h)。

交通个体一次出行时空消耗 TR_{d}(km・h/pcu)为

$$TR_{\text{d}} = h_{\text{s}} \times t = L_{\text{p}}/C \tag{3-12}$$

式中，h_{s}为机动车行驶过程的平均车头间距(km)；t 为机动车一次出行平均行驶时间(h)；L_{p} 为机动车一次出行平均行驶距离(km)；C 为单车道服务交通量（可取单车道通行能力 pcu/h)，即在一般道路和交通条件下，每条车道以一定速度连续安全行驶每小时能通过的最大车辆数（不包括交叉口影响)。

$$C = 3\,600/[1.2 + (8 + s_{制})/v] \tag{3-13}$$

式中，$s_{制}$ 为汽车制动拖印距离，$s_{制} = 0.102 \cdot v^2$，由我国部分研究的实测数据回归确定；v 为汽车路段运行车速(m/s)。

因此，理论路网容量可表示为

$$C_{理论} = TR_s / TR_d = TR_s \times C / L_p \tag{3-14}$$

当城市道路单位服务时间为“h”时，容量量纲为“pcu/h”；当单位服务时间为“d”时，容量量纲为“pcu/d”。

2. 实际路网容量

实际路网容量 $C_{实际}$ 是一种物理概念上的容量，是指车流在理想分布状态下道路容量的代数和，而实际上的路网容量是指单位服务时间里路网所能通过的最大交通量，实际路网容量与车道分布、路网流量、路网的形态等因素有关，在计算路网实际容量时，需要在理论路网容量的基础上根据各种影响因素进行权衡修正。

$$C_{实际} = C_{理念} + \eta_1 \times \eta_2 \times \cdots \times \eta_n$$

式中，η_1，η_2，…，η_n 为各种影响因素的修正值，以下是几种典型修正系数的相关说明。

车道分布系数 η_1：我国城市交通的特点是存在混合交通，所有城市道路(高架路、快速路除外)倾向于为所有的交通服务，有效长度(面积)系数应必须考虑非机动车、行人和对向机动车的干扰。有效长度(面积)系数，通常可取 0.7～0.9，当三快板、四快板道路比例较高或机动车、非机动车专用系统发达时取高值，反之取低值。

匝道利用系数 η_2：快速路上车辆的出入是靠匝道来完成的，而匝道口反过来影响高架道路上车辆的正常运行，这种影响主要是由于匝道相接的地面交叉口引起的；根据经验，快速路匝道利用系数取 0.75～0.85 较合适。

路网流量不均衡系数 η_3：现状的路网可通过调查获得不同等级道路的实际分布流量，确定相应的分布比重；规划路网直接从 OD 分布及配流模型得到研究范围、各种类型道路流量的分配比例。

交叉口利用系数 η_4：我国城市的交通堵塞主要发生在交叉口，交叉口时间资源的利用限制了路段空间资源的利用。据实地观测，我国大城市平面交叉口进口单车道通行能力与路段相比至少减少一半，它随交叉口设计、组织、管理而不同，通常可取 0.4～0.5。

以上海“申”字型高架道路路网容量计算 1998 年 51.8 km 调查数据为实例[9]，分别计算内环高架、南北高架、东西高架及整个高架系统的路网容量。

(1) 车道总长度 L(km)。内环高架总长度为 29.17 km，大多数路段车道数为双向 4 车道；南北高架总长度为 8.45 km，大多数路段车道数为双向 6 车道；东西高架总长度为 13.96 km，大多数路段车道数为双向 6 车道。由于某些路段通过划线增加了车道数，所以在车道总长度中应计算增加的车道长度(5.48 km)：

$$L = 29.17 \times 4 + 8.45 \times 6 + 13.96 \times 6 + 5.48 \times 1 = 256.62\ \text{km} \tag{3-15}$$

(2) 计算时间段 t(h)。由于计算的是高峰小时高架道路路网容量，所以 t 取 1 h。

(3) 一次出行平均距离 L_p。L_p 的计算方法如下：

$$L_p = (\sum Q_i \times l_i)/(\sum Q_j) \quad (3-16)$$

式中，Q_i 为高峰小时高架上第 i 路段的双向交通量（pcu/h）；l_i 为第 i 路段的长度（km）；$\sum Q_j$ 为高峰小时高架道路所吸引或疏散的交通总量（pcu/h）。

根据调查资料，经计算可得一次出行平均距离 L_p＝5.8 km。

（4）单车道的设计通行能力 C（pcu/h）。经计算，一条车道的设计通行能力为 1 720 pcu/h，高架道路单向二车道设计通行能力为 3 190 pcu/h，单向三车道设计通行能力为 4 480pcu/h。

（5）高架道路实际路网容量 cap（pcu/h）。根据前面有关参数，可计算得上海“申”字高架道路高峰小时实际路网容量 cap 为 66 436 pcu，也就是说在高峰小时高架上最多能跑 66 436 辆标准车。而当年调查中高峰小时内上高架的车辆总数为 51 940 辆，因此 1998 年上海高架系统的饱和度为 78.2%。

3. 内环、南北、东西高架的路网容量

根据有关调查数据，参照整个高架系统路网容量计算过程可得到内环、南北、东西高架的路网容量，见表 3-2。

表 3-2　上海市高架道路路网容量

高架道路名称	车道长度/km	平均出行距离/km	路网容量/$pcuh^{-1}$	吸引车辆数/$pcuh^{-1}$	饱和度/%
内环高架	120.76	6.2	30 871	27 640	89.5
南北高架	52.1	3.3	22 653	17 920	79.1
东西高架	83.76	3.5	31 283	20 580	65.8
高架系统	256.62	5.8	66 436	51 940	78.2

注：内环高架通过划线增加的车道长度为 4.08 km，南北高架通过划线增加的车道长度为 1.4 km。

高峰小时内内环高架、南北高架、东西高架的容量分别为 30 871 pcu/h，22 653 pcu/h，31 283 pcu/h，饱和度分别为 89.5%，79.1%，65.8%。当年内环高架接近饱和；南北高架次之，时空资源还有挖掘的潜力；东西高架的时空资源还没有充分利用。

由上面的计算可知，除内环高架以外，建成后的高架系统的运行状况尚好，平均饱和度为 78.2%，还不至于过分拥挤，也不至于过分地浪费道路时空资源。但是按照需求的发展趋势，必将大于供给，因此有必要采取科学的交通管理，均衡流量在高架系统上的分布，充分挖掘现有高架道路时空资源，使高架系统各个组成部分的饱和度同步增长。

3.6.1.3　OD 定义法网络容量

路网容量与路网车流 OD 分布形态有关。任何时候，路网上的流量不可能是均匀分布的。有的道路上已趋饱和，有的道路上可能还有潜力，这种出行路径选择与分布的不均匀性正是路网容量计算的重要影响因素。

从 OD 分布上，**路网容量表征了路网处理运行单元的能力，可定义为交通网络在一定的条件下所能容纳的最大交通量。**需要借用数学符号才能对路网容量作准确表述。

设节点（i，j）间的 OD 流量为 x_{ij}，总的交通需求为 X，则有

$$X = \sum_i \sum_j x_{ij}\,,\; p_{ij} = x_{ij}/X \tag{3-17}$$

路网在确定的 $p_{ij} = x_{ij}/X$ 的前提下，所能够承担的最大 X 值，为路网容量。该定义反映的路网容量受特定 OD 形态的影响。视起终点分布不同，该路网容量包括内部量、进入量和离开量三种。当起、讫点都位于路网内部时，为局域网内部容量；当起点在路网外、讫点在路网内时为进入网络容量；当起点在路网内、讫点在路网外为离开网络容量。一般地，当路网交通流处于平衡状态时，单位时间内进入路网的车辆数与驶离路网的车辆数应相等。而当车流 OD 空间分布不均，导致进、出路网的车辆数不相等时，对此情况，以进入、驶离局域网车辆数最大值作为局域网的通过能力。

3.6.2 城市停车设施容量计算

3.6.2.1 理论停车设施容量定义[5, 11]

停车设施（路内、路外）在正常状态下单位服务时间（小时或日）所能容纳的最大车辆数为理论设施容量。与城市停车设施的时空总资源 TP_s（泊位 · 小时）和每辆车停放时空消耗 TP_d（m^2 • h/pcu）有关。

定义 1： 车辆在停放中占有一定的泊位面积，在停放服务过程中占用一定的时间，每个泊位面积在位总服务时间内又可提供其他车辆重复使用。城市停车场时空总资源（TP_s）为

$$TP_s = S \times T \tag{3-18}$$

式中，S 为机动车停车总泊位量（个）或总面积（m^2）；T 为城市停车设施单位服务时间。

定义 2： 停车车辆时空消耗（TP_d）为

$$TP_d = A \times t = A/C \tag{3-19}$$

式中，A 为单位停车计算面积（m^2）；t 为一次停放平均使用时间（h）；C 为周转率（parking turnover）单位时间（h 或 d）每停车位平均停放车辆数。

定义 3： 理论停车设施容量（$cap_{理论停车}$）为

$$cap_{理论停车} = TP_s/TP_d = \frac{S \times T \times C}{A} \quad (\text{pcu/h 或 pcu/d}) \tag{3-20}$$

3.6.2.2 实际停车设施容量及饱和度计算

1. 实际停车设施影响因素

（1）停车设施资源及其分布 y_1:（各城市规划供应水平）0.6～0.8。设施类别、数量及其分布合理性：由于停车设施的不可运输性、不可存储性特征，供应与需求要有一个时空上的适度均衡要求。受制于路内路外的收费政策与人们步行距离（停车行为特征）以及道路通畅条件——诱导标志和信号导行加上交通管理的可靠性。

（2）停放时间（周转率的影响）y_2：0.8～0.9。受时间推移和经济、社会变化、区位差异等影响。

（3）不同车型交通干扰与影响 y_3：0.7～0.8。交通干扰与影响——存车步行时间、收费等待。

2. 停车系统高峰实际容量(供应)

$$cap_{实际停车} = cap_{理论停车} \times y_1 \times y_2 \times y_3 = \frac{TP_s}{TP_d} \times y_1 \times y_2 \times y_3 \tag{3-21}$$

式中，TP_s 为路内外三类停车设施(停车场 Lots +停车库 Garages +路边停车 Curb)的时空总资源；TP_d 为标准车停放时空消耗；y_1 为规划设施系数或分布不均匀影响系数(0.6～0.8)；y_2 为周转率影响系数(0.8～0.9)；y_3 为交通干扰影响系数(0.7～0.8)。

3. 大城市机动车停车设施高峰时空饱和度

大城市停车实际高峰总停放量为 $\sum q_i$ (高峰累计延停车数，parking vehicle-mite)，则停车设施高峰时空饱和度(S_{at})为高峰时段累积停放时空消耗与停车设施实际容量比值。

$$S_{at} = \frac{\sum q_i \cdot t_i}{cap_{实际停车}} \tag{3-22}$$

式中，S_{at} 为停车设施高峰时空饱和度；t_i 为实际停放时间；q_i 为实际高峰停放量。

3.6.3 公共交通设施供应容量

公共交通设施供应容量指的是公共交通设施供应的物理容量，即最大容量。本书主要介绍的公共交通设施供应容量包括常规公交设施供应容量和轨道交通设施供应容量。

3.6.3.1 公交设施供应容量

公交设施供应容量主要包括公交站点容量和公交线路容量，公交站点容量主要依赖于公交站点的面积大小，而公交线路容量与公交站点容量和运营方式有关。

1. 公交站点的供应容量

公交站点的供应容量用每小时通过的公交车辆数表示，其供应容量计算式如下[6, 13]：

$$B_S = \frac{3\,600 \cdot (g/C) \cdot N_{el}}{t_c + t_d \cdot (g/C) + Z \cdot c_v \cdot t_d} \tag{3-23}$$

式中 Z——相对于期望未停车率的标准正态变量，根据相关文献，国外城市一般取 10%，国内城市一般小于 5%，可由公式 $Z = \frac{t_i - t_d}{s}$ 得出，其中，t_i 为实时站点延误(s)，实时站点延误与上下客流量有关，各种买票方式对应的上客所需时间和下客所需时间如表 3-3 所示，在给定公交车进站未停车率下的标准正态变量 Z 的值如表 3-4 所示；

t_c——清空时间(s)；

g/C——绿信比，绿灯时间与交通信号周期时间比值，如为无信号灯或为公交专用道，则绿信比取 1.0；

t_d——平均站点延误(s)，平均站点延误是当实时统计不方便时所采用的延误值，一般在市区、公交中心、主要换乘站点或停车换乘站点，平均站点延误值是 60 s，外围的主要公交站点延误取 30 s，外围一般公交站点延误取 15 s；

s——站点延误标准方差；

N_{el}——公交站台的有效系数；

c_v——平均停车延误修正系数，各个城市不同，在 0.4 到 0.8 之间，一般取 0.6。公交站台的有效系数主要是指公交站台的停车位的合成系数，得到串联式停车位的合成系数如表 3-5 所示。

一般地，从公交车开始启动至离开公交站点一个车身长需要 10 s。当然，这也与相邻道路的车流量和上、下游交叉口的信号有关，之间的关系如表 3-6 所示。

表 3-3　平均离开公交站点的延时

相邻道路车流量/(辆·h^{-1})	平均离开公交站点延时/s
100	1
200	2
300	3
400	4
500	5
600	6
700	8
800	10
900	12
1 000	15

表 3-4　给定未停车率下的变量 Z 值

公交车进站未停车率*	变量 Z 值
1.0%	2.330
2.5%	1.960
5.0%	1.645
7.5%	1.440
10.0%	1.280
15.0%	1.040
20.0%	0.840
25.0%	0.675
30.0%	0.525
50.0%	0.000

注：* 为站点因无乘客上下车而未停车的概率。

表 3-5　公交站台的有效系数

站台停车位数	非港湾式停靠站				港湾式停靠站	
	无月台		有月台		有无月台	
	有效性	站台效率系数	有效性	站台效率系数	有效性	站台效率系数
1	100%	1.00	100%	1.00	100%	1.00
2	75%	1.75	85%	1.85	85%	1.85
3	70%	2.45	80%	2.65	80%	2.65
4	20%	2.65	25%	2.90	65%	3.25
5	10%	2.75	10%	3.00	50%	3.75

表 3-6　公交乘客服务所需时间

买票方式	乘客服务时间/(s·人$^{-1}$)	
	观测值区间	建议值
上　客		
提前买票*	2.25～2.75	2.5
单程票或投币	3.4～3.6	3.5
实时买票	3.6～4.3	4.0
智能卡	3.0～3.7	3.5
下　客		
前门	2.6～3.7	3.3
后门	1.4～2.7	2.1

注：* 包括免费公交、免费换乘或下车后买票等形式；当出现站位时，每上一个乘客加 0.5 s；当是低地板车时，每上、下一个乘客减 0.5 s。

2. 公交线路的供应容量

公交线路供应容量与有无公交专用道、公交站点容量以及公交运营策略等因素有关，其与各因素的关系和容量计算流程如图 3-6 所示。

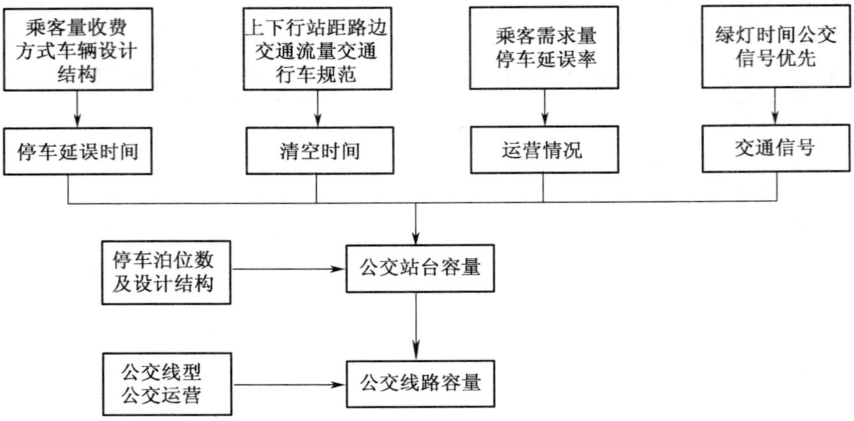

图 3-6　供给线路容量与各因素的关系和容量计算流程图

根据公交运营方式的不同，公交线路容量计算式有如下几种情况[6, 13]。

（1）在混合车流下，公交线路容量为

$$B_{\mathrm{L}} = B_{\mathrm{S}} F_{\mathrm{m}} \tag{3-24}$$

式中，B_{L} 为公交线路容量(辆/h)；B_{S} 为公交站点容量(辆/小时)；F_{m} 为混合车流下的公交站点容量的协调系数，$F_{\mathrm{m}} = 1 - f_l\left(\frac{v}{c}\right)$，其中，$v$ 为交叉口右转车流流量(辆/h)，c 为交叉口右转车流容量(最大流量(辆/h))，f_l 为公交站点布置系数。

公交站点的布置主要有三种形式：交叉口上游站点，交叉口下游站点，路段中间站点。一般当为方便换乘考虑时，设置交叉口上游站点；当路段车流大，为了减少交通延误，设置交叉口下游站点；当路段中间有大量乘客时，或交叉口上下游无法设置时，设置路段中间站点(图 3-7)。

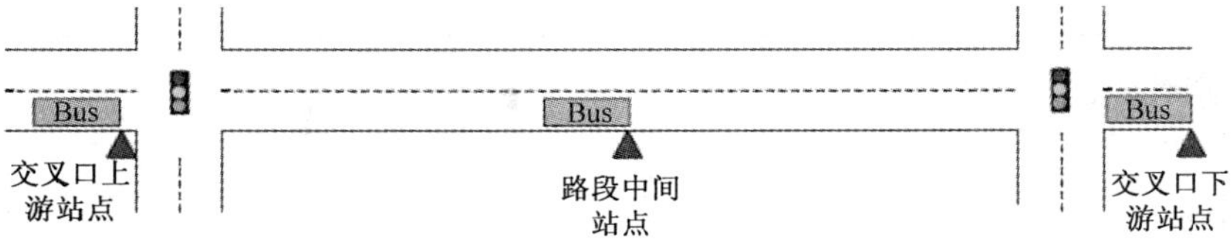

图 3-7　公交站点布置形式

公交站点的布置系数 f_l，主要是指交叉口右转对公交车干扰(公交车离开或进入站点)的程度，当是完全封闭式的，且禁止右转的公交线路，此时 f_l 为零，其容量为线路上的公交站点最小容量；当交叉口允许右转时，f_l 的值与公交站点布置形式之间的关系如表 3-7 所示。

表 3-7　　站点布置协调系数

站点布置形式	交叉口上游站点	路段中间站点	交叉口下游站点
协调系数 f_l	0.90～1.00	0.70～0.90	0.50～0.80

注：当完全封闭式的，且禁止右转的公交线路时，f_l 的值取零。

（2）跳站经营模式下的公交线路容量：

$$B_L^K = f_k(B_1 + B_2 + \cdots + B_n) \tag{3-25}$$

式中，B_L^K 为跳站经营模式下的公交线路容量（辆/小时）；B_1，…，B_n 为各支线路（各种经营方式）所在站点的容量（辆/h），一般地，由于跳站经营，使得站点的乘客增加，从而使得该站点单位车道容量下降；f_k 为跳站经营模式下的公交站点容量的协调系数：

$$f_k = \frac{1 + f_a f_i (N_{ss} - 1)}{N_{ss}}$$

其中，f_a 为车辆到达类型的影响因素，反映在跳站经营模式下充分利用公交站点的能力，当是随机到达时，取 0.5；当接近按时刻表到达时，取 0.75；当串式到达时，利用率最高，取 1.00。f_i 为相邻车道的阻抗系数，$f_i = 1 - 0.8(v/c)^3$，其中，v 是相邻车道的流量，c 是相邻车道的容量。N_{ss}为连续跳站的个数。

3. 公交设施供应容量案例

【例 3-1】 在城市中心区经营着一条公交线路，晚高峰时期每小时发车 32 班次。该公交公司希望增加另一条线路在该公交通道上，高峰小时车头时间为 10 min。设沿线交叉口的绿信比为 0.45；所有的停靠站都是非港湾式的站点；平均站点逗留时间采用默认值 30 s；期望的未停车率为 10%；禁止右转；公交车辆随机达到站点；公交车辆离开站点需要 10 s 中的清空时间，平均车辆延误修正系数 c_v 取 0.6。

则根据式(3-23)，一个停车位的公交停靠站的容量为

$$\begin{aligned} B_S &= \frac{3\,600 \cdot (g/C) \cdot N_{el}}{t_c + t_d \cdot (g/C) + Z \cdot c_v \cdot t_d} \\ &= \frac{3\,600 \times 0.45 \times 1}{10 + 0.45 \times 30 + 1.28 \times 0.60 \times 30} \\ &= 35(\text{辆/h}) \end{aligned}$$

而该公交通道上高峰小时到达的车辆数为

$$N = 32 + 60/10 = 38(\text{辆/h}) > 35(\text{辆/h})$$

所以一个停车位的公交站点容量不够，需要增加一个停车位，得到其公交站点容量为

$$\begin{aligned} B_S &= \frac{3\,600 \cdot (g/C) \cdot N_{el}}{t_c + t_d \cdot (g/C) + Z \cdot c_v \cdot t_d} \\ &= \frac{3\,600 \times 0.45 \times 1.75}{10 + 0.45 \times 30 + 1.28 \times 0.60 \times 30} \\ &= 61\ (\text{辆/h}) \end{aligned}$$

此时，公交站点容量已大于到站公交车辆数。

【例 3-2】 继例【3-1】,公交公司希望提高公交速度,来减少公交车辆拥挤,降低停站数量等。欲采用延长公交站距或采用跳站式经营,这时将先前的 38 辆公交车分成两部分,一部分 20 辆车,另一部分 18 辆车,都实行隔站停车经营策略。设相邻道路上的车流为 500 辆/h,其中卡车比例为 2%,大车协调系数 f_{HV} 取 0.98;道路位于城市中心区的协调系数 f_A 取 0.9;公交站点布置形式为交叉口上游站点;其他假设同例【3-1】。

则根据[HCM]可得相邻道路的通行能力为

$$c = v_0(g/c)f_{HV}f_A = 1\,900 \times 0.45 \times 0.98 \times 0.90 = 754\ (辆/h)$$

此时,由于跳站经营使得公交车辆站点平均延误增加,此时进站未停车率取 25%,得到需要有 2 个停车位站点才能满足容量需要,其站点容量为

$$B_S = \frac{3\,600 \cdot (g/C) \cdot N_{el}}{t_c + t_d \cdot (g/C) + Z \cdot c_v \cdot t_d} = \frac{3\,600 \times 0.45 \times 1.75}{10 + 0.45 \times 60 + 0.675 \times 0.60 \times 60} = 46.25 \approx 46(辆/h)$$

根据相邻车道的阻抗系数的表达式可得

$$f_i = 1 - 0.8\,(v/c)^3 = 1 - 0.8 \times (500/754)^3 = 0.77$$

则跳站经营的协调系数为

$$f_k = \frac{1 + f_a f_i (N_{ss} - 1)}{N_{ss}} = \frac{1 + 0.75 \times 0.77 \times (2 - 1)}{2} = 0.79$$

所以,根据式(3-25),跳站经营的线路容量为

$$B_L^K = f_k(B_1 + B_2) = 0.79 \times (46 + 46) = 72(辆/h)$$

3.6.3.2 轨道交通设施供应容量[6, 7]

轨道交通设施因其线路和车辆的容量一定,所以轨道交通设施供应容量不能像公交设施容量一样用每小时的车辆数表示,一般用每小时运营人数表示,且提供的供应容量应能满足高峰时刻的乘客需求。

轨道交通的供给容量轨道交通的发车频率和车辆容量等因素有关,轨道交通设施的供应容量可以表示为

$$P = TLP_m(PHF) = \frac{3\,600 \cdot L \cdot P_m \cdot (PHF)}{h_{lr}} \tag{3-26}$$

式中,P 为轨道交通设施供应容量(人次/h);T 为线路容量(列/h);L 为轨道交通车辆长度(m);P_m 为每米轨道交通的载客量(人次/m);h_{lr} 为轨道交通的车头时距(s),轨道交通的车头时距的确定与轨道交通的运营方式和轨道交通站点的客流量有关,可表示为 $h_{lr} = t_{cs} + t_d$

$+t_{om}$，其中，t_{cs}为最小列车运营间隔(s)，t_d 为站点的逗留时间(s)，t_{om}为运营的边际时间(s)；PHF 为高峰小时系数，与站点的客流量有关。

由于轨道交通设施供应容量的计算比较简单，有关计算案例，有兴趣请参考《公共交通通行能力和服务质量手册》(TRCP—R100)[13]中第 5 章轨道交通通行能力。此处不再叙述。

3.6.4 复合交通网络容量定义

当城市发展到一定程度，建设了大容量的轨道交通系统后，城市出行者新增了与轨道交通有关的，包括组合交通出行的多种交通方式。城市交通网络也不再是单一的道路交通网络，而是由这两种交通网络有机组合形成的，为多样化的出行服务的复合交通网络。许多大城市，如香港、上海、北京、天津、深圳、广州等城市交通网络结构都属于这种复合交通网络结构。

与单一级交通网络结构相比，复合式交通网络结构存在如下几个特点[4]：

(1) 多级网络相互并存，既充分体现市场对资源配置的作用，又具有多级网络间的相互协同与互补功能。

(2) 出行环节增多，出行决策多样化，网络的平衡状态更复杂。

(3) 容量的影响因素更复杂。

复合交通网络结构特点主要体现在网络的出行决策环节多样化选择上，由于多个网络的组合，使得用户有了更多的出行方式和出行路径的选择，增加了复合交通网络稳定条件的复杂性。

网络用户在复合交通网络中，一般面临着四次出行选择。首先面临的是出行目的地选择，其次面临的是出行方式选择，网络用户从出发地到目的地一般存在三种以上出行方式：小汽车、公交、轨道交通。在出行方式选定后，网络用户不得不面临着出行类型的选择：对于小汽车，存在着是选择直接驾车至目的地还是选择换乘点与轨道交通组合出行到目的地；对于公交，也是存在选择直接达到目的地还是选择换乘节点与轨道交通组合出行到达目的地；对于轨道交通，则是存在直接达到目的地还是选择换乘点与公交组合出行达到目的地等等。最后，在网络中选择最佳出行路径达到目的地。复合交通网络的稳定状态即是网络用户的这四次出行选择均达到平衡状态。**复合交通网络的四次出行决策行为可分为两种情况：一是超级网络出行决策行为，将复合交通网络类比为多种网络组成的超级网络，当复合交通网络用户按出行目的达到出行路径平衡选择时，网络用户同时进行了出行方式、换乘节点、网络路径选择，且达到平衡状态；二是多级网络出行决策行为，将复合交通网络看作道路交通网络、轨道交通网络以及道路与轨道交通的组合网络，通过分析网络用户的个人属性与网络设施特性，决策复合交通网络用户的四次选择平衡状态。为此，对复合交通网络容量可分别对应有两种定义。**

3.6.4.1 超级网络定义

将复合交通网络视为可供小汽车、公交车、轨道交通等运行的超级网络。该超级网络的出行路径包括出行方式、换乘节点(其出行成本也包括出行方式与换乘节点的成本)。网络用户通过分析超级网络的最短出行路径，可同时对出行方式、换乘节点进行选择。此外，超级网络出行者也根据出行目的地的吸引度对出行目的地进行选择。因此，超级网络进行两个层次的选择达到网络稳定平衡状态。

图 3-8 为复合交通网络的超级网络两层次决策结构图。

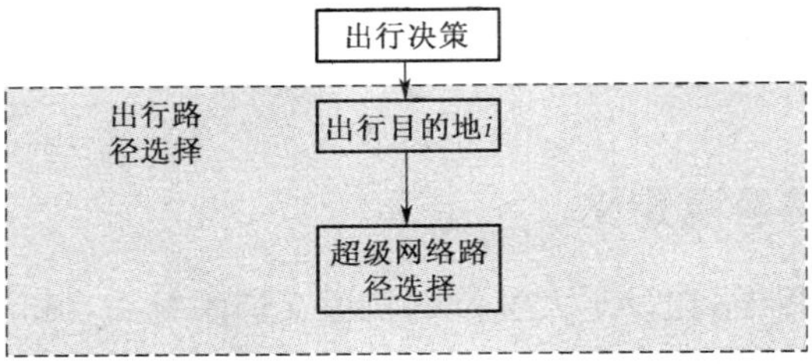

图 3-8　复合交通网络超级网络两层次决策结构图

当该超级网络通过两层次选择达到平衡状态时，该网络所能容纳的交通 OD 对数量为该复合交通网络的容量。

1. 超级网络容量的分析方法

网络容量问题的分析研究起始于 20 世纪五六十年代，发展至今存在四种网络容量评估方法[4]：①最大流最小截集方法。将道路网抽象为图论中带有起终的网络，分离各起点至终点间的所有截集中最小断面的通行能力，网络容量为各起终点间最小断面通行能力的简单加合。②线性规划模型。求解以路网流最大化为目标函数，以总流量守恒为约束条件的路网最大流极值模型，得到的最大路网流为网络容量。③时空消耗法。将城市路网想象成具有时空属性的一个容器，根据这个容器总的时空量和出行者出行所消耗的时空量，确定出整个路网的容量。④交通分配法。将 OD 起讫点需求量采用增量分配的方法逐步分配到路网上，当有路段达到饱和或给定服务水平时，删除或割断该路段，当网络被分成两部分时，所删除或割断的路段的累加流量即为该网络的容量。

上述四类网络容量评估方法考虑的因素越来越多，在道路交通和轨道交通组合而成的复合交通体系下，由于存在各种单一方式和组合方式、各出行模式间相互影响，需要构建不同的网络容量评估方法。

从城市复合交通系统中出行模式多样化的特点出发，将复合交通系统转化为由小汽车网络、公交网络和轨道交通网络有机组合而成的超级网络，复合交通系统出行成本转化为超级网络节点和线路成本和。在现有需求出行结构不变，新增需求服从多项 Logit 模型，出行路径选择行为服从 wardrop 均衡的假设前提下，建立了复合交通系统容量的超级网络分析方法与评估模型，其中上层为复合交通系统服务最大化问题，为从政府管理部门角度做出最大化网络储备容量的决策，下层为复合交通系统优化问题，从出行者角度做出网络最小化出行成本的决策。

1. 超级网络构建及其出行成本分析

1）超级网络构建

城市复合交通系统可视为由小汽车网络、公交车网络和轨道交通网络等三种典型网络组成，出行者可选择三种网络中的一种出行，也可以选择三种网络组合出行。为此，通过构建虚拟节点和换乘线段，将复合交通系统转化为由小汽车网络、公交网络和轨道交通网络有机组合的超级网络。这种方法称为复合交通系统的超级网络分析法。超级网络分析法中复合交通系统节点区域结构示意图如图 3-9 所示。

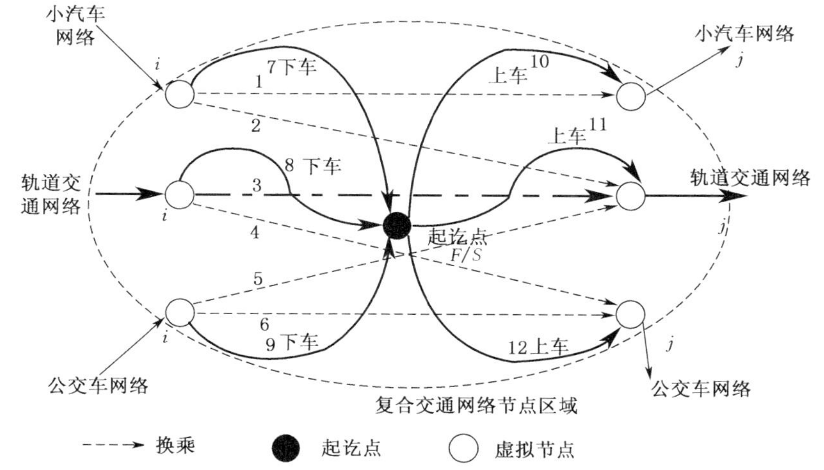

图 3-9　超级网络分析法中复合交通系统节点区域结构示意图

2）出行成本分析

(1) 复合交通系统节点区域成本

根据图 3-9 显示，由小汽车网络、轨道交通网络和公交网络有机组合而成的复合交通系统节点区域共包括 12 条换乘线段、6 个虚拟节点和 1 个起讫点。

线段 1 为小汽车线段换乘到小汽车线段 j 的换乘线段，之间换乘线段成本为 0。

$$c_k^1 = 0 \tag{3-27}$$

线段 2 为小汽车线段 i 换乘到轨道交通网络的线段 j 的换乘线段，之间存在至换乘停车场的时间 t_k^i 和停车费用 F_k^i 以及步行至轨道车站的时间 $t_k^{iR_j}$ 和等候轨道交通时间 $t_k^{R_j}$ 等换乘成本。

$$c_k^2 = t_k^i + F_k^i + t_k^{iR_j} + t_k^{R_j} \tag{3-28}$$

线段 3 为轨道交通线段(线路) i 换乘到轨道交通线段(线路) j 的换乘线段，之间存在停留等候时间 $t_k^{R_iR_j}$ 和步行至换乘线路 j 的步行时间 $t_k^{R_j}$ 等换乘成本。

$$c_k^3 = t_k^{R_iR_j} + t_k^{R_j} \tag{3-29}$$

线段 4 为轨道交通网络的线段(线路) i 换乘到公交网络中的公交线段(线路) j 的换乘线段，之间存在步行至公交线段(线路) j 的步行时间 $t_k^{R_jT_j}$ 和等候公交线路 j 的候车时间 $t_k^{T_j}$ 等换乘成本。

$$c_k^4 = t_k^{R_iT_j} + t_k^{T_j} \tag{3-30}$$

线段 5 为公交网络线段(线路) i 换乘到轨道交通网络中的轨道线段(线路) j 的换乘线段，之间存在步行至轨道车站的步行时间 $t_k^{T_iR_j}$ 和等候轨道交通线路 j 的候车时间 $t_k^{R_j}$ 等换乘成本。

$$c_k^5 = t_k^{T_iR_j} + t_k^{R_j} \tag{3-31}$$

线路 6 为公交网络的公交线段(线路) i 换乘到公交网络的线段(线路) j 的换乘线段,之间存在停留等候时间 $t_k^{T_iT_j}$ 和步行至换乘线路 j 的步行时间 $t_k^{T_i}$ 等换乘成本。

$$c_k^6 = t_k^{T_iT_j} + t_k^{T_j} \tag{3-32}$$

线段 7 为小汽车方式到终点 s 的停车线段,之间存在至停车场的时间 t_k^i、停车费用 F_k^i 与步行至终点 s 的步行时间 t_k^{is} 等成本。

$$c_k^7 = t_k^i + F_k^i + t_k^{is} \tag{3-33}$$

线段 8 与线段 9 为轨道交通站点和公交站点至终点 s 的步行线段,之间存在步行时间 $t_k^{R_is}$ 或 $t_k^{T_is}$ 成本。

$$c_k^8 = t_k^{R_is}\text{;}\ c_k^9 = t_k^{T_is} \tag{3-34}$$

线段 10 为起点 r 至停车场取车线段,之间存在步行时间成本 t_k^{ri}。

$$c_k^{10} = t_k^{ri} \tag{3-35}$$

线段 11 和线段 12 分别为起点 r 轨道交通车站和公交车站的步行线段,之间存在步行至各站点的时间 $t_k^{rR_j}$ 和候车时间 $t_k^{rT_j}$ 等成本。

$$c_k^{11} = t_k^{rR_j}\text{;}\ c_k^{12} = t_k^{rT_j} \tag{3-36}$$

(2) 复合交通系统线路运行成本

复合交通系统线段 a 的运行成本为 t_a 具有以下几种情况:

$$t_a = \begin{cases} t_{a0}\left[1+\alpha_1\left(\dfrac{v_a}{c_a}\right)^{\beta_1}\right]+\dfrac{d_a}{F_c} & \forall a \in A_{CW} \\ t_{a0}\left[1+\alpha_2\left(\dfrac{v_a}{c_a}\right)^{\beta_2}\right]+\dfrac{d_a}{F_t} & \forall a \in A_{TW} \\ t_{a0}\left[1+\alpha_3\left(\dfrac{v_a}{c_a}\right)^{\beta_3}\right]+\dfrac{d_a}{F_r} & \forall a \in A_{RW} \end{cases} \tag{3-37}$$

式中,t_{a0} 为复合交通系统上的自由流时间;c_a,v_a 为路段 a 的通行能力与流量;d_a 为线段的距离;A_{CW},A_{TW},A_{RW} 为分别为小汽车网络、公交网络、轨道网络线段集合;α_i,β_i 为 BPR 函数参数;$\dfrac{1}{F_c}$,$\dfrac{1}{F_t}$,$\dfrac{1}{F_r}$ 分别为道路网络、公交网络、轨道网络的单位距离运行费用。

3. 超级网络容量评估模型

1) 模型假设

为方便分析城市复合交通系统容量和建立相关分析模型,做出如下假设:①在新增出行者对出行目的地的选择服从多项式 Logit 模型;②出行者完全掌握路况信息,以用户均衡 wardrop 原则的方式选择出行路径。此外,为确保网络交通流的稳定性,考虑道路路段的通行能力约束。

2) 模型构建

根据上述的假设,城市复合交通系统容量的超级网络评估双层优化模型如下:

(1) 上层:最大化流量问题(MRC)

$$\max(q) = \sum_{rs} q_{rs}^{+} \tag{3-38}$$

约束条件：

$$v_a(f) \leqslant c_a \tag{3-39}$$

$$q_r^{+} = \sum_{s} q_{rs}^{+}(f) \leqslant q_r^{\max} - q_r^0 \tag{3-40}$$

$$q_r^{+} = \sum_{r} q_{rs}^{+}(f) \leqslant q_s^{\max} - q_s^0 \tag{3-41}$$

$$T_{rs}^{p} = \sum_{a \in A} \delta_{ap}^{rs} t_a(v_a(f)) \leqslant T_{rs}^{\max}(w) \tag{3-42}$$

$$\sum_{a \in A} \gamma_{\mathrm{e}} v_a(f) d_a \leqslant F_{\mathrm{e}}^{\max} \tag{3-43}$$

$$q_{rs}^{+} \geqslant 0 \tag{3-44}$$

$$\forall a \in A,\ r \in R,\ s \in S,\ p \in P$$

式中，(r, s)为起讫点；R，S为起讫点集合；a，p为出行路段和出行路径；A，P为出行路段和出行路径集合，v_a为路段流量；$t_a(v_a)$为路段a出行成本，与路段流量有关；f为路径流量；c_k^n，v_k^n为第k个出行节点中第n个路段的出行成本与流量；q_{rs}^{+}为起点r到终点s间的新增需求量；$q_r^{\max}$，$q_s^{\max}$为出行起点与终点的出行极限量；q_r^0，q_s^0为出行起点与终点的现有出行量；$T_{rs}^{\max}(w)$为服务水平w对应的最大出行时间；γ_{e}，$F_{\mathrm{e}}^{\max}$为碳排放e因子和排放极限量；δ_{ap}^{rs}为二元变量，当起点r到终点s间路径p包含路段a时取“1”，否则取“0”。

目标函数式(3-38)为网络储备容量最大化，式(3-39)为路段通行能力约束，式(3-40)和式(3-41)为区域开发极限，式(3-42)为服务水平要求，式(3-43)为外部环境约束，式(3-44)为非负条件。

其中f，v_a和q_{rs}^{m+}满足用户均衡条件，即满足如下出行分布和均衡分配的组合模型。

(2) 下层：超级网络优化问题(CTN)

$$\min z(v, q) = \sum_{a} \int_0^{v_a} t_a(w)\mathrm{d}w + \sum_{kn} c_k^n v_k^n + \frac{1}{\gamma} \sum_{rs} q_{rs}^{+}(\ln q_{rs}^{+} - \ln q_s^{+}) - \sum_{s} \int_0^{\sum_r q_{rs}^{+}} c_s(w)\mathrm{d}w \tag{3-45}$$

约束条件：

① 流量守恒

$$\sum_{r} q_{rs}^{+} = q_s^{+}$$

$$\sum_{p} f_{rs,p}^{+} = q_{rs}^{+}$$

$$\sum_{p} f_{rs,p}^{0} = q_{rs}^{0}$$

② 线路与线段流量关系

$$v_a = \frac{1}{o_c} \sum_{rs} (f_{rs,\,p}^{+} + f_{rs,\,p}^{0}) \delta_{a,\,p}^{rs}, \ \forall a \in A_{CW}$$

$$v_a = \frac{1}{o_t} \sum_{rs} (f_{rs,\,p}^{+} + f_{rs,\,p}^{0}) \delta_{a,\,p}^{rs}, \ \forall a \in A_{TW}$$

$$v_a = \sum_{rs} (f_{rs,\,p}^{+} + f_{rs,\,p}^{0}) \delta_{a,\,p}^{rs}, \ \forall a \in A_{RW}$$

$$v_k^n = \sum_{rs} (f_{rs,\,p}^{+} + f_{rs,\,p}^{0}) \delta_{kn,\,p}^{rs}, \ \forall n \in [1,\,12]$$

③ 非负约束条件

$$q_{rs}^{+} \geqslant 0,\ q_{rs}^{0} \geqslant 0$$

$$f_{rs,\,p}^{+} \geqslant 0,\ r_{rs,\,p}^{0} \geqslant 0$$

$$\forall r \in R,\ s \in S,\ p \in P,\ k \in K$$

式中，k 为复合交通系统节点；K 为复合交通系统节点区域集合；$f_{rs,\,p}^{+}$，$f_{rs,\,p}^{0}$为起点 r 到终点 s 间路径 p 的新增流量与已有流量；$c_s(q_s)$为终点 s 的出行吸引成本，与到终点 s 的出行需求 q_s 有关，o_c，o_t 为分别为小汽车承载量和公交车承载量；γ 为参数。

目标函数式(3-38)、式(3-45)由四项组成；第 1 项为著名的 Beckmann 变换，没有直观的经济意义，它们等价于出行路径选择满足 Wardrop 用户均衡；第 2 项为复合交通系统节点区域的总出行成本；第 3 项为出行目的地选择的熵函数，由此可以导出目的地选择服从 Logit 均衡；第 4 项为出行者目的地选择的 Beckmann 变换（被选择了目的地的出行效应要大于或等于没有被选择的目的地出行效应）。

该模型具有很明显的特点：将复合交通系统视为超级网络，考虑了网络设施的规划者（政府管理部门）和使用者（出行者）间的相互影响，符合城市交通网络规划进程。在网络规划阶段，政府管理部门根据网络的运行效率等进行适当决策，而网络使用者在既有的网络设施上，利用出行路径的选择，同时进行出行方式、换乘节点的选择，简化了网络结构和网络容量模型结构。

4. 模型求解

由上文可知，城市复合交通系统容量超级网络分析评估模型是一个非线性双层规划模型，其下层为非线性的用户均衡网络分配模型，上层最大流问题，虽然其目标函数为线性，但带有非线性的约束条件。对于非线性双层规划模型求解，一般是设计相应启发式算法，分别求解上、下层模型，然后，反复迭代上、下层模型的结果，直至收敛。具体步骤如下。

第 1 步：设定初始解。初始化交通需求结构 $\{q_{rs}^{+(n)}\}$，叠加现有需求$\{q_{rs}^{0(n)}\}$，总需求为$\{q_{rs}^{(n)} = q_{rs}^{+(n)} + q_{rs}^{0(n)}\}$，令 $n = 1$。

第 2 步：下层 CTN 模型求解。对于$\{q_{rs}^{(n)}\}$，$\{q_{rs}^{+(n)}\}$，$\{q_{rs}^{0(n)}\}$，利用两阶段算法，求解下层 CTN 模型，获得路段流量$\{v_a^{(n)}\}$。

第 3 步：非线性约束线性化。将非线性约束式线性化，即将上层 MRC 模型线性逼近为标准型线性规划问题。

第 4 步：上层 MRC-模型求解。采用标准的单纯形法求解 MRC 模型的线性逼近后的标准型线性规划模型，求得$\{q_{rs}^{+(n+1)}\}$。

第5步：收敛性检验。如果 $|q_{rs}^{+(n+1)}-q_{rs}^{+(n)}|\leqslant\varepsilon$，$\forall r\in R$，$s\in S$，$\varepsilon$ 为自定义收敛值，则停止迭代。否则，令 $n=n+1$，转入第 2 步继续迭代，直到满足收敛性或达到最大迭代次数时结束。

3.6.4.2　多级网络定义

将复合交通网络看作是由供单一出行方式和组合出行方式运行的交通网络，包括道路交通网络、轨道交通网络以及道路与轨道交通组合网络。网络用户在出行目的地选择中，考虑出行目的地的吸引效应对网络用户的吸引力，采用带目的地吸引效应的多项式 Logit 模型进行目的地选择。在出行方式和换乘节点选择中，考虑出行效应，采用巢式 Logit 模型进行选择。巢式 Logit 模型上层从总需求中分离各种交通方式的需求量，包括小汽车、公交和轨道交通三种方式；下层从各种交通方式需求中分离出单一出行模式和组合出行模式的需求量。而在组合出行方式中存在换乘节点的选择，假设换乘节点服从多项式 Logit 模型，根据换乘综合效益进行选择。最后以网络用户的出行成本最小化为目的，进行最佳出行路径选择。当这四次选择均处于平衡状态时，复合交通网络达到稳定状态。图 3-12 为复合交通网络多级网络四层次决策结构图。

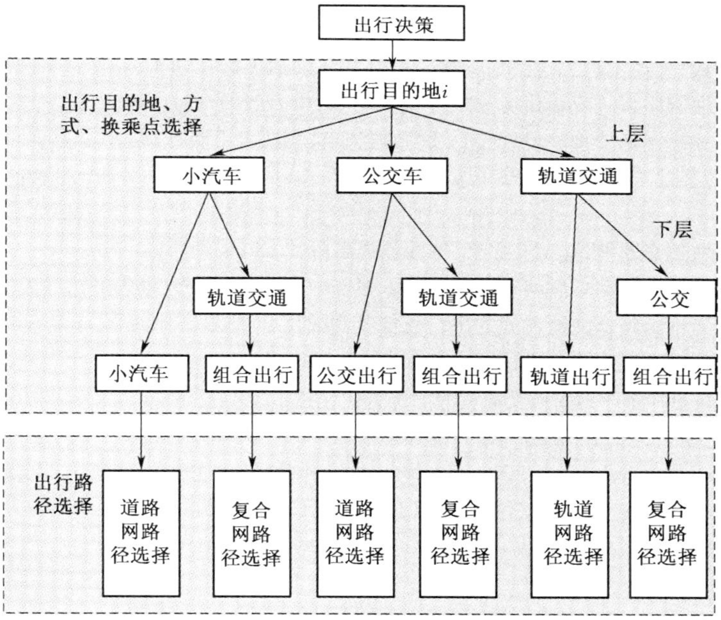

图 3-12　复合交通网络多级网络四层次决策结构图

当该超级网络通过四层次选择达到平衡状态时，该网络所能容纳的交通 OD 对数量为该复合交通网络的容量。同样与出行者的出行行为、网络的结构有关。

综上所述，复合交通网络容量的超级网络定义法和多级网络定义法均为复合交通网络所能容纳的交通 OD 对数量，其区别在于两种的分析过程不同。超级网络定义法是出行者出行决策行为简化为二层次决策，达到平衡状态，而多级网络定义法是从实际出发，考虑出行者的四次出行决策，达到平衡状态，虽然其计算的结果比较接近实际，但需要更多的参数分析和决策判断，因此在实际中根据需要选取不同的定义形式进行复合交通网络容量分析。

思考题

1. 为什么说交通供给系统是基础性、服务性的第三产业？与城市电力供给、给水有何不同？
2. 道路、停车泊位具有“准公用物品”的属性主要表现在哪些特征上？试举例说明。
3. 什么是轨道车站衔接设施的空间效用？试分析空间效用的主要特性及其影响因素。
4. 什么是道路网络的容量？它与 HCM 手册定义的“通行能力”有何区别？对照时空资源法和 OD 定义法，对路网容量描述的异同。
5. 泊位共享机制的实施，将改变各类用地的配建指标，结合工作案例，阐明多功能新区规划建设中如何实施基于泊位共享机制的停车场规划预测分析？
6. 比较复合交通网络与单一级网络结构上的不同点，从网络用户出行选择上，比较超级网络与多级网络定义的差异，并说明超级网络容量分析方法的原理与流程。

主要参考文献

[1] 约瑟夫. E. 斯蒂格利茨，卡尔. E. 沃尔升. 经济学[M]. 4 版. 黄险峰，张帆，译. 北京：中国人民大学出版社，2010.

[2] 罗伯特. S. 平狄克，丹尼尔. L. 鲁宾费尔德. 微观经济学[M]. 7 版. 高远，朱海洋，译. 北京：中国人民大学出版社，2009.

[3] 徐吉谦，陈学武. 交通工程总论[M]. 3 版. 北京：人民交通出版社，2008.

[4] 谢辉. 城市交通网络系统容量研究[D]. 上海：同济大学，2010.

[5] 史密斯. 共享式停车场管理与设计[M]. 沈阳：辽宁科学技术出版社，2007.

[6] 杨佩昆，宗延. 公共交通通行能力和服务质量手册[M]. 杨晓光，译. 2 版. 北京：中国建筑工业出版社，2010.

[7] 孙有望. 城市轨道交通概论[M]. 北京：中国铁道出版社，1999.

[8] 晏克非. 上海市高架道路缓解堵塞、完善功能、提高效益的综合研究报告[R]. 上海：同济大学，2000.

[9] 刘辉. 城市客运枢纽组合交通方式的出行特征及其效用分析[D]. 上海：同济大学，2010.

[10] 晏克非. 交通需求管理理论与方法[R]. 上海：同济大学，2001.

[11] 黎冬平. 城市轨道枢纽车站衔接交通资源的配置优化技术[D]. 上海：同济大学，2010.

[12] 美国交通研究委员会(TRB). 道路通行能力手册(HCM)[M]. 3 版. 北京：中国建筑工业出版社，1996.

[13] Transportation Research Board、Transit Capacity and Quality of Service Manual [TRCP—R100], 2nd Edition [M]. Washington, D. C: National Research Council, 2003.

第 4 章　交通供需均衡理论

4.1　交通供需均衡问题

供需均衡问题(equilibrium theory of supply and demand)是微观经济学核心内容之一，应用微观经济学的理论与方法来研究交通需求和交通供应的关系，对于城市交通的规划、建设、管理与政策措施的分析与评估，具有重要的意义。瓦尔拉斯一般均衡原理和帕累托最优状态及其条件是经济学中供需均衡理论的主要内容，本章所讨论的交通供需均衡问题是该理论应用的拓展与深化。

4.1.1　瓦尔拉斯一般均衡原理

1. 一般均衡原理概述[1]

一般均衡是指经济活动中存在着这样一套价格体系，它能够使每个消费者都能在给定价格下提供自己所拥有的生产要素，并在各自的预算限制下实现自己的消费效用极大化；每个企业都会在给定的价格下决定其产量和对生产要素的需求，来达到其利润的极大化；每个市场(产品市场和要素市场)都会在这套价格体系下达到总供给与总需求的相等(均衡)。当经济活动具备上述这样的条件时，就是达到一般均衡，这时的价格就是一般均衡价格。

一般均衡理论是 1874 年法国经济学家瓦尔拉斯(Wal-ras)在《纯粹经济学要义》(*The Mere Economics to Iustice*)一书中首先提出的。瓦尔拉斯认为，整个经济处于均衡状态时，所有消费品和生产要素的价格将有一个确定的均衡值，它们的产出和供给将有一个确定的均衡量，并认为各种商品和劳务的供求数量和价格是相互联系的，一种商品价格和数量的变化可引起其他商品的数量和价格的变化。所以不能仅研究一种商品、一个市场上的供求变化，必须同时研究全部商品、全部市场供求的变化。

瓦尔拉斯一般均衡需要这样几个假设：①信息完全公开，要求市场的参与者完全了解有关市场信息；②市场可控，假定经济中不存在不确定因素，不会因为预防不测而贮藏货币；③不存在虚假交易，所有的交易都是在市场均衡价格形成时达成；④全民参与，经济系统是个“大经济”，即有足够多的参与者，从而符合“无剩余条件”。

瓦尔拉斯一般均衡用数学语言表达如下：

设某商品市场 i 的商品 j 需求量为 $D_{ij}(x)$，在一定的条件下商品供给为 $S_i(x)$，则市场 i 商品的剩余需求(相对于商品供给) ω_i 为

$$\omega_i = \sum_j D_{ij}(x) - S_i(x) \tag{4-1}$$

整个市场的剩余需求 $\bar{\omega}$ 为

$$\bar{\omega} = \sum_i \omega_i = \sum_i (\sum_j D_{ij}(x) - S_i(x)) \tag{4-2}$$

在一定条件下，当某商品 i 的剩余需求等于 0 时，即 $\omega_i = 0$ 时，该商品市场处于一种局部均衡状态；当所有商品市场的剩余需求都等于 0 时，即 $\bar{\omega} = 0$ 时，该市场处于一般均衡状态。

当 $\bar{\omega} = 0$ 时，即 $\sum_i \sum_j D_{ij}(x) = \sum_i S_i(x)$ 时，整个市场的供给与需求达到均衡，在西方经济学中被称为瓦尔拉斯一般均衡，(D, S) 对应的是瓦尔拉斯一般均衡状态。

2. 交通供需均衡

交通系统是由交通设施系统、流量系统和管理系统组成的一个综合体系[2]。根据前文所知，交通设施系统包括各等级道路设施系统、轨道交通设施系统；流量系统包括行驶在道路上的各种车辆和行人、轨道设施通过的车辆或运输的行人等；管理系统则是交通设施运行和流量的各种管理制度。

交通系统的三个子系统之间是相互作用的。如良好的交通设施会使得车辆和行人流动迅速，促进经济和文化的发展，从而产生更多的机动车或行人出行需求，从而使得原来良好的交通设施变得能力不足。视交通设施系统为交通供给系统，流量系统为交通需求系统，则相互作用的交通供给系统与需求系统之间存在平衡点。以一条拥挤道路为例，为了缓和拥挤程度，管理部门拓宽了这条道路，由于道路情况变好了，过去走这条道路的司机仍然走这条道路，过去不走这条道路的司机，也会选择它，使得道路流量增加，与道路拓宽带来供给能力的增加之间，重新达到一个新的平衡状态。

Wardrop 于 1952 年归纳该平衡状态，并提出了用户均衡原理：如果所有的道路利用者（即驾驶员）都准确知道各条道路所需的行走时间并选择走行时间最短道路的前提条件下，认为在考虑拥挤对行走时间的影响下，当道路系统达到平衡状态时，各条被利用的路径具有相等而且最小的走行时间；没有被利用的路径的走行时间大于或等于最小走行时间。

如果视交通供给为纵坐标轴，交通需求为横坐标轴，如图 4-1 所示，则图中的 45°分角线为交通供需均衡。

3. 交通供需均衡拓展

对商品而言，完全竞争的市场能够将相对“过多的商品”重新配置给需求这种商品的消费者，从而实现供需均衡。对交通供给而言，这种相对“过多的商品”就等效于有的地方交通供给富裕，完全竞争的市场要将这个地方相

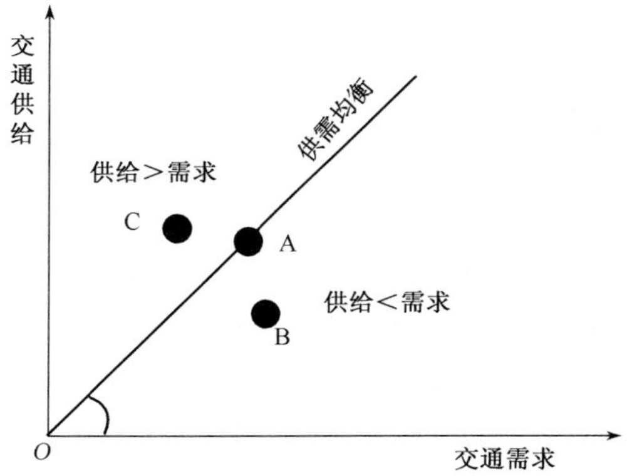

(a)

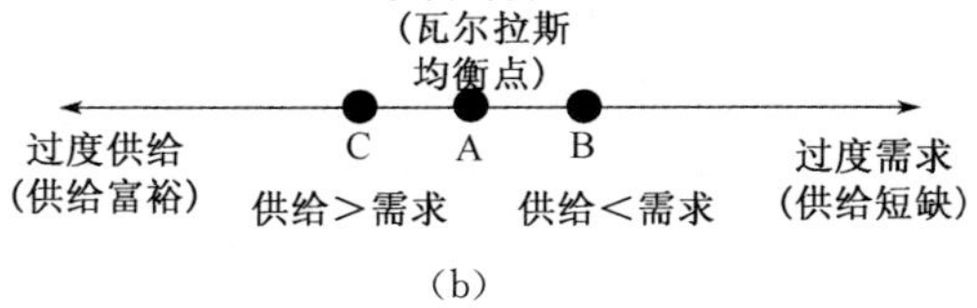

(b)

图 4-1　交通供需均衡图

对“富裕的交通供给”配置给“超额交通需求”的地方，显然是无能为力。这是因为交通供给具有空间上的不可转移性和时间上的不可存储性等特性。完全靠“市场的力量”来调节这种供需关系，其结果将是要求不断增加交通供给来满足不断增长的交通需求。说明从交通供给上设法让其达到交通均衡是不现实的，需要从交通供给和交通需求两个方面共同推进，在适度增加交通供给的同时对交通需求进行相应管理，从而达到交通系统的均衡。

4.1.2 交通资源的帕累托最优状态及其条件

经济学中，通常采用帕累托最优状态(Pareto Efficiency)来衡量资源的最优配置。如果对既定资源配置的状态予以改变，而这种改变使得至少有一个人的境况变好，而其他人境况至少没有因此而变坏，则认为这种变化增加了社会效益。很显然，如果对于既定的资源配置状态，不存在任何对资源配置的改变使得效益得到增加，则此即为帕累托最优状态。换句话说，帕累托最优状态是：当不可能在不减少其他社会成员效益水平条件下使社会某一成员的效益有所提高。风趣地讲，一个人的帕累托最优是指他已处于这样一种状态：除非损人，否则就不能利己。

例如，某道路上每小时允许 1 000 辆小汽车通行，如果在平峰时，每小时只有 999 辆小汽车通行，那么还没有达到“帕累托最优状态”，因为，增加一辆车，其他车辆效益没有受到影响，而这辆车效益增加了。但是如果已经达到了 1 000 辆，那么再增加一辆小汽车，其他小汽车的效益将受到影响，如出行时间的增加。从这种意义上，道路流量达到其通行能力时就是帕累托最优状态。

“帕累托最优”是资源配置的一种最佳状态，交通供给实现“帕累托最优”，必须同时满足三个条件：需求的最优条件；供给的最优条件；需求与供给的最优条件。

1. 需求的帕累托最优条件

需求的帕累托最优条件是指在既有的交通资源下，不存在交通需求(出行者)的增加，而不减少其他需求(出行者)在交通资源利用过程中获得的利益(例如增加出行距离)。

交通资源包括道路、交通工具、管理设施等资源，交通资源的消费者为出行者。假定两种交通资源分别为 X 和 Y，其数量为 $\overline{X}$ 和 $\overline{Y}$。两类出行者分别为 A 和 B。下面我们用埃奇沃思框图来分析这两种资源在两个出行者之间的分配。如图 4-2 所示，框图的水平长度表示交通资源中第一种资源 X 的数量$\overline{X}$，框图的垂直高度表示第二种资源 Y 的数量$\overline{Y}$。O_A 为第一类出行者 A 的原点，O_B 为第二类出行者 B 的原点。从 O_A 水平向右代表在第一种资源 X 下，A 类出行者的需求量 X_A，垂直向上表示在第二种资源 Y 中 A 类出行者的需求量 Y_A；同样，从 O_B 水平向左代表在第一种资源 X 下 B 类出行者的需求量 X_B，垂直向下表示在第二种资源 Y 下 B 类出行者的需求量 X_B。在奇沃思框图内，距

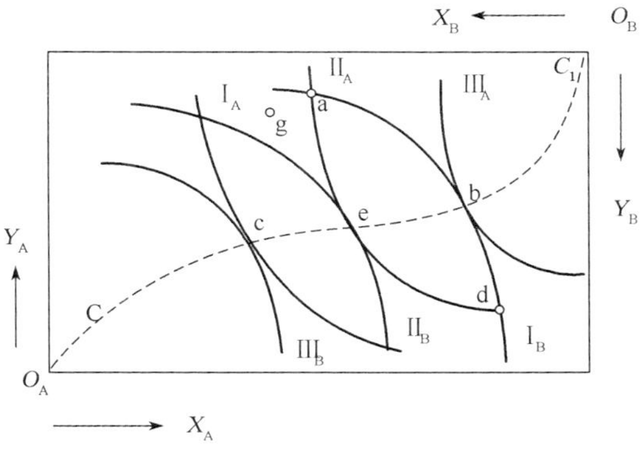

图 4-2 需求的帕累托最优

离 O_A 的距离为 A 类出行者的效用——实现的出行距离；故 A 类出行者在既有的这两种资源下，相等的出行距离所形成的曲线（即经济学中无差异曲线）向 O_A 点凸出。图 4-2 中有 A 类出行者的 $Ⅰ_A$、$Ⅱ_A$、$Ⅲ_A$ 三条代表性无差异曲线。其中，$Ⅲ_A$ 为较远的出行距离，$Ⅰ_A$ 代表较近的出行距离。一般来说，从 O_A 点向右移动，标志着 A 类出行者出行距离的增加。

同样，对 B 类出行者也存在这样三条等距离曲线，$Ⅰ_B$、$Ⅱ_B$、$Ⅲ_B$ 是出行者 B 的三条代表性无差异曲线。其中，$Ⅲ_B$ 代表较远的出行距离，$Ⅰ_B$ 代表较近的出行距离。一般来说，从 O_B 向左移动，标志着出行者 B 的出行距离的增加。

容易看出，图 4-2 中 a 点、d 点、g 点不可能是帕累托最优状态。这是因为，通过改变初始分配状态，存在出行者出行距离可以改进的余地。例如从 a 点变动到 b 点，则 A 类出行者的出行距离从无差异曲线 $Ⅱ_A$ 提高到 $Ⅲ_A$，而 B 类出行者的出行距离未发生变化，仍然留存无差异曲线 $Ⅰ_B$ 上。因此，在 a 点仍然存在帕累托改进的余地。图 4-2 中 b 点、c 点、e 点为 A 类出行者和 B 类出行者的等出行距离曲线（无差异曲线）的焦点，在焦点上，对于 A 类出行者而言，不可能不减少 B 类出行者的出行距离而增加 A 类出行者数量，对于 B 类出行者而言，也不存在不减少 A 类出行者的出行距离而增加 B 类出行者数量，此时不存在任何帕累托改进的余地，它们就是帕累托最优状态。所有焦点形成的曲线 CC_1 为需求上帕累托最优曲线。需求上帕累托最优曲线上的任何一点都是出行者 A 和 B 各自相应的无差异曲线的相切点，通过这一点的切线的斜率，便是在出行距离和数量不变时两种资源的等价交换比例，即为经济学中出行者对这两种资源的边际替代率。

用数据公式表达如下：设 X 为道路资源，Y 为交通工具资源，则对于出行者 A 来说，道路资源的边际需求量和交通工具的边际需求量分别为 ∂X_A 和 ∂Y_A；对于一定的效用水平，出行者 A 的道理资源边际效用和交通工具的边际效用分别为 $\partial U/\partial X_A$ 和 $\partial U/\partial Y_A$。

因此，对于出行者 A 来说，道路资源替代交通工具的边际替代率为

$$\frac{\partial U/\partial X_A}{\partial U/\partial Y_A} = C_A = MRS_{XY}^{A}$$

同样，对出行者 B 来说，有

$$\frac{\partial U/\partial X_B}{\partial U/\partial Y_B} = C_B = MRS_{XY}^{B}$$

因为，在同一切点，斜率 C_A 和斜率 C_B 相等，即

$$\frac{\partial U/\partial X_A}{\partial U/\partial Y_A} = C_A = MRS_{XY}^{A} = MRS_{XY}^{B} = C_B = \frac{\partial U/\partial X_B}{\partial U/\partial Y_B}$$

当 $C_A = 1$，则出行者 A 的单位道路资源 X 替代单位交通工具资源 Y，即需求一公里道路和需求一辆车辆两者产生相等的社会效用。

同样，当 $C_B = 1$ 时，则出行者 B 的单位道路资源 X 替代单位交通工具资源 Y，即需求一公里道路和需求一辆车辆两者产生相等的社会效用。

由此可知，如果要使两种资源X和Y在两个出行者A和B之间的分配达到帕累托最优状态，则对于这两个出行者来说，这两种资源的边际替代率必须相等，这就是需求的帕累托最优状态的实现条件。例如出行者选择出行路径甲和选择出行路径乙的效用相等，或出行者选择公共交通和选择私人交通的效用相等时，就达到了需求的帕累托最优状态。

如果把两个出行者的帕累托最优条件推广到几个出行者时，就可以得到更一般的结论：**在一个交通系统中，需求的帕累托最优条件是任何两种资源之间的等价交换比例(边际替代率)对于使用该两种资源的出行者来说是相等的。**

2. 供给的帕累托最优条件

供给的帕累托最优条件是指在交通资源供给过程中，不存在增加一种交通资源而不减少其他交通资源的供给数量。

类比于需求的帕累托最优条件分析。假定交通供给由两个成员A和B组成，他们使用两种生产要素：劳动(L)和资本(K)，生产两种交通资源X和Y，这两种生产要素的数量假定固定不变。图4-3中的I_{X}、II_{X}、III_{X}是X资源的三条代表性等需求量曲线；I_{Y}、II_{Y}、III_{Y}是资源Y的三条代表性的等需求量曲线。

在图4-3中，资源X的等需求量曲线I_{X}、II_{X}、III_{X}分别与资源Y的等需求量曲线III_{Y}、II_{Y}、I_{Y}相切于P_1点、P_2点、P_3点，把这些切点连接起来，便得到C～C′曲线，这条C～C′曲线，称为交通资源配置中供给的最优配置曲线。

保持需求水平不变时，对交通供给资源有一定的需求量。当交通供给资源能满足所有需求者的服务要求时，再增加交通供给也不能增加需求者的效益，只有减少另一种交通供给资源。从奇沃思框图角度来说，只有当任何交通供给的边际替代率相等时，这时便达到最有效率的供应，实现了交通供给的帕累托最优条件。

3. 需求与供给的帕累托最优条件

需求与供给的帕累托最优条件是指当整个交通系统资源配置中需求的最优条件和供给的最优条件同时得到满足时，则整个交通系统资源配置就达到帕累托最优状态。

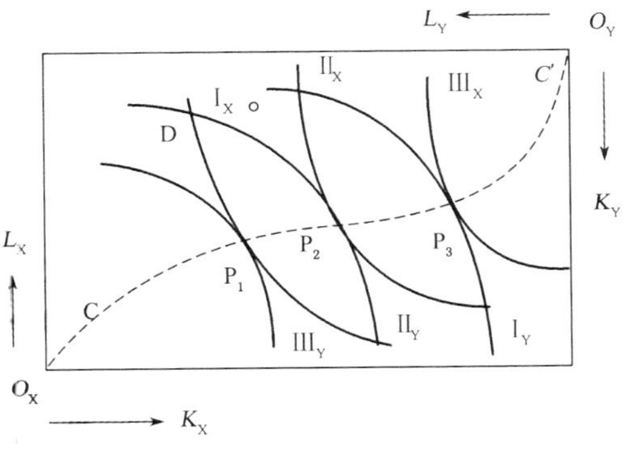

图4-3　供给的帕累托最优

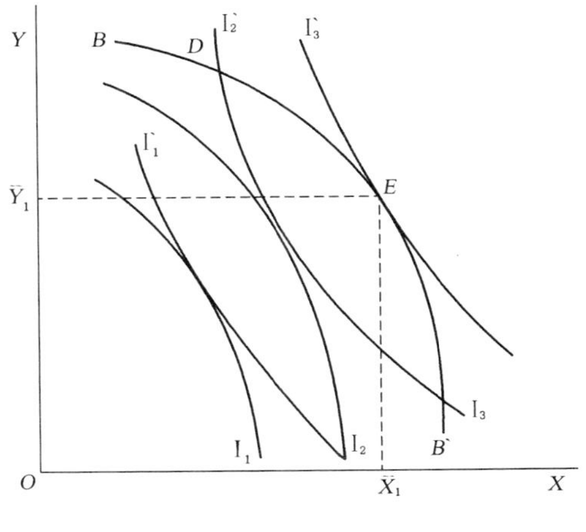

图4-4　需求与供给的帕累托最优

交通资源间边际转换率是指在交通需求量既定条件下，增加一单位某种交通资源的供给时所必须放弃的另一种交通资源的供给数量。从图 4-4 可以看出，在资源既定条件下，切点处(如 E 点)的两种交通资源的数量组合既实现了供给最优效率，又满足了出行者最大化的需求，也就是说，任何两种交通资源对出行者的边际替代率必须等于这两种交通资源的边际转换率，从而使需求与供给同时达到帕累托最优状态，是实现社会效用最大化的均衡点。由此可见，交通资源配置若要达到帕累托最优状态，需要同时满足上述三个帕累托最优条件。

交通资源的“帕累托最优”需要在一个完全竞争(自由选择)、完备信息、健全的、没有任何制度背景的市场体系下实现。因此，“帕累托最优状况”也只是一种理想的状况。

如果一种状态不是帕累托最优，或者说没有达到帕累托效率，就说应该进行“帕累托改进”，当且仅当“帕累托改进”没有余地的情况下，才能达到“帕累托最优”。应该进行帕累托改进而实际却没有改进，就是说无效率的，需要建议政府进行干预，使受益者所得足以补偿受损失者的损失，如交通拥挤收费，以减少出行者的出行时间来弥补出行者缴纳的拥挤费用。

4.2 交通供需关系分析

由第 2 章、第 3 章分析可知，交通需求是出于各种目的的人和物在社会公共空间中以各种方式进行移动的要求，受社会经济发展、土地开发以及交通设施的影响；交通供给是为满足各种交通需求所进行的基础设施和服务的提供，受需求量以及社会经济的影响。交通需求与供给之间存在着既相互促进，又相互制约的关系。交通需求的增长促进交通供给的增加，而交通供给的增加则又诱发交通需求的增长；与此同时，交通供给的不足也限制了交通需求的增长，限制了社会经济的发展，而社会经济的发展缓慢使得交通供给落后。所以，交通供需关系不仅仅是供给与需求之间的关系，与社会、经济、活动以及交通流水平等密切相关。

最早利用系统分析方法揭示交通供需关系的是美国交通专家曼海姆(M. L. Manheim)[2]。他将交通系统与研究对象地区的社会、经济、政治系统等统筹起来，认为交通系统 T 与社会经济活动系统 A 和交通流量水平模式 F 有关，并从交通经济学的观点出发，认为这三者之间存在以下基本关系：

(1) 交通流模式 F 为交通系统 T 和社会活动系统 A 两者所决定。

(2) 当前的交通流模式 F 又通过所提供的交通服务及为提供这些服务消耗的资源 R，逐渐使活动系统 A 发生变化。

(3) 当前的交通流模式 F 又由于各级政府及民间公司根据实际的交通流或预测的交通流所进行的投资 R 开发新的服务，以及改善原有服务，从而逐渐使交通系统 T 发生变化。

清华大学陆化普教授对于这种曼海姆交通系统的基本结构用一组数学公式和图 4-5 进行了解释。

(1) 交通供需的平衡态：$F = f_1(T, A)$。

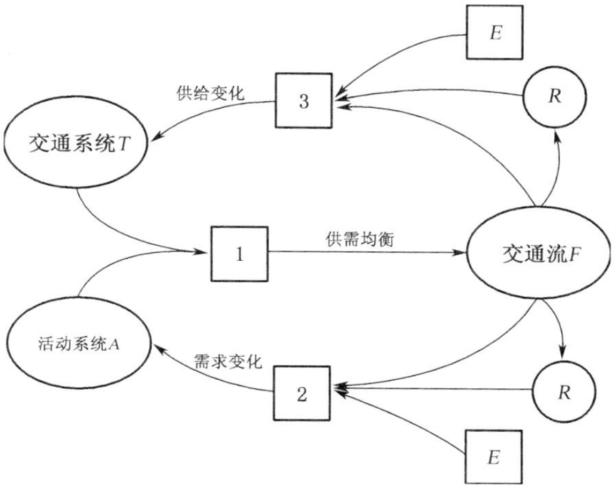

图 4-5　交通供需运动关系

(2) 社会经济活动变化(需求变化)：$\Delta A = f_2(F, R, E)$；E 为外部因素。

(3) 交通政策、规划(供给变化)：$\Delta T = f_3(F, R, E)$；E 为外部因素。

4.2.1　交通需求

交通需求(Traffic Demand)是人与物在道路空间以多种方式进行移动要求。**需求函数表示需求量与影响这些需求量的各种因素之间的关系**。因各种服务设施的性能不同，利用各种服务设施出行所产生的出行费用也不同。显然，从经济学的观点来看，出行费用是最基本的，也是最重要的影响因素之一。随着支出费用的增加，需求量(出行交通量)会下降，如图 4-6 所示，该需求曲线表示市场上不同出行成本(时间、费用)可能产生的出行数量，反映出行水平与支付意愿的关系：在较高的出行成本上，居民出行将减少；而在足够高的出行成本上，一些居民决定完全不出行。同样，需求还受收入、出行目的等社会活动因素以及气候等外部因素的影响。在相同出行成本下，低收入者比高收入者出行减少(图 4-7)；而商务、旅游等目的的出行一般比娱乐、购物等目的的出行有较高的支付意愿；在夏季的日出行次数一般比冬季的日出行次数要多。

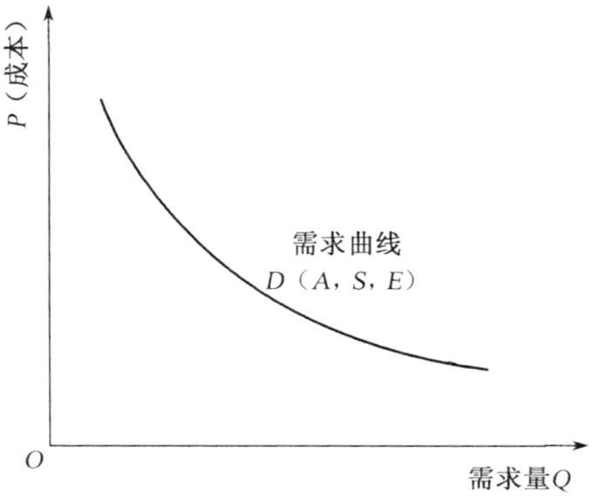

图 4-6　交通需求函数

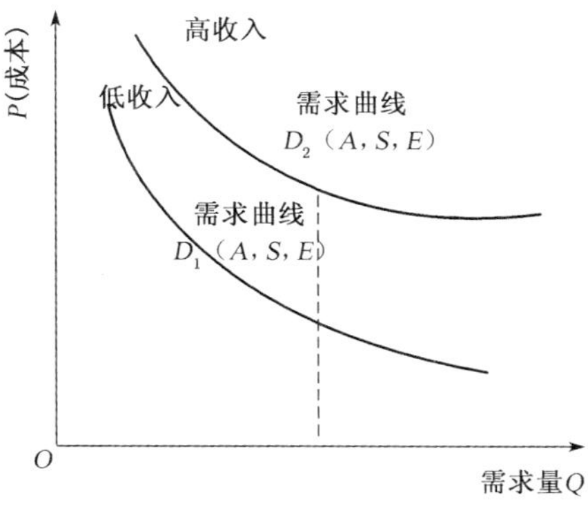

图 4-7　需求曲线移动

需求函数可表示为[7]

$$Q = D(A, S, E) \tag{4-3}$$

式中，Q 为交通需求；A 为社会经济活动，包括出行者的收入状况以及出行目的等；S 为交通供给的服务特性，包括需付出的出行价值、时间、方便性、安全性等；E 为外部影响因素，如气候等。

接着图 4-7 分析，在其他的条件一定时，与低收入层相比，高收入阶层的社会经济活动活跃，在所给出的交通服务特性下，在相同的出行成本下，可以认为交通需求量大。并且，由于高收入阶层的时间价值高，与费用相比对时间更敏感，相对于节约一个单位的时间，交通需求量将有更大的反应，所以，需求曲线 D_2 较 D_1 平缓。

4.2.2 交通供给

交通供给(Traffic Supply)是为满足各种出行需要而提供的各种交通服务设施。**交通供给函数是反映供给量与影响供给量的各种因素之间的关系。**交通服务设施建设具有投资大、建设期长等特点，一般由政府承担。因此，供给函数也表示为交通供应容量与投入资本(成本)之间的函数关系，如图 4-8 所示。投入的资金越多，提供的交通供给容量越大。另外，不同等级的供给设施，在相同的容量规模下，等级越高的投入比低等级设施投入要少，如图 4-9 所示，低等级 J_1 曲线在高等级 J_2 曲线的上方。

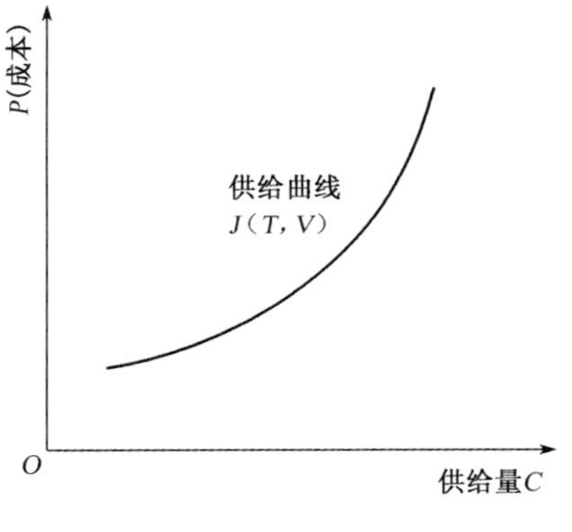

图 4-8　供给函数

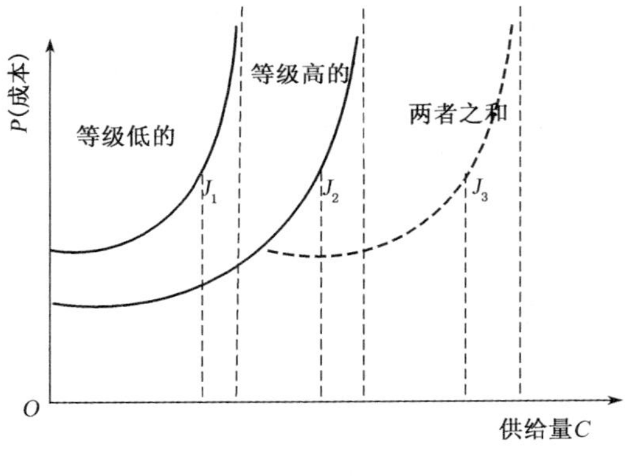

图 4-9　供给曲线移动

供给函数可以表示为[8]

$$S = J(T, V) \tag{4-4}$$

式中，S 为交通供给；T 为交通供给资金的投入；V 为交通设施的服务质量。

如前所述，交通设施有容量的制约，交通量少的情况下能自由行走，所需的时间是一定的，但随着交通量增加会发生交通拥挤现象，当交通量增加至超过交通设施的承受能力时，交通会瘫痪，这时所需时间就会变成无限大，供给函数将趋近于一固定直线，如图 4-8 所示。假定在 OD 间，在原有道路 T_1 的基础上，新建了一条绕行道路高速道路 T_2，由用户均衡原理得到，整个供给曲线 J_3 为 J_1 和 J_2 在水平方向相加，如图 4-9 所示。

4.2.3 交通供需关系

根据上述供需均衡理论分析，交通供给与交通需求之间存在三种关系，即交通供给富裕（交通供给＞交通需求）、交通供需均衡（交通供给＝交通需求）、交通供给短缺（交通供给＜交通需求）。其中交通供需均衡是一种点上的瞬间均衡，而供需关系是一种连续的动态关系，从交通供给富裕到交通供给适度，再到交通供给短缺，不断循环，如图 4-10 所示。

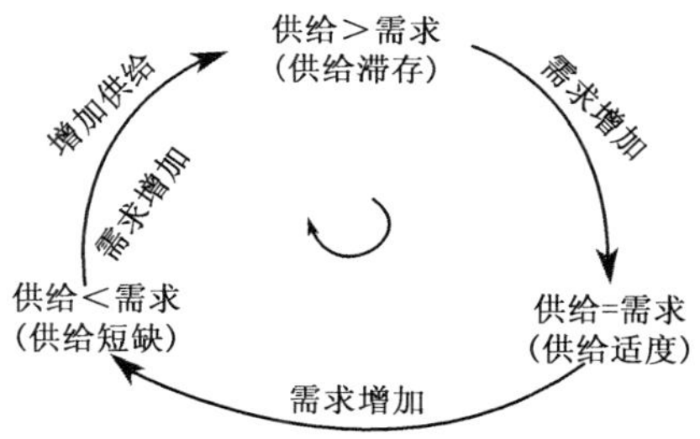

图 4-10 供需动态关系

更多时候供需关系是处在供给短缺和供给富裕两种状态下，但其发展趋势还是趋向于供需平衡状态。当某种均衡形成之后，随着时间的推移，供给与需求条件会产生变化，导致原供需关系（供需曲线）的改变。这时原来的均衡就要被打破，并朝着新的均衡转变。

1. 供给不变，需求变动下的供需关系

图 4-11(a)中 DD 为原需求曲线，SS 是供给曲线，DD 与 SS 相交于 E_0，P_0 为原均衡下出行成本，Q_0 为原均衡下交通量。现假定由于需求影响因素变化导致需求增加，使需求曲线 DD 向右上方移动到 D_1D_1，需求量增加至 Q_1。而交通供给不变，使得道路的拥挤度提高，出行者的出行成本上升，交通需求量相应减少，与交通供给达到新的均衡，即新需求曲线 D_1D_1 与 SS 的交点 E_1，新的均衡下的出行成本为 P_1，交通需求量为 Q_1^*。$P_1 > P_0$，$Q_1 > Q_1^* > Q_0$，表明在供给不变前提下，由于需求的增加，使出行成本上升了，新均衡下的交通需求量也相应增加了，但存在部分潜在交通需求量 $(Q_1 - Q_1^*)$。

假定由于某种因素的变化导致需求减少，使需求曲线 DD 向左下方移动到 D_2D_2，交通需求量减少至 Q_2。在交通供给不变的情况下，交通需求量的减少使得道路服务水平的提高，交通出行成本下降，诱发一部分新的交通需求，与交通供给达到新的均衡，即新需求曲线 D_2D_2 与 SS 的交点 E_2，新的均衡下出行成本为 P_2，交通需求量为 Q_2^*。$P_2 < P_0$，$Q_2 < Q_2^* < Q_0$，表明在供给不变的前提下，由于需求的减少，使出行成本下降，新均衡下的交通需求量也相应减少了，但还是诱增了一部分新交通需求量 $(Q_2^* - Q_2)$。

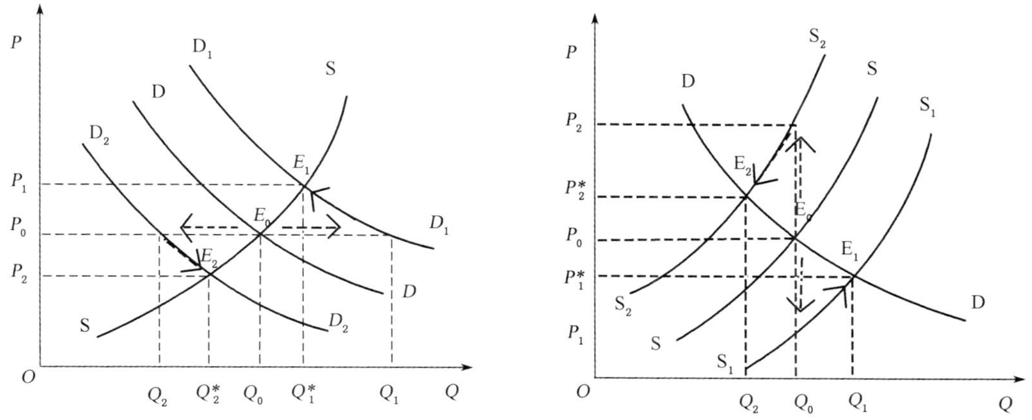

(a) 供给 S 不变　　(b) 需求 D 不变

图 4-11 供需关系变化图

2. 需求不变，供给变动的供需关系

图 4-11(b)中假定交通需求 DD 保持不变，供给影响因素变化导致供给增加，使供给曲线 SS 向右移动到 S_1S_1，改善了道路服务水平，使得出行成本下降至 P_1。道路通行能力提高，诱发了新的交通量，与交通供给达到新的均衡，及新交通供给曲线 S_1S_1 与 DD 的交点 E_1，对应新的均衡下，出行成本为 P_1^*，交通需求量为 Q_1，$P_1 < P_1^* < P_0$，$Q_0 < Q_1$，表明在需求不变的前提下，由于供给的增加，使交通需求量增加，但新均衡下出行成本下降了，交通状况得到了改善。

假定由于某种因素影响导致供给的减少，使供给曲线 SS 左移到 S_2S_2，降低了道路的服务水平，使得出行成本上升至 P_2。出行成本的提高，抑制了部分交通需求，与交通供给达到新的均衡，即新交通供给曲线 S_2S_2 与 DD 的交点 E_2，对应新的均衡下出行成本为 P_2^*，均衡运量 Q_2。$P_2 > P_2^* > P_0$，$Q_0 > Q_2$，表明在需求不变的前提下，由于供给减少，使得交通需求量减少，但出行成本还是上升了，交通状态变得更恶劣。

3. 需求与供给同时变动下的供需关系

供给与需求同时变动有两种可能，一种是呈同方向变化，另一种呈反方向变化。每一种可能中又有两种情形。同方向变化时，可能同时增加，也可能同时减少；反方向变化时，可能是需求增加、供给减少，也可能是供给增加、需求减少。

现以需求与供给同时增加为例来考察需求与供给同时变动下供需关系的变化。

如图 4-12 所示，现假定需求曲线由 DD 增加至 D_1D_1，供给曲线由 SS 增加至 S_1S_1，由此，供给增加的幅度小于需求增加的幅度，呈现供给更紧张，此时，交通供给与交通需求达到新的均衡点 E_1，新均衡下出行成本为 P_1，有 $P_1 > P_0$，$Q_1 > Q_0$。

如果供给曲线由 SS 增加至 S_2S_2，此时供给增加幅度等于需求增加幅度，呈现交通状况不变，此时，交通供给与交通需求达到新的均衡点 E_2，新均衡下出行成本运价 P_2，有 $P_2 = P_0 < P_1$，$Q_2 > Q_1 > Q_0$。

如果供给曲线由 SS 增加至 S_3S_3，此时供给增加幅度大于需求增加幅度，呈现供给富余，此时，交通供给与交通需求达到新的均衡点 E_3，新均衡下出行成本为 P_3，有 $P_3 < P_0 = P_2 < P_1$，$Q_3 > Q_2 > Q_1 > Q_0$。

从以上分析可见，在需求、供给均增加的情况下，需求量是一定增加的，而均衡下的出行成本是上升还是下降，则取决于需求与供给增加幅度的相对大小。当需求增加幅度大于供给增加的幅度，则出行成本上升；当需求增加幅度等于供给增加幅度，则出行成本不变；当需求增加幅度小于供给增加幅度，则出行成本下降。

用同样的方法可分析在需求与供给的其他变化情形时，供需关系的变化情况。

需要说明的一点是，一般地，道路等供给设施到完工为止需要一定时间，在这期间城市活动系统 A 存在一个自增长量(与道路等供给设施无关)。与此同时，交通需求曲线 DD 向右移动变成 D_1D_1(这里假定在地域衰退性使交通需求减少这方面的动向例外)，参照图 4-13。但是，如果进行道路建设，将会由于土地利用的新变化、原有活动的扩大等，使活动系统再次发生变化。此时，规划目标年的需求曲线 DD 不是向 D_1D_1，而是向 D_2D_2 移动，同样，新的交通供需均衡点为 E_2 而不是 E_1，相应地，得到的出行成本为 P_2 而不是 P_1，诱导的交通量为 Q_2 而不是 Q_1。由图 4-13 可见，$Q_2 > Q_1 > Q_0$，$P_2 > P_1 > P_0$。

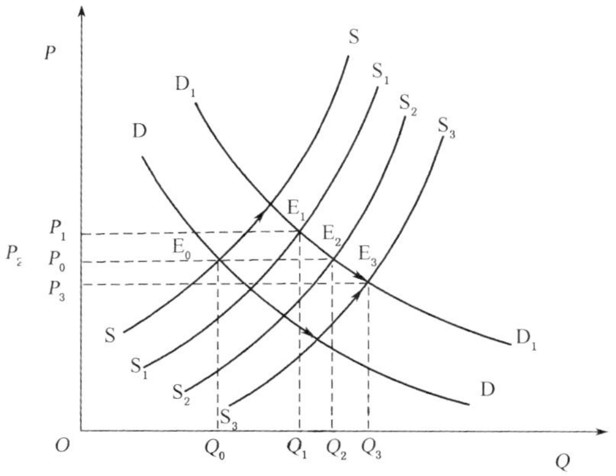

图 4-12　供需关系变化图(供需同时变化)

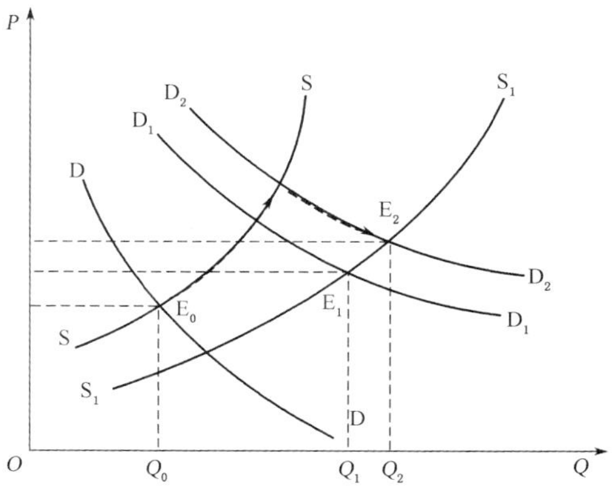

图 4-13　供需关系变化图(考虑建设时间)

此外,交通供给与交通需求之间往往会产生不协调、不一致的状况。这主要是因为交通供给是一种跳跃式的增加,而交通需求则是沿着一种趋势逐步的增加,其两者之间的关系如图 4-14 所示[6]。正是这种关系,使得在某些时候,交通供给有较大的剩余,而在另一些时候,交通供给又有较大不足。

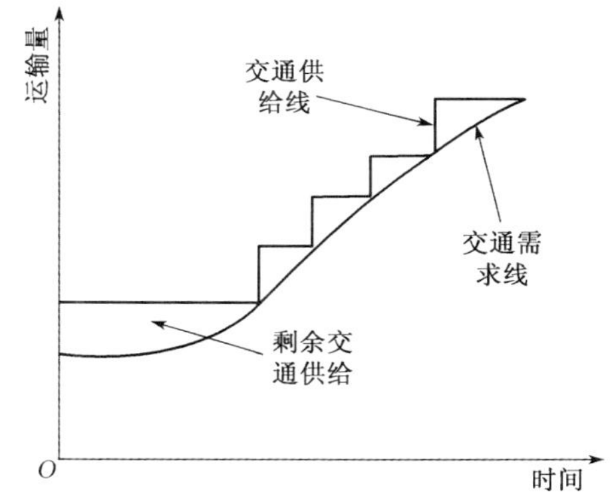

图 4-14　交通供给与交通需求的相互关系

4.2.4　交通供需弹性分析

由上述分析可知,交通需求函数是一条向右呈下降趋势的曲线,交通供给函数是一条向右呈上升趋势的曲线。且交通需求与交通供给受多种因素影响,而且不同的影响因素对作用效果也不同。根据交通供需关系的分析,我们大致可以知道交通供需的变化趋势,但是,不知道哪种因素对交通供需关系的影响程度大些,哪种影响因素影响程度小些,以及交通供需对各种因素变化的敏感程度。这就要求我们建立交通供需变化与各种影响因素变化的相关性分析,经济学中称为弹性分析。对交通供需进行弹性分析,能更好地对交通供给与交通需求进行管理与协调。

1. 交通需求弹性

交通需求函数 $Q = D(x) = D(A,\ S,\ E)$,根据弹性的定义,交通需求弹性为

$$\varepsilon = \frac{\text{交通需求的相对变化率}}{\text{自变量的相对变化率}} \tag{4-5}$$

式中,自变量的相对变化率(%)为 $\Delta x/x$;交通需求的相对变化率(%)为 $[D(x+\Delta x) - D(x)]/D(x)$。

则交通需求弹性 ε 为

$$\varepsilon = \frac{[D(x+\Delta x) - D(x)]/D(x)}{\Delta x/x}$$

$$= \frac{[D(x+\Delta x)-D(x)]}{\Delta x} \cdot \frac{x}{D(x)} \approx \frac{\mathrm{d}(D(x))}{\mathrm{d}x} \cdot \frac{x}{D(x)} = \frac{\mathrm{d}(D(x))}{D(x)} \Big/ \frac{\mathrm{d}x}{x}$$

$$= \frac{\mathrm{d}\ln(D(x))}{\mathrm{d}\ln x}$$

由此可知,如交通需求函数为自变量的指数函数时,交通需求弹性为负常数;如交通需求函数为自变量的 e 指数函数时,交通需求弹性为反比例线性函数。以下进行证明:

设交通需求函数 $f(x) = D(x) = a \cdot x^n$,则

$$\varepsilon = \frac{\mathrm{d}f(x)}{\mathrm{d}x} \cdot \frac{x}{f(x)} = a \cdot n \cdot x^{n-1} \cdot \frac{x}{ax^n} = n$$

又因为交通需求函数为一条向右呈下降趋势的曲线,即函数落在第一象限,所以对于指数函数而言,需要 $a > 0$ 且 $n < 0$。

第二部分的证明类似,此处从略。

根据需求弹性系数的大小,需求弹性可分为五大等级(图 4-15)。

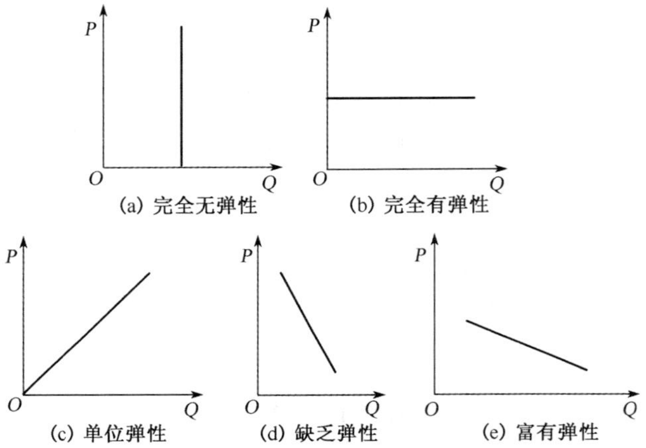

图 4-15　交通需求弹性

(1) 若 $\varepsilon = 0$,则称该交通需求完全无弹性(absolutely inelastic),即不论出行成本如何变化,交通需求量始终不变,亦即需求量对出行成本变化毫无反应。完全没有弹性的交通需求可以说不存在。

(2) 若 $0 < \varepsilon < 1$,则称该交通需求缺乏弹性(inelastic)。此时需求量的相对变化幅度小于出行成本的相对变化幅度,亦即需求量对出行成本变化的反应虽有但不剧烈,如航空客运需求。

(3) 若 $\varepsilon = 1$,则称该交通需求有单位弹性(unity elasticity)。此时需求量的相对变化幅度与出行成本相对变化幅度相等,亦即出行成本变化百分之几,出行需求量亦变化百分之几,两者完全相等,只是方向不同而已。单位弹性是一种特殊情况,完全符合单位弹性的交通需求也很少。

(4) 若 $1 < \varepsilon < \infty$,则称交通需求富有弹性(elastic)。此时需求量的相对变化幅度大于出行成本的相对变化幅度,亦即需求量对出行成本变化的反应相当剧烈,如公共交通、长途汽车、铁路等客运交通需求。

(5) 若 $\varepsilon = \infty$,则称该交通需求完全有弹性(absolutely elastic),此时出行成本无变化而需求有变化,或出行成本略有变化需求量有甚大的变化,亦即需求量对出行成本变化的反应相当剧烈。完全有弹性的交通需求可以说没有。

影响交通需求的因素很多,因此相应地存在多种交通需求弹性。这里重点讨论交通需求的时间或费用弹性、交叉弹性等。

1) 交通需求的时间或费用弹性

以费用弹性为例,交通需求的费用弹性 ε_P 反映了交通需求量对出行费用变动反应的程

度，表示为

$$\varepsilon_{P} = \frac{\Delta Q/Q}{\Delta P/P} = \frac{\mathrm{d}\ln Q}{\mathrm{d}\ln P} \tag{4-6}$$

式中，Q，ΔQ 为交通需求量及其变化值；P，ΔP 为出行费用及其变化值。

居民出行需求中通勤出行需求的费用弹性较小，尤其是上班、上学等目的的出行需求。

一般而言，人均收入高的国家和地区，由于出行费用占收入的比例小，费用弹性较小；而低收入地区，出行价格的变动对居民的影响大，故费用弹性大。

出行时间与出行费用一样都是出行成本，对交通需求的影响也相似。一般情况下，交通需求弹性指的是交通需求的时间或费用弹性，对应经济学中的价格弹性。

在实施交通需求管理策略时，交通需求时间或费用弹性是一项重要依据，如对拥挤区域进行拥挤收费正是限制了部分费用弹性大的弹性交通需求，从而减轻了区域的交通拥挤。

2）交通需求的交叉弹性

交通需求交叉弹性 ε_{cij} 反映一种交通服务受可替代的另一种交通服务的成本变化的反应程度，这里的交通服务可以指一种交通方式、一条交通线路，也可以指一种交通工具等。交通需求交叉弹性可表示为

$$\varepsilon_{cij} = \frac{\Delta Q_i/Q_i}{\Delta P_j/P_j} \tag{4-7}$$

式中，Q_i，ΔQ_i 为交通服务 i 的需求量及其变化量；P_j，ΔP_j 为交通服务 j 的成本及其变化量。

根据 ε_{cij} 的符号不同，其意义也不同：

（1）当 $\varepsilon_{cij} > 0$ 时，说明交通服务 j 的出行成本变动将引起交通服务 i 的需求的同向变化，如小汽车等私人交通方式的出行成本的提高，会使公交等公共交通方式的出行需求量增加，表明这两种之间具有可替代性，因此，可以通过提高燃油税来调节小汽车等交通工具的出行需求量。

（2）当 $\varepsilon_{cij} < 0$ 时，说明交通服务 j 的出行成本变动将引起交通服务 i 的需求量的反向变化，如城市停车换乘（P&R）中心征收较高的停车费，会使得该中心接驳交通（如公交）的需求量减少，表明这两种之间存在互补性，也说明它们的联合更能满足需求要求，这也是为什么在建设客运枢纽时要与其接驳系统协调发展的重要原因。

（3）当 $\varepsilon_{cij} = 0$ 时，说明交通服务 j 的出行成本变动对交通服务 i 的需求量没有影响，如航空运价的提高，对公路长途客运需求量没有影响，表明这两者之间无替代性和互补性，两者互不影响。

2. 交通供给弹性

同样，对交通供给弹性分析，可以类比于交通需求弹性分析。根据交通供给的影响因素，交通供给弹性可以分为交通供给的费用弹性、交叉弹性等，其意义与交通需求的费用弹性与交叉弹性等弹性意义类似，此处从略。

但是需要说明的一点是，交通供给的费用弹性会出现周期很长的过渡期[9]。一般而言，在这个过渡期的开始，交通供给的反应是近似无弹性的，即交通供给成本弹性近似为零；经

过一段过渡过程后，交通供给的反应虽还是缺乏弹性，但是弹性是增加的；而到整个过程中、后期的供给反应是富于弹性的（图 4-16）。这个过渡过程，初始出行价格由 P 上升到 P_1，然后逐渐下降至 P_2，P_3。

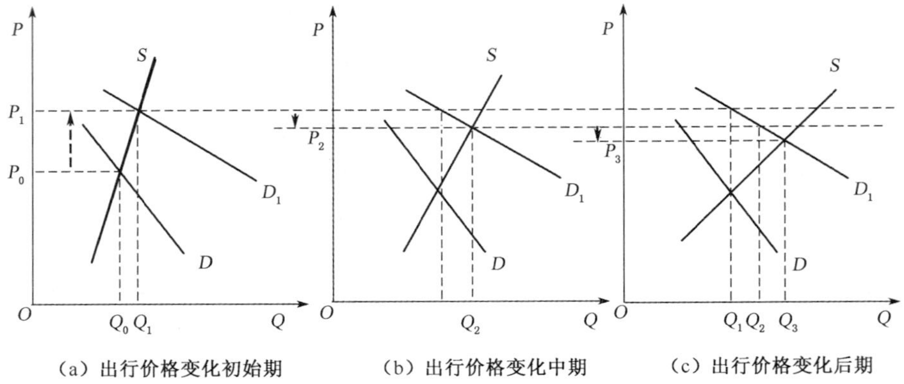

图 4-16　交通供给弹性动态变化示意图

总之，由于交通供给和交通需求存在如此特性，致使在不同条件下，确定谁有利于交通供需达到平衡，即通过分析交通供给和交通需求的弹性来制定相关措施促使供需达到平衡状态。如当需求弹性大于供给弹性时，倾向于实施交通需求管理措施将比增加新的交通供给更有效。

4.3　供给适度论

众所周知，交通供给一方面满足当前的交通需求，另一方面还会诱导一部分交通需求，因此，交通供给适度除了节约资源外，也可间接起到交通需求管理的作用。下面将就供给适度的含义、供给适度模式以及规模展开讨论。

4.3.1　供给适度的内涵

4.3.1.1　供给适度的含义

由交通供需关系可知，交通供给与交通需求之间存在三种关系，即交通供给量小于交通需求量、交通供给量等于交通需求量、交通供给量大于交通需求量。交通供给与交通需求的这种小于、等于、大于关系，分别与社会生活中的不及、适度、过度相对应。不及与过度都不可取，只有适度才是最佳。正如人们平常所说的"恰如其分"、"恰到好处"、"适可而止"、"过犹不及"等，讲的是一个道理。从某种意义上讲，适度与协调、合理、和谐、中庸等理念是相通的，都是研究事物内部与事物之间的相互关系。但不同的是，这里讲的供给适度是指一定的适当区间，在符合实际情况或客观要求的前提下，能保证交通供需关系处在一种最佳状态或最佳程度。

我们可以简要概括出交通供给适度的内涵，即为满足一定时期社会经济活动及相关出行需求，在一定的交通服务水平和各类资源、环境要素共同制约下的交通供给量，是缓解交通供需矛盾，推动交通与社会经济健康平稳、可持续发展的一个重要前提。供给适度论是研究交通供给内部各要素与交通需求及其周边环境的相互关系。

它具体包括以下几个方面要点：①满足一定时期社会经济活动及相关出行需求；②达到一定的交通服务水平；③与城市发展协调；④与环境、资源、能源和谐发展。

这里需要说明几点：①保持供给适度是从宏观的角度提出的；②供给适度是一个动态概念，一个城市在不同时期需要增加不同的供给量，增加标准不是固定不变的，但必须保持整个交通系统的供需平衡；③不同城市或区域，同一个城市在不同地区、不同条件下，可以根据各自的具体情况确定不同的适度供给量。

4.3.1.2 供给适度的实际意义

（1）供给适度是交通可持续发展的基本条件。交通供给存在两种可能：一是交通需求大于交通供给，导致交通拥挤、出行不便、环境恶化等；二是交通供给大于交通需求，导致诱发新的交通需求，使得交通存在恶性循环。实践证明，这两种可能都将影响交通的可持续发展，在交通达到适度供给时，可保持交通快速、健康的可持续发展态势。

（2）供给适度有利于交通资源合理配置和运输效益的提高。交通供给不足，交通成为经济发展的瓶颈，阻碍经济的发展；交通供给富裕，交通资源得不到充分利用率，交通运输效益未充分发挥；交通供给适度，交通方式结构比例协调，交通供给与交通需求相协调，交通需求能够得到合理满足，各种交通资源也得到合理利用。

（3）供给适度有利于交通方式结构调整。交通供给适度与交通方式结构调整是相辅相成、互为促进的。一方面，交通方式结构调整要在交通供给与交通需求平衡条件下进行；另一方面，交通方式结构调整也会有利于供给适度。因此，需要在实际中处理好这两者之间的关系，既不贸然行事，也不相互等待。

4.3.1.3 供给适度的特性

供给适度是研究交通供给内部各要素与交通需求及其周边环境的相互关系，是由诸要素组成的具有一定功能的有机整体。因此，根据供给适度的内涵，可以概括出以下几方面的基本特性。

1. 整体性

交通供给是由各种交通基础设施等多个要素组成的，但各要素仅仅是构成交通供给的必要条件，而不是全部条件，还需各要素之间的合理组合等。整体性就是表示交通供给设施之间存在一定的组合方式，使得整个交通供给的功能大于单个交通设施的功能总和。城市交通网络包括道路网络、公交网络、轨道交通网络等组成要素，城市交通网络的服务能力除了道路网络、公交网络、轨道交通网络三个独立网络的服务能力外，还包括了三个网络相互组合后形成的换乘服务功能。

另外，整体性还包括在提高某个组成要素的功能时，需要协调与整个供给系统的关系。比如，在改进乘客乘车难的问题时，只是增加车量数目，而在道路和调度方面没有相应的配套措施，将会因车辆的增加使得道路更加拥挤，堵塞更为严重，整个系统的效率更低。

2. 稳定性

所谓稳定性是指供给适度的结构与功能在外界作用下的适应性，即在一定区间内，交通供给维持与交通需求的近似均衡与协调，使外界引起的变化不会越出供给适度的区间范围。供给适度的稳定性不是绝对的，而是相对的。首先，供给适度不可能永恒地保持稳定，也就是说，供给适度的稳定性在时间上是有限的。如当前经济高速发展、城市化进程快速，交通基础设施投资自然较改革开发前、经济发展缓慢时的交通基础设施投资比重大。其次，供给适度的稳定性与交通需求的变化发展程度有关，供给适度只是在某种环境影响下保持稳定，并不是在任一环境都保持稳定，如奥运会、世博会等大型活动的召开。因此，说稳定性是一般供给适度的基本特性之一，仅仅意味着从某种意义上看供给适度是稳定的，但决不是指供给适度在任何意义下都是稳定的。

3. 最优化

所谓最优，是指在给定的条件下，利用各种手段和方法，促使供给适度实现最理想的目标，以便达到整体程度或状态的最优化。一般来讲，供给适度的最优，不一定各个要素都最优，常常是各要素最不优，这是由供给适度的整体性特性决定的。寻求供给适度的最优化，是供需平衡理论的最基本出发点和归属，而且是完全可能的。如在解决交通供需矛盾时，可以通过适当调整各交通方式的比例结构，发展大运量公共交通，既可做到投资最少，又可做到见效最快，效果最佳。

4.3.1.4 供给适度的保障

（1）交通需求管理措施是供给适度的基础条件。交通需求管理是今后相当长时期内实现交通可持续发展的核心和关键策略。依据部分发达国家的经验，大规模地提供交通基础设施，使得交通进入恶性循环。交通需求增长的无止境，而土地等资源的有限性，要求交通供给适度应围绕交通需求管理配套进行。交通需求管理与交通供给适度同时进行的条件下，才具有解决交通问题的坚实基础和条件。需求管理与适度供给是一个硬币的两面，不可分割，不可混淆，不可取代。交通需求管理是从交通源头来解决交通问题，通过调节社会经济活动的来管理交通，调节交通需求，也是交通供需关系的调整。交通供给适度是在一定的交通服务水平和各类资源、环境要素共同制约下保障正常的交通需求的问题。从根本上讲，实现交通供给适度必须要建立在交通需求管理取得实质性进展的基础上，要以交通需求管理的目标适度提供交通供给。同时，供给适度也有利于交通需求管理。在实际工作中，应当使二者在供需平衡的基础上，同步进行，协调进行。

（2）发挥政府职能是供给适度的宏观保障[3, 4]。发挥政府职能作用的主要目的在于弥补市场调节的不足与空隙；校正市场调节可能出现的偏差；保证市场机制的正常运行，强化市场调节的积极效果；通过财政、税收、金融、社会保障和福利等政策，确保分配的公平、公正和经济适度增长及社会效益的提高。政府在交通供给适度中的作用有：①政府作为调控主体，在一定程度上直接控制交通供给投入，掌握交通资源的生产与分配；②政府通过制定相关规划和计划，以及运用各种调控手段，以市场为中介，间接地对交通市场供需平衡其导向作用，把握供给投资的主导方向，如优先发展公共交通政策、提供免费租赁的自行车等；③政府在供需发生重大比例失调或其他突变事件时，采取强有力的预防措施或弥补措施，迅速调控各种失调、失控现象，如2008年北京奥林匹克运动会的召开，北京政府除了规划和新建了大容量的公共交通外，还制定了限行措施以及延长公交、地铁运营时间，增加车辆，加密车次，提高公共交通运营保障能力等措施，实现了奥运期间的绿色交通。

（3）技术进步是供给适度的关键因素。主要体现在：首先，科学技术进步推动了交通基础设施的发展、交通工具性能的提高和增强，如大城市的现代化道路、高速公路、高速铁路（日本的新干线、法国的TGV、中国的和谐号）等；其次，科学技术进步促进交通品质高级化，更好地满足交通需求，如交通方式正朝“经济、安全、舒适、快捷”等方向迈进；第三，科学技术进步使各种交通方式得到互补，增强了交通供给能力，可优化交通供给结构，提高了整体交通供给效率与效益；第四，科学技术进步改进交通工具，开发新能源交通工具，保障交通供给朝节约能源消耗和减少环境污染方向发展，实现交通供给、环境的和谐发展。

4.3.2 供给适度规模确定方法

4.3.2.1 供给适度模式

根据供需关系分析，供给的慢变性无法完全满足需求的快变性，总会存在供需不平衡；另外，各种交通供给投入需要资金保证，需要对供给有较高前瞻性，对其准确性进行把握。要求在提高交通供给的同时，配合对交通需求的管理，双管齐下，从交通需求和交通供给两方面共同解决交通难题。通过调节对各种交通工具的需求，倡导优先发展最节约地使用有限道路面积的交通工具，抑制不经济地使用道路面积的交通工具增长，达到对稀缺的道路和土地资源的合理配置与充分利用。

此外，城市交通的可持续发展要求有效利用城市土地资源、排放最小的环境污染物并能满足城市经济及社会发展需要的一种高效的城市交通发展形式。也就是说，提倡土地资源节约型、能源高效型、环境友好型、居民出行友好型的交通模式。交通发展既能满足目前的交通需求，又能为将来城市的持续发展留有余地。

由此可见，供给适度模式是指结合交通需求管理方案以满足当前及未来的交通发展总需求，在一定时期交通服务设施建设的投资（或建设规模）及其建设时序，如图 4-17 所示。

建设规模（适度容量） + “TDM”方案 ==（可接受服务水平） 交通总需求

图 4-17 供给适度模式

4.3.2.2 供给适度规模界定

供给适度是指一定的规划与建设适度规模区间，在符合实际情况或客观要求的前提下，能保证交通供需关系处在一种最佳状态或最佳程度的交通供给投入的数量和范围，可以以价值形式表示，如交通适度投资额，也可以以实物形式表示，如项目个数、道路面积、道路长度、轨道线路长度等。一般地，供给适度规模分为规划年限（与规划阶段匹配）和年度（含在建）交通供给适度规模和。年度交通供给适度规模，也称为交通供给固定资产投资适度额。它从投入方面反映了全年用于交通供给固定资产再生产的人力、物力、财力的适当数量。在建交通供给适度规模，是指一定年份正在施工的在建交通项目全部建成交付使用所需的固定资产投资总额。它反映一定年份实际铺开的建设战线的长短和已经展开的建设任务的大小，这样，在建交通供给适度总规模从投入方面反映了一定年份的交通投资建设总量，不是在一年内就可以完成的，而需要一定的时期才能完成的适度交通投资。本书中所提到的交通供给适度规模是指年度交通供给固定资产投资适度规模（简称交通投资规模）。因此，供给适度规模的确定是推进交通可持续发展、与城市协调发展的一个重要环节，对形成城市交通系统的合理结构与有效储备具有十分重要的意义。

4.3.2.3 适度规模的增长趋势法

从交通投资增长率的定义出发，可以对其计算公式进行简单变换，得出如下结果：

$$
\begin{aligned}
TIR_t &= \frac{I_t - I_{t-1}}{I_{t-1}} \\
&= \frac{(I_t - I_{t-1})/(GDP_t - GDP_{t-1})}{I_{t-1}/GDP_{t-1}} \frac{GDP_t - GDP_{t-1}}{GDP_{t-1}} \\
&= \frac{GIR_t \cdot IBR_t}{IR_{t-1}}
\end{aligned}
$$

式中，TIR_t 为第 t 期交通投资增长率；I 为投资规模；GDP_t，GDP_{t-1}分别为第 t 期、第 $t-1$ 期国内生产总值；GIR_t 为第 t 期的经济增长率；IBR_t 为第 t 期的交通投资贡献率；IR_{t-1} 为第 $t-1$ 期的交通投资率。

从上述计算式可以看出，要确定交通投资增长率需要确定三个参数，即当年经济增长、当年交通投资贡献率和上一年的交通投资率。一般地，上一年的交通投资率理论上可以根据原始数据计算得到，但是由于统计数据的取得相对滞后，有时也可以根据历史数据进行估计；交通投资贡献率的确定则要依靠历史数据，运用投入产出的基本原理和方法进行分析，从经济的发展状态来看，在某一段时间内，如果经济运行保持平稳，则交通投资贡献率也会近似保持稳定，因此通过历年的交通投资贡献率数据对将来进行估计是可行的。而某一时期经济增长预期目标是已知或是根据历史数据可预测的。所以，根据上述公式和参数确定方法可以求得交通供给投资的合理增长趋势。

4.3.2.4 适度规模的相关分析法

由第 3 章分析可知，交通投资规模受经济发展状况、交通需求规模（或者人口规模）、政府财政收入与支出状况等因素影响。因此，可与这些影响因素建立相关数学模型，进行交通投资规模预测分析，如时间序列预测模型、回归分析预测模型等。

1. 时间序列预测模型

时间序列的典型预测模型是指数平滑，根据平滑次数不同分为一次指数平滑法、二次指数平滑法和三次指数平滑法等。其基本思想是：预测值是以前观测值的加权和，对不同的数据给予不同的权重，新数据赋予较大的权重，旧数据则赋予较小的权重。

设交通投资规模时间序列为 y_1，y_2，…，y_t，… 则一次指数平滑公式为

$$S_t^{(1)} = \alpha \cdot y_t + (1-\alpha) \cdot S_{t-1}^{(1)} \tag{4-8}$$

式中，$S_t^{(1)}$ 为第 t 期的一次指数平滑值；α 为加权系数，$0 < \alpha < 1$。

二次指数平滑 $S_t^{(2)}$ 的计算公式为

$$S_t^{(2)} = \alpha \cdot S_t^{(1)} + (1-\alpha) \cdot S_{t-1}^{(2)} \tag{4-9}$$

若时间序列 y_1，y_2，…，y_t，… 从某时期开始具有直线趋势，且认为未来时期亦按此直线趋势变化，可用如下的直线趋势模型来预测。

$$\hat{y}_{t+T} = a_t + b_t \cdot T \quad T = 1, 2, \cdots$$

式中，t 为当前时期数；T 为由当前时期数 t 到预测期的时期数；$\hat{y}_{t+T}$ 为第 $t+T$ 期的预测值；a_t，b_t 分别为截距和斜率，计算公式为

$$a_t = 2S_t^{(1)} - S_t^{(2)}$$
$$b_t = \frac{\alpha}{1-\alpha}(S_t^{(1)} - S_t^{(2)}) \tag{4-10}$$

2. **回归分析法**

回归预测模型通常采用线性模型，模型假设影响因素为自变量量，交通投资规模为因变量，因变量与自变量之间存在密切的相关关系，模型给出的因变量估计值与实际值的偏差满足正态分布。由于这样的假设前提存在，因而在用最小二乘法等估计模型参数之后，模型并不能立即运用于预测，必须通过一系列统计检验，如 R^2 检验、T 检验、F 检验、DW 检验等，这些检验的目的在于证实假设前提的正确性。

设交通投资规模 y 受多个因素 x_1，x_2，…，x_n 的影响，则可建立多因素相关模型[5]：

$$y = b_0 x_1^{b_1} x_2^{b_2} \cdots x_n^{b_n} \tag{4-11}$$

式中，b_0，b_1，…，b_n 是待定参数。

多因素相关模型函数是对数线性的，可以作如下简化：

$$\ln \hat{y} = \ln b_0 + b_1 \ln x_1 + b_2 \ln x_2 + \cdots + b_n \ln x_n \tag{4-12}$$

根据 n 组观测值，则有：

$$\ln \hat{y}_i = \ln b_0 + b_1 \ln x_{1i} + b_2 \ln x_{2i} + \cdots + b_n \ln x_{ni} \tag{4-13}$$

再利用最小二乘法，可以求出待定的参数 b_0，b_1，…，b_n。

采用多因素回归预测模型，强调自变量之间的相互作用关系，可引入多个影响交通投资规模的因素进入模型，综合考虑其对交通投资规模的影响，以及各个参数反映的实际经济意义。

4.3.2.5 最优组合供给规模法

最优组合法是在总交通投资最小化的情况下，确定交通供给投资最优结构。假定交通供给可以分为道路供给、公交供给、轨道交通供给、交通管理供给、交通技术供给等 5 个部分组成。设第 i 部分的投资为 I_i ($i = 1, 2, 3, 4, 5$)，第 i 部分供给量为 S_i，目标交通需求量为 q；各种供给需要消耗 M 种资源，第 i 部分供给对第 j 种资源的单位消耗量为 α_{ij}；第 j 种资源的极限数量为 a_j。各种供给需要产生 N 种污染，第 i 部分供给对第 k 种资源的单位产生量为 β_{ik}；第 k 种污染的极限数量为 b_k。则可以建立下列最小化数学规划模型：
目标函数：

$$\min z(I_i) = \sum_{i=1}^{5} \int_0^{S_i} I_i(\omega)\mathrm{d}\omega \tag{4-14}$$

约束条件：

$$\sum_{i=1}^{5} S_i = q \tag{4-15}$$

$$\sum_{i=1}^{5} \alpha_{ij} S_i \leqslant a_j \quad \forall j = 1, 2, \cdots, M \tag{4-16}$$

$$\sum_{i=1}^{5}\beta_{ik}S_i \leqslant b_k \quad \forall k = 1,\ 2,\ \cdots,\ N \tag{4-17}$$

$$S_i \geqslant 0 \tag{4-18}$$

$$I_i \geqslant 0 \tag{4-19}$$

式(4-15)是满足当前和未来一段时间的交通需求。需要说明的是,虽然供给适度是供给与需求同步发展,但考虑到供给需要一定的建设时期,所以,当前和未来一段时间的交通需求量应适度超前,至少是下一个交通投资完成前;式(4-16)为资源消耗最小化,不同的交通供给有不同的能耗标准;式(4-17)为环境污染最小化,同样,不同的交通供给有不同的污染指数;式(4-18)与式(4-19)为非负条件。解此数学模型得 $I = [I_1,\ I_2,\ \cdots,\ I_5]$ 便是各部分供给的最佳组合。

4.3.3 最佳投资期分析

1. 交通供需平衡角度分析

考虑到交通供给具有跳跃性、慢变性等特性,而交通需求具有连续性、快变性等特性,交通供给的时间特性除了要考虑项目(可以是单一项目,也可以是项目包)的建设周期性,还要考虑前一阶段(通常以年计)项目的备用期限。对于具体交通项目而言,交通投资的最佳投资期为该建设项目生效时恰好为前一阶段交通供给建设项目下的供需平衡期,如图 4-18 所示。

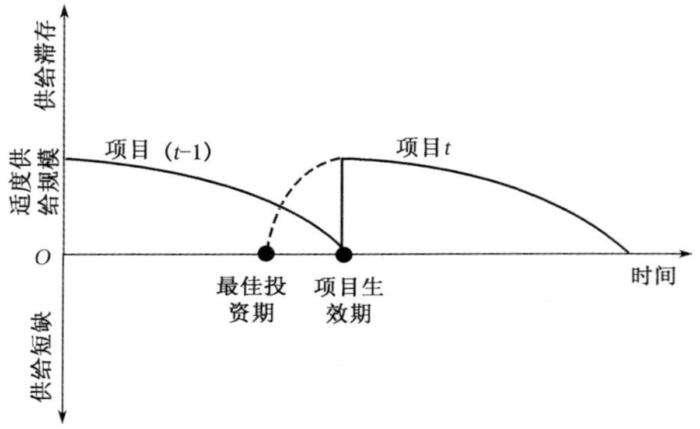

图 4-18 最佳投资期示意图

设项目 $t-1$ 能增加供给容量 S_{t-1},而项目 $t-1$ 建成后,交通需求增长函数为 $D_{t-1}(T)$;项目 t 的建设周期为 B_t,则最佳投资期 t_m 应满足下式:

$$t_m = D_{t-1}^{-1}(S_{t-1}) - B_t \tag{4-20}$$

式中,$D_{t-1}^{-1}(S_{t-1})$ 为项目 $t-1$ 建成后交通需求增长的反函数。

如果 $B_t < D_{t-1}^{-1}(S_{t-1})$,则项目 t 的最佳投资期为 t_m;否则,项目 t 应与项目 $t-1$ 打包投资建设。

2. 经济效益角度分析[11]

图 4-19(a)说明扩充基础设施的净受益(或利润)。图中纵坐标表示广义社会费用,横坐标表示某一时刻供给/需求量。图中 MSC_1,MSC_2 为短期边际社会成本曲线(Marginal Social Cost),D 为需求曲线,C_1 为基础设施扩充前的容量,C_2 为扩充后的容量。

(1) 广义社会成本由道路设施建设与使用产生的一切费用组成,对于道路来说,广义社会成本包括道路建设投资、维修养护费用、车辆运行费用、客货时间价值费用和外部费用(例如交通拥挤与事故、空气污染、噪音污染)等。

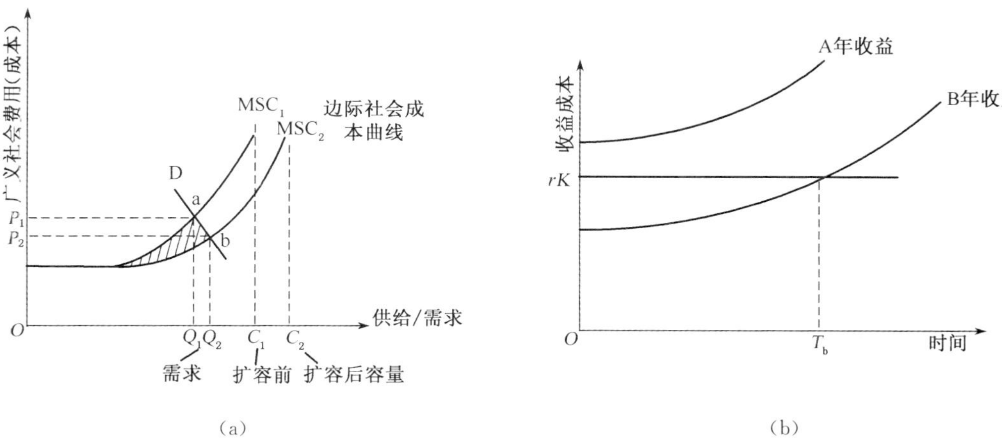

图 4-19　道路设施扩容收益示意图

(2) 基础设施使用的边际成本是短期内增加一个用户所导致的成本。所谓“短期”是指前后发生投资扩容的一个时间间隔。在该短期内资本值(投入成本)和固定的运营费(operating costs),包括维护道路的费用,如信号、标志、排水、扫雪等的变化可以不予考虑,至少在短期不会有大的变化。短期边际社会成本只随用户的增加而增大,当用户数量增大到设施容量时达到最大。若容量由 C_1 增加到 C_2,短期边际社会成本曲线从 MSC_1 向右转移直到 MSC_2。

(3) 需求曲线是道路设施用户承担的广义社会费用函数,且为减函数。用户承担的社会费用包括自己的各项感知成本(决策成本)再加上基础设施使用的各项税收和收费。为简化把用户所承受的各项费用之和作为资源消耗的边际社会成本,道路设施容量扩充的结果,用户将随广义成本从 P_1 下降到 P_2 获益,出行意愿增加。从而需求从 Q_1 增加到 Q_2。扩充基础设施容量,社会净收益将是图中阴影部分面积。

(4) 社会成本—效益分析就是将每一间隔时间(“短期”)计划容量扩充的资本值(投入成本)和每一间隔时间(“短期”)净受益的折现值比较,若前者小于后者,就可以认为现有设施从经济上是足够的;反之,扩容是必要的。

为了简化模型,假设:利率 r 为折现率(资本机会费率);K 为投资成本,K_1, K_2, …, K_n 为一定时间段内维修等费用;X_1, X_2, …, X_n 为投资时间 t 之后的维修时间;$B(t)$ 为 t 年的收益;NPV 为净现值,并假设规划寿命为无限长,则投资的最优时间为

$$\max NPV = \int_t^{\infty} B(t)\mathrm{e}^{-rt}\mathrm{d}t - K\mathrm{e}^{-rt} - K_1\mathrm{e}^{-r(t+x_1)} - K_2\mathrm{e}^{-r(t+x_2)}\cdots - K_n\mathrm{e}^{-r(t+x_n)} \quad (4\text{-}21)$$

即净现值为 0(投资各项成本与收益贴现相抵消)的条件(称最优投资条件)为最优投资时间,令

$$\frac{\mathrm{d}NPV}{\mathrm{d}t} = 0 \quad (4\text{-}22)$$

得

$$B(t) = r(K + K_1\mathrm{e}^{rX_1} + K_2\mathrm{e}^{rX_2} + \cdots + K_n\mathrm{e}^{rX_n}) \quad (4\text{-}23)$$

式(4-23)进一步简化,可把一定期间的维修等费用按现值等量增加到成本 K 中,则 $B(T) = rK$,表示第 T 年的收益与投资成本的折减值相当,$B = rK$ 是一个投资收益的临界常量,在实践中最优投资时间有两种情况(图 4-19(b)):图中,rK 为一条平行线,收益曲线

若在其之上(A)，则表示优化投资时间在当年之前，说明扩容项目当年投资当年收益；如果年收益曲线在 rK 曲线之下(B)，则最优投资时间为 T_B，在 T_B时间内，若把资金投入到其他经济领域处，会获得比投资扩充道路设施更多的收益，效益为 rK。

4.4 交通系统宏观控制与导向模式

4.4.1 交通供需控制导向机理

交通需求管理可以从供给控制和需求控制两个方面进行。所谓供给控制，主要是指对供给规模、设施布局和建设时序的控制。其中，供给规模控制是指一定时期的交通需求应配置相应适度的设施供给水平，同时，运输设施供给的使用效率应处于最优状态。交通设施布局与建设时序控制是指，交通设施的建设必须和土地使用生成的交通需求相适应，不宜推迟或过早进行修建。属于供给控制的 TDM 策略比较常见的包括交通引导城市发展策略(Transit Oriented Development，TOD)、中心区停车场泊位供给限制策略、道路建设的时序规划等。

对需求的控制，就是要求把一定时期的交通需求规模以及生成模式、方式选择、土地使用等通过规划与管理等手段，促进其时间和空间上的转移，将其控制在适度规模供给的可接受服务水平下。对需求的控制实现 TDM 的方法主要分为四类：人口的控制；车辆拥有与使用的控制；交通方式分担的控制；土地使用的控制。

供给控制与需求控制是交通需求管理的两个方面，但并不是孤立和绝对的。需求控制是通过规划与政策等手段直接对交通需求进行控制与管理，而供给控制则是改变以往交通供给一味满足交通需求的局面，通过对交通设施(道路、轨道及各种交通市政设施)的适度供应，间接对交通需求进行的控制与管理。根据国内外经验，单方面的措施往往是难以得到满意的效果的，一般需要供需两个方面同时进行，多个措施配套使用。尤其是对于机动车的管理，一方面通过制定各种政策限制机动车的拥有和使用，另一方面还可以通过对机动车设施(停车场泊位、道路使用控制等)的控制和提高公共交通的设施供给水平等方法，达到小汽车出行客流向公交客流转移的效果。

如第 4.2 节所述，供需关系是从供需不均衡到供需均衡再到不均衡的循环动态过程。供需控制也是多因素循环、宏观与微观结合的复杂过程。首先土地利用的类型、布局和强度生成出行需求，这个环节的控制属于对交通需求的直接控制；通过交通系统的结构、设施供给与政策，出行需求在区域上进行分布，得到全方式的 OD 矩阵，这是交通供给对交通需求的影响，对这一环节的控制属于供给控制。微观层面上，设施供给与政策制定影响个人选择行为，产生多方式划分，个人的出行行为在网络中形成多模式交通分配，其中既有需求控制也有供给控制。最后，在宏观微观的影响下，分配的流量结果又反馈到土地的利用，从源头上影响了交通需求的产生，从而形成一种循环状态。对这种循环的某一环节所采取的新的控制与管理策略，将打破原有的平衡状态形成新的供需平衡。

每一种供需平衡状态都代表一类城市的发展模式，例如美国形成以道路网络为主、小汽车发展为核心的供需平衡；而日本则达到以公共交通为主导的供需平衡。交通供需控制的导向应该是通过同时对交通供给与需求的控制，达到相对资源消耗少、污染少、效率高的供需平衡状态。

4.4.2 土地开发利用的规划控制

4.4.2.1 土地开发利用与交通设施的相互作用机理

土地开发利用与交通设施的互动作用实质上反映了交通需求与交通供给的相互作用关系，它们通过对交通量的产生与影响形成相互促进与制约的关系。这种相互作用、相互影响的关系可用多种表达方式进行描述，例如“循环机理”和“源流机理”[13]。

如图 4-20 所示的循环机理，城市中的土地利用，无论是商业、工业还是居住，都会使该地区的容积率增加，从而引发大量的出行生成，该地区随着交通需求的增加，将对交通设施服务水平提出更高要求。通过交通设施的改善，交通容量扩大，该地块的交通可达性提高，造成地价上升，又会吸引开发商进一步的开发，交通容量与容积率的互动进入新的循环。该循环过程是一个正反馈的过程，但该正反馈过程不可能无限进行下去。因为城市交通设施发展到一定程度后难以通过改建来增加其容量，从而当土地开发超过一定强度时，所引发的交通流将会使得某些路段出现拥堵现象，导致已开发区域可达性下降，土地利用边际效益随之下降，该地区的土地开发将受到抑制。

如图 4-21 所示的用地与交通的源流机理。土地是城市社会经济活动的载体，各种性质土地利用在空间上的分离引发了交通需求，交通需求主要依靠交通系统实现。因此，土地利用是交通客流产生的“源头”，而交通系统是实现这种“源”的手段，表现为“流”的状态。“源”和“流”之间相互影响、相互作用。

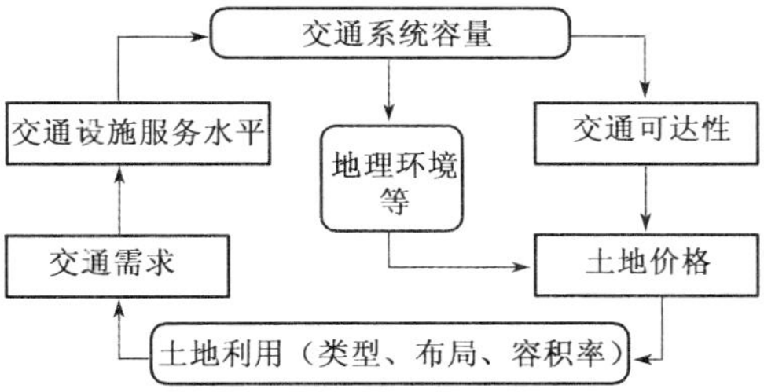

图 4-20 用地与交通的循环机理

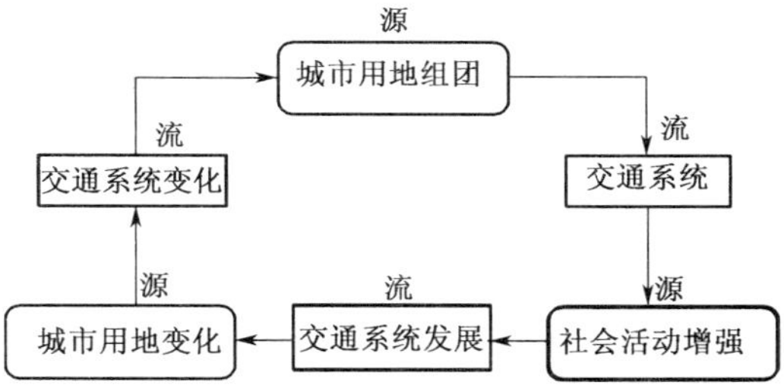

图 4-21 用地与交通的源流机理

4.4.2.2 土地使用控制指标

交通需求是土地使用活动的结果。目前，许多交通问题实际上可归结为土地使用问题。交通需求管理和土地使用控制都是解决交通拥挤的有效方法。土地使用控制包含以下四方面：

(1) 土地使用规划模式的控制。土地使用规划的模式一般有集中式、分散式、混合使用模式、多中心模式等。不同的模式，人均出行长度、采用的出行方式是不同的，控制土地使用模式可有效地控制出行过程中的时空消耗。

(2) 土地使用性质、强度控制。交通与土地使用性质、强度有关。不同的土地使用性质，交通发生吸引量是不同的，而且出行发生吸引在时间、空间上分布也不同。如饭店交通发生吸引量在进餐时间，工厂在上下班时间，大商场吸引半径大，小商店吸引半径小。即使是同一种的土地使用，它的出行发生吸引量也不同。

(3)土地使用发展的区位控制。交通与土地使用的关系是互动的、可达性好的地方,适宜土地使用再发展,可达性差应严格控制再发展,且土地使用布局应使交通网络的可达性均衡。

(4)土地使用密度发展控制。土地使用密度既影响出行发生、吸引量,也影响规划的交通方式的使用,如土地使用高密度适合公共交通出行方式,低密度适合小汽车使用方式。

4.4.2.3 土地利用开发与交通设施供给的互动关系模型

目前,利用数学规划理论、微观经济学理论以及仿真方法,建立了大量描述土地利用与交通出行之间关系的模型如 Lowry 模型[20],采用对各土地利用间的相互作用,将交通系统和土地利用制度作为前提条件输入,定量描述各交通小区土地利用模式所需的住户及就业者的分布情况。UTPS 模型[21]中的土地发展影响模块也可以单向表征土地利用和交通之间的关系,考虑土地利用的输入对交通系统的影响,但没有考虑交通系统对土地的反馈作用。MEPLAN 模型[22]是目前比较成熟的考虑用地与交通互动关系的模型。MEPLAN 软件包含土地使用模块、接口模块、运输网络模块、评估模块和图形模块。土地使用模块描述所研究的区域内各种经济活动的分布,包括短期的和长期的。之后通过接口模块传送给运输网络模块,将用地对交通的影响表现在交通网络中。评估模块是评价运输政策实施后的影响,可以用于分析运输系统对土地利用的反馈作用[14]。本节从系统的角度,将用地与交通互动关系的模型进行规划整合,归纳三种基本类型。

1. 基于系统动力学的土地利用与交通互动机理模型[15]

土地利用与交通规划是一个互动反馈的过程,可以借助系统动力学的机理进行描述。模型建立在三条基本假设之上:①交通容量有限;②已有的交通量对交通量的进一步增长有阻滞作用;③交通量制约土地开发。

影响土地利用的交通参数包括交通容量、交通需求、可达性等;影响交通的土地利用参数则包括土地利用规模、土地利用密度和人口密度等。为简化模型,取交通量和用地开发量分别代表模型中的交通参数和土地利用参数。

城市土地利用与交通相互影响、相互促进的系统动力学模型描述为

$$\begin{cases} q(t+\Delta t)-q(t)=r(q)q(t)\Delta t \\ s(t+\Delta t)-s(t)=\beta(q)s(t)\Delta t \end{cases}$$

进行变换后得到

$$\begin{cases} \dfrac{\partial q(t)}{\partial t}=q_0\left(1-\dfrac{q}{q_{\mathrm{m}}}\right)q(t) \\ \dfrac{\partial s(t)}{\partial t}=s_0\left(1-\dfrac{q}{q_{\mathrm{m}}}\right)s(t) \end{cases}$$

其中,$q(t)$ 是交通量随时间变化的函数;$s(t)$ 是开发量随时间变化的函数;$r(q)$ 是不同交通量水平下,土地开发对交通量的促进增长率,为减函数,其函数为 $r(q)=r_0(1-q/q_{\mathrm{m}})$,$r_0$ 为单位土地开发量所导致的交通量的固有增长,q_{m} 为最大的交通容量。当 $q\rightarrow 0$ 时,$r(q)=r_0$;当 $q\rightarrow q_{\mathrm{m}}$ 时,$r(q)\rightarrow 0$,即当接近交通容量时,土地开发基本上不能再产生新的交通量。同理,$\beta(q)$ 为不同交通量水平下,交通对土地利用的促进增长率,为减函数,其函数为 $\beta(q)=s_0(1-q/q_{\mathrm{m}})$,$s_0$ 为单位交通可达性提高后土地开发量的固定增长。

2. 基于交通规划理论的土地利用与交通的互动关系模型[16]

这一类模型是以交通规划理论为基础，或者是将土地利用与交通系统的变化用连续的更新模拟，或者是将交通规划的四阶段进行组合，四阶段同时进行更新模拟。其基本特征都是将土地利用看作交通的生成的源头，影响交通出行需求。下面介绍两种这类模型的代表。

1）重复交接模型

重复交接模型是将用地产生交通需求与交通量在网络上的分配看作是两个子模型，这两个子模型采用相互交接的方法重复进行；重复作用过程的结果由一个预先设定的收敛规则控制。

第一个子模型称为活动模型，用地产生的交通需求分为工作出行需求与非工作出行需求。活动模型表达为

$$T_{ij}(z) = p_i(z)a_i r_{ij}(z) + p_i(z)b_i s_{ij}(z)$$

式中，$T_{ij}(z)$ 为迭代 z 时小区 i 到 j 的出行分布；$p_i(z)$ 为迭代 z 时小区 i 的入口值；$r_{ij}(z)$ 为迭代 z 工作出行活动的小区 i 和小区 j 之间的相互作用概率；$s_{ij}(z)$ 为迭代 z 非工作活动的小区 i 和小区 j 之间的相互作用概率；a_i，b_i 分别为小区 i 工作出行和非工作出行的产生率。

小区之间的相互作用概率由小区间出行阻抗决定，而出行阻抗矩阵即为下一个子模型——交通模型的输出。

交通模型以 Beckmann 模型为基础的用户平衡问题[16]，表达如下：

$$\min Z(x) = \sum_a \int_0^{x_a} t_a(w)\,\mathrm{d}w$$

$$\text{s.t.} \quad \sum_k f_k^{rs} = q_{rs}$$

$$f_k^{rs} \geqslant 0, \quad \forall r, s$$

$$X_a = \sum_r \sum_s \sum_k f_k^{rs} \delta_{a,k}^{rs}$$

式中，x_a 为路段 a 上的流量；$t_a(w)$ 为路段 a 的阻抗函数；f_k^{rs} 为从 r 到 s 路径 k 的流量；q_{rs} 为从 r 到 s 的总流量；当 a 在路径 k 上时，$\delta_{a,k}^{rs}$ 为 1，否则为 0。

这两个模型是两个层次的相互作用：以活动模型中的输出作为交通模型的求解条件；小区间的出行阻抗是交通模型的结果，成了对活动模型新的输入，影响到小区间相互影响的概率。

2）交通产生、分布、分担与分配的组合模型[12]

模型考虑到规划的四阶段之间的相互影响，将土地利用与交通因素其整合在一个模型中，同时模拟。该优化模型因涉及交通分布不确定性、方式分担多样性等特点，因此具有比较复杂的模型形式，其基本准则还是 Wardrop 原理，即假设出行者出行时选择费用最低的出行方案。模型形式如下：

$$\min Z(S, X) = J(S) + \psi(Q) + \Phi(X)$$

约束条件

$$\sum_j q_{ij} = \alpha S_i + E_i$$

$$\sum_k f_k^{ij} = q_{ij}$$

$$S_i \geqslant 0$$

$$q_{ij} \geqslant 0$$

$$x_a = \sum_r \sum_s \sum_k f_k^{rs} \delta_{a,k}^{rs}$$

式中，$J(S) = \frac{1}{\theta}\sum_i [\frac{\alpha}{2}S_i^2 + \alpha S_i - (\alpha S_i + E_i)\ln(\alpha S_i + E_i)]$，其中，$S_i$ 为交通可达性，E_i 为土地利用的影响因素对交通生成的综合作用，这个等式将土地利用因素与交通量联系起来；$\psi(Q) = \frac{1}{\theta}\sum_i \sum_{j\in D_i}(q_{ij}\ln q_{ij} - A_j q_{ij} - q_{ij})$，其中，$q_{ij}$ 为从 i 到 j 的分布量，A_j 为小区 j 的吸引度，这是交通分布与方式分担的组合；$\Phi(X) = \sum_a \int_0^{x_a} t_a(\omega)\mathrm{d}\omega$，表示流量分配。

组合模型简称 STEM(simultaneous transportation equilibrium model)，有兴趣的读者可进一步查阅相关的交通规划理论书籍。

基于交通规划理论的土地利用与交通的互动关系模型广泛应用于目前的规划软件中，然而这类模型只是反映用地开发对交通系统的影响以及交通系统对小区之间联系的反馈，而无法将交通影响反馈到用地的开发量上。这也是在例如 MEPLAN 软件中加入评估模块的原因之一，以便对交通结果产生的影响进行评估(包括交通对土地利用的影响评估)。

3. 基于开发效益的土地利用与交通互动规划模型[13]

基于开发效益的土地利用与交通互动规划模型是以用地开发社会效益最大化为目标的，并考虑交通系统的影响而构建的双层规划模型。模型中考虑的因素越多，模型就越复杂，例如对环境的考虑等。本节仅以最简单的用地开发效益最大化为目标说明用地与交通互动的规划模型。

主要的符号表示：

i ——用地类型，1 为商业金融，2 为行政办公，3 为文化娱乐，4 为住宅，5 为绿地及开敞空间，6 为交通设施……

r_i^k ——地块 i 用地类型 k 的开发容积率；

s_i^k ——地块 i 用地类型 k 的用地面积；

E_i ——地块 i 的可达性；

$B^k(E_i)$ ——地块 i 用地类型 k 的土地价格是其可达性的函数；

p^k，q^k ——用地类型 k 的发生率及吸引率；

t_{ij} ——从 i 到 j 的阻抗，为流量的函数。

1) 上层模型

上层模型是土地开发效益最大化的规划模型：

$$\max Z = \sum_i \sum_k r_i^k \times s_i^k \times B^k(E_i)$$

约束条件包括开发容积率约束、交通设施面积约束、公共绿地空间面积约束和混合土地使用约束。

(1) 开发容积率约束：$r_{\min}^k \leqslant r_i^k \leqslant r_{\max}^k$。

(2) 交通设施面积约束：$\sum_i \sum_j s_i^6 \geqslant \theta_{\min} S$。

(3) 公共绿地空间面积约束：$\sum_i \sum_j s_i^5 \geqslant \lambda_{\min} S$。

(4) 混合土地使用约束(对每个地块用地功能种类数量进行一定的控制)：$\sum_k s_i^k \leqslant H_{\max}$。

2) 下层模型

下层模型是交通四阶段规划模型。交通生成,采用土地原单位法,即交通生成量是用地建筑面积与交通吸引或者发生率的乘积,即

$$P_i = \sum_k s_i^k r_i^k p^k, \quad Q_i = \sum_k s_i^k r_i^k q^k$$

(1) 交通分布,采用重力模型法。

(2) 交通方式划分,采用 Logit 模型法。

(3) 交通分配,用户均衡分配法,可达性可用空间阻隔模型表示,即

$$E_i = \frac{1}{J} \sum_{j \in J} t_{ij}$$

(4) 约束条件为各交通设施容量对交通量的约束。

上层模型的决策者是土地开发商,用地开发效益与开发面积和地价直接相关,与开发容积率和地区可达性间接相关。土地开发商总是会试图通过容积率的提高得到更大的开发利益,但地块可达性却影响土地价格,这种影响通过下层模型表现。下层模型的决策者是交通出行者,容积率越高,交通生成就越大,交通出行者依照 Wardrop 基本原理选择出行方案。在满足交通设施容量的前提下,产生的交通量会影响地区可达性,使地价发生变化,反馈到用地开发,影响上层模型的目标函数。这就是基于开发效益的土地利用与交通互动的双层规划模型的基本原理。模型通过容积率和可达性变量,将上下层模型联系起来,对用地与交通的互动关系进行很好地解释,并在实际中得到较好地应用。

4.4.3 动态与静态交通需求联合管理

1. 动态交通与静态交通的相互影响

一个完善的城市道路交通系统应由动态交通及静态交通两个子系统组成。动态交通需要空间(行车道)以及管理措施,静态交通同样需要空间(即停车场)及管理措施,这两个子系统在城市交通中具有同等重要的地位。动态交通与静态交通相互联系、相互影响、相互制约,主要体现在以下几个方面:

(1) 动态交通对静态交通的影响。当某区域机动车交通可达性很高的时候,一方面会吸引很多的车流、人流,另一方面可能导致更多的停车需求。反之,当可达性较低的时候,部分车流、人流集散到其他区域,同时降低了停车需求。显然,停车设施的供给(结构体系与容量)与动态道路网络容量应有一个合理的组合。

(2) 静态交通对动态交通的影响。停车场供给充分时，会吸引更多的车流，也会吸引人们乘私人交通工具到达此区域，从而引起动态交通拥挤，而当停车场供给不足时，自然影响出行方式的选择(选择不停车空间的公共交通方式)降低停车需求。另一方面，部分因找不到停车空间，在路上来回兜行，增加道路时空消耗。另外，当静态交通分布不当，更长的步行距离让出行者横穿更多的道路，不但影响交通安全，还会导致道路通行能力降低。

2. 静态交通需求管理方法与策略

停车需求管理的目的是优化停车设施的配置，削减不必要的停车需求，减少停车的时空消耗。停车需求管理的策略必须和动态交通的策略一致，主要有以下几方面：

(1) 停车供给控制。当动态交通供需矛盾突出时，为了缓和动态交通拥挤，静态的交通供给应保持适度，以提高动态交通设施最高的使用效率，必要时控制和削减停车供给。

(2) 削减使用效率低的停车需求。如居住区停车、工作目的停车，通过限制车辆拥有和鼓励使用公共交通来削减停车需求。

(3) 停车收费。通过价格调整停车需求和供给的矛盾。

(4) 停车共享。不同类型的土地使用在不同的时间内停车需求是不同的，餐馆停车需求高峰在进餐时间，娱乐设施一般在晚上。对不同类型的土地使用产生的停车需求共同使用配建停车场和公用的停车场。香港的复合功能开发模式停车泊位周转率是个典型，美国对配建停车场建设按高峰小时停车需求量顺序的85%确定配建停车场规模，以便交通管理部门控制和管理使用。

思考题

1. 为什么交通系统的供需关系还不能完全用微观经济学的供需均衡理论解释?
2. 交通需求弹性与交通供给弹性的关系如何?
3. 交通供给对交通需求有何影响? 如何定量化?
4. 为什么说交通系统发展导向采用供给控制与需求控制协调进行是必要的?
5. 什么是广义社会成本? 交通供给的适度理论的内涵与积极意义在哪里? 对采用边际社会成本理论确定最优投资条件 $B(t)=rK$ (图 4-19(b))进行讨论。
6. 为什么说交通需求管理与适度供给是一个硬币的两面，不可分割，不可取代?

主要参考文献

[1] 曼昆. 微观经济学[M]. 梁小民，梁砾，译. 北京：北京大学出版社，2009.
[2] 曼海姆. 运输系统分析基本原理(第一卷基本概念)[M]. 许绍林，译. 北京：人民交通出版社，1992.
[3] 樊一江，马天山，高睿晶. 交通运输政府规定供需特质研究[J]. 铁道运输与经济，2008，30(6)：1-4.
[4] 刘磊. 我国大城市实施交通需求管理的法律体系构想[D]. 济南：山东大学，2009.
[5] 朱顺应. 城市交通需求管理基础理论研究[D]. 南京：东南大学，1996.
[6] 周鹤龙，徐吉谦. 大城市交通需求管理研究[J]. 城市规划，2003，27(1)：57-60.
[7] 张国伍. 交通需求管理与城市交通可持续发展——"交通7+1论坛"第八次会议纪实[J]. 交通运输系统工程与信息，2007，7(6)：1-10.
[8] 王丰元，陈荫三，宋年秀. 交通需求管理及其在中国的应用[J]. 交通运输工程学报，2002，2(2)：83-87.
[9] 吴文征. 交通运输供给与需求均衡的理论研究与实证分析[D]. 西安：长安大学，2005.
[10] 任福田，刘小明. 道路通行能力手册[M]. 北京：人民交通出版社，2007.

[11] 徐吉谦.交通工程总论[M].北京:人民交通出版社,2002.
[12] 陆化普,黄海军.交通规划理论与方法[M].2 版.北京:清华大学出版社,2007.
[13] 唐子可.轨道交通车站地区的城市土地利用规划理论与关键技术[D].上海:同济大学,2009.
[14] 北京市城市规划设计研究院.城市土地使用与交通协调发展——北京的探索与实践[M].北京:中国建筑工业出版社,2009.
[15] 杨励雅.城市交通与土地利用相互关系的基础理论与方法研究[D].北京:北京交通大学,2007.
[16] 黄海军.城市交通网络平衡分析理论与实践[M].北京:人民交通出版社,1994.
[17] 晏克非.交通需求管理理论与方法[R].上海:同济大学,2001.
[18] 黄渝祥,张庆宏.现代应用经济学[M].北京:高等教育出版社,2003.
[19] 严作人,张戎.运输经济学[M].北京:人民交通出版社,2003.
[20] Lowry. A Model of Metropolis[M]. Santa Monica, CA: Rand Corporation, 1964.
[21] Pitman S. Integrated Urban Models 2[M]. London: Pion, 1991.
[22] Hunt J D. A Description of the MEPLAN Framework for Land Use and Transport Interaction Modelling[M]. Paper at the 73rd Annual Transportation Research Board, Washington, D. C., 1993.

第 5 章　基于供需均衡理论的 TDM 策略

5.1　交通运行阶段的 TDM 策略

交通运行阶段的 TDM 是一种主动调整交通需求的时空分布，寻求交通供需关系平衡点的交通管理策略与方法。交通设施供给可以被动地去满足交通需求，使交通运行过程得以改善，从而趋向高供给下的供需平衡；交通设施供给也可以导向交通需求，同时通过调控需求以适应交通供给，从而趋向适度供给下的供需平衡。同样是供需平衡状态，前者可能要付出更多的资源和投入来获得平衡，而后者可以节省得多，且为未来的发展储备更多的设施资源，这就是交通问题的特点。很显然，基于交通需求控制与交通供给导向下的供需平衡是城市交通可持续发展所需要的，这一点应作为我们在交通规划、运行、管理等各个阶段基本的指导思想。

5.1.1　交通运行阶段的供需均衡条件

下面以道路系统与交通需求变化的关系为例，分析不同策略下的交通改善过程示意。

图 5-1 以 $S(x)$表示道路设施供给（道路容量）的增函数：图 5-1(a)中，当道路交通需求增长超过道路容量（$S(1)$）时而产生的交通拥堵；图 5-1(b)是一般交通供应扩容下的改善目标，即道路扩容从 $S(1)$增至 $S(2)$，以满足增长的交通需求，这在条件可能情况下是一种积极的交通改善方法。但提升道路容量后，交通需求会加速增长，又形成类似图 5-1(a)中交通拥堵状态；图 5-1(c)是对交通需求进行单方面控制，即通过限制与重新分布交通需求（新的需求曲线扁平化），适当降低区域路网的服务水平，从而达到减轻交通拥堵的目标，该方法是典型的 TDM 策略方法，若能顺利实施，则可以使供需关系在较长的一段时间保持平衡状态。但 TDM 策略实施可能需要通过技术、行政与经济等多种手段，包括改变人们的出行方式或成本，实施过程需要的时间较长；可能还会导致路网其他部分产生新的交通拥堵。图 5-1(d)是从供给和需求两个方面同时改善的策略，既考虑积极适度扩容（$S(1.5)$），同时又采取限制和转移需求措施使出行时间、出行空间及出行方式有新调整，从而能够保证交通需求控制在道路容量可承受的范围内，实施时间较快，投入节省（资金与用地），且这种均衡状态可以在较长时间内保持。因此，这在交通运行阶段是一种高效可行的 TDM 策略。

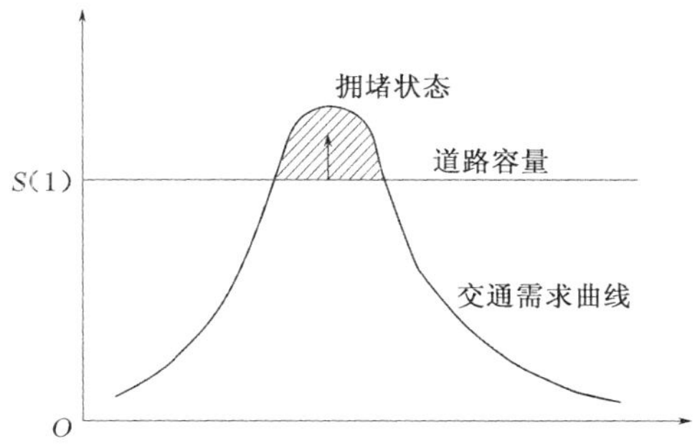

(a) 供需不均衡下的交通拥堵

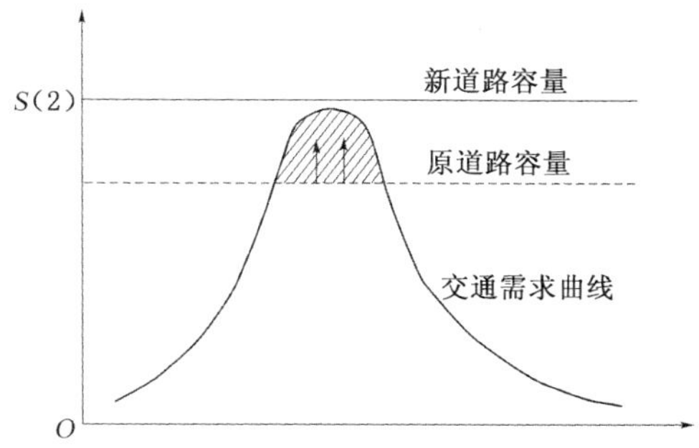

(b) 一般交通扩容的改善

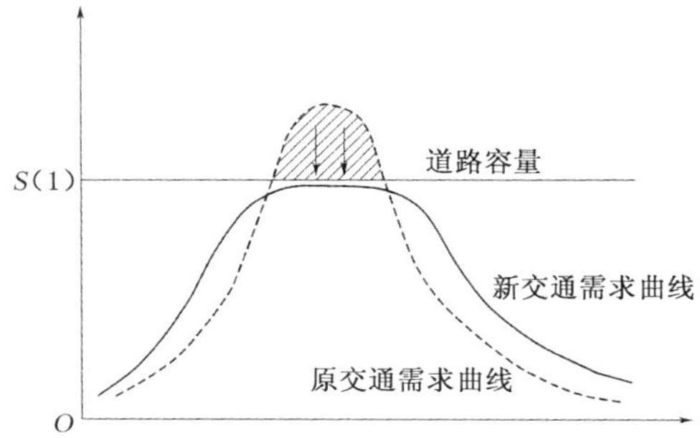

(c) 一般交通需求管理下的改善

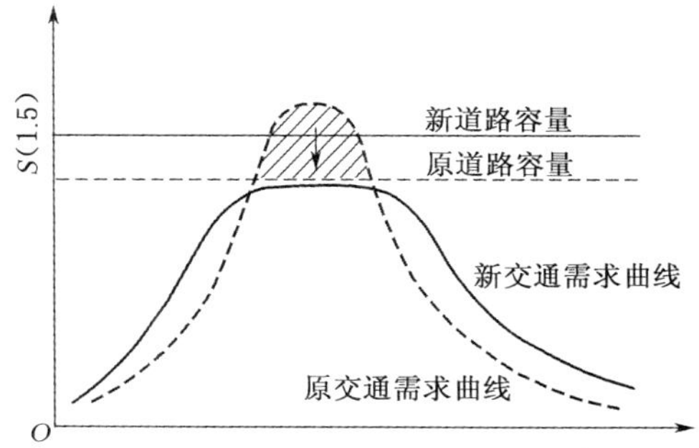

(d) 基于供需协调改善的 TDM 策略

图 5-1 基于供需均衡的不同策略下交通改善

5.1.2 交通运行阶段的供需不均衡因素

目前,从我国各地市的交通运行情况来看,越来越多的交通问题都可以归纳为供需的失衡问题,涉及用地、建设、投资、运营与管理各个层面。而这些供需失衡问题,往往会集中表现在交通运行阶段,导致交通拥堵、出行不便、事故上升、环境污染等问题的突显。其中,源于交通运行的供需失衡问题主要有以下几个。

1. 道路容量与道路交通量的失衡导致交通拥挤

由于机动车拥有量和使用量的增多,导致道路交通量与道路容量之间的矛盾凸显。正如前文所述,在无限制条件下,道路设施供给永远赶不上交通需求的增长,当道路流量超过道路所能提供的服务能力时,道路交通拥挤现象产生。

拥挤度指标就是用来判定道路拥挤程度的指标。拥挤度(S)定义为路网的实际交通量(Q)与路网最大容量(C)之比,反映了路网流量与路网能力的总体平衡状况和路网能力的储备情况,表达为

$$S = \frac{Q}{C} = \frac{\sum_{i}(q_i L_i)}{\sum_{i}(C_i L_i)} \tag{5-1}$$

式中,S 为路网拥挤度;Q 为整个路网的服务交通量或分配交通量,pcu/h; q_i 为第 i 个路段实际服务交通量或分配交通量,pcu/d; C_i 为第 i 个路段设计标准通行能力,pcu/h; L_i 为第 i 个路段里程,km。

当 $S \leqslant 0.5$ 时，路网运用性强，交通很通畅；当 $0.5 < S \leqslant 0.7$ 时路网适应性好，交通畅通，能承载指定的交通量，尚具较大的潜力；$0.7 < S \leqslant 1.0$ 时路网畅通性一般，有拥堵趋势；当 $S > 1.0$ 时，路网适应性差，会发生堵车现象，路网已不能满足交通需求。

然而实际中，很多交通拥挤是由于交通使用者“不理智”的行为所导致的，因为个人都是以道路使用感知成本来作出行判断的，很大程度与用户的习惯性思维有关，例如出行路径选择中，人们会凭借感性认识选择最短路径出行，但如果每个人都选择这条“最短路径”出行，则这条出行路径会因为交通拥挤导致的延误增加变为“非最短路径”。而所谓的“网络均衡”状态在实际中靠出行者的自动调节是很难达到的。这就需要在交通运行阶段，通过交通管理者的信息诱导、收费策略等对路网用户的宏观调控，达到整个道路系统出行延误最少的交通需求的均衡分配，这也是 TDM 重要的策略之一。

2. 交通方式与车道供给的失衡导致车流互相干扰

传统的道路设计中，通常以社会车辆与公交车辆混行设计为多，在公交流量较大的路段上，公交车与社会车干扰冲突现象明显。公交车的速度受到严重制约，而小汽车行驶自由性也受到很大的限制。这是由于流量组成与车道供给不匹配造成的。公交车与小汽车行驶过程中的相互干扰，可从分析阻抗函数(参考式(3-1))中得出。

1）单向三车道理论模型

利用对实际典型道路进行调查得到的三车道道路上公交车与社会车混行时，社会车辆车速、公交车辆车速、机动车流量、道路通行能力等数据进行标定，标定结果如下。

社会车辆：$\alpha = 3.716$，$\beta = 4.014$，相关系数为 0.736，可以通过显著水平为 5%的检验。

$$v_s = \frac{v_{s0}}{1 + 3.716\,(q/c)^{4.014}} \tag{5-2}$$

公交车辆：$\alpha = 3.51$，$\beta = 4.446$，相关系数为 0.703，可以通过显著水平为 5%的检验。

$$v_b = \frac{v_{b0}}{1 + 3.51\,(q/c)^{4.446}} \tag{5-3}$$

式中，q/c 为路段机动车饱和度；v_s，v_{s0} 分别为社会车辆在交通量为 q 时的速度和此路段社会车辆自由流速度；v_b，v_{b0} 分别为公交车辆在交通量为 q 时的速度和此路段公交车辆自由流速度。

2）单向两车道理论模型参数标定

对典型两车道的实际运行情况进行调查后，分别标定参数结果如下。

社会车辆：$\alpha = 3.992$，$\beta = 3.635$，相关系数为 0.728，可以通过显著水平为 5%的检验。

$$v_s = \frac{v_{s0}}{1 + 3.992\,(q/c)^{3.635}} \tag{5-4}$$

公交车辆：$\alpha = 3.619$，$\beta = 3.564$，相关系数为 0.707，可以通过显著水平为 5%的检验。

$$v_b = \frac{v_{b0}}{1 + 3.619\,(q/c)^{3.564}} \tag{5-5}$$

3. 道路交通组织失衡导致交通秩序混乱

交通秩序的混乱是运行阶段最常见的道路交通问题，究其原因是多方面的，但直接原因就是道路交通设计组织与车流运行的不均衡，具体体现在：

(1) 交叉口信号相位与配时的不合理，导致交叉口延误时间过长，车流不能很好地疏散；

(2) 交叉口设计不合理，进出口车道数不匹配，导致车辆通过交叉口秩序混乱，常现拥挤，交通安全难以保障；

(3) 交通网络节点(枢纽)进出交通组织不畅，导致客流在进出口长时间延误，造成交通拥堵；

(4) 公交停靠站与主线交通的互相干扰，造成道路交通瓶颈的产生，等等。

5.1.3 基于 TDM 策略的交通整治改善方法

在交通需求增长和供需关系产生失衡的情况下，从 TDM 的基本理念出发，进行交通的优化，包括单向交通流组织、合理的车道布置、科学信号控制、公交优先等整治措施都是为了优化出行结构，优化出行时空分布，促进交通供需的平衡。

5.1.3.1 交通整治改善的目标与指导思路

城市交通整治改善亦属于多目标优化问题，是在运行阶段实现 TDM 策略的重要手段。在进行交通改善整治时，应重点关注“交通畅通、供需均衡、保护城市环境、体现社会公平、降低能源消耗”，体现以下几点指导思想：

(1) 改善性：城市交通整治改善的主要目的在于缓解城市交通压力，改善交通环境，“改”是手段，“善”是目标，这是进行城市交通整治改善的根本指导思路。所谓改善，就是在保持大局不变的前提下，实施供需均衡策略，解决现实中存在的局部问题。

(2) 区域性：城市交通整治改善大多是区域性的，往往是针对引起交通问题的局部区域进行研究，如城市中心区、某条交通干道、交通枢纽、大型公共建筑区等。区域性是 TDM 的基本特征，而区域不是一成不变的，特别是在分析评价阶段更是如此。

(3) 时效性：城市交通整治改善是对出现交通问题后的一种“补救”工作，这就要求交通整治改善工程必须尽快实施，以解决已出现的交通问题。因此，城市交通整治改善也是一项近期实施性规划，规划期限一般为 3～5 年，由于城市交通问题涉及面广，影响到人们正常的生产生活秩序，关系到城市的政治、经济、环境等方面的发展。在网络化的城市交通系统背景下，区域性的交通问题如得不到尽快改善，势必影响周边区域乃至整个城市的交通系统，因此，交通整治改善需要尽快实施，体现时效性。

5.1.3.2 交通整治改善的内容与方法

1. 不同性质交通的区分

(1) 根据实际情况，合理布置横断面，明确各车道功能，分离快慢行车流、合理组织直行与转向车流，减少交织，尽可能提高通行能力；

(2) 在道路红线宽度允许的情况下，通过道路空间置换，彻底分离机动车与非机动车，实现道路机动车道的专用；

(3) 交叉口信号灯相位设置充分考虑减少不同方向车流的冲突和交织。

2. 信号灯联动控制

高负荷、高密度区往往是城市核心区或老城区，这类地区的饱和度高，路网密度大。交叉口间距往往不超过 400 m，交叉口车均延误成为决定行车速度的关键因素，而信号灯控制通过自适应控制或者定时协调控制可取得最佳的运行效益。

3. 合理的渠化设计

在进行渠化时，可以按照国家标准《城市道路交叉口规划规范》(GB 50647—2011)与相关的地方规定进行优化设计。这里提出应纠正车道利用率或通行能力降低的不合理车道设计。常见的不良设计主要出现在交叉口进口（或出口）车道，以及间距较短的上下游交叉口之间路段车道的设置上，主要表现在：

(1) 不完整的进口车道设计。在进行进口道拓展时，受到用地条件限制，造成新增辟的只有很短的一段，这种局部增辟的车道可以称为“不完整进口车道”。另一种情况是路段连续设置了公交专用道，只有靠近交叉口停车线处留有很短的共用车道，这也是形成不完整车道的一个原因。在这种不完整车道上，一旦出现超长车队，车道长度容纳不下待放行的车队时，整个进口的通行能力就受到影响，车均延误也会相应增加。

(2) 车道不完全利用的组织。尽管在同一进口（出口）道上的其他车道已经“满载”，但是有一条车道不能完全、有效利用，道路的服务能力受到不同程度折减。这种情况包括：与行人冲突的右转车与直行车合用的车道；有对向直行车流，左转车流与直行车流合用车道；在进口或出口车道上有公共交通停靠车站；出口比进口车道少一条车道；出口车行道被公共汽车占去一条车道；下游交叉口设置了右转专用车道，出口车道数减少一条；交叉口附近的高架上下匝道距离较近，引起车流交织严重。

4. 合理的交通疏导

交通疏导要从着眼于局部的节点或主干路段扩展到整个道路网络系统，如单向交通、变向交通、设置公交专用道、增加交叉口进口道、关键交叉口禁止左转、禁止任意停车、独立的自行车道系统和步行系统等。

5. 静态交通设施改善

分析停车需求（包括日间停车场、夜间停车场的需求量），充分利用现有道路设施，在加强对路内停车点管理的前提下，可以利用支路、部分次干道以及过境道路路侧作为停车场。商务中心区(CBD)停车设施应紧密结合中心区的绿地，广场以及高层建筑的地下层做好规划，执行配建停车设施对社会开放的规定，提高停车设施的总体利用水平。

6. 错峰出行管理

“错峰出行”是调节人们通勤、通学等固定式出行时间的策略，目的是降低早晚高峰时段的峰值，将一个较大的交通量高峰分解为几个较小的交通量高峰，在时间上均衡交通流，缓解供给和需求之间的矛盾。由于交通出行在时间分布、空间分布和交通方式选择上是相互关联的，事实上，交通生成（产生点和吸引点）在空间的分布、交通方式、行程时间长短、出行方式比例和职业类别等，都影响着错峰出行的实施效果。因此，若实施“错峰出行”TDM策略，需要对实施地区的行业构成、上下班时间作详细调查，分析主要交通设施的特征和客流特征，从而使该措施真正达到“削峰填谷”的目的。

5.1.3.3 交通整治改善的工作路线

由于交通整治改善具有较强的综合性，从整个编制过程来看，可分为管理工作和技术工作两条路线，两条路线是相互交错、互动前进的，如图 5-2、图 5-3 所示。

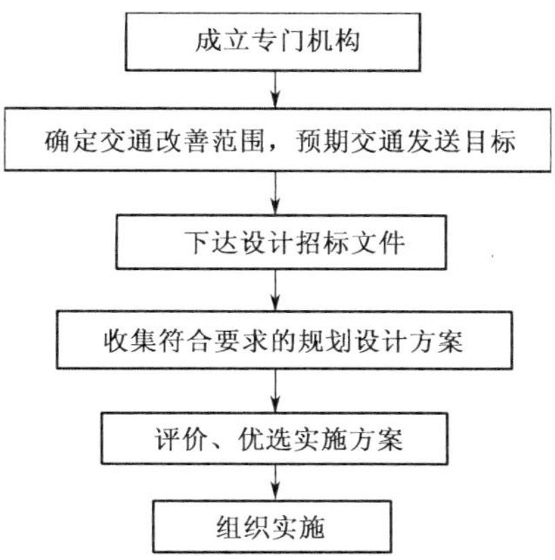

图 5-2　管理工作路线

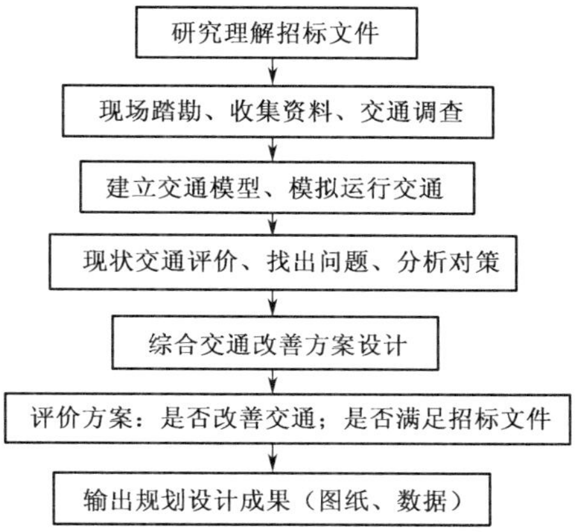

图 5-3　技术工作路线

5.2　建设项目可行性阶段的 TDM 策略

建设项目是上一层规划的具体落实。不同交通建设项目方案体现了不同的交通需求管理目标。新建的交通设施，可增加交通供给，提高交通承载能力；扩建既有交通设施，可拓展交通服务能力；改建旧有交通设施，可变更其服务功能，调整服务范围，改善交通服务水平。在社会经济高速发展的背景下，基于建设项目的功能布局（形式）、建设规模、建设时序与方案优化的 TDM 研究具有重要理论与实际意义。

5.2.1　可行性阶段 TDM 策略的必要性和重要性

5.2.1.1　供需关系论证是交通项目可行性分析的核心内容

依据经典的产业布局理论，交通条件是产业区位选择和产业布局调整的重要影响因素，交通条件的改变，一方面直接导致产业布局的形成与改变；另一方面，交通设施项目的建设，增加了区域与区域间的可达性和连通性。交通项目可行性研究就是要论证其建设必要性和建设方案合理性，建设项目的功能、规模、建设时序从根本上看是供需关系的科学分析与设施资源的合理配置问题。通过建设方案阶段的 TDM 研究，可以改变区域之间的最短路径以及区域间出行路径的选择范围，调整和吸引部分区域间交通需求走向。这两种改变最终都将重构区域间交通需求分布。在建设上，建设项目先期启动，对交通需求分布的影响提前，相反延迟启动，对交通需求分布的影响也延迟。交通基础设施项目建设与否、建设先后时序如何都将通过影响产业的布局形态和区域间交通条件，改变区域上交通需求的分布。

在高速经济增长和快速城市化进程中，建立城市新区是城市拓展的主要手段和重要模式。在可行性阶段加强从 TDM 角度分析区域性交通项目作用与联系风险，协调好区域性的交通项目的建设时序，尤其是实现内外交通的快速衔接和转换等建设项目，有利于推动项目的可持续发展。

5.2.1.2　交通建设项目的 TDM 有助于交通模式的优化选择

建设项目的建设方案包括项目的功能定位、建设形式、模式选择以及投资规模。一般情况下，交通设施，特别是道路的建设，都是从机动车角度考虑，方便机动车快速通行，其最终结果是引导更多的机动车方式出行。**若在交通基础设施项目建设前期，特别是在城市复合交通网络背景下，对建设项目功能上偏向于公共交通，在建设形式上以公共交通为主，在投资规模上以公共交通优先等，其最终结果将使得公共交通具有竞争优势，引导了区域交通出行方式向公共交通转移。**如芜湖市的九华路(见第 10 章第 10.2 节)由原来的双向四车道调整为双向六车道，增设公交专用道，增加公共交通的竞争力，将道路交通功能从机动车过境通道调整为公共交通集散通道。

5.2.1.3 建设项目的可行性阶段 TDM 将推进交通规划落实

建设项目都是具有特定工程目标，有明确的起点和终点范围，都将对区域交通供需关系产生影响；由于社会经济的快速发展，建设项目的建设时期与上一层次规划内容往往存在欠协调与适应性等问题，都需对建设项目供需关系进行再次深入研究以及调整的必要。建设项目的可行性阶段是交通规划实施的最后控制环节，有必要抓住可行性阶段对其进行 TDM 优化研究。

5.2.2 可行性阶段 TDM 优化内容

(1) 深化建设项目的供需关系研究。城市在不同发展时期有其倾向性和重点，在支撑城市发展的基础设施建设中，根据城市的发展方向，通过深化建设项目需求分析和设施配置，包括建设项目的建设时间和建成时间。

(2) 优化建设项目的方案设计。根据供需关系分析，供给的慢变性无法完全满足需求的快变性，总会存在供需不平衡；在符合实际情况或客观要求的前提下，需要优化交通供给规模来保证交通供需关系处在最佳状态或最佳程度，包括交通投入的数量和范围。

5.2.3 可行性阶段 TDM 策略目标

(1) 调整交通时空分布。结合交通设施项目的规模与方案，扩充交通设施容量，增加交通流出行路径选择，调整交通在时间和空间上的分布。

(2) 减少机动车交通。结合建设项目调整区域用地与道路功能设计(或改变道路走向)，减少道路上机动车交通流量。

(3) 促进出行方式向公共交通转移。城市交通设施建设要体现公共交通优先发展思想，积极引导居民出行向公共交通转移。

5.2.4 建设阶段 TDM 策略实施原则

交通始终与社会、经济、环境和用地发展保持着互动作用。交通项目建设考虑 TDM 策略，交通发展与外部的关联将由被动配合转向主动引导。

(1) **交通建设要与土地使用规划相结合。**为支持总体规划目标实现，在控制性详细规划和建设阶段，进一步加强土地使用规划与交通规划之间的紧密协作，以便使道路、轨道等交通项目建设发挥更大的效益。例如，交通性干道建设与土地规划紧密结合，一方面交通性干道的走向与区域城镇体系规划相结合，积极引导城市多心结构的形成；另一方面交通性干道的功能应与城市功能布局相结合，引导交通均衡发展，避免客、货流交通相互干扰。

(2) **交通建设要与经济增长相互适应。**交通发展需要大量的资金投入，而资金永远是稀缺资源，必须合理使用，要使每一项投资都能充分产生社会和经济效益，而交通发展必须适应于经济和财政的承受能力。交通发展对经济增长的拉动作用非常巨大，同时，要注意循序渐进，统筹规划，分期实施，确保建设项目在供需关系、社会经济上的可持续发展。**交通建设要与环境相协调**。交通环境是城市生态环境的重要组成部分，人们在享受便利交通的同时，要求舒适、清洁的交通环境，并且关注交通对城市环境的影响。机动化在提高城市交通运转效率的同时，也带来了空气污染和噪音污染，而交通设施也会对城市景观产生一定的影响。为了减少交通污染，要提倡使用人均污染最少的交通工具，鼓励使用清洁能源，要注重城市交通基础设施的建设与周边环境的协调。**交通建设要与社会进步互相促进**。交通发展的过程本身就反映了社会的进步，交通工具从人力、畜力到半机动化、机动化，进而到高速化、集运化，城市交通的运行速度越来越快，经济活动的效率越来越高，社会发展水平因此不断提高。社会进步也对城市交通提出了更高要求，一方面要不断提高交通服务水平，适应市民生活质量的提高；另一方面要保证社会各阶层都能平等地享用城市交通资源，体现社会公平。

5.2.5 主要具体措施

1. 提高交通设施的效率和运输能力

城市土地资料的稀缺性决定了道路资料的有限性，提高交通设施的效率和运输能力将有效缓解交通压力。从交通时空消耗上，人均小汽车等机动车方式占的时空资源大，公共交通和非机动车所占时空资源相对较少。一是在道路功能与设计上向公共交通和非机动车优先倾斜，为运输量大的公共交通预留空间，增加公交专用道，完善公共交通线网或利用道路的上空和地下资源，发展轨道交通，通过改善道路的功能和断面形式提高道路交通的服务能力，实现更多的人流活动出行；二是贯通各等级道路和静态交通设施利用，完善各级道路网络，减少机动车绕行等无效交通，提高道路交通容量。

发挥道路交通的时空引导功能，分离不同交通流。道路上交通流存在两种类型：一种是集散型交通；一种是通过型交通，集散型交通出行距离短，调整其路径选择难度大，通过型交通出行距离长，其出行路径选择灵活。可利用道路交通的时空引导功能，将集散与过境交通相互分离，诱导交通流在空间上和时间分布均衡。

2. 交通建设上适度供给

适时建设。适时建设即交通基础设施的建设时序问题。在规划的基础上，不同建设设施项目间，哪些先建，哪些后建；同一设施项目中，哪些区段先建，哪些区段后建，等等，都属于建设时序上的问题。建设时序的恰当与否直接关系着交通设施效益的发挥，应结合城市土地开发利用、客流预测结果的条件确定相应交通设施的建设与否以及建设的时序。

适度建设。我国许多城市面临来自人口增加、土地短缺、机动化快速发展三个方面的压力。机动车交通需求增长导致交通供需矛盾日益尖锐，土地资源的紧张致使“车多修路”将无法适应现代化社会的发展。事实说明，“过多地提供道路交通设施，只能是导致机动车过快增长”。因此，在交通基础设施建设规模上，要根据交通需求分析讨论TDM措施，根据供需平衡适度建设，在解决交通供需矛盾的同时，要防止交通设施投资过度引来的恶性循环。

5.3 用地规划阶段的 TDM 策略

土地利用是交通生成的源头，对用地进行控制即从源头上控制了交通需求。用地规划阶段的供需均衡，是寻求土地利用与交通系统匹配的最佳状态，使需求能更好地得到满足，使供给可以发挥最大的效应并导向需求的发展。用地开发的目的，不仅要达到开发效益最大，即寻找交通可达性影响下的地价与开发容积率乘积的最大值；还要涉及使人们生存空间更加舒适、出行更便利、环境更友好等方面。因此，**用地开发的目标不仅应体现 TDM 的思想，更要将 TDM 的目的落实到了城市规划层面。**虽然，这种多目标的问题在理论上很难寻找到最优解，甚至很难用一个完善的数学模型表达；但是，在实际中，我们已经能够从多方面寻求社会效益最大化的用地开发策略。

5.3.1 城市空间与用地功能规划的 TDM 策略

5.3.1.1 基于 TDM 的城市空间结构形态

城市空间结构将影响交通需求模式，一个城市采用哪种类型的空间结构形态，将从宏观上决定该城市的交通需求的演变方向。因此，规划一个合理而高效的城市空间结构模式，是 TDM 全面实施的第一步。

第 2 章已述及，城市形态布局具有“向心集聚”和“离心扩散”的特征，影响交通需求并带动交通发展形成“核心—圈层”和“节点—走廊”的格局。以此为基础，历史演变使当今城市**形成了“蔓延型”、“紧凑型”和“多中心型”三种主要的城市空间结构形态**[1, 2]。

(1) “蔓延型”空间结构。是以私人交通为主的完全机动化的城市结构，如图 5-4 所示。其主要特征是极其微弱的城市中心，低密度土地开发，活动中心沿道路，特别是高速公路分布。采用这种空间结构的城市，通常为低人口密度的城市，如洛杉矶、凤凰城、达拉斯等。这些城市形成以私人小汽车为主要交通工具的出行需求模式，没有或者有极其简单的公交服务。

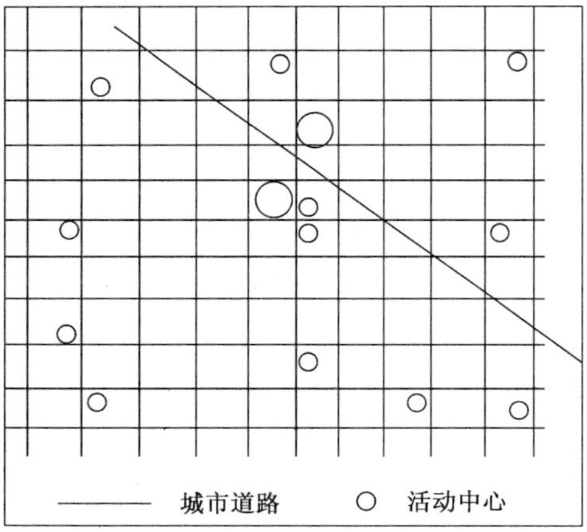

图 5-4 “蔓延型”城市空间结构

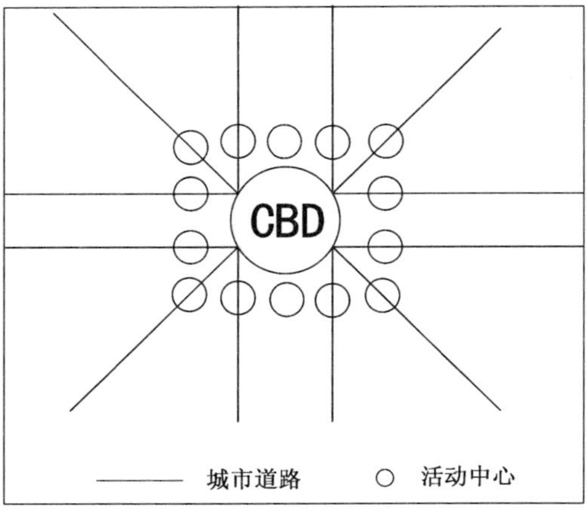

图 5-5 “紧凑型”城市空间结构

(2) “紧凑型”空间结构。旨在减少城市蔓延，保护城市周边环境，使城市和农村之间有明显的界限。紧凑型城市的土地开发利用采用密集型模式，单中心占主导地位(图 5-5)。

在“紧凑型”城市里，由于城市区域内所有地区的高密度和高可达性要求，大容量公共交通服务会比较完善。因此，有利于能源的高效利用，欧盟委员会曾在城市环境绿色报告指出，“紧凑型”城市是最有效的城市空间结构形态。

对比以上两种城市空间结构可以看出，交通模式和用地规划密切相关，并相互作用。与大多数交通方式相比，以小汽车为主导的交通方式会促进低密度的城市扩张，即所谓的“蔓延”方式。而“蔓延”的空间结构，又进一步刺激了小汽车的增长，迫使人们不得不采用小汽车出行才能达到个人出行效用的最大化。相比之下，“紧凑型”城市空间，工作和居住在一个紧凑布局的空间内取得平衡，减少居民出行的距离；采用公共交通廊道串联主要的居住与活动中心，可以取得径向交通的平衡，增加了人们乘坐公共交通方式出行的可能性。从能源消耗角度，以小汽车为主导交通方式的“蔓延型”城市的人均交通能源消耗量要远大于以公共交通为主导交通方式的“紧凑型”城市。从图 5-6 可以看出，美国、澳洲的大部分城市均为“蔓延型”空间结构，其人均能耗量远远超过“紧凑型”空间的亚洲城市和部分欧洲城市[2]。

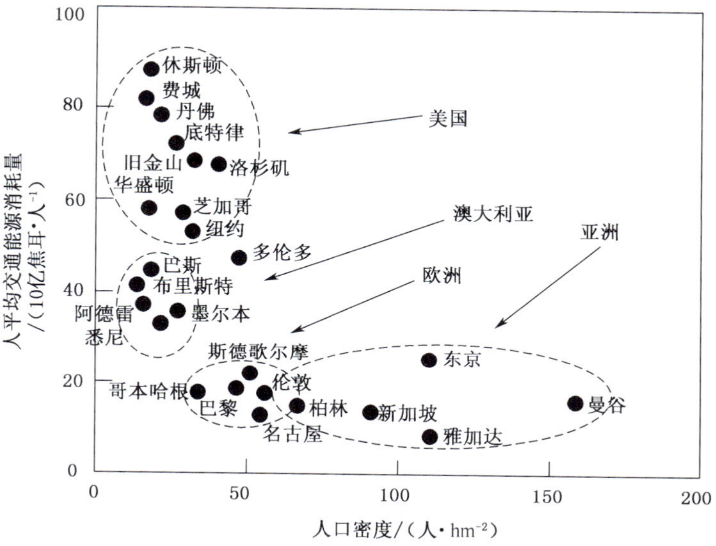

图 5-6　两种空间结构城市的人均能源消耗量

因此，从节约能源和保护环境的 TDM 政策出发，选择“紧凑型”城市空间结构形态，并且选择以公共交通为主导的城市交通发展模式无疑是正确的和理想的。但是，“紧凑型”空间结构也有其自身缺陷。例如，“紧凑型”布局容易导致单中心的形成，使中心区交通压力加大。当城市规模达到一定程度以后，单中心“紧凑型”城市空间将难以为继。由此提出了“多中心”的城市空间结构。

(3) “多中心”城市空间结构的特征是，高密度的城市中心与多个副中心组成，多模式交通四通八达，一些小型副中心一定程度上缓解了城市中心的交通堵塞并为支付不起昂贵租金的个人与企业提供了落脚之处，这些“中心”以大容量公共交通联系起来（如伦敦、新加坡和斯德哥尔摩），当然，也有以高速公路联系多中心的空间结构（如纽约、悉尼）。实质上，“多中心”空间结构可以看作是多个“紧凑型”布局的城市的集合。毋庸置疑，以大容量公共交通（如轨道交通）联系各中心的“多中心”城市结构更有利于城市的低能耗低污染的可持续发展。

目前，世界上很多超大城市大都采取了“多中心”的空间结构，例如我国上海就是一个典型的多中心空间结构模式。上海在经历了“单一中心”带来的城市拥挤之后，不断调整规划从单一中心模式向多中心发展模式进行战略性转变。其在《城市总体规划(1999—2020)概要》中提出了基于中心地理论的“中心城—新城—中心镇—集镇”都市城镇新体系规划，并提出在20年间将集中建设新城和中心镇；拓展沿江沿海发展空间，形成由沿海发展轴、沪宁、沪杭发展轴和市域各级城镇等组成的“多核、多轴”的新城市空间布局结构[3]，如图5-7所示。

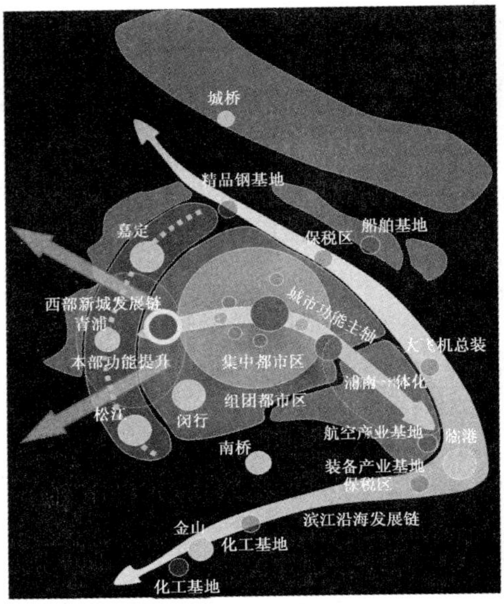

图5-7　上海“多轴—多心”结构

理想化的城市多中心发展可将就业与人口的距离缩短到一定程度，促使人们短距离出行（步行或者自行车），而长距离出行则提倡公共交通，从而形成多中心、交通有序的空间状态，如图5-8(a)所示。然而，如果“多中心”空间结构规划不到位，在规划时缺乏对就业和人口的周密考虑，则很有可能导致更加混乱的通勤行为，表现为各个城市中心无法吸引周围活动出行，反倒吸引了远距离的出行；各中心之间的交通分布杂乱无章，交通秩序混乱，如图5-8(b)所示。因此，“多中心”城市空间结构的有效性，还有赖于分中心与周围用地的紧密结合，有赖于分区内部出行发生和吸引的均衡规划。

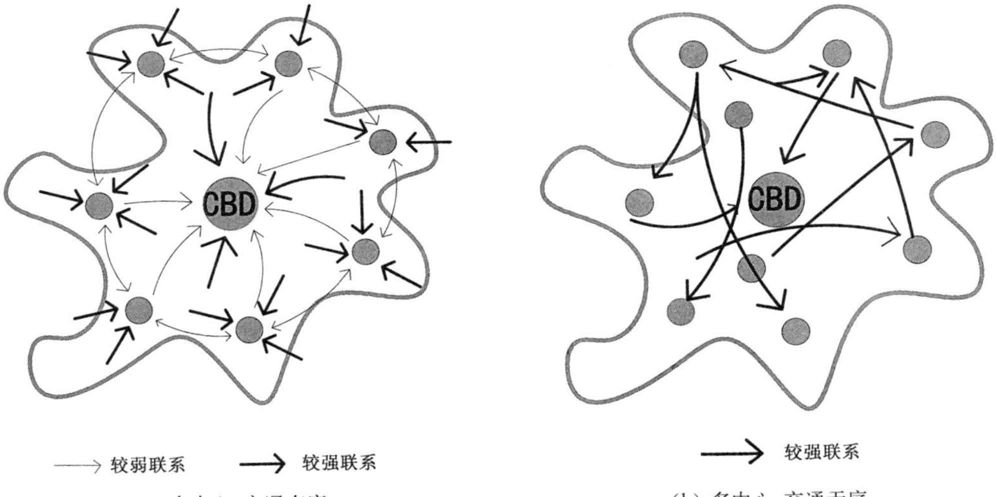

(a) 多中心，交通有序　　(b) 多中心，交通无序

图5-8　“多中心”城市空间结构

空间结构形态是用地规划对交通需求影响的第一步，如果抛开用地规划在开发类型、开发密度等方面的差异，则每一种空间结构形态就决定了一种相对应的交通需求模式。从TDM的角度出发，对于一个规模较小的城市，“紧凑型”城市空间形态可以较少地占用土地资源，节约能源，减少污染，因此是比较理想的选择；而对于较大规模的城市，“多中心”城市空间结构和大容量的公共交通走廊的规划模式，应该是有利于未来城市可持续发展的规划模式。而“蔓延型”城市空间结构则容易形成以小汽车为主导的交通需求模式，已经被证明

不适用于亚洲绝大多数城市,更不利于 TDM 策略的全面实施。

5.3.1.2 基于 TDM 的城市用地功能规划

城市的用地功能分为“单一功能开发”和“复合功能开发”,单一功能指用地以一种功能为主导、其他功能为附属;复合功能则包含多种主导功能,其本质特征在于特定用地范围内不同区位活动的要求(详见第 2 章)。城市作为一个政治、经济、文化、生活、居住等多功能的综合体,其用地构成复杂,种类繁多。我国城市用地按照所负担的城市功能划分为 10 个大类、46 个中类和 73 个小类,其中 10 个大类用地如表 5-1 所示。

表 5-1 城市用地分类

R	C	M	W	T	S	U	G	D	E
居住用地	公共设施用地	工业用地	仓储用地	对外交通用地	道路广场用地	市政公用设施用地	绿地	特殊用地	水域和其他用地

1. 单一功能用地开发对交通需求的影响

一般来说,不同性质的土地利用将生成不同的交通吸引发生量。早高峰时,具有交通发生特性的用地功能为居住功能,具有交通吸引特性用地功能为商业、办公、教育、医疗、娱乐等公共设施;晚高峰时,这两类性质的用地产生对应的相反方向交通需求,其中商业、医疗、娱乐等设施用地生成出行量在全天交通出行分布中表现为均衡化[4]。

用地开发的出行生成量与用地开发规模(面积),不同类型的吸引、发生率有关。出行生成率反映了单位用地的出行强度,ITE《出行生成》第七版中通过调查,确定主要用地类型的出行生成率见表 5-2。我国部分城市也通过调查,给出了不同用地类型单位建筑面积的交通出行吸、发量,表 5-3 为建设部行业标准 CJJ/T 141 提出的出行调查生成率参考指标。

表 5-2 部分用地类型的出行生成率(1 工作日)[5]

用地类型	土地利用功能	ITE 编码	出行生成率	出行生成率(替代)
交通	商业机场	021	104.73 次/航班	13.4 次/雇员
	公交停车换乘站(P&R)	090	4.50 次/停车位	
工业	一般轻工业	110	6.97 次/1 000 sf	3.02 次/雇员
	一般重工业	120	1.50 次/1 000 sf	0.82 次/雇员
居住	独建式住宅	210	9.57 次/居住单位	
	公寓	220	6.72 次/居住单位	
	共管式独立产权公寓	230	5.86 次/居住单位	
娱乐	电影院	443	1.76 次/座位	
	游乐场	480	75.76 次/英亩	
	社区活动中心	495	22.88 次/1 000 sf	
教育	小学	520	1.29 次/学生	15.71 次/雇员
	中学	530	1.71 次/学生	19.74 次/雇员
	大专及社区学院	540	1.54 次/学生	15.55 次/雇员
	大学	550	2.38 次/学生	9.13 次/雇员

续 表

用地类型	土地利用功能	ITE 编码	出行生成率	出行生成率(替代)
医疗	医院	610	11.81 次/床位	5.20 次/雇员
	保育院	620	2.37 次/床位	6.55 次/雇员
办公	一般办公建筑	710	11.01 次/1 000 sf	3.32 次/雇员
	政府办公建筑	730	68.93 次/1 000 sf	11.95 次/雇员
零售	专卖店	814	44.32 次/1 000 sf	22.36 次/雇员
	购物中心	820	42.94 次/1 000 sf	
	超市	850	102.24 次/1 000 sf	87.82 次/雇员
服务	银行	911	156.48 次/1 000 sf	44.47 次/雇员
	快餐店	933	716 次/1 000 sf	42.12 次/座位
	加油站	944	168.56 次/加油机	

注:sf=平方英尺(建筑面积或营业面积)。

表 5-3　　国内不同类别建设项目出行率参考表

用地类型	土地利用功能	高峰小时出行率参考值	出行率单位
住宅	宿舍	4～10	人次/百平方米建筑面积
	保障性住宅	0.8～2.5	人次/户
	普通住宅	0.8～2.5	
	高级公寓	0.5～2.0	
	别墅	0.5～2.5	
商业	专营店	5～20	人次/百平方米建筑面积
	综合性商业	5～25	
	市场	3～25	
服务	娱乐	2.5～6.5	人次/百平方米建筑面积
	餐饮	5～15	
	旅馆	3～6	
	服务网点	5～15	
办公	行政办公	1.0～2.5	人次/百平方米建筑面积
	科研与企事业办公	1.5～3.5	
	商务写字楼	2.0～5.5	
场馆与园林	影剧院	0.8～1.8	人次/座位
	文化场馆	1.5～3.5	人次/百平方米建筑面积
	会展场馆		
	体育场馆	0.2～0.8	人次/座位
	园林与广场	0.2～2.0	人次/百平方米建筑面积

续　表

用地类型	土地利用功能	高峰小时出行率参考值	出行率单位
医疗	社区医院	1.5～4.0	人次/百平方米建筑面积
	综合医院	3～12	
	专科医院	4～8	
	疗养院	1～3	人次/床位
学校	高等院校	0.5～2.0	人次/百平方米建筑面积
	中专及成教学校	2.5～5.0	
	中学	6～12	
	幼、小学	12～25	

注：资料来源于《建设项目交通影响评价技术标准》(CJJ/T 141—2010)。

显然，由于不同类型用地吸引、发生的功能不同，单一功能的用地规划，容易形成“潮汐”流，产生“钟摆”式的通勤交通，导致“空城”与“卧城”的出现；单一功能用地开发，交通需求基数无法减少，尽管通过交通结构优化、交通流均衡等方法可以减少部分道路交通需求，但很难从根本上解决出行需求日益增多的趋势。因此，城市综合规划中，要避免用地功能过分集中与单一的规划形式。

2. 混合(复合)用地功能开发对交通需求的影响

城市的混合(复合)土地利用是将几种用地功能集中于一个地块内，目的在于平衡居住—就业产生的交通需求，平衡商业活动中心的集聚作用所产生的交通吸引量。多数研究者认为，增加土地混合开发，平衡居住与就业关系，是减少机动车交通、改善交通环境的有效手段。

居住地与就业地的分布是产生通勤交通流的主要原因。研究表明，在住房租赁条件下，人们往往首选工作地点附近的住房；而在购买住房条件下，人们会权衡房价和到达工作地的交通条件。混合土地利用是希望尽可能将人们的居住安排在就业的附近，以缩短通勤出行距离。但是，居住与就业的平衡在实际中很难达到，是因为居住与就业平衡不仅与用地规划相关，更多地与房价、人们的工作性质与购房能力等个人条件密切相关。混合土地利用更多地是考虑居住用地与商业用地的混合，因为单纯的居住功能简化了人们复杂的生活需求，不能满足日益增长的城市居民对品质生活的渴望。复合功能的开发，使居民有机会在家附近获得各种活动需求的满足，从而控制了居民机动车出行的交通需求。具体可分以下几点进行说明：

(1) 降低出行发生率。复合开发立体化可将部分地面交通转化为内部垂直交通，对于用地稀缺、地价昂贵条件下建筑复合体可获得功能最大综合。有助于分散交通负荷，促进市政设施集约利用，进一步减小出行发生量。

本书第2章述及，混合用地可以减少居民必须出行的次数，使他们更多地选择步行或骑自行车。有些土地用途的结合对减少出行非常有效，比如将学校、商店及其他常用的服务设施建在居民区和就业中心。美国的交通规划学者的研究表明，土地混合利用可降低5%～7%的出行量；ITE发现，混合土地使用减少8%的出行。

(2) 调整出行方式结构。复合功能开发可以在一定的用地范围内提供多种区位设施，提供了就近活动的机会，因此有利于减少出行距离，鼓励近距离的步行、自行车等交通方式，关于通勤距离的长度，有研究认为岗位与住房单位的数量比在 0.75～1.50 这一范围较为合理。

(3) 均衡出行时空分布。复合开发可以分散交通的发生和吸引源，减轻双向交通的不均匀性。同时，由于复合功能使各种区位设施使用时间相互交错，增强出行时间性。

(4) 减少停车空间需求。复合开发中各种区位活动的时间差，形成停车的时间差，从而有利于提高车位的周转率，降低停车配置数量。美国洛杉矶的 Warner Center 采用复合开发之后，中心车库泊位数由 1 400 降至 1 100，减少了 21%。

对比两种用地开发形式，可以认为，**“复合用地开发”可以“内部消化”交通需求，从根本上减少出行次数，缩短出行距离，优化出行结构，是用地规划阶段有效的 TDM 策略。**

5.3.2 基于社会效益最大化的用地开发策略

城市空间结构与用地功能开发对交通需求产生非常大的影响：城市空间结构可以从宏观上确立了有利于 TDM 的城市发展形态，用地功能开发则是从微观上提出了控制性规划阶段的 TDM 策略。因此，这两方面的结合，达到对交通出行的控制与引导，是 TDM 的重要方面。

实际上，交通系统规划与建设对土地利用也会产生很大的影响，一般表现为对土地利用的促进和约束两个方面[8]。促进方面表现为，交通系统规划的改善，使地区可达性提高，从而有利于提升土地价格，促使区域用地开发强度(图 5-9)。在土地资源有限的条件下，大容量的公共交通系统是一种提高地区可达性的高效率的交通系统，因此具有带动用地开发的作用。约束方面表现为，交通系统的容量(路网容量、停车设施容量及站点容量等)对开发强度(包括功能布局)的制约作用。实现社会效益最大化的用地开发，就是要结合 TDM 目标，**从城市空间结构与局部用地开发角度出发，一方面规划大容量的交通走廊作为连接城市活动中心的主要通道，另一方面通过用地规划减少出行需求的产生和优化出行的结构。**

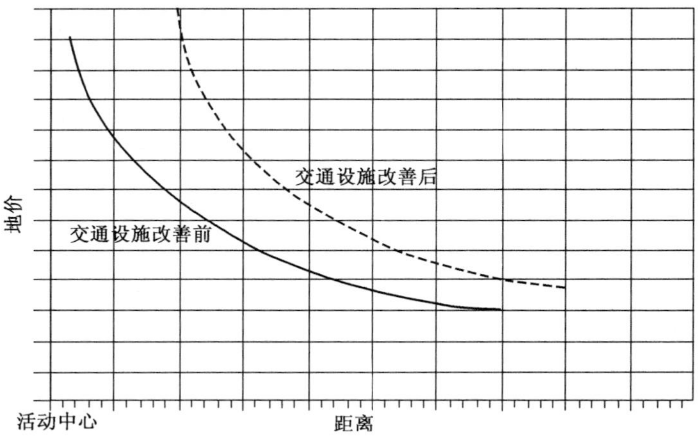

图 5-9　交通设施改善前后地价曲线变化图

5.3.2.1 交通引导城市发展(TOD)策略

20 世纪 90 年代初,新城市主义的代表人物之一,美国规划学者 Peter Calthorpe 提出公共交通主导的发展理论(Transit Oriented Development, TOD)[10],强调将单一中心同心圆扩张的城市发展模式改变为多中心的网络化发展模式,有预见性地把城市发展方向和交通干线建设结合起来,依托大容量、快速交通系统,发展组团式新城,这种模式强调每个社区内部的步行(与非机动车)第一位,公共空间第一位;强调社区内部多样性功能与环境的包容性,社区生活设施的完善,以及社区与社区之间留有大片的生态区[11],图 5-10 为巴西库里蒂巴的 TOD 规划。

(a) 城市发展轴线

(b) 客流走廊沿线建筑

图 5-10 库里蒂巴 TOD 导向下的城市空间形态

TOD 体现了社会效益最大化的用地开发策略,结合用地与交通的互动作用,TOD 策略实施的社会效益解释如下:

(1) TOD 策略的实施将改变城市的空间结构。TOD 要求城市布局合理依托集约高效的大容量公共交通走廊,并使其成为城市规划发展的导向,逐步疏散市区人口,调整用地结构,从而改变传统“摊大饼”无序蔓延用地规划模式。

(2) TOD 策略的实施将减少居民的出行需求。TOD 要求“密度(density)、多样化(diversity)和设计(design)”的“3D”原则,提倡采用用地“节约化”、“差别化”的开发策略,实施“规划指标总体平衡,站点地区局部突破”的原则;提倡实施站点区域用地的混合开发的原则;提倡公共交通站点地区用地功能开发遵循“梯度分布”的原则。结合前文所述用地对交通需求的影响可以看出,TOD 的用地开发策略一定程度上减少了居民的出行需求,尤其是长距离的出行需求。

(3) TOD 策略的实施将优化交通出行结构。TOD 的用地开发是围绕公共交通站点进行,提倡各功能用地集中布置在到达公共交通方式的步行范围内(600 m 左右),极大程度提高了公共交通的吸引力;另外,高密度高强度的混合功能布局使人们的日常出行在慢行交通的能力范围内解决,一定程度地鼓励了步行和自行车出行的慢行交通方式。而同时,高密度的开发对道路交通有一定的影响,增加了局域(公共交通站点地区)道路交通拥堵的隐患,但从另一角度来看,道路交通拥挤有利于减少人们对私人小汽车使用的偏好。

(4) TOD 策略的实施将改善人们的生活空间。TOD 策略在强调高强度开发的同时,提倡绿地和公共开敞空间的布置，强调设计宜人的居住环境和公共活动空间，并为慢行交通留有宽松的通行空间。

5.3.2.2 站点综合开发(SID)策略

“站点综合开发”(Station Integrated Development，SID)是指，**交通站点地区在满足交通功能的前提下，商业、办公等多种物业形式的一体化开发，是TOD策略在微观节点层面的具体落实。它要求在站点周边步行范围内实施高密度、高质量、多功能的开发。**通过站点综合开发，使各种功能设施联系为一体，综合解决绿地、开放空间等公共设施需求，实现布局合理，人车分流。SID有别于单纯站点开发，强化规模效应，提高土地开发利用的集约化程度，强调优化资源配置，形成区域中心，注重综合效益。通过SID，可提高土地开发利用的集约化程度，优化轨道站点的资源配置，综合解决公共开放空间、公共绿地等各方的需要。**SID策略不局限于大容量公共交通的站点开发，还可以应用到城市的其他客运枢纽，如公路客运枢纽、火车站、高铁站、飞机场等，这些枢纽也同样可以成为城市发展的触媒，具备引导城市发展、控制交通需求的作用。因此，当前又有学者提出“HOD”的概念，即枢纽建设引导城市发展(Hub Oriented Development)。**实施SID或HOD策略，重点是对车站开发区的集聚效应、周围的土地利用(用地开发性质、布局、强度)以及衔接设施布局规划设计等方面的理解，并运用可以实现社会效益最大化的策略与方法。

1. 城市枢纽开发区的“触媒—集聚”效应

“触媒—集聚”效应是城市枢纽进行综合开发导向城市发展的理论基础。“触媒—集聚”是城市发展的自然进程，也是城市设计的一种观念和方法，即由城市中某个新元素的引入，比如轨道交通的建设、步行街的建设等，带动城市持续发展，以一项开发引起更多开发。其开发效应以新元素为中心，呈现一种由近及远的梯度集聚(图5-11)。

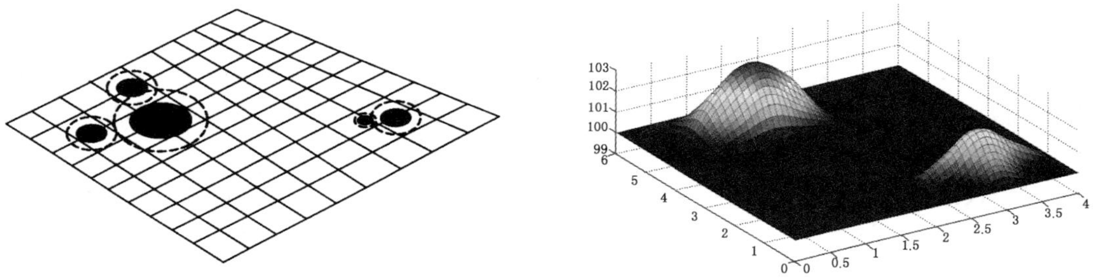

(a) 平面表现形式　　(b) 空间表现形式

图5-11　城市触媒—集聚理论示意图

城市枢纽能带动土地开发，引导城市发展，对所在地区的发展具有推动作用，而其综合开发能进一步强化这种作用，故应将轨道车站通过综合开发提高到地区发展触媒的地位上来。根据这一理论，轨道车站的“触媒—集聚”效应主要体现在以下三方面[13]：①触媒效应，城市综合体的形成；②价值效应，具有集聚效应的功能综合出行优化与土地升值；③催化效应，以城市综合体的开发催化周边区域开发，使优秀价值得到推广。

无论是开发效益上，还是交通需求控制上，集聚效应强的地区，综合开发效果更显著一些。一般来说，枢纽车站的集聚效应会随着离开轨道车站距离的增大而逐步地衰减。车站开发范围就是根据其“触媒—集聚”效应确定的。以站点为中心，将车站影响区划分为“步行区”和“接驳区”两个范围。

1）步行区

步行区是以居民愿意步行到达车站的合理距离为半径的服务区。其具体计算是，将以步行去车站的时间消耗为自变量的枢纽服务半径 $d=g(t)$ 范围内的用地，作为轨道枢纽的步行合理区。步行合理区范围通常包括步行 5～15 min 的距离范围，以及以 400～800 m 为半径的圆。各城市对 TOD 的空间范围有不同界定，但均在此范围之内，如表 5-4 所示。

表 5-4　国外部分城市站点合理步行区

城市	华盛顿特区	卡尔加尼	圣地亚哥	波特兰	西雅图
站点合理区范围	约 800 m	约 600 m	约 600 m	约 400 m	约 400 m

结合我国城市轨道交通的建设情况，并综合考虑各种因素，建议以 85%位以下的步行接驳区域作为轨道车站的合理步行客流的生成区域。85%位以下步行接驳区域是指在步行到达轨道车站的出行者中，占 85%的出行者是在该范围内产生的。根据 2009 年对上海中心区有一定开发规模的轨道交通站点进行问询调查显示，85%步行接驳距离为 650 m（图 5-12）。

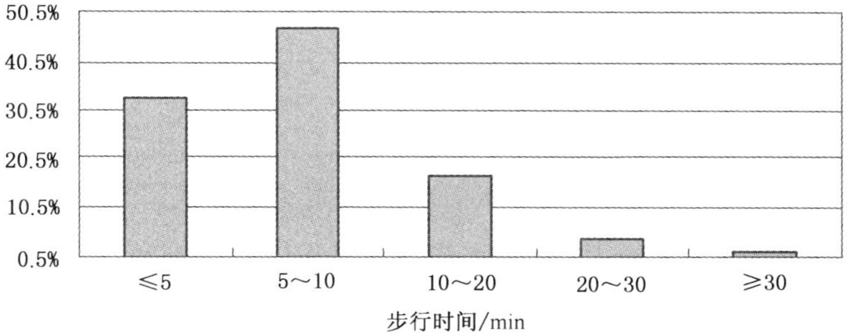

图 5-12　客流步行到站时间分布

由于郊区交通设施分布密度远低于城市中心城区，郊区出行人员对于步行距离的可接受程度相异于城区出行人员，因而轨道站点影响区域步行半径的确定应该有别于城市建成区。对上海的 10 个郊区轨道站点的实地调查数据，计算各站点 85%位步行距离建议见表 5-5。

表 5-5　上海部分郊区轨道站点 85%位步行接驳距离

站名名称	莘庄	颛桥	东川路	通和新村	龙阳路	张江高科	闵行开发区	剑川路	共富新村	华宁路
80%位步行距离/m	1 072	800	1 040	784	904	864	904	784	944	752

结果显示，上海郊区轨道站点 85%位步行接驳距离平均为 850 m，远大于城市建成区站点步行接驳平均半径 650 m。

在公共交通站点合理步行区范围内，客流吸引强度较高，若进行高强度高密度的用地开发，不仅可以为站点提供充足客流并使更多的人选择轨道交通出行，还能达到开发效益的最大。因此，公共交通站点合理步行区为 SID 开发范围的确定提供强有力的依据。

由于城市中心区综合开发较多属于以商业办公为主的开发，城市郊区 TOD 开发较多为以居住类为主开发，因此可以认为，商业办公综合开发范围在 600 m 左右为宜，居住开发范围在 800 m 左右为宜。

2）接驳区

接驳区是以居民搭乘他交通方式（非快速轨道交通）到达枢纽的合理距离为半径的服务区，其界限范围是其他接驳方式到枢纽消耗与步行（作为上限）接驳同样的时间来确定。可分为自行车接驳区、常规公交接驳区和小汽车接驳区。

接驳区范围的研究，一般假设以 10 min 车程为标准，即其他交通方式的合理区范围是出行 10 min 内能到达车站所形成的区域空间范围。研究目标不同，站点影响范围的确定标准也不一样，常用标准包括步行半径、文脉因素、地形标志以及开发边界等四种。根据已有研究[12]，轨道车站接驳区的范围可参照表 5-6。

表 5-6　各种接运方式接驳区的范围

接驳方式	接驳速度/($km \cdot h^{-1}$)	最大接驳半径/km
步　　行	4	0.00～0.6
自 行 车	4～14	0.6～2.50
公共汽车	16～20	2.00～3.50
小 汽 车	20～30	2.50～5.0

车站合理交通区的范围随轨道交通的系统类型、枢纽所在区域的用地性质以及城市居民出行习惯的不同而有所变化。在实际应用中，因根据道路网及不同方式衔接的可行性决定。注意合理区的边界不可能是圆的，应根据不同枢纽（车站）的情况具体对待。

2. 城市枢纽开发区的土地利用策略

1）车站用地开发功能

不同类型、不同区位的车站，其主导功能也应有所不同。一般来说，位于老城中心区的车站，其周边多开发为商业、商务区，少部分为住宅功能；位于城市边缘区或新开发区的车站，其周边比较适合以住宅为主导功能的混合用地开发。按车站用地功能导向将 SID 的开发类型分为商业商务型、社区居住型和 HOD 组型，如表 5-7 所示。

表 5-7　SID 开发的车站分类表

TOD 类型	开　发　特　点
商业商务型	以商业、办公等公共服务功能为主导，有较大城市公共活动中心，并附有适量的居住用地，鼓励商住混合建筑开发，使商业区成为“全天候”的公共中心，见图 5-13(a)
社区居住型	城市高强度开发居住区，以居住功能为主导，周边商业主要是社区服务型商业，同时为避免就业居住分离带来的“钟摆式”通勤交通的压力，在地铁站周围要布置一些办公用地，以平衡就业岗位布局，见图 5-13(b)
HOD 型	以航空、铁路或长途客运站等对外交通枢纽用地开发为主导，开发容积率较高，公共设施和市政设施的用地较大，是区域、城市交通方式转换的重要节点，见图 5-13(c)

(a) 日本新宿站　　(b) 香港青衣站居住区　　(c) 上海虹桥商务区(规划)

图 5-13　三种枢纽综合开发类型的典型

另外,SID 强调对用地的混合开发,其优势在于把中、高密度的居住、商业和办公等混合性功能,布置在人们从住所经轻轨、地铁或公共站点的步行范围内,从而尽可能减少人们因日常生活需要而造成的交通出行,控制交通需求。混合功能的区域使得居民有机会选择离工作场所不远的地方居住,他们会更多地选择步行或者短途公交(包括自行车)作为通勤工具,便于整个交通供需系统分配趋于合理,缓解干线轨道交通系统的压力。

2) 车站用地开发布局

从车站客流特性考虑,各种物业功能如办公、商业和居住等对车站敏感程度不一,从而决定它们相对适宜的空间位置。一般来说,办公人员的步行交通行为目的十分明确,抵达办公地点的效率要求非常高。因此,办公场所的位置对车站最敏感,办公物业越靠近车站越好。购物者的步行交通行为介于明确和模糊之间,抵达效率要求一般,因此商业物业离车站的距离比办公物业的敏感性要弱。但商业对人流聚集程度更为敏感,因而商业物业的位置适宜于购物步行的习惯范围之内。居住物业要求有较高的抵达效率与环境清净,在理论上对车站比较敏感,但是由于居住物业的价格及其在使用过程中产生的效益比办公和商业物业开发低,居住物业往往存在被办公和商业物业向外排挤的趋势。以此得到一个典型的车站地区用地功能分布,从距站点中心由近到远依次为车站、核心商业区、办公区、开敞空间、居住区、次级区域(图 5-14)。

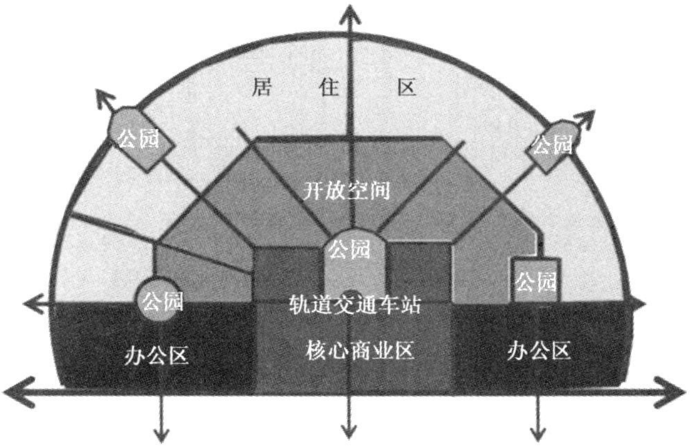

图 5-14　典型车站用地布局结构

3) 车站用地开发强度

由于区位可达性决定的车站地区用地功能结构梯度分布情况,一定程度上催生了用地开发强度的梯度分布,在市场导向下,越靠近车站,地(租)价越高,从而开发商在利益驱使下,将越靠近车站的地块开发强度增大。另一方面,轨道交通作为一种大运量的公共交通工具,从支持该交通方式的土地使用强度特征而言,要使其成为主要的交通方式,基本要素就是必须保证足够的临近站点的人口居住和就业岗位的密度。这也就意味着基于对轨道交通方式的支撑，临近站点地区的土地开发必须达到一定的强度。同时，从产生交通出行总量角度来看，距离站点近的地区开发强度越高，最集中的出行量可以分布在站点的近距离范围内，从而在整个地区开发总量确定的情况下，这种沿站点开发强度梯度递减的空间分布特征能够最大程度缩短该地区的乘客到达站点的出行距离，使得轨道交通得以提供优质的服务，获得社会效益最大化。因此，站点地区土地使用强度的特征就表现为：支持高密度的土地使用，整体开发强度高，围绕站点呈现圈层式梯度递减。

这种分布特征的合理性，主要是源于轨道车站的集聚效应衰减，即越接近轨道站点，集聚效应越大，相应的用地开发强度也应越大。这种理论很好地解释了轨道站点周边用地开发强度自站点中心向外依次递减呈梯度分布的特征。围绕车站进行高强度开发，有助于将水平向的联系转化为垂直联系，节省步行距离，使尽量多的出行 OD 点(交通发生地和吸引地)安排在步行范围内。而开发强度依次递减的好处在于可以避免高层建筑遍地开花，并可使人们从车站通过步行或短程接驳到达目的地。同时，可以使居住区与私密、半私密的开放空间分开，既有利于公共设施使用效率的提高，又有效地缩小噪音污染范围，营造优良的宜居环境。

3. 枢纽综合开发下的衔接设施布局形式[12, 14]

车站综合开发要有完善交通设施的保证，一方面，通达的交通系统可以保证土地开发利益的最大化；另一方面，完善的交通设施也为人们选择轨道交通出行创造条件。

按综合开发地块与轨道车站、道路的关系，以高架车站为例，可以分为地块型、路侧型、路中型和隔路型四种模式。各种开发模式示意如图 5-15 所示。

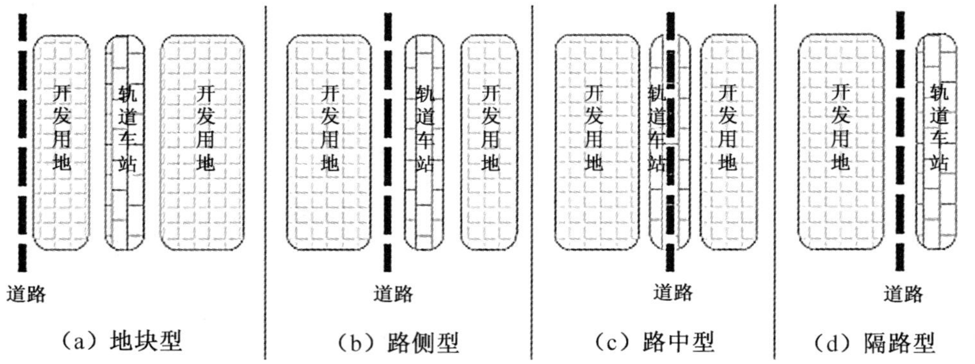

图 5-15　轨道高架车站的综合开发模式

1) 地块型综合开发

地块型综合开发是指车站从商业开发地块中穿过，车站与商业开发地块有紧密的联系，能够很好地向垂直与水平方向发展进行综合开发，能够围绕站点进行商业、办公等高强度的开发；其主要缺点在于横穿地块后对地块所带来的不利环境影响。其典型案例如上海 11 号线的马陆站，如图 5-16(a)所示。

2) 路侧型综合开发

路侧型综合开发是指车站一侧与商业开发地块毗邻，另一侧与道路毗邻。车站与商业开发地块联系较紧密，但与道路另一侧的地块联系较弱，需要采用天桥等设施衔接。

该模式能够具有良好的横向和纵向拓展性，但其横向拓展强度要低于地块型综合开发，为围绕站点进行一般强度的商业开发，其典型案例如上海 11 号线的安亭站，如图 5-16(b)所示。

3）路中型综合开发

路中型综合开发是指车站位于路幅较宽的道路中央分隔带上，与两侧地块联系不够紧密，需要通过大平台、地下通道、二层天桥和全立体化等方式连接，大平台和全立体化连接的商业开发形式与高架车站的结合也非常紧密，可以进行商业办公等较高强度开发，但对道路景观影响很大，且往往受到土地权属等问题的制约；而地下通道和二层天桥连接方式，由于通道通行能力等局限，往往开发强度较弱。其典型案例如上海 6 号线的五莲路站、11 号线的嘉定新城站，如图 5-16(c)所示。

(a) 马陆站　　(b) 安亭站　　(c) 嘉定新城站

图 5-16　轨道高架车站的综合开发实例示意图

4）隔路型综合开发

隔路型综合开发是指车站一侧临河流、铁路等障碍物，另一侧临道路，与开发地块隔路的开发形式，由于道路的分割，地块与轨道交通的联系需要通过地道和天桥来实现，联系相对较弱，主要以居住功能为主进行开发。其典型案例如上海 1 号线的外环路站。

按衔接交通设施与车站关系的布置，车站综合开发的设施布局又可以分为平面式布局、立体式布局和复合式布局三类。

1）平面式布局模式

平面式布局模式是指轨道交通车站出入口、各种衔接交通设施均布置在一个平面上，一般是在地面层，乘客出站后，在外面换乘各种交通方式。平面式布局又分为平面集中式与平面分散式。

平面集中式布局是指将公交首末站、出租车上客区、非机动车停车场和机动车停车场等设施均集中布置在道路的一侧，通过轨道交通车站出口处的站前广场，实现乘客对各种方式的选择。道路在衔接交通设施的外围或轨道交通车站与衔接设施的中间通过，并通过出入通道与衔接设施联系(图 5-17)。

这种布局模式方便乘客的换乘选择，有利于各种衔接交通方式之间的换乘，能促进枢纽客流的增长。但是占地面积较大；各种交通线路复杂，交织较多；同时较大的占地面积阻隔了轨道车站与设施外围的联系，易出现人流与车流的冲突，如何处理好行人流与车流之间的关系，将直接影响到枢纽的运行效果。另一方面，轨道交通或道路另一侧与衔接设施的换乘比较困难。

平面分散式布局是指公交首末站、中途站、出租车上客区、非机动车停车场、机动车停车

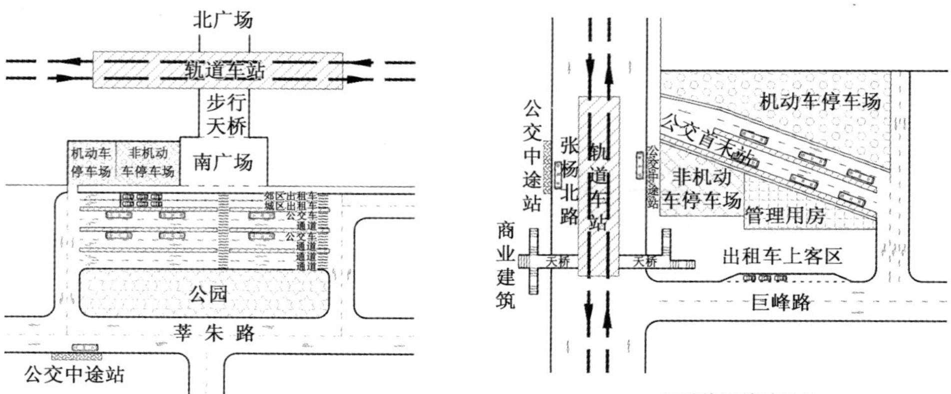

(1/5号线莘庄站南广场)　　(6号线巨峰路站)

图 5-17　轨道枢纽车站衔接交通设施平面集中式布局模式示意图

场等分散布置在道路的四周，轨道交通车站不同方向的出入口分别与不同衔接设施连接（图 5-18）。

该布置模式能够将各种衔接交通设施布置在轨道车站的周边；衔接交通设施车流的进出能够与道路交通流线一致；同时轨道车站与周边建筑之间的联系可以更为紧密，有利于商业开发。但是衔接交通之间的换乘比较困难，易造成交通秩序混乱；对于不熟悉的乘客，会增加寻找换乘衔接的难度。

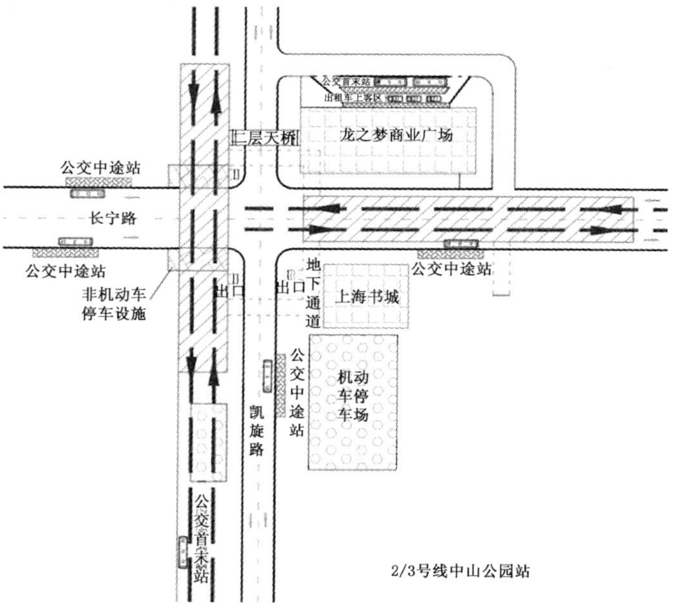

图 5-18　衔接设施平面分散式布局模式示意

2）立体式布局模式

立体式布局模式是指在轨道枢纽车站基地范围内，充分利用地上、地下多个不同层面的空间，将衔接设施分层布置，集中布置各衔接设施，实现乘客的垂直换乘（图 5-19）。立体式的布局需要有专门的地下通道或高架匝道等设施，工程造价高，在综合交通枢纽中得到广泛的应用。对于市内轨道枢纽车站，往往需要结合商业、办公等周边建筑体一起实施。

3）复合式布局模式

复合式布局模式是指综合了平面式布局与立体式布局两种模式的特点，利用条件适当分层布局。该模式最大的特点是通过设置地下通道或二层天桥，直接连接了轨道交通车站与各衔接设施，消除了乘客换乘时人流与车流的冲突。典型案例如上海轨道虹梅路车站和北京四惠桥枢纽车站（图 5-20、图 5-21）。

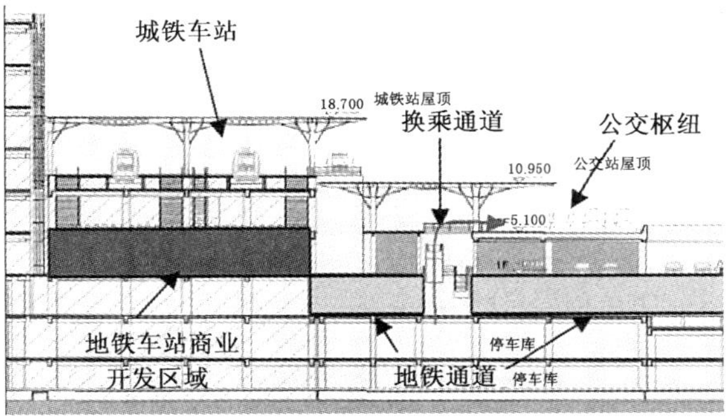

图 5-19　北京西直门综合交通枢纽剖面示意图

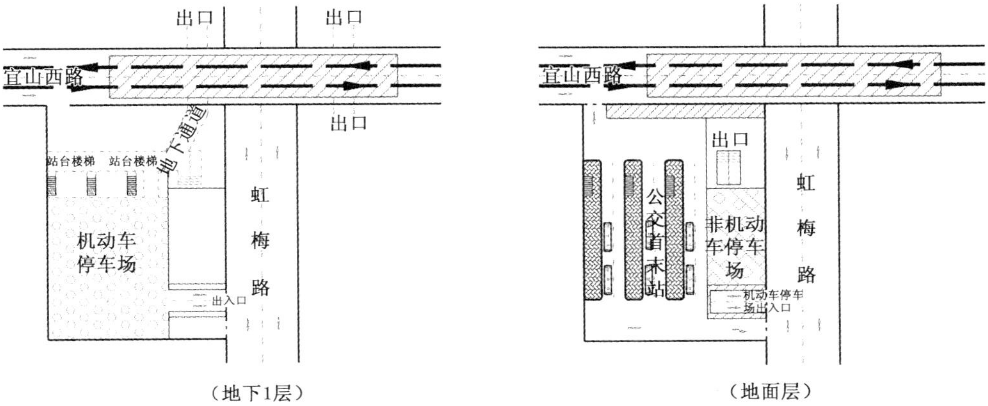

图 5-20　上海虹梅路枢纽车站(9 号线漕河泾开发区站)衔接设施布局示意图

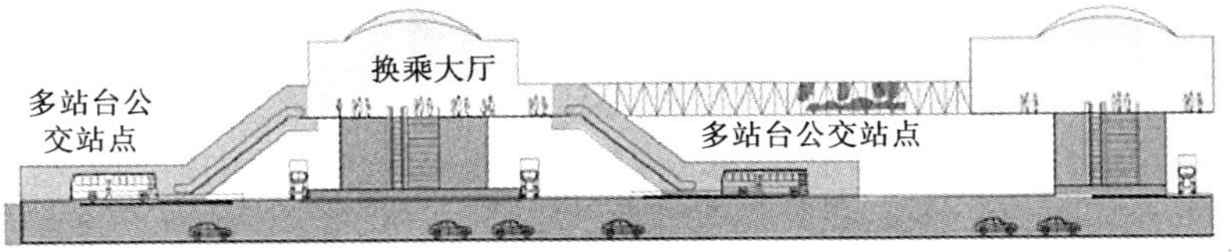

图 5-21　北京四惠桥枢纽换乘剖面示意图

5.3.3　基于供需均衡的用地与交通互动规划方法

用地规划阶段的供需平衡，是土地与交通互动规划的依据。供给，即为交通网络的配置与交通设施的供给；需求，即是土地利用(含区位背景)产生的交通出行需求。两者达到均衡状态，仅依靠交通被动地满足用地规划的调整是很难达到的，而应该是两者互动、反馈相互适应并同期开展的过程。然而，虽然交通与用地互动规划在模型、软件平台等方面都有了一定的研究基础，实践中同时对用地与交通进行的互动规划技术方法还很难实现，主要是由于互动模型的复杂和操作性差等原因。实际中的用地与交通互动规划设计方法，在很多环节是采用"凭经验调整、技术支撑验证"的方法进行的，虽然理论上尚不够完善，但已在项目实践中得到较好的应用效果[8]。根据作者多年来从事的交通规划设计工作，将实践中用地与交通互动规划方法流程总结为图 5-22 表示。

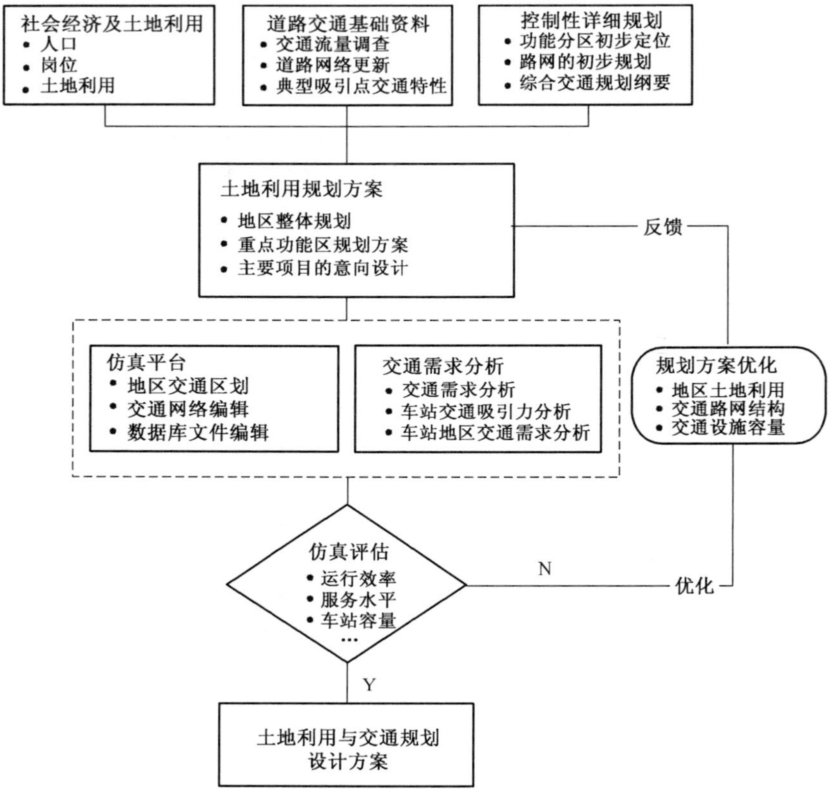

图 5-22　交通与用地互动规划技术流程

首先，初始方案的确定。根据“社会经济及土地利用”、“道路交通基础资料”和“片区控制性详细规划”等已有资料制定土地利用规划初始方案，初始方案应符合地区的实际情况、顺从地区的发展方向并有利于推动地区未来发展。

其次，交通系统验证。根据土地利用规划方案，对初始方案中交通系统与交通需求的匹配性进行分析验证。实践中通常采用的方法是“四步骤”交通需求分析方法，并借用 Transcad 等交通规划软件建立交通仿真平台，将已有的数据资料录入仿真平台，输出交通系统的流量预测结果。

再次，仿真结果分析与评估。选取用地与交通评估指标并建立评估体系，评估指标应包括土地利用指标与交通系统指标两类。通常，用地指标可以选取容积率、绿地率等，交通指标可以选取交通系统服务水平、车公里、车小时等，评估标准应以“资源节约、环境友好”为目标，并坚持“以人为本”的原则建立评价体系。

最后，方案的调整与迭代。方案的调整是经验和重复性验证的过程。当评价结果基本达到规划要求时，则微调局部交通体系即可；当交通系统明显无法满足用地产生的交通需求时，则应以调整用地的容积率与布局为主、交通系统（网络组成、结构与容量）为辅，使土地利用与交通规划达到供需平衡状态，最终形成土地利用与交通规划设计方案。

5.3.4 基于TDM策略的用地规划原则与导则要点

5.3.4.1 基于TDM的用地规划的原则

(1) **用地规划要坚持以"人性化"为主导，要体现"低碳化"的理念与"复合性"设计**。所谓"人性化"，就是要体现"以人为本"，城市及其交通体系的规划设计要以方便大多数人的日常活动为基本出发点，使城市建设真正体现"服务民生、惠及民生"的服务宗旨；所谓"低碳化"规划，就是提倡低污染、低排放、高效低耗的可持续发展的城市规划，通过减少交通需求，尤其是减少机动交通出行需求，提倡公共交通及慢行交通出行的城市规划是实现"低碳化"规划的有效途径；"复合性"设计是指用地的空间与功能的复合(例如枢纽站点的综合开发)，以达到集约土地利用，节约土地资源，提高土地利用效率的目的。

(2) **用地规划要与交通规划同期进行，实施互动规划**[15]。土地利用与交通系统具有互动反馈的作用，两者既能相互促进，又能相互约束。因此，用地规划与交通规划应同时进行，将交通专项规划纳入城市规划规范性文件，使交通系统适度超前或与用地同期规划，并与用地规划构成互动反馈机制，引导城市的土地与空间发展。

(3) **用地规划要导向交通需求向低碳交通(公共交通与慢行交通)的转移**。用地规划一定程度上决定了城市的交通结构，而交通结构是城市交通需求的体现。与私人交通相比，低碳交通(公共交通与慢行交通)消耗较少的资源、产生较少的污染，但满足更多的出行需求，因此应大力提倡私人交通需求向低碳交通需求的转移(长距离私人交通向公共交通转移，短距离私人交通向步行及自行车等慢行交通转移)。规划空间结构，采用TOD、SID等规划策略是实现这种转移的有效途径。

5.3.4.2 基于用地各个规划阶段的TDM导则要点

城市用地规划不是一蹴而就的，而是多阶段、多层次的规划过程。城市规划大致可以分为三个阶段：区域性规划，即城市发展战略性规划；城市总体规划，即城市综合性规划；城市片区(地块)控制性详细规划。TDM贯穿于这三个阶段，从城市空间结构的战略性规划到城市片区的控详规划，都应该重视对交通需求的控制与导向；从TDM角度提出的用地规划导则是对传统城市规划导则的补充与提升，更有利于未来城市发展，有利于构建"低碳型"、"节约型"、"智慧型"的城市交通体系。用地规划各个阶段的TDM导则要点如下。

1. 城市空间发展战略规划[2]

城市发展战略规划是针对城市发展中的矛盾性、长远性、宏观性问题，作出有利于城市可持续发展的协调统一战略思路。基于TDM思想，形成城市土地利用与交通系统协调发展的城市空间结构，建议采用"紧凑型"和"多中心"空间结构。根据历史与未来的结合，用地与交通的匹配，对城市重点功能区规划的导则要点如下：

(1) 对于小城市，发展"紧凑型"的空间结构模式，公共交通为城市的主要交通方式；对于大、中城市，以"多中心"空间结构为城市空间的发展趋势。发展多中心与新城建设，并建设大容量公共交通走廊，作为"多中心"与"新城"间的主要交通通道。

(2) 发展紧凑型或多中心型城市结构，中心区应严格控制城市建设规模，加快中心地区核心功能集聚避免城市"摊大饼"式分散型结构形态；保证各类用地的合理比例，保证居住与就业的平衡、居住与活动的平衡；在中心城高强度、高密度、集约发展的地区，其土地开发强度应与交通系统承载能力(容量)相匹配，确保土地开发与交通建设在时序上同步实施，实现城市各项功能的高效发挥。

中心区要大力发展公共交通系统，以公共交通系统支撑中心城的建设。大容量公共交通(轨道交通)作为进出中心城的主导力量，内部发展多模式的公共交通系统，并实施公交优先政策，增加公交网络的通达性，确保公交的吸引力。

(3) 多中心城市结构中的新城建设，应以"人性化"、"低碳化"与"复合化"为规划建设的指导，发展与新城功能定位相适宜的产业，高标准配置新城及各级各类公共服务设施，增强新城综合服务功能，以良好的生活环境及就业条件，促进中心城产业和人口向新城逐步集聚，为有效疏解中心城的压力创造条件。

以 TOD 指导新城的建设，大力发展公共交通系统，并以公共交通系统导向新城的建设，以在新城和中心城之间提供快速交通联系；以公共交通车站为活动中心开展新城建设，并发挥地面公交方便、灵活、经济的特点，作为大容量公共交通有效的接驳交通。高标准规划和设计新城的道路、公共交通场站、交通枢纽等交通设施，努力营造宜人的非机动车和步行交通环境，为建设功能完善、交通和谐的现代化新城创造必要条件。

2. 城市总体规划

城市总体规划，是对一定时期内城市性质、发展目标、发展规模、土地利用、空间布局以及各项建设的综合部署和实施措施。在形成紧凑型或多中心型城市空间结构并以大容量公共交通作为市内主要交通走廊的前提下，基于 TDM 思想，城市总体用地规划要围绕公共交通线路及枢纽展开，依托轨道交通系统和干道系统构建公共交通走廊，发挥公共交通快速、便捷和大运量的优势导向交通需求。

引导轨道交通及地面大容量快速公交站点周边用地的合理使用，处理好居住与就业、交通发生与吸引间的关系。尽可能使居住与就业趋于平衡，提高公共服务设施水平，充分发挥土地价值。城市总体规划的 TDM 基本导则为[17]：

(1) 贯彻土地利用与交通设施的互动规划设计原则。地区用地开发与交通规划要做到互动反馈，以先进的交通规划理念引导城市用地开发，以合理的用地开发促进交通设施资源的优化配置，形成二者紧密结合、相辅相成、互动协调的规划设计体系。

(2) 总体平衡、局部突破。用地规划指标要遵守"总体平衡、局部突破"的原则。在重点功能聚集地块或公共交通廊道、车站核心区范围内，实施高强度开发，指标局部突破；而在一般性功能地块及公共空间区域则实施低密度开发，从而达到规划控制指标的总体平衡。

(3) 功能混合。重视在以城市公共交通枢纽为中心的高强度开发地区，规划商业、办公、住宅、餐饮娱乐、公共用地等多种功能用地混合使用。

(4) 居住就业平衡。根据城市公共交通枢纽地区类型，应布置均衡的商业和居住用地，以达到人口和岗位分布的协调发展。

(5) 步行环境良好。应规划完善的步行系统。人行道、人行天桥、人行地道、商业步行道、城市滨河步道或林阴道的规划，应与居住区的步行系统，与城市中车站、码头集散广场，城市游憩集会广场等的步行系统紧密结合，构成一个完整的城市步行系统。

3. 城市片区(局域)控制性详细规划

城市片区(局域)控制性详细规划是以城市总体规划为依据，确定建设地区的土地使用性质和使用强度的控制指标、道路和工程管线的控制性位置以及空间环境控制的规划要求。这一阶段 TDM 规划，重视对片区内枢纽车站进行 SID 开发，包括土地的复合利用(例如车站地区的用地性质、布局与强度的开发策略)与交通衔接设施(设施形式与布局)的合理规划设计,以实现公共交通的导向作用。

对于道路系统,基于 TDM 的要求,要体现控制机动化交通,保障慢行交通的思想。避免快速路和交通性干道的两侧及其交叉口安排吸引大量人流和车流的大型城市商业、商务、文化体育等设施,引导此类设施向轨道车站周边发展。对于已经形成的这类城市道路和商业区、居住区等区域,采取完善周边道路网系统,提高公共交通服务水平,加强交通组织管理。应特别重视自行车交通及步行交通系统的规划,改善与公共交通的衔接,为市民提供安全、便捷、宜人的非机动化出行环境。

(1) 自行车交通用地规划。自行车道布局与土地使用规划密切结合,特别是与商业服务业等城市公共服务设施直接连接;保证自行车道的合理宽度、路面平整和系统连续性;居住区、商业区、办公区等要为自行车提供方便、足够的停车空间;公交枢纽地区应根据需要就近设置足够、方便的自行车停车设施,为自行车驻车换乘提供良好条件。

(2) 步行交通。城市道路两侧必须设置步行道,并在规划、建设和管理上做到步行道与车道同步,保证行人通行条件;因地制宜采用多种形式的行人过街设施,保证行人过街安全等。

思考题

1. 试结合基于供需均衡的交通改善示意图(图 5-1),阐明实施 TDM 的最优策略条件,并举例说明。
2. 基于 TDM 交通整治的改善方法有哪些? 请结合实际案例作分析说明。
3. 为什么说项目建设可行性阶段实施 TDM 具有特别重要的意义? 建设阶段 TDM 措施有哪些基本原则与内容?
4. 从 TDM 角度出发,为什么说大城市多中心的城市空间结构和大容量的公共交通走廊相结合的规划模式有利于未来城市的可持续发展?
5. 在城市中心区高强度、高密度、集约化发展的地区,用地规划如何与交通系统承载力(容量)相匹配?
6. 试结合规划设计案例,阐明轨道枢纽站点实施 SID 时用地规划与交通体系的互动设计流程及技术特点、效果评估。

主要参考文献

[1] 张国伍. 交通需求管理与城市交通可持续发展——"交通 7+1 论坛"第八次理事会会议纪实[J]. 交通运输系统工程与信息,2007,7(6):12-18.
[2] 北京市城市规划设计研究院. 城市土地使用与交通协调发展——北京的探索与实践[M]. 北京:中国建筑工业出版社,2009.
[3] 王荣华. 构建和谐发展的世界城市——上海"十一五"发展规划思路研究[M]. 上海:上海社会科学院出版社,2005.
[4] 谭倩. 基于 SID 的轨道车站地区的土地利用规划研究[D]. 上海:同济大学,2010.
[5] Institute of Transportation Engineers. Trip Generation (7th Edition)[R]. 2008.
[6] 北京市交通委. 2005 年北京市建设项目交通影响评价调研报告[R]. 北京,2005.
[7] 上海市综合交通研究所. 上海市第四次综合交通调查[R]. 上海,2004.

[8] 于晓桦，谢辉. 轨道车站地区用地与交通互动规划设计研究[J]. 同济大学学报，2010，3：370-375.
[9] 陈俊，晏克非. 城市客运方式间的资源配置优化技术[R]. 国家 863 项目，2010.
[10] TCRP. TOD 在美国经验、挑战和展望[J]. 国外城市规划，2005，20(4)：90-95.
[11] 江玉林. 公共交通引导城市发展——TOD 理念及其在中国的实践[M]. 北京：人民交通出版社，2000.
[12] 晏克非. 轨道交通高架车站及车辆基地综合开发研究报告[R]. 上海，2010.
[13] 陆大道. 区域发展及其空间结构[M]. 北京：科学出版社，1995：58-59.
[14] 黎冬平. 城市轨道枢纽车站衔接交通资源的配置优化技术[D]. 上海：同济大学，2010.
[15] 唐子可. 轨道交通车站地区的城市土地利用规划理论与关键技术[D]. 上海：同济大学，2009.
[16] 晏克非. 交通需求管理理论与方法[R]. 上海：同济大学，2008.
[17] 晏克非等. 长沙大河西 TOD 导向高强度开发地区规划设计指引研究[R]. 上海，2010.

第6章　优化交通结构的TDM方法与政策

交通结构(亦称出行方式结构)是指在一个城市或区域的全体人员出行总量中,由各种出行方式所占的比例形成的结构关系[1]。从交通专业术语上说,即全方式OD中,各类方式OD所占的比重关系。从世界大城市的交通系统来看,出行方式分可为三大类:一是地铁、轻轨等轨道交通与公共汽(电)车、缆车、轮渡等公共交通类;二是私人小汽车、单位小汽车和摩托车等私人机动方式类;三是自行车和步行等慢行交通类。面对小汽车交通的增长、机动化速度的加快,优化交通结构成为交通需求管理的重要内容之一。

6.1　从"公交优先"发展到确立"公交优势"

公共交通是保障大多数人出行的高效、低碳、绿色、环保的出行方式。很多国家的城市发展经验已经表明,发展公共交通是不仅是解决城市交通拥堵的有效举措,而且是体现社会公平、"惠及大众出行"的交通措施。如何在小汽车快速增长阶段,落实"公交优先"的理念,并转为"公交优势",是我国城市交通发展中具有重大现实意义的课题。

在我国,面对城市化和机动化迅猛发展趋势,2004年3月建设部颁发了《关于优先发展城市公共交通的意见》(建城[2004]38号),要求在5年左右的时间里,基本确定公共交通在城市交通中的主体地位,特大城市基本形成以大运量快速交通为骨干、常规公共汽(电)车为主体、出租车为补充的城市公共交通体系。2005年9月,国务院办公厅又转发总理批示的六部委(建设部、发展改革委、科技部、公安部、财政部和国土资源部)关于"优先发展公共交通的意见",进一步明确了公共交通优先发展的重要性和紧迫性,要求建立以公交为导向的城市交通发展模式[2]。

广义而言,"公交优先"(public transport priority)是指凡是有利于公交优先发展的政策和措施。公共交通优先一般涉及四个方面:政府在综合交通政策上确立公共交通优先发展的地位;在规划建设上确立公共交通优先安排的顺序;在资金投入、财政税收上确立公共交通优先扶助的做法;在道路通行权上确立公共交通优先的权利。狭义的"公交优先"是指在交通控制管理范畴内,公交车辆在道路上优先通行的各类措施,包括对公共汽(电)车在通行"空间"、"时间"上给予优先。在发达国家,对公共交通的扶持政策,首先是在经济、规划等方面通过立法的形式加以确立与实施,所以在交通论著中,关于公共交通优先,通常是指公共交通在道路上的优先通行,即狭义的公共交通优先。而"公交优势"的确立,即将"公交优先"具体落实,应涉及更加广泛的领域,要使公共交通在政策法规、财政支持、服务能力、运营水平、信息化智能化等方面较其他交通方式具有相对优势。

6.1.1 加大公交政策支持

推进“公交优先”的主体是政府，政府通过政策法规、城市规划、道路使用等多个方面制定和实行“有利于公共交通优先发展的政策和措施”，提升公共交通的竞争力。其中，对公共交通政策上的支持是使“公交优先”转为“公交优势”的第一步。

1. 制定有利于推进公共交通优先发展的政策与法规

城市公共交通是一项综合的公益性、服务性的事业，具有基础性强、涉及面广的特点。从国外的经验来看，公共交通行业的快速发展主要得力于完善的法规与政策的引导，依法管理、多方协调已成为其发展的基本特征。很多国家和地区先后制定了多种推进公共交通的法律法规及税收政策，例如，1964 年美国联邦政府通过了《城市公共交通法》，承诺提供拨款资助各地区交通规划项目，最高数额达到交通建设总投入的 2/3，目的是维护已有的公共交通系统，改善并扩大其服务。1970 年的《城市公共交通扶持法》明确规定了公共交通的道路权，开辟公共汽车专用道或优先通行道。在 1974 年能源危机后，美国国会批准了对公共交通的财政拨款和经营性补贴。到了 70 年代后期，由于公交企业亏损严重，公共拨款中的大部分用作经营性补贴。1998 年克林顿总统签署《21 世纪交通平衡法》生效，该法增加了城市公共交通发展的内容，鼓励轨道交通、公共汽车、城市地区低速磁浮技术的研发工作，并保证到 2003 年为公共交通提供 360 亿美元的发展基金，另有 50 亿美元用于公交各种拨款。1999 年有 26 亿美元用于支持城市和农村的公交计划，即按照一定公式分配给人口超过 5 万人的城市化地区。另外，法国的法律条文规定了征收特别税补贴公共交通的原则。所谓特别税，就是规定一定雇员数量的公司都要交纳一部分费用，用于补贴国家公共交通运营成本的赤字。在我国，近年来已在抓紧公共交通相关的法规体系的建设，2007 年 4 月，《城市公共交通管理条例(草案)》面向全社会征求意见，标志着我国第一部国家层面的公共交通法案制定取得了重要进展；2010 年 10 月，国务院法制办公开征求《城市公共交通条例(征求意见稿)》的意见，其中包括公交的规划和建设、运营服务、运营安全等三方面内容，通过后将作为我国公交发展的基本法律，规范公交优先的政策，这将是实现“公交优势”的基本保障；使公共交通管理通过立法来保障其实施与有效监管，包括经过授权建立相应的管理机构与完善监管机制。

设立公共交通发展专项基金，用于公共交通项目的投资。基金来源于土地批租收入、各种 TDM 收费措施等。例如，通过公共交通发展专项基金推行环保型公共汽车使用；推广一些新技术，如 GPS、智能化管理；通过对线路服务质量的考核，给予适当的补贴，用于公共交通场站建设。

建立公交企业绩效考核制度。确保政府财政补贴发挥较高效率是实现“公交优势”的基本制度，需要考核公共交通经营业绩，并建立公开披露制度，相应的激励性补贴制度。公共交通运营服务的市场化可以提高公共交通系统的效率，但需要政府制定政策来监控公共交通服务质量，明确运营商的责权关系。例如我国香港，公交基本法规包括《公共巴士条例》、《公共巴士服务规例》和《道路交通(公共服务车辆)规则》。其公共交通服务快捷、有效、廉价和舒适，主要由铁路公司及私营机构提供，政府则担任协调与监管的责任，确保不同模式公共交通服务质量。

2. 保障公交运行优先

城市道路资源极为有限，没有“路权优先”就谈不上“公交优先”。保障公交运行优先，主要在于改善公交车辆的行驶环境，合理设置公共交通优先行驶车道、专用车道、路口专用线、单向优先等，提高公交车辆的运行速度和道路资源利用率。保障公交运行优先的对策主要有以下两类：

1）道路沿途的公交运行优先

通过减少公交车辆在沿线行驶过程中的干扰来提高行程车速及其平稳性，主要措施有设置公交专用路、公交专用车道，减少道路沿途出入对公交的影响、合理的停靠站形式、长度及位置等。

一般来说，当交通量低于路网通行能力时，公交车辆可以同其他方式共享道路空间；当道路交通量接近通行能力时，公交与其他车辆相互干扰较大，此时应给予公交车辆提供优先通行权，才会有效缓解道路交通的拥挤[2]。公交专用道(路)一般包括两种典型形式：一种是快速公交道路(BRT 专用道)；另一种则为普通公交的专用道(或车道)。通常情况下，不同类型公交专用道建设要求如表 6-1 所示。

表 6-1　　不同类型公交专用道建设要求

类型		路段		交叉口		公交车站
		隔离设施	路面设施	进口道设施	信号有限设施	
快速公交专用道	路侧	软隔离	无要求	专用进口道	大部分交叉口提供信号优先	港湾停靠站
	中央	软隔离	彩色路面	专用进口道	交叉口优先通行	专用停靠站(岛式或侧式)
普通公交专用道		划线隔离	无要求	专用进口道，部分交叉口混行	基本无信号优先	港湾停靠站或路侧停靠站

快速公交系统(Bus Rapid Transit，BRT)是一种介于轨道交通与常规公交之间的新型公共客运系统，是一种大运量交通方式，通常也被人称作“地面上的地铁系统”。BRT 专用道路一般是在普通道路上采用隔离方法开辟单独道路和建设新的公交车站，使得 BRT 车辆在道路通行不受干扰，从而达到轻轨服务水准。巴西库里蒂巴 1974 年率先建设城市 BRT 快速公交系统。库里蒂巴对道路与线网的合理布局、站点的便利换乘、车辆和客流的匹配等都作了细致的规定，实现了网、站、线、车的综合配套，沿着 5 条城市主轴线，依靠快速干线、支线、区际线和环线以及市中心环线组合的公交运行网络。主要干线都由 3 条平行的车道组成，中间是公共汽车专用道，两侧是除公共汽车以外的其他车辆行驶的道路：公共汽车专用道与其他车道之间是物理隔离带或停车带。公交路网设 28 个公共汽车总站，位于公交干线与环线的交汇处，乘客在这些站可以方便地从一条线路换乘到另一条线路。库里蒂巴的快速干线的站点作了特殊设计，这是一种透明的圆筒形站台，离地面 80 公分，一头可以与公共汽车的踏板接平，另一头有简易升降机可使残疾人的轮椅和婴儿车方便地上下车，如图 6-1所示。在进口处设有售票员，乘客可以预先检票进站，从而大大加快乘客的上下车速度。

图 6-1　巴西库里蒂巴“三元”道路系统和快速干线公交车辆及圆筒形公交车站

我国诸多城市也已经建设了快速公交专用道系统，例如北京、济南、昆明、常州等。其中昆明建设的“三横两纵”为主框架的公交专用道网络，是我国最早形成公交专用道网络的城市。昆明采用了路中式公共汽车专用道形式(图 6-2)，完全与其他交通流分离，从路权分配看，把最好的车道优先分配给公共交通，即让大多数人优先使用，实现了社会公平原则和以人为本的理念。

图 6-2　昆明路中式公交专用道的设置

普通公交的专用道(车道)通常采用地面划线的分隔形式，用较为鲜明的颜色标出专用车道，并在规定的高峰时段为公交专用，其他时段普通车辆也可以使用。这种公交专用道(车道)在世界各大城市都比较常见，如图 6-3 所示。

我国已有很多城市设置了公交专用车道，并形成一些经验性的结论。考虑到我国城市人口密度较高、公交客流密度较大以及有限道路空间资源利用，对公交专用车道设置的公交客流量、车流量、断面车道数等基本指标的门槛取值较高，其设置条件不同城市还存在差异，建议参考如下[2]：

(a) 北京　　(b) 上海　　(c) 新加坡

图 6-3　普通公交专用道

(1) 公交车需求：高峰小时单向公交车流量超过 60～90 辆或平均小时公交车流量大于 50 辆以上；公交车单向客流量每小时不小于 2 000 人次(40 人 50 辆车)；建议公交客流量占道路断面客流比例 40%～50%以上。

(2) 效率指标：现状路段饱和度取 0.8 以上，公交车行程车速低于 15 km/h。注意到设置公交专用道后不应导致社会车道饱和度过大。

(3) 道路条件：双向车道数大于或等于 4(或者单向车道数大于或等于 3)；专用道宽度一般 3.5～4.0 m；根据机动车道与非机动车道有无物理隔离以及与城市轨道关系，设置形式与使用时段要求，道路几何设置条件可作调整。

公交专用车道是保证公交优先的道路设计形式，一般将公交专用车道分为路侧(缘)式和路中式：路侧式公交专用道将外侧车道供公共汽车行驶，受机动车右转、出租车上下客、路边违规停车等影响较大，一般运送速度较难超过 18 km/h(图 6-4(a)，(b))；路中式公交专用车道设在道路中央，但需设置专用的路中车站，甚至可能需要对公交车辆的车门位置提出特殊要求(左开门)。由于中央车道为道路快车道，减少了与路侧交通的冲突。一般情况下，路中专用道的运行速度较高、服务稳定性好(图 6-4(c)，(d))。

(a) 路侧公交专用道断面

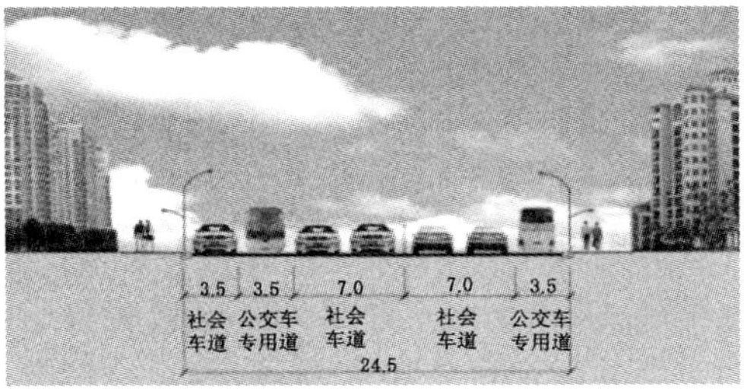

(b) 次外侧公交专用道断面

(c) 中央公交专用道断面

(d) 中央公交专用道断面(公交左开门)

图 6-4　公交专用道(车道)断面示意图

2）交叉路口公交运行优先

通过给予公交车辆在交叉口处的优先通行权，以减少其信号控制延误，主要方法有设置公交专用进口车道并实施优先通行控制。

公交信号优先控制可以显著降低公交车辆在交叉口处的延误，提高系统准点率和增加公交车的通过量。根据目前研究和实践的进展，将公交优先控制目标归结为如下三类：

（1）最小延误目标：最小延误目标是早期公交信号优先最常用的控制目标。其基本考虑为降低车辆在交叉口的延误，提高车辆的运行速度。

（2）准点（车头时距均衡）目标：相对于延误而言，公交车辆是否准点（可靠）是影响公共汽车交通系统效率和服务水平（吸引力）的更重要因素，简单地公交车辆延误最小化，可能会造成“早点”的车辆更加“早”地运行，反而加剧了公交运行的不准时。因此，以公交车辆准点（发车频率低时常采用）和车头时距均衡（发车频率高时常采用）两个指标作为系统控制目标的控制方法被提出。

（3）最佳性能指标（Performance Index，PI）值目标：公交信号优先调整会影响交叉口的非公交车流（社会机动车流、行人/自行车流）的通行效率，可能导致综合交通效益的下降。因此，仅仅以公交车辆的效益指标作为控制目标，无法反映优先控制对非公交车流的影响，也无法反映交通系统的综合效益的优劣。所以，交通控制策略中，将公交效益指标和非公交车流效益指标整合在一个控制目标中加以优化控制，该综合指标即是PI值。公交优先控制基本策略归纳起来，包括被动式优先策略（Passive Priority Strategies）、主动式优先策略（Active Priority Strategies）和实时优先策略（Real-Time Priority Strategies）三种。

6.1.2 加大公交财政投入

“寻求资金来源，维持财务平衡”几乎是全球所有公交系统共同关注的问题。城市公交系统的成功离不开良好的资金支持，**公交财政优先包括投资优先、票价优先和补贴优先的三位一体**，是确立公交优势的经济基础。其中投资优先是基本前提，票价优先是必然选择，补贴优先是重要保障。在公交优先发展中，应立足“全民公交”的基本目标，从协调投资、票价、补贴三者的关系入手，切实保障公交财政优先，实现公交优先的普惠性和可持续性。

1. 建立稳定可靠的公交投资渠道

政府财政投入是公共交通资金来源的基本保障。政府投入包括直接财政拨款或征收交通税等形式，建立稳定可靠的公交投资渠道，可以从以下两方面考虑：**一方面是要将公共交通纳入公共财政优先投资领域，建立稳定的公共财政优先投资来源**，最典型作法是建立公共交通优先发展专项基金；**另一方面是公共交通投资模式的多元选择**，公共交通建设需要大量资金，要在确立政府财政投入为主体的情况下，拓展多元化的投资渠道，包括银行贷款、发行股票和债券、吸引外资、引入民间资本、公司合作融资等多种模式。

我国大部分城市的交通投资均以道路建设为主，尚未有有针对性、系统性地鼓励公共交通投入倾斜。2007年全国城市公共交通固定资产投资854亿元，占城市建设固定资产投资的13.3%，而同期道路桥梁投资占46.5%，是公共交通投资的3.5倍。来自建设部门的资料显示，2006年对我国117个城市常规公交调查中，约占被调查城市的56.4%（66个城市）的城市在公交场站建设以及车辆、设施装备和配置更新方面还难以得到政府的资金和政策的支持。[14]

近年来，在“公交优先”战略推动下，国内部分城市也开始将交通基础设施投资的重点向公共交通（轨道交通与 BRT）倾斜。北京公共交通在交通基础设施投资中所占的份额从“九五”时期的 18%提高到“十五”时期的 30%，“十一五”时期，这一比例进一步提高至近 50%（图 6-5），新增的公共交通投资重点用于支持轨道交通及大运量公交系统和枢纽场站建设；上海轨道交通在交通基础设施投资中所占的份额从“八五”时期的 20.8%提高到“九五”时期的 32.3%和“十一五”时期的 43.7%，见表 6-2 和表 6-3。

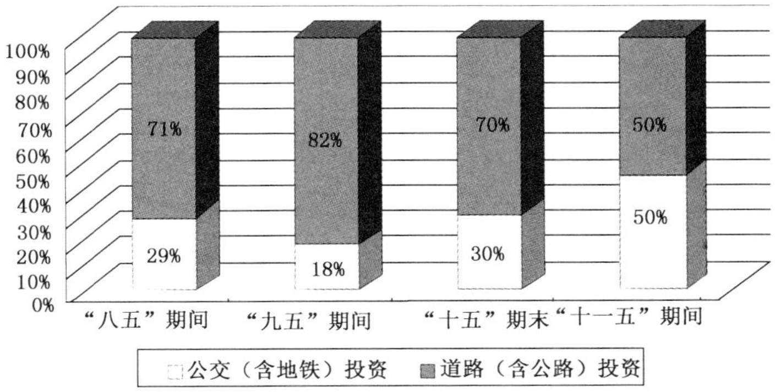

图 6-5　道路与公交投资比例

表 6-2　　国内城市各时期公共交通投资比例（占交通总投资比例）　　%

城市	“八五”时期	“九五”时期	“十五”前四年
北京	29	18	27
上海	20.8	32.3	43.7
南京	1.87	7.80	12.93

注：上海为轨道交通在交通基础设施投资中所占比例。

表 6-3　　上海各时期交通投资结构　　%

类别	“八五”时期	“九五”时期	“十五”前四年
城市道路	40.5	36.4	20.5
桥、隧	15.4	15.4	9.7
公路(桥)	23.5	14.8	26.1
轨道交通	20.8	32.3	43.7
合计	100	100	100

亚洲银行的相关研究指出，国际大都市在交通发展时期对公共交通的投入一般占城市交通总投入的 50%左右。从我国大中城市实际出发，如何继续加大公共交通的投资规模和力度，确立公共交通在城市交通发展中的优先地位还任重而道远。

2. 建立有广泛吸引力的磁性票价体系

公交票价是引导公交客流的重要经济杠杆。根据上海第四次居民出行大调查（2009 年），在不经常使用公交的人群中，约有 30%的人是因为票价原因而放弃使用公交。由于公共交通的公益性定位，公交票价的制定应该以社会效益最大化为目标，而不能以盈利为重。因此，从实施“公交优先”到确立“公交优势”，需要建立一个对广大市民有吸引力，同时能兼顾公交企业发展和政府公共财政支出的磁性票价体系。

1) 推行适度的低票价政策，建立磁性票价体系

公共交通监管机构批准票价时，首先应考虑大多数市民的承受能力。公交系统的整体票价要与广大市民，特别是中低收入居民的消费水平相匹配，**通常认为居民公交支出占人均可支配收入比例为6%～8%较为合理，发达国家则一般在5%左右**。二是研究乘客的心理，理顺票制以及公共交通内部子系统的比价关系。如上海2010年城市居民家庭人均可支配收入为31 838元，月均可支配收入为2 653元，乘客平均每月公交票价支出为185元，约占人均可支配收入的7%，票价在全国处于较高水平。北京在2007年1月1日起施行新的公交票制票价改革方案，其要点有：

(1) 起步价：900路以下公交车起步价由现在的1元、2元，统一调整为1元。

(2) 进制：由目前多种进制统一为12公里以内1元，超过12公里，每超出5公里以内增加0.5元，原单一票价1元线路仍为单一票价1元。

(3) 空调车：原2元起价空调车，统一降低为1元起价。

(4) 刷卡优惠：普通卡乘坐900路以下线路打4折，学生卡2折；原月票有效线路实行打折封顶政策，即不计里程，普通卡0.4元/次，学生卡0.2元/次。此外除新建地铁，地铁线路收费一律改为2元/次。

北京实施公交低票价政策对调节交通流量、鼓励公共交通发展起到重要作用，广大市民从中得到了切实的好处。至2007年底，北京公交出行比例达34.5%，首次超过私人小汽车出行比例(32%)。预计到2012年，北京公交出行比例将达到50%。

上海通过对规定的单位时间内对多乘(换乘)公共交通工具者实行打折优惠，鼓励更多人乘坐地铁、公共汽车等大容量交通设施，这种激励举措又称为"磁性票价"。一方面能吸引更多的市民使用公交出行，另一方面是利用票价杠杆调控公交客流的时空分布，提高公交资源的整体利用效率。

2) 完善票价结构体系，推广优惠票制

建立多层次、公平统一的公交票制是完善票价结构体系的重要内容。公共交通的票制主要有单一票价制、计程票价制和区段票价制。计程票制是骨干公交系统(轨道、BRT)中常采用的票制；常规公交通常采用单一票价制，使用方便，但不利于吸引短乘距的出行，各类票价方式的优缺点见表6-4。对于多模式的公交体系，采用科学的票价制度，将有利于吸引不同层次、不同需求的人群，以增强公交优势。

表6-4　　不同票价方式的优缺点[2]

票价结构	优　点	缺　点
单一票价	操作相当简便； 有利于降低运营公司成本	车票价格与运营成本的联系不够直接； 不利于吸引短乘距的出行
计时收费	操作较为简便； 便于不同公交模式间的换乘； 符合综合票价政策的需要	服务准点性对票价的影响较大； 车票价格与运营成本的联系不够直接； 处于不同计费时段"临界点"收费标准的制定难度较大； 增加收入分配的难度
计程收费(按实际乘距收费)	票价与运营成本的联系非常直接； 对运营公司和乘客均公平	收费标准的透明度较差； 不利于电子付费方式的推广，或者需要增加设备、系统成本

续　表

票价结构	优　点	缺　点
计程收费(按计费区段收费)	操作简便; 便于不同公交模式之间换乘; 满足综合票价政策的需要; 车票价格与运营收入的联系较为直接	长乘距和短乘距的出行费用不平衡; 增加收入分配的难度; 处于不同计费区边缘地带收费标准的制定难度大

发达城市经验表明,多种票价结构的联合运用有利于公交系统的整合提升(表 6-5)。

表 6-5　　公共交通先进城市票制体系

城　市	换乘系统
香港、新加坡	单一票价,按距离计算票价
首尔	按时间、距离计算票价
巴黎、伦敦	单一票价,分区票制,按距离计算票价

推广优惠票制的具体措施可以概括为多乘优惠、换乘优惠和特殊优惠三种。

(1) 多乘优惠

公共交通发达城市为推行多乘优惠,鼓励乘客更多地使用公交系统,不仅有月票、周票、日票,还有 48 小时票、72 小时票、家庭票、团体票、往返票,这些车票相当于全票价的 50%～70%,甚至更低。如伦敦公交车票的种类包括:按地区分,可分为一个区价(One Zone)、两个区价(Two Zones),…,六个区价(Six Zones);按运输方式分,可分为通用票(含地铁)、地铁票、公共汽车票和火车票;按时间分,可分为一次使用票、一日使用票、周末使用票、一周使用票、一个月使票及年票;按年龄分,可分为儿童票、学生票、成人票和老人票;另外按人数分,还有个人票、家庭票(family travelcards)和团体票(group day tickets)等(表 6-6)。乘客可以根据自己的需要买票,但只要是通用票,就能自由地换乘任何一种交通工具。同时可以减少售检票的程序。

表 6-6　　伦敦公交系统票种一览表

票的种类	特　点
一日票	周一至周五上午 9:30 以后(24 小时内),以及任何周末和公共假日均有效
周末票	可节约 25%票价
家庭票	适合家庭团体类型,成人票比一日票便宜 20%,儿童票价为 60 便士
周期票	适用于白天和晚间的任何时候,适合于 7 天至一年不等的周期
LT 卡	使用此张一日票可在任何时候乘坐公共汽车、地铁和 DLR
团体日票	对团体乘坐地铁和 DLR 旅行提供折扣
Millennium LT Card	2000 年千禧年新卡种
公共汽车长期票	适用于每周,每月,甚至每年长期乘坐者(仅限公共汽车)
青年卡	限于 16～17 岁青少年的优惠票种,可节约 30%的票价
学生票	对于 18 岁以上,全日制学生提供优惠的票种
观光票	适宜国外的观光旅游者,适合全球各个国家来客
儿童票	对 5～15 岁儿童提供优惠的票种

（2）换乘优惠

公交票价还应鼓励公交换乘，尤其是短途换乘，改变地面公交按次收费的局面；同时，要鼓励乘客在公交和轨道交通两种交通方式之间的换乘。整个公交系统内不同公交方式之间换乘应实行票价优惠，尽量降低乘客因换乘而导致的成本增加。对于使用公交卡的乘客，当一天内多次换乘时，可在公交卡内给予补贴或折扣。例如，上海市 2007 年 10 月曾推出“公交优先”的三大新举措：

① 10 月 19 日起，持有红色社保卡的 70 岁以上老年人在非高峰时段乘坐轨道交通（磁悬浮除外）和公交车（机场线、旅游线除外）可享受免费，节假日期间全天免费乘车；

② 10 月 27 日起，公交换乘优惠幅度由原来的每次 0.5 元提高至 1 元；10 月 27 日起，实施轨道交通与公交换乘优惠，原有轨道交通优惠仍然享受，实行优惠叠加。

③ 从 2009 年 4 月 1 日起，上海公交“优惠换乘”覆盖所有公交线路和车辆，优惠换乘时间也从现在的 1.5 小时延长至 2 小时。原票价 1 元的公交车，在优惠换乘时，票价已变为“0 元”。上海市通过换乘优惠，降低公交出行成本，引导、鼓励公交优先。

（3）特殊优惠

向特殊人群提供票价折扣是世界各地公交系统的普遍做法，在一些国家，法律规定公共交通必须向特定人群提供折扣票价，包括儿童、学生、老人、残疾人、低收入家庭等。上海已经推出了老年人和残疾人乘车免费的优惠政策，目前正在研究推出专门的学生交通卡，以降低学生出行成本。

3. 建立公平科学的公交补贴机制

公共交通属于社会公益性事业，是政府保障人民安居乐业的公共服务体系的重要组成，旨在为大多数人提供便捷、实惠的出行服务，其产生的效益应是惠及大众和整个社会的综合效益。除新加坡、中国香港等少数城市公共交通系统外，世界上大多数城市公共交通营运都要依靠政府的财政补助或津贴来保证其正常营运及服务质量（图 6-6）。例如，美国公共交通的资金来源 37％是票价收入，5％是联邦政府补贴，21％是州政府补贴，34％是地方政府补贴，其余则通过营业税、消费税或发行债券补齐。2000 年，纽约市公交收入结构中，联邦和地方政府补贴高达 40％。同年，芝加哥交通管理局（CTA）总运营

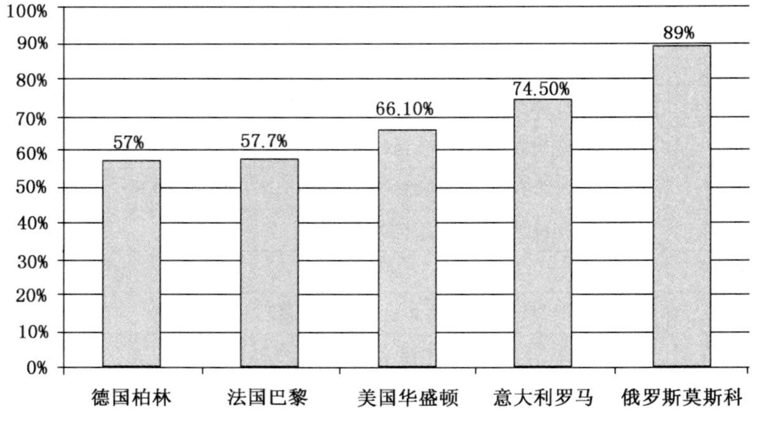

图 6-6　世界各大城市财政补贴占公交运营成本的比例

费用支出是8.41亿美元，(其中人员工资6.13亿元)，总收入为4.39亿美元(其中票务收入3.68亿美元)，其他如票价补贴、广告、投资收益和地方政府捐助等1.74亿美元。收支相抵后亏损的4.02亿美元全部由联邦政府、州政府和地区交通管理局(RTA)出资设立的公共事业基金进行补偿。另外，国外一些政府还建立了比较完善的公交财政补贴监督机制。

我国诸多城市已将公共交通补贴纳入预算体系，加大对公共交通的政策支持。例如北京实施的"廉价"公交，就是依靠市政府每年给予公交公司大量的财政补贴(如2008年补贴金额达40多亿人民币)；上海2011年9月重新修订的《上海市公共汽车和电车客运管理条例》规定，上海市、区、县按照城乡一体化的要求，对公共汽、电车在资金投入、规划用地、设施建设、场站维护和道路通行等方面给予扶持，将公交补贴纳入预算体系。

根据不同公共交通方式的特点，通过评估其社会效益和外部效益，还有不同方式给予公共交通财政上的支持，包括：

(1) 城市公用事业附加费、基础设施配套费等政府性基金要用于城市交通建设，向公共交通倾斜，保证对公交站场等基础设施的投资。

(2) 公共交通企业的税收优惠包括车辆购置税、燃油税、营业税减免等，对车辆和设施装备更新给予必要的资金和政策扶持。例如德国对公共交通的扶持政策，首先就是对公交企业减免税收，主要减少公共交通销售税(增值税)的50%和完全免收公共交通的车辆税，另外还减收公共汽车的燃油税。

(3) 大运量轨道交通系统由于投资巨大、建设周期长，通常由政府投资，并在一段时间内给予营运补贴，我国几个大城市都是如此。

(4) 鼓励车站的综合开发融资，用于轨道交通和换乘枢纽建设与运行补贴。

(5) 完善城市公共交通企业经营的政策性经济补偿机制。对旨在扩大公共交通服务的项目提供资金补贴；对政策性亏损给予适当补贴，对承担社会福利和完成政府指令性任务而增加的支出，定期进行专项经济补偿等。

6.1.3 提高公共交通的设施承载能力

1. 优化城市公共交通网络体系

1) 网络功能的优化

公共交通网络包括骨干网络、基础网络、支线网络以及辅助网络等多个层次。优化网络功能，应建立多层次的公共交通网络体系，包括轨道交通网络和快速公交干线网络作为骨干网络，服务于客流密集的交通走廊，在轨道交通运营之前，快速公交可作为城市客运交通的骨干，在轨道交通修建运营后，快速公交可作为辅助骨干，为居民提供覆盖范围更广、更方便灵活的服务。常规公共汽(电)车交通网络是城市客运交通系统的基础网络，应注意线路运营网络与公交客运枢纽建设相结合，完善以公交客运走廊为基础、不同服务水平线路为脉络的多层次衔接顺畅的公共汽(电)车交通网络，并建立公交专用道、公交优先信号控制等公交优先系统，提供高密度、高频率、价格合理、换乘便利的公交服务。公交接驳运线则具有站距短、服务灵活的特点，为广大社区居民提供最短的到站距离，并将客流短驳至轨道交通站和公交枢纽站等。市出租车是客运系统中的辅助公交系统，向居民提供灵活、多样的服务。

2）网络布局的优化

根据公交服务网络功能和多级网络规划建设目标，形成线网密度与土地开发强度相协调的网络布局，网络形式上在城区形成便利的方格网（与道路网适应），郊区形成以放射状为主、局部地区可采用方格＋环线的多层次、服务连续的网络。

3）公交线路与道路等级的匹配

地面公交线网应与城市道路网络及路况相结合，公交干线应主要设置在城市快速干道、城市主干道，形成快速客运走廊；常规公交线应布设在所有机动车通行的道路；公交接驳运线主要设置在支路和社区道路，以体现其立足于社区的服务特点。

4）常规公交与轨道交通的衔接

常规公交与轨道交通共同构成城市客运多元化系统，形成不同层次、不同功能、不同服务水平客运交通的有机结合，相互补充，共同发展，对提高公共交通在客运市场中的比重起到重要的作用。两者衔接的主要实施内容包括：在轨道网络覆盖范围内，常规公交应定位于接运为主的功能，根据常规公交分担的客流，重新确定公交线路走向和发车频率；对于垂直于轨道交通客流方向的线路，根据轨道交通的吸引半径和吸引量大小、分布，确定公交线路和发车频度，根据需要适当增加常规公交的运能；将所有常规公交线路尽可能与轨道交通线路衔接起来，组织换乘；增设以轨道交通车站为起终点的常规公交线路，接送距离轨道交通站点较远的居民乘坐轨道交通。

2. 提高公交运能和品质

近年来，随着我国建设高标准公交专用道，引入了大容量、高品质的现代 BRT 车辆；同时普通公交车辆也在加速更新，提升了公交的客运能力和对市民的吸引力。其中包括清洁能源车辆（采用氢燃料和电动等能源的公交车辆）的使用，启用大容量、低底盘、大功率的公共汽（电）车，推行无障碍公交车，车辆的内部空间设计也充分考虑了残障车的上下及停放需求（图 6-7）。

图 6-7　新能源与 BRT 公交车辆

与此同时，为了提高公交服务质量，对公交标准载客额度应该作出新的定义和调整。要从功能性、舒适性和环保性方面来保障公交车辆的服务水平，改变《机动车运行安全技术条件》(2004)对于城市公共汽车及无轨电车 0.125 m^2 核定 1 人的规定，为公交客流吸引创造优势条件。

6.1.4　推进公交系统整合

对于具有一种以上公共交通方式的大中型城市，由于设施条件、系统结构的变化，特别是地铁、轻轨等轨道交通的兴起，以及 BRT 等新的快速公交形式的出现，整合规划尤其重要。

公共交通系统整合包含两个层面的内容[3]：一是指在公交线网内所有线路之间的整合，包括轨道交通、快速公交（BRT）、公共汽（电）车，以及长途公交、出租车，都应在整个公交线网层面上进行整合；二是指在给定的公交方式内部（如地铁或公共汽车）或给定的线路内对该种公交方式（或线路）的各个组成部分进行的整合。在编制城市公共交通规划时，必须考虑上述两个层面的整合问题。公共交通系统整合目的首先是服务大众、以人为本，为乘客提供更舒适的乘车体验，最大限度地提高公共乘客满意度和交通乘客数量；其次是增强整个公交系统运营效率，降低运营成本。

1. 公交线网整合

公共交通服务整合的第一个层面是线网整合。线网整合的关键元素包括线路结构、停靠车站和换乘车站（包括位置和设计）、时刻表、车票和信息提供等。

（1）线路结构。线路结构整合是根据现在和未来的交通需求对线路结构进行反复调整、完善的过程，即通过反复测试不同的线网方案与服务模式，努力减少乘客总的乘车时间和出行成本，减少步行、等候和换乘的次数、时间和不舒适性等，并降低运营成本。

（2）停靠车站和换乘车站。在车站规划和设计中应合理选择车站位置和车站间距，以使乘客步行距离最小化，并应注意避免和减少不必要的绕行和折返。对于换乘车站来说，应尽可能在同一标高上进行换乘，避免乘客上下楼梯进行换乘。若无法避免，则需细致设计换乘线路以减少由于标高改变带来的不舒适。如图 6-8(a)所示的波哥大的 BRT/公共汽车换乘车站，车站站台高度和两侧路面高度经过巧妙设计，从而确保乘客能在站台一侧无障碍进出高地板的 BRT 车辆，在站台另一侧无障碍进出低地板的普通公共汽车。由于换乘距离短且在同一个站台平面上进行，加上车票和车辆时刻表整合，乘客换乘非常快捷和方便。在瑞士，几乎所有的公交车辆上下车踏板都与停靠站台保持水平，便于乘客方便地进出车辆，体现人性化的公交站台设计（图 6-8(b)）。

(a) 哥伦比亚波哥大　　(b) 瑞士苏黎世

图 6-8　人性化的公共汽车停靠换乘车站

（3）时刻表。时刻表整合包括两方面：一是确保换乘线路在服务（到站）时间上一致，避免换乘乘客错过末班车。当然，不同服务类型、不同车站位置的服务时间可能有所不同，例如通勤快线与普线、市中心车站与郊区车站。二是统筹安排换乘线路时刻表,使乘客在换乘车站的等候时间降至最低。对于发车频率较低的线路,可以设置“定时换乘”时间,使各线路同时到达换乘站,所有需换乘乘客都可同时选择换乘线路。

(4) 车票。公共交通使用者对于车票价格和车票购买次数很敏感。车票整合的目标是使每次出行的车票购买次数最小化,尤其是在主要的换乘车站(例如 BRT 与地铁的换乘车站等)。对于乘客而言,成功的车票整合将缩短等待时间及其带来的不便;而对运营者而言,车票整合将缩短车辆停靠时间,减少对车辆数量和乘客等候空间(设施)的要求,减少成本或收入损失。

(5) 信息提供。为乘客提供全面、充分和准确的服务信息,包括线路、车站、时刻表、票价和支付方式等。为乘客提供的信息应覆盖城市所有不同的公交服务,例如在一个同时拥有巴士和地铁的城市,给乘客提供的信息不应当只是地铁或巴士,而应当两者都包括,这有利于提高乘客多模式公共交通接驳换乘效率,减少乘客出行的不确定性(不确定感)。为方便乘客及时、便利地获取信息,可以利用各种媒介(印刷品、手机、互联网等)发布信息,并在不同地点(家中、车站内、车上)为使用者提供信息。

2. 公交方式(线路)内部的整合

公交方式(线路)内部的整合包括 4 个主要要素:车站、车辆、运行车道、售票和检票。对这些要素的设计,一方面应当由交通需求和营运计划决定其设计标准;另一方面,各个要素之间在设计上要相互协调和匹配,见图 6-9。对公交方式内部的整合是在交通需求和服务计划的背景下协调公交系统内所有元素的规划与设计。

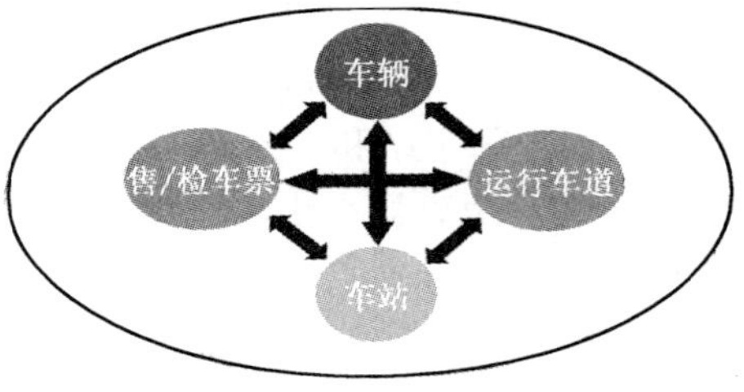

图 6-9 公交方式(线路)内部整合概念示意图

(1) 车站。公交车站的整合需要解决以下问题:车站数量,候车亭大小,站台长度、宽度和高度,在终点站是否需要预留车辆的停车空间和驾驶人休息室,车站位于道路横断面的位置,等等。解决这些问题时需要考虑以下因素:等候的乘客数量,线路和换乘车站的数量、种类、频率,车票购买和收检方法(车外还是车内售、检票),车门的数量、位置(左、右,两侧,前、中、后),是否有超车道以及超车道的位置等。

(2) 车辆。公交车辆整合需要解决的关键问题包括:车辆大小,门的宽度、数量、位置和方向,车身内部格局(座位和站位空间),地板高度。解决这些问题时需要考虑以下因素:对车辆容量的需求,乘客流量,旅程距离,服务形式,站台的高度及长度,车站位于道路横断面的位置,以及车票购买与收检方法等。

(3) 运行车道。公交运行车道的整合,在设计中需要决定:专用车道的数量和长度,车站和专用车道的路面设计,如何对道路交叉口进行交通管理等。而解决这些问题需考虑:运行车道通行能力,使用的车辆类型,公交的服务类型(是否有站站停的慢线、只停大站的快线、点对点的专线等)。

(4) 售票和检票。车票购买和售、检的整合,在设计上需要决定:车上还是车下购买及售、检,车票形式(现金、票据、公交卡),售票地点等。设计依据包括:乘客需求,车站处售、检票窗口的数量,车票类型,放置人工或自动售、检票设备的空间,车门数量等。

3. 公交枢纽整合

公交枢纽站主要分布在火车站/轮渡码头旁、公寓、商业/购物区、旅游区等地，其规划设计除主体工程外，还应该包括公交停靠港湾，专线小巴停车港湾，出租汽车、小汽车停车港湾等。公交枢纽站规划应将地铁、巴士、出租汽车、小汽车等多种交通方式有机地整合在一起，使之发挥最大效能。

1）整合目标

（1）为轨道交通或铁路车站提供接驳公共汽车服务，发展无缝式接驳系统；

（2）为乘客提供合适的上落客区；

（3）为公交乘客提供合适的排队区域；

（4）避免阻碍交通；

（5）为公交集团提供首末站停泊区。

2）整合原则

（1）布局方面：方便公共汽车停泊；保证公共汽车及其他车辆安全驾驶；提供足够及安全的乘客候车区；避免人车冲突；提供方便及安全的车辆及乘客通道，例如人行通道、楼梯、电梯以及扶梯。

（2）环境方面：保证足够的照明和通风。

（3）乘客及营运设施方面：提供无障碍设施予一般乘客及残疾人士使用，例如等候区护栏、公用电话、斜坡、升降梯、盲道、盲人点字板等；提供足够空间方便营运服务，例如乘客服务中心、站长室、司机休息室及洗手间等；提供保安及安全装置，例如灭火装备、闭路电视等。

（4）乘客信息方面：提供清晰、足够的乘客信息设施，例如指示牌、路线/目的地展示板、离站时间显示屏等。

3）公交换乘枢纽布局形式

为了使换乘安全舒适，应尽量缩短换乘距离和时间。为了缩短换乘距离，单独的站点应尽可能相邻。换乘距离不超过 50 m。有多条线路的大型公交站场，应把那些具有紧密换乘关系的线路设在一个换乘区，使之有良好的衔接关系。公交枢纽目前常用的停放形式有平行式停车场设计和锯齿型停车场设计，见图 6-10。

公共交通枢纽与轨道车站衔接布局可以分为平面式布局、立体式布局和复合式布局三种形式(请见第 5.3.2.2 节)。例如香港的轨道衔接设施采用紧凑的复合式布局，公交车站一般紧靠轨道车站出入口设置，使公交—轨道换乘的乘客可以很方便的使用公共交通设施，有利于提升轨道交通出行的吸引力(图 6-11 为香港轨道车站外的公交停靠站)。

(a) 传统平行式停车场

(b) 锯齿型停车场

图 6-10　公交枢纽换乘形式

图 6-11　香港轨道车站的公交换乘站

另外，公交车站、出租停靠站与轨道车站一体化设计是一种进一步整合交通设施的设计方法，将公交车站和出租车上客区布置在最靠近轨道车站出入口的车道边，同时利用剩余车道布置蓄车泊位，从而尽可能地利用潜在供给效用最大的交通设施，这样可以减少人车冲突，提高设施的利用程度，以及轨道车站衔接设施的服务水平。其布局如图 6-12 所示。

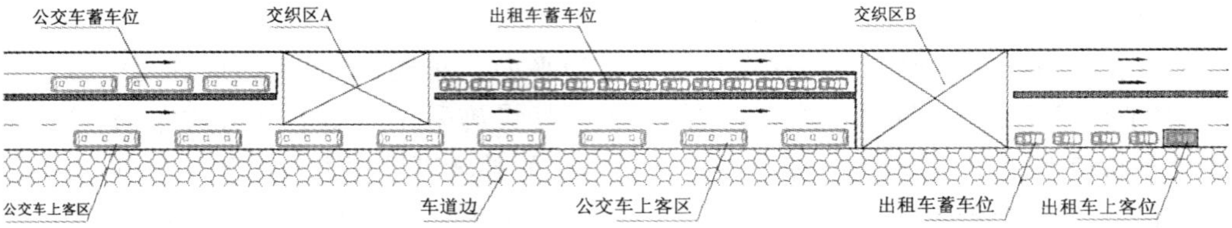

图 6-12　轨道枢纽车站公交车站与出租车上客区的一体化布置示意图

该形式是在内侧的车道边上串联布置公交车站和出租车上客区，将出租车的上客区布置在前面；在外侧布置为公交车和出租车的蓄车位，采用隔离带分离，即将平行布置的形式改为内侧为上车区、外侧为蓄车区的布局形式。

在出租车上客区与公交上客区之间设置交织区 B，公交车驶出时，交织到外侧车道或内侧的第二条车道离开，出租车从外侧车道的蓄车位中进入内侧车道的蓄车位，然后进入到出租车的上客位，为满足出租车的供给需求，在内侧车道边，除布置了上客车位外，也同时布置了几个蓄车位。

在外侧车道，出租车的蓄车位与公交车蓄车位之间也布置了交织区 A，满足公交车从蓄车位进入到上客区的需求，同时在交织区 A 后的公交上客区的车辆，也可以通过上客区直接进入到外侧车道驶离，减少内侧车道的交通流量。

为满足车辆的交织需求，且车辆是由停止下的交织，因此交织区的长度和宽度均应不小于 25 m；对于交织区 B 的出租车上客区，最好能够有专人管理；也可以在交织区 B 设置信号灯控制，利用出租车上客的时间长度，交替放行外侧出租车进入内侧车道以及内侧公交车进入外侧车道驶离。

6.1.5 提高公交信息化、智能化水平

公共交通信息化、智能化已成为其“优先发展”到“公交优势”的技术核心。目前全国提倡“智慧城市”的构建，其中智能化、信息化也是“智慧城市”及“智慧交通”的重要方面，利用现代的计算机技术、通讯技术，加强智能调度、乘客信息服务系统的建设，提升公共交通的科技水平，实现高水平和高效运营，也是增强公共交通吸引力的有效方法之一。

信息化、智能化公共交通系统需要具备如下功能特征：有效的数据管理和分析能力，包括操作型数据管理和分析型数据管理。其目的是保障公交日常运营的高效管理、规划和调度的科学决策分析，以及对公众提供高质量的信息咨询服务。对管理者提供实时系统状态查询、历史数据分析服务，支持决策者制定交通发展政策及规划的宏观信息分析等。智能公交系统结构拓扑图如图 6-13 所示。信息化智能化公共交通可以为公共交通系统管理和使用者带来众

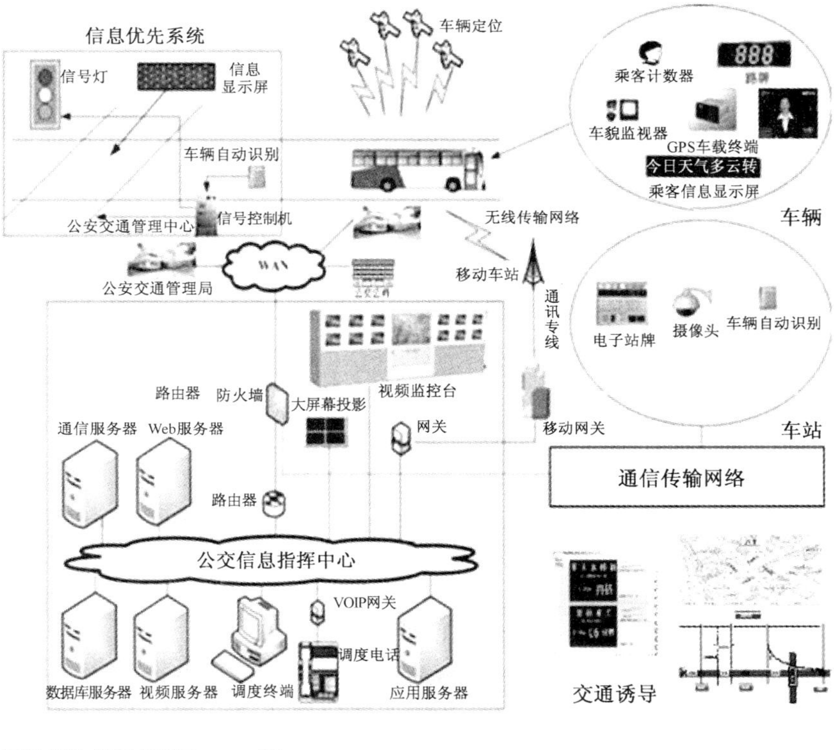

资料来源：智能交通网 www.21its.com.

图 6-13 上海智能公交系统拓扑图

多优点，如改善出行舒适度，提高安全性，增加畅通性，提高运营效率和乘客量，减少环境能源消费，提高整体的经济效益等，因此可以增强公共交通的吸引，实现“公交优势”。

公交的信息化、智能化包括智能公交信息系统、公交智能调度平台、智能公交电子站牌等一系列高新技术与设施。

1. 智能公共交通信息系统

城市公共交通信息化旨在为出行者和管理者提供实时公交信息，为城市智能公共交通系统的快速发展奠定了坚实的基础。其关键是如何利用现有的公交信息系统采集并处理信息，分析并获得公交系统的运行规律，从而进一步改善公交系统的服务水平，为广大出行者提供可靠和全面的公交信息服务。

智能公共交通信息系统由公共交通运营信息服务与公共交通乘客信息服务两部分组成，它们具有高效的信息发布能力，向社会提供高效、实时、动态的全方位信息。例如上海世博会期间，市内公交车普遍安装 GPS 卫星定位系统，并通过各种无线通讯数字传输方式，使车辆可以发出各种运营信息，信息被终端平台接收并处理后，同步通过公交车站电子站牌、移动通讯设备及电视、电台等发布。世博游客和社会游客享用智能公共交通信息系统，可以充分掌握公交运营动态，其中包括车辆到站、离站、行车、载客状态等信息，提高出行乘车的自主权，大大节省出行时间。杭州市公交出行信息实时服务系统通过多种查询终端，实现公交出行线路、公交优化换乘方案、公交线路调整、公交线路新辟、公交 IC 卡发售(充值)点位置和公共自行车服务点设置等静态信息，以及公交线路营运车辆到站信息、公共自行车服务点实时空满位等动态信息的查询，为市民和游客提供方便快捷的公交出行信息实时查询服务，见图 6-14。

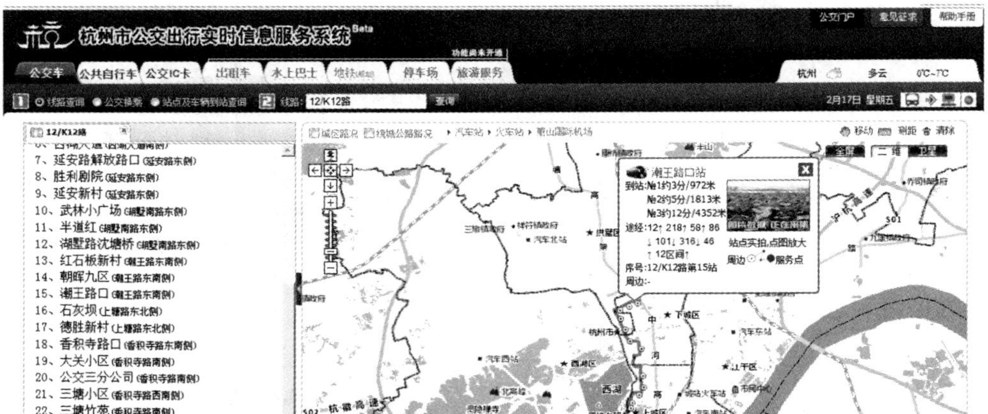

图片来源：http://www.hzbus.cn/.

图 6-14　杭州市公交出行实时信息服务系统

2. 公交智能调度平台

公交智能调度平台是集 GPS 定位技术、GPRS 通信技术、GIS 地理电子信息技术于一体的综合性平台。管理人员可通过平台的电子地图，实时监控车辆运营的轨迹和速度，发现异常时能立即警告提示，可以及时预防事故发生；乘客通过公交车站的电子显示屏，就可知道公交车距离公交站点有多远;公交车的车载电子装备可以自动报站,过弯道前会提醒乘客站稳扶好。图 6-15 为利用实时数据开发的公交车辆实时追踪系统,是一种面向管理者的公交调度系统。

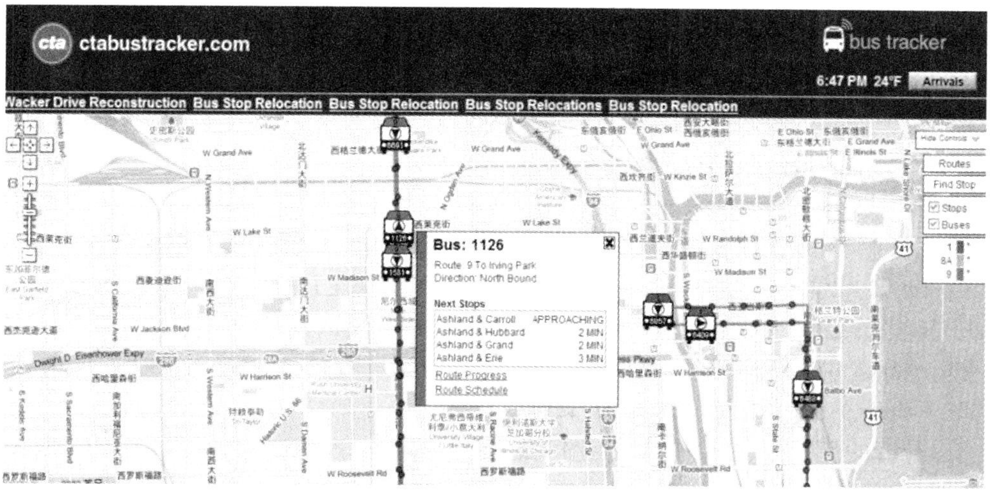

图片来源:http://www.ctabustracker.com/bustime/map/displaymap.jsp.

图 6-15　CTA 公交服务车辆实时追踪地图显示

3. 智能公交电子站牌

智能公交电子站牌依靠高科技的网络技术,通过与生活联系最紧密的公交车站点系统进行嫁接,在城市主要大公交站点架设公交电子站牌,为市民提供最便捷的服务。通过车辆定位系统(Automatic Vehic Location, AVL)了解公交车辆、客流和道路的信息,经计算机数据处理以及 Internet 和无线网络的传输,将相应信息发布至站牌显示。图 6-16 是车辆到站时间的预测系统,结合公交车辆实时追踪系统可以全天候全程监控线路上的公交服务过程。

图 6-16　电子公交站牌

6.2 推行慢行交通保障规划与 TDM 策略

6.2.1 保障慢行交通的“公平性”与“安全性”

“慢行交通”是指步行或自行车等以人力为空间移动动力的交通，属于最低碳、环保的交通方式。**这方面的优势可以从表 2-3 的特性比较中一目了然。**城市慢行交通供给系统的组成包括人行道、人行横道、盲人道、自行车道、过街天桥、地下通道和商业步行街等(图 6-17)。慢行交通规划设计在城市规划和交通建设中应占有非常重要的地位，**要提倡慢行交通“安全”与“公平”两个方面。**所谓“安全”，即交通规划中应首先确保“安全性”，在行人、非机动车与机动车辆共同存在的交通环境里，一旦发生交通冲突，行人、自行车骑行者更容易受到伤害，甚至造成严重的后果。因此，需要从确保人身安全的角度，对行人、自行车骑行者等慢行交通使用者进行重点保护。而“公平”就是强调每个交通参与者对交通资源的公平占有，实际上自行车、行人在时空资源占有、能耗和大气净化等方面，远远优于机动车交通。每个交通出行者的通行权、道路资源使用权和占有权都是应该得到最大的保障。因此提倡公平性原则对实现交通结构的优化，路网的合理配置，以及完善慢行交通系统的规划都具有重要意义。

图 6-17　慢行交通系统组成

而目前很多城市在解决交通问题的过程中，往往多关注于解决城市机动车的交通问题，一味地扩展机动车道的宽度，而忽视步行、自行车等慢行交通的需求保障，车道不足、机非干扰、步行难、行车难，甚至威胁着行人与骑车者的人身安全。中国作为人口大国和“自行车王国”，**在大部分城市的交通结构中，慢行交通都占据 50%以上的份额**(如 2009 年上海慢行交通占 55%，深圳占 67%)，据 2010 年上半年全国交通事故统计，死亡人员总量中，自行车骑行者占 17.89%，步行者占 26.47%。因此，从“以人为本”的角度应该更多地保障步行和自行车等慢行交通系统的合理规划。

为确保慢行交通的“安全”与“公平”，世界上很多国家在城市建设中特别重视对慢行交通的规划设计。例如，早在 20 世纪 80 年代初，英国政策研究所撰写了一份“步行是交通”的研究报告。其中提出，与机动化交通评价一样，我们也必须评价步行交通对社会、环境、财政和能源问题的作用。从此以后，改善步行交通条件成为英国政府的一个重要目标。20 世纪 70 年代中期，德国开展提升自行车在城市交通中的作用的研究，推动自行车友好城市规划得以顺利实施。同时，各国还采取各种慢行交通的公平性、安全性的保障措施。例如，德国的城市交通网络规划中还引入了“交通安宁”的概念，大力提倡提高市中心的步行化程度，如斯图加特市中心形成了具有网络结构的大规模步行区，步行街总长度超过 5 km。在一些人流密集区，行人的交通被放在首位，而车辆的行驶速度则被严格限定，如一些重要地区的车速甚至被限定为 10 km/h。

6.2.2 提高城市慢行交通的网络化水平

道路系统只有在内部相互联系的各要素间形成合理的组合形态时，才能发挥出其最大的整体功能与效率。慢行交通是城市交通体系的重要组成部分，是出行起点始发及出行终点到达的必要方式，在出行中是不可取代的(图 6-18)。我国《城市道路交通规划设计规范(GB 50220—95)》(以下简称《规范》)中专门对自行车交通和步行交通做了说明，规定了其道路宽度、通行能力等设计指标[4]，然而在很多城市道路规划设计时，却首要考虑机动车的通行，将机动车通行的标准(设计速度和宽度)作为各级道路设计的依据，而将道路剩余空间划拨给慢行交通，慢行交通的通行权成为机动交通的“施舍”。实际上，慢行交通需求在交通总量中所占比例越来越大。**实施基于 TDM 的慢行交通保障政策，首先要求在网络设计中授予慢行交通应有的地位，体现在路网通达性、路网密度和路网布局结构等方面，保证慢行交通设施的供给连贯性，形成慢行交通网络的整体。**

图 6-18 慢行交通在城市交通系统中的定位

1. 改善路网通达性

在《规范》第 7 章城市道路系统设计中，规定了城市各级路网的设计速度、密度、道路宽度与车道条数。**事实上，支路网的设计主要对象是慢行交通，而且应该强调支路网的通达性，而不应该采取机动车道的设计标准，来包揽慢行交通的功能设计。**“通达性”包括“通”和“达”两个意思：“通”要求交通流能够顺利、高效地通过某一道路；“达”要求可以使交通流到达每一地块。一般而言，不同等级道路的通达性能是有差异的：快速路、主干道要求道路尽可能少地受到道路两侧开发的影响，重视“通”的指标；次干道、支路网则是服务于集散交通，更要重视“可达性”指标。在实现道路功能时，二者是相互制约和相互影响的[5]。**很多城市盲目地拓宽和改善道路条件，旨在增加道路网络“通”的指标；然而扩宽(越来越宽)的道路诱增更大的机动车需求，引起更大范围的交通拥挤，同时却给予行人与自行车通行制造了更多的障碍，结果是既不“通”也不“达”。**越来越多的城市意识到，通过增加道路宽度达到的“通过性”提高，并不能解决道路交通的问题，却使机动车增多，导致喧嚣的街道、恶劣的生活环境和更大的污染，这些将极大地约束和妨碍慢行交通。在一点上我们应该学习欧洲城市的经验，例如苏黎世、日内瓦等城市，坚决抵制多车道开阔马路等城市形象工程，要求处处有公园、绿树花草环绕社区，把城市交通安静工程建立在人文景观、和谐社会、空气清新、清水环绕之中[6]。由此可见，被动地满足路网通达性的规划设计观念，已经不适用于今天的城市道路规划设计;如今的道路建设,应从需求管理的角度入手,通过适当抑制机动车的“通过性”,提高整体路网的“可达性”,从而达到减少机动车交通需求、保障慢行交通需求的目的。

2. 提高支路网密度

《规范》中规定,城市道路用地面积应占城市建设用地面积的 8%~15%,对规划人口在 200 万以上的大城市,宜为 15%~20%。根据相关统计,上海市内环以内的道路面积率已达到 11.36%,其他省会城市的道路面积率也达到或接近规范值(表 6-7)[7]。在城市交通建设中,土地资源越来越紧张,征地拆迁占建设总投资中的比例越来越大,部分项目征地拆迁占总投资的 80%以上,而且在城市建设中存在“扒皮”现象,即有时道路红线只增加 1m,但导致沿线房屋均需要拆迁,会导致社会、经济成本巨大的浪费。城市已拿不出更多的土地用于交通建设。可以发现,诸多城市道路面积率已接近国家规范上限、干道网密度已经超过国家规范,但是慢行交通通行的支路网密度却还远远不足。从路网结构来看,干道宽度的不断增加促使了城市道路面积率的快速上涨;但支路网密度普遍不足,很难体现“以人为本”的道路设计理念。

表 6-7　部分城市路网指标

项目	道路里程/km	道路面积/万 m^2	路网密度/($km\cdot km^{-2}$)	道路面积率/%	干道网密度/($km\cdot km^{-2}$)	支路网密度/($km\cdot km^{-2}$)	人均道路面积/%
武汉	1 899	3 247	6.8	11.6	2.3	2.76	7.7
南京	1 975	3 310	7.82	13.06	3.19	3.48	10.72
沈阳	1 745	3 107	7.34	13.07	3.38	2.87	9.2
成都	1 652	3 525	8.9	19.1	4.2	4.75	15.6
国家规范				15~20	2.4~3.1	3~4	7~15

资料来源:武汉交通规划网 http://www.whtpi.com/page/web/5/25/247.html.

城市支路网相当于人体的毛细血管,在整个路网中的“微循环”作用是不容忽视的。支路网的特点是车速较慢、行人较多、车道宽度较窄,道路两旁多布置为生活服务的人流较多的公共建筑和停车场地。支路网的建设所占土地资源较少,但发挥的功效较大,因此从均衡路网流量的 TDM 策略出发,城市支路网密度标准应适当提高,从 3~4 km/km^2 提高到 5~6 km/km^2 的水平;另外从功能上,增强支路网要保持贯通性和连续性,支路宽度要因地制宜,从实际出发,设置多级支路网宽度标准,能更大地发挥支路网的优势,给行人和非机动车以更好的通行空间与环境。

3. 调整路网布局结构

我国中小城市通常延续中国古代和近代的道路布局思路,采用方格网状路网,大城市则多采用环形放射路网、市中心(内环以内)仍为方格网的总体路网形态。一般地,各级网络规划设计的衔接都有一定的原则:次要道路让主要道路,低速道路让高速道路,生活性道路让交通性道路,越级道路不交叉,尽量避免过多的支路与主干路相交,避免支路车流对主干路车流影响等。这些传统原则主要是为了保障道路机动车的通行。但是,从路网功能调整的 TDM 出发,道路规划设计原则对以上内容提出挑战。道路设计应优先公共交通,保障慢行交通,在道路布局结构上,也应该优先考虑大多数人的出行方便,而为小汽车交通制造“麻烦”。例如,在保证交通安全的前提下,城市内可以允许支路直接穿过主干道,以增加慢行交通的通达性,降低主干道的车速;在交叉口设置自行车和行人的专用相位,增加机动车的延误而保障慢行交通的通行安全等。

6.2.3 慢行交通保障的车道设计

《城市道路设计规范》(CJJ 37—90)中提出[8],道路横断面设计应在城市规划的红线宽度范围内进行。横断面形式、布置、各组成部分尺寸及比例应按道路类别、级别、计算行车速度、设计年限的机动车道与非机动车道交通量和人流量、交通特性、交通组织、交通设施、地上杆线、地下管线、绿化、地形等因素统一安排,以保障车辆和人行交通的安全通畅。

目前,随着机动车交通需求的增加,为了扩大道路的通行能力,很多城市的断面设计越来越往机动车通行方向倾斜,常常为了扩宽或增加机动车道出现了“挤非机动车道、挤人行道、挤绿化带”的“三挤”现象,导致宽敞的机动车道与狭窄的非机动车道、狭窄人行道的设计随处可见。基于 TDM 的思想,道路的断面设计要体现公交优先和慢行交通保障的思想,对小汽车通行则是要求保持畅通,降低车速。

1. 基于慢行交通的车道宽度设计

正如前文所述,道路并不是越宽越好,宽阔的道路反而诱增了更多的机动车需求,宽松的车道也是为了提高机动车的速度,为机动车的发展提供了更加有利的条件。然而,我国的很多城市道路越修越宽,在这样的大街上,不仅道路拥堵是“致命”的,而且徒步穿行也是非常危险的。1957 年北京市政府在讨论长安街宽度的时候,清华大学梁思成教授就说:“短跑家也要跑 11 秒,一般的人走一趟要 1 分多钟,小脚老太婆过这条街就更困难了。”然而,长安街还是建成了宽阔的道路。如今,为了保证行人过街安全,长安街建成了不少地下通道和过街天桥。行人如不选择“上天”或“入地”的穿行方式,就要冒险选择“要命”的路面横穿[9]。在这样的宽马路上,建造更多的人行设施,也只能成为“以人为本”的弥补措施了。

欧洲很多城市倡导建设“交通宁静化”的移动性管理(mobility management),其中一条有效措施就是抵制宽马路的修建,缩减车道宽度,增加人行道。例如苏黎世主张建设单向行驶街道,扩大人行道;法国里昂则通过加宽人行道、修建中央保留区、修建自行车道三种方式实施车道窄化[6](图 6-19)。这些城市都重视发展公共交通,构建慢行交通系统,林阴道将拥有更多绿地、更宽的行人道和自行车道,为了让市民更好地使用林阴道,政府将投入使用小型环保汽车,这样不仅能减少林阴道上步行的人,也能减少常规汽车对环境的污染以及对林阴道上行人的影响。

(a) 苏黎世的“大街”　　(b) 里昂的“小巷”

图 6-19　欧洲的“宁静化交通”道路设计

对比如图 6-20 所示的两种道路断面，两种道路断面设计都符合国家规范，但很容易看出，第一种断面(图 6-20(a))的设计形式很显然是以机动车通行为主，即便是作为城市主干道，单侧仅设 1 条非机动车道也很难满足慢行交通的需求。而在图 6-20(b)中，机动车车道宽度被压缩，非机动车道扩宽，采用人非共板，以黄线分隔，既保证机动车的通行需求，又节省了道路空间，保证慢行交通的安全。图 6-21 为人非共板的慢行交通一体化设计。

(a)改造前

(b)改造后（人非共板）

图 6-20　两种不同的道路断面设计

图 6-21　慢行一体化设计

面对我国城市助动车日益增加的局面，从保障慢行交通的角度出发，应该降低助动车的速度，限制某些速度在 40 km/h 以上的“超标”电动(燃油)助动车使用范围。基于整体交通安全的考虑，建议助动车还是应纳入自行车道，对于某些助动车较多的路段，应扩宽自行车道并将助动车与自行车划线分隔。以图 6-20 所示的 32 m 道路断面为例，在交通量允许的条件下进一步压缩机动车道，拓宽自行车道，助动车在车道内侧行驶(近机动车道一旁)，自行车在外侧行驶，从而进一步保障慢行交通，断面设计如图 6-22 所示。

图 6-22 助动车与自行车共道断面

2. 构成城市微循环的支路宽度和断面形式

《规范》中规定的支路宽度为 15～30 m(大城市)。基于我国土地资源短缺的状况,交通用地更要寸土必争。支路主要任务是增加地区可达性,主要服务对象是慢行交通和少量机动车。鉴于此,支路的宽度应该根据不同城市用地条件,设计成多类多级的支路断面形式与标准。我国诸多城市(包括大城市),因城市历史沿革,道路网普遍存在干道过多,而支路不足,微循环不畅,建筑物红线之间的距离很窄的现象,无法满足国家支路等级的建设标准(速度与宽度)。因此很有必要建立功能性更强的支路网地方性标准。同济大学在"长沙市中心区道路交通整治方案设计"方案中[10],提出面向人和自行车(改变以速度为标准的)的三个等级功能的支路设计形式与标准(部分典型断面形式如图 6-23 所示)。

(a) Ⅰ级支路(次干道降级道路 22 m 断面)

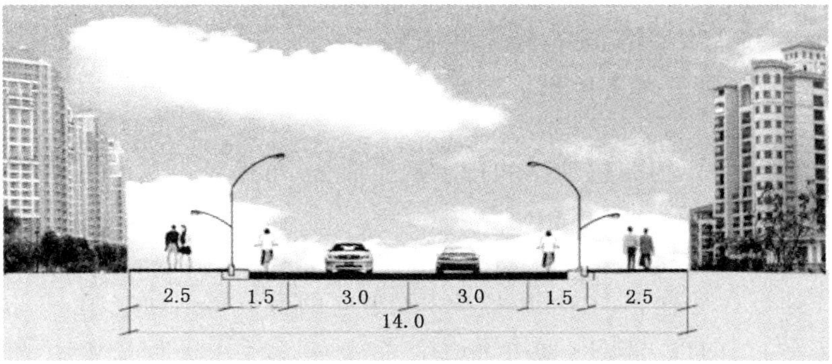

(b) Ⅰ级支路(14 m 断面)

(c) Ⅱ级支路(13 m断面)

(d) Ⅲ级支路(6 m断面)

图 6-23　多级支路断面形式

(1) Ⅰ级支路:城市干道的联系线路,吸引内部道路交通,向干道输送,并分流干道交通,解决局部地区机动车交通,其中部分属于次干道降级道路。为与《规范》接轨,采用机动车设计车速 30 km/h,红线宽度 15～30 m 标准。

(2) Ⅱ级支路:联系居住区、单位和Ⅰ级支路,宽度低于Ⅰ级支路,主要承担生活性交通服务功能,宽度窄于Ⅰ级支路,机动车设计车速限为 15～20 km/h,为了保证行人和非机动车通行空间,两边预留至少 1 m 的人行道和 1.25 m 非机动车道的道路宽度,红线宽度 9～14 m。

(3) Ⅲ级支路:主要为非机动车和行人提供服务,可通行少量的机动车辆(包括单行线),设计车速很低,红线宽度 5～8 m。

3. 推行"人非共板,绿景相融"的断面设计

在传统交通设计理念下,主干道大多设置独立的自行车交通空间,并以物理形式分隔,实现"机非分行"的行车要求;而次干道通常是双向隔离、机非共板的一块板或两块板断面形式;支路则为一块板的窄路幅断面形式。因此,在某些道路上,特别是机动车流量较大的路段,机非冲突严重,造成机动车挤非机动车道,自行车被逼上人行道占用步行空间，道路路权分配出现混乱。因此，传统的机非混行，包括机非划线分隔，已经难以适应保障慢行交通的交通需求管理，道路断面设计应提供慢行交通充分的通行空间和安全保障。

分离“快”、“慢”交通，即将机动车与非机动车分别设置在相互独立的空间，是交通改善设计中的一条重要思想。在部分非机动车流量较高的城市干道上，将非机动车从“机非”共板上分离去，在道路宽度的限制条件下，通过机动车道与非机动车道之间加设隔离带，将非机动车与人行道的隔离带取消，设计“人非一体化”道路断面形式。以一块板为例(图 6-24)，当道路宽度较窄，并且无法拓宽的情况下，将非机动车道从原来的机非共板中分离出去，与人行道共板。

(a)改造前　　　　(b)改造后

图 6-24　保障慢行交通的断面设计

关于“人非”共板的横断面形式，目前在行业内部尚存在不同的意见。因为该断面形式在保障慢行交通的同时，也为机动车提供了独立的行驶空间，有助于提高机动车的行驶速度。在以“可达性”为目标的城市支路上，这样做可能会起到提高机动车支路行驶速度的作用。因此，建议“机非共板”多被运用在城市干道网上，部分支路采用该设计时要配合缩减机动车道宽度的办法。通过实践结果可以证实，“人非一体化”道路断面在保障慢行交通通行与安全方面，具有很大的优势，为旧城道路改造，特别是道路拓宽受到限制的条件下的改造工作，提供了一种经济实用和切实可行的建设途径。

6.2.4　慢行交通的标识指引与信息诱导

1. 诱导系统

慢行交通诱导包括路径诱导与交叉口诱导，通过信息技术与标识指引对慢行交通系统的行人、自行车进行指向性诱导，例如转向提示设施、过街提示设施、信号服务设施、广播、短信、电话服务等对慢行交通进行诱导。无论哪种诱导手段和方式都是为慢行交通系统中的行人与自行车服务的，其目的是落实“以人为本”的理念，实现出行安全和出行效率的统一。

路径诱导就是通过综合考虑出行时间、出行安全以及出行环境等因素，寻求最优路径对慢行交通进行诱导；同时考虑慢行交通与其他交通方式的换乘衔接，通过合适的诱导使人们整个出行更加顺畅。而交叉口诱导主要是通过交叉口信号灯相位的调节，提高慢行交通的过街效率；同时采用慢行交通分流过街，即交叉口附近的合适位置设置过街通道，提高行人的过街通过率。

慢行交通诱导的方式主要包括利用标识指引设施进行诱导和利用信息技术进行诱导。

2. 标识指引方式及设施

慢行交通标识指引是通过指向性的交通设施对慢行交通系统的行人、自行车进行诱导。慢行交通诱导的一个重要设施就是指示牌。指示牌在实现慢行交通诱导的过程中发挥着重要的作用。指示牌的设计和选址应该注意以下几点：

(1) 指示牌尺寸要适合，要根据需要指示的内容量多少而定。过街指示牌、慢行交通通道到达指示牌大小一般设置为 0.8 m×0.6 m；信息量较大的指示牌，例如路径诱导指示牌，包含内容量较大，且查看人数较多，一般设置为 2.0 m×1.5 m。

(2) 指示牌上的字体颜色要鲜艳，同时要配合附近的景色，由于慢行交通诱导不需要像机动车一样有强制性的一面，因此在选择字体颜色时不需要选择红色，可以选择绿色或者粉红色，给人以舒适的感觉。

(3) 指示牌的内容要简洁易懂。信息量较大的指示牌尽量通过图像对人们进行诱导，同时附加文字说明，使信息通俗易懂，使行人能够尽快了解到诱导信息。

(4) 指示牌的位置应设置在主要道路或交叉口的入口处，以便及时给予出行者准确的慢行交通信息。

(5) 在人员聚集比较大的区域(如广场、步行街等)，指示牌的位置应设置在醒目、人们容易注意到的地点，方便人们收到交通信息。

(6) 要特别关注残疾人平等参与慢行交通活动，在城市主要地段的道路、主要商业街区、自行车道等慢行设施入口处宜设置盲文地图和盲文诱导指示牌。

(7) 要关爱老人和儿童。设置黄闪信号，在有老人或儿童过街处设置黄闪信号，把这种信号悬挂在道路上方，引起驾驶人注意，在学校或幼儿园附近过街斑马线处设置“学校”或“儿童过街”字样的指示牌，提醒驾驶员谨慎驾车。

(8) 除了指示牌，电视、广播和手机等先进的信息传播工具也可以被交通诱导工作所利用，信息服务中心可以通过电视、广播、短息回复、电话回复等形式实时地将慢行交通路径的情况提供给咨询的行人，以便行人及时地选择相应的措施。新技术的引入为慢行交通信息的传播提供了更有效和便捷的途径。

3. 信息技术进行诱导

慢行交通信息技术进行诱导工作流程主要包括信息采集和信息处理与发布。

1) 慢行交通信息采集系统

慢行交通信息采集系统对系统所需原始数据进行采集，如慢行道路现状、慢行交通流量等，并输送到慢行交通信息数据库，供诱导信息生成模块使用。

随着智能交通的发展，交通信息收集的手段越来越多。目前国内外在交通检测系统或交通信息采集系统中，大量应用了电磁传感技术、超声传感技术、雷达探测技术、视频检测技术、计算机技术、通信技术等。具体的检测器主要有电感环检测器(环型感应线圈)、超声波检测器、红外检测器、雷达检测器、视频检测器等。

2) 慢行交通信息处理与发布

慢行交通诱导信息处理与控制计算机设置在指挥中心和分中心大厅里的控制台上，经过工作人员人工确认后的慢行交通信息和指挥管理信息将会进行处理。

采集信息经过处理，通过控制计算机发布信息(或指令)，向电子指示牌、电台、电视台和行人手机发布交通诱导信息。不同路段的交通信息板，根据不同路段的交通状况来确定慢行交通信息发布的内容。

6.2.5 推行公共自行车制度

自行车是一种绿色交通方式，其发展给人们的出行带来了方便，节省了能源，减少了交通对城市环境的污染。自行车作为重要的短驳交通方式是城市“慢行+公交(轨道)”的出行发展模式的理想趋势和选择。近年来，越来越多的公共自行车出现在城市的大街小巷，人们可以通过简单的手续租借，为城市观光与通勤接驳带来极大方便，这是城市“人性化”与“可持续发展”的重要体现之一，同时也为交通需求管理的实施“添砖加瓦”。

1. 国外公共自行车系统

国外最早的公共自行车系统产生于丹麦哥本哈根，称作“城市单车”(city bike)。该计划1995年正式实施，并得到了市政府的支持。目前，在哥本哈根市中心大约有150处专为公共自行车设置的停车点，1 300多辆公共自行车(图6-25)。哥本哈根的公共自行车是完全免费的，只需往停车点上的自行车的车锁上塞进一个20克郎的硬币，便可以推车走人，在市中心规定的区域内无时间限制地使用。用罢自行车，只要将它放到街上任何一个停车点，重新将车锁锁回，就可以自动取回20克郎押金。

图6-25 哥本哈根自行车绿色线路规划图及服务点

里昂是第一个在真正意义上将公共自行车系统化、实行租赁制的城市(图6-26)。其于2005年5月实施“热爱自行车(velov)”计划，这项计划由里昂JC德科公告牌公司具体承办，简单地说就是由该公司承担公共自行车租赁系统的建设管理，而市政府主要是执行监管功能，相应的，该公司获得里昂市内广告牌10年的经营权。目前，里昂的公共自行车服务点已增加到了340多个，全市约有4 000辆车，每两个租赁点之间的自行车程一般不会超过5 min。租用公共自行车需办理租赁卡或使用公交卡，前半小时免费(使用公交卡则为免费1 h)，随后采用累进制收费。同时，里昂还开通了专门的公共自行车网站，提供关于公共自行车租用、服务点位置、自行车道分布等信息。

图 6-26　里昂公共自行车租赁点和调度车辆

2. 国内公共自行车系统

我国上海、杭州、武汉、株洲等大中城市的各类公共交通(包括轨道交通)与居住区换乘接驳已经出现公共自行车系统运行,成为市民出行的重要工具和城市公共交通的必要补充。公共自行车的作用主要体现在下几方面:

(1) 将公共自行车纳入公交系统,提供换乘服务,以解决公交系统的“最后一公里”问题,实现公交优先的第二次跨越。

(2) 公共自行车的发展也是绿色交通、低碳城市建设的重要内容之一。

(3) 公共自行车的出现为市民出行提供了更为丰富的选择,使市民出行更为方便,真正体现“以人为本,以民为先”。

(4) 公共自行车能为外来游客提供良好的旅游工具,使其能自由、近距离接触城市的美丽风景,进一步提升城市休闲旅游品质,提升城市旅游风貌与景观。

上海市考虑郊区公共交通设施供应薄弱的现状,在中心城区边缘的闵行、浦东张江功能区、宝山、松江、崇明等区域,相继开展了公共自行车的试点。表 6-8 为上海市公共自行车近年来的发展状况。公共自行车网点建设多以轨道交通站点为中心,向周边 3 km 左右的范围内进行网点规划建设。站点覆盖了轨道站点、公交枢纽、政府机关、医院、商厦、居民小区等区域,为市民提供便利的交通工具。图 6-27 为上海市自行车网络与公共自行车覆盖范围。

表 6-8　　全市各区公共自行车发展状况(2010 年 9 月)

范围	车辆数	网点个数	办卡和收费	运营模式	轨道交通站点	主要服务对象
闵行区	15 000	450	免费办理诚信卡,免费使用	企业运作 政府购买服务	闵行区内地铁车站	区域内常住人口、上班族
张江功能区	350	25	200 元押金,150 元/年	企业运作 政府支持	2 号线张江高科站	区内上班族
宝山区	400	11	免费办理诚信卡,免费使用	企业运作 政府购买服务	1 号线共富新村站	区内常住人口、上班族
松江区	1 000	14	200 元押金办卡,2 小时内免费	企业运作 政府购买服务	9 号线佘山站	游客
崇明区	500	4	500 元押金,40 元/日	公司运作 政府支持	无	游客

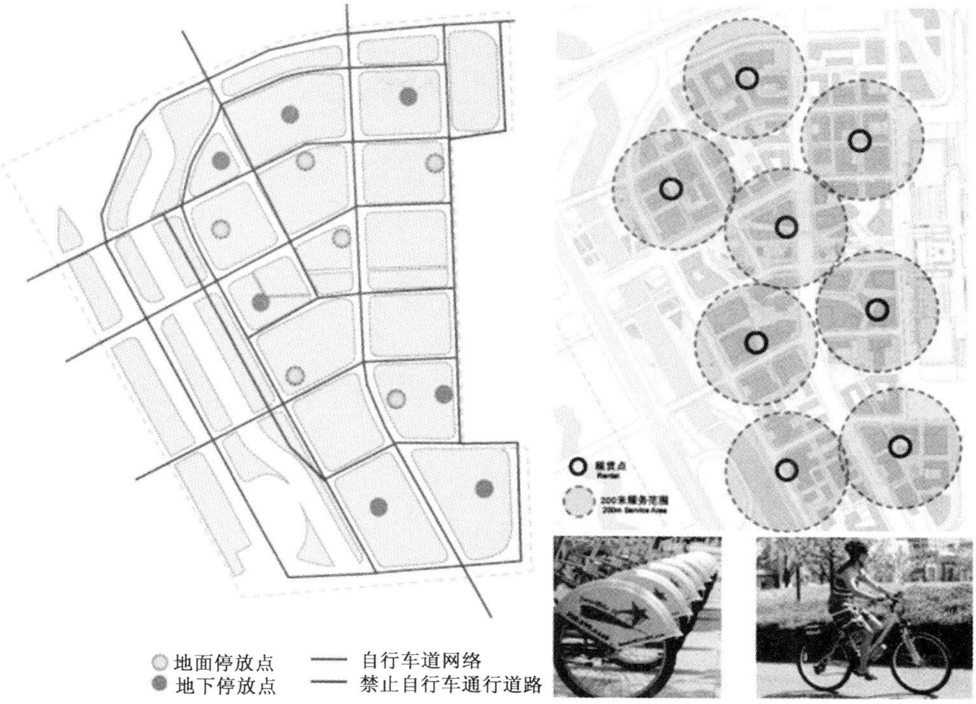

图 6-27　上海市自行车网络与公共自行车覆盖范围示意图

为了贯彻实施公交优先战略，杭州市提出构筑具有杭州特色的“地铁、公交车、出租车、水上巴士、公共自行车”五位一体的大公交体系。自 2008 年 5 月在全国率先推行城市公共自行车租赁系统，形成了遍布全市的网络，已建成 2 000 个公共自行车网点，投放公共自行车 5 万辆，日均租用量达 23 万～25 万人次，最高时达到 32 万人次(图 6-28)。另外，株洲市也开展推行公共自行车措施，2012 年株洲市的绿色公共自行车已经规划扩展到 2 万辆、1 000 个网点，成为株洲城市交通的一道风景(图 6-29)。

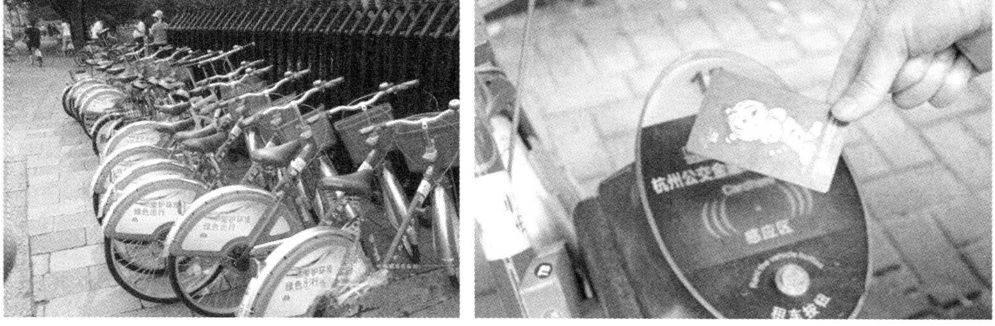

图 6-28　杭州市自行车租赁点

图 6-29　株洲市自行车租赁点

6.3　私人机动车交通的控制政策与方法

6.3.1　私人小汽车的拥有与使用控制策略

对小汽车交通控制，主要是对小汽车拥有和小汽车使用两方面的控制。对小汽车拥有控制就是通过行政与经济的手段对私车牌照的限制；小汽车的使用控制是指从规划、设计、管理各个阶段，利用经济政策手段对小汽车使用的限制和引导。

1. 小汽车拥有的控制

对于小汽车拥有的限制，新加坡是采取了比较强硬的手段。1990 年前，新加坡政府采用了控制小汽车增长的抑制性财税条令，包括车辆进口关税、注册费与公路税等，到 1990 年，开始实施强制性的车辆定额配给制度（Vehicle Quota System，VQS），以管理车辆数量的增长，所谓 VQS 是车主在注册新车之前必须通过竞标获得车辆拥有许可证（Certificate of Entitlement，COE），政府每个月根据当前的道路交通状况以及永久性离开道路系统车辆数来决定发放的许可证数量，VQS 实质上是通过计划车辆注册指标干预购买行为。这个方法的实施，使新加坡有效地将小汽车的增长率从 6%下降到 3%，实现了严格控制小汽车总量的交通目标。我国香港，私人小汽车的增长在 21 世纪初得到成功的控制，政府早在第一次整体运输研究后的 1974 年即通过以加税的手段抑制小汽车的增长。加税之后数年内小汽车的数量明显减少。2004 年，香港注册私人小汽车 38.4 万辆，千人拥有率仅为 56 辆，是世界小汽车拥有率最低的大城市。

在我国内陆城市，由于过分重视小汽车产业发展，当下只有少数大城市（上海、北京等）对小汽车进行适当控制，多数城市都采取任其发展的态度。2011 年，贵阳继北京“摇号政策”后出台《贵阳市小客车专段号牌核发管理暂行规定》，成为我国第二个对汽车进行摇号限购的城市。目前，机动车拥有量的控制模式可分为三种。

1）机动车牌照拥有限制模式

机动车牌照限制模式，是对牌照数量进行的控制策略（例如上海的牌照拍卖计划，北京、贵阳的摇号政策），在一定程度上能有效遏制市民的购车需求，从而调控城市机动车拥有量的增长速度。目前机动车牌照均为长期性拥有，即一旦购买得到该牌照，可以永久使用。这种永久性牌照不利于对机动车总量的长远控制。例如上海，按现行每月发放 9 000 张左右的牌照计算，10 年后上海汽车拥有量将再增加 100 万辆以上，当前上海市中心已经约有 40%的车没有合法的停车位，而且高峰时期中心城主要辐射性路网都处于超饱和状态。因此，**专家提出引入使用年限的机动车牌照制度，建议以弹性动态地调控机动车保有量**[11]。一方面，在市场价格机制的调节下，该措施能更好地与用户实际需求相匹配，有效抑制把牌照当作固定资产的投资行为；另一方面，**逐步减少永久性牌照的数量，以期改变机动车拥有量单边增长的趋势，逐步由市场定价平衡供需来调节市场能容纳的新增机动车数量**。有年限牌照机制的引入，将打破先购车永久性的先占据公共道路资源的模式。

2）提高机动车购置税

这种模式是学习香港，大幅提高机动车的购置税，且税率按照车辆价格、体积和排量递增。通过合理计算拥有车辆带来的社会成本，包括停车占地、污染物排放、道路拥挤等费用，核算汽车购置税。通过宣传，告诉市民每辆车在使用期间给全社会带来的总费用，并说服市民按照社会费用征收税收的合理性。

3）征收汽车牌照税

这种模式是在保持车辆牌照永久性基础上，按照车种与排放类型，每年征收车辆牌照的拥有税。例如我国澳门，发布《车辆使用牌照税规章》，明文规定汽车牌照税的征收，其中按车种税额规定如表 6-9 所示。

表 6-9　　澳门车种收费规定

车辆类型	规　格	应缴金额/澳门币
轻型摩托车	不超过 50 cc	350
重型摩托车	由 51 cc 至 250 cc	570
	由 251 cc 至 350 cc	760
	超过 350 cc	1 090
轻型客车	不超过 1 500 cc	850
	由 1 501 cc 至 2 000 cc	1 270
	由 2 001 cc 至 2 500 cc	2 100
	由 2 501 cc 至 3 000 cc	3 000
轻型客货车及货车、重型汽车、牵引车及铰接式车辆	不超过 3 500 kg	1 500
	由 3 500 kg 起，以 1 000 kg 为单位，每超过一单位（不足一单位的按一单位计）按规定增加费用	200（每一单位）
工业机械	不超过 10 000 kg	1 500
	由 10 000 kg 起，以 2 500 kg 为单位，每超过一单位（不足一单位的按一单位计）按规定增加费用	200（每一单位）

2. 小汽车使用的控制

你可以拥有小汽车，但不能滥用小汽车。**对小汽车使用的控制，是有效的交通需求管理措施**。新加坡对小汽车通过昂贵的拥有与使用费用控制了小汽车的数量。但是，由于高昂的拥车费用使很多新加坡人感到不满，新加坡政府转向一方面放松对小汽车拥有的限制，一方面通过提高小汽车使用和维护费用来进一步降低市民对小汽车的依赖。因此,“对小汽车的限制是控制使用而不是控制拥有”在新加坡已经达成共识。

对小汽车使用的控制可以分为限制与引导两类,主要有以下措施:

(1) 采用经济措施,减少私人小汽车使用。道路拥挤收费是一项有效利用经济手段的交通需求管理措施,这在国内外都得到广泛重视,并在如英国伦敦,挪威的奥斯陆、贝尔根、特斯赫姆等城市先后实施了中心区道路收费系统,但在我国还尚未实施。本书第 7 章重点介绍城市道路拥挤收费的理论及实践。

如果说道路拥挤收费是对动态交通的需求管理手段,那城市停车收费则是控制停车需求的静态交通需求管理策略。相对于道路拥挤收费,停车收费在实践上得到了更多城市的认同和运用,并且更加具有可实施性。本书第 8 章重点介绍城市停车收费与管理的策略方法。

另外,取消养路费、增加燃油税的税费改革是我国在小汽车拥有和使用区别对待的一项重要政策,体现“可以拥有小汽车,但不能滥用小汽车”的思想。

(2) 加强机动车运营与停车管理,合理引导小汽车使用。实施管理措施,引导或鼓励对低能耗、低排放车辆的使用。通常这些措施与制定标准、政策密切相关。例如,上海市区在高峰期对外地牌照车辆行驶限制,北京奥运期间实施单双号车辆分开行驶政策、中心区停车位减少供给的配置标准、设置公交专用道缩减小汽车行驶车道的路权分配策略等,都是对小汽车使用的合理引导与适当控制。

(3) 加强信息引导,鼓励绿色出行。公众在出行前对出行信息掌握较少的通常情况下,凭经验选择出行方式和出行路线,往往并不是最优出行,更无法充分意识到他们的出行方式选择行为会对交通、能源与环境产生的影响。而信息的提供不仅可以帮助人们选择最优的出行方式和路线,而且可以提高人们的社会意识,进而促使他们选择更节能、更低碳的出行方式。因此,一方面,通过互联网、交通设施终端及时向公众提供交通出行信息,另一方面加强社会宣传,开展如“无车日”等活动,引导人们合理出行方式的选择。

3. 提高小汽车合乘率

机动车乘载率是指机动车实际乘载人数与额定乘载人数的百分比。提高机动车乘载率,避免机动车乘载率低甚至空驶过高并且降低从公共交通转向私人交通的无效交通量,从而合理优化城市客运交通结构,是提高机动车使用效率的 TDM 方法。

1) 提高出租车乘载率

尽管出租车作为城市大众公共交通的补充具有公共性,但其微型载客汽车属性使之不可避免地与私人小汽车同样具有乘载率低的缺点。由于出租车具有营利性质,它的承载率低甚至可以表现为空驶过高。为了优化城市客运交通结构,必须通过实施相关交通需求管理措施,提高出租车乘载率,如鼓励出租车合乘。通过建立出租车合乘俱乐部、利用互联网建立网上信息平台和出租车合乘信息服务网等现代信息手段实现出租车合乘,也可在高峰期由相关部门引导出租车合乘。例如重庆市从 2007 年 1 月 15 日起,在主城三地试行交通高峰期出租车合乘,由执法人员与企业管理人员对乘客合乘组合进行引导。

2) 提高私人小汽车乘载率

通过限制小汽车低乘载率出行,促使相应出行量向公共交通转换,或使其高乘载率出行,提高道路资源利用率。提高私人小汽车乘载率的主要手段是鼓励小汽车合乘,其对城市客运交通结构的优化具有重要意义。

现阶段，我国实现私人小汽车合乘只能从长期合乘（如上班、上学合乘）角度考虑，可通过专门的网站（“拼车网”或顺风车俱乐部）寻求合乘，也可通过组织在相邻地点居住并去同一方向上班的人（其中可由合乘人轮流提供车辆或有车人提供车辆、无车人承担一定费用）实现合乘。应加强对相关法律法规研究，出台相关政策鼓励、保护并规范小汽车合乘，以保证私人小汽车合乘的合法化、安全化与规范化。

3）提高单位车乘载率

所谓单位车是指以单位名义注册的车辆，笔者在这里将其分为单位班车（大、中、小型客车）以及公务车（越野车、轿车等）两类进行如下分析。

（1）单位班车

尽管单位班车为本单位职工的上下班出行提供了方便，但由于单位班车只是在早、午、晚特定时间内提供特定行程服务，而其他情况下都基本上处于闲置状态，其使用效率与乘载率均很低。

鉴于单位班车的低使用效率以及低乘载率（通常单程空驶），应限制其发展，促使使其改制，具体建议如下：可将为职工直接提供的方便通勤转移为职工提供公共交通补贴，将其直接补贴到公交 IC 卡中，促使相应出行量向公共交通转化；或单位与客运企业签订责任书，将相关通勤出行任务外包给客运企业，让其定时提供通勤服务，实现资源整合。

（2）公务车

我国公务车出行占机动车出行比例很大，公务车的利用率以及乘载率均很低。因此，限制公车私用，控制公务车出行量就尤为重要了。

城市有关部门应加强对公务车使用研究，并结合本市实际情况制定相应的公务车使用规范，采用行政手段严格限制公车私用现象以及其他不合理的公车出行。与此同时，研究公务车制度合理改革，如可将公务车实施货币化补贴，或与相关客运集团签订合同，实行公务出行外包。

6.3.2 摩托车与超标“助动车”的使用限制

一般来说，慢行交通最适宜于近距离的出行范围，而摩托车与助动车可以扩大出行者的出行范围，又由于其价格低廉，受到广大工薪阶层的欢迎，特别是像快递、外卖等行业的工作，助动车尤被青睐。因此在现在很多城市中，特别是在公交不发达地区和城市外围地区增长非常迅速。但是，摩托车与助动车行驶速度较高，有的甚至达到 40 km/h 以上。摩托车行驶在机动车道上影响机动车的通行速度，干扰正常的交通秩序；而行驶在非机动车道则影响自行车与行人的通行安全，易导致交通事故。根据上海的统计数据，上海市 1 388 万非机动车中，电动车数量达到 300 万辆，而在 2009 年到 2010 年两年间，上海电动车事故死亡人数 600 多人，伤 10 万人。《电动自行车通用技术条件》明确规定电动车最高车速不应大于每小时 20 公里，车重应不大于 40 公斤，必须具有脚踏功能。而目前市面上销售的超标车速度最高的达到 60～70 km/h，超高超宽情况突出，车重也往往随意增加，导致驾驶过程中操控难度加大，交通安全隐患十分严重。闯红灯、在机动车道或人行车道行驶、超速、逆向行驶现象屡见不鲜，事故频发。因此，很多地方对助动车的通行做了部分限制，如深圳 2009 年发布通告，对市区的部分区域和路段实施限制助动车通行的措施；福州市通过助动车带牌销售，超标助动车实行换购、回购的方法，严格控制超标助动车的生产与使用。

《上海市城市交通白皮书》中提出关于“逐步减少摩托车，并加强对摩托车的管理”的要求，上海市制定了限制摩托车拥有量发展的政策，同时考虑到本市不同区域市民的实际情况，出于方便郊区出行的考虑，上海市摩托车的上牌和车辆更新政策按照公私不同、车种不同、牌照不同实施了区别对待政策。

在车辆登记管理上，上海将摩托车分为两轮摩托车(排量 50 cc 以上)和轻便摩托车(排量 50 cc 及以下)。两轮摩托车主要以沪 A 和沪 B 牌照为主，主要在中心城使用。轻便摩托车以沪 C、沪 D、沪 E 牌照为主，主要在郊区使用(上海禁止摩托车使用的区域范围参见第 1.3.4.2 节上海 TDM 策略)。

为控制摩托车的发展，除特殊行业外，上海目前不再发放沪 A 和沪 B 摩托车牌照，原有沪 A 和沪 B 牌照的两轮摩托车注销后不再更新，持有沪 A、沪 B 摩托车牌照的单位和个人可以转换为小汽车牌照。沪 C、沪 D、沪 E 仍可上牌，但 2010 年 3 月开始暂停上牌。现行摩托车拥有政策见表 6-10，各类摩托车分牌照拥有量见表 6-11。

表 6-10　　各类摩托车拥有政策情况

政策	市区牌照			郊区牌照	
	二轮摩托车		轻便摩托车	二轮摩托车	轻便摩托车
	单位	私人			
是否可以申请新牌照	×	×	×	×	√
是否可以“摩转汽”	√	√	×②	×	×
是否可以更新车辆	×①	√	√	√	√

注：① 特殊行业(如公安、电信、邮政)提出申请并经审批同意后可以；
② 牌照通过拍卖获得的可以，其他不行。

表 6-11　　各类摩托车分牌照现状情况(2008 年 10 月)

牌照	沪 A	沪 B	沪 C	沪 D	沪 E	合计
两轮摩托车(500 cc 以上)	43 151	582	22 055	2 408	362	68 558
轻便摩托车(500 cc 及以下)	5 351	0	358 012	233 349	322 550	919 262

综上所述，对于摩托车和助动车，应该加强其管理，并减少摩托车与“超标”助动车的生产和使用，引导其向自行车、公共交通等方式的转移，创造更安全、更舒适的慢行交通环境。

思考题

1. 什么是交通结构，优化交通结构与 TDM 的相互关系如何?
2. 解决公交车站“最后一公里”接驳有哪些整合措施?
3. 请从路网结构、断面设计两方面说明如何保障慢行交通规划设计的“公平性”与“安全性”。
4. 请综合分析公共自行车租赁计划的实施条件与适应性。
5. 机动车牌照摇号与竞拍政策有何差异? 从长远看，永久性牌照拥有政策会产生什么负面影响?

主要参考文献

[1] 陆锡明. 亚洲交通模式[M]. 上海:同济大学出版社,2009.

[2] 陈小鸿. 城市客运交通系统[M]. 上海:同济大学出版社,2008.

[3] 方可. 公共交通系统整合与服务优化[J]. 城市交通,2010,8(5):14-17.

[4] 中华人民共和国建设部. GB 50220—95 城市道路交通规划设计规范[S]. 北京:中国建筑工业出版社,1995.

[5] 石飞,王炜. 城市路网结构分析[J]. 城市交通,2007,31(8):68-73.

[6] 晏克非,于晓桦. 欧洲交通见闻——丰富多彩的机动性管理措施[J]. 交通与运输(特刊),2011,1:36-39

[7] 邹德慈. 路网、交通与城市规划[J]. 城市交通,2011,9(1):14-19.

[8] 中华人民共和国建设部. CJJ 37—90 城市道路设计规范[S]. 北京:中国建筑工业出版社,1991.

[9] 王军. 采访本上的城市[M]. 北京:生活・读书・新知三联书店,2008.

[10] 晏克非等. 长沙市交通疏导工程报告[R]. 长沙:长沙市人民政府,2009.

[11] 张小宁. 鼓励公交出行的综合管理对策[J]. 交通与运输,2012,1:1-3.

[12] 晏克非. 为创建"智慧型"上海轨道交通车站建言献策[J]. 交通与运输,2011,5:10-13.

[13] 徐循初. 城市道路与交通规划[M]. 北京:中国建工出版社,2008.

[14] 城市公共交通"五大痛点"引人关注[N]. 新华日报,2006-12-3.

[15] 王正. 我国城市公共交通现状和发展趋势研究[J]. 理想空间,2006.

[16] 陈峻,晏克非. 城市轨道枢纽车站衔接交通资源的配置优化技术[R]. 国家高技术研究发展计划(863):城市客运交通方式间的资源配置优化技术,2010.

第 7 章　城市道路交通拥挤收费理论与实施方法

城市道路交通拥挤收费是交通需求管理的一项重要措施，自 20 世纪早期产生交通拥挤收费思想后，拥挤收费在理论上研究逐渐深入，在实践中日显成效，特别是电子计算机技术的成熟，为城市道路交通拥挤收费提供了保障。实施道路交通拥挤收费需要政府部门主导与决策，需要行业专家提供收费方案，需要公众的理解、支持与配合，是政府、行业、公众等多方面博弈的系统工程。本章从城市道路交通拥挤收费的内涵入手，对交通拥挤收费的历史背景、收费机理以及拥挤收费定价方法等内容进行了阐述，介绍了动态拥挤收费的策略与方法，最后分析了实施道路拥挤收费所面临的问题。

7.1　道路交通拥挤与交通拥挤收费

7.1.1　道路交通拥挤

道路交通拥挤是指交通需求（一定时间内想要通过某道路的车流量）超过某道路的交通容量（一定时间内该道路所能通过的最大车辆数）时，超过容量的部分流量滞留在道路上的交通现象。例如，到达车流过大、交通事故、道路障碍物、道路维修等因素引起的通行能力下降所形成的交通滞留情况。为了方便表述，本书在不加说明的情况下，道路拥挤收费或交通拥挤收费均是指城市道路交通拥挤收费。

根据对交通拥挤的定义，本书认为道路交通拥挤应具有以下 5 个方面的特征：

(1) 从流量上，道路上的车流量大于交通容量；

(2) 从行驶速度上，道路上车辆的行驶速度小于其设计（期望）的速度；

(3) 从出行时间上，出行者实际出行时间大于其期望出行时间；

(4) 从拥挤角度上，交通流密度超过了其临界密度；

(5) 从车流的拥挤消散上，其排队长度（或延误）超过了临界值范围。

交通拥挤现象用图形表示如图 7-1、图 7-2 所示。

7.1.2　交通拥挤收费

对于交通拥挤现象的产生，源自于道路是一种稀缺资源，源自于道路交通的 Braess 悖论，即光靠增加道路设施建设（扩大交通容量）永远无法满足道路交通的发展需求。20 世纪 50 年代以来，学者们纷纷转向交通系统管理和交通需求管理的研究。交通系统管理是把无序的交通状态有序化的交通流管理，以优化均衡为目标，对已有道路资源进行充分的利用，从而有效地缓解交通增长给城市发展带来的压力；交通需求管理是指采用各种政策性的、技术性的和系统性的手段，对交通需求进行有效控制、调节和疏导的过程，以达到减少不必要

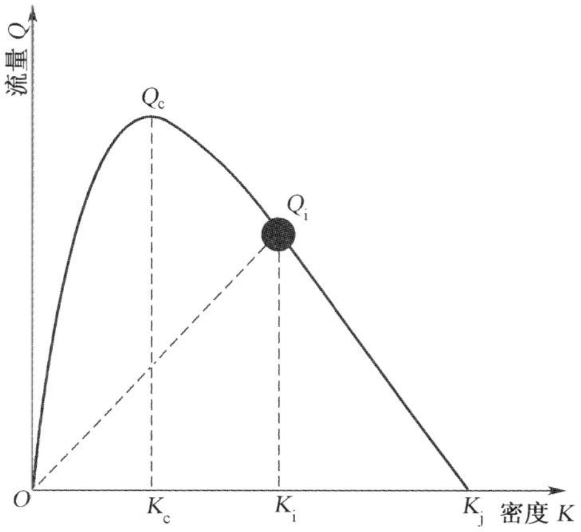

图 7-1　基本的交通流量密度图

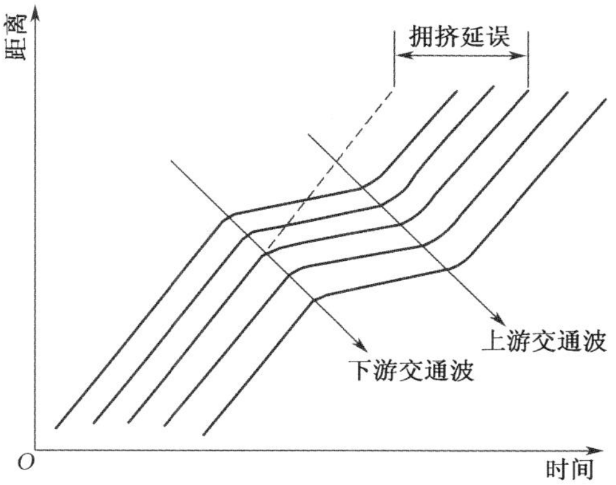

图 7-2　交通拥挤时空图

交通出行的目的。如果说交通系统管理是对交通流的管理，那么交通需求管理便是对交通源的管理，城市道路交通拥挤收费（congestion pricing）则是交通需求管理中的一项重要措施。

交通拥挤收费属于交通经济学的范畴，众所周知，路网中的新增用户必然会引起路网系统总成本（时间、燃料费用等）的增加，这是因为用户的出行将加给系统中其他用户一个额外成本，在经济学中这个额外成本称为外部经济（externality），它以交通拥挤、交通事故、噪声和污染等形式体现。拥挤道路收费是从时间和空间上来疏散交通量，在减少繁忙时段和繁忙路段道路上的交通负荷的同时，还将促使交通量向高容量的公交系统转移；抑止私人小汽车交通量的增加；促进小汽车的有效利用，推进多人合乘（carpool，vanpool）政策，实现最有效地使用道路，达到缓解交通拥挤的目的。现代化的拥挤收费技术还可以提供较为详细的交通出行信息，为城市管理的信息化提供很好的信息来源，另外，交通拥挤收费可以为城市道路建设和设施的改善提供一个稳定的资金来源，让所收费用取之于民用之于民。但交通拥挤收费不像单一的政府政策那样容易实现，它是一项涉及政府、行业、公众等多方面利益的系统工程。根据国外经验，需要先进的交通管理政策和现代化的收费技术与设备作支撑。

道路交通拥挤收费与道路还贷收费不同，道路还贷收费是政府为了还清银行贷款或还清向企业、个人的有偿集资，而面向道路使用者的收费措施，一旦贷款或集资已经还清，应立即停止收费。其目的很明确，是为了还贷，当然也有缓解拥挤的次效应。道路交通拥挤收费是一种交通需求管理策略，其目的是通过价格机制，调节道路交通量，缓解道路拥挤，当然也带来政府额外的税收等次效应。

7.2　交通拥挤收费背景、目的及类型

7.2.1　拥挤收费的历史背景

交通拥挤收费政策和理论的发展大致可以划分为三个阶段：

第一个阶段：概念性研究阶段（20 世纪五六十年代以前）。

20 世纪五六十年代以前，交通拥挤收费主要还是一个概念性的理论研究。二战后随着运筹学的发展及其在交通网络分析中的应用，基于道路网络的拥挤收费策略已是交通运输领域的热门研究课题。当时，对拥挤收费的理论研究体系主要是研究城市交通拥挤收费的交通和经济理论基础。自从 1920 年以来，针对成百上万的机动车在上下班时间面临严重的交通拥挤，经济学家们经典著作《效益经济》中的市场机理提出了处理城市道路拥挤的经济学方法——交通拥挤收费，并初步认为拥挤收费是个人边际成本与社会平均成本之差，通过交通拥挤收费使社会总效益达到最大，并通过算例说明了交通拥挤所产生的外部费用以及应收取的最优费用。从那以后，交通拥挤收费问题在理论和实践上受到研究人员越来越多的重视。

第二个阶段：理论深化研究阶段（20 世纪五六十年代至 70 年代）。

20 世纪五六十年代至 70 年代，进入了拥挤收费的理论深化研究阶段。经过近 20 年的发展，经济学家和交通工程师提出许多解决交通拥挤的拥挤收费理论，如短期收费或长期收费的影响研究、实时拥挤收费的可能性研究、城市私有道路的收费研究等多种理论。并开始定量研究交通拥挤的外部效应，于 19 世纪 60 年代正式提出了短期边际成本定价模型，确立了传统拥挤定价模型。短期边际成本理论假设长时间内拥挤水平都不会提高或降低，拥挤收费的目的就是优化当前拥挤水平下的整个交通状况，使整个系统的社会效益达到最大。后来，基于确定性排队理论，提出了道路收费系统的动态模型——瓶颈模型。瓶颈模型假定用户行驶于一条连接生活区和工作区的公路上，公路入口处有一个通行能力有限的瓶颈，所有用户都想在上班时刻到达工作区，但受瓶颈能力限制，总会有一些人早到一些人迟到，早到和迟到的费用称作计划延误费用。不收费时，出行费用由行驶时间费用（包括走行时间和等待时间）和计划延误费用两部分构成。每个用户对何时从生活区出发进行决策，以减少其出行总费用。当系统达到平衡时，所有用户的出行总费用相等。在动态收费方式下，一定时刻的收费水平等于不收费平衡时该时刻用户的等待时间费用，这样就能以收费取代排队等待时间费用，使平衡条件满足瓶颈满负荷运行且无排队现象。由于收费消除了总行驶时间费用中排队等待时间费用，使整个系统达到社会最优。瓶颈模型作为内生出发时间的排队拥挤模型，清晰地论述了排队拥挤的消涨过程和用户的出行时间决策，但其中严格的假设条件使模型过于简化。后来，探索了高峰期拥挤的动态模型，考虑出行者属性的差异，出行者开始工作时间、行驶时间费用和计划延误费用，不同的出行者在时变收费下的福利效果等因素，尽可能实现获得对现有路网资源的最优化利用。

第三个阶段：实践应用与理论发展阶段（20 世纪 70 年代末到现在）。

到 20 世纪 70 年代，许多城市道路拥挤越来越被提升为亟待处理的社会问题，迫切希望通过实施拥挤收费来缓解城市道路拥挤。拥挤收费开始以简短的形式得到应用。如新加坡在 20 世纪 60 年代经济的高速发展，进入了高机动化时代。整个 60 年代小客车增加了 1 倍，摩托车增加了 2 倍。于 1975 年实施了区域通行证制度（ALS），对高峰期进入中心区的车辆收费。中国香港于 1985 年对香港的私家车进行试验电子收费，但由于公众担心该系统使政府能够监视个人出行，损害个人出行的私密性，且当时整个香港股市、证券市场出现危机，香港政府的财政也就趋于保守，最终没能实施。1988 年，挪威的特斯赫姆等城市也实施了道路收费系统。到 1996 年，美国的圣地亚哥州为了提高快速路的利用率，降低国道 1-15 号的交通拥挤，改善进入市中心上下班主要交通走廊的交通状况，实施了圣地亚哥国道 1-

15 号拥挤收费工程，即将圣地亚哥州的车辆高占有率(HOV)快速路改成高收费(HOT)的收费道路。2000 年，澳大利亚墨尔本为缓解交通拥挤，在三条干线公路，长 22 km 建立多车道自由流电子收费系统进行收费。2001 年，加拿大多伦多开始对加拿大北部 7 条公路，共 79 km，后来最终延长至 108 km，进行交通拥挤收费。2003 年，英国伦敦随着有关伦敦拥挤收费研究的完成，特别是相关法案及伦敦交通白皮书的通过，引进交通拥挤收费，并在 2007 年讨论了收费区域西扩方案。中国上海，在 2002 年开始了拥挤收费研究，由于各方面原因，将于 2010 年上海世博会举行过后再另行商讨。此外，美国、法国等国家也不同程度地实施了拥挤道路收费，并且取得了显著的效果，具体详见拥挤收费实践回顾部分。

随着拥挤收费实践，拥挤收费理论更加清晰、透彻；各种关键技术正逐步趋向成熟；拥挤收费策略也得到不断优化。

在拥挤收费的理论方面，拥挤收费的另一个重要研究领域就是社会效益分析。以前对拥挤收费的研究都是基于时间价值相同的模型研究，社会效益的分析也限制在假设之内，如提出的模型就认为所有的机动车用户的时间价值是一样的，所面对的价格成本也一样。后来许多交通经济师和规划者指出了上述模型假设的缺陷，提出了用户时间价值不同情况下的收费模型和社会效益状况，认为收费诱导车流向畅通道路转移，减少出行时间成本消耗，从而能够降低整个社会的平均边际成本。此外，认识到拥挤收费所收的资金一部分通过减少其他的税收返还给了用户，拥挤收费对于所有的用户来说是一种资金和效益的再分配，使社会整体收益提高。因此，有专家提出了用政府税收来补贴(超过边际成本部分)的准优化收费定价方法(Quasi-Optimal)和按时间段、季节或运输方向的定价方法(Pricing by time of Day, Season or Direction)，包括铁路、公路、航空、长途客车交通需求对价格弹性系数的研究。

在拥挤收费的技术方面，1983 年香港研究采用了先进的自动车辆辨识(AVIS)技术使得拥挤收费试验取得成功；1999 年实行的新加坡电子收费技术使得拥挤收费计划得以实现；2003 年英国伦敦在收费区域内部和周围地区设置车牌号自动读取照相机(ANPR)，该类相机能够显示平均车速和拥挤状况的趋势。后来，英国伦敦、荷兰的鹿特丹等进行的研究中采用了更为先进的技术——敏卡(smart card)都取得很大的成功。一系列应用先进的科学技术使得拥挤收费成功的例子，正体现拥挤收费的技术随着理论的成熟也逐渐成熟。

在拥挤收费的定价方面，存在两种观点，一种观点指出传统道路定价分析中边际社会成本的定义不确切。采用动态分析的方法，认为社会成本不应单单考虑单位时间内增加一辆车对交通流产生的费用，而应该考虑增加一辆车对整个道路或交通密度增加的费用，即应用“密度费用曲线”取代传统的“交通量曲线”。但根据这种观点，在费用曲线的下半段也同样可以确定最优点的位置，而一般认为最优点的位置不会发生在费用曲线的反弯段，因为同样的流量反弯段的费用要大得多，这明显不符合系统最优的标准。另一种观点认为边际费用的反转部分大都是不合理的，把边际费用定义为与车辆数相关的函数而不是与交通量相关的函数，这在传统的经济分析中是不能接受的，因为所有的需求都是用交通量表示而不是用车辆数表示的。从支持最佳流量不会超过最大流量这一传统观点来看，又重树传统道路定价理论的权威性。另外传统分析中一个交通量只对应一个定价水平也是不对的。采用动态分析方法表明在某些简单的情况下最优拥挤费的模式可以随拥挤的时间而变化。作者与其博士研究生提出了基于车辆导航系统的拥挤定价理论[33]，是一个崭新的概念。认为在 ITS

系统设计中，当车辆导航大规模采用时，又可能出现诱导车辆分配到某一条先前不拥挤的道路上，引发新的拥挤(Braess悖论)，显然从拥挤的动态变化看，应充分考虑路径之间的相互替代性，提出以车辆行使时间作为路径选择的客观指标，使定价准则渗透到不同路径的拥挤费计算上。高峰期交通密度的增加引起非高峰时段的延误，合理的收费模式是在高峰开始时采用较高的收费而随后逐渐降低。

7.2.2 交通拥挤收费的目的

交通拥挤收费是为实现一系列概念目标而提出的，例如：

(1) 为那些愿意支付费用的客户开放非拥挤道路或快速道路；

(2) 充分利用特殊路段，对低占用率的车辆实行合理收费，从而为其开放未充分使用的高占用率车辆行驶专用道路；

(3) 鼓励人们使用公共交通，支持合乘制度，通过增加使用上述两种交通方式带来的相对费用节省，并通过实行收费来支持上述交通方式的条件改善，使其得以实现；

(4) 鼓励短途和少量出行，并尽量避免在高峰时间出行；

(5) 达到全面缓解或消除拥堵的效果；

(6) 增加运输收入及改进其他相关服务，等等。

在19世纪90年代，美国联邦公路管理局(FHWA)启动示范项目资助计划后，收费计划开始实行。许多行业采用了相似的收费概念来提高资源的利用效率(并增加收入)。如航空公司和旅店在旅游旺季提高机票与房间的价格，公共部门在能源使用高峰时段收取额外费用。同样，在道路出行高峰时间收取较高的费用，是为合理控制道路使用状况，为非高峰时段、非拥挤路段以及其他可选择方式分流一部分出行，或者通过组合一些低廉的出行方式加以替代。那些愿意支付较高费用的客户能够得到拥挤度低、高速便捷的车道资源。

7.2.3 交通拥挤收费的类型

道路拥挤收费是通过收费手段，从时间和空间上来调节交通量，减少繁忙路段繁忙时段道路上的交通负荷，促使客流向高容量的公交系统转移，达到缓解交通拥挤的目的。因此，根据空间和时间的不同，可将交通拥挤收费归纳为如下四种类型。

1. 区域拥挤收费

区域拥挤收费策略是指一进入指定区域即收费，包括穿越边界线进入该区域收费，以及向进入指定范围道路系统的车辆征费。这一收费的实行可通过政策或技术上的手段实现。例如，在一些案例中已使用基于应答机的电子收费系统，有些则在加油站附设收费系统。新加坡区域许可证收费方案和挪威收费环都属于区域拥挤收费的典型案例。

2. 局部拥挤收费

这种收费形式包括在“瓶颈路段，单一交通走廊或高速公路设施，包括桥梁和隧道”实施的收费(FHWA，1999)。这一收费设施可能设置在道路系统中许多可自由选择的道路中的一条或者是通过地理障碍的唯一通道。这种形式的收费方法较区域定价收费容易执行，所以也较常见，如美国佛罗里达州、纽约、新泽西，澳大利亚多伦多，韩国首尔等。

3. 高峰时间拥挤收费和高占用率收费

高峰时间定价收费方式主要在高峰时间的特定道路或车道(拥挤道路或车道)中实行，

如高占用率收费。实行高占用率收费的车道允许未达要求的低占用率的车辆使用，但是得支付一定费用，一般不允许单人使用的车辆使用。这种定价收费在国外较多，如加州圣地亚哥 1-15 号公路与加州 Orange County 的 SR691、休斯敦的 Katy 高速公路等。

4. 车辆拥有或使用收费

这是一种革新性的收费方法。这种方案是针对每一辆车的拥有或使用情况来定。其本质是将固定的车辆拥有成本转换为可变的使用成本。案例包括休斯顿的按里程支付保险计划、加州旧金山和瑞士的汽车合乘计划、上海的牌照竞拍计划等。

当然各种收费类型各有侧重点，影响收费类型的因素也多种多样，在不同的城市背景下会产生不同的收费政策。如广州市内环及放射道路收费方式，经过多方案比选，最后选择中心区需求管理收费(区域收费)的收费模式。

7.3 拥挤收费机理

道路属于"准公共物品"，当路段车流量较小时，车辆自由行驶，单个车辆对道路的使用不会影响道路上其他车辆的使用。然而车流量一旦超过临界点，过多车辆加入，非竞争性就会消失，拥挤就会出现。临界点后面到达车流不仅自身行驶效率下降，而且还会干扰其他车辆的行使，即产生"负的外部效应"或"外部成本"。**现代经济学认为，外部效应的存在是对市场配置资源有效性的一种破坏，将导致对资源的低效率配置。**但如果能够采取措施，将外部性效应予以"内部化"，则会完成对资源配置的纠正。拥挤中的道路使用者往往只考虑自身的个人边际成本，而忽视了自己的出行给其他用户所带来的以拥挤、噪声、污染等形式形成的"负的外部效应"。道路使用者这种对出行成本的错误感知，导致道路流量达到饱和或过饱和状态，其结果是引起道路拥挤，产生资源浪费，社会福利受损。

在交通严重拥挤的情况下，为了缓解道路拥挤，政府对道路使用者的这种"外部成本"以征税形式进行收费，使得道路使用者的外部成本的内部化。在机理上，一方面通过收费，使得更多的车流绕过瓶颈地带转向较宽松地带；另一方面，通过收费增加出行者的可见旅行费用，降低城市总体的出行量或鼓励人们选择效率相对高的公共交通方式。然而，外部成本怎么内部化？

下面将从交通流角度和经济学角度阐述交通拥挤定价收费机理。

7.3.1 基于交通流模型的收费机理分析

为了更加明确交通拥挤的概念，首先对交通系统随着外来交通量的加入，交通密度、行驶速度以及车流量之间的相互作用如何变化过程作简要分析，如图 7-3 所示。图中 AB 段为自由流区，在该区内，车辆可以自由地行驶，车辆与车辆之间没有干扰，车速保持稳定且最大。随着外界车辆不断加入该系统，交通量不断增加，交通密度也随之增大($Q_B/V_B < Q_C/V_C$)，当车辆之间行驶的空间越来越小时，行驶的车辆不得不因为相互之间的干扰而

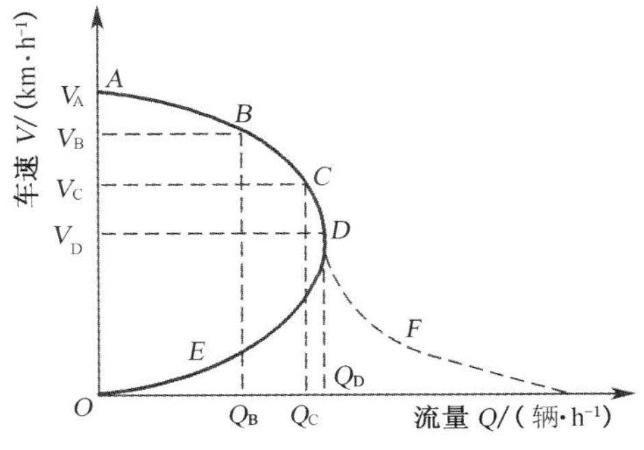

图 7-3 车速—流量关系图

放慢速度，车流进入 BC 段稳定流区。外界车辆不断加入该系统，结果是交通量进一步增加、交通密度进一步增大，车辆之间行驶的空间变得更加狭小，车流进入 CD 段非稳定流区，直至交通量达到道路交通饱和容量，此时的交通供给等于交通需求。如果未能够及时采取措施，仍然允许外界车辆进入该交通系统，车流进入 DE 段强迫流区，此时，在车速继续下降的同时，交通量非但不能够增加，而且出现下降，道路空间资源使用效率随之降低。随着交通拥挤的进一步加剧，整个交通系统处于停滞状态，陷入瘫痪，交通量为零。

因此，交通密度、行车速度和交通流量三者之间的相互作用过程可分为自由流区（AB 段）、稳定流区（BC 段）、非稳定流区（CD 段）和强迫流区（DE 段）四个阶段。在 B 点处车速开始加速下降，且交通密度在不断加大，逐渐接近临界密度，车辆逐渐趋近稳定流区。在 D 点处交通流量达到最大，此处交通效率是最大的，但交通状况很不稳定，很容易将车流引向强迫流区，有逼近瘫痪状态的可能。从交通流关系模型上看，稳定流（BC 段）区域是理想的交通流状态。为了维持这一状态，当交通量超过稳定流（BC 段）下限（C 点）值时，需要采取收费手段引导行驶车辆向非收费道路转移，将交通状况维持在 BC 区域内（稳定流区），即稳定流下限（C 点）为交通拥挤收费的分界点。

7.3.2 基于经济学理论的收费机理分析

当道路路段交通量达到一定值以后，增加车辆不仅增加其自身出行的时间，还会对其他车辆造成干扰，增加其他车辆的出行成本（外部成本）。根据蒙特利尔的边际费用价格理论，需求表示一定条件下的出行者数量，出行者的认知出行成本包括所消耗或花费的时间和费用，平均成本表示平均每个出行者的出行成本（即出行者的认知成本）；边际成本表示增加单位出行者所引起所有出行者出行成本的增加量（包括外部成本）。而在一定道路供给条件下，所有出行者自身所产生的出行成本与实际产生的出行成本之间的差值为消费者剩余；政府部门提供一定数量的道路供给实际支出与自身认为的最小支出之间的差额为生产者剩余；消费者剩余与生产者剩余之和为社会总剩余，社会总剩余最大化的状态为社会最优状态。用图形表示，即需求曲线与边际成本曲线的焦点表示社会最优状态，需求曲线与平均成本曲线的焦点表示用户最优状态；社会最优和用户最优分别对应着不同的出行成本和出行者数量。

对于出行者而言，在不存在外部性的情况下，即其私人边际成本（MPC）等于社会边际成本（MSC）。这样就会有图 7-4 中的均衡点 B 点存在，这时的车流量为 Q^*，道路出行成本为 P^*，其所有出行者的福利大小为三角形 ABO 的面积，这也是社会净福利。在存在拥挤成本（不妨假设仅有这一种外部性，用 MEC 表示），其情况就有了变化，参见图 7—5。从社会角度看，这时的均衡点就在 MSC 曲线和 MPB（边际个人效益）曲线的交点 D 处，这时社会福利为三角形 ADO 的面积，若车流量为 Q_1，这时的社会福利为三角形 ABO 与三角形 CBO 面积之差，或者，三角形 ADO 与三角形 CDB 的面积之差。即存在交通拥挤成本（负的外部效应）时，社会福利将减少。这进一步说明了进行拥挤收费可以增加出行者的可见出行成本，从而达到社会最优状态。

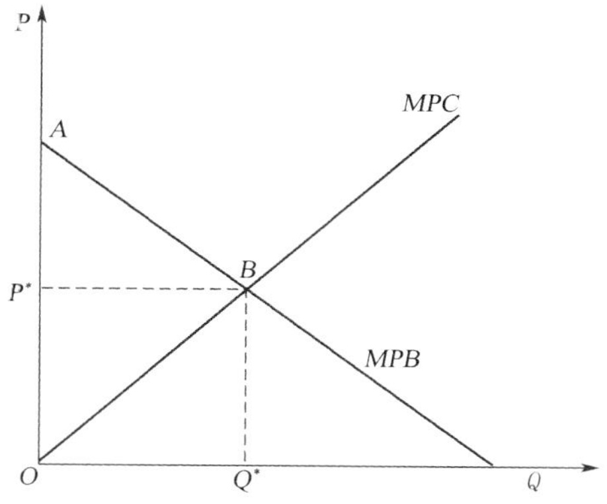

图 7-4　无外部性时均衡

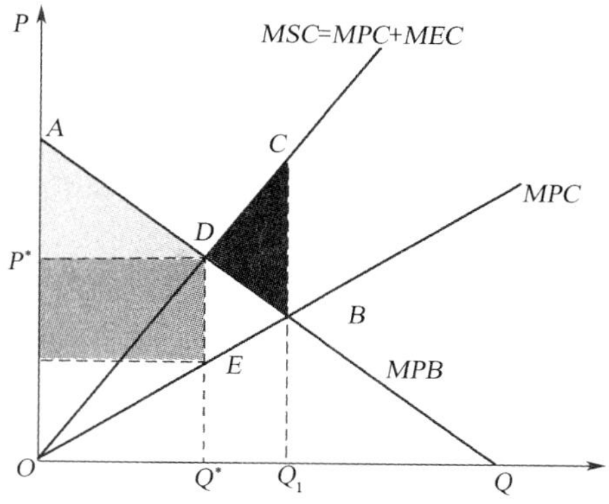

图 7-5　存在拥挤成本时的均衡

为了使道路从拥挤状态调节至在自由流或稳定流状态，或者最大化社会总剩余，实施拥挤收费是一有力的解决措施。拥挤收费能使交通用户意识到外部成本的存在，从而减少或调整出行者出行计划。当然，拥挤收费策略是否能执行以及实施效果牵涉到拥挤收费定价标准、收费技术和其他配套管理措施等多方面因素，其中收费定价标准是主体，收费技术是保障，配套的管理措施是后盾。

7.3.3　两个基本模型的关系

对交通拥挤最为直观的理解是：随着交通密度的增加，车辆行驶的速度就会降低。根据交通流理论分析，两者呈线性关系，可用图 7-6 来表示。而车速—流量关系可以根据线性的车速—密度关系确定为二次抛物线性关系，如图 7-7 所示。在车速—流量关系曲线的上半部分，随着交通量的增加，车速降低，直到饱和为止；在车速一流量关系的下半部分，车辆加入交通系统将会导致交通密度增加，交通量反而减少，车速降低直至为零。

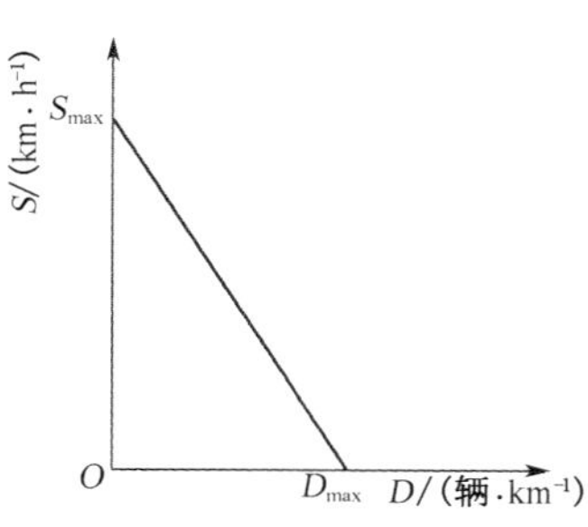

图 7-6　速度—密度关系图

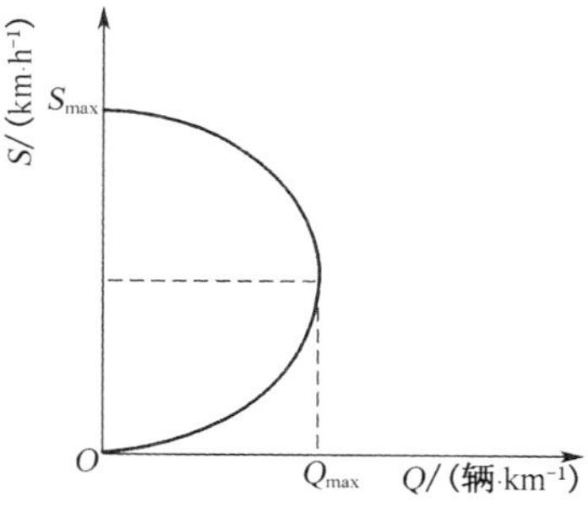

图 7-7　速度—流量关系图

在拥挤收费发生时，对道路使用者来说，时间是其最为关注的因素，因为当拥挤发展到一定程度，车辆运行时间是随着交通量的变化一直在不断变化着，车辆运行费用的变化程度相对较小。单位距离的运行时间可用速度的倒数来表示，因此车辆单位距离运行时间与流量的关系可由车速流量关系直接推导而来，如图 7-8 所示。

时间与流量关系再乘以“单位时间的价值”(指每车公里的成本，即元/(车 · 公里))就可以得到单位距离的时间费用与流量的关系，把它加到“车辆费用曲线”上合成平均可变费用（AVC）与交通量之间的关系。一个边际的用户加入到交通流之后，它自己所负担的费用就是平均可变费用，因此平均可变费用又称为边际个人费用（MPC），平均可变费用与交通量之间的关系就是边际个人费用与交通量间的关系，如图 7-9 所示。一个边际用户的加入还会使整个交通流中其他用户的费用增加，一个边际用户对整个交通流所增加的费用称为边际社会费用（MSC）。

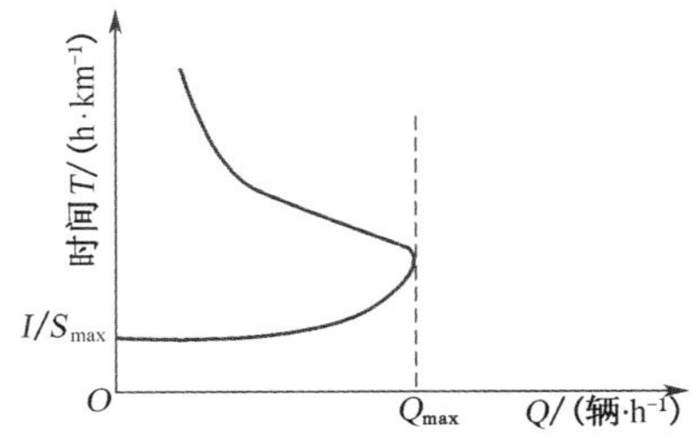

图 7-8　时间—流量关系图

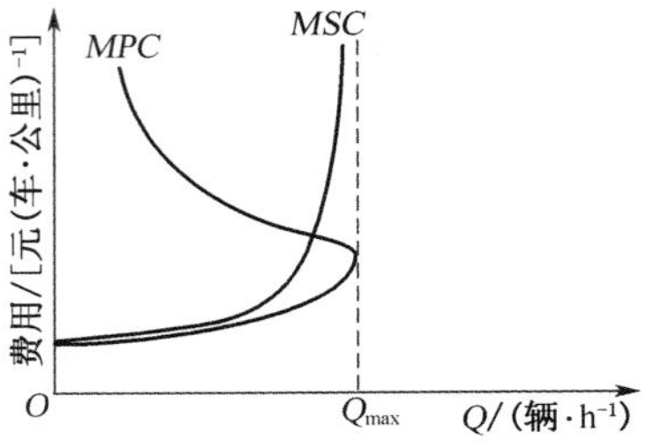

图 7-9　费用—流量关系图

在费用—流量关系图中，在流量未达到最大流量时，边际个人费用与边际社会费用与交通流量的关系均表现为单调递增关系，且边际社会费用总是不小于边际个人费用。造成这种差异正是由交通拥挤的存在所引起的，这种差值正是由经济学模型推导出拥挤收费的标准。可见，交通流关系模型与经济学模型相辅相成。

7.4　最优拥挤收费定价理论

7.4.1　边际社会成本分析及交通拥挤的外部成本

1. 边际社会成本

边际社会成本是指增加或减少一个单位的交通量所引起的总成本的变化量。在数学中表示为总成本的导数。道路上新产生边际用户所产生的成本由内部成本和外部成本两部分组成。其内部成本主要是指新产生的边际用户本身的出行成本，包括油耗、时间花费以及养路费、各种保险等费用。外部成本（费用）应包括以下四个方面：①环境污染，主要包括对土地的占用、大气的污染、水污染、噪声、振动、电磁波污染以及固体废弃物；②生态破坏，主要表现在全球气候变暖等；③交通拥挤，表现为时间价值损失、大气污染、噪声污染增加等；④交通事故，表现为财产损失、人身伤亡损失。

2. 交通拥挤的外部成本

由交通拥挤引起的外部成本主要表现在三个方面：①供给设施成本上，道路额外损耗；②用户（除自身外）的额外成本，如额外时间的损失、增加的燃料消耗；③除供给和道路用户外的第三方面额外成本，如因发动机无效工作增加的大气污染、交通事故等，影响驾驶者和乘客的心情。其中时间损失成本除用户自身负担的（内部成本）外，还引起系统其他用户的时间损失。另外，交通事故是第三方额外成本，其理由是：通常车速越低，交通事故率越低，在交通拥挤发生时，交通事故发生率越低，但是，在越过交通拥挤区域后，司机往往想通过加速行驶来弥补因拥挤而耽误的时间，此时是最容易发生交通事故的，所以，将这种交通事故率认为是交通拥挤的作用。

在不同的情况下，需考虑的外部成本不同，有的仅仅只要考虑时间损失的外部成本，有的只需要考虑时间损失、大气污染以及燃油消耗，也有的只需考虑交通事故的外部成本。

1）仅考虑时间损失的外部成本分析

单车的总成本可以用下式表达：

$$g = M + V \cdot T \tag{7-1}$$

式中，g 表示单车每公里的总成本；M 表示单车每公里的实际货币成本(财务成本)；V 表示单位时间价值；T 表示每公里旅行时间。

一般地，速度（S）是车流量的函数：

$$S = S(F) \tag{7-2}$$

在拥挤状态下，这里有 $\frac{\partial S}{\partial F} < 0$，即速度是车流量的减函数，从而式(7-1)式可以写成：

$$g = M + \frac{1}{S(F)} \cdot V = M + \frac{V}{S(F)} \tag{7-3}$$

这些车流每公里的总成本（TC）为

$$TC = g \cdot F = M \cdot F + \frac{V \cdot F}{S(F)} \tag{7-4}$$

对式(7-4)求导得：

$$\frac{\mathrm{d}TC}{\mathrm{d}F} = M + V \cdot \frac{S(F) - F \cdot S'(F)}{S^2(F)} = M + \frac{V}{S(F)} - \frac{V \cdot F \cdot S'(F)}{S^2(F)} \tag{7-5}$$

这样增加一辆车旅行一公里产生的外部成本(即边际外部成本 MEC)为

$$MEC = -\frac{V \cdot F \cdot S'(F)}{S^2(F)} = -\frac{V}{S(F)} \cdot E_{SF} \tag{7-6}$$

式中，$E_{SF} = \frac{F}{S(F)} S'(F) = \frac{F}{S(F)} \frac{\partial S(F)}{\partial F} = \frac{F}{\partial F} \Big/ \frac{S(F)}{\partial S(F)}$，即 E_{SF} 为车流速度的流量弹性。

所以 MEC 的结果为时间价值与时间的乘积。当流量越大时，速度越少，边际时间成本也就越大(在拥挤状态下，速度是车流量的减函数)。

2）考虑时间损失、污染排放、燃油费等的外部成本分析

因各类车型的功能不同，其燃油和排放不同，所以在一个给定的运输网络中，假设有 n 种不同类型的道路使用者，他们的污染物排放量、时间价值、燃料消耗以及从旅行中得到的收益都是不同的。为了便于分析，这里还假定在每种类别中，边际环境污染成本、时间价值耗费及燃料消耗成本(每车公里)都是常量，这样各类道路使用者的总成本（MC_i）可以用下式表示：

$$MC_i = Q_i \cdot \left[MC_i^0 + MC_i^e \cdot (V(Q_r)) + MC_i^f \cdot (V(Q_r)) + \frac{P_i^t}{V(Q_r)}\right] \tag{7-7}$$

式中，MC_i 为第 i 类车的总成本；MC_i^0 为正常情况下道路使用者的成本；MC_i^e 为因拥挤增加

的环境污染成本；MC_i^{f} 为因拥挤增加的燃料成本；P_i^{t} 为时间价值；V 为车流速度；Q_i 与 Q_{r} 分别为第 i 类车的车流及所有车换算的相当车流，这两者的关系可以用下式表示：

$$Q_{\mathrm{r}} = \sum_{i=1}^{n} a_i \cdot Q_i \tag{7-8}$$

式中，a_i 为换算系数。

所有车流的总成本（MC）为

$$MC = \sum_{i=1}^{n} MC_i \tag{7-9}$$

这样总成本和每类车总成本的边际成本分别为

$$\begin{aligned}\frac{\partial MC}{\partial Q_k} = {} & a_k \cdot \frac{\mathrm{d}V}{\mathrm{d}Q_{\mathrm{r}}} \cdot \sum_{i=1}^{n} Q_i \cdot \left(\frac{\partial MC_i^{\mathrm{e}}}{\partial V} + \frac{\partial MC_i^{\mathrm{f}}}{\partial V} - \frac{P_i^{\mathrm{t}}}{V^2}\right) \\ & - MC_k^0 - MC_k^{\mathrm{e}} - MC_k^{\mathrm{f}} - \frac{P_k^{\mathrm{t}}}{V} \quad \forall k \end{aligned} \tag{7-10}$$

$$\frac{\partial MC_k}{\partial Q_k} = MC_k^0 - MC_k^{\mathrm{f}} - \frac{P_k^{\mathrm{t}}}{V} \quad \forall k \tag{7-11}$$

这里假定道路使用者的污染对自身效用的影响忽略，因速度变化引起的边际时间价值、燃料消耗等也只考虑对其他使用者的影响。所以，对总成本的边际成本要比对该类别车的总成本的边际成本要多，多的那部分就是外部成本，设为 ΔMC_i。则

$$\begin{aligned}\Delta MC_i &= \frac{\partial MC}{\partial Q_k} - \frac{\partial MC_k}{\partial Q_k} \\ &= \left[a_k \cdot \frac{\mathrm{d}V}{\mathrm{d}Q_{\mathrm{r}}} \cdot \sum_{i=1}^{n} Q_i \cdot \left(\frac{\partial MC_i^{\mathrm{e}}}{\partial V} + \frac{\partial MC_i^{\mathrm{f}}}{\partial V} - \frac{P_i^{\mathrm{t}}}{V^2}\right) - MC_k^0 - MC_k^{\mathrm{e}} - MC_k^{\mathrm{f}} - \frac{P_k^{\mathrm{t}}}{V}\right] \\ &\quad - \left(MC_k^0 - MC_k^{\mathrm{f}} - \frac{P_k^{\mathrm{t}}}{V}\right) \\ &= MC_k^{\mathrm{e}} - a_k \cdot \frac{\mathrm{d}V}{\mathrm{d}Q_{\mathrm{r}}} \cdot \sum_{i=1}^{n} Q_i \cdot \left(\frac{\partial MC_i^{\mathrm{e}}}{\partial V} + \frac{\partial MC_i^{\mathrm{f}}}{\partial V} - \frac{P_i^{\mathrm{t}}}{V^2}\right)\end{aligned} \tag{7-12}$$

式(7-12)的经济意义在于：k 类道路使用者中每增加单位车公里引起车流速度下降，对 k 类道路使用者的拥挤费用额便是这一使用者的边际环境成本加上因此而增加的其他道路使用者增加的时间、燃料及环境成本。

3）考虑交通事故的外部成本分析

一些学者认为，在道路运输中，不存在外部风险成本。为便于说明，用 TC 代表示事故产生的总成本，Q 表一定时期(一年)的车流量，K 是一个常数(即以车流量表示的事故率与平均每次事故成本的乘积)，显然关系式 $TC = KQ$ 成立。对于此式，同时有边际社会成本、平均成本、边际私人成本都等于 K，也就是说，边际外部成本等于 0，即无外部成本。

但事实上，在车流增加的情况下，驾驶者需要采取一些行动适应车流变化情况，如降低车速、更加集中精力等。关于交通事故外部性，有学者还提出了其他模型，如米香模型。

米香模型是由米香(Mishan E J)[2]提出的。他首先把事故分成两类：一类是车辆之间

碰撞发生的事故，一类是单车发生的事故。前一种事故数（N_C）与车流量（Q）的平方成正比，后一种事故数（N_S）与车流量（Q）成正比。以年为计算时间，并同时假设车辆及驾驶员是无差别的，两种事故数可以用下式表达：

$$
\begin{aligned}
N_C &= K_C \cdot Q^2 \\
N_S &= K_S \cdot Q
\end{aligned}
\tag{7-13}
$$

式中，K_C 和 K_S 都是常数。

如果用 C_C 和 C_S 分别表示两种事故的单位成本，这样交通事故的总成本或社会成本（TSC）可写成：

$$TSC = C_C \cdot K_C \cdot Q^2 + C_S \cdot K_S \cdot Q \tag{7-14}$$

可求出其边际成本（MSC）为

$$MSC = \frac{\partial TSC}{\partial Q} = 2C_C \cdot K_C \cdot Q + C_S \cdot K_S \tag{7-15}$$

相应的，平均社会事故成本（ASC）为

$$ASC = TSC/Q = C_C \cdot K_C \cdot Q + C_S \cdot K_S \tag{7-16}$$

这样，边际外部成本（MEC）就是：

$$MEC = MSC - ASC = C_C \cdot K_C \cdot Q \tag{7-17}$$

上式说明，交通事故是否存在外部成本，由交通事故数和车流量的关系而定。当交通事故数与车流量的平方成正比时，存在外部成本；而当交通事故数与车流量成正比时，则不存在外部成本，此时就与一些学者的观念一致。

综上所述，三种交通拥挤的外部成本形式如表 7-1 所示。

表 7-1　　三种交通拥挤的外部成本

类型	考虑因素	总成本	边际外部成本
Ⅰ	时间损失	$M \cdot F + \frac{V \cdot F}{S(F)}$	$-\frac{V \cdot F \cdot S'(F)}{S^2(F)}$
Ⅱ	时间损失、大气污染、燃油消耗	$Q_i \cdot \begin{bmatrix} MC_i^0 + MC_i^e \cdot (V(Q_r)) \\ + MC_i^f \cdot (V(Q_r)) + \frac{P_i^t}{V(Q_r)} \end{bmatrix}$	$\left(MC_k^e - a_k \cdot \frac{dV}{dQ_r}\right) \cdot \sum_{i=1}^{n} Q_i \cdot \left(\frac{\partial MC_i^e}{\partial V} + \frac{\partial MC_i^f}{\partial V} - \frac{P_i^t}{V^2}\right)$
Ⅲ	交通事故	$C_C \cdot K_C \cdot Q^2 + C_S \cdot K_S \cdot Q$	$C_C \cdot K_C \cdot Q$

7.4.2　最优定价模型

1. 模型构建

1）模型原理

根据拥挤收费的经济学模型可知，道路交通拥挤收费是通过增加出行者成本以减少道路上的出行者数量，使得道路从拥挤状态调节至稳定流状态，达到社会最优状态，此时其费用与流量的均衡点就在 MSC 曲线和 MPB（边际个人效益）曲线的交点 D 处（图 7-5），即边

际社会成本等于边际个人效益时，交通流将回归稳定状态，道路交通系统达到社会最优状态，此状态下的拥挤收费为最优拥挤收费定价，简称最优定价。

2）模型推导

根据上面的分析，在这里把道路基础设施的提供者作为生产者，道路的使用者作为基础设施的消费者，并且假设车辆是没有差别的，驾驶员的素质也是相同的。每一个道路使用者的边际效用（MU 或需求函数）是车流量（Q）的函数，即：

$$MU = MU(Q) \tag{7-18}$$

用 P 表示在实施拥挤收费时支付的费用，等价于基础设施使用费（每车公里），$A(Q)$ 表示使用者的平均运行成本，所有使用者的纯收益（UNB）可以表示为

$$UNB = \int_0^Q MU(Q)\mathrm{d}Q - Q \cdot A(Q) - P \cdot Q \tag{7-19}$$

用 $T(Q)$ 表示生产者的总成本（每公里），则生产者的净收益（INB）为

$$INB = P \cdot Q - T(Q) \tag{7-20}$$

考虑到运输活动还会产生外部成本，用 $E(Q)$ 表示使用者产生的总外部成本（使用者以外的第三者，每公里），这样总的社会净收益（NB）就可以表示为

$$NB = UNB + INB - E(Q) = \int_0^Q MU(Q)\mathrm{d}Q - Q \cdot A(Q) - T(Q) - E(Q) \tag{7-21}$$

这对于使用者来说，其支付的总的边际成本是平均运行成本与支付的拥挤费用之和，在达到均衡时，边际效用与总的边际成本相等，即有下面的式子成立：

$$A(Q) + P = MU(Q) \tag{7-22}$$

在总的社会净收益最大时，满足下列一阶条件：

$$\frac{\partial NB}{\partial Q} = MU(Q) - A(Q) - Q \cdot \frac{\partial A(Q)}{\partial Q} - \frac{\partial T(Q)}{\partial Q} - \frac{\partial E(Q)}{\partial Q} = 0 \tag{7-23}$$

即

$$A(Q) + P - A(Q) - Q \cdot \frac{\partial A(Q)}{\partial Q} - \frac{\partial T(Q)}{\partial Q} - \frac{\partial E(Q)}{\partial Q} = 0 \tag{7-24}$$

因此，得到

$$P = Q \cdot \frac{\partial A(Q)}{\partial Q} + \frac{\partial T(Q)}{\partial Q} + \frac{\partial E(Q)}{\partial Q} \tag{7-25}$$

2. 模型解释

由式(7-25)可知，在社会净收益或福利最大时，拥挤费用 P 由 $\frac{\partial T(Q)}{\partial Q}$，$Q \cdot \frac{\partial A(Q)}{\partial Q}$，$\frac{\partial E(Q)}{\partial Q}$ 三项组成。其经济意义在于，$\frac{\partial T(Q)}{\partial Q}$ 为基础设施提供者的边际外部成本，$Q \cdot \frac{\partial A(Q)}{\partial Q}$ 为车流增加引起的整个道路使用者增加的边际外部成本，$\frac{\partial E(Q)}{\partial Q}$ 为除道路基础设施和道路使用者外的第三方边际外部成本。拥挤收费定价标准等于生产者的边际成本与因道路使用

产生的边际外部成本以及第三方边际外部成本之和。

其中，道路基础设施提供者的边际成本可以认为是道路的边际养护维护成本(通常认为是固定常数)。道路使用者的边际外部成本包括时间损失、燃油损失等，第三方边际外部成本包括大气污染、交通事故等。这样，结合上文的拥挤外部成本分析，可有如下三种情况：

情况 1：仅考虑道路使用者产生的边际时间损失外部成本。

此时，$\frac{\partial T(Q)}{\partial Q}=0$，$\frac{\partial E(Q)}{\partial Q}=0$，所以

$$\begin{aligned} P &= Q \cdot \frac{\partial A(Q)}{\partial Q}+\frac{\partial T(Q)}{\partial Q}+\frac{\partial E(Q)}{\partial Q} \\ &= Q \cdot \frac{\partial A(Q)}{\partial Q}=-\frac{V \cdot F \cdot S'(F)}{S^2(F)}=-\frac{V}{S(F)} \cdot E_{SF} \end{aligned} \tag{7-26}$$

式中，V 为时间；速度(S)是车流量的函数，即 E_{SF} 为车流速度的流量弹性。

所以 MEC 的结果为时间价值与时间的乘积。当流量越大时，速度越少，边际时间成本也就越大(在拥挤状态下，速度是车流量的减函数)。$A(Q)$表示使用者的平均运行成本。

情况 2：仅考虑时间损失、大气污染、燃油消耗。

此时，$\frac{\partial T(Q)}{\partial Q}=0$，有

$$\begin{aligned} P &= Q \cdot \frac{\partial A(Q)}{\partial Q}+\frac{\partial T(Q)}{\partial Q}+\frac{\partial E(Q)}{\partial Q}=Q \cdot \frac{\partial A(Q)}{\partial Q}+\frac{\partial E(Q)}{\partial Q} \\ &= MC_k^{e}-a_k \cdot \frac{\mathrm{d}V}{\mathrm{d}Q_r} \cdot \sum_{i=1}^{n} Q_i \cdot \left(\frac{\partial MC_i^{e}}{\partial V}+\frac{\partial MC_i^{f}}{\partial V}-\frac{P_i^{t}}{V^2}\right) \quad \forall k \end{aligned} \tag{7-27}$$

情况 3：仅考虑交通事故的外部成本。

此时，$\frac{\partial T(Q)}{\partial Q}=0$，$Q \cdot \frac{\partial A(Q)}{\partial Q}=0$，有

$$P=Q \cdot \frac{\partial A(Q)}{\partial Q}+\frac{\partial T(Q)}{\partial Q}+\frac{\partial E(Q)}{\partial Q}=\frac{\partial E(Q)}{\partial Q}=C_C \cdot K_C \cdot Q \tag{7-28}$$

关于最优定价模型的算例，请参见参考文献 Ferrari Paolo[28]，Masao Kuwahara[29]，Yang H[30]等国内外专家学者有关拥挤收费的论述。

7.5 次优拥挤收费定价理论

由经济学原理可知，帕累托最优状态只能在最优条件下达到，未能在现实环境中实现。如在所有路段上收费的话，操作成本高，大众的可接受性也低，还有交通信息发布的后效性问题、来自公众和政治的压力以及边际费用估算等问题，以及存在外部效应、政府的干预等导致市场化不稳定的各种因素。既然如此，为减少收费的复杂性，可以采用次优定价收费。

次优定价收费是一个统筹的概念，本书将除最优定价外，其他所有的定价收费都统称为

次优定价收费，它包括根据福利经济学原理中的次优定理推导出的带有外部性约束的次优定价收费、基于服务水平的定价收费以及日常生活中采用最多的模拟试算的双层数学规划法等。其中前两者都是与边际成本有关，是根据最优收费修正得来的。

7.5.1 次优理论定价法

经过数代人的努力，西方微观经济学给出一个肯定的答案：以利己为行为动机的完全竞争的市场经济将会导致（帕累托意义下的）最优[31]。这就是说，**如果每个消费者都为了自身的效用最大化，每个生产者都追求最大利润，那么在完全竞争的经济中，他们不仅能做到，而且还会不自觉地使社会达到资源配置的最优状态**。然而，现实经济中的一些情况可能与完全竞争的经济模型完全不一样。如果现实经济无法达到完全竞争经济所要求的条件，诸如垄断、外在性（污染）、公共物品（公路）等若干导致失灵的因素，结果还会是帕累托最优吗？西方学者承认，市场失灵都会导致生产或消费缺乏效率，而政府则可以起到医治疾病的有效作用，通过适当的微观经济政策可以修正市场失灵的不足之处，减少或缩短现实经济和完全竞争模型的假设条件之间的差距，使经济接近于帕累托最优状态。经济学家李普西（R. G. Lipsey）和兰卡斯特（K. Lancaster）总结此理论为经济学的“次优理论”[32]。**次优理论定价法是根据经济学的次优理论推导出带有外部性约束的次优定价法则**。

对于道路交通拥挤收费而言，最优收费为边际外部成本收费，即在交通拥挤时刻，按照各用户所产生的边际外部成本对各用户进行收费。然而，最优收费理论对进入道路的所有用户进行收费。考虑到整体用户进行收费使得最优拥挤收费将无法实现。交通管理者退优而求其次，可选择在社会福利最大化（拥挤收费原理）下满足部分最优收费条件的收费方案，可以对部分拥挤的道路进行收费。收费道路和非收费道路间存在流量的重新分配问题，部分交通流量将放弃拥挤收费道路而转向非收费道路，给非收费道路带来一定效应。所以，按照次优理论进行拥挤收费，需要考虑收费道路和非收费道路之间的关系。

首先，就成本、需求因素等假设如下：

（1）假设有一个比较简单的道路系统，该体系只存在一个起点、一个终点，两条路径：一条拥挤收费道路 1 和一条非拥挤收费的平行道路 2，各条道路的边际社会成本分别为 C_1，C_2，平均成本分别为 C_1^0，C_2^0，因存在外部效应，有 $C_1^0 \neq C_1$、$C_2^0 \neq C_2$。设 ΔP_1 为收费道路的收费价格，P_1 为收费后道路交通的用户成本，按照次优定价原理有 $P_1 = \Delta P_1 + C_1^0$。

（2）需求方面，两条道路的交通量不是相互独立的，确切地说，非拥挤收费道路的交通量受到拥挤收费道路的收费价格的影响，而拥挤收费道路的交通量仅于其自身的成本有关，这样就有 $P_1 = \Delta P_1 + C_1^0 = f(Q_1)$（若按最优定价理论进行定价，则 $P_1 = C_1$）和 $C_2^0 = g(Q_2, P_1)$（非拥挤收费道路未进行收费，道路使用者的成本为其平均成本），或者可以写成 $Q_1 = Q_1(P_1) = Q_1(\Delta P_1, C_1^0)$ 和 $Q_2 = Q_2(P_1, C_2^0)$。

在市场存在扭曲的情况下，社会成本与社会收益不相等，导致了交通负荷的轻重不同，因此，从资源配置的角度来讲，如果要提高资源的有效配置，就需要依靠价格机制将交通拥挤的道路进行收费，将交通量诱向非拥挤道路。

可以用一个几何图形来说明，见图 7-10 和图 7-11。

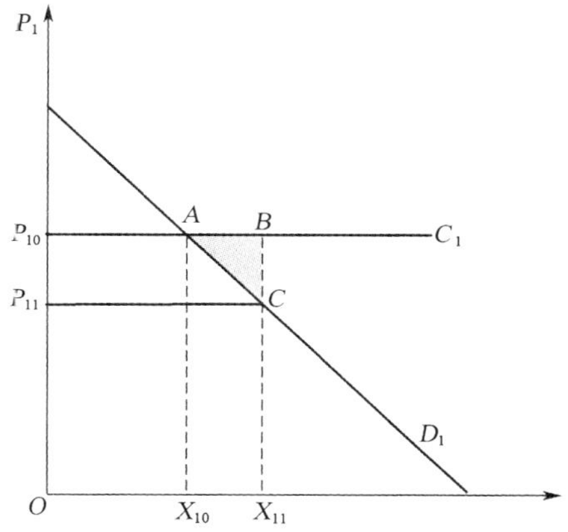

图 7-10　拥挤收费道路

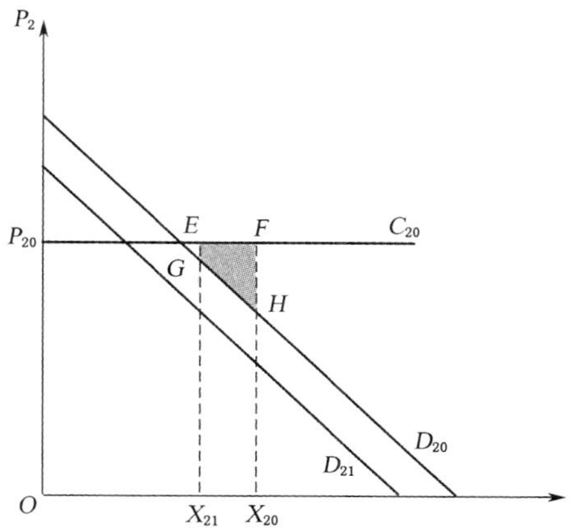

图 7-11　非拥挤收费道路

(3) 假设拥挤收费道路 1 与非拥挤收费道路的交通需求是相互替代关系，基本假设与前面的部分相同。图 7-10 描述了市场上收费道路 1(拥挤道路)的需求曲线(D_1)和供给曲线(C_1)；图 7-11 则给出了收费道路 1 拥挤收费价格等于 C_1 时的非收费道路 2 的交通需求需求曲线(D_{20})以及非收费道路 2 交通出行的供给曲线(C_{20})，如果收费道路 1 按照边际成本来进行拥挤收费定价，价格为 P_{10}。在价格 $P_{10} = C_1$ 时，市场对非收费道路 2 的需求曲线为 D_{20}(注意，正常的需求曲线是在道路系统需求总量不变的情况下得到的)。

由于两种需求互为替代关系，在收费道路 1 的拥挤收费价格低于其边际成本下 ($P_{11} < C_1$)，非收费道路 2 的需求曲线会向内移动，假设移至 D_{21}。即在拥挤收费价格没有将边际成本下的交通量完全引向非拥挤收费道路 2，只是引向了部分交通量 ($X_{21} < X_{20}$)。存在两种影响：首先就拥挤收费道路 1 而言，从图 7-10 可以看出，收费价格低于边际成本 ($P_{11} < C_1$) 时，一方面使得社会成本增加了 $X_{10}ABX_{11}$，另一方面又使得消费者剩余增加 $X_{10}ACX_{11}$，因此，价格对于边际成本的偏离导致了面积为 ABC 的福利损失。其次，分析非拥挤收费道路 2，从图 7-11 可以看出，道路 1 的拥挤收费价格对边际成本的偏离对道路 2 也产生了两种效应：同时减少了社会总成本和消费者剩余，社会成本减少的量为 $X_{21}EFX_{20}$，消费者剩余减少 $X_{21}GHX_{20}$(注意：当拥挤收费道路不是按照边际成本来定价时，对于非拥挤收费道路 2 资源效应的评价应该以道路 1 按照边际成本定价时的需求曲线 D_{20} 来评价，而不能以道路 1 收费下存在偏离后的需求曲线 D_{21} 作为评价资源配置效应的依据，因为只有按边际成本收费的情况才能真正反映边际社会成本)，社会净福利增加为 $EFHG$，在价格变化不大的情况下，一般来说 $EFHG$ 大于 ABC，可以得出以下结论：在存在拥挤收费道路的道路系统里，拥挤收费价格小于边际社会成本可以提高整体社会福利。相反，就不可能增加整体社会的福利水平。

根据上面的假设及分析，当拥挤收费道路 1 的收费价格小于边际成本价格时 ($P_{11} < C_1$)，会引起总的福利变化为 $\Delta = EFHG - ABC$，当 $EFHG > ABC$ 时，低于边际成本的价格增进了社会的净福利。当然，拥挤收费价格低于边际成本是有幅度限制的，如果价格过低，Δ 有可能小于 0，因此，当 $\Delta = 0$ 所制定的价格为次优定价所确定的价格。如果政府将制定使得社会福利最大化的政策，并且它能够自由地决定拥挤收费价格 P_{11}，那么，拥挤收费价格的制定就会制定在 $\Delta = 0$ 的点。

与最优拥挤收费不同的是，最优拥挤收费是通过收费调整交通需求，使得总的交通量减少，从而达到社会福利的增加；或者仅考虑拥挤收费道路作为整体，而忽略其他非收费道路的社会福利变化。而次优理论收费是通过对部分道路收费，在总的交通量不变的前提下，将拥挤道路的交通量引向非拥挤道路，减少了社会成本从而增加了社会净福利。次优理论收费，缩小了收费对象与范围，这将使得收费向可实施性方向迈进了一步。

下面将通过一个算例来分析最优拥挤收费和次优理论拥挤收费的区别。

【例 7-1】 设存在一个 OD 对(1, 2)，两条路径 1、2，并设路径 1 为收费路径，如图 7-12 所示。OD 需求总量为 $Q_{12} = 10$；路径 1 的需求 d_{121} 是路径 1 的出行成本 c_1 的函数，$d_{121} = 15 - c_1$；路径 2 的需求 d_{122} 是路径 2 的出行成本 c_2 的函数，$d_{122} = 10 - c_2$；其中，路径 2 的出行成本 c_1 与路段 1 的流量 v_1 有关：$c_1 = 2 + v_1$；路径 2 的出行成本 c_2 与路段 2 的流量 v_2 有关：$c_2 = 3 + v_2$。

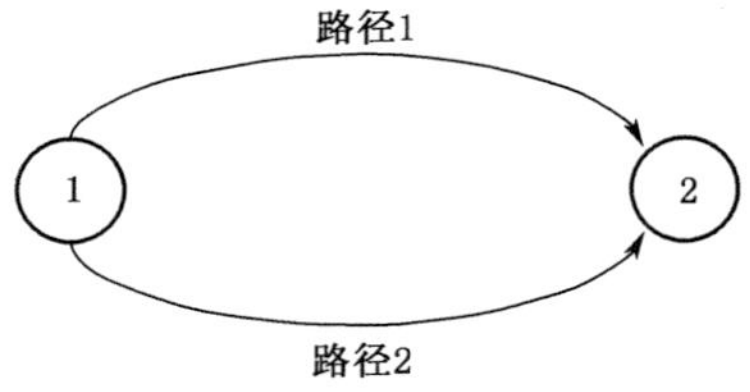

图 7-12　算例示意图

情况 1：不拥挤收费时，可得到均衡解路径 1 和路径 2 的出行成本相等时的解，为

$$\begin{cases} v_1 = 5.5 \\ v_2 = 4.5 \end{cases}, \begin{cases} c_1 = 7.5 \\ c_2 = 7.5 \end{cases}$$

情况 2：路段 1 按照最优收费定价(边际成本收费)进行拥挤收费，根据最优收费原理，有

$$p = v_1 \times \frac{\partial c_1(v_1)}{\partial v_1} = v_1$$

求得均衡条件下的解为

$$\begin{cases} v_1 = \dfrac{11}{3} \\ v_2 = \dfrac{19}{3} \end{cases}, \begin{cases} c_1 = \dfrac{28}{3} \\ c_2 = \dfrac{28}{3} \end{cases}, p = \frac{11}{3}$$

情况 3：路段 2 按照次优理论进行拥挤收费，则有 $p \leqslant v_1$。

如图 7-13，根据次优理论，有 $\Delta = DEFG - ABC$，即有如下公式成立：

$$\Delta = \int_{d_1}^{d_2} [c_{11}(q) - d_{121}^{-1}(q)] \mathrm{d}q - \int_{10-d_2}^{10-d_1} [c_2(q) - d_{122}^{-1}(q)] \mathrm{d}q$$

当 $\Delta = DEFG - ABC = 0$ 时，有

$$\Delta = \int_{d_1}^{d_2} (c_{11} - d_{121}) \mathrm{d}x - \int_{10-d_2}^{10-d_1} (c_2 - d_{122}) \mathrm{d}x$$

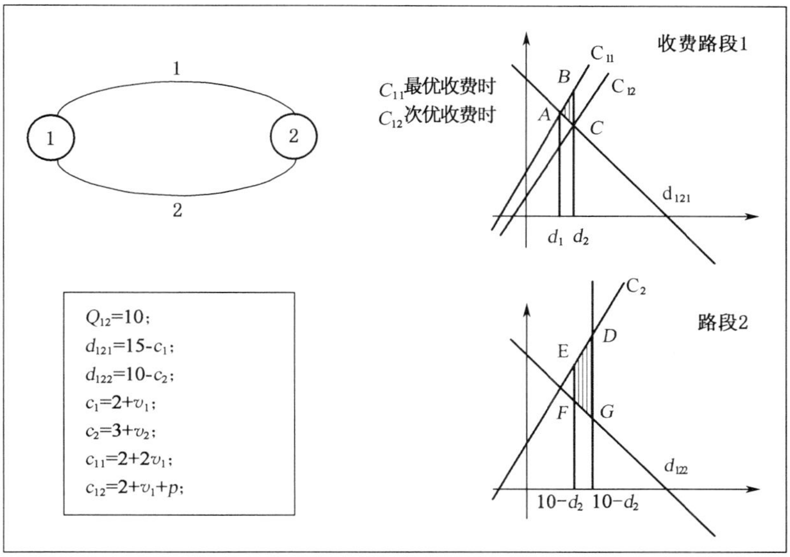

图 7-13　算例分析图

$$\Leftrightarrow \int_{\frac{c_1-2}{2}}^{c_1-2-p}[2+2q-(15-q)]\mathrm{d}q=\int_{10-c_1-2-p}^{10-\frac{c_1-2}{2}}[3+q-(10-q)]\mathrm{d}q$$

联立 $c_{11}=2+2v_1$，$c_{12}=2+v_1+p$，可得：

$$\begin{cases} v_1=\dfrac{31}{6} \\ v_2=\dfrac{29}{6} \end{cases},\begin{cases} c_1=\dfrac{47}{6} \\ c_2=\dfrac{47}{6} \end{cases},\ p=\dfrac{2}{3}$$

可见，如不收费、按照最优收费原理收费和按照次优收费原理收费，得到的结果各不相同，如表 7-2 所示。

表 7-2　　不进行收费、按照最优收费原理收费和按照次优收费结果对比

收费情况	流量	出行成本	收费额
不收费时	$v_1=5.5$ $v_2=4.5$	$c_1=7.5$ $c_2=7.5$	$p=0$
最优理论收费时	$v_1=11/3$ $v_2=19/3$	$c_1=28/3$ $c_2=28/3$	$p=11/3$
次优理论收费时	$v_1=31/6$ $v_2=29/6$	$c_1=47/6$ $c_2=47/6$	$p=2/3$

7.5.2　双层数学规划模型定价法

由拥挤收费的机理可知，拥挤收费是利用价格机制来改变交通出行者的出行成本，从而

实现调整交通出行的目的。如果说，拥挤收费被看成是托盘里的砝码，那么可以通过不断调试砝码的大小达到需要的平衡状态。所以，拥挤收费的次优定价也可以采用此法。许多学者都是通过构建双层数学规划模型来确定次优拥挤收费水平。次优收费的目标有最小化系统成本、最大化路网社会效益、最大化收费资金和最小化收费路段数来达到系统优化等。因此，一般双层数学规划模型的上层模型是通过对每条路线收取不同的费率来使整个路网社会总效益最大，下层模型就是模拟路网使用者的路线选择方式，使得网络的总出行时间最小。

一般来说，双层规划模型具有如下形式：

上层模型：

$$\min_{x} F(x,\ y) \tag{a}$$

$$\text{s.t.}\ G(x,\ y) \leqslant 0 \tag{b}$$

其中，$y = y(x)$ 由下层规划求得。

下层模型：

$$\min_{y} f(x,\ y) \tag{c}$$

$$\text{s.t.}\ g(x,\ y) \leqslant 0 \tag{d}$$

双层规划模型是由上层模型和下层模型组成，$F(x,\ y)$ 为上层模型的目标函数，$f(x,\ y)$ 为下层模型的目标函数，x，y 为决策变量，$y = y(x)$ 为反应函数。

利用双层数学规划法求定价标准，类似于数学中的枚举法，其优点是算法比较直接、简单，得到结果比较直观，但其缺点是数据处理量大，需要进行多次的重复计算，才能选择结果最优者，且得到的结果是在给定的收费区间内，是局部最优解，有可能不是全局最优解。正因为简单，目前已经在很多城市和地区得到了实际的应用，但一般都是在少数拥挤路段或较小区域内实施收费行为。

下面将通过一则案例来解释说明双层数学规划拥挤收费模型[25, 26]。

【例 7-2】

1. 研究问题背景

2002 年，上海市已是一个拥有 1 300 万常住人口和近 400 万外来人口的特大型国际大都市，市域面积 6 340 km^2，随着经济的迅速增长，车辆和道路面积也不断增长。但车辆的增长速度远大于路面面积增长速度，目前上海的交通只能维持一个脆弱的供需平衡。南浦大桥、杨浦大桥和延安隧道取消收费后，局部地区的交通拥挤严重。为了解决交通问题，除了采用修建交通设施（增加供给）和进行交通系统管理（提高效率）外，交通需求管理（拥挤收费）也开始储备研究与应用。

我们将上海市内环以内单层地面路网主要交通走廊作为分析对象，因为上海市的主要地面交通走廊承担了上海市的大部分地面交通，而且交通拥挤也主要集中在交通走廊上。上海市的主要地面交通走廊为上海市主干道的三纵三横交通走廊、内环路沿线地面交通走廊、南京路交通走廊和淮海路交通走廊、西藏路交通走廊、大连路—东方路交通走廊、浦东区交通走廊，这些交通走廊交叉连接，相互贯通构成了上海市交通路网的主要骨架，承受着上海市的主要交通流量，也是决定着上海市交通好坏的关键所在。上海的主要交通走廊构成了一个共65个节点、双向200条路段的大型交通网络。路网中心区交通非常拥挤，车速基本上都在15 km/h以下，离中心区越远交通状况越良好。根据上海市交叉口感应线圈测得这200条路段的高峰小时流量，并对这200条路段的线路长度、车速进行了调查，根据等效通行能力得出路段的通行能力，得出这200条路段的路阻函数的基本参数。

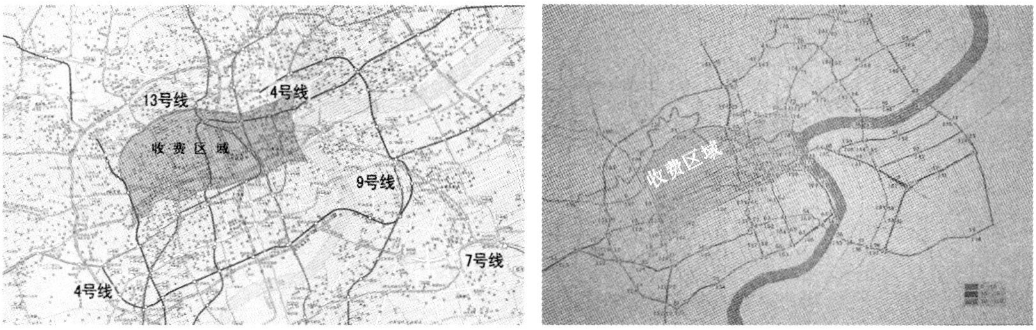

(a) 收费区域示意　　(b) 收费路段编号

图 7-14　路网路段编号及收费区域示意图

根据已有的资料推算得到的此交通走廊构成路网的OD矩阵表，此路网的OD对出行为一个由13个起点(O点)、12个终点(D点)构成的156个OD对矩阵。这个OD矩阵以市中心及商业中心作为主要交通吸引点，同时也包括部分过境交通。

若采取拥挤收费的方式来缓解道路交通的拥挤，则只对进入收费区域的通道单向收费。整个多次调查及测算，费率拟采用2元/次、4元/次、5元/次、6元/次、8元/次、10元/次六个收费水平进行试算。需求函数的弹性为0.02。采用时间价值不相同的多类型用户收费形式，出行用户分为三种类型，所研究的三种用户类型都是针对拥有私家车的出行用户，为时间价值低的低收入用户、时间价值中等的中等收入用户及时间价值高的高收入用户，低收入用户的时间价值采用0.5分/分钟，中等收入用户的时间价值采用1元/分钟，高收入用户的时间价值采用2元/分钟，按每月22个工作日计算，低收入、中等收入、高收入用户每月的工资水平分别为5 000元/月，10 000元/月，20 000元/月。低收入用户、中等收入用户、高收入用户在交通流中占有的比例分别为0.3∶0.4∶0.3，则整个网路上交通流的时间价值为1.15元/分钟，即路网用户的平均月薪为11 500元，在取时间价值时只是针对于私家车用户而言，故时间价值的取值也是由拥有私家车用户的平均收入来确定的。

2. 模型的构建

该模型涉及的多类型用户主要根据时间价值进行分类，而时间价值则由工资水平来确定。根据时间价值VOT(Value Of Time)将各类型用户分为m级，β^m表示等级为m的用户的平均时间价值，$\beta_1 < \beta_2 < \cdots < \beta_m \cdots < \beta_M$，$m \in M$表示用户的时间价值等级数；而OD对$w$上时间价值等级为$m$的交通出行需求为$d_w^m$，且服从等式$D_w^m(\mu_w^m) = \sum_{m \in M} d_w^m (m = 1, 2, \cdots, M)$，$D_w^m(.)$是一个严格单调递减函数；$\mu_w$为OD对平衡状况下的最小出行成

本，包括出行时间成本和其他所花费的成本，如收取的拥挤费率；$D_w^{m^{-1}}(d_w^m)$ 是需求函数的反函数。

g_w^m 表示 OD 对 w 间的 m 级类型用户出行量。OD 对 w 间路径集 P 中的一条路径表示为 $p \in P_w$；而 OD 对 w 间路段集 A 中的一个路段则表示为 $a \in A_w$。f_p^m 表示路径 p 的 m 级类型用户流量；v_a^m 表示路段 a 的 m 级类型用户流量。D_w 表示 OD 对 w 间的总交通出行需求。用 c_{pw}^m 表示 OD 对 w 路径 p 的 m 级类型用户出行成本函数，写成向量形式则为 $\boldsymbol{C}$。x_a 表示路段 a 的设计收费。$\delta(0,\ 1)$ 为路径流和路段流的关联矩阵，当路径 p 经过路段 a 时为 1，否则为 0。

如果路网包括收费道路，则各路段的出行成本为出行时间成本与所收费率之和，定义为

$$\bar{t}_a(v_a,\ x_a) = t_a(v_a) + x_a/\beta,\ a \in \overline{A} \tag{7-29}$$

式中，$t_a(v_a)$ 为路段出行时间成本；$\bar{t}_a(v_a,\ x_a)$ 为路段出行成本。

如果路网不包括收费路段，则各路段上的出行成本即为出行时间成本，定义如下：

$$\bar{t}_a(v_a,\ x_a) = t_a(v_a),\ a \in \overline{A} \tag{7-30}$$

多类型用户次优收费双层规划方法就是考虑路网容量下在给定收费地点对不同类型用户收费的优化收费方法，对于弹性需求来说，当收费无穷大时，路网总出行时间可以最小化到零，因此，对于弹性需求的路网收费设计时不仅要考虑需求，还要考虑供给。弹性需求下收费设计的上层规划的目标函数为路网的总社会效益最大（等价于消费者剩余最大），下层规划的目标函数是包括收费下的任何出行成本下的用户均衡，即不同类型用户选择自己出行成本最小的路径出行。

根据上述资料，得到的弹性需求、多类型用户的次优双层规划收费模型，该模型上层规划是以路网社会总效益最大作为目标函数，模型的下层规划是以用户的出行时间最小作为其目标函数，即采用的是用户最优。具体如下：

上层社会效益最大化模型：

$$\max F_2 = \sum_{m=1}^{3}\left\{\int_0^{d_w(x)} D_w^{m^{-1}}(\omega)\mathrm{d}\omega - \sum_{a\in A}\bar{t}_a(v_a^m(x_a))\cdot v_a^m(x_a)\right\} \tag{7-31}$$

$$\text{s. t.}\quad \begin{cases} D_w = 2\,500\exp[0.02\times(1-\mu_w/\mu_w^0)] \\ \bar{t}_a(v_a,\ x_a) = t_a^0\left\{1.0 + 0.15\left[\dfrac{v_a}{C_a}\right]^4\right\} + \dfrac{x_a}{\beta} \\ 2 \leqslant x_a \leqslant 10 \end{cases} \tag{7-32}$$

下层用户均衡模型：

$$\min_{d,w} F_1 = \sum_{a\in A}\int_0^{v_a} t_a(\omega,\ x_a)\mathrm{d}\omega + \sum_{a\in A}\sum_{m=1}^{3}\frac{1}{\beta^m}v_a^m x_a - \sum_{w\in W}\sum_{m=1}^{3}\int_0^{d_m} D_w^{-1}(\omega)\mathrm{d}\omega \tag{7-33}$$

$$
\text{s. t.} \quad \begin{cases}
\sum_{p \in P_w} f_{pw}^m = d_w^m \\
v_a = \sum_{w \in W} \sum_{m=1}^{3} \sum_{p = P_w} f_{pw}^m \delta_{ap}^w \\
v_a^m = \sum_{w \in W} \sum_{p \in P_w} f_{pw}^m \delta_{ap}^w \\
f_p^w \geqslant 0 \\
p \in P_w \\
a \in A \\
w \in W \\
m = 1,\ 2,\ 3
\end{cases} \tag{7-34}
$$

3. 模型求解

1）近似微商求解算法

由于导数就是函数在自变量处的变化率，可以看作是函数的微分与自变量的微分之商，即微商，而微商是差商的极限定义，因此一个很自然的想法就是：求解平衡流量对路阻增加量的差商，作为平衡流量对路阻增加量差商，近似为平衡流量对路阻增加量的微商的值，所以求解问题基本思路如下：

在开始求解之前，首先进行初始化准备工作，将弹性需求条件下的城市交通连续平衡网络收费设计问题分解为若干个相互作用的之问题，一条路段对应一个子问题，对于每一个子问题只考虑该条路段上的路阻增加为 Δy_a 时，弹性需求 UE 问题的解。之所以说这些子问题之间是相互作用的，是因为任意一条路段上的收费后路阻增加都对 OD 需求量有影响，即 $q_{ij} = q_{ij}(y)$。设定某个子问题（某条路段 a 上）的路阻增加量为 Δy_a，求解弹性需求 UE 问题，可得到当某条路段 a 上的路阻增加量为 Δy_a 时，整个网络上任意 OD 需求量随之发生的变化量 $\Delta q_{ij}(y)$，进而可得到作为微商 $\partial q_{ij}(y) / \partial y_a$ 近似值得差商 $\Delta q_{ij}(y) / \Delta y_a$。依次对所有的子问题（路段）重复上述步骤，就可以得到当任一条路段 a 上的路阻增加量为 Δy_a 时，整个网络中任意 OD 需求量随之发生的变化量 $\Delta q_{ij}(y)$，就可以得到作为微商 $\partial q_{ij}(y) / \partial y_a$。至此，初始化工作完成，可见初始化过程就是计算差分的过程。

设 y' 为收费后路阻增加的初始值，$q_{ij}(y)$ 为相应的 OD 需求量（从下层问题中求解），则：

$$
q_{ij}(y) \approx q_{ij}(y') + \sum_{a \in A} \left[\frac{\Delta q_{ij}(y)}{\Delta y_a} \right]_{y=y'} (y_a - y_a{}') \tag{7-35}
$$

将式(7-35)代入到上层目标函数中，则上层问题就变成为一个路阻增加为变量的普通的非线性优化问题或线性优化问题，可以用已有的方法求解。对于从上层问题求出的最优解（即新的路阻增加值），再一次求解下层问题，就可得到新的 OD 需求量，重复上述基本思路，又可得到一组新的路阻增加值。如此重复计算，最后有望收敛于原来的双层规划模型的最优解，具体算法步骤如下：

第 0 步：初始化，计算差商 $\Delta q_{ij}(y)/\Delta y_a$。

第 1 步：设定一路阻增加量的初试解 y^0，令迭代次数 $k = 0$。

第 2 步：对于给定的 y^k，求解下层问题，得到 O-D 需求量 q^k。

第 3 步：计算式(7-31)—式(7-32)，将结果代入到上层目标函数中，求解上层问题，得到一组新的路阻增加值 y^{k+1}。

第 4 步：如果 $\max|y_a^{k+1}-y_a^k\leqslant\sigma|$ ($\forall a\in A$)，则停止，其中 σ 为迭代精度；否则，令 $k=k+1$，转第 2 步。

按照上述弹性需求下的多类型用户下层均衡模型和双层规划模型算法，用 MATLAB7.0 等高级语言编制出相应的计算机程序，进行了城市道路路网的弹性需求下的多类型用户的收费设计。

2) 计算结果

根据前面的次优收费理论及算法，综合得到计算结果如表 7-3 所示。

表 7-3　不同收费费率的各项指标统计结果

费率/(元·次$^{-1}$)	社会总效益/万元	社会总剩余/万元	所收资金/万元	区内饱和度	区外饱和度	收费路上的转移百分比/%	收费区内的转移百分比/%	整个路网的交通抑制率/%
2	238.50	235.46	5.35	0.916	0.601	5.78	5.15	2.33
4	241.00	234.12	9.87	0.851	0.610	9.84	7.73	4.18
6	241.21	233.45	12.46	0.819	0.618	14.46	10.51	6.31
8	242.28	227.46	13.80	0.796	0.626	22.84	17.75	7.83
10	240.13	225.08	11.76	0.780	0.632	22.98	17.97	7.97

最佳费率为 8 元/次，社会总效益最大为 242.28 万元/小时，社会总剩余为 227.46 万元/小时，所收资金为 13.82 万元/小时；实施收费后收费区内的饱和度为 0.796，交通状况良好；收费区外的饱和度为 0.626，收费也没有增加收费区外的交通压力；收费道路上和收费区内的交通转移百分比分别为 22.84%和. 17.75%，这部分交通通过绕行或转移换成别交通方式如公共交通来避开收费，使收费区内的交通密度减少，车速增加，服务水平提高；整个路网的抑制交通出行的百分比为 7.83%，即 7.83%的交通量的出行是弹性的，在高峰小时交通拥挤时的收费时段采取不出行或推迟出行的方式避开收费。

7.5.3　基于服务水平拥挤收费定价法

关于服务水平算法典型成果的分析，按照交通流理论的习惯用法，我们定义以下变量：假设实施收费的路段上的交通流量为 Q，速度为 V，密度为 K，速度是交通流量的函数，简单表示为 $V=V(Q)$，用 β 表示用户出行的平均时间价值(或者单位出行时间的费用)，假设该费用是一个常数；L 为实施收费的路段长度。用户在该路段出行的时间为 L/V，出行费用为 $MPC=\beta L/V$。由于路段上的交通流量为 Q，因此该路段总的出行费用为 $Q\beta L/V$，根据经济学原理可以知道这时候系统每增加一个出行用户的平均成本就是边际社会成本，计算式为

$$MSC(Q)=\frac{\mathrm{d}(Q\beta L/V)}{\mathrm{d}Q}=\frac{\beta LV-Q\beta L\dfrac{\mathrm{d}V}{\mathrm{d}Q}}{V^2}=MPC(Q)-\frac{Q\beta L}{V^2}\cdot\frac{\mathrm{d}V}{\mathrm{d}Q}\tag{7-36}$$

因此，收取的设计费用额 t 为

$$t=MSC(Q)-MPC(Q)=\frac{Q\beta L}{V^2}\cdot\frac{\mathrm{d}V}{\mathrm{d}Q}\geqslant 0\tag{7-37}$$

由此可以看到，收取的费用不仅与交通流量有关，与交通的速度和密度都有关系。为了更清楚地理顺其中的关系，我们将用一个单一的交通状况指标来表示收费。

按照交通流理论，流量与车速不是线性关系，见图 7-15 所示。因此，对应于同一个 q 有 V_1 和 V_2 两个速度值，这样就使得我们在判断交通状况的时候出现一些麻烦。而 K-V 曲线的单调性保证了密度这个指标能够单一地反映交通的状况：车速一定时，密度越小，行车越顺畅；密度越大，车速就越低，交通就越拥挤，因此以下将采用密度（或者密度比）这个交通状况参数。

在 K-V 关系中存在各种拟合模型，本研究在计算分析时采用了常用的线性关系：

$$K=K_{\mathrm{j}}\left(1-\frac{V}{V_{\mathrm{f}}}\right)\quad V=V_{\mathrm{f}}\left(1-\frac{K}{K_{\mathrm{j}}}\right)\tag{7-38}$$

式中，K_{j} 为拥挤密度，在本研究中为等效拥挤密度；V_{f} 为自由车速，则流量为

$$Q=KV=V_{\mathrm{f}}\left(K-\frac{K^2}{K_{\mathrm{j}}}\right)\tag{7-39}$$

将式(7-38)和式(7-39)带入式(7-37)，得到：

$$t=-\frac{Q\beta L}{V^2}\Big/\left(\frac{\mathrm{d}Q}{\mathrm{d}K}\frac{\mathrm{d}K}{\mathrm{d}V}\right)=\frac{K_{\mathrm{j}}\beta LK}{V_{\mathrm{f}}(K_{\mathrm{j}}-K)(K_{\mathrm{j}}-2K)}\tag{7-40}$$

设 $r_k=\dfrac{K}{K_{\mathrm{j}}}$，则

$$t=\frac{\beta Lr_k}{2V_{\mathrm{f}}(r_k-1)(r_k-0.5)}\tag{7-41}$$

该式表示边际社会成本（MSC）和边际个人成本（MPC）之差可以表示为交通流密度的函数。当以图 7-15 中需求函数费用函数之间的关系确定设计收费费率的时候，可以将问题归结为交通流密度的调节问题。

前面根据次优收费原理确定该收费区域的最佳费率为 8 元。下面就该收费区域用基于服务水平的方法确定费率，首先将各进入收费区的收费通道的费率求出来，然后根据公里长度加权平均得出所有收费通道的平均费率。表 7-4 列出了进入该收费区域收费通道的相应参数及计算得到的费率值为 5.34 元。

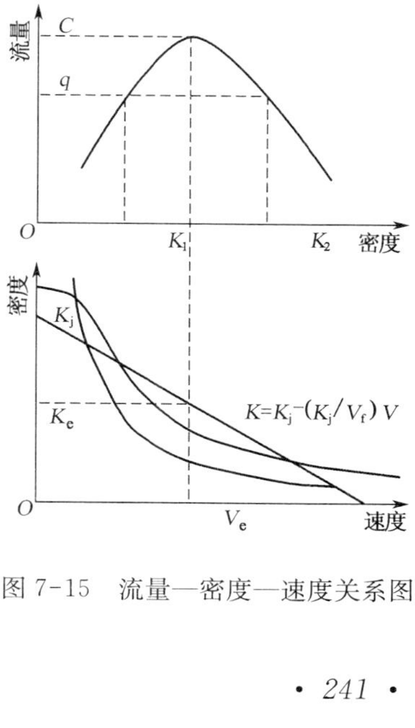

图 7-15　流量—密度—速度关系图

表 7-4　　收费通道的相应参数及计算得的费率值

收费道路编号	时间价值 β /(元·min^{-1})	长度 L /km	密度比 r_k	自由流速度 V_f /(km·h^{-1})	费率 t /元	按公里加权的总平均费率/元
5	1.15	2.169	1.661	43.58	3.72	5.34
45	1.15	0.712	1.876	38	1.01	
49	1.15	1.66	1.923	38	2.21	
73	1.15	0.388	1.695	34	0.80	
75	1.15	2.419	5.348	38	0.56	
85	1.15	2.234	1.370	50	6.56	
107	1.15	1.675	2.222	38	1.61	
112	1.15	2.297	1.205	50	13.23	
117	1.15	1.506	1.124	38	19.93	
120	1.15	1.005	1.626	49	1.63	
139	1.15	0.931	1.689	49	1.35	
161	1.15	1.295	1.563	38	3.07	
169	1.15	0.396	1.241	38	2.50	

7.5.4　三种次优定价法的比较分析

从上述三种次优定价法则来看，利用福利经济学中的次优理论推导出的次优定价标准，与最优定价法则的边际成本定价法类似，只是次优理论推导法则考虑了收费道路的外部性，从道路使用者角度，分析道路使用者在拥挤道路和非拥挤道路上出行成本差异，从而确定收费价格水平。要计算出行成本，就依然逃不脱出行者的边际成本“干涉”。

基于服务水平确定费率的方法是以 Wardrop 最优收费原则为基础推导出来的收费方法。每条道路计算所得费率差别非常大，且受密度比参数的影响特别大。从上述例子可以看出，如收费道路 75 的密度比为 5.348，费率为 0.56 元，而收费道路 117 的密度比为1.124，费率达到 19.93 元，收费道路 112 的密度比 1.205，费率也高达 13.23 元，可见此费率确定方法受密度比的敏感度特别大，拥挤度大的收费偏小，拥挤一般的收费颇高，难以有效地调整或均衡交通流，且有可能容易引起收费不公等社会性问题，在实施过程中需要慎重。

而采用双层数学规划模型法去确定收费水平，其是以社会总效益最大和道路使用者出行费用最小化为控制目标，得到了大型单层地面路网收费区域的最佳费率水平。虽然这种方法计算量较大，且需要政府等有关部分确定收费水平的范围，在求解过程中有得不到最优解的风险，但在先进的计算机技术协助下，使得实际操作切实可行。

7.6　动态拥挤收费策略

上述所分析的各种最优定价和次优定价法则都基于静态拥挤收费理论，只是对于空间维的交通问题进行了静态考虑，应用交通网络均衡原理，通过对系统最优问题的分析来获得一种定价模式，以期望在这种定价条件下，实现交通资源的最充分利用，因而定价方式一旦求出，整个交通格局也就定下来了。由于出行需求和出行成本不再随时间发生变化，静态模型并不能分析车流排队的消涨过程和用户关于出行时间的决策行为，也不能反映具有不同时间价值的人们对于定价决策的不同反应。而动态定价收费考虑了交通网络系统的动态性，考虑交通状态随时间变化的情况。

拥挤收费动态定价模型是由单一的瓶颈排队情形引申出来的。Vickvey 在 1969 年应用确定性排队理论，导出了一个令所有出行者具有相同交通费用的内生出发时间选择模型，即瓶颈模型。瓶颈模型是假定交通拥挤表现为瓶颈处的排队。在一条通往工作地的路上有一个瓶颈，所有出行者都想在上班时刻准时到达工作地，但受瓶颈的制约，这种情况不可能出现，总会有人早到或晚到，早到浪费了出行者的时间，晚到浪费了上班时间，将早到和晚到这种时间费用统称为计划延误费用。不收费时，出行费用由行驶时间费用和计划延误费用两部分组成，出行者根据费用最小化原则来决定自己的出行时间，当达到平衡时，所有人的出行费用相等。如果在高峰时间对出行者进行时变收费，使一定时刻的收费水平等于不收费平衡时刻出行者的行驶时间费用(表现为排队时间)，那么就可以用收费来取得行驶时间费用，使平衡条件得以满足——瓶颈满负荷运行，总行驶时间费用最小而达到社会最优。

1. 瓶颈模型

α 单位行驶时间费用；β 单位早到时间费用；γ 单位晚到时间费用；$\gamma > \alpha > \beta$；$\delta = \beta\gamma/(\beta+\gamma)$；$C(t)$ 为 t 时刻出发者的出行费用；C 为平衡状态下的个人出行费用；$D(t)$ 为 t 时刻的排队长度；N 为总出行人数；S 为瓶颈通行能力；$r(t)$ 为 t 时刻的出发率；t 为出发时间；t_0 为最早出发时间；t_e 为最晚出发时间；t^* 为理想到达时间(上班时间)；t_n 为能在 t^* 时刻到达工作地的出发时间；$T(t)$ 为 t 时刻出行者的行驶时间；$T_E(t)$ 为 t 时刻出行者的早到时间；$T_L(t)$ 为 t 时刻出行者的晚到时间；$T'(t)$ 为常态行驶时间；$T''(t)$ 为 t 时刻出发者在瓶颈处的排队等待时间；SDC 为系统的总计划延误费用；TTC 为系统的总行驶时间费用；TC 为系统的总出行费用($TC = SDC + TTC$)。

N 个相同的出行者每天早上从居住地 O 出发去工作地 D。假定 N 个出行者都单独驾驶自己的车行驶于连接 O 与 D 的一条路上。拥挤只会发生在一个确定通行能力的瓶颈处；瓶颈通行能力为每单位时间 S 辆，路的其余各处有足够大的通行能力，如果瓶颈处到达率超过 S，就会发生排队现象。O 至 D 的行驶时间为

$$T(t) = T'(t) + T''(t) \tag{7-42}$$

由于常态行驶时间 $T'(t)$ 与出发时间无关，为行驶时间中的固定部分，所以它对出行者的出发时间决策没有影响，为了分析简单，可不失一般性地假设 $T'(t) = 0$，从而 $T(t) = T''(t)$。因此，出行者从居住地出发，即刻到达瓶颈处，离开瓶颈处，即刻到达工作地，排队长度 $D(t)$ 为队中等待通过瓶颈的车辆数(人数)。

$$D(t) = \int_{t_0}^{t} r(t)\mathrm{d}t - S \cdot (t - t_0) \tag{7-43}$$

出行者在瓶颈处的排队等待时间为

$$T''(t) = D(t)/S \tag{7-44}$$

不收费时，出行者的交通费用由其行驶时间和计划延误(上班早到时间或晚到时间)决

定，为简单计，模型假定费用函数为线性：

$$C(t)=\alpha\cdot T(t)+\beta\cdot T_{\mathrm{E}}(t)+\gamma\cdot T_{\mathrm{L}}(t) \tag{7-45}$$

出行者总是力图减少其交通费用，为了减少费用，出行者权衡行驶时间和计划延误来选择出发时间，假定出行者有出发时间分布的完全信息，当没有一个出行者能超过单边改变其出行时间来降低交通费用时就达到一种平衡态，如果把 t_0 与 t_e 间的时间区间定义为出发期间，那么平衡意味着在出发期间内，所有出行者的交通费用相同。

最早出发的人（t_0 时刻出发）显然不会遇到排队，行驶时间费用为 0，最后一个出发的人（t_e 时刻出发）也不会遇到排队，在整个出发期间，瓶颈满负荷运行，出发期间的时间长度为

$$t_e-t_0=N/S \tag{7-46}$$

最早出发的人的出行费用为

$$C(t_0)=\beta(t^*-t_0) \tag{7-47}$$

最晚出发的人的出行费用为

$$C(t_e)=\gamma(t_e-t^*) \tag{7-48}$$

结合式(7-46)—式(7-48)，t_n 的定义和等出行费用条件 $C(t_0)=C(t_e)=C$，可以得出：

$$\begin{cases} t_0=t^*-\dfrac{\gamma}{\beta+\gamma}\cdot(\dfrac{N}{S}) \\ t_n=t^*-\dfrac{\beta\cdot\gamma}{\alpha(\beta+\gamma)}\cdot\left(\dfrac{N}{S}\right) \\ t_e=t^*+\dfrac{\beta}{\beta+\gamma}\cdot\left(\dfrac{N}{S}\right) \\ C(t)=\dfrac{\beta\cdot\gamma}{\beta+\gamma}\cdot\left(\dfrac{N}{S}\right)=\delta\cdot\left(\dfrac{N}{S}\right) \end{cases} \tag{7-49}$$

因而可以求得早到或晚到的出发率 $r(t)$：

$$r(t)=\begin{cases}\alpha\cdot S/(\alpha-\beta) & \text{if} \quad t\in[t_0,\ t^*] \\ \alpha\cdot S/(\alpha+\gamma) & \text{if} \quad t\in[t^*,\ t_e]\end{cases} \tag{7-50}$$

2. 动态收费策略

不收费平衡时的个人出行费用为 $\delta\cdot N/S$，实现社会最优状态并不改变高峰期，所以所有的出发者都应与第一位或最后一位出发者的个人出行费用 $\delta\cdot N/S$ 相同。在社会最优状态不存在排队，因此在高峰期间的出发率与到达率均应为 S，不收费平衡的排队等待支出可以用某种费用形式来替代，以维持个人出行费用的均衡，这样就得到一个动态收费策略：

$$\tau(t)=\begin{cases}\delta\cdot N/S-\beta\cdot(t^*-t) & \text{if} \quad t\in(t_0,\ t^*) \\ \delta\cdot N/S-\gamma\cdot(t-t^*) & \text{if} \quad t\in(t^*,\ t_e)\end{cases} \tag{7-51}$$

动态收费策略如图 7-16 所示，当有某种装置（如电子收费系统）实现动态收费策略时，出行者会自动调整他们的出行时间，使 $[t_0,\ t_e]$ 期间的出发率为 S，不会遇到排队，只是在 t 时刻出行的人要上缴 $\tau(t)$ 的拥挤费，但出行者个人的总出行费用并不变。

该动态收费模型在理论上相对完美，收费价格是实时变化的，实施过程中对技术的要求很高。国内学者吴子啸和黄海军等在此基础上，提出了二阶动态收费策略，即将整个连续收费段离散成有限个部分，每个部分的收费策略尽量逼近该部分的最优动态收费策略，虽在消除排队的效果上不如实时动态收费策略，但在实践上易于实现。

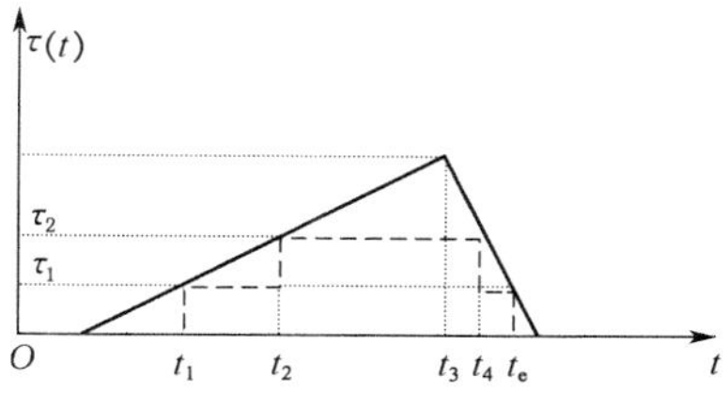

图 7-16 瓶颈模型的动态收费策略

若认为 $[t_0, t_e]$ 为整个收费期间，则可以认为 $[t_2, t_3]$ 期间为高峰拥挤收费期间，因此，高峰拥挤收费是动态拥挤收费的一个典型。

7.7 实施拥挤收费的若干问题探讨

尽管从经济理论上看，对拥挤道路实施拥挤收费是必要的。但是从全球范围看，真正实施的并不多。其主要原因在于：①拥挤成本难以确定；②收费的分配存在争议；③传统观念的束缚。

1. 拥挤成本难以确定

出行者的时间价值损失是道路交通拥挤成本的主要组成部分，但是对于时间价值如何定量的问题并不是一个很好解决的问题。主要原因在于：同一个人的时间价值因环境不同而不同，人与人之间的时间价值也有较大的差别，而且对于不同的出行者来说，有些是在工作时间，有些是在非工作时间；非工作时间价值也因其收入、环境、运输方式等不同而有差别。在涉及利用不同交通方式时，也会有所差别。

国外曾对出行者的时间价值观进行调查，得出以下结论：

(1) 大多数被调查者愿意支付现金以降低出行时间的选择，通常是公共交通方式内部的选择，而不是公共交通和小汽车之间的选择。

(2) 对于普通的出行者（如白领上班族）实现放弃小汽车选择公共交通，需要降低三成至六成不等的出行成本；对于收入稍高一些的出行者（如管理人员）来说，实现放弃小汽车选择公共交通，需要降低五成以上的出行成本。

(3) 对于人们非工作时间价值判断结论大相径庭，有的认为是工作时间价值的 1/3，有的认为是工作时间价值的 1/2，也有的认为非工作和工作时间都是人们的时间，应与工作时间价值相等。由此可见，关于出行时间价值，还有待作进一步的研究，这是实施拥挤收费定价的前提。

2. 收费的合法性和分配存在争议

交通拥挤收费缺乏法律与政策的支持。当前，我国与交通拥挤收费相关的主要法律与政策有《中华人民共和国道路交通安全法》、《中华人民共和国行政许可法》、《汽车产业发展政策》、《国务院办公厅关于治理向机动车辆乱收费和整顿道路站点有关问题的通知（国办发[2002]31 号）》与《财政部、国家发展改革委关于公布全国性及中央部门和单位涉及机动车辆收费项目的通知（财综[2003]59 号）》等。按照这些法律与政策的有关规定，除法律法规和国务院明文规定外，任何地方、部门和单位均不得再出台新的涉及机动车辆的行政事业性收费、政府性集资和政府性基金项目，并严禁擅自提高收费标准，扩大收费范围；同时，除国家规定的收费项目外，任何单位不得对汽车消费者强制收取任何非经营服务性费用；对违反规定强制收取的，汽车消费者有权举报并拒绝。这些规定使推行交通拥挤收费缺乏法律与政策的支持。

理论研究已经表明，拥堵收费对于低收入人群的出行会造成一种冲击，不利于他们福利的改善，因而必须采取一种合理有效的补偿机制进行调剂，如果在一种补偿机制并不完善和分配政策不能公开的情况下实施拥堵收费，要保证费收分配的公正性也是值得怀疑的。对收费收入的使用问题，有的提出了简单的三分法原则：三分之一作政府财政收入，改善城市环境，使其他在拥挤收费政策中受损的人受益；三分之一用于修建城市道路，使那些选择支付拥挤费用继续出行的人受益；三分之一用于改善公共交通，使那些选择其他出行方式或时间的人和原来选择非高峰期或公共交通的人受益。有的学者认为政府应该把收费产生的收益以各种形式减少车辆注册费、燃油税、改善公共交通等直接或间接地返还给城市道路的使用者。

3. 传统观念的束缚

公众的支持程度又决定了政府的政策取向，前面的经济原理分析表明，除了代表政府的城市道路管理机构和一部分时间价值高的出行者外，大部分的出行者会从拥挤收费中遭受利益损失。因此，公众，特别是其中的受害者会认为城市道路收费是不公平的。此外，公众习惯性认为城市路网是公共设施，是用大家的税收建起来的，再对他们收费太不应该了。

(1) 人们认为自己是交通拥挤的受害者，而没有认识到自己也是拥挤的“贡献者”，认为拥挤是由于路网能力不够造成的；

(2) 人们认为拥挤还没有发展到非要靠收费来控制流量的程度，目前还宁愿忍受拥挤和消磨路上时间；

(3) 人们担心收费会导致违章行驶的事件增多，担心电子收费系统的技术不过关，可能会错误收费，或电子收费系统记录了车辆的行踪，侵犯了人们的出行隐私权；

(4) 怀疑收费真的能减少个人小汽车的使用，收费使得道路成为有钱人可以占用的稀缺资源；

(5) 认为征收交通拥挤收费可能会对对收费区域产生诸如销售额下降等不利影响。

这些传统观念上的问题没有得到回答，拥挤收费将很难得到公众的支持。当然交通拥挤收费的实施面临的困难与挑战是多方面的、综合性的，需要全面地、系统地权衡和解决各方之间的利益。

思考题

1. 实施交通拥挤收费需要具备哪些基础条件？如何判断一个城市或区域是否需要进行拥挤收费？
2. 试从交通基本模型(车速、流量、密度，见图7-4)与经济基本模型(费用—交通量，见图7-4)的关系，分析道路拥挤定价机理。
3. 如何理解边际成本定价理论最优定价公式(7-25)：

$$P = Q \cdot \frac{\partial A(Q)}{\partial Q} + \frac{\partial T(Q)}{\partial Q} + \frac{\partial E(Q)}{\partial Q}$$

并阐明三种情况下的使用者边际成本、设施边际成本和第三方边际成本的内涵。

4. 比较最优定价与次优定价在拥挤收费机理上的差异，结合实际案例，分析评判它们的适应性。

5. 高峰拥挤收费是动态拥挤收费策略的一个典型，请结合周边实际情况，构建一个高峰拥挤收费策略。

主要参考文献

[1] 张小宁. 交通网络拥挤收费原理[M]. 合肥：合肥工业大学出版社，2009.

[2] 陆化普，黄海军. 交通规划理论研究前沿[M]. 北京：清华大学出版社，2007.

[3] 鲍涵，刘灿齐. 基于道路网络交通平衡的动态拥挤收费分析[J]. 交通科技与经济，2009，11(6)：66-68.

[4] 蔡艳锋，刘爽阳. 基于博弈论的城市道路交通拥挤收费分析[J]. 物流工程与管理，2010，32(4)：144-145，153.

[5] 陈来荣. 城市道路拥挤收费关键问题研究[D]. 北京：北京工业大学，2005.

[6] 陈蔚，杜豫川，邵敏华，等. 城市道路拥挤收费实施时机确定方法研究[J]. 公路工程，2008，33(5)：142-145.

[7] 程琳，王炜，邵昀泓. 社会剩余最大化条件下的道路拥挤收费研究[J]. 交通运输系统工程与信息，2003，3(2)：47-50，56.

[8] 戴帅，阮平南. 对道路拥挤收费经济学原理及其寻租现象的思考[J]. 交通运输工程与信息学报，2007，5(1)：44-49.

[9] 顾剑锋. 上海实施道路交通拥挤收费政策可行性研究[D]. 上海：同济大学，2009.

[10] 郭伟，姚丹亚，胡坚明. 拥挤收费下的路网交通评估模型研究[J]. 公路交通科技，2006，23(1)：105-109.

[11] 郭永庆，谭雪梅. 拥挤收费、边际成本定价与福利[J]. 财经问题研究，2007(2)：30-33.

[12] 韩先科，褚浩然，池利兵. 拥挤收费的经济学原理及应用[J]. 城市交通，2005，3(2)：66-69.

[13] 何胜学. 道路拥挤收费定价分析[J]. 上海理工大学学报，2005，27(1)：87-90.

[14] 黄慧琼，李琳玉. 拥挤收费的机理分析[J]. 交通科技与经济，2009，11(2)：100-101，104.

[15] 季文卿. 基于交通拥挤收费理论下的目标纬度多指标评价方法浅析[J]. 时代金融，2010(6)：80.

[16] 隽志才，罗清玉，傅忠宁，等. 拥挤收费对城市道路资源配置公平性的影响研究[J]. 交通运输系统工程与信息，2008，8(1)：74-79.

[17] 李迪杰. 城市道路拥挤收费模型研究[D]. 西安：长安大学，2010.

[18] 李丽辉. 城市道路动态拥挤收费策略研究[D]. 北京：北京交通大学，2009.

[19] 李明博. 交通拥挤收费政策的系统动力学分析[J]. 铁道运输与经济，2006，28(5)：79-81.

[20] 盛玉奎. 从城市道路经济属性探讨交通拥挤收费[J]. 长沙理工大学学报(社会科学版)，2010，25(2)：16-20.

[21] 薛美根，程杰. 伦敦道路拥挤收费政策[J]. 城市交通，2007，5(6)：14-18.

[22] 颜燕，杨英姿. 伦敦交通拥挤收费的实施效果及相关思考[J]. 城市公用事业，2009，23(1)：12-14.

[23] 周湘霆. 基于 TDM 的城市中心区拥挤收费和停车收费对比研究[D]. 上海：同济大学，2008.

[24] 朱中彬. 外部性理论及其在运输经济学中的应用分析[M]. 北京：中国铁道出版社，2003.

[25] 晏克非. 交通需求管理理论与方法讲义[M]. 上海：同济大学，2001-2008.

[26] 姚红云. 城市交通拥挤收费研究[D]. 上海：同济大学，2005.

[27] 尹良龙. 道路收费的政策与理论研究[D]. 上海：同济大学，1993.

[28] Ferrari Paolo. Road pricing and network equilibrium [J]. Transportation Research Part B: Methodo-

logical, 1995, 29(5): 357-372.

[29] Masao Kuwahara. A theory and implications on dynamic marginal cost[J]. Transportation Research Part A, 2007,(41): 627-643.

[30] Yang H, Bell M G H. Traffic restraint, road pricing and network equilibrium[J]. Transportation Research Part B: Methodological, 1997, 31(4): 303-314.

[31] 萨缪尔森,诺德豪斯. 经济学[M]. 16 版. 纽约:麦格鲁-希尔公司,1998.

[32] Lipsey R G, Kelvin Lancaster. The General Theory of Second Best[J]. The Review of Economic Studies, 1956—1957, 24(1): 11-32.

[33] 晏克非,张国强,覃矞. 基于车辆动态导航的拥挤定价[J]. 交通运输工程学报,2001,(3):74-77.

第 8 章　城市停车收费机理及需求管理策略

国内外城市交通实践证明，停车收费是交通需求管理(TDM)的重要策略之一。停车收费在补偿交通拥挤的外部成本、削减交通量、缓解交通拥挤等方面的作用已经得到广泛的证实，并且相对于道路拥挤定价而言，停车收费具有可实施性强的特点。本章介绍城市停车收费的机理、基于供需导向的停车收费定价方法、停车泊位共享及其 TDM 策略。

8.1　停车收费概述

8.1.1　停车收费的目的和作用

1. 停车收费的目的

停车收费是指采用经济手段对进入某些停车区域(或停放点)的车辆收取停车费用，以增加车主的出行成本，达到调节交通需求和缓解交通拥挤的目的。在交通需求管理中，停车收费是在终点进行控制，属于静态需求管理中的重要方式之一。

不同的停车收费定价策略会产生有不同的影响，总结起来，政府对停车收费管理的目标主要有以下几个方面：

(1) 缓解高峰小时的交通拥挤；

(2) 通过提高停车的周转率来促进城市商业中心的泊位利用率；

(3) 增加停车经营收入来补偿停车设施建设的投资和停车管理费用；

(4) 改善城市环境及节约能源；

(5) 提高停车资源使用的公平性。

2. 停车收费对停车需求的影响

停车收费策略对于停车需求改变的影响主要取决于停车价格及停车需求的价格弹性。一般来说，停车收费对停车需求的影响包括以下几个方面：

(1) 停车需求的空间分布：不同的停车收费策略会引起停车需求在空间分布的变化，比如说从停车拥挤区域转向非拥挤区域。

(2) 停车需求的时间分布：指停车需求在一天时间内的重新分配，比如说将部分高峰小时的停车需求转化为非高峰小时停车需求。

(3) 出行方式的转变：指出行需求在不同出行方式(比如说步行、自行车、公共交通出行等)之间的重新分配，从而改变总的停车需求量。

3. 停车收费的经验启示

美国于 20 世纪 80 年代开始提出和推行停车需求管理，其停车政策也由“有求必供”转向强化管理、控制停车需求的阶段。美国在停车行为、收费政策等方面的理论研究也是较早而深入的，其中对停车定价方面的研究主要集中在停车收费 TDM 功能上，以下列出部分相关研究结果。

加拿大的 Feeney[1] 和美国的 Pratt[2] 对大量的问卷调查结果进行分析得出，即便是较为保守的停车收费也会对出行方式选择造成影响。研究表明，小汽车出行对停车收费的价格弹性在−0.1～−0.3 之间，并且与人口、地理位置、可供选择的出行方式及出行的特征相关，并指出，对上班出行者进行停车收费对减少高峰小时交通量效果明显。分析结果如表 8-1所示。

表 8-1　停车价格对出勤行为的影响　%

出行方式	加拿大研究结果			洛杉矶研究结果		
	之前	之后	改变量	之前	之后	改变量
单独驾车	35	28	−20	55	30	−27
合乘车	11	10	+9	13	45	+246
公共交通	42	49	+17	29	22	−24
其他	12	13	−8	3	3	0

ICF 组织的研究[3] 表明，当平均停车费用从 1.37 美元变化到 2.73 美元时，小汽车出行将减少 12%～21%，如果配合公共补贴和合乘车补贴，可以减少 19%～31%的小汽车出行。

Kuppam, Pendyala, Gollakoti 等人[4] 通过对小汽车出行者问卷调查表明，当对郊区停车每天收取 1～3 美元的停车费和 3～8 美元的停车费时，35%的受调查小汽车出行者表示会考虑选择其他的出行方式。另外，Comsis 公司研究表明[5]，对原来免费的停车设施进行收费(考虑全部成本)的话，对出行的方式会有很大的影响，研究结果如表 8-2 所示。

表 8-2　停车收费引起的车辆出行减少分析　%

收费区域	1 美元	2 美元	3 美元	4 美元
低密度区域	6.5	15.1	25.3	36.1
中密度区域	12.3	25.1	37.0	46.8
CBD 区域	17.5	31.8	42.6	50.0

Harvey, Deakin[6] 研究了不同地区最低的停车收费与职工出行行为的关系，研究结果表明，停车收费对以工作为目的的出行影响也是很大的，其模型的计算结果见表 8-3。另外，Apogee[7] 的研究预测了适当的停车收费能够减少工作出行 4.0%的总车公里数和非工作出行 4.2%的总车公里数。

美国的相关文献对提高停车收费和改善公交水平后城市交通结构变化的研究结果进行了对照研究，可以看出提高停车收费对交通结构的影响是存在的。该分析比照结果如表 8-4所示。

表 8-3　　　　　　　　　　　　雇员停车费的影响分析

地区	日停车费/美元	总车公里变化/%	总出行量变化/%	拥挤延误变化/%	总油耗量变化/%	空气污染指标/%	停车费收入/百万美元
Bay Area	1.00	−0.8	−0.9	−2.7	−1.0	−0.8	473
	3.00	−2.1	−2.4	−7.0	−2.4	−2.3	1 399
Sacramento	1.00	−1.0	−1.1	−2.5	−1.1	−1.1	142
	3.00	−2.6	−2.8	−6.5	−2.7	−2.8	419
San Diego	1.00	−0.9	−1.0	−2.5	−1.0	−0.9	271
	3.00	−2.4	−2.6	−7.0	−2.5	−2.5	800
South Coast	1.00	−0.9	−1.1	−2.9	−1.1	−1.0	1 408
	3.00	−2.5	−2.8	−8.5	−2.7	−2.6	4 151

表 8-4　　　　　　　　　美国停车收费对居民出行方式选择的影响

停车费用/(美元·月$^{-1}$)	城　区		郊　区	
	公交出行率	SOV 出行率	公交出行率	SOV 出行率
20	0.122	0.806	0.066	0.908
30	0.133	0.786	0.077	0.895
40	0.144	0.764	0.089	0.880
50	0.156	0.740	0.103	0.864
60	0.167	0.715	0.118	0.846
70	0.179	0.688	0.135	0.826
80	0.191	0.661	0.154	0.803
90	0.203	0.631	0.176	0.779
100	0.215	0.602	0.199	0.752

注：① SOV，Single Occupied Vehicle，为单一乘客使用的车辆。
② 资料来源：美国 Comsis Corporation。

在实践方面，停车收费作为交通需求管理策略得到广泛运用，如美国旧金山对城市中心区的商业停车交易征收 25%的税收来限制中心区停车设施的过度开发，每年这方面的财政收入将近 5 000 万美元，并将其中一部分用于发展公共交通；荷兰通过调整国家的停车政策来限制商业区和地方政府提供免费的停车服务，减少对小汽出行的停车补助以达到缓解城市交通和机动车的交通空气污染问题；芝加哥市将公共停车收费的价格提高 30%～120%，使其接近商业性停车场的价格之后，停车的需求量下降 35%，而且附近的商业区停车需求量也没有增加；Eugene 市将公共停车场的价格提高近一倍，其中将室外停车泊位的价格由 6 美元提高到 16 美元，而将车库内的泊位价格由 16 美元提高到 30 美元，之后停车需求量下降了 35%，其中近一半是改变了停车的地点，而另一半则改变出行方式[8, 9]。

美国交通政策研究院的研究表明[10]，停车收费结构会对出行行为产生多方面的影响。另外从长远来看，停车收费可以提高土地的利用效率和改善城市的出行结构。

8.1.2 停车收费与拥挤收费的对比分析

8.1.2.1 拥挤收费和停车收费对出行行为影响对比分析

1. 停车收费和拥挤收费的共同点

停车收费和拥挤收费对出行影响的共同点主要反映在出行需求量的控制、出行方式改变、出行时间分布改变、出行目的地改变及出行空间分布调整四个方面。

1）控制出行需求

出行需求不是固定不变的，而是随某些因素变动而变化，其中最重要的影响因素就是出行成本。每次出行选择过程，实际上也是一次出行成本与效益的博弈过程，只有当出行效益大于出行成本时，人们才会决定出行。实施拥挤收费或停车收费以后，会增加出行者的出行成本，他们会重新衡量出行成本和出行效益，当收费额度较高时，其中一部分人会放弃不必要的出行，使得进出收费区域的出行需求得到抑制。拥挤收费和停车收费对此的影响都是比较直接而且显著的。

2）改变出行方式

在交通拥挤路段或区域对时空消耗相对较大的交通方式实行拥挤收费，而不对其他出行方式收费，这就可以促使部分途经该路段或区域小汽车用户从自身成本效益出发，选择其他效用更大的出行方式；停车收费对于受费变化弹性最大的就是该地区停放小汽车用户，同样他们会考虑自身成本效益而选择其他效用大的出行方式。在实施拥挤收费和停车收费之后，作为主要收费对象的私人小汽车的流量一般都会下降，而在收费对象范围之外的出租车、公共交通、自行车、步行等出行方式所占比例都相应得到了提高，使整个城市的交通结构得到调整。

3）改变出行时间分布

一般城市交通在时间分布上呈现马鞍形状，即存在一个早高峰和一个晚高峰。早高峰通常出现在职工上班和学生上学时间，晚高峰则出现在职工下班和学生放学时间。通过相应的高峰时段收费措施，可以促使那些“弹性出行”需求避开高峰时间，利用平峰时间出行。通过分时段有差异收费的手段，达到“削峰填谷”的目的，使得交通流量在时间上的分布趋向平衡。

4）改变出行目的地，引导交通合理分布

对于城市最繁华、社会活动最集中的区域，拥挤收费或者停车收费的实施，等于在这个区域周边施加了一个出行成本的阻力罩，使得部分弹性出行者改变其出行路径或者出行目的地的选择，缓解拥挤路段的交通压力，促进交通流的合理分配，保证整个交通系统的均衡与可持续发展。对于上班及业务的出行者来说，拥挤收费和停车收费的实施会影响其出行方式的选择，然而对于购物、娱乐、休闲为目的的出行者来说，收费策略对其出行地点的选择就会产生一定的影响。

2. 停车收费和拥挤收费的不同特点

停车收费是从影响出行终点（目的地）选择上改变出行行为选择，拥挤收费是从影响出行时间、路径与方式选择上改变出行行为选择。多种类的出行者和多样化的出行目的决定了这两种收费策略在作用效果上各有偏重。停车收费和拥挤收费对出行行为影响的不同点主要表现在以下几个方面。

1）对过境交通产生的影响不同

道路拥挤收费直接抑制了一部分驶入拥挤路段或者区域的车辆出行需求，大量的过境交通用户将会衡量收费费率和时间成本的得失，从而被引导到经由周边交通压力小利用率低的道路上过境；停车收费政策处于出行终端实施的特点，其影响群体仅是在本区内有停车需求却没有自备车位的那一部分驾车者，对于有私人停车场和过境交通的用户，则几乎没有削弱影响。甚至当仅仅实行停车收费政策时，中心区的小汽车交通呈现一定幅度下降，但也可能会刺激更多的过境交通，在一定程度上反而削弱了停车收费政策对缓和道路交通拥挤的直接效果。

2）收费策略的生效速度不同

道路拥挤收费直接针对道路上行驶的车辆，因此一旦正式施行，其效果是立竿见影的。伦敦于2003年宣布对城市中心区实施交通拥挤收费，几乎在一夜之间就减少了30%的交通拥挤，虽然随着时间推移，拥挤水平有抬头趋势，但基本仍维持在较低水平。停车收费通过增加停车成本来抑制前往该区的机动车出行，通过控制路边停车提高道路的行车通畅度，但是对于计划停车者来说，除非在做出出行决策前就已知道他是否能在目的地获得停车位，否则就可能达不到削减交通量的效果，而且还有可能发生严重的停车位短缺，使得停车者四处寻找停车位，增加而不是减轻拥挤，只有在对该地区的停车状况有了普遍的熟悉之后，才能反映出停车收费的效果，存在一个时间过程。因此停车收费就不如拥挤收费策略见效快。

3）实施收费的难度不同

相对拥挤收费而言，实施停车收费所需投入的总成本低得多，技术设备少，可操作性强，难度小。

综上所述，拥挤收费和停车收费对出行行为的影响具有一定的相似性，都能起到抑制出行需求、改善交通结构、平衡出行时空分布等作用。通常而言，拥挤收费可以快速、有效地抑制过境交通，改善拥挤状况，而停车收费则实施难度低，且通过鼓励高密集停车设施的发展，有助于提高出行的可达性，减少人们的步行距离。因此，可以对拥挤收费和停车收费产生影响的程度和各种优点进行排序，如表8-5所示。

表8-5　拥挤收费和停车收费对出行行为的影响对比

产生影响	拥挤收费		停车收费	
	影响程度	评论	影响程度	评论
减少总的交通量	3	增加了小汽车出行途中费用	3	增加了小汽车出行终点费用
减少高峰时间的交通量	3	对于过境交通量和弹性出行者效果明显	3	对弹性出行者进行停车收费效果最明显
由高峰时间转向非高峰时间的交通量	3	通过控制收费时段和调节费率来实现	2	通过变化的停车费率来实现
由小汽车出行转向其他的出行方式	3	对于各类出行者效果明显	3	对于上班出行者效果明显
缓解拥挤的生效速度快	3	直接影响了小汽车的出行过程费用	2	终点费用增加与整个出行影响进行比较
增加合乘车出行	3	减少人均出行费用	3	减少人均出行费用
增加公共交通出行	3	改变个人出行方式	3	改变个人出行方式
增加自行车出行	2	受天气影响，浮动大	2	受天气影响，浮动大

续　表

产生影响	拥挤收费		停车收费	
	影响程度	评论	影响程度	评论
增加步行出行	2	受天气影响，浮动大	2	受天气影响，浮动大
减少货车交通量	1	高峰期通常限制货车进入，受影响小	1	对货车交通量的影响非常小
减少过境交通量	3	影响明显	−1	无影响，甚至可能增加过境交通量

注：表中数值越大，表示影响程度越大。

停车收费策略在国内外许多城市已成为交通需求管理的重要手段，虽然如与拥挤定价相比，停车收费管理在经济效率和补偿道路使用等外部成本方面效果偏弱，对于私有停车泊位的出行者和过境交通的用户影响有限。但由于停车收费政策已经在许多城市实施并深入民心，与拥挤定价相比，它除了具有技术上的优势，还更容易被社会所接受，具有政策优势。

8.1.2.2　停车收费与拥挤收费的实现技术对比分析

停车收费和拥挤收费的实现需要借助先进的技术措施，两者对比分析如下。

1. 停车收费技术的实现形式

1）停车场收费系统

停车场管理系统是指基于现代电子与信息技术，在停车区域的出入口处安装自动识别装置，通过非接触式卡或车牌识别来对出入此区域的车辆实施判断识别、准入/拒绝、引导、记录、收费、放行等智能管理。其目的是有效地控制车辆与人员的出入，记录所有详细资料并自动计算收费额度，实现对场内车辆与收费的安全管理。

停车场管理系统集感应式智能卡技术、计算机网络、视频监控、图像识别与处理及自动控制技术于一体，对停车场内的车辆进行全自动化管理，包括车辆身份判断、出入控制、车牌自动识别、车位检索、车位引导、会车提醒、图像显示、车型校对、时间计算、费用收取及核查、语音对讲、自动取（收）卡等系列科学、有效的操作。这些功能可以全部应用也可根据用户需要和现场实际灵活删减或增加，形成不同规模与级别的豪华型、标准型、节约型停车场管理系统和车辆管制系统。

2）咪表

咪表计时器（Parking meters）是一种常用的路边停车管理设备。每个咪表可以管理 2 个车位，明确停车的具体车位，消除了停车范围的模糊性；它采用投币、IC 卡或者手机付费方式，能够进行收费计时单位、收费时段、收费标准系统参数设置，明确了停车收费的标准和可以停放的时间；消除了人工管理的不确定性，还明显减少了人工管理的漏洞和舞弊行为，从而在世界范围内得到广泛应用。但是维护成本较高，需要咪表监管员定期巡检抄表，安装和管理复杂，安全保密性差，从我国尝试使用的 20 多个城市看，社会效益和经济效益一般。

3）停车诱导系统

停车诱导系统（Parking Guidance and Information System，PGIS），是以促进停车场及相邻道路的有效利用为目的，通过多种方式向驾驶员提供停车场的位置、泊位空置情况、路线、等待时间、收费标准以及相关道路交通状况等实时信息，引导驾驶员最有效地找到停车场的系统。它对于调节停车需求在时间和空间上分布的不均匀、提高停车设施使用率、减少由于寻找停车场而产生的道路交通量、减少为了停车而造成的等待时间、提高整个交通系统的效率、改善停车场的经营条件以及增加商业区域的经济活力等方面有着极其重要的作用。PGIS作为停车管理的辅助措施，提供各种停车收费信息是其主要功能之一。近年来，PGIS作为智能交通系统的组成部分，正日益受到人们的关注。

2. 拥挤收费技术的实现形式

近几年拥挤在技术的发展上，主要有区域通行证、收费亭、自动车牌识别、电子不停车收费和车辆定位技术等。

1）区域通行证系统（ALS）

区域通行证（Area License Scheme，ALS）方案的具体做法是，对于划定覆盖中心商业区的最拥挤区域作为交通控制区，必须出示购买的区域通行证才能进入。整个系统由入口处的交警监督执行，对于没有出入通行证的车辆，由交通警察人工记录牌照号码。车主在一定时间内（如两个星期）会接到法院的传票和罚款通知。

ALS方案在新加坡实施初期取得了显著的效果，其优点主要表现在：

（1）初期技术投入成本低，易于实施。

（2）公众接受度高。

但是在技术上也暴露出了一些不足：

（1）随着区域通行证方案不断修改，系统变得越来越复杂，仅通行证就有16种之多，人工收费变得越来越困难并且需要大量的人力来维护系统的运行。车主在购买通行证时容易产生混淆，而交警更难于辨认车主所购买的通行证是否有效。

（2）区域通行证方案最大的问题在于它并不能限制车辆进入控制区域的次数，因此也不能体现拥挤的边际成本。

2）电子收费系统（ETC）

电子收费系统（Electronic Toll Collection，ETC），又称为不停车收费系统，其工作原理是在每辆车挡风玻璃的右上角安装现金智能卡装置，车主可以提前将预交款存在卡上或者存入银行账户中，智能卡存款金额会显示在车内装置的液晶显示屏上，当余额不足时会自动警告。电子收费系统还包括收发器、收费匝口和计算机中央处理系统。当安装有车内装置的车辆通过第一个收费匝口时，匝口门架上的收发器通过微波识别车内装置和智能卡的存在，然后将标识信息送到计算机中央处理系统，计算机中央处理系统根据车型、道路的拥挤程度和出行的时间等因素来确定收费金额，然后控制收发器从智能卡中扣除费用或者通过计算机网从车主银行的专门账户上扣除费用。接下来第二个匝口门架上的收发器通过微波来检验费用的收取是否无误。如发现未安装车内装置或智能卡中现金不足，匝口门架上的抓拍系统会自动记录下牌照号码并传送到计算机中心处理系统。整个收费过程全部由计算机控制完成，无需人工介入，车辆通过收费站时无需停车或减速。新加坡的初步实施结果表明，ETC在控制交通流量方面取得了显著的效果，在ETC限制时间内进入控制区的机动车辆从16 000辆/日下降到13 000辆/日，出行速度提高到50～60 km/h。

ETC的最大优点是它采用计次收费，即车辆每次进入控制区都要交费（而区域通行证方案并不限定在运行时间内进入控制区的次数）。由于车辆每次进入控制区都会对拥挤产生影响，采用计次收费更能影响车辆的出行行为，准确反映出行的外部不经济。Yee, Menon [11]指出 ETC 能够使拥挤收费随着地点、时间和拥挤程度而变化，真正做到动态收费，使收费调节交通流量分布的效果更加显著。

与 ALS 相比，ETC 具有以下优点：

(1) 公平性。ETC 的收费标准取决于出行者的出行时间、道路的拥挤程度和区域，较好地体现了道路收费系统中动态收费的思想。

(2) 方便性。与 ALS 相比，无论是在费用收取、调节还是执法方面，ETC 都极大地方便了管理者和出行者，而且系统易于扩充。

(3) 可靠性。ETC 不再需要人工来收费和执法，大大减少了人为失误。车内装置固定在车内并且不能交换，这就杜绝了违法使用的可能性。

当然 ETC 也存在不足：

(1) 其系统建造成本和维护成本较高；

(2) 对于外来驶入车辆，需要安装临时装置来通过收费站点，这不利于当地经济的交流和旅游业的发展。

考虑到 ETC 的上述优点，新加坡政府在 1998 年 8 月将 ETC 扩充到了整个中心商业区、高速公路和交通拥挤的区域，从而全面替代了原来的 ALS。

3) 车牌识别技术

车牌识别技术是道路拥挤收费采用的另一项技术。广义上的车牌识别技术包括两种方式：一种是基于图像处理与光学字符识别(Optical Character Recognition, OCR)技术的车牌识别系统，这种系统需要在路侧安装固定的车牌识别摄像机，摄像头抓拍到车牌，然后进行图像处理读出车牌号，可以得到出行者的信息；另外一种车牌识别是采用电子车牌技术，电子车牌可以直接与路边设备进行通信。

基于 OCR 技术的车牌识别技术用于城市道路拥挤收费系统不需要安装任何车载设备，系统只是通过技术手段把进入限制区的车辆牌号记录下来，交费还需通过别的渠道。与采用基于车载电子标签的电子收费技术相比，其最大的优点是不需要车载单元，可以减少一大笔初期投资，但对车牌识别的准确度要求非常高，同时也同样涉及可能侵犯对驾车者出行隐私的问题。

伦敦的拥挤收费系统采用了车牌识别技术。

3. 技术可行性对比结论

归纳拥挤收费和停车收费的常用实施技术及其特点，如表 8-6 所示。

通过分析对比可以认为，道路拥挤收费在技术上比较值得采用的是电子收费技术(如新加坡的技术模式)，以及车辆识别技术(如伦敦的技术模式)。这两种技术最大的优点是可以实现不停车，以防止在交费点产生新的拥堵，降低道路运行效率。**实施拥挤收费，可采用上述两种技术相结合点的模式，即以电子收费技术作为正常收费模式，以自动车牌识别技术作为对违章、拒付费用的车辆的记录措施。**

停车收费的设备规模较小、容易实施，而且各种技术功能全面明确易于操作，停车场收费系统可以通过多种收费方式，灵活有效地控制车辆进出和收费；咪表可以加强路边停车管理。以上这两种设备在我国大城市已经得到较为广泛的应用，取得了一定的效果。停车诱导技术自身不能实现停车收费，且系统的初期投资和后期管理成本较高，但可以帮助驾驶员更有效地选择停车场，其带来的社会效益是不可否认的，并逐渐被公众认可。

表 8-6 常用拥挤收费和停车收费实施技术特点

特点	类型	设备成本	操作成本	优点	缺点	应用
拥挤收费技术	收费亭	高	高	收费点多，价格可调整	成本高，需停车，在收费点易造成拥堵	应用于桥、路或区域收费，不适合于拥挤管理
	通行证(ALS)	低	低	成本低，易于实施	定价调整受限，边际效应无法体现	区域定价，无限制的路桥收费
	车牌识别技术	高	较高	不停车，价格可调性好，支持付费的方式多	实施成本高，涉及用户隐私，需要通过其他途径付费	用于桥、高速公路和区域收费，可作为 ETC 的过渡
	电子收费技术(ETC)	高	中	不停车，价格可调性好，系统直接扣费，方便用户	实施成本高，涉及用户隐私，不利于外来车辆通行	用于桥、高速公路和区域收费
停车收费技术	磁卡作为时租卡和月租卡	中	低	设备自动发卡，电脑管理收费	需要停车刷卡，磁卡容易被复制，不安全	停车场收费系统
	接触式 IC 卡	中	低	电脑管理收费	IC 卡容易损坏，司机插卡很不方便	停车场收费系统
	纸票	低	高	设备成本低	收费员劳动强度大，日常耗材费用高	停车场收费系统
	感应式 IC 卡	较高	中	远距离感应，稳定可靠	设备成本相对较高	停车场收费系统
	咪表	中	中	明确路边停车位置，消除人工管理的漏洞	要求专人定期抄表，维护困难	路边停车点
	停车诱导系统	高	高	提前发布停车场实时信息，减少寻泊时间	仅作为停车收费的辅助技术，本身无法实现收费	路外停车场(库)的信息诱导

总体而言，拥挤收费虽然在技术的实现上并不存在很大问题，但是由于涉及个人隐私、差别收费、实施成本等问题，以及对社会经济发展的影响程度和公众的可接受程度尚存在不足，使其广泛应用还存在较大的局限性。实施停车收费投资成本低，技术难度低，可行性更大。

8.2 停车收费机理和出行行为分析

8.2.1 停车收费机理的图解分析

停车收费通过改变停车收费水平或结构(包括提高停车费率、路内外停车费率、地面地下停车费率等措施)，在交通拥挤的区域，根据对交通流量的控制对不同区域、时段实行不同的停车费率，从而调节停车需求在时间与空间上的分布，促进停车供需在时间与空间上的分布。

采用图 8-1 来分析理想条件下拥挤收费和停车收费的交通需求管理机理[12, 13]。其假设包括：① 每一个道路用户所占用的单位时空资源相等；② 拥挤在道路网上均匀分布，且拥挤造成的时间成本是唯一的外部成本；③ 所有停车泊位都由政府支配；④ 所有车辆都需要停车，且对应一车一位；⑤ 每辆车的停车时间是一样的。

1. 拥挤收费的作用机理

图 8-1 的象限 A 说明了拥挤收费边际成本定价的作用机理。图中的曲线 D 为用户出

行需求曲线，表示不同交通量下道路用户的支付意愿，也就是边际个人效益（MPB）。MPC 曲线表示道路用户的边际个人成本，主要为车辆运营成本和用户的行程时间费用（这里假定拥挤造成的时间成本是唯一的外部成本），则用户把他感受到的平均社会成本（ASC）当成其边际个人成本，所以 MPC 曲线常等同于 ASC 曲线。另外，MSC 曲线表示道路边际社会成本，而 TMSC 曲线表示边际社会成本和个人成本之和。

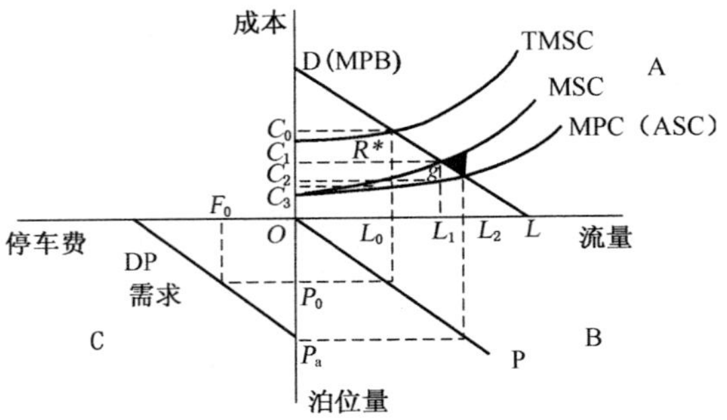

图 8-1　拥挤收费和停车收费的需求管理机理

随着交通量的增长，MPC 也将因拥挤而逐渐上升。如果政府对此不进行干预，则在需求曲线与 MPC 曲线的交点达到均衡，均衡交通量为 L_2。低于 L_2 的任何一个用户对出行的主观评价（支付意愿）都大于其所承担的费用（边际个人成本），最后一个用户的边际个人效益恰好等于其边际个人成本。

但从边际社会成本（MSC）曲线可以看到，超过 L_1（L_1 为 MSC 曲线与需求曲线交点的交通量）的所有用户产生的社会成本均超过其出行所获得的效益。这超过部分用图中涂黑部分的面积表示，代表了社会效益的损失。为取得社会效益的最大化，应使这部分社会效益损失为零，即要在（C_1，L_1）处达到均衡，必须向用户额外征收通行费 g，g 的大小（图中 $g = C_1 - C_2$）等于拥挤的边际外部成本，即用户对社会产生的成本与其承担的个人费用之差（也就是（C_1，L_1）处最后一个用户的边际社会成本与边际个人成本之差）。**g 即为通常所称的拥挤收费。L_1 即是通过采用拥挤收费的干预方式补偿了拥挤的外部成本后的最优交通流水平。**此时并没有完全消除拥挤，而是把拥挤限制在一定的水平下，这个拥挤水平称为最优拥挤。

进一步在道路用户的社会成本中增加考虑占用停车位的成本（假设所有的道路用户均要停车，且停放时间相等）。于是在 MSC 曲线上叠加停车的边际社会成本即可得到总的边际社会成本（TMSC）曲线。该曲线和需求曲线的交点，即为考虑了拥挤的外部成本和停车的社会成本后的新的均衡点，L_0 为均衡交通量（最优交通量），此时总的边际社会成本等于边际效益。

最优交通量 L_0 可以通过道路定价实现，即向道路用户征收通行费 R^*，R^* 的大小（图中 $R^* = C_0 - C_3$）等于拥挤的边际外部成本与停车的边际社会成本之和，它是补偿了这两项成本的最优道路收费价格。L_0 也可以通过直接对交通量施加某种数量限制来达到，如规定单双号牌照车辆隔日行驶。然而，对需求曲线作进一步分析就会发现，即使这种干预方式能实现 L_0，但并不一定就能实现社会最优结果。因为无法保证这样达到的 L_0 是最有效率的，即需求曲线上 0 到 L_0 之间具有最高效用（支付意愿最大）的那部分交通量。在最坏情况下，有可能恰恰是（$L_2 - L_0$）和 L_2 之间的那部分支付意愿最低的交通量，此时交通出行的社会成本大大超过了潜在效益，干预的效果还不如不干预。而且还可能导致用户多购汽车或选择（距离更长的）不同路线以避开干预方式执行区域等低效率的后果。所以，仅依靠数量限制把交通量削减到水平 L_0 的干预方式并不是最优的，会造成效率损失。

2. 停车位控制的作用机理

图 8-1 的象限 B，纵轴代表停车位占用，先假设每部车都对应有一个停车泊位，则交通

量和占用停车位数量的关系是 1∶1，这反映在象限 B 中停车位函数（P）与横轴成 45°夹角。由于已假设所有停车位都由政府支配，所以政府可以把停车位供应从 P_a 削减到 P_0，从而与最优交通量 L_0 一致。但这种干预方式存在两个缺陷：

（1）用户信息问题。这种干预方式获得成功的前提之一是用户拥有完全的停车信息，在做出出行决策前就已知道他是否能在目的地获得停车位，但要实现这一点较难。这样就可能达不到削减交通量的效果，而且还有可能发生严重的停车位短缺，从而由于用户四处寻找停车位增加而不是减轻拥挤。这种现象在国外一些实行停车控制政策的城市实际上已经出现。

（2）效率问题，不能保证 L_0 是效率最高的那部分交通量。所以，即使随着智能交通系统（ITS）的发展和在停车领域的应用，信息问题有可能克服，但由于效率问题的存在，决定了仅仅限制停车位供应这种干预方式也不是最优的。

3. 停车收费的作用机理

图 8-1 的象限 C，曲线 DP 表示停车需求。假设每辆车都要停车且对应一个停车位，则交通量和停车位数量关系为 1∶1，反映为象限 B 中的停车位函数 P 与横轴成 45°的夹角。严格地说，作为派生性需求，从停车本身派生不出直接的效用，因此 DP 曲线实际上表示用户的支付意愿减去其个人成本，是通过把象限 A 中 MPB 曲线和 MPC 曲线间的垂直距离经由象限 B 投影到象限 C 上得到的。象限 C 中横轴代表停车费 F（这里的停车费不是指停车费率，而是车辆停放时间的总费用）。对于一个给定的停车价格，根据停车曲线 DP 可以决定停车量，并由此经象限 B 中的停车位曲线 P 决定了交通量。在停车位免费供应（$F=0$）时，则占用的停车位数量是 P_a，对应的交通量是 L_2。收费停车（$F>0$）将导致停车需求量和交通需求量的下降。最优交通需求量 L_0 于是可通过令停车费等于 F_0 而达到。F_0 即为最优停车费，在没有进行道路定价的情况下，它等于考虑停车成本情况下的最优道路定价 R^*，因为 $F_0 = MPB^* - MPC^* = TMSC^* - MPC^* = R^*$，而且两者收费也相等，因为已经假设每辆车都要停车且对应有一个停车位，所以有 $F_0P_0 = R^*L_0$。两种收费方式的区别仅在于收费时间是在出行前、出行中还是出行后。

由以上分析可以看出，在实际情况下，停车收费则可以在一定程度上达到拥挤定价的目标，停车收费补偿了停车的社会成本和交通拥挤的外部成本，不但可以优化停车活动本身，还能够削减交通量，优化城市道路网上的拥挤水平。同时停车收费克服了仅仅限制停车位供应具有的两个缺陷。

（1）用户的信息要求宽松得多。停车费率水平提供了静态信息，而限制停车位供应需要有关停车位实际占用情况的动态信息。

（2）停车费率可以根据用户支付意愿的不同而有差别，这就克服了效率问题。从最有效率地补偿交通拥挤的外部成本的角度，停车费率还应随一天中不同的时间而变化，特别是根据拥挤成本的变化而变化。

8.2.2 基于停车收费的出行行为模型

停车收费是运用价格杠杆来缓解城市中心区的交通问题时应考虑的主要因素，费用变化对出行行为的影响大小是价格水平制定的一个基本依据。停车收费不但影响出行方式的选择，也还影响到出行的产生、出行的目的等行为选择。下文将从停车收费可能造成的影响出发，建立相关模型进行出行行为分析。

非集计模型可以描述每个交通参与者的交通出行行为，是停车收费模型的常用形式，其基本介绍请见第 2.5 节。停车费用对出行行为的影响包括了对是否出行、停车方式选择及出行目的地（对于拥挤收费来说为出行路径选择，对于停车收费来说为出行地点选择）的影响，因此在非集计模型中，出行行为的选择肢用树状图形表示，很显然这种选择肢形式适合运用巢式 Logit（Nest Logit，NL）模型来表达。

采用两层的 NL 模型来表示停车费用对出行方式的影响，设 i 是上层的选择肢，表示可供选择的出行方式集合：{$i=1$（公共交通），$i=2$（小汽车），$i=3$（自行车），$i=4$（步行）}。j 是下层的选择肢，表示可供选择的目的地：{$j=1, 2, \cdots, J$}，对于拥挤收费来说，j 为可供选择的道路；对于停车收费来说，j 为可供选择的地点。P_{jin} 是指 i 和 j 同时选择的概率，$P_{j/in}$ 是表示在上层选择的条件下，在下层选择 j 的概率；P_{in} 是在上层选择 i 的概率；$V_{j/in}$ 是在上层选择的情况下，在下层选择的确定效用；V_{in} 是在上层选择的效用的确定项。λ_1 和 λ_2 分别是只同下层有关的效用概率项的方差相对应的数。

为了保证模型满足效用最大化理论，λ_1 和 λ_2 应满足关系式 $1 \geqslant \dfrac{\lambda_1}{\lambda_2} > 1$（当 $\lambda_1 = \lambda_2$ 时，模型即为通常的多项 Logit 模型）。由以上假设则可以得到：

$$P_{jin} = P_{j/in} \cdot P_{in} = \frac{\exp(\lambda_1 V_{j/in})}{\sum_{j'} \exp(\lambda_1 V_{j'/in})} \cdot \frac{\exp\{\lambda_2 (V_{in} + V_{in}^*)\}}{\sum_{i'} \exp\{\lambda_2 (V_{i'n} + V_{in}^*)\}} \tag{8-1}$$

式中，$V_{in}^* = \dfrac{1}{\lambda_1} \ln \sum_j \exp(\lambda_1 V_{j/in})$，称为合成效用项。

由于该模型目的是研究不同收费对出行行为的影响，因此只有在上层选择了小汽车出行方式这一选择肢的情况下，拥挤收费或者停车收费（不考虑自行车停车收费）才会对出行目的地产生影响，因此，该处所要求解的是在上层选择方式 2（即小汽车出行）的情况下，选择不同出行目的地的概率，即：

$$P_{j2n} = P_{j/2n} \cdot P_{in} = \frac{\exp(\lambda_1 V_{j/2n})}{\sum_{j'} \exp(\lambda_1 V_{j'/2n})} \cdot \frac{\exp\{\lambda_2 (V_{2n} + V_{2n}^*)\}}{\sum_{i'} \exp\{\lambda_2 (V_{i'n} + V_{2n}^*)\}} \tag{8-2}$$

标定适用于此模型的新效用函数 $V_{in} = \sum_{k=1}^{24} \beta_k x_{kim}$，其中：

$$V_{i1} = \beta_1 + \beta_4 IVTT_1 + \beta_7 OVTT_1 + \beta_8 TC_t + \beta_{12} A_1 + \beta_{15} S_1 + \beta_{21} Y_1$$

$$\begin{aligned} V_{i2} = {} & \beta_2 + \beta_5 IVTT_2 + \beta_7 OVTT_2 + \beta_9 TC_a + \beta_{10} PC_a + \beta_{24} CC_a + \\ & \beta_{13} A_2 + \beta_{16} S_2 + \beta_{18} AUTO'' + \beta_{22} Y_2 \end{aligned}$$

$$V_{i3} = \beta_3 + \beta_6 IVTT_3 + \beta_7 OVTT_3 + \beta_{11} PC_b + \beta_{14} A_3 + \beta_{17} S_3 + \beta_{20} B + \beta_{23} Y_3$$

$$V_{in} = \beta_7 OVTT_4$$

式中，交通方式集合={$i=1$（公共交通），$i=2$（小汽车），$i=3$（自行车），$i=4$（步行）}；β_k（$k=1, 2, \cdots, 24$）是参数。交通方式的变量：$IVTT$ 为车内出行时间；$OVTT$ 为车外出行时间；TC_t 为公共交通出行费用；TC_a 为小汽车运营费用；PC_a 为小车停车费用；PC_b 为自行车停车费用；CC_a 为小车道路拥挤收费。个人社会经济特征变量：A 为年龄；S 为性别（男＝1，女＝2）；$AUTO'$为是否有私人小汽车（是 1，否 0）；$AUTO''$为是否拥有公车（政府或单位配车）；B 为是否有自行车（是 1，否 0）；Y 为个人收入。

当个人 n 在上层选择小汽车出行时：

(1) 若仅实行道路拥挤收费，则影响其出行目的地选择的因素可分为以下几种：车内出行时间；小汽车道路拥挤费用；目的地（路径）的特点。从而效用函数 $V_{j/2n}$ 可表达为

$$V_{j/2n} = \partial_{1j} + \partial_{2j} IVTT_j + \partial_3 CC_{aj} + \partial_4 D_j \tag{8-3}$$

(2) 若仅实行停车收费，则影响其出行目的地选择的因素可分为以下几种：车内出行时间；车外出行时间；小汽车停车费用；目的地（地点）的特点。从而效用函数 $V_{j/2n}$ 可表达为

$$V_{j/2n} = \partial_{1j} + \partial_{2j} IVTT_j + \partial_5 OVTT_j + \partial_6 PC_{aj} + \partial_7 D_{j'} \tag{8-4}$$

(3) 若同时实行道路拥挤收费和停车收费，则影响其出行目的地选择的因素可分为以下几种：车内出行时间；车外出行时间；小汽车道路拥挤费用；小汽车停车费用；目的地的特点。从而效用函数 $V_{j/2n}$ 可表达为

$$V_{j/2n} = \partial_{1j} + \partial_{2j} IVTT_j + \partial_5 OVTT_j + \partial_6 PC_{aj} + \partial_3 CC_{aj} + \partial_4 D_j + \partial_7 D_{j'} \tag{8-5}$$

式中，$\partial_h (h = 1, 2, \cdots, 7)$ 为待定参数；D_j 表示出行目的地（路径 j）的吸引度参数；$D_{j'}$ 表示出行目的地（地点 j'）的吸引度参数。

得到效用函数以后，就可计算小汽车在不同收费政策组合实行前后的出行概率，从而分析出行行为的受影响程度。

8.3 基于供需导向的停车收费定价方法

8.3.1 需求导向的停车收费定价分析

当出行者驾车到出行的目的地时，存在两个决策过程：一是选择停车地点；二是决定停车的时间。停车时间是停车服务多少的度量单位，这一因素对停车定价来说显得尤其重要。在现实情况下，停车者的停车时间可以分为两种情况：一是停车者的停车时间是固定的，即不会因为收费价格而改变停车时间，在这种情况下，停车者面对可供选择的停车地点时，只有两种可能：要么认为价格可以接受而选择它，要么认为价格过高而离开它，这种停车需求称为“固定式”停车需求。二是停车时间是可变的，或者说是弹性的，即指停车者会根据停车收费的价格结构以及费率的高低来调整其停车时间，这种停车需求为“可变式”停车需求。比如说，在计次收费的情况下，停车者可能根据其需求情况随意地延长停车时间，而在按小时收费的情况下，停车者会尽可能地缩短其停车时间，并且根据费率的多少来调节其停车时间的大小。对于可变停车需求的停车者来说，当他面对一个可供选择的停车地点时，将根据该停车设施的收费价格来决定其最优的停车时间或者是选择离开寻找下一个目标。在可变停车需求下，当价格上升时，可以会引起停车次数的变化（停车者会根据停车价格的变化而调整其停车需求量），但是总停车时间的需求是下降的。

为此，下面分别研究固定式停车需求和可变式停车需求下的停车收费定价模型，并主要基于以下几点假定：

(1) 假定对停车设施定价是在市场隔离情况下(相对独立)进行的，也就是说在对单个停车设施进行定价，不考虑其他停车设施价格的影响。

(2) 假设经营者实施不同收费价格下的停车者的时间分布函数是已知的，这种分布函数可以通过停车收费的计账单数据进行统计或问询调查得到。

(3) 基于上述停车需求的价格函数，可以求出停车者的消费者剩余、经营者的剩余(利润)和总的社会剩余(效用)，从而建立不同的目标函数下的最优收费价格模型。

8.3.1.1 固定停车需求下的停车收费定价模型

1. 固定停车者的行为分析

令 z 为表示区分停车者所属类型的参数，θ 为表示停车属性的参量。由于在固定停车需求的情况下，停车者的停车时间是固定不变的，因此每一个停车者都对应一个固定的停车时间，可以用停车时间 t 来表示停车者的类型，即 $t=\theta$。令 w 表示停车者的最大支付意愿，也称为接受停车服务所得到的效用，R 表示停车者支付的停车价格。从而停车时间为 t 的停车者的最大支付意愿为 $w(t)$，所支付的停车价格为 $R(t)$。

在固定需求的情况下，停车者选择停车设施时，只有当 $w(t)\geqslant R(t)$ 时，停车者将选择留下，否则停车者将离开寻找下一个目标。令 η 表示单个停车者的停车生成，则有：

$$\eta=\begin{cases}0 & R(t)>w(t)\\1 & R(t)\leqslant w(t)\end{cases}\tag{8-6}$$

以停车时间 t 来代表停车者的类型，那么当令 N_t 表示停车时间为 t 的停车者数量总和，即 t 类型的停车者数量。令其他条件不变，当停车价格结构由 $R(t)$ 变为 $R^*(t)$ 时，每种类型的停车者数量将相应变化(图 8-2)。当 $R(t)$ 连续变化时，每种类型的停车者数量也相应地变化。令 $\Omega(N,\ t)$ 表示对应于停车时间 t 的总需求曲线，则需求曲线可以由图 8-3 表示。

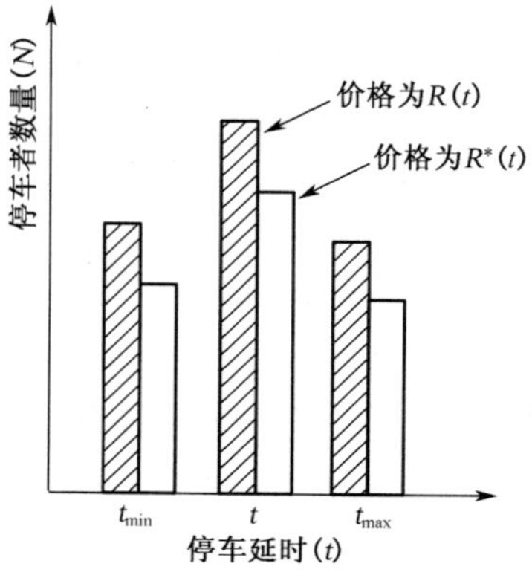

图 8-2 停车需求的价格弹性

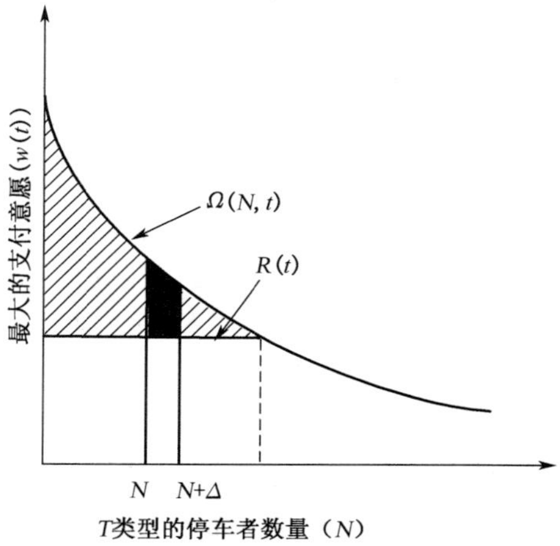

图 8-3 停车者的消费者剩余曲线

在图 8-3 中，曲线表示具有相同停车时间的停车者，但每一个停车者的支付意愿是不同的。在每一条曲线中，曲线的左上角的部分表示停车支付意愿高的停车者，而右下方的部分则表示停车支付意愿低的停车者。另外，从图中可以看出，需求函数 $\Omega(N,\ t)$对于价格变量 $R(t)$是连续的，即假设了 $\Omega(N,\ t)$对 $R(t)$是可导的。在固定需求的假设下，停车价格的变化不会使停车者在不同停车时间相互转化，从而所有停车时间的需求量 N 都是关于价格 $R(t)$递减的。

定义停车者所获得的消费者剩余是指停车者的最大支付意愿减去所支付的停车收费价格。为此，令停车时间为 t 的停车者所得到的消费者剩余总和为 $CS(t)$，则在给定的停车收费价格 $R(t)$下，停车时间为 t 的停车者所得到的消费者剩余总和(图 8-3 中的阴影部分)可表示为

$$CS = \int_{R(t)}^{\infty} \Omega^{-1}(P)\mathrm{d}p = \int_{0}^{\Omega^{-1}(T(t))} [\Omega(Y,\ t) - R(t)\mathrm{d}y] \tag{8-7}$$

由于假设停车者的收入影响不予考虑，总的消费者剩余为每个停车者的消费者剩余的和。因此，对应收费价格 $R(t)$总的消费者剩余为

$$CS(R(t)) = \sum_{t=t_{\min}}^{t_{\max}} CS(t) \tag{8-8}$$

式中，$t_{\max}$，$t_{\min}$分别表示所有停车时间中最大和最小的停车时间。

根据停车者的行为分析，停车者是以实现其消费者剩余的最大化作为停车选择行为的目标。在固定停车需求的条件下，停车者只对其停车地点进行选择。在给定的停车设施收费价格为 $R(T)$下，当停车者认为其停车的消费者剩余大于其支付的停车价格时，才会选择在该停车设施停车，为此，停车设施在停车价格为 $R(t)$时的总需求量 $N_{总}$可表示为

$$N_{总} = \sum_{t_{\min}}^{t_{\max}} \Omega^{-1}(R(t)) = \int_{t_{\min}}^{t_{\max}} \Omega^{-1}(R(t)) \tag{8-9}$$

2. 目标函数的建立

对于停车设施的经营者，其主要考虑的是停车经营的利润，是指总的停车收入减去其总的经营成本所得到的部分。而不同停车设施其经营成本是相差很大的，并且与很多因素有关，为了集中讨论所关心的问题，在该处假设停车设施的经营成本分为两部分：与停车需求量无关的固定成本 F_0；增加一个服务对象所增加的边际成本 $C'(y)$。对应收费价格 $R(t)$的停车经营者的收入为

$$I(R(t)) = \sum_{t=t_{\min}}^{t_{\max}} R(t)\Omega^{-1}(R(t)) = \int_{t_{\min}}^{t_{\max}} R(t)\Omega^{-1}(R(t))\mathrm{d}t \tag{8-10}$$

而经营总成本为两部分成本的总和：

$$C(N_{总}) = \int_{0}^{N_{总}} C'(y)\mathrm{d}y + F_0 \tag{8-11}$$

式中，$C'(y)$为经营的边际成本；F_0 为经营的固定成本。

经营者净利润为

$$SS(R(t)) = \int_{t_{\min}}^{t_{\max}} R(t)\Omega^{-1}(R(t))\mathrm{d}t - \int_0^N C'(y)\mathrm{d}y - F_0 \tag{8-12}$$

社会总效益可表示为

$$TS(R(t)) = CS(R(t)) + SS(R(t)) \tag{8-13}$$

建立定价目标函数：

$$\max.\ F(R(t)) = \alpha CS(R(t)) + (1-\alpha)SS(R(t)) \tag{8-14}$$

式中，$\alpha \in (0, 1)$ 为权重系数，当 $\alpha = 0$ 时，目标函数为经营者的利润。当停车设施的经营者式为私有企业时，其定价的目标为实现其经营利润的最大化，此时可令 $\alpha = 0$；当停车设施的拥有者为政府时，可根据不同的需要来确定可能权重系数，从而实现经营者效益和停车者效益加权和的最大化。

8.3.1.2 可变停车需求下的定价模型

1. 可变停车者的行为分析

对于许多出行目的，比如购物、娱乐、业务等，停车者的停车时间会根据停车收费的价格而在一定范围内进行调整。在这种情况下，对停车需求的分析显然不同于前面所述。根据前面的定义，令 z 表示停车类型；t 为停车时间，是停车者的决策变量；$w(t, z)$ 为 z 类型的停车者对停车时间 t 的最大支付意愿，也称为效用。令：

$$\begin{cases} w'(t, z) = \dfrac{\partial w(t, z)}{\partial t} & \text{当 } t \neq 0 \\ R'(t) = \dfrac{\partial R(t)}{\partial t} & \text{当 } t \geqslant t_{\max} \end{cases} \tag{8-15}$$

式中，$w'(t, z)$ 为停车时间 t 的边际效用，或者称为边际支付意愿；$R(t)$ 为停车时间为 t 的停车者的收费价格；$R'(t)$ 为停车时间 t 的边际价格。

由于对停车服务的需求是一种派生性的需求，为此当停车时间超过了停车者所需要的数量时，多停的时间对于停车者来说是没有什么意义的，或者说其效用很小。因此，对于 z 类型的停车者来说，其最大的支付意愿应该在一定的范围内，即 $[0, w_{\max}]$ 也就是说，可以令：

$$\begin{cases} w(t, z) = 0 & \text{当 } t = 0 \\ w(t, z) = w_{\max} & \text{当 } t \geqslant t_{\max} \end{cases} \tag{8-16}$$

图 8-4 给出在 $0 \leqslant t \leqslant t_{\max}$ 范围内的三条效用曲线（或称最大支付意愿曲线）。其中曲线(1)为严格上凸的效用曲线，即指边际效用为递减的，这种情况应该是最符合现实情况的。曲线(2)表示一种线性的效用函数，这种情况可以看作是凸效用曲线和凹效用曲线的一个特例，其表明边际支付意愿为常量。曲线(3)为严格下凹的效用曲线，其边际支付意愿为递增的，很显然这与现实情况是不太相符的。图 8-5 对应地描述了以上三种效用曲线所对应的边际效用曲线。

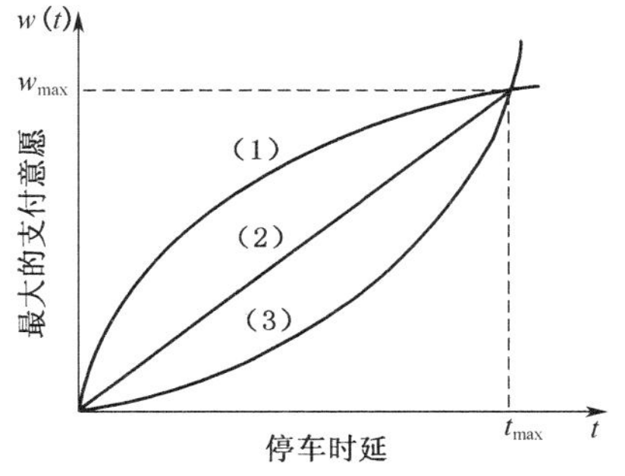

图 8-4　个人对停车服务的最大支付意愿

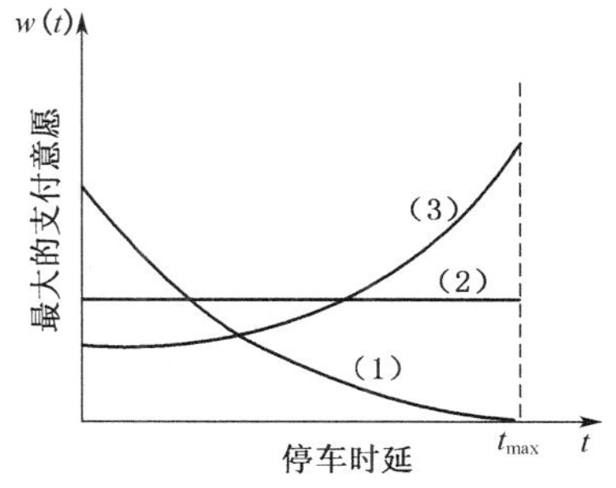

图 8-5　个人对停车服务的最大支付边际意愿

按上文定义，z 表示停车类型的比例参数，且 z 的值在(0, 1)范围内均匀分布。令 X 表示停车者的收入水平等级，即 $X = \{1, 2, \cdots, n\}$，$Q(X)$ 表示 X 的概率分布函数，即 $Q(x) = x/n$，令 $z = 1 - Q(x)$。为此可以看出，z 越小，其所代表的停车者收入水平越高，而其支付意愿也越高，即

$$\frac{\partial(t, z)}{\partial z} < 0 \tag{8-17}$$

按前文所述，面对一个给定的停车收费价格，停车者所做的决策为选择最优的停车时间以实现消费者剩余最大化，即

$$t^*(z) = \max_{t \geqslant 0}\{[w(t, z) - R(t); 0]\} \tag{8-18}$$

设 $w(t, z)$ 和 $R(t)$ 对 t 连续的，那么 t^* 必须满足：

$$\begin{aligned} w'(t^*, z) - R'(t^*) = 0 \quad 当\ t^* > 0 \\ w'(t^*, z) - R'(t^*) \leqslant 0 \quad 当\ t^* = 0 \end{aligned} \tag{8-19}$$

其中，图 8-6 表示 z 类停车者对停车时间 t 的边际支付意愿，图 8-7 表示不同类型停车者支付意愿分布。式(8-18)表明了同类型的停车者将选择相同的最优停车时间。停车者在选择最优停车时间过程中以其边际支付意愿是否大于边际停车价格为标准的，这种选择行为如图 8-7 所示。

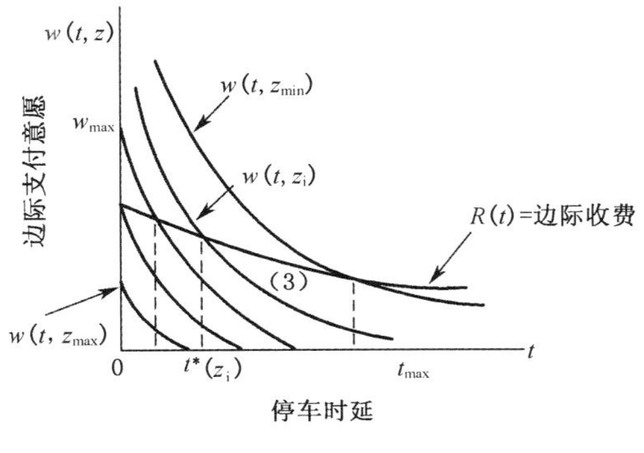

图 8-6　停车者理性选择行为分析

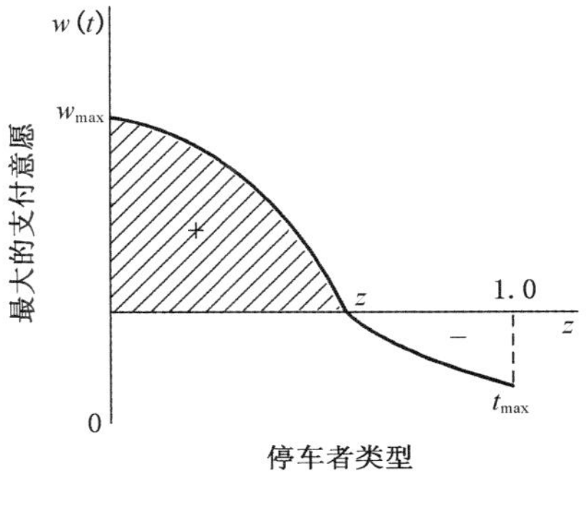

图 8-7　不同类型停车者支付意愿分布

对单个 z 类型停车者，其消费者剩余可表示为

$$CS = \int_0^{t^*(z)} [w(t, z) - R(t)]\mathrm{d}t \tag{8-20}$$

按前面所述，停车者的消费者剩余必须是非负的，即 $CS \geqslant 0$。从图 8-7 可以看出，在 $0 \leqslant z \leqslant Z$ 范围内的停车者，其消费者剩余为非负值，因此将选择该停车设施为停车地点，而 $Z < z \leqslant 1$ 范围内的停车者由于其消费者剩余为负值，所以选择离开(可能选择另一个停车设施或者变化其出行方式)。令总的停车者数量为 N，则有：

$$N = \sum_z N(R(t), z) \tag{8-21}$$

式中，$N(R(t); z) = \{j \mid w(t^*; j) \geqslant R(t^*) j \in z \mid\}$，由此可得所有的 z 类停车者总的消费者剩余为：

$$CS(z) = N(r(R), t)\int_0^{t^*(z)} [w(t, z) - R(t)]\mathrm{d}t \tag{8-22}$$

总的消费剩余为：

$$CS(R(t)) = \sum_z N(R(t), z)\int_0^{t^*(z)} [w'(t, z) - R'(t)]\mathrm{d}t \tag{8-23}$$

目标函数的建立：

与前面所述情况相同，经营者从停车者那里所收取的总经营收入为

$$I(R(t)) = \sum_z N(R(t), z) \cdot R(t) \tag{8-24}$$

总经营利润可以表示为：

$$SS(R(t)) = \sum_z N(R(t), z) \cdot R(t) - \int_0^N C'(y)\mathrm{d}y - F_0 \tag{8-25}$$

建立定价目标函数：

$$\max F(R(t)) = \alpha \cdot CS(R(t)) + (1-\alpha) SS(R(t)) \tag{8-26}$$

同理，可以通过实现目标函数最大化来求得最优定价结果 $R^*(t)$。

8.3.2 供给导向的停车收费定价分析

对于供给导向的停车收费定价，按照经济学原理和收费理论，大都采用“成本定价法”，包括边际成本定价和平均成本定价。

8.3.2.1 边际成本定价法

与拥挤收费计算分析相类似，这里的边际成本是指增加一个单位产出(泊位)所引起的总成本的增加量。公共停车服务的边际成本，也就是每增加一个单位(车位・小时)的公共停车服务所增加的成本。而边际成本定价，就是收费价格按边际成本来确定，实质上是一种最优化定价方法。

假设公共停车服务的需求曲线为 $f(Q)$，P 为公共停车收费价格，则 $P=f(Q)$。假如右

边用逆需求函数 $P(Q)$ 来表示，便成为 $P = P(Q)$。同时，设 C 为停车服务企业对停车服务支付的费用(或成本)，那么费用函数就可以用 $C = C(Q)$ 来表示。现在假定社会认为可以为公共停车服务支付的总额("社会总效益")为 SB，而社会为提供公共停车服务所需要的总费用("社会总成本")为 SC，则 $SB = \int P(Q)\mathrm{d}Q$，$SC = C(Q)$。经济学中称社会总效益与社会总成本之差为"社会福利"(用 W 来表示)，它是消费者剩余和生产(管理)者剩余的总和，那么

$$W = SB - SC = \int P(Q)\mathrm{d}Q - C(Q) \tag{8-27}$$

式(8-27)两边对 Q 求导，并令其等于零，那么

$$\frac{\mathrm{d}W}{\mathrm{d}Q} = P(Q) - C'(Q) = P - C'(Q) = 0$$

$$P = C'(Q) = MC \tag{8-28}$$

MC 是公共停车服务的边际社会成本(由于它在这里是与边际个人成本一致的，所以我们简单地把它称为边际成本)。也就是说，公共停车收费价格(P)与公共停车服务的边际成本(MC)一致，可以使社会福利(W)最大化。因此，公共停车收费价格按边际成本来确定，就能实现公共停车服务资源的最优配置，也就是实现所谓的帕累托最优状态。所以从规范的角度来看，边际成本定价法是最优的定价方法。**但公共停车服务行业的成本递减性很明显，资本(土地、建造和设备成本)的费用占了总支出成本的很大比例，可变成本(主要为经营成本)只占小部分。因此若按边际成本定价法制定公共停车收费价格，将会使公共停车服务企业出现严重亏损。**

8.3.2.2 平均成本定价法

设公共停车服务企业的总收入为 PQ，成本函数为 $C(Q)$，则收支平衡式为 $PQ - C(Q) = 0$。由于平均成本定价法是以收支平衡为条件使社会福利(W)实现最大化的，所以如果使用拉格朗日乘数 λ，那么使 W 最大化的目标函数就成为

$$W = SB - SC = \int P(Q)\mathrm{d}Q - C(Q) + \lambda[PQ - C(Q)] \tag{8-29}$$

式(8-29)两边对 Q 求导，并令其等于零，那么

$$\frac{\mathrm{d}W}{\mathrm{d}Q} = P - MC + \lambda\left(P + Q\frac{\mathrm{d}P}{\mathrm{d}Q} - MC\right) = 0 \tag{8-30}$$

上式两边同除以 P，就成为

$$\frac{P - MC}{P} = -\lambda\left(\frac{P - MC}{P} + \frac{Q}{P} \cdot \frac{\mathrm{d}P}{\mathrm{d}Q}\right)$$

$$\frac{P - MC}{P} = -\frac{\lambda}{1+\lambda} \cdot \frac{Q}{P} \cdot \frac{\mathrm{d}P}{\mathrm{d}Q} = \frac{\lambda}{1+\lambda} \cdot \frac{1}{\varepsilon} \tag{8-31}$$

在这里，$\varepsilon = -(P/Q) \cdot (\mathrm{d}Q/\mathrm{d}P)$，表示需求价格弹性的绝对值，设 $\lambda/(1+\lambda) = R$ 称为"拉姆塞(Ramsey)指数"，指的是对边际成本定价打的一定折扣或给予的一定加成的指数，

则可以得出如下式子：

$$P = \frac{MC}{1-\frac{R}{\varepsilon}} \tag{8-32}$$

这个 P 比前面的边际成本定价高，是按平均成本水平来确定收费（若在成本递增行业，平均成本定价则比边际成本定价低，是竞争均衡情况下的价格）。**平均成本价格属于完全无差别价格，接近于完全竞争，适应社会公正的原则，适用于公用事业、交通运输业等的定价。**

除了以上两种定价方式，还有一种"垄断性定价法"，是指在自然垄断部门，由垄断企业自行按照利润最大化目标定价，设利润为 Π，则 $\Pi = PQ - C(Q)$，那么

$$\frac{\mathrm{d}\Pi}{\mathrm{d}Q} = P + Q\frac{\mathrm{d}P}{\mathrm{d}Q} - C'(Q) = P\left(1-\frac{1}{\varepsilon}\right) - MC = 0 \tag{8-33}$$

8.3.2.3 基于停车需求管理的停车收费实用定价方法

根据以上基于供给的公共停车收费定价原理的分析，**鉴于公共停车设施"准公用物品"的属性和公共停车服务行业的成本递减性，公共停车收费适合采用平均成本定价法**，理论上的公共停车收费价格 $P = MC/(1-R/\varepsilon)$。以下根据平均成本定价法的原理，提出一种公共停车收费价格的实用性两阶段方法。

1. 阶段一：车位成本的计算

将公共停车设施全年总成本（包括总支出成本、合理报酬及社会成本）分摊到每一个停车泊位，即得"车位成本"，计算公式如下：

$$PSC = \frac{TC + RR + SC}{NSE} \tag{8-34}$$

式中，PSC 为车位成本，元/(车位・年)；RR 为合理报酬（$RR = TC \cdot \Phi$，Φ 为合理报酬率，取资金来源的加权平均利率，可以按投资年银行一年期企业贷款利率确定，香港取值为12%～15%）；SC 为停车所产生全年社会成本（包括废气、噪音污染及延滞成本，由于难以定量计算，实际计算中可不考虑）；NSE 为标准车（小型车）停车位当量，$NSE = N + E \cdot N'$，N 为标准车停车泊位数，N' 为大型车停车泊位数，E 为大型车折算为标准车的停车位当量（大型车停车位面积/标准停车位面积）；TC 为路外公共停车设施全年总支出成本，包括资本 C 的恢复费用 A（相当于折旧和利息）和经营成本 OC：

$$TC = A + OC \tag{8-35}$$

$$A = \frac{Ci(1+i)n}{(1+i)n-1} \tag{8-36}$$

其中，i 为银行贷款利率，这里简单地取投资年银行一年期企业贷款利率；n 为资本恢复期。

2. 阶段二：停车费率的计算

依据阶段一计算的车位成本，考虑停车需求的时间差异，得到高峰时段和非高峰时段的停车费率如下：

$$PSC = P_1 \cdot T_1 \cdot U_1 + P_2 \cdot T_2 \cdot U_2$$

$$P_1/P_2 = U_1/U_2 \tag{8-37}$$

式中，P_1，P_2 为高峰时段、非高峰时段标准车停车费率，元/(车位·小时)；T_1，T_2 为高峰时段、非高峰时段总营业时间，小时/年；U_1，U_2 为高峰时段、非高峰时段平均停车利用率。

按照定义，平均停车利用率＝(一天总停放车次数×平均停放时间)/(停车泊位数×一天营业时间)，但由于停车观测资料的缺乏，实际应用时该值一般都是由停车场经营资料估算，即根据营业收入倒推。

上面计算的 P_i 是标准车停车费率，大型车停车费率可表达为 $P'_i = P_i \cdot E\ (i = 1, 2)$。

8.4 停车泊位共享的交通需求管理策略

8.4.1 停车泊位共享的定义与内涵

8.4.1.1 停车泊位共享的定义

停车泊位共享，是指两种或两种以上用地性质的建筑物(如商场、办公楼、餐馆、居住、医院等)，利用其不同使用功能产生的停车需求在空间上和时间上的差异性和互补性，通过规划设计与管理的手段，对停车泊位进行优化整合，将有限的停车用地，服务于相邻的两个或多个用地与建筑的不同目的出行对停车泊位的需求，实现泊位空间的高效利用。

城市停车泊位共享机理，可用复合开发的 24 小时设计周期服务示意图(见第 2 章图 2-22)说明，当一天中存在不同停车需求差异且有条件共同使用停车空间的混合用地，即可采用共享式停车，共享式停车最大特点是提高了泊位使用效率。混合用地的高峰停车需求在一天、一周或一年不同季节的变化差异越明显，停车共享的效果越显著。共享停车下混合用地实际所需的总停车空间要比各类用地单独配置的停车空间累计量小得多。

对于共享式停车，在实际中已经得到普遍应用，如在综合性办公楼，同一个停车场既服务于里面的办公设施，又服务于餐饮等设施。在酒店、购物中心、娱乐中心等混合用地建筑物以及多用地模式下的街区等停车设施，都是共享式停车的典型[21]。

8.4.1.2 停车泊位共享的条件

停车泊位能否共享的关键，在于这一地点是否具备下述三个条件：

(1) 每个独立用地场所的停车需求随着时间(小时、周日甚至季节)不断变化，即停车需求在时间上分布存在差异性与互补性；

(2) 相关用地之间的关系(包括地理位置和功能配置等)，方便泊位使用者在同一行程内可步行光临多个目的地，即各类用地在空间上具有综合性、多样性、步行可达性等特点；

(3) 公共活动开发用地中，功能混合特征明确，餐饮和娱乐设施的所占面积超过一定比例(如超过总面积的 20%)时，应用共享式停车比较合适。

8.4.1.3 共享式停车的目的和意义

对停车泊位的供给并非越多越好。一方面，泊位建设越多，造价就越昂贵，且易吸引过量停车需求，增加周围道路负担，诱发交通拥堵等问题；另一方面，若泊位供应不足，容易导致车辆乱停乱放等现象，影响安全和道路畅通，也会导致地块的吸引力降低，对区域发展产生不利影响。

因此，从节约的角度来讲，共享停车的目的是：为建筑提供足够的停车空间的同时，最大限度地减少土地等社会资源的占用。而对共享式停车的研究也是为了寻求停车需求最切合实际的供给容量。

使用共享停车理念的多功能建筑将大大提高该地人口密度，也将进一步促进该区域步行交通设施的完善和发展。

实施共享式停车的重要意义还在于以下几个方面：

(1) 缓解停车供需矛盾：共享式停车能够利用各种性质用地停车需求的时间变化性，最大限度地利用现有的停车资源，平衡各停车场的泊位利用率，在很大程度上能够缓解停车矛盾。

(2) 科学实施需求管理：采用共享式停车能够真正把握区域停车供需之间的关系，能够大大减少用于停车设施建筑的用地和资金，为绿地与公共设施预留更多的空间，这对于城市的规划建设是非常重要的，尤其是在寸土寸金的中心城区。

(3) 营造良好社区环境：通过各类用地在停车场泊位的共享，能够创造一个开放的空间，增进了在居住和商业、娱乐、餐饮等不同功能区之间以及在较大城市区域内的交流和协调，吸引人们光顾相邻用地，有利于营造良好的社区氛围，同时也让人们一起去考虑怎么满足相互的需求。

以 2006 年杭州市六类用地停车调查数据为例[12]，比较不同用地条件下全天停车分布特征，可以发现，某几种用地的停车需求存在时间上的差异性和互补性。各类用地高峰时刻以及高峰停车需求量和停车率如表 8-7 所示。

表 8-7　　六类用地停车高峰情况

用地类型	居住	办公	商业	医院	餐饮	宾馆
高峰时刻	0:00—6:00	11:00—13:00	20:00—21:00	9:00—10:00	12:00—13:00	22:00—23:00
高峰时刻停车数量	19	94	100	162	30	134
高峰停车率/%	12.67	54.34	55.87	87.57	115.38	191.43

注：高峰停车率＝高峰停车数/泊位容量。

在单一用地开发情况下，要全部满足上述居住、办公、商业、医院、餐饮、宾馆六类用地工作日的高峰停车需求，共需 537 个停车泊位。然而，若能实现共享，这六种用地只需约 374 个泊位(图 8-9)，就能满足需求，可直接减少 30.61%的泊位供应量，达到节约城市用地和停车设施建设成本的目的。

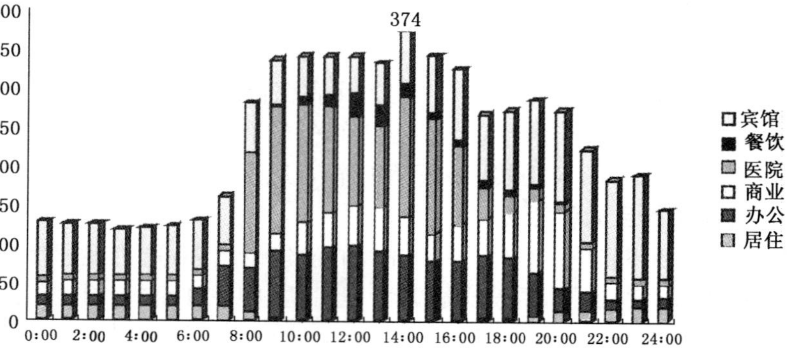

图 8-9　工作日各用地全天停车需求量累计分布

8.4.2 停车泊位共享的需求分析方法

8.4.2.1 共享停车需求分析方法

若混合开发地块有 n 种土地使用类型，实施共享停车需求量分析法的计算公式可表达为[13]

$$P_{SH,i} = P_i \times \theta_{T,i} \times \theta_{UM,i} \times \theta_{P,i} \quad (i = 1, 2, 3, \cdots, n)$$

$$P_{SH} = \sum_{i=1}^{n} P_{SH,i} \quad (i = 1, 2, 3, \cdots, n) \tag{8-38}$$

式中，P_{SH} 为混合用地区域现状年实行共享式停车下的停车需求；$P_{SH,i}$ 为共享式停车下第 i 种用地的停车需求；P_i 为单一用地下第 i 种用地的停车需求量，可用 $P_i = R_i \times L_i$ 来计算，其中 R_i 和 L_i 分别表示现状年该用地建筑面积和停车产生率；$\theta_{T,i}$ 为单一用地下，第 i 种用地的停车时间变化系数；$\theta_{UM,i}$ 为第 i 种用地的非垄断调节系数；$\theta_{P,i}$ 为第 i 种用地的出行方式调节比率。

8.4.2.2 相关参数说明

1. 时间变化系数 θ_T

各种用地的停车需求存在时间变化性，并且时间变化系数呈现交错式上升或下降，这是实现共享式停车的前提条件之一。确定时间变化系数需要通过常年的观测和积累，并统计其中的变化规律，以确定具体取值。

停车共享时间变化系数 θ_T，主要包括月份变化系数 δ_m、高峰时段变化系数 δ_h，特殊情况下还需要考虑周变化系数 δ_w 和季节变化系数 δ_s。它们表示某类用地单独开发使用时，此时间与高峰时间的停车需求量的比值。

2. 非垄断调节系数 θ_{UM}

“垄断顾客”是指那些已经驾车到达当地，并极有可能被吸引到附近其他地方连续发生旅程的顾客。如一家人同去看电影，之后一同在该地用餐，这是连续发生的旅程，此时的停车为固定性需求，停车时间是电影时间和就餐时间之和，总停车需求没有减少；而如果只有父母共进晚餐，孩子则到影院看电影，两种出行行为同时进行，此时的停车可算作餐厅停车，影院的停车需求由此减少了。又比如综合大楼内的办公职员，在午休时间光顾大楼咖啡店或商场，这并不会增加咖啡店或商场的停车需求，因为他们的车停在自己单位的泊位上，已经被算作办公停车需求了。这种在同一时间发生的两种不同目的行程的“垄断顾客”的比例，将直接影响该地区的停车需求。

非垄断系数 θ_{UM} 是指到本用地所有的驾车出行旅次减去其中的垄断出行旅次所剩余的比例，表示该用地与其他用地之间的共享程度。θ_{UM} 的确定往往需要详细的市场调研和顾客活动信息，以确定研究范围内各类用地性质的关联性。如调研发现某混合地块中，餐饮的顾客有 10%是本地职员，那么它的非垄断比率应取 90%。θ_{UM} 值越大，该地区固定停车需求越大，与其他用地共享程度越差。在工作日的白天，非垄断比率的取值范围可能在 0%～100%之间。非垄断比率的标定关键问题在于确认某一目的地究竟有多少用户已经在另一用地停车了，其次要注意连续发生旅次和同时发生旅次的影响。

3. 出行方式调节系数 θ_P

也称模态调节，主要反映人们选择驾车出行比率和每辆车上合乘的情况。由于实行了共享式停车以及周边公共交通的便利，可能会使部分原本可驾车出行的人，采用其他交通方式或合乘方式从而减少了停车需求，即出行方式结构对停车需求的调节。θ_P 值越大，表示出行方式调节的程度越小。

现实生活中出行方式调节值比较难确定，需求对人们的出行方式比率和每辆车上的人数进行调查分析。比如，若要确定混合用地中某类用地的 θ_P 值，现在已知混合用地职工平均自驾车出行比率是 90%，平均每辆车乘坐 1.5 人，而该类用地职工的自驾车出行比例为 98%，平均每辆车乘坐 1.2 人，则此类用地的出行方式调节系数 θ_P 值为(90%/1.5)/(98%/1.2)=0.73。

4. 停车生成率取值

停车生成率的取值，旨在反映观察日某一类型用地单指标高峰时段的停车量，这里的用地指标并不只简单地考虑用地面积，其经营性质也是重要因素之一。了解每个单位在每天和每月中的泊位高峰时段、分析出高峰停车的原因是决定高峰时段停车数的关键。若各类用地全年停车调查数据较为详尽，将高峰时段停车数量的 85% 作停车产生率的标准；若调查数据较少，可直接用观测日高峰时段停车量来确定产生率的取值。

8.4.2.3 共享停车需求预测分析步骤

进行混合用地共享停车泊位需求分析的步骤如图 8-10 所示。

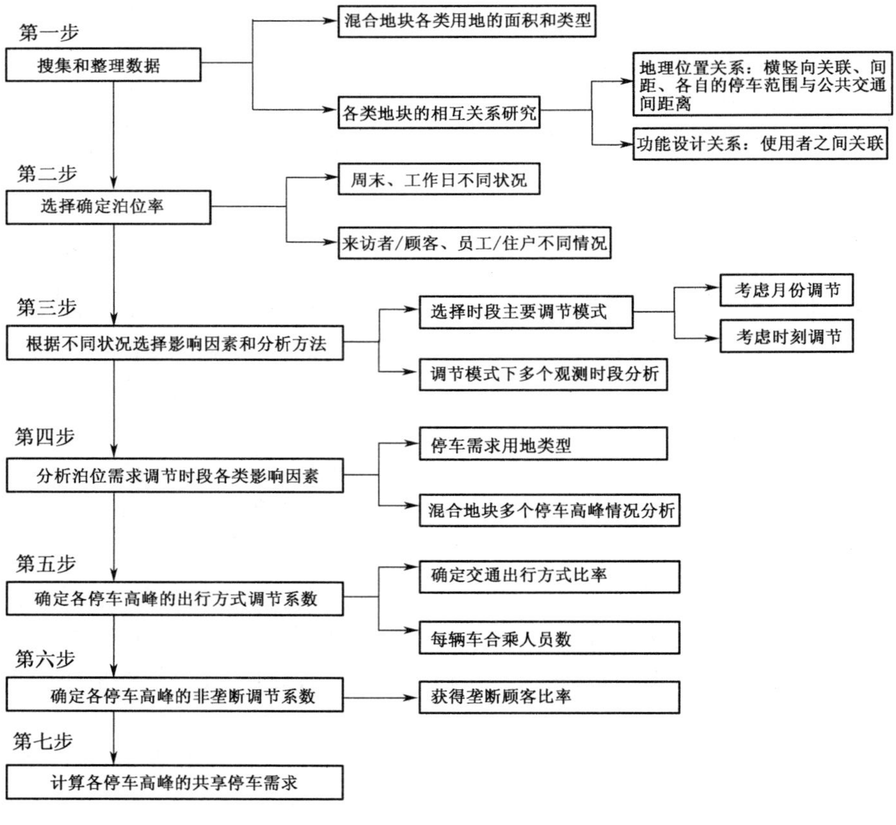

图 8-10 共享停车需求分析方法步骤流程

对于已建成的混合地块、实施共享停车规划只是为了改变区域内停车管理模式的情况，在进行共享停车需求预测后，可将预测结果与实际观测结果进行对比检验，如果预测值与实际值偏差不大，则预测系数较为合理，若结果偏差较大，需返回图 8-10 中第三步，再对共享调节系数进行检验修正，使结果反映停车需求和管理的要求。

对于待规划的未开发地块，实施共享停车主要依靠规划人员专业知识、经验和智慧(判断力)，确定合理的共享参数，从而预测未来共享模式下的停车需求。

经检验修正后的停车共享调节系数可供规划项目类似的地点共享调节参考使用。

8.4.2.4 停车泊位共享需求案例分析[14]

上海徐家汇是上海知名的副中心地区，具有明显的混合用地功能集聚区特征，进行停车泊位共享需求分析具有很好的代表性。本案例的研究范围由肇嘉浜路、衡山路、华山路、虹桥路与漕溪北路组成，另有天钥桥路、恭城路和天平路等道路，区域平均建筑容量为 220 万 m^2/km^2，主要建筑和停车需求点包括建汇大厦、港汇广场、汇嘉大厦、汇金百货、东方商厦、宏基休闲广场、美罗城等，如图 8-11 所示。

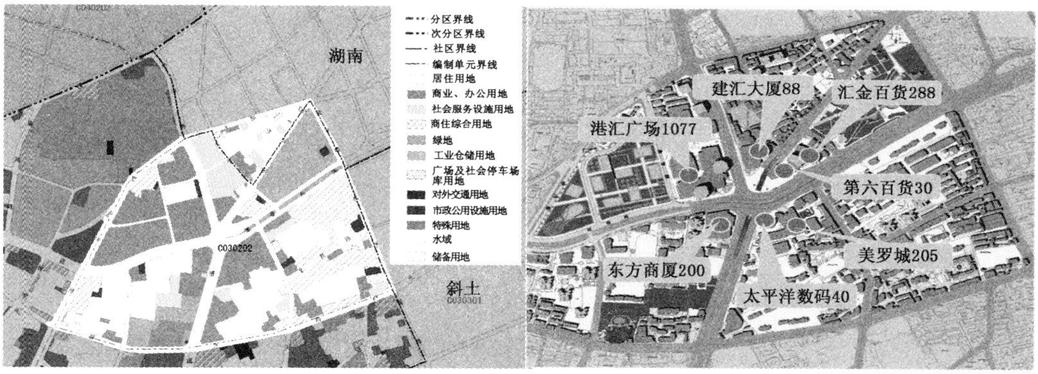

图 8-11 徐家汇片区土地利用和主要建筑物分布示意图

在调查与分析研究范围内主要用地类型和停车需求的基础上，将主要建筑物分为居住、商业、餐饮和文娱四类用地，它们是该区停车需求的产生源。从地块规划资料中统计出不同的用地性质对应的建筑面积，如表 8-8 所示。

表 8-8 徐家汇集聚区规划年各类用地指标量(2010 年)

用地性质类别		建汇大厦	港汇广场	恭城路	汇嘉大厦	汇金百货	东方商厦	宏基广场	美罗城	总计
居住 (户、100 m^2)	户数	145	230	50	0	0	0	0	310	**735**
	建筑面积	150	500	6	0	0	0	0	120	776
商业 (100 m^2)	购物商场	250	3 000	4	100	350	210	100	230	**4 244**
	商务办公	200	0	0	70	0	0	0	150	**420**
餐饮 (100 m^2)	高档餐饮	0	100	0	0	75	50	150	120	**495**
	一般餐饮	—	—	—	—	—	—	—	—	—
文化娱乐 (100 m^2)	学校	—	—	—	—	—	—	—	—	—
	娱乐场所	0	500	0	80	25	40	150	180	**975**
建筑面积总计(100 m^2)		600	4 100	10	250	450	300	400	800	6 910

运用本节提出的共享停车需求预测方法，在确定相关参数的基础上，将不同用地性质的建筑面积乘上不同用地性质所对应的一天中各个时刻的停车产生率，可得到如表 8-9 所示的不同用地一天中各个时刻的停车需求量，对每一时刻四类不同用地的停车需求量求和，可得到 2010 年核心(集聚)区一天中各个时刻的共同停车需求量。

表 8-9　　徐家汇集聚区规划年各类用地停车量及停车产生率(2010 年)

用地性质		居住		商务办公		餐饮		文娱场所	
户数和建筑面积		735(户)		4 664(100 m²)		495(100 m²)		975(100 m²)	
停车产生率		产生率	产生量	产生率	产生量	产生率	产生量	产生率	产生量
集聚区全天18小时停车需求变化	6:00	0.31	228	0.04	187	0.13	64	0.07	68
	7:00	0.27	198	0.05	233	0.16	79	0.11	107
	8:00	0.23	169	0.1	466	0.23	114	0.18	176
	9:00	0.17	125	0.17	793	0.27	134	0.24	234
	10:00	0.19	140	0.23	1 073	0.4	198	0.3	293
	11:00	0.16	118	0.33	1 539	0.52	257	0.38	371
	12:00	0.17	125	0.42	1 959	0.66	327	0.48	468
	13:00	0.18	132	0.47	2 192	0.7	347	0.58	566
	14:00	0.15	110	0.47	2 192	0.71	351	0.57	556
	15:00	0.12	88	0.44	2 052	0.74	366	0.54	527
	16:00	0.21	154	0.44	2 052	0.66	327	0.48	468
	17:00	0.25	184	0.48	2 239	0.76	376	0.57	556
	18:00	**0.21**	**154**	**0.5**	**2 332**	**0.97**	**480**	**0.69**	**673**
	19:00	0.24	176	0.47	2 192	0.96	475	0.66	644
	20:00	0.24	176	0.45	2 099	0.83	411	0.54	527
	21:00	0.22	162	0.39	1 819	0.68	337	0.49	478
	22:00	0.31	228	0.31	1 446	0.57	282	0.38	371
	23:00	0.28	206	0.23	1 073	0.51	252	0.34	332
	24:00	0.29	213	0.14	653	0.28	139	0.19	185

表 8-9 和图 8-12 表明，由于研究区域内餐饮与商务办公、文娱与商务办公的停车需求高峰出现在不同时刻，采用共享停车需求预测方法得到的最大停车泊位需求量为 3 639 个，停车峰值时刻出现在 18:00。而如果不考虑停车时刻差异，按传统的基于停车产生率模型预测得到的停车泊位需求量将达到 4 372 个。因此，采用共享停车可减少泊位 733 个，达到节约城市用地和交通建设成本的目的。

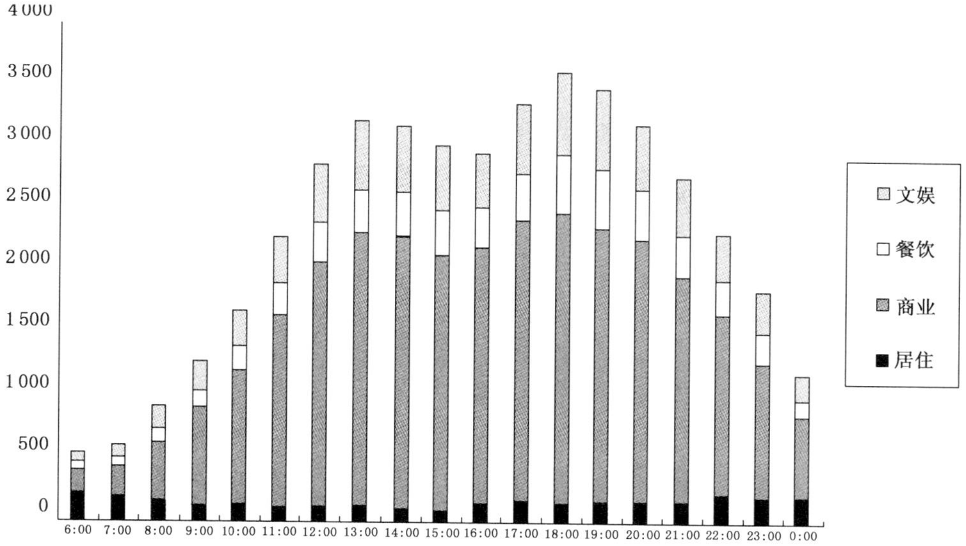

图 8-12　徐家汇集聚区各类用地共同停车需求量随时间变化图(2010 年)

8.4.3　共享停车的交通需求管理方法

8.4.3.1　泊位共享协议

所谓泊位共享协议,是指泊位提供者与泊位使用者,或者使用者与使用者之间互相签订的承诺实施共享计划的合同。用户根据自己的停车需求特点选择共用停车场或者停车泊位的使用时间,并对同一个停车场或停车泊位使用负责,这样的“约法三章”可以确保泊位“有序共享”,可以避免的停车资源闲置浪费,最大程度提高停车设施的利用效率[16]。

1. 协议内容

一般地,泊位共享协议可包含泊位共享时间、设施维修、税费分担、协议承诺、监督管理等方面,具体情况须与实际结合。

2. 泊位共享方案

一般而言,泊位共享有两种方案,即时间共享方案和空间共享方案。

1) 错时共享方案

是对于两个或两个以上的相邻的停车场使用者来说,如果在每个星期或者每天,每个停车场使用者的停车需求发生在不同的时间段上,那么,通过泊位共享使得停车场的泊位需求量就有可能得到削减。

根据相关文献调查分析结果[13],以下用地具有较强的时间共享性:

(1) 日需求方面:办公与居住;旅馆与娱乐;零售与娱乐;办公与宾馆。

(2) 季需求方面:学校与假期培训;需求高峰不同的季节性消费场所。

另外,餐饮用地与办公用地的停车互补性很强,上班时间办公用地的大量小汽车在晚餐时流动到餐馆门前;大的写字楼周边的午餐供应商也有很好的生意,这也一定程度上削减了中午的餐饮用地停车需求。

2）空间共享方案

是每个建筑物事先签订泊位共享协议，根据自己的停车特点选择共用停车场使用时间，负责轮流经营管理同一个停车场。

自备车位与道路资源的共享。在住宅区附近，可以根据实际情况，利用夜间车辆较少的道路作为夜间小区停车场。如白天道路交通流量较大但夜晚车流量较的道路，可以实行路边限时停车，如规定某一路段只能在 18:00 至次日 7:00 之间可供小区车辆使用。

8.4.3.2 共享式停车的收费管理

使用收费制度管理共享停车的原因有以下几点：① 为了回笼停车场修建成本和停车服务费用；② 管理运作停车场的费用；③ 交通需求管理的要求。

不论出于何种考虑，在实施共享停车的地块都很有必要引入停车收费制度，进行停车管理，同时需要制定相应政策条例、采用合理的收费方式来使付费生效和实施。

1. 共享泊位的收费对象

共享停车泊位的收费对象通常包括顾客和员工两类。

1）顾客停车收费

向顾客收取停车费用的优缺点见表 8-10。

表 8-10　向顾客收取停车费用优缺点比较

向顾客	收取停车费用	免收停车费用
优点	有效减少顾客交通拥堵	招揽客源、增加商业区吸引力
缺点	减少地区商业区营业额度	引起停车需求增加，交通堵塞

可见，停车费收取与否及费率高低对地区商业存在较大的影响。这就要求在实施共享停车的区域，应谨慎决定停车价格。

当然，向顾客收取停车费的优缺点有时不会那么明显，比如顾客需要特殊商品或享受特有服务时，对收费与否及收费高低不会那么在意；反之，如果商品和服务可取代性很强，免收停车费对顾客的吸引力也不会很大。

2）员工停车收费

向员工收取停车费用的优点在于，可以有效地实施停车需求管理。因为若周边公交设施较为便利，可达性好，通过权衡开车成本，员工会更容易选择其他的交通出行方式，从而减少单位停车需求量，实现需求管理。

2. 共享式停车场的收费管理方式

（1）免费、不加控制的管理方式。采用此种管理方式的停车场所，对前来停放的车辆不收取任何停车费用，但前提是该处停车泊位充足，且与其他地点步行距离较短。这种情况容易吸引停车需求，增加周边路网的交通压力，引起交通拥堵和不畅。

（2）按时间计费。按时间计费可以有效避免因免费停车吸引周边其他用地停车需求的弊端，针对不同用地类型制定不同的收费时间段，也属于停车需求管理的一种收费方式。比如大型超市可以在前 2～3 个小时内收取低廉停车费，以方便购物顾客，而在此后的时间段累计收取停车费用，以遏制周边非购物人群长期占用车位现象。对于影剧院可针对观众的活动确定收费时间段，一般前 3～4 个小时收费标准低。

（3）收取固定费用。这在非盈利性的建筑设施停车场较为常见，对凡进入该建筑的车辆不论停车长短按同一标准收取停车费用，这种停车收费模式比按时间收费收效显著，能够极大降低成本支出，也有效控制了泊位的需求量。

3. 基于共享机制下的停车收费模型

根据前文对停车泊位共享的阐述，其主要目的是为了节约停车空间，提高停车场所利用率、周转率。对于泊位容量比较充足（一般配比为 1∶1.15）的单个停车设施，一般不考虑其泊位的不足问题。而泊位共享机制不同，泊位的总容量相对于各类用地总需求规模是不足的，在时刻 t 时可能出现无空泊位。泊位共享制下其服务对象为周边各类用地停车需求者，即停车用户的出行目的是多样的，可视为弹性出行，且是用户类型多样化（支付意愿高低不一）。这样看来，共享机制下的停车收费，是在考虑停车场泊位容量的限制下对不同类型用户收费。

对于弹性用户来说，当收费大到一定程度时，停车用户将放弃开车出行。因此，对于弹性用户的停车收费设计时，既要考虑各类用地的停车需求，还要考虑泊位的供应。双层规划模型是近年来应用比较广泛的一种规划模型，适用于具有递阶结构的系统，强调的是整体最优。第 3.6.4 节应用双层规划模型构建复合交通系统容量评估模型，第 4.4.2 节以双层规划模型描述土地利用与交通的互动规划，同样地，对于泊位共享机制下的停车收费也可以采用双层规划方法来处理。基于停车共享的停车收费双层规划模型的上层以停车场所的总社会效益最大（即停车用户和经营者的总剩余最大）为目标，下层以停车用户费用最小为目标，即不同类型用户选择停车费用最小的停车时间。

设停车用户的起始停车时间为 $r \in A \subset [0, 24]$，终止停车时间为 $s \in A \subset [0, 24]$，则各停车时间对 $rs \in w$ 间的停车数量 d_{rs} 是停车时间 μ_r 的函数：

$$d_{rs}^{m} = \Omega_{rs}^{m}(\mu_r^{m}) \tag{8-39}$$

式中，μ_r 为起始停车时间为 r 的最小停车时间；$\Omega_{rs}(\cdot)$ 为停车时间对 rs 间的停车需求函数，一般与用地类型 m 有关。

则具体模型如下：

上层规划模型：

$$\max Z_1 = \sum_{m}\left\{\int_{0}^{d_w^m} \Omega_w^{m-1}(\omega)\mathrm{d}\omega - \sum_{r\in A} t_r^m(R)\cdot d_r^m(R)\right\} \tag{8-40}$$

式中，t_r^m 为起始停车时间为 r 的第 m 类用地停车需求用户的停车时间，$0 \leqslant t_r^m \leqslant 24$；$R$ 是停车收费费率，$R^{\min} \leqslant R \leqslant R^{\max}$，$R^{\min}$，$R^{\max}$ 是所收费率的上下限；d_r^m 为 r 时开始停车的第 m 类用地用户的需求数，由下层规划停车用户费用最小模型求得。

下层规划模型：

$$\min Z_2 = \sum_{m}\int_{0}^{d_r^m} t_r^m(\omega, R)\mathrm{d}\omega \tag{8-41}$$

其中：

$$\sum_{r\in A_w} d_{rs}^{m} = d^m,\ m = 1, 2, \cdots, M \tag{8-42}$$

$$\sum_{m} d_{rs}^{m} = d_r,\ r \in A \tag{8-43}$$

$$d_s^m = \sum_{r} d_{rs}^{m} \delta_{rs}^{m},\ s \in A \quad m = 1, 2, \cdots, M \tag{8-44}$$

$$\sum_{m} d_s^m \leqslant P_{\text{shard}} \tag{8-45}$$

$$d_{rs}^{m} \geqslant 0,\ m = 1, 2, \cdots, M;\ \forall r, s \tag{8-46}$$

显然,上述下层规划模型表示一个凸规划最小化问题,它的最优解满足如下 Kuhn-Tucker 条件:

$$t_{rs}^{m} - \mu_r^m \geqslant 0,\ \text{if } d_{rs}^{m} = 0, \quad r, s \in A, m = 1, 2, \cdots, M \tag{8-47}$$

$$t_{rs}^{m} - \mu_r^m = 0,\ \text{if } d_{rs}^{m} > 0, \quad r, s \in A, m = 1, 2, \cdots, M \tag{8-48}$$

$$d_{rs}^{m} = \Omega_{rs}^{m}(\mu_r^m), \quad r, s \in A, m = 1, 2, \cdots, M \tag{8-49}$$

其中:

$$t_{rs}^{m} = \sum_{s} t_r^m(R) \delta_{rs}^{m}, \quad r, s \in A, m = 1, 2, \cdots, M \tag{8-50}$$

双层规划模型的求解步骤可参见 3.6.4 节关于复合交通系统容量评估模型的求解过程。

8.4.3.3 构建停车诱导系统

共享式停车实现的重要环节之一就是构建区域性停车诱导系统(PGIS)。实施共享停车的多功能建筑规模越大,用地类型越综合,停车诱导系统的构建越重要,对其要求也越严格。

1. 停车诱导系统与共享停车的意义

通过发布及时的停车泊位信息给驾驶员提供方便快捷的停车服务,实现疏导停车需求,提高道路交通和共享停车场的服务水平,缓解因停车巡游产生的交通拥挤、行驶速度缓慢等造成的道路交通及环境压力。

2. 停车诱导标志的分类

诱导系统根据诱导区域特点一般设计成三级诱导系统[17, 18],如表 8-11 所示。

表 8-11　　停车诱导系统分级体系

性质	级别	作用	建议设置位置
区域级 预告性诱导标志	一级(A)	显示诱导区域位置和总空位信息	区域周边主干道
	一级(B)	分区诱导,指示邻近各分区位置及空位信息	分区域外围主要道路
街道级诱导标志	二级(C)	周边停车场指示标志,指示道路沿线泊位信息	区域内部道路
停车场级指示标志	三级(D)	指示各停车场去位置和空位信息	停车场入口

以上三级停车诱导标志,均设置在停车场入口外的主干路、次干路停车场入口的支路上。

8.5 基于停车收费的 TDM 策略

8.5.1 停车收费原则

在政府定价及政府指导定价的机制下，政府成为停车价格制定的主体。政府定价行为是运用价格杠杆对社会经济和社会资源配置进行的调节，以实现社会总体效用最大化为目标，要考虑到社会各方面的因素并且注意以下原则[25]：

(1) 经济效益原则：停车收费首先应能够补偿停车设施运行费用及合理的人工成本，在依法纳税之后，并能取得适当的利润。

(2) 社会公平原则：尽可能地使停车收费反映停车服务的真实成本，从而体现"用者自付，多用多付"的公平原则。

(3) 差别费率原则：停车收费要根据不同地区、不同路段、不同时间，采取级差费率，从而引导停车供求，调节交通流量。

(4) 累进费率原则：在停车供求矛盾较大的地区和路段，在一定的时间内(如停车高峰)可采取累进收费办法，以促进停车设施的周转率。

8.5.2 停车收费依据

在以上原则的基础上，政府进行停车定价时的依据有以下方面：

(1) 服务成本：包括土地、建造、设备、经营成本(必须是整个停车设施的经营成本，即考虑整体利用率，而不是仅仅考虑单个车位的经营成本)，对交通拥挤地区还应包含停车的边际社会成本。

(2) 服务价格：指公共停车设施使用者所愿意支付的最高价格，可作为公共停车收费价格的上限。

(3) 支付能力：指停车设施使用者所能承担的停车费用。

(4) 合理报酬：路外停车收费属于经营性收费，以盈利为目的，所以公共停车设施停车收入，支出相抵，应有合理的盈余。只有这样才能鼓励民间投资于停车事业。

(5) 停车设施的投资回收期：这是公共停车设施项目财务评价的一项重要指标。

(6) 停车设施的类型、设备条件和可达性。

(7) 停车需求特征：如平均停放时间、停车时间分布以及停车场(库)等待停车位时间的容忍值等，这些特征往往与停车设施所处区位有很大关系，例如处于以商业、办公为主的区域，昼夜停车需求会有很大差异。

(8) 地价级差：土地利用集约度较高的地区应有较高的停车收费价格。

(9) 原先收费价格：考虑与原先收费价格的衔接，以保持价格的延续性、平稳性。

(10) 城市交通政策目标：价格是调节市场供需的主要手段，通过停车收费价格机制可以实现城市交通政策的目标。

8.5.3 停车收费的实施策略分析

不同的停车收费策略对管理决策者、停车经营者以及停车者有不同的影响，从这个角度来看，对于能够改变停车需求分布变化或停车经营收入、停车者支付的定价方法都可以归纳为停车收费策略。在运用停车收费作为交通需求管理策略时，主要有以下几种方法：

（1）对原来免费的路边或路外停车场进行收费，增加停车收费管理策略的覆盖面和实施作用的有效性。

（2）运用空间差别收费策略，如对于交通拥挤、矛盾突出的区域收费高，而在非拥挤地段价格低；路内停车费用高，而路外停车费用低，减少对道路交通的干扰。

（3）运用时间差别收费策略，如在高峰时间收费价格高而在非高峰时间价格低或不收费，从而减少高峰时间的停车以及交通需求。

（4）提高停车收费技术以达到收费成本低、方便停车者、公平等目的。如运用电子收费系统，从而能够方便地为不同的时间或地域设置不同的停车费率，同时也能够使停车者明确其支付停车的确切时间（比如说可以设定为按分钟计算收费价格。

（5）运用累计计时收费方法，对短时停车的费率低，而对长时间停车者的费率高，消除对长期停车需求的价格优惠，从而鼓励短时间停车。

（6）减少或消除公司对雇员的停车补贴。主要是消除单位内部的免费停车，同时支付相当于停车费用的现金，使雇员在选择其他出行方式时，也能够得到停车补贴，从而鼓励出行方式的转变。

（7）对商业性停车经营者征税，从而避免过量的停车供给。停车的供给量应受到路网容量限制，过度的开发停车设施会影响动态交通，同时也是不经济的行为。

思考题

1. 试比较停车收费与道路拥挤收费在 TDM 机理上的异同点，以及对交通出行行为影响方面的差异性。
2. 对比分析道路拥挤收费和停车收费在管理措施方面的差异，为什么说停车收费实施的可行性要大得多？
3. 结合图 8-1（拥挤收费和停车收费的需求管理机理图），分析说明道路拥挤收费、限制停车泊位供给以及停车收费措施对于缓解道路交通拥挤的效果。
4. 对比分析需求导向和供给导向停车收费定价的主要目标及影响因素。
5. 实施停车泊位共享管理的适应条件是什么？试结合案例阐明泊位共享的管理方法。
6. 简述共享停车需求预测与传统停车需求预测方法的主要差异，以及共享停车需求分析的主要步骤和流程。

主要参考文献

[1] Feeney B P. A review of the impact of parking policy measures on travel demand[J]. Transportation Planning and Technology, 1989(13):229-244.

[2] Pratt R H. Traveler Response to Transportation System Changes, Interim Handbook[R]. TCRP Web Document 12, DOT-FH-11-9579, 1999.

[3] ICF. Guidance on the Use of Market Mechanisms to Reduce Transportation Emissions [R]. USEPA, Washington D C, 1997.

[4] Kuppam A R, Pendyala R M, Gollakoti MAV. STATED RESPONSE ANALYSIS OF THE EFFECTIVENESS OF PARKING PRICING STRATEGIES FOR TRANSPORTATION CONTROL[J].

Transportation Research Record 1998(1649):39-46.
[5] Comsis Corporation. Implementing Effective Travel Demand Management Measures: Inventory of Measures and Synthesis of Experience[R]. USDOT and Institute of Transportation Engineers, 1993.
[6] Greig Harvey, Elizabeth Deakin. The Step Analysis Package: Description and Application Examples. Appendix B, in Apogee Research, Guidance on the Use of Market Mechanisms to Reduce Transportation Emissions[M]. USEPA Washington D C, 1997.
[7] Apogee. Costs and Cost Effectiveness of Transportation Control Measures; A Review and Analysis of the Literature[R]. National Association of Regional Councils, 1994.
[8] Parking Tax Analysis. An Assessment of the Potential Implications of Implementing a Commercial Parking Tax in the City of Seattle[R]. Final Report, 2002.
[9] ICF. Guidance on the Use of Market Mechanisms to Reduce Transportation Emissions[R]. USEPA. Washington D C, 1997.
[10] WSDOT. Local Government Parking Policy and Commute Trip Reduction; 1999 Review[R]. Commute Trip Reduction Office, WSDOT, 1999.
[11] Yee J, Menon A P G. The Need for Advanced Technology in Road Pricing: The Singapore Experience. Proceeding of the international conference on advanced technologies in transportation and traffic management[D]. Singapore, 1994:18-201.
[12] 刘晓倩.基于混合土地开发的共享停车规划与管理研究[D].上海:同济大学,2009.
[13] 肖飞.现代服务业集聚区停车空间规划方法与管理对策研究[D].上海:同济大学,2007.
[14] 上海徐家汇地区停车诱导系统实施方案设计[R].上海:同济大学,2005.
[15] 尹良龙.道路收费的政策与理论研究[D].上海:同济大学,1993.
[16] 玛丽.史密斯.共享式停车场设计与管理[M].王莹,译.沈阳:辽宁科学技术出版社,2007.
[17] 陈峻.城市停车设施规划方法研究[D].南京:东南大学,2000.
[18] 王伟.基于交通需求管理的北京市停车收费问题研究[D].北京:北京交通大学,2008.
[19] 同济大学,上海市规划局.上海市第三次综合交通调查停车专项调查报告[R],2005.
[20] 周湘庭.基于TDM的城市中心区拥挤收费和停车收费对比研究[D].上海:同济大学,2008.
[21] 肖飞,张利学,晏克非.基于泊位共享的停车需求预测[J].城市交通,2009,7(3):73-79.
[22] 冷杰.大城市中心区动静交通设施协调规划研究[D].上海:同济大学,2006.
[23] 晏克非,等.上海中心城区机动车停车管理与对策研究报告[R].上海,1992.
[24] 董苏华,晏克非,等.大城市停车场系统规划技术研究[R].上海,1998.
[25] 晏克非,等.上海市车辆停放问题综合研究[R].上海:同济大学,1997.
[26] 吴涛.停车供需与停车政策研究[D].上海:同济大学,1999.
[27] 中国公路学会.交通工程手册[M].北京:人民交通出版社,2006.

第 9 章　交通需求管理的绩效评估与实施保障机制

本章针对 TDM 方案的有效性和实施效果，结合国内外研究和应用现状，讨论交通需求管理绩效评估的内容、流程、方法和模型，以及 TDM 实施的体制和保障机制。

9.1　国内外研究与应用现状

9.1.1　交通需求管理策略的评价

在国外，TDM 方法虽然从 20 世纪 60 年代就形成并逐步得到推广和应用，但是关于 TDM 策略的评价研究是从 20 世纪 90 年代开始的，主要是针对各种交通状况的 TDM 运行措施的效果评估，部分成果可归纳于表 9-1。

表 9-1　　国内外交通需求管理策略评价举例[1]

研究方法		研究内容	研究成果
软评价方法	直接对数据信息进行统计分析的方法	通过多个公交票价方案的实验和比较，总结出公交票价对交通方式分担率的影响规律	Jane Gould（2004）《A Longitudinal Study of Mode Change on a Campus With Fare-Free Transit》
	应用定性的案例分析方法	对通勤地点出行量减少策略进行评价，指出其实施效果受单位地点、职工收入、公交服务水平等因素的影响	Sara（2006）《Work Site Trip Reduction Program Effectiveness—The Influence of Organizational Culture》
硬评价方法	通过建立指标预测模型，计算 TDM 策略实施后出行特征和交通系统性能指标的改变，据此进行策略评价	建立两项 Logit 模型，预测了实施可变工作制、合乘小汽车、远程办公等措施后，居民出行行为的调整	Cao，Probit （2004）《How Do Individuals Manage Their Personal Travel Objective and Subjective Influences on the Consideration of Travel-related Strategies》
建模仿真评价方法	基于活动的出行行为分析方法、仿真评价方法、线性回归模型等进行评价指标的预测计算和策略评价	建立了基于活动的出行目的地、方式和出发时间选择模型系统，分析了美国基于信用的拥挤收费策略的可行性，并将该策略与其他拥挤收费方案进行了比较	Sukumar，Kara（2004）《Credit-B-Based Congestion Pricing：Travel Land Value and Welfare Impacts》
开发专门的监控和评价软件	开发了一些交通规划软件，并将其应用到 TDM 策略实施效果预测和评价中	应用欧洲开发的策略监控和评价软件 MOST-MET 评价了小汽车合用策略	Timo （2004）《Using Multiple Assessment Levels for Evaluating Transportation Demand Management Projects：the MOST Monitoring and Evaluation Tool kit》

在我国，广州市交通研究所[2]曾经应用 TRIPS 规划软件，对改变交通方式、道路收费、区域牌照制度和限制货车出行四项策略的实施进行定量评价，诸多 TDM 评价还是停留在宏观分析和基础理论的层面上，以一般性论述、定性分析和数据统计等研究方法为主[3-5]。例如，有学者针对北京市奥运会期间实施的交通需求管理策略进行了效用分析[6]，主要是通过选取城市特定道路作为数据采集地点，分时段采集交通量的信息，然后对比实施交通需求管理措施前后数据(路段密度)分析，最终的结论是北京市交通管理部门所采取的 TDM 策略对于缓解交通压力、解决交通拥堵产生了十分积极的作用。

国内外研究显示，目前多数 TDM 措施的实施效果评价主要围绕是否缓解了交通拥挤，是否改善了出行条件以及道路的可达性和环境改善等方面。TDM 实施有些带有一定的强制性，有些可能会损害一部分人的利益，有些实施起来需要解决许多技术难题，还有一些需要考虑用户和社会的经济成本，还需要对 TDM 措施的公平性、经济成本的可接受性等方面进行分析，并在此基础上，全面客观地对 TDM 措施进行综合评估。

9.1.2 交通需求管理策略的实施机制

国外许多国家在完成 TDM 策略中，积累了不少管理方面成功的经验，简要介绍如下。

1. 美国

(1) TDM 实施组织机构：交通管理协会[7](Transportation Management Association，TMA)。TMA 是企业和发展商们在特定区域，为解决交通问题而组成的一个机构，它们分布美国多个州，和政府合作实施交通管理措施，其成员包括各种商业社团、企业、建设开发公司、土地开发商。其优势在于能够共享信息资源，对制定方案和政策提供支持和帮助；但是作为自愿性质组织，它资源有限，而且对成员没有强制约束力。目前，TMA 重点放在交通信息服务上，例如安排汽车合乘服务，公共交通信息、交通管理计划等。

(2) TDM 实施法规/条例：出行减少条例[8](Trip Reduction Ordinance，TRO)。表9-2列举了美国加州 TRO 的某一项内容[9]，从条例上看，对于交通需求管理的对象明确、目标清晰，提供的交通需求管理策略及措施具体详细，如果不能实施，还有相应的惩罚细则，十分值得借鉴。

表 9-2　　美国加州 TRO 部分内容举例

管辖区域	萨克拉曼多郡(加州首府)
适用范围	位于普通商业区的拥有 100 个雇员或以上的公司
目标	减少雇员的车辆出行以减少高峰小时的拥挤，延缓主要交通设施的改善要求，以及减少未来空气污染
要求	雇主：为通勤出行替代方式提供信息与相关服务；现场协调合乘小汽车的优先停车位。 开发商：提供合乘乘客的上下车地点，至少 15%的停车位为合乘车辆优先停车位，为自行车、慢跑者和步行者提供相应设施；以及为公交提供适当的候车亭
强制措施	雇主：如果不能满足任何一条要求，都可视为轻罪，可处以 500 美元罚款，或者六个月以下牢狱，或者两罪并罚。 开发商：对许可证、计划、特别许可证等申请的发布均需附带相关的申明，即要满足所有的交通需求管理的要求

2. 新加坡

新加坡 TDM 实施组织形式如图 9-1 所示[10]。

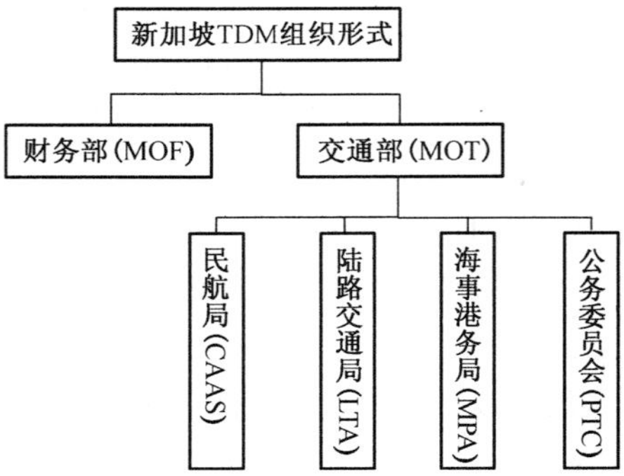

图 9-1　新加坡 TDM 实施组织形式

其中陆路交通局(Land Transport Authority，LTA)和公交委员会(Public Transporation Committee，PTC)是 TDM 实施的核心部门[10]。

LTA 的主要职能包括：① 整合城市与交通规划以最小出行需求；② 拓展道路网络和改善交通设施；③ 应用最先进的技术于交通管理；④ 管理机动车拥有和使用；⑤ 改进和规范公共交通(技术支持)。

PTC 成员包括专业机构、学术单位、社会团体和工会等，其主要职能包括：① 提供公交政策指导和战略方向制定；② 对公交服务水平和收费的主要事物进行决策，如对运营公司、线路和收费的决定权等。

PTC 最密切的合作伙伴就是 LTA，LTA 是 PTC 最强大的技术支持力量，同时也最终代表政府来实施这些措施。当然，LTA 和 PTC 的运作还要和财政部(Ministry of Finance，MOF)发生联系，每年的交通税费收入通过财政部进行再分配，可对交通基础设施进行投资。

3. 澳大利亚

澳大利亚佩斯的 TravelSmart 计划[10]是采取全民参与的形式，人们共同讨论出行解决方案，这也是澳大利亚交通需求管理策略的一大特色：该计划并没有规定人们怎样去做，而是为人们提供足够的信息、建议和鼓励，并通过与环保组织和政府机构等支持，让学校、商业、当地政府和主要的出行目的地，如医院，实施各自的明智出行计划，挖掘人们出行模式转换的最大潜力。

4. 香港

在香港行政长官之下，政府分为律政司、政务司和财政司[10]。针对具体的交通需求管理策略，各有关部门会协调统一起来，按照其相应的职能分工运作以保障 TDM 策略的实施，如表 9-3 所示。

表 9-3　　香港 TDM 实施机构及其职能[10]

部　门	职　能
运输局	负责交通规划、智能交通系统、牌照管理等工作，是实施 TDM 最核心的部门
路政局	主要根据运输局的规划来实施路桥隧工程、进行 BOT 运作
保安局	负责交通执法
财经政务及库务局	实施例如首次登记税、燃油税、停车费等税费方面的问题

另外值得一提的是，香港交通需求管理的经济措施在实施之前，都需要由运输局向财经事务及库务局提出建议，再由财经事务及库务局向立法会提出申请，得到立法会的批准后，才可以付诸实施[11]。

5. **广州**

《广州市交通战略研究》(由广州市交通规划研究所负责)和《广州市中心区交通改善实施方案》提出了有关广州市交通机构改革的建议，即由市政府建立有效的交通需求管理政策与措施实施机构，实行统一领导、统一协调，有计划、有步骤地推进和落实交通需求管理政策与措施的实施[8]。

6. **北京**

2008年北京奥运会期间[12]，根据《2008年北京奥运会残奥会期间北京交通保障方案》的内容显示，北京市在奥运期间初步建立起了针对大型活动的短时性交通实施保障机制，其中主要的实施机构及其职能如表9-4所示。

表9-4　北京市奥运会期间TDM实施机构及其职能

部　门	职　能
北京市政府	负责统一组织协调和分工以及宣传和交通信息发布
交通运输部	负责交通规划、组建交通保障车队、车辆管理等工作
公安部	负责车辆检查，交通疏导和指挥
环境保护部	负责尾气治理工作、以及核发绿色环保标志和证明

资料来源：http://www.mps.gov.cn/n16/n85753/n85786/1286849.html.

结合国内外现状，我国在建立交通需求管理实施保障机制的时候，可以借鉴国外一些卓有成效的组织机构和形式，以及国内大型活动交通需求管理实施保障机制的实践经验，尽快建立多部门协调统一的组织机构以保证TDM策略的有效实施。

9.2　交通需求管理策略的绩效评估

9.2.1　绩效评估的分类

考虑到每一项交通需求管理措施都有其自身的特点，不应仅从效益方面进行专项评价，而是应该选择多个角度对交通需求管理措施的绩效进行综合性评估。按照评估的内容可以划分为实施效益评估、公平性评估、可接受性评估、成本评估四个方面[10]。

1. **交通需求管理措施的实施效益评估[14]**

总体上说，从实施效益的角度进行评估，就是要评估TDM措施满足居民的出行需求，改善道路网络运行质量的程度。很多TDM策略使用多种措施(例如交通替代方式、拥挤收费、改善自行车和行人交通设施、弹性工作日和改变用地等)来改变人们的出行行为或模式，出行行为或模式的变化可分为四种情况：出行发生量减少；出行分布改变；出行方式变化和出行资源优化[14]。其中每一种变化受TDM措施影响的程度都不同，但也都有相应的效益指标来体现。

1）出行发生量减少

（1）措施举例

在城市总体规划阶段控制城市的发展规模和人口数量、电话会议和在家办公等。

（2）效益指标举例[13]

出行总量变化：是可以直接反映 TDM 措施减少出行发生量的程度的指标。

高峰时间主要道路行车速度：是衡量道路网络服务水平的微观指标。

停车供求比变化：通过反映对停车需求的控制程度而间接反映出对交通需求的控制程度。

2）出行分布改变

出行分布改变是指一些土地利用措施通过调整土地功能，改变城市交通出行的分布。例如，改变单中心布局，建立多个独立性强、生活、娱乐配套设施完善、就业岗位分布均衡的副中心和组团，合理分布居民活动空间，合理引导工作、生活出行活动的方式和方位，从而弱化了旧城中心区的向心力，减少区与区之间不必要的出行和组团之间长距离出行。

（1）措施举例

综合土地利用规划、职住地高效开发、公交导向型发展战略。

（2）效益指标举例

居民平均出行距离：反映用地布局情况。

居民平均出行时耗：反映居民的平均出行时间。

居民出行结构：随着出行距离减少，公共交通、步行和自行车交通的出行会增加。

连接副中心—中心城区主干路饱和度：反映组团间交通量交换的情况。

均匀分布系数：反映各区土地利用与就学岗位、人口分布的均衡情况。

高峰时间中心区出入口交通负荷：反映进出中心区的车辆运行状况。

中心区路网饱和度：反映中心区整体道路网络的服务水平。

组团间交通关联度：每个组团的居住与岗位分布越均衡，城市经济结构越独立，则它与其他组团之间的交通联系就越小，使交通关联度越小的 TDM 措施被认为是越好的。

3）出行方式改变

（1）措施举例

公交年票减税政策、改善公交服务水平、自行车租赁、改善换乘设施。

（2）效益指标举例[8]

公共交通分担率：指城市居民出行方式中选择公共交通（包括常规公交、快速公共交通和轨道交通，不包括出租汽车、班车、校车）的出行量占总出行量的比率。对于不同的城市交通管理需求策略，认为公交使用比例越高则方案越优。

公交站点覆盖率：公交站点服务面积占城市用地面积的百分比，是反映城市居民接近公交程度的重要指标。

乘客平均换乘系数：是衡量乘客直达程度，反映出行方便程度的指标。

公交主要线路满载率：指客运高峰期间车辆在主要线路的高单向、高断面上载运乘客的平均满载程度，是可以反映公共交通吸引力的指标。

4）出行资源优化

出行资源优化主要是通过“削峰填谷、控密补疏”的手段均衡出行资源在路网上的时间和空间分布，提高道路资源的整体利用效率[14, 15]。

(1) 时间资源优化措施

错时上下班、弹性工作制、货车晚间通行。

(2) 时间资源优化效益指标

交通时变图：是表示各小时交通量变化的曲线或者直方图，可以清楚地表述早晚高峰小时流量分布的特征。

高峰小时以及高峰小时流量：交通时变图中，交通量呈现高峰的小时为高峰小时，高峰小时的交通量为高峰小时流量。

主干道机动车高峰小时流量比：高峰小时交通流占全天交通量之比，该值越小，认为时间均衡效果越好。

(3) 空间资源优化措施

拥挤收费、单向交通、车辆限号、禁向、禁行。

(4) 空间资源优化效益指标

整体路网平均车速：对于区域内优化策略，区域内道路网络的车辆运行车速会改善，但是区域外道路由于车辆增加会加重周边道路的交通压力，因此该指标应选择实施区域内外的道路抽样调查。

整体路网平均出行距离：实施区域均衡策略后，会增加车辆的绕行距离，对于区域拥挤收费策略，大部分的车辆会转向公交方式出行，此指标主要指的是微观区域均衡策略。

区域外交叉口服务水平/区域外主要道路服务水平：对中心城区或者城市内部区域实施空间均衡策略后，区域外围绕行交通量会增加，实行单向交通，也会增加车辆的绕行距离，因此单向交通与非单向交通衔接处可能成为交通瓶颈，有可能加重区域内交通矛盾，所以要评价区域周围的路段和交叉口的服务水平。

许多交通需求管理措施可以通过改变出行的模式而间接起到提高交通安全性以及改善交通环境的作用，这些效益被视为 TDM 措施的潜在效益，除安全性和环境保护外还包括公共健康、能源节约等，在此仅对反映其中较为重要的交通安全性和环境保护两项内容的评估指标进行分析。

5) 提供交通安全性

(1) 措施举例

车辆限行、提高道路设施服务水平、交通安宁。

(2) 效益指标举例

万车死亡率/万车事故率：指全市每万辆车的年交通事故死亡人数/年交通事故发生次数，能综合反映道路交通安全设施建设、道路交通安全管理效果。

6) 环境影响

(1) 措施举例

绿色驾驶、无车日、征收燃油税。

(2) 效益指标举例

整体路网排放污染物：引起该指标变化的原因可能是由于 TDM 措施的实施，一方面出行发生量减少，另一方面区域内道路通行条件得到改善。

油耗量：对于宏观区域策略，油耗的变化可能由以下几个部分组成：由于 TDM 策略的实施，小汽车行车次数、出行比例减少，导致小汽车油耗降低；增加公交车辆，而增加油耗；区域内运行条件得到改善，油耗改变；车辆绕行而增加油耗。

主要路段等效声级：使噪音污染越少的 TDM 措施被认为越好。

2. 交通需求管理措施的公平性评估[10]

公平性指的是资源与机会的合理分配。交通系统常常耗费大量公共资源，包括税收及土地。交通活动产生的外部效应，如噪声、空气污染、交通事故等对社会、环境及人身安全的公平性都产生了影响。同时交通系统决定了人们在哪里居住、购物、工作、上学、休闲及其他各种活动。足够的机动性使得人们能够参与社会各种活动。因此，交通规划或政策制定因影响人们的机动性而对公平性有着很大的影响。

1）公平性的定义

(1) 横向公平性(一般意义上的公平或平等)。横向公平性是指在同一收入、同一重要性层次上的出行者的费用公平分配。此类型指在每个人或团体的需要及能力相似的假设条件下，应保证花费与收益对每个人或团体都是公平的。例如，具有相同收入的人应承担同样的税收并享有同样的福利。横向公平是费用分配的基础。横向公平是一般意义上的公平或平等，也是最易为公众接受或较易保证的公平。

(2) 考虑收入差异的纵向公平性。在假设公共政策支持那些经济上处于劣势的人们的前提下，那些为低收入群体提供适当的更大利益的政策被认为是“可取的”，而那些使低收入人相对更糟糕的政策被称为是“不可取的”。这种公平性被用来考量停车费用和低收入汽车者“能付得起”的缴费的合理性，并用来考量对低收入群体费用打折的合理性。

(3) 考虑机动性需求和能力差异的纵向公平性。主要考虑交通运输系统是否能为那些具有特殊需求的人提供足够的服务。认为效益和成本不应该平均分配，建议公共津贴应该用来为那些机动性方面的弱势群体(残障人士、老幼病残)提供基本可达性。

2）公平性的评估指标

交通需求管理措施的公平性评估可通过以下指标来实现：

(1) 平等对待每一个人。此指标反映政策是否平等对待每一个人，交通规划或政策应对每个人公平分配资源，除非因特别的原因需对某一个人或团体进行优待或倾斜。对有同样需求的人或团体，每个人分配资源越公平，则“平等对待每个人”指标越大，公平性越好。

(2) 用户支付应承担的费用。此指标反映政策是否使得出行者承担了应付的费用，包括外部费用。这个指标假设交通规划或政策应使用户承担应付的费用。交通需求管理应使得价格更真实地反映成本。用户与其应该承担的费用偏差越小，则用户支付承担的费用指数越大，公平性越好。

(3) 有利于低收入人群。此指标反映政策应该有利于低收入群体。交通需求管理措施应该使低收入人群在一定程度上绝对或相对受益。

(4) 有利于弱势群体。此指标反映政策是否通过增加方式选择及节约费用有利于弱势群体。有利于提高弱势群体的机动性及可达性的政策均视为有助于增加该指数，公平性越好。

(5) 改善基本出行可达性。此指标反映政策是否有利于更重要的交通可达性实现。合理的交通规划及政策应保证基本出行可达性，比如通勤出行；同时有利于具有高价值的出行，比如紧急车辆、重要的商务或货运车辆比普通交通具有较高的优先级。同时应确保每个人都能得到必要的交通服务。有利于改善基本可达性的政策均视为有助于提高该指数，公平性越好。

以上五项指标中，前两项为对横向公平的评估指标，后三项为考虑到机动性要求及能力不同的纵向公平评估指标，在分析一项 TDM 措施的公平性时，应结合上面的指标进行综合评估。

3）交通需求管理对公平性的影响

大多数 TDM 措施有助于达到公平性的目标，例如：通过减少有利于小汽车交通的交通策略，以及通过合理的交通定价，更准确地反映成本来增大横向公平性；通过提供直接的财政补贴和改善能负担得起的交通方式选择来使低收入人群获利；通过改善交通方式选择和减少必须承担的机动车外在成本来使交通弱势群体获利；通过增加交通方式选择和给更高价值出行优先权来改善基本可达性。

当然，并不是所有 TDM 措施都提供这些公平性利益，但若干 TDM 政策组合通常能达到公平性的目的。表 9-5 展示了能达到公平性目的的 TDM 具体措施。

表 9-5　　能达到公平性目的的 TDM 措施举例[10]

公平对待每个人的措施	用户支付应承担的费用的措施	有利于低收入人群的措施	有利于交通弱势群体的措施	有助于提高基本可达性的措施
用地布局优化 公交优先	停车收费 道路收费	弹性工作制 合乘 通勤补贴政策 步行和自行车改善 穿梭巴士服务 改善公共交通 公共交通导向	自行车/公交一体化 步行区规划 出行者交通费用补贴 高载客车辆优先 行人和自行车条件改善 合乘 穿梭巴士 居家工作 公交改善 交通平静化 公交导向的土地发展 小汽车使用限制	可达性交通管理 自行车/公交一体化 高载客车辆优先 行人和自行车条件改善 合乘 穿梭巴士 土地合理使用 出租服务改善 居家工作 公交改善 交通平静化 小汽车使用限制

3. 需求管理措施的可接受性评估

有些学者将 TDM 措施划分为以公共交通为导向的“拉动类策略”和抑制小汽车出行为目的的“推动类策略”[16]，无论何种策略，获得公众认可是 TDM 措施成功实施的基础保障。目前多数研究在 TDM 策略评价中仅重视策略实施后交通运行状况的变化，而没有回答居民是否接受策略、对策略的实施效果有怎样的预期等问题。然而，不同的交通需求管理政策对不同利益群体产生不同的影响，由于道路拥挤条件的不同，出行者出行目的、收入状况等因素的不同将影响人们对各项政策的接受程度。实际中如果因为实施者对策略的前期宣传不够或者一些其他原因而导致居民在主观上产生对策略理解不当或不接受等抵触情绪，可能会表现在具体的出行行为上，如采取与自己意愿相背或有偏差的出行行为等，从而影响策略的整体实施效果，因此对 TDM 措施的可接受性进行评估是十分必要的[1]。

如何在保证整体利益的情况下，使个体利益不受到损害是一项交通政策能否有效实施的关键，衡量 TDM 措施的可接受性，可以从以下几个方面评估[17]。

（1）认知性：衡量人们对 TDM 政策的认知程度。

（2）态度：衡量人民支持 TDM 措施的程度。

(3) 参与性:衡量人们参与 TDM 政策的程度,例如是否愿意选择合乘,是否愿意购买公交优惠卡等。

(4) 满意度:衡量人民是否满意 TDM 措施,以及程度如何。

(5) 适应性:为了适应新的 TDM 策略,人们改变以往交通行为的程度。

实际操作中可针对各项政策的可接受性结合 SP/RP 调查、分析建模和听取专家和公众意见进行分析。

4. 成本评估[10]

交通需求管理措施会带来多种成本和费用。

(1) 计划费用:许多 TDM 措施有直接的资源成本,例如财政开支、道路空间、交通管理优先权和公众时间。

(2) 消费者费用:有些 TDM 措施增加了乘车者的经济花费或减少了他们的出行时间。由于这些高额的费用,一些消费者会提前出行或转向其他交通方式出行。

(3) 交易费用:一些 TDM 措施增加了交易费用,例如向驾车者直接征收停车或道路使用的费用,要求安装使用自动电子系统收费和强制执行;或通过零售店等征收,由此带来交易费用。

(4) 管理费用:一些 TDM 措施会产生管理的人员或设施费用。

(5) 经济转移:TDM 措施包含的费用导致经济转移,也就是说,钱从一群人或一个经济部门转到另一个,这些都不是真的资源成本,但是这是消费者和商人所付的额外费用。

(6) 外部影响:例如道路收费使车辆出行和拥挤问题转向不收费道路;交通消峰使交通影响转向其他道路;一个地区的停车收费会增加附近地区的停车问题,并可能使经济活动转向提供免费停车的地区。

常用的 TDM 措施成本评估的指标是居民出行平均费用[8]。这里居民出行平均费用采用城市交通的完全费用,包括内部费用如机动车运行费用(燃油费、车辆磨损、停车费、过桥过路费等);一系列外部成本如出行时间费用、空气污染费用、延误费用、事故费用等;以及社会费用如由于居民出行结构变化而节省的道路建设费用。评估时,应当针对各种 TDM 措施所具有的特点具体情况具体分析。

9.2.2 绩效评估的阶段

对 TDM 策略的绩效评估,不应仅仅是评估某一项措施的绩效,其最终的目的是要评估 TDM 组合措施的绩效,因此是一个较为复杂的过程。根据 TDM 措施的实施过程,可以将 TDM 策略评估的过程分为实施前分析、实施方案优选和实施后评价三个阶段[11]。

1. 实施前分析

实施前分析阶段就是在交通需求管理措施实施前展开分析,这样可以有效地避免决策的盲目性。实施前的分析包括以下内容[8]:

(1) 首先从城市道路交通现状及规划年的交通需求、供应特征以及城市供需关系分析出发,对交通需求管理策略进行初步确定。

(2) 然后全面调查和分析公众对交通需求管理措施的认知及对具体措施的态度。

(3) 最后对 TDM 措施实施后可能有的效果进行分析预测及评价。

该阶段主要采用的是公众态度调查和措施效果模拟的评估方法。

2. **实施方案优选**

实施方案优选阶段就是从所有可能的方案中找出最满意的方案,也就是在各项约束条件下使目标(方案好坏的标准)取得最优解的满意方案。

针对交通需求管理策略优选多目标多约束的特点,主要采取两阶段法[10]进行筛选,图9-2给出了两阶段优选法的流程[10]。

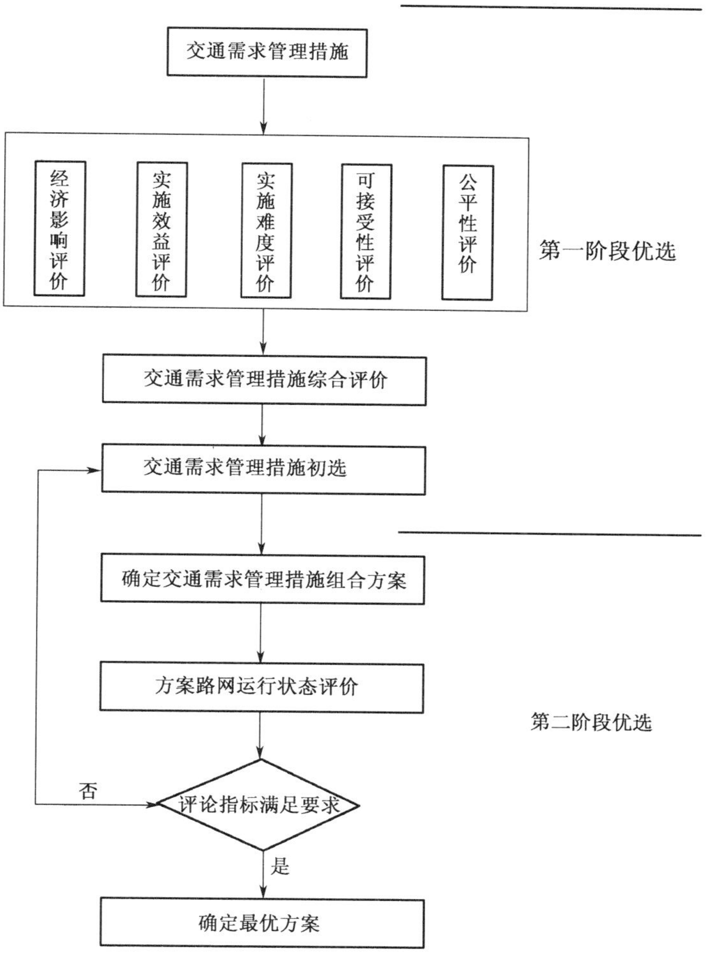

图 9-2　两阶段优选法流程图

第一阶段:交通需求管理措施的首要目的是在适度的交通建设规模下,控制交通需求总量,削减不合理的交通需求,因此第一阶段就是要对单个交通需求管理措施的实施效果分别进行评估,并比较各措施的有效性,确定可行的城市交通需求管理措施,并对合适的 TDM 措施进行近远期排序。

第二阶段:每种 TDM 措施都可以有不同的实施力度,而且某些措施组合使用会产生更好的效果。因此,在完成在第一阶段的评估基础上,可对不同交通需求管理策略组合方案的实施进行模拟,即在交通流重新分布的情况下,比较交通需求管理策略组合方案实施前后交通运行质量的改变情况,找出可行的策略组合方案并通过模拟与仿真评价最终确定最优方案。

综上所述，交通需求管理措施的两阶段优化步骤如下：

(1) 考虑实施效益、公平性、经济性、可接受性等指标，进行综合分析，对适合的交通需求管理措施进行远近期排序；

(2) 确定各种近期可实施的初选方案组合及实施力度；

(3) 组合出近期可实施的交通需求管理措施的 N 种方案；

(4) 利用计算机软件进行模拟分析，得出不同方案组合下的运行情况；

(5) 比较各种组合下的交通(路网)负荷、车速变化等，确定满足条件的最优方案。

3. 实施后评估[7]

TDM 实施后评估，是指在 TDM 的部分措施实施后，用系统工程的思想方法，对 TDM 的立项决策、方案设计和实施管理全过程各阶段工作及其变化的成因，进行全面的跟踪、调查、分析和评价。后评价的目的，在于通过全面的总结，不断提高 TDM 策略的决策、设计、管理水平，为合理调整交通需求，提高实施效益，改进管理，制定相关政策等提供科学依据。

实施后评估是 TDM 实施过程的重要组成部分，是管理周期中不可缺少的信息反馈环节。只有通过后评估，才能及时总结项目管理各阶段的经验教训，进一步改进和完善项目管理工作，提高 TDM 的实施效益。利用模型与软件，针对具体实施的 TDM 策略，结合具体的情况，利用一些评价指标分析 TDM 措施可能的实施效果。

9.2.3 绩效评估的方法和模型

1. 实施前分析阶段：问卷调查和专家咨询

针对认为有实施价值的备选 TDM 措施，可首先通过问卷调查的方法了解公众对交通需求管理策略的认知和具体措施的态度，可将表 9-6 作为参考。另外，在没有条件进行问卷调查的情况下，也可采用专家咨询的办法。

表 9-6　　TDM 实施前分析阶段民意调查参考表[8]

问题 1	您的性别是：1. 男性　2. 女性
问题 2	您的职业是：1. 中小学生　2. 大中专学生　3. 工人　4. 公务员/干部　5. 职员　6. 教师　7. 科研人员　8. 私营业主　9. 其他
问题 3	您的年龄是： 1. 20 岁以下　2. 20～30 岁　3. 30～39 岁　4. 40～49 岁　5. 50 岁及以上
问题 4	您上班(上学)的主要交通方式是：1. 自行车　2. 摩托车　3. 公交车或地铁　4. 出租车　5. 单位通勤车　6. 私家车　7. 单位小汽车　8. 其他
交通方式结构管理是交通需求管理的重要策略之一，问题 5～10 是关于您对各种交通方式的看法	
问题 5	您认为自行车应该 1. 大力发展　2. 适当发展　3. 维持现状　4. 适当减少　5. 严格控制　6. 其他
问题 6	您认为摩托车应该 1. 大力发展　2. 适当发展　3. 维持现状　4. 适当减少　5. 严格控制　6. 其他
问题 7	您认为出租车应该 1. 大力发展　2. 适当发展　3. 维持现状　4. 适当减少　5. 严格控制　6. 其他
问题 8	您认为公交车和地铁应该 1. 大力发展　2. 适当发展　3. 维持现状　4. 适当减少　5. 严格控制　6. 其他

续　表

问题 9	关于私家车，您 1. 已有私家车　2. 购买欲望强烈　3. 无所谓　4. 不想要　5. 其他
问题 10	您认为私家车应该 1. 大力发展　2. 适当发展　3. 维持现状　4. 适当减少　5. 严格控制　6. 其他
问题 11～15 为一些具体的交通需求管理措施，目的在于优先发展公交，管理引导私人小汽车发展、缓解交通拥堵，请给出您的意见	
问题 11	为鼓励市民采用公交出行方式而提供补贴，您的看法是： 1. 非常赞成　2. 赞成　3. 无所谓　4. 不赞成　5. 其他
问题 12	如果您上班（上学）的主要交通方式不是公交车或地铁（如果是公交，请选择 5），当公交服务水平改善后，你会不会考虑改乘公交车或地铁上班？ 1. 会　2. 不一定　3. 不会　4. 其他　5. 公交
问题 13	您认为私人小汽车牌照拥有是永久性还是非永久性合理呢？　1. 永久性　2. 非永久性 您认为私人小汽车牌照费的合理范围应该是多少？ 1. 5 000 元以内　2. 1 万元以内　3. 3 万元以内　4. 只要是合理的就行　5. 无所谓　6. 不应该收费　7. 其他
问题 14	为缓解交通拥堵，如果对高峰期进入市中心区的车辆收费，你有何看法？ 1. 非常赞成　2. 赞成　3. 无所谓　4. 反对　5. 强烈反对
问题 15	为了控制城市停车位总量，如果要求家庭购买私人小汽车必须具备小汽车停车位证明，您的态度是：1. 非常赞成　2. 赞成　3. 无所谓　4. 反对　5. 强烈反对
问题 16～18 均为减少上班出行、拉平出行高峰时段交通量的变通需求管理措施。如果实施，您的态度是	
问题 16	“4/10 工作制”——即一周工作 4 天，每天工作 10 小时 1. 非常赞成　2. 赞成　3. 无所谓　4. 反对　5. 强烈反对
问题 17	“在家上班”——一般一周选取 1～2 天在家工作 1. 非常赞成　2. 赞成　3. 无所谓　4. 反对　5. 强烈反对
问题 18	“弹性上班时间”——您可以在 8:00～10:00 之间选择任一时间到达公司，然后工作满 8 小时后离开： 1. 非常赞成　2. 赞成　3. 无所谓　4. 反对　5. 强烈反对

2. 施方案的优选阶段：层次分析法和综合评价法

交通需求管理策略效益评估是一个多层次、多目标的复杂系统，包括实施效果评估、公平性评估、可接受性评估、成本评估四个子系统，其中实施效果的评估又是最为复杂的，它包含许多评价的指标，各个单项指标均难以对整个系统做出令人满意的评价，甚至于某些单项指标和子系统的定性分析和定量分析结果还是互相矛盾的。为了全面地反映交通需求管理策略的总体效益，为方案的优化提供科学依据，需要用到层次分析法和综合评价法配合专家智慧来进行评估。

1）层次分析法

层次分析法的具体步骤如下：

首先确定交通需求管理措施效益评估的递阶层次，将 TDM 评估目标分解为目标层、准则层、措施层等三个层次，如图 9-3 所示[1]。

其次，通过定性指标模糊量化方法算出层次单排序（权数）和总排序[18]，按照交通需求管理措施实施后对出行产生的直接影响和间接影响，这些影响实现了不同方面不同程度的效益。

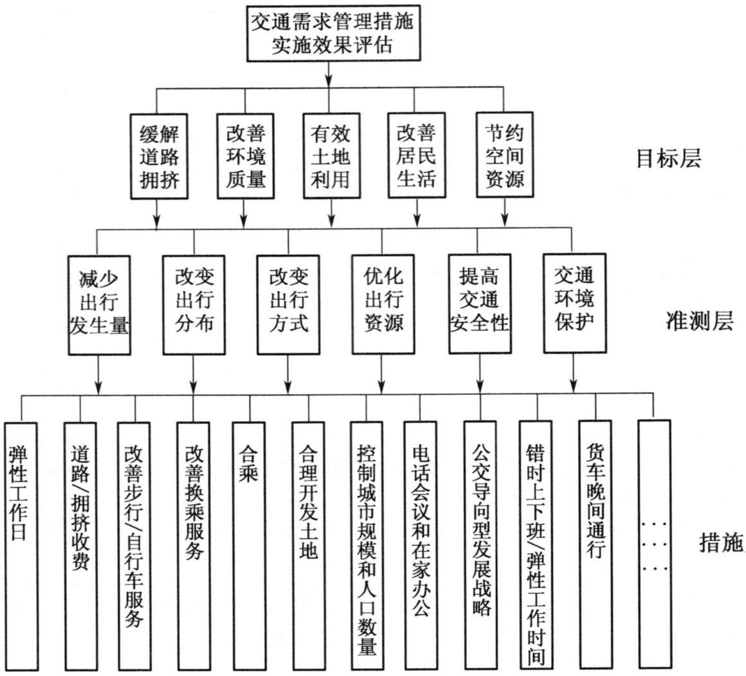

图 9-3　交通需求管理策略效益评估递阶层次分析图

根据各措施对各种效益指标的贡献程度分值然后通过对各效益指标加权平均，得到各措施的总效益指标。

第 i 个交通需求措施的有效性指标即：

$$I_{ik} = \sum_k \alpha_{ik} A_{ik} \tag{9-1}$$

式中，A_{ik} 为第 i 个交通需求管理措施产生的对 k 种效益指标的贡献程度分值，即第 i 个交通需求管理措施对 k 种交通需求管理效益指标的影响程度，A_{ik} 会随着不同地方、不同实施环境或配套措施而有所差异，可根据实际情况进行调整也会随不同实施时间而有所差异，因此可区分远、近期进行效果评估；α_{ik} 为各指标的权重，可根据专家经验或问卷调查求得。

不管是单项交通需求管理措施，还是交通需求管理的组合策略，都需要从实施效益、公平性、可接受性、成本、政府实施难度等多方面进行综合评价，通过定性与定量结合的方法，利用综合评价法进行可行方案远期及近期评估及排序，初步确定可采取的远期及近期实施的交通需求管理措施。

2) 综合评价方法

综合评价方法[14]，就是运用多个指标对多个参评单位进行评价的方法，其基本思想是将多个指标转化为一个能够反映综合情况的指标来进行评价。即是要建立一个函数，包含有确定权重的系数和构造函数两部分，前者决定了各项指标在综合评价系统中所处的地位，后者利用这个函数关系式将各单项评价指标组合得到综合评价指标值。权重系数的确定是综合评价法的关键，目前广泛使用的有主观赋值法和客观赋值法两种。主观赋权法主要依靠人的主观经验，其源信息来自专家咨询，选取的专家不同，得出的权系数也不同，此方法主观随意性大，得到的权重结果可能会与实际情况存在较大差异，但是在通常情况下，该方法可以一定程度上有效地确定各指标重要程度给定的权系数的先后顺序。客观赋权法避免了人为因素的偏差，但从评价的本身意义上来看，并不必然体现指标在系统评价中的实际地位。这两种方法各有利弊，如能综合两种方法的优点，必能提高权重系数确定的准确性，这就衍生出了第三种赋权方法，即组合赋权法。

此外，在评价组合的交通需求管理方案时，通常是对不同的交通需求管理方案的路网运行状态进行综合评价，确定最优方案。此阶段重点评价的是效益及成本的定量分析，具体做法一般是利用交通需求预测等软件模块，求得不同的需求管理措施条件下，道路负荷情况及其他运行指标，依次检验路网的交通供给和交通需求之间的匹配程度，以及具体方案的成本，进而可利用效益成本分析法进行方案的最终比选。

3. 实施后评估方法与模型

参照美国的TDM实施的后评估方法，主要有三个模型[11]：一是美国联邦公路采用的"交通需求管理评价模型"（TDM Evaluation Model）；二是美国环保署（EPA）推荐采用的"通勤者选择模型"（TCM Commuter Choice Model）；三是"通勤者选择分析模型"（TCM Analyst）。这三种模型在美国有一定的研究和应用历史，目前被广泛使用。表9-7显示出了这三种模型的详细内容并对比了三者的优缺点。

表9-7　美国实施后评估模型的比较[11]

模型	TDM Evaluation Model	TCM Commuter Choice Model	TCM Analyst
开发单位	美国联邦公路局	美国环保署	美国德克萨斯交通运输研究所
可评价的TDM措施	公交、高占有率车道、合乘小汽车、上下班合乘车、远程办公/弹性工作制、津贴补助	公交、高占有率车道、合乘小汽车、上下班合乘车、自行车和步行项目、远程办公/弹性工作制、津贴补助	公交、高占有率车道、合乘小汽车、上下班合乘车、远程办公/弹性工作制
输入	研究区域的出行基础数据：交通小区间居民和车辆出行矩阵、区域出行总量；其他TDM项目在出行时间和费用上的影响；用户可以改变默认的影响策略效果的参数	区域总影响人数；交通方式划分；各种交通方式平均出行距离；TDM措施在各种方式出行时间和费用上的影响	居民个人出行和车辆出行总数、出行距离、高峰与非高峰时间的速度等；人口普查数据；TCM所需数据
输出	车辆出行次数 车辆行驶里程 平均车辆占有率 公共交通乘客的变化	交通方式划分 车辆出行次数 车辆行驶里程 尾气排放量	车辆出行次数 车辆行驶里程 平均行驶速度 尾气排放量
优点	简单易用，能够与常用的交通需求预测模型结合，能够分析TDM措施关于时间和费用的综合影响效果	能够与常用的交通需求预测模型结合，能够分析多个TDM措施的综合影响	自动计算功能强大，可以详细分析尾气排放成分、车辆类型、工作与非工作出行、高峰与非高峰出行方面的影响
缺点	模型更新不足；不能直接评价减少尾气排放量的措施	模型更新不足；在各种实验策略的管理上存在局限性	地区的具体出行数据和尾气排放参数很难获得

9.3 交通需求管理措施的实施保障

9.3.1 交通需求管理的战略选择

TDM措施的成功实施需要依靠政策和规划方面的改革，且涉及不同的管理层面。政策一般是由政府部门发布的、用来作为政府决策或资源分配依据；行政监管条例一般会设立若干标准和规定，也可被作为一种“指挥控制”方法。政策和条例可适用于不同层面的大部分政府部门。

对政府机构而言，要实施TDM往往有三类基本战略可供选择：增加出行方式选择的战略；经济战略；智慧型增长和土地使用战略[17]。

1. 增加出行方式选择的战略

增加出行方式选择的战略，就是要通过制定多种TDM专项措施来提高步行、自行车、拼车、公共交通、小汽车租赁等出行方式的可达性、舒适性及安全性，帮助这些交通方式更好地替代小汽车出行，包括公交优先战略、自行车租赁计划、无车日活动等。

例如北京为推进公交优先的交通发展战略，近年来开展了道路建设、路网优化、公交站点改造、调整公交线路、车辆更新、个性化服务、票制票价改革、组织机构调整等一系列重大的行动[19]。

这一类TDM战略是比较容易得到广泛支持，因为其主要受益人包括有儿童、老人、残障人士以及低收入人群；但是由于这类战略一方面需要重新规划已有的道路和交叉口等硬件设施，另一方面其实施的主体涉及交通运输管理和规划部门、私人运营商、社区组织和企业等十分广泛，因此需要依靠各部门或组织的协调合作才能获得成功。

2. 经济类型措施的战略选择

经济战略，就是要通过一些经济手段激励出行者理性地选择出行方式，包括征收拥挤费、过路过桥费、燃油税改革、公共交通鼓励计划等。

新加坡是通过实施经济战略推进TDM的成功例子，通过小汽车注册附加费、燃油税、道路税、车辆限额政策、区域准入计划以及电子道路收费系统等经济手段，显著改善了城市的交通结构[20-22]。

经济类型的战略在解决交通问题，提高交通效率方面是见效很快的，另外还提供了额外的收益以支持新项目或减少其他税收，但是由于容易遭到小汽车使用者的反对，这类战略的实施难度很大，需要进行谨慎周密的多方协商来获得支持和保障。

3. 智慧型增长和土地使用战略

智慧型增长和土地使用战略，就是通过倡导集约型土地开发模式、均衡的职住关系、良好的步行环境及公共交通导向的社区规划，抑制人们对小汽车的依赖，且更容易接受小汽车以外的交通出行方式，也可以被认为是“交通和土地利用发展战略”[23]。例如，交通规划改革、交通安宁计划以及公交导向型发展战略（TOD）等均属于该类型的TDM战略。

以TOD为例[17]，它是土地利用规划领域最有效的TDM战略之一，其基本含义参见本书第5.3.2节。TOD策略要求增加公共交通站点及沿线住宅区和商业区的开发密度，将公交站点作为地区的商业中心，以站点为圆心，以 10～15 min 步行距离为半径，开发高密度住宅区。TOD 的重要特征有：

(1) 沿线公交走廊或公交站点周边开发高密度住宅区和商业区；

(2) 土地混合利用模式、商务及住宅建筑的底层设有零售商店；

(3) 舒适便捷的出行环境，特别是可达性很高的公交服务；

(4) 各种户型混合搭配，且价格合理，通过步行街就能到达公交站；

(5) 公交站点附近设置多种就业岗位和社会服务。

这种 TDM 战略模式在香港的规划建设中取得显著成功(见第 1.3.4 节香港 TDM 实例介绍)，适合作为机动性与需求增长管理综合解决方案的一部分，发挥长效作用。

不同的国家或地区可以根据自身的特点选择不同的 TDM 实施战略，也可选择融合多种 TDM 战略的综合性战略，然后根据战略需要制定一系列的 TDM 政策和法规以保障 TDM 的实施。

9.3.2 交通需求管理的实施体制

1. 组织机构

交通需求管理的实施需要有强有力的组织和科学的工作流程。迄今为止，国内还没有明确的交通需求管理实施的组织机构，而美国、日本等一些国家已经有一些比较成功的实践经验，十分值得我们借鉴，下面取其中的一些典型做详细介绍。

1) TMA——交通管理协会[7, 10, 11]

美国最早建立 TMA 来推进 TDM。TMA 的成员包括各种商业社团、企业、建设开发公司、土地所有者和开发商等。开发商和土地所有者们在开发扩建和土地利用时，为解决其中对其有直接利益的矛盾而创建 TMA。而政府部门由于交通拥挤、出行减少条例、空气污染等种种公共利益，成立了 TMA。土地开发商和商业社团组建 TMA 的出发点则是停车管理这个与他们最有直接利益的问题。这些事实说明 TMA 旨在维护其成员的直接利益，其创建是受各成员的直接利益驱使的。

总的来说，通过 TMA 所实施的 TDM 计划往往只着重于交通信息服务上，例如合乘服务、公共交通的信息、交通管理计划等。开发商们创建的 TMA 往往会提出诸如错时工作制、职工班车服务、优惠停车服务以及鼓励合乘汽车等计划措施。政府创办的 TMA 往往会提供安排合乘汽车服务、公共交通信息、交通管理计划、停车管理服务以及鼓励乘用公共交通等计划措施。总之 TMA 所提供的 TDM 计划是以投资少、收获大为基本原则的。TMA 即是 TDM 计划的受益者。

2) 交通需求管理对策协议会[8]

为促进和推进交通需求管理措施的成功实施，解决城市交通拥挤问题，日本奈良县根据既有自身组织机构特点，成立了一个由多部门共同参与、统一协调的交通需求管理实施组织机构——交通需求管理对策协议会。该协议会由多个职能部门组成，其部门和主要职能如表 9-9 所示。

表 9-9 日本奈良县交通需求管理对策协议会组成

组成单位名称	职 能	成 员
奈良县交通运输支局	统管交通运输	支局长
奈良县警交通部	统管交通管理和法规	交通企划课长和交通规制课长
奈良县企划部	统管交通规划	交通观光课长
奈良县土木部	统管交通建设	道路建设课长、道路维持课长、道路计划课长
奈良县都市计划部	统管交通规划	计划课长
奈良市建设部	统管道路建设	道路建设课长
日本道路公团大阪管理局交通技术课	地方公团	课长
奈良县国道工事事务所	常务组织	所长

可见一个科学合理的交通需求管理实施组织机构需要由多种类型的成员共同组成，他们的职能相互区别又相互补充，他们的协调合作将共同保障交通需求管理措施的有效实施。

2. 组织形式

除了建立专门的协会机构以外，还可以采用政策法规以及建立协商协议的形式来保障TDM的实施。

1）TRO——出行减少条例[10]

TRO通常是指美国地方政府（市、县）的一项法规，此法规要求土地开发商或企业单位雇主以各种形式参与TDM计划的实施。大多数TRO的主要目的是缓和现状交通拥挤，也有一些TRO着眼于缓解未来的交通拥挤，或是为了改善空气质量、节约能源等。单位的规模是衡量TRO对单位适用性的标准，规模包括占地面积、职工人数、高峰小时的出行产生量等。规模限制的目的是将大单位、企业和大开发商列入TRO的管辖范围，以提高TRO的实施效果。对于小规模单位可不列入，以免对其日常经营造成影响。

2）NA——协商协议[11]

如果在某一城市或地区，私人的自身利益还不足以促使他们创建TMA，TRO也没有获得社会各界的支持，那么，就可以采用NA（Negotiated Agreement）的方法使TDM得以实施。城市规划师就诸如土地开发等议题与开发商进行谈判时，将TDM计划作为协议的一部分与开发商进行协商，从而保证TDM计划的实施。这种形式下的TDM策略通常包括以下几个方面：提供写字楼、居民与公交和地铁站之间的短途班车服务；为利用公交和合乘车辆上下班的职工提供出租车免费乘车证或经济补贴；改善步行者的步行道等设施；实行错时工作制；降低城市中心区或无机动车区居民的房租，建立鼓励不采用小汽车出行的制度；为公交使用者的延伸出行方式（自行车与小汽车）提供停车设施；完善各类公共交通信息服务设施，方便居民采用公交系统等。

为保障TDM的有效实施，可以建立的组织机构和组织形式还有很多，这些不同的方法都有一个共同的目标，即加强公众（包括居民和企业）与交通管理机构（政府部门）的广泛合作。

3. 实施监督

交通需求管理不是一次性的行为，经济、政治、技术等外部条件和各种因素都将影响人们的生活习惯、政策导向等，实行现在的策略不一定适用将来，因此，一个完整的 TDM 实施工作流程应该包含有一个反馈的机制，即根据实施监督的实际情况不断地发现问题再解决问题直到获得最优的效果[11]，该过程可参考图 9-4。

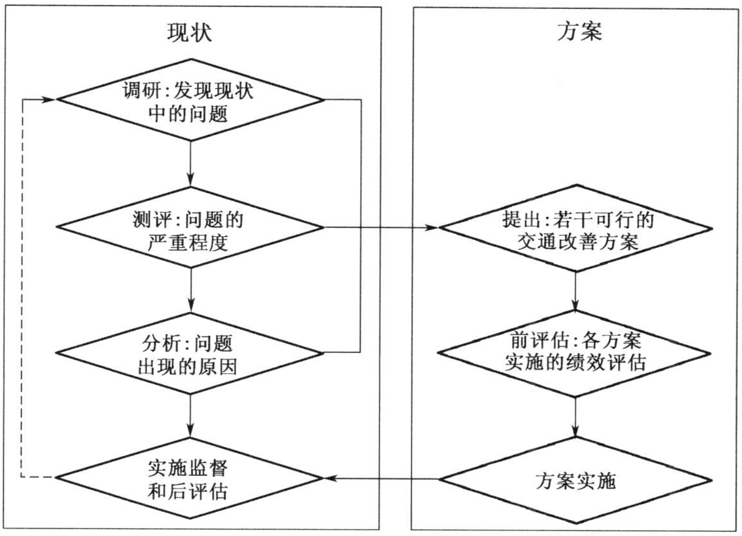

图 9-4　TDM 实施工作流程图

由于 TDM 是动态的、发展的，设计好的方案不一定能按计划实施，或没有取得预期的效果。因此，在实施过程中需要不断地对方案进行监控、评估、调整和改进。

4. 公众参与的听证机制[24]

为了加强交通需求管理整个过程中公众参与的程度，保障 TDM 的可实施性和有效性，公众参与的交通需求管理概念，应作为重要的保障机制实施。

公众参与最先出现于北美国家的城市规划中，是美国城市规划理论和实践的基本组成部分，起初是为了协调平衡各方（普通民众、政府与投资商）利益而采用的一种规划方法，后来发展为一种规划技术原理和法规而被广泛应用。现在也被应用于交通需求管理的策略实施中，作为一种新的交通需求管理方案实施的操作策略。

1）交通需求管理与公众参与的关系

公众作为公共关系的基本构成要素，泛指大众、民众。公众参与是指在社会分层、公众需求多样化和利益集团介入时采取的协调对策，具有过程性、协作性、平等性、权利性和责任性等特点。在 TDM 实施过程中，公众态度具有重要作用，原因有二：一是几乎所有公众都是交通参与者，TDM 涉及其切身利益；二是实施 TDM 时需要公众的理解、配合和支持，才能保证其达到预期效果。有关部门在制定政策过程中应充分考虑公众意见，使公共政策更有利于公众利益，以便在后期实施时所受阻力最小并最大限度地减少和避免政策出台后的负面反应，尽可能使公众自发遵守和执行政策。

公众参与的交通需求管理是指政府或相关部门为了建立平衡可达的交通系统，在制定城市交通管理政策措施时，以合理的方式和途径组织代表广大公众利益的社会团体、企业组织等进行讨论、协商，听取其反馈意见，多方权衡利弊，使最终决策得到公众的理解、支持、执行及监督的系统过程。政府或相关部门通过实施 TDM 使交通的公共利益最大化，会牺牲或限制部分出行者的选择自由，一定程度上损害了个体利益。但是，一部分人的交通利益不应通过牺牲大部分人的利益来实现，除非给予补偿，否则会产生矛盾。因此，TDM 不应只是技术性或行政性决策的结果，更应是公共利益与个体利益的博弈过程，是交通政策制定与相关法规实施的抉择过程。有效实施 TDM 的关键是如何使公众理解、接受并执行相关政策。

2）公众参与的原则

（1）公平公正原则：公众参与是政策合法性和公平公正性的体现，所以在政策制定过程中要通过公众参与保证公正；同时要实现服务均等化，即公众享有大体相同的交通服务也要承担大体相同的服务成本，如征收交通拥挤费就体现了受益与成本均等化。

（2）需求行为惯性原则：公众交通行为惯性有好坏之分，维持好的惯性，克服不良的惯性，都需要外力作用。不同的交通惯性需要不同类型的外力，对于刚性需求，TDM 难以改变其出行总量，但可以改变其在时空上的分布（如减少高峰期间拥挤路段的交通量）；对于弹性需求，其出行总量的减少与 TDM 强度是正相关的。在制定交通管理政策时要考虑公众的出行心理和行为特征，采取合理的方式施加外力，来改变公众的出行惯性。如为了防止形成“小汽车依赖”等交通习惯和交通文化，可通过无车日、公交日、自行车日、步行日、远程办公日等活动间断公众的交通行为惯性。

（3）时空消耗弹性原则：不同出行方式具有不同的时空消耗值，常见出行方式的人均时空消耗比为步行：自行车：公共汽车：小汽车＝0.8：5：1：20。TDM 政策应鼓励公众选择时空消耗较小的方式出行，适当压缩弹性出行需求，防止其过度膨胀。

（4）效用参照原则：若 TDM 限制了公众某种方式的出行权利，就需要有另一替代方式来实现出行目的。替代方式的出行效用是否增加将直接影响公众的出行选择。因此，“单双号”限行措施，在北京可以有效执行，在昆明却受到公众质疑，主要在于北京较为完善的公交系统很大程度上可以替代受限制的小汽车出行。采取区域交通控制与组织措施（如禁左、设置单行道路等）时，也应考虑出行路线的可替代性和效用参照性，避免因路线效用过度失衡而不能发挥交通组织措施的作用。

（5）心理认知原则：实施 TDM 时应积极考虑公众动机与心理认知对出行行为的影响。TDM 政策措施获得成功的重要前提是公众是否接受。政策的可接受程度，即公众对 TDM 的心理认知程度，对有效改变公众出行行为也非常重要。不少学者将 TDM 政策分为“硬策略”和“软策略”，即所谓的“推、拉政策”，前者带有一定的强制性，如采取行政、法规、处罚等措施；后者主要从公共宣传教育、社会关系网推动、信息服务援助、发展公共交通、经济激励和初期免费体验等方面引导公众选择公共交通出行。诸多研究表明“拉”比“推”更能得到公众的接受和认可，使公众产生正面心理认知，而将“推、拉”结合则可产生协同效应。

（6）权利义务对等原则：随着市场经济的发展，只有在公众关心或关切的社会活动中有公众参与，才能真正实现依法行政。公众在享有参与权的同时，也要承担与之对等的义务，且参与程度依赖于和参与权相关的法律制度的建立和完善，因此必须通过立法明确公众的参与权利与义务，从而体现公众参与 TDM 的强制性，让公众意识到参与城市交通管理既是权利也是义务，并非一种流于“形式”的走过场，从而促进政府决策、公众参与和交通系统的融合。

3）公众参与的保障机制[25]

以往的交通决策，缺乏一个有效的公众参与机制以促进公众与决策者之间的交流，从而导致不公平的产生和政策的失误。交通需求管理政策应该是一个协作工程，有必要构建公众参与机制及流程，从而使公众，包括弱势群体有机会能在地区、城市、街区等不同层面上和政策制定各环节参与政策制定。同时，借助宣传，改变公众出行观念，保障出行需求管理的顺利实施，减少需求预测偏差。

这里所说的公众不仅仅是普通意义上的公众（市民），还包括除交通部门以外的相关政府及其他相关团体或部门。

公众参与过程包括提供信息、及时通告，从而给予公众参与关键决策的途径，有助于早期且连续的公众参与。在交通需求管理政策制定中，公众参与应满足以下的特定要求：

（1）在交通需求管理政策决策环节开始之前，要求提前一定时间通知公众；

（2）对公众、公共机构、交通部门代表、交通设施建设公司及其他相关团体或部门及时提供政策所欲解决的交通问题及相关信息；

（3）为公众提供接触交通需求政策信息的渠道，并召开相关的公开的公众会议，讨论有关问题；

（4）要求给予足够的时间提供足够的信息，并让公众对关键决策有足够了解及思考评论时间，而且公众意见的反馈不应仅是同意与否；

（5）在决策及实施过程中公开对公众意见的反馈；

（6）开展广泛调查，对于重大的公众意见应作为最终政策报告的一部分写入；

（7）如果最终的规划与公众意见相差过大，应对修正的政策重新进行公众参与过程；

（8）应有相应的公正机构监督此过程的公开性及公正性，并由裁决机构进行审查。

4）公众参与机制的实施流程与方法

对于社会问题的公共决策，公众参与方法具有一定的共性。公众参与较为成熟的美国，做过很多相关研究和总结。根据 TDM 政策措施的制定与实施过程，公众参与的主要方法如表 9-8 所示。

表 9-8　公众参与 TDM 的主要方法[25]

参与方法	使用阶段
问题研究会、信息发布会、座谈会、公众听证会	所有阶段
居民顾问委员会、企业联合委员会、公众 SP/RP 调查	问题调研与目标分析
公众投票表决、公众专业协助、公众免费体验、公告宣传册	方案比选与前评价
交通影响折减、出行减少条例、企业协商协议、公众专业培训	方案实施
电话热线、监督申诉委员会、媒体访问报道	意见反馈与后评价

结合 TDM 的实施过程，公众参与 TDM 的主要流程为：首先分析现状交通存在的问题与原因，调查相关利益团体，确定公众参与对象；在此基础上明确 TDM 目标与范围并拟定初步方案；引入公众参与的听证机制，对初步方案进行前评价并确定最终实施方案；最后结

合公众对实施效果的后评价意见修正协调方案，并辅以相应的法律法规来保障参与、实施过程。具体流程如图 9-5 所示。

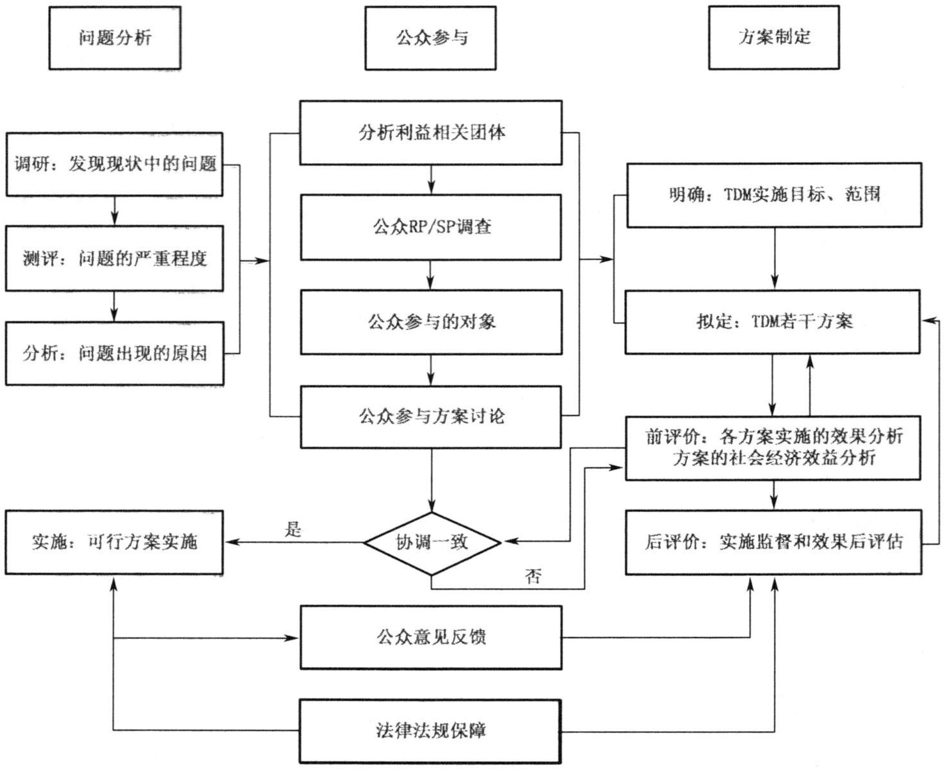

图 9-5　公众参与机制的实施流程图[25]

公众参与的 TDM 是一项涉及普通民众、政府、行业、团体等多方利益的复杂系统工程，实施前应进行充分论证。在 TDM 政策措施制定过程中要考虑公众参与，以体现过程的公平公正性，最大限度争取公众的理解支持。**TDM 的理想境界是落实到政策与法规层面**，因此，从向公众进行信息发布和成立交通管理联合会（TMA），到组织协调和政策措施实施需要有一套可行的法律法规保障程序，且在实施过程中应根据情况进行灵活调整、不断完善。根据各个流程阶段，可确定公众参与 TDM 的具体环节和内容，如图 9-6 所示。

9.3.3　交通需求管理的实施保障

1. 政策及法规保障

交通需求管理措施的实施是一项复杂的系统工程，在措施实施的过程中，需要经济手段与行政手段并用，为保证各项措施的实施效果，需要一定的法规支持[3]。所以必须制定和出台城市交通需求管理措施的有关法规，同时应有宏观政策保障。例如，为应对日益严峻的交通拥堵问题，我国北京、上海、广州等城市已经出台多了多项法规与措施推进 TDM 的落实，包括车辆限有、限行以及缓解交通高峰拥堵，对车辆在某些区域的使用进行强制管理等规定是十分必要的，同时效果也是十分明显的[2]。

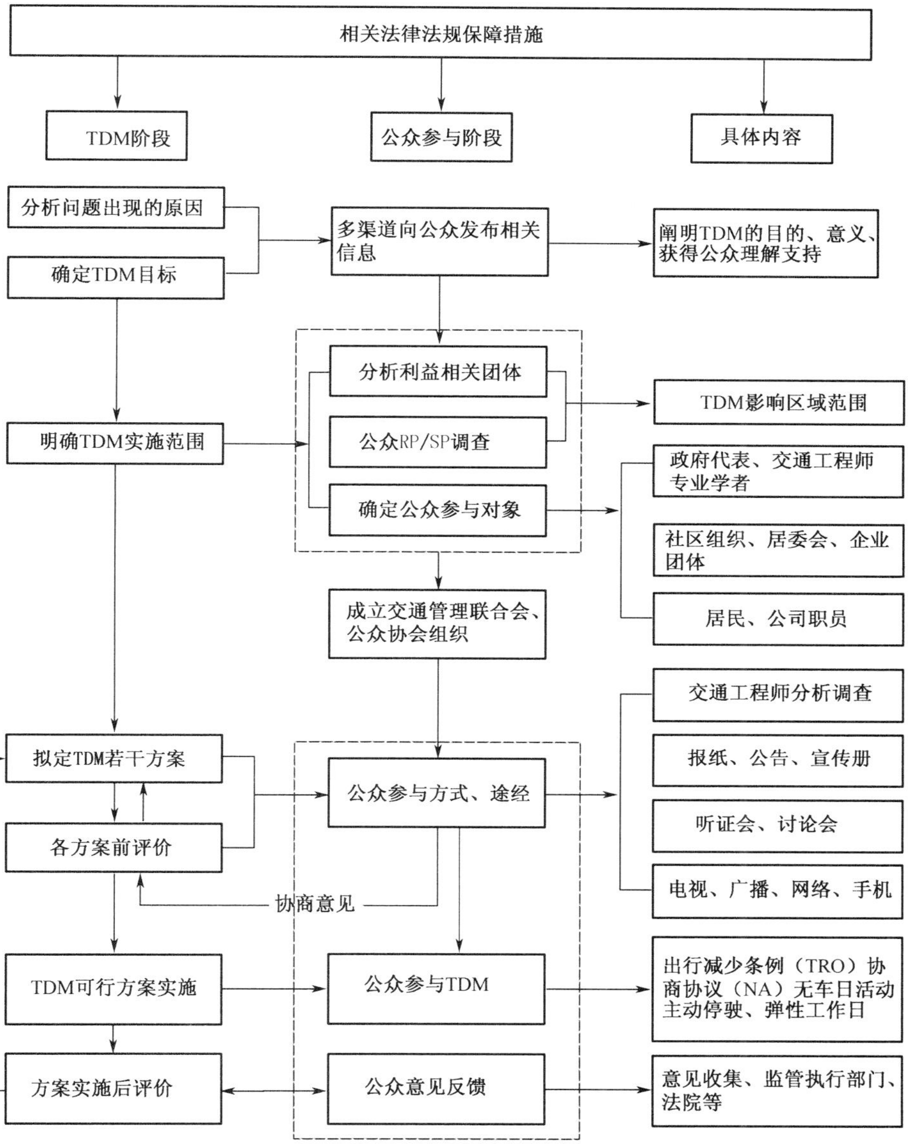

图 9-6　公众参与机制的实施框架[25]

2. 宣传和执法保障

实施交通需求管理策略，一定要重视对策略的宣传[2]。例如美国在开辟 HOV 车道后，在网上为市民提供了计算节约出行时间的服务，这样的宣传工作为 HOV 实施后达到令人满意的效果起到了积极的促进作用。

美国为推动 HOV 的使用可谓用心良苦，在相关领域所做的准备相当充分。譬如：弗吉尼亚运输部(VDOT)启动了一个网站 HOVcalculator. com，让北弗吉尼亚的通勤者能够计算他们放弃拥挤车道上出行方式，而改为小汽车合乘方式后，在 HOV 车道上能够节省的时间。这是因为 VDOT 的研究揭示了通勤者尝试 HOV 车道之前，他们想要知道他们到底能节省多少时间。所以，VDOT 发布了 HOVcalculator. com，这样通勤者能知道可能为自己节约的时间，并且能够去尝试小汽车合乘，即使只有一周一次。使用者甚至可以输入最接近于他们的家和办公室的标志建筑物的名字，网上计算器将告诉他们如果使用 HOV 车道可以使他们的出行节省多少分钟。计算器还提供关于最近的停车换乘的信息，以及公共汽车服务或者公司通勤交通车的出行信息。

另外，执法力度的保障也是 TDM 方案成功实施的关键所在[4]。许多交通需求管理措施的实施面临执行困难的问题，例如由于警力有限，小汽车出行中很多违章行为没有受到执法人员应有的重视，如路边停车、占用非机动车道不步行道等。

3. 技术保障

交通需求管理政策的实施，需要先进的信息提供、调度、通信、收费等技术保障[3]。为此，需加强智能交通系统（ITS）研究、开发与应用，提高交通控制与管理技术水平，推进先进的交通管理系统（ATMS）、先进的出行者信息管理系统（ATIS）、先进的公共交通运输系统（APTS）、先进的商业运输车辆管理系统（ACVO），及不停车电子收费等研究和开发，依靠 ITS 等新技术和先进的管理手段实现机动车辆在有限的道路空间上交通流量合理分配。同时，应加强先进的通信系统研究，保障网络办公和电话会议的可靠性。

为保证以上先进技术的研发，还应在以下方面加以保障：

（1）在政策上、财政上给予 ITS 研究支持；

（2）加强国内外相关部门之间的技术合作与交流；

（3）降低通信资费标准；

（4）开展技术交流合作，进行系统研发；

（5）加强媒体部门和交通部门的合作。

4. 后勤保障

策略的后勤支持是策略实施保障体系中一个重要部分，譬如提供紧急车辆服务。要注意满足人性化要求，要考虑到实施交通需求管理策略对市民出行甚至生活上带来的不同影响，要提供周到的后勤支持。并且这些支持均要和交通需求管理策略本身的实施同步考虑[5]。

5. 经济保障

经济保障是指 TDM 实施策略后，对实施对象额外产生的费用的补贴，譬如：虽然对采用公交这种出行替代方式提供了补助，但并没有考虑到由于采用公交而额外产生的其他费用；额外产生的小孩的照看费用（因为父母乘公交后出行时间将增加）。这些费用是不包括在补助里面的。在实施保障体系的方案中要类似对这样的问题提供经济上的援助，才能尽量减少交通需求管理策略实施后，人们对出行费用增加的困扰[5]。

6. 实施机构及监督保障

加强政府对交通需求管理政策与措施开展实施的集中统一领导。建立一个由相关部门共同组成的统一领导、统一协调的交通需求管理实施领导小组、技术研究小组及专家咨询小组。确保城市交通需求管理政策与措施的顺利实施，并取得预期的实施效果[3]。

思考题

1. 什么是绩效评估？TDM 的实施效益包括哪些内容？如何体现 TDM 政策中的公平性？

2. 对比新加坡和伦敦实施拥挤收费计划的 TDM 过程，阐明我国应该如何在 TDM 中体现效益评估(与成本评估)、公平性评估与可接受评估的一致性与协调性。
3. TDM 实施方案的优选阶段评估应进行哪些准备工作(调查、模型、仿真、优化)及技术流程分析？
4. 为什么说 TDM 的实施保障需要政府主导与专家智慧、公众参与的结合？试分析图 9-4、图 9-5 中政府、专家、公众各自的角色。

主要参考文献

[1] 宗芳. 基于非集计模型的交通需求管理策略评价研究[D]. 上海：上海交通大学，2008.
[2] 王峰. 广州市交通需求管理研究[M]. 广州：广东科技出版社，2001.
[3] 丛英爱. 交通需求管理措施及实施效果的调查研究[J]. 交通标准化，2009，12(186)：63-65.
[4] 王书灵. 交通需求管理政策在北京奥运会中的应用和评价[J]. 交通运输系统工程与信息，2008(6)：121-126.
[5] 朱顺应. 交通需求管理有效性评价研究[J]. 重庆交通学院学报，1999(18)：40-45，54.
[6] 何建伟. 北京市交通需求管理政策效用分析[J]. 交通运输系统工程与信息，2009(6)：114-119.
[7] 王刚. 实施有效交通需求管理——TDM 在美国[M]. 北京：中国人民公安大学出版社，2004.
[8] 江巍. 城市交通需求管理策略及其评价技术研究[D]. 南京：东南大学，2004.
[9] Ferguson E. Transportation Demand Management: planning, development, and implementation [J]. Journal of the American Planning Association, 1990，56(4)：442-456.
[10] 陈艳艳. 城市交通需求管理及应用[M]. 北京：人民交通出版社，2009.
[11] 郭继孚. 交通需求管理——一体化的交通政策及实践研究[M]. 北京：科学出版社，2009.
[12] 潘海啸. 2010 年上海世博会交通全过程需求管理框架[J]. 城市规划学刊，2006(4)：53-60.
[13] 杨夫军. 交通需求管理评价指标体系研究[D]. 南京：东南大学，2006.
[14] 朱顺应. 城市交通需求管理理论研究初探[J]. 重庆交通学院学报，1997(3)：107-117.
[15] 丛英爱. 交通需求管理与可持续发展[J]. 北方交通，2007(12)：90-92.
[16] 安德里亚·伯德斯(美). 城市交通需求管理培训手册[M]. 温慧敏，译. 北京：中国建筑工业出版社，2009.
[17] 隽志才. TDM 政策实施及评价综述[J]. 中国软科学，2007，10(1)：156-160.
[18] 王振报. 模糊评价法在 TDM 方案决策中的应用[J]. 道路交通与安全，2006(10)：22-25.
[19] 张丽莉. 北京市城市道路交通需求管理研究[J]. 交通运输，2009(7)：63-65.
[20] 刘清泉. 新加坡城市交通需求管理对中国城市交通管理的启示[J]. 城市研究，2000，1(80)：40-42.
[21] 马韵馨. 交通需求管理在新加坡的应用[J]. 交通标准化，2009，5(197)：53-57.
[22] 罗兆广. 新加坡交通需求管理的关键策略与特色[J]. 城市交通，2009，7(6)：33-38，27.
[23] 段进宇. 控规层面的交通需求管理[J]. 城市规划学刊，2007(167)：82-86.
[24] 鄢勇飞. 公众参与的交通需求管理[J]. 城市交通，2010(5)：64-71.
[25] 董治等. 城市交通管理公众参与机制的要素[J]. 长安大学学报(社会科学版)，2009，11(1)：38-41，49.
[26] 陈峻，晏克非，等. 城市客运方式间的资源配置优化技术研究报告[R]. 国家高技术研究发展计划(863 计划)城市客运交通方式间的资源配置优化技术，2010.

第 10 章　TDM 的实施案例分析

TDM 理论与方法贯穿于交通运行、建设、规划及发展战略等各个阶段，本章选取“长沙五一大道交通整治疏导项目”、“芜湖交通规划世行项目”、“长沙南站枢纽规划项目”及“上海市交通体系规划建设的实践”为典型案例，分别从道路交通整治、交通项目建设、枢纽地区规划及大城市的交通发展战略等层面，剖析 TDM 的实施过程，以及如何采用优化交通流配置、优化交通模式和优化土地利用的三大“优化策略”来指导城市“智慧型”交通的构建。

10.1　长沙五一大道交通整治疏导的 TDM 设计方案的回顾[1]

五一大道位于长沙市中心城区，西起橘子洲大桥桥东，东至火车站，全长 4 138 m，“一块板”道路，机动车双向 8 车道(图 10-1)。沿线包括了五一商圈、芙蓉广场、袁家岭、省委、火车站等重要区域，是长沙市重要的客运交通干道和标志性景观道路。

随着交通的迅速增长，五一大道流量日趋饱和，交通拥堵日益严重，已经成为影响长沙市中心城区交通运行的重要瓶颈。为此，长沙市主管部门要求从交通结构优化和时空资源配置出发，开展五一大道交通整治疏导工程。

(a) 五一大道走向　　(b) 五一大道与火车站现状

图 10-1　五一大道位置示意图

10.1.1　现状交通问题及症结分析

10.1.1.1　交通增长迅速导致交通供需失衡

2007 年，长沙市全市机动车保有量 50.9 万辆，比 2006 年增加 5.2 万辆，增长了为 11.5%。随着车辆保有量的增长，道路的压力也在不断增加，其中，五一大道集中了从湘江大桥桥西到桥东的大量车流，高峰时双向机动车流量达到 6 800～7 000 pcu/h。

根据调查，五一大道高峰小时社会车辆高峰小时平均车速仅为 16.0 km/h，公交车辆平均车速则仅为 12.3 km/h。由于五一大道所处的特殊的地理区位，使其成为长沙市交通拥堵持续时间最长，影响范围最大的交通干道之一。调查表明，城市用地与道路设施的配置不均衡，则是导致交通拥堵的根本原因。五一大道两侧集中了长沙市中心主要的商务、办公、商业用地，周边路网密度与连通性不足，两侧用地开发强度高，集散交通流量大，出入交通与通过性交通叠加，难以通过其他道路分流。使得高峰期间五一大道的交通流量负荷难以在有限车行道宽度(39 m 8 个车道)内进行疏解。

10.1.1.2 交通组织粗放导致交通供给乏力

五一大道的粗放式的道路交通组织方式，使得在道路设施供给上乏力，难以满足需求，加剧了五一大道的交通拥堵，主要体现在以下几点。

1. 路段与路口车道数设置不均衡

一是路段车道数和进出口车道数的不均衡(图 10-2)。五一大道路段(车行道断面 39 m)设置了双向 8 条机动车道，车道宽为 3.75 m，但是在进出口道，尚未考虑路口信号周期通行延误，仍然按照 5 进 3 出的 8 车道布置方式，路段车道数和交叉口的车道数未有匹配。进出口道车道数均显不足；另外，进口车道设置过宽，导致在车辆排队时较混乱，严重影响了进口车道的通行能力(饱和流率)。

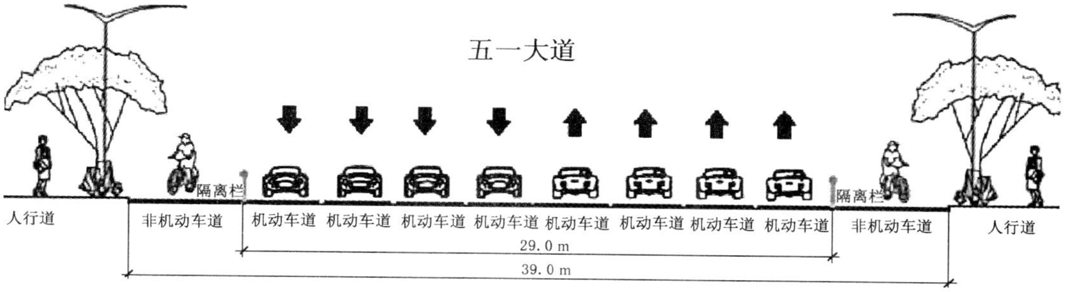

图 10-2　五一大道现状车道

二是五一大道上缺乏港湾式公交车站。作为一条交通主干道，五一大道上公交线路高达 21 条，高峰公交车流量超过 200 辆/h，4.1 km 长的路段，共有 8 对路侧式车站，这使得公交车站成为了一个个的瓶颈。公交车与社会车交织严重，又导致公交车在车站进出效率低下。

根据调查，五一大道高峰小时公交车交通延误主要原因为在公交车站的停靠，占 43.5%；其次为交叉口延误，占 36.0%，这也反映了交通车道数的不均衡(图 10-3)。

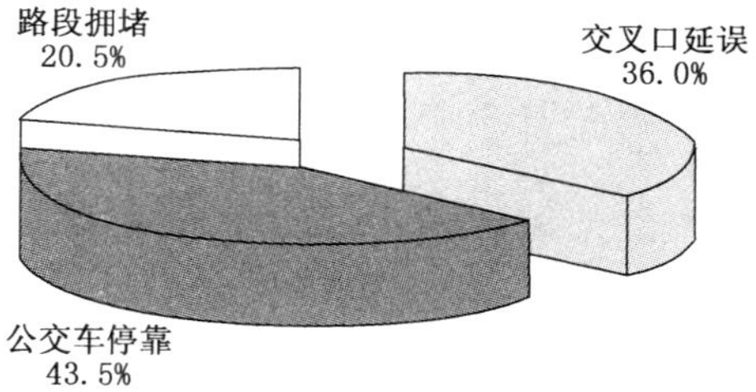

图 10-3　五一大道公交车延误原因

2. 断面交通客运交通组织欠合理

五一大道作为主要客运通道，在功能上公交车和社会车的交通方式组成结构不合理(图 10-4)。五一大道高峰小时双向交通流量为 6 800～7 000 pcu/h，其中公交车流量平均大于 120 辆/h，最大断面流量达到了 200 辆/h；交通流组成中公交车比例占到 8.35%，但公交客流量占到断面总客流量的 68.7%。从总体上看，公交与私人小汽车的比例很不合理，说明要建立倾向公交客流的专用通道，才能够缓解车流的交通拥堵。

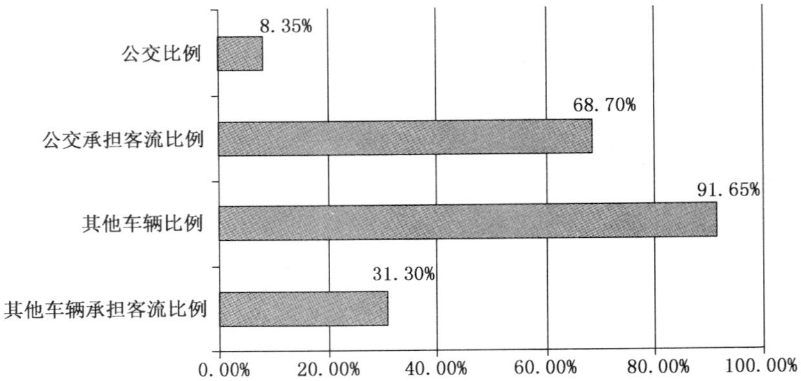

图 10-4　断面交通流组成及各方式承担客流比例图

3. **交叉口信号控制不够协调**

五一大道全线共有 11 个主要交叉口，现状路口信号灯配时方案不尽合理，缺乏各交叉口之间的协调管理与控制。

一是作为交通性主干道，五一大道 11 个交叉口间距短，而且路口仍为单点控制，部分路口车辆红灯排队经常影响到下一个路口，缺乏信号协调控制；

二是交叉口信号相位适应性差不协调，信号放行次序不一致、相位时长未能与各向流量达到很好地匹配，导致延误增加，整体通过能力下降。

10.1.1.3　关键节点瓶颈导致交通系统拥堵

关键交通节点瓶颈问题主要是指位于五一大道东端的火车站广场和位于西端的橘子洲大桥桥头交通组织问题。

1. **火车站广场交通问题诊断**

长沙火车站是长沙市铁路客运站，临五一大道一侧广场(西广场)集中了所有的铁路站进出客流。在火车站广场，由北坪、中坪和南坪分别承担公交车、社会车和公交车的停车场功能(图 10-5)。而五一大道(东尽端)垂直于车站路(在北坪和中坪之间)。

图 10-5　火车站广场现状各区域功能

由于火车站广场中坪和南坪的交通功能空间布局不尽合理，不仅使得火车站广场的交通组织不顺畅，也直接加重了五一大道的交通拥堵。

首先，中坪作为社会车停车场，进出火车站的小汽车基本都需要从五一大道进出（通过其他道路分流的可能性小），这直接加重了五一大道上的交通流量（图 10-6）。

其次，南坪布置为公交车首末站，但由于大部分公交线路也要通过五一大道，仍需要通过五一大道，且进出南坪时，需在车站路路段左转，直接影响了五一大道—车站路路口的交通组织（图 10-7）。

图 10-6　中坪社会车乱停乱放

图 10-7　南坪公交与社会车流冲突严重

最后，由于南坪距火车站进站口距离较远，且中间通道交通组织不顺畅，使得进出火车站的乘客进出不便，选择公交方式集散的比重降低；而中坪社会车还有很多社会黑车拉客，使得临车站路交通混乱，也增加了交通拥堵。

2. 橘子洲大桥桥头交通问题诊断

橘子洲大桥即为湘江一桥，是长沙市中心城最早连接河东和河西中心的交通咽喉，因修建时间较早，尽为双向 4 车道，与五一大道的双向 8 车道已属不配，现状五一大道上进入橘子洲大桥约束为 3 车道，而通过湘江中路匝道上桥的还有 2 车道，汇入橘子洲大桥的 2 车道（图 10-8），交织段距离仅约为 20 m，该节点出入交通流量大，在高峰时，交通拥堵的车辆排队将向后延续，其拥堵长度往往堵住五一大道下匝道口，甚至排队至上游黄兴路口。

图 10-8　橘子洲大桥桥头结点现状

10.1.1.4　基于 TDM 的交通整治思路

五一大道两侧用地已基本开发成熟，要从根本上扩展用地来实现交通需求与设施供给的均衡，已不太可能。

因此，五一大道交通整治的总体原则是在已有的用地控制和道路设施条件下，如何通过少量的工程措施和优化交通流的组织，精细化、规范化设计与配置，尽可能地达到交通供需上的均衡，缓解交通拥堵，实现交通整治效益的最大化。

在总体原则下，确定了近期基于 TDM 策略的交通整治疏导思路：

(1) 通过设置公交专用车道，调整好客运通道的交通结构，以适应五一大道公交客流量大的需求，落实公交优先，促进交通供需关系的均衡性与合理性。

(2) 通过交叉口渠化与港湾式公交车站的设置，实现五一大道有限车行道宽度(断面 39 m)高效利用。

(3) 通过交叉口信号控制优化以及路口进出交通组织，实现路段车流与交叉口及出入口车流的均衡分布。

(4) 通过对火车站和橘子洲桥头节点的交通组织，缓解节点的拥堵，并降低对五一大道的交通影响。

10.1.2 基于 TDM 理念的交通整治疏导方案

根据交通整治疏导思路，五一大道以 TDM 为指导的交通整治疏导方案主要包括五个方面。

10.1.2.1 公交专用道与港湾式公交停靠站的设置

通过公交专用道、公交车交叉口优先、减少出入口对公交影响等措施，促进五一大道客运功能在结构上的优化，并突出公交优先的地位，引导出行者向公共交通的转移。

1. 路段断面布置

五一大道两侧绿化的玉兰树(人行道的重要组成部分)是长沙市重要景观，在改造时绿化必须保留，即道路断面(车行道)难以拓宽。而交通流量大，如何设置港湾式公交停靠站？在 39 m 宽度内需设置双向 8 条机动车道、非机动车道以及港湾式公交停靠站如何合理组织？我们从实际出发，提出了适度压缩社会车辆车道宽度，并在设置公交专用道位置对道路中心线进行适当偏移改造的平面设计方案，包括社会车辆车道宽度改为 3.25 m，公交专用道宽度为 3.5 m；在港湾式公交停靠站位置，公交专用道宽度为 3.25 m(图 10-9、图 10-10)，以及中央隔离栏、公交站台的局部改造方案，满足了公交专用道和港湾式公交停靠站要求。

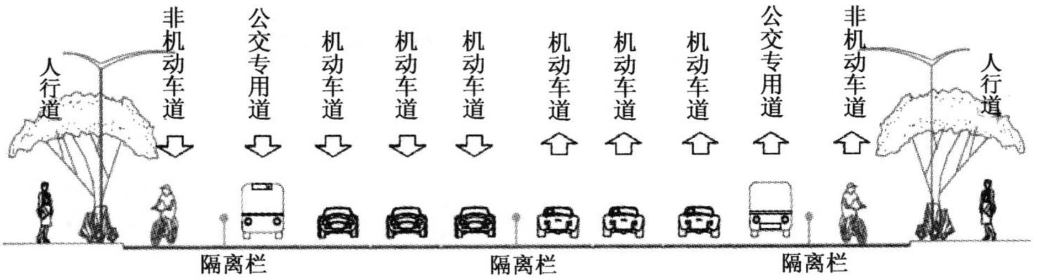

图 10-9 五一大道设计横断面图(路段)

2. 港湾停靠站的设置

由于车行道两侧的路缘石不能拆除，港湾式公交停靠站的设计难以通过偏移人行道来实施，因此公交站台是通过渠化标线，采用外凸式港湾式公交停靠站；同时，由于道路断面宽度的限制，在公交站台的位置，中央隔离栏需向另一侧进行适当的偏移，并对两侧港湾式公交停靠站进行了协调设计，实现道路中线的偏移(图 10-11、图 10-12)；在平面设计上采取增

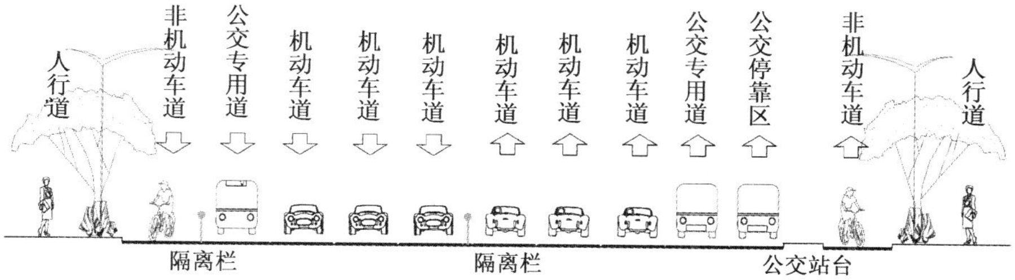

图 10-10　五一大道设计横断面图(停靠站位置)

加乘客候车面积和公交停靠泊位长度,公交站台宽度从 1.5 m 增加到 2 m,长度由 40 m 增加到 60 m,乘客的候车条件与公交车的停靠秩序得到明显改善,提高了五一大道公交设施的优先权。

图 10-11　五一大道公交停靠站整治后效果图

(a)整治前　　(b)整治后

图 10-12　五一大道公交站台整治前后对比

3. 公交专用道在交叉口的设置

考虑到五一大道上转向的公交车辆较少,结合路侧式公交专用道布置特点,在交叉口主要进行如下设置:五一大道公交专用道使用交通标线隔离中的黄色虚线与普通车进行区分,利用字符标线"公交专用道"和"右转车辆"明确公交专用道的使用权限,同时在公交专用道路段的起点位置均设置公交专用道的交通标志。为辅助港湾式公交站台的设计,车道标线及道路中心隔离栏均进行了一定的偏移处理(图 10-13)。

典型交叉口的处理:将交叉口第二条车道设置为公交专用直行进口道,右转车辆调整到最外侧车道；设置描述车道功能的交通标志和诱导公交车辆行驶的交通标线；在上游交叉口设置交通标志，提醒转弯车辆利用交叉口实行车道变换。

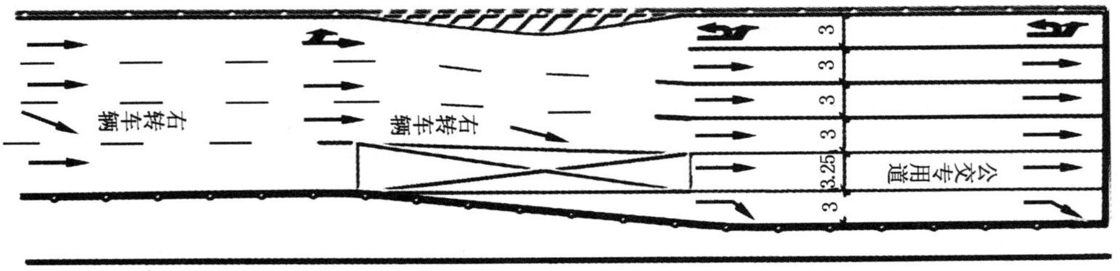

图 10-13　典型交叉口公交专用进口道示意图

10.1.2.2　交叉口渠化与路段出入口组织

五一大道沿线交叉口渠化特点如下：一是通过压缩交叉口车道宽度，实现 6 条进口道和 4 条出口道，提高车道功能匹配的均衡性；二是通过交叉口渠化满足公交专用在进口道的布置；三是结合公交停靠站，与交叉口进口道进行一体化设计。在交叉口内设计渠化标线，引导交叉口内车辆的运行轨迹，从而减少冲突（图 10-14）。

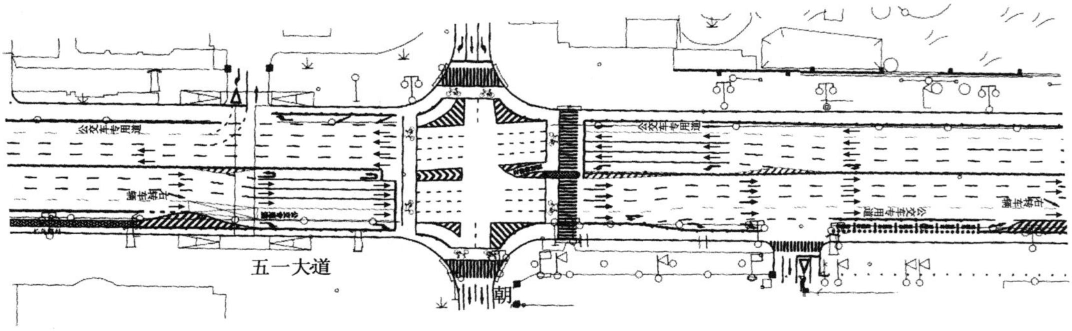

图 10-14　公交停靠站与进出口车道的协调设计

五一大道两侧出入口的交通组织原则是在不影响原进出功能实现的前提下，尽量结合交叉口及公交专用道的交织区，实行单进单出的配对设置，减少出入口交通与公交专用道的相互干扰。

对于进出五一大道的车辆，在有条件的情况下，设置驶出右转待行区和驶入汇入待行区，并适当设置港湾式出租车扬招点，以减少对主线交通的影响。如五一大道太平街—仓后街段，由于该段公交线路数较多，公交站点设置了主辅站，两个站点的位置离出入口较近，为减少对公交专用道的干扰，设计中对交叉口实行了单进单出管理（图 10-15）。南侧路段出入车辆统一从公交车站前的太平街口进入，从公交车站后的三泰街驶出，交通冲突点由 4 个减少到 2 个，北侧车辆从仓后街进入、西长街驶出，交通冲突点由 6 个减少到 2 个，充分利用了机非隔离带的作用，很好地保障了公交专用道的运行组织。

10.1.2.3　关键交叉口的信号优化

对于关键交叉口的信号优化控制，包括了对单点交叉口的信号优化设计以及对关键相邻交叉口的信号联动控制。

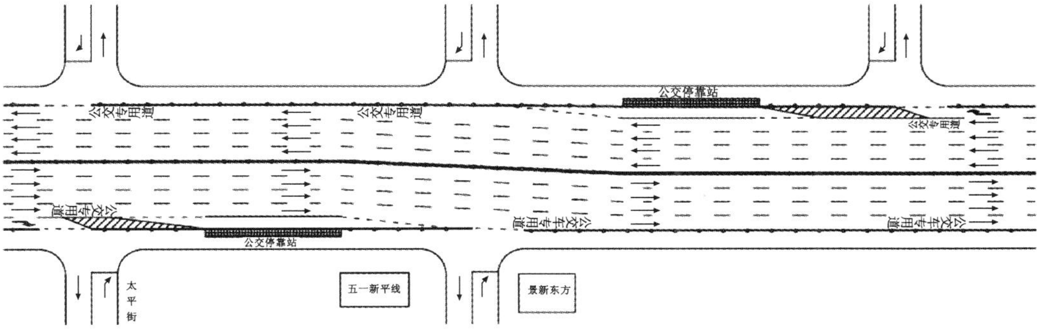

图 10-15　五一大道路段出入口设计示意图

1. 单点交叉口信号优化设计

根据交通流量及车道功能的划分，对单点控制交叉口进行配时优化处理，提高单点控制对的效率(图 10-16)。

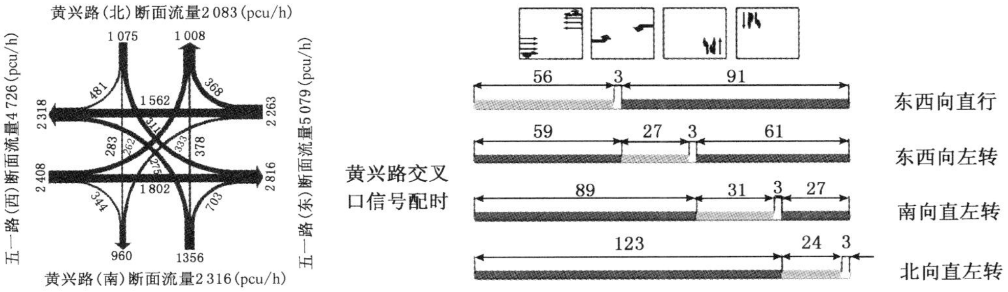

图 10-16　黄兴路路口信号控制优化示例

2. 相邻交叉口信号优化控制

针对部分相距较近的交叉口，实施联动控制，使行驶于两交叉口间的车辆避免二次排队，从而提高交叉口的效率(图 10-17)。

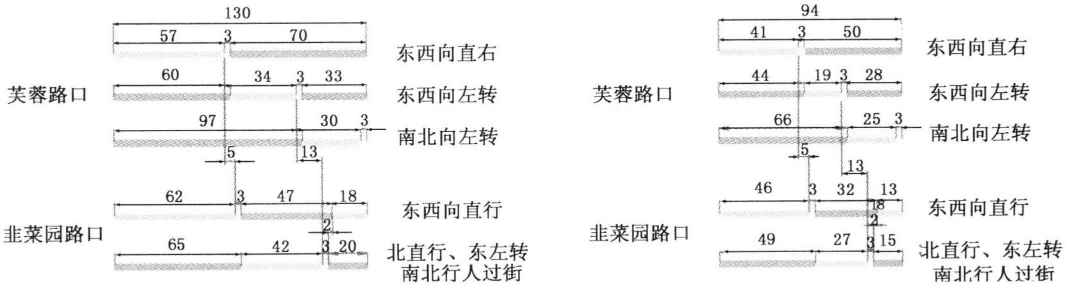

(a) 高峰信号配时　　　　(b) 平峰信号配时

图 10-17　芙蓉路口—韭菜园路口联动控制示例

10.1.2.4 关键瓶颈节点的交通疏导

1. 火车站广场节点的改善

针对火车站广场现状用地紧张、交通混乱的现状，火车站广场的交通疏导主要从空间资源优化利用的角度出发，配合以交通流的优化实现改善，主要包括中坪和南坪的功能互换，以及北坪的出租车交通组织(图 10-18)。

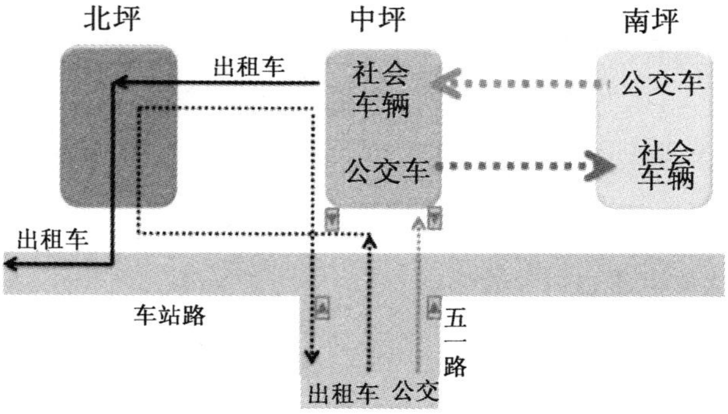

图 10-18 火车站广场节点改善思路图

1) 南坪和中坪的功能置换

将南坪改为社会车辆停车场及少量旅游客车停车场，中坪改为公交车停车场，将目前的南坪公交班线全部移至中坪。在功能置换后，就可以调整交通流线组织，从而尽量减少交通流的冲突以及行人对机动车交通的干扰。

南坪交通流线：南坪的交通流线主要通过朝阳路、解放东路、车站中路及八一路进行组织，即进入社会停车场的交通流可以分流至解放东路进行交通组织(图 10-19)。

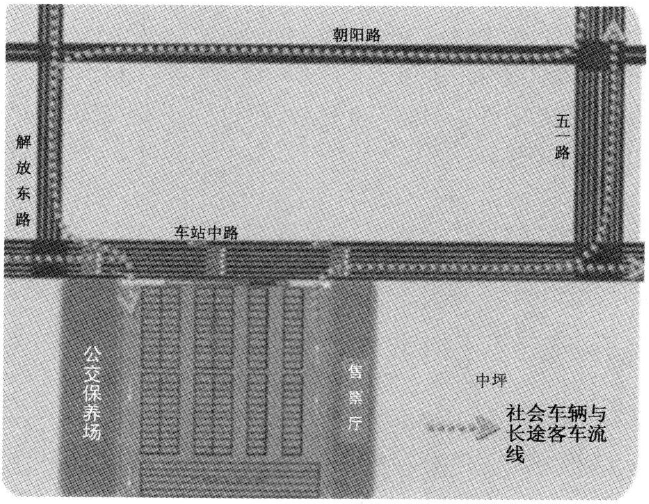

图 10-19 改善后南坪交通组织流量设计方案

中坪交通流线：中坪经过改善调整后，包括了公交车和出租车的停靠，其公交车和出租车的交通流线组织如图 10-20 所示。

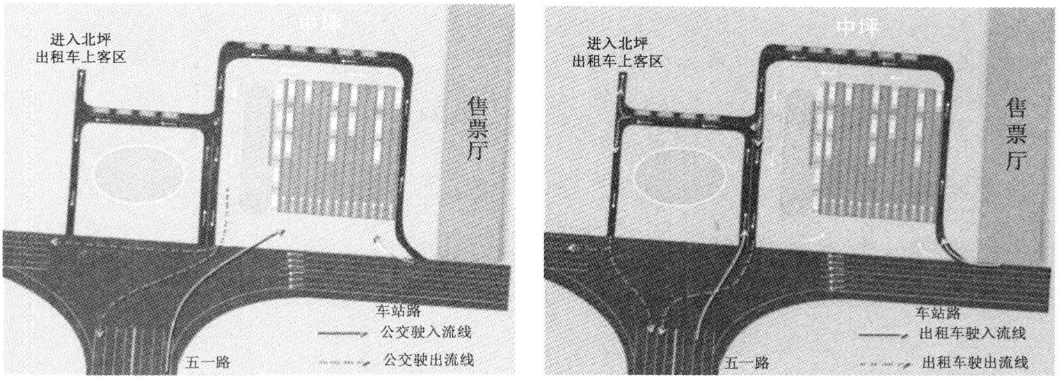

（a）公交车　　　　（b）出租车

图 10-20　改善后中坪公交车与出租车交通组织流线设计

2）北坪的出租车交通组织

针对北坪出租车候客区的问题，增加北坪出租车上客区通道，加强出租车在五一大道与北坪之间的直接联系。具体方案为：增加 3 个出租车上客区车道，扩大出租车上客区通行能力；增加 1 个出口车道，出租车上客后可通过交叉口直接进入五一大道。

北坪交通流线：北坪的调整主要是针对出租车候客区进行了改善，另外，北坪保留了公交车始末站的功能，所以该处交通流组织分别从出租车与公交车进行考虑，如图 10-21 所示。

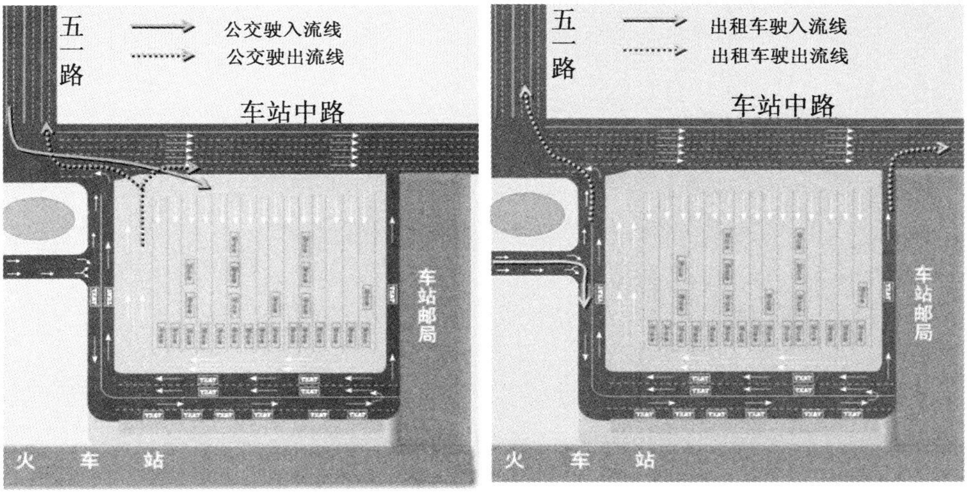

（a）公交车　　　　（b）出租车

图 10-21　改善后北坪公交车与出租车交通组织流线设计

通过火车站广场实施的功能调整和改善措施，火车站广场的交通组织调整方案可减少乘客换乘距离和时间；减少了公交车和社会车的绕行距离，从而大大减轻了五一大道的交通压力（图 10-22），本方案作为地区整治疏导第二期项目实施。

2. 橘子洲大桥桥头节点的改善

针对橘子洲大桥车道匹配失衡与车流量汇入难的问题，通过交通标线渠化和设置隔离栏的方式，并设置信号灯对车流进行引导，从而避免多车道向少车道过渡形成“漏斗式”的瓶颈，具体方案一期实施，效果显著（图 10-23）。

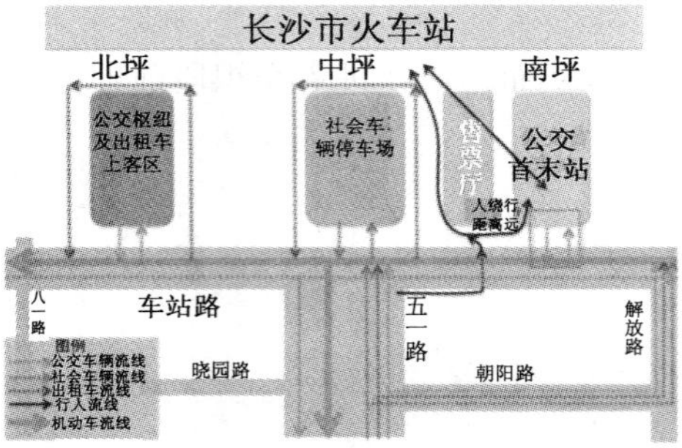

（a）改善前

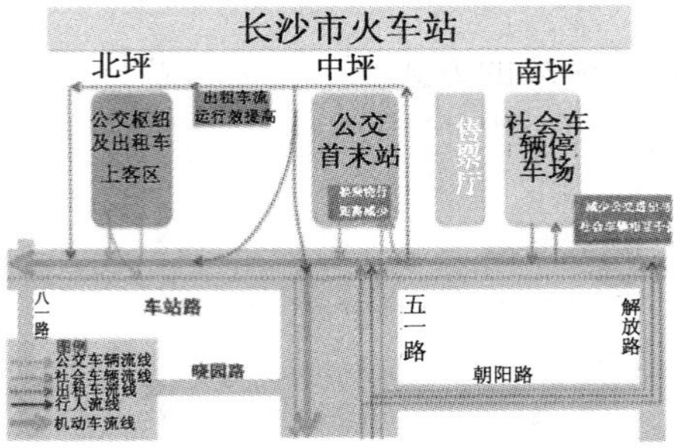

（b）改善后

图 10-22　火车站广场改善方案对比图

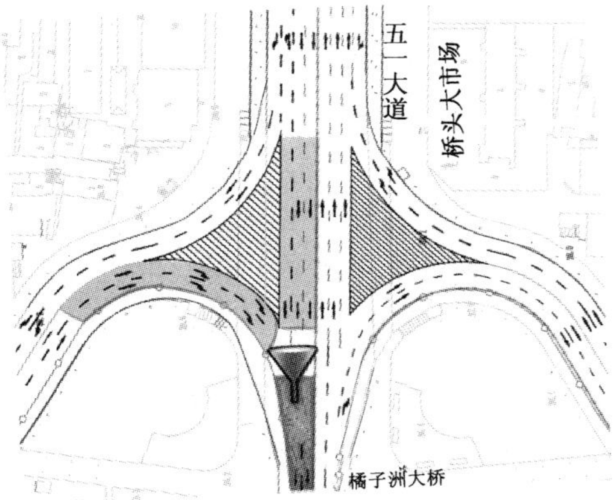

(a)改善前

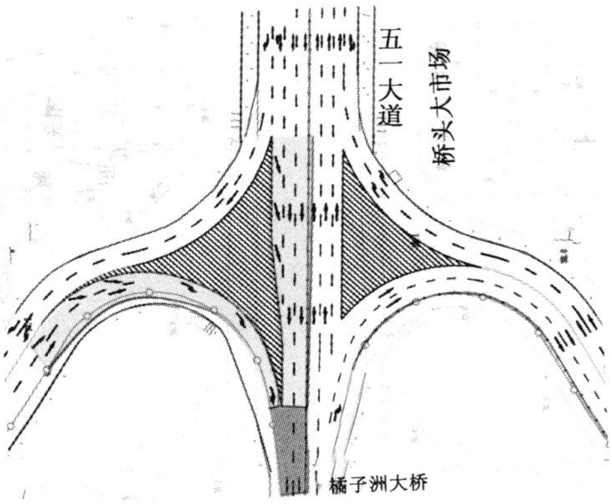

(b)改善后

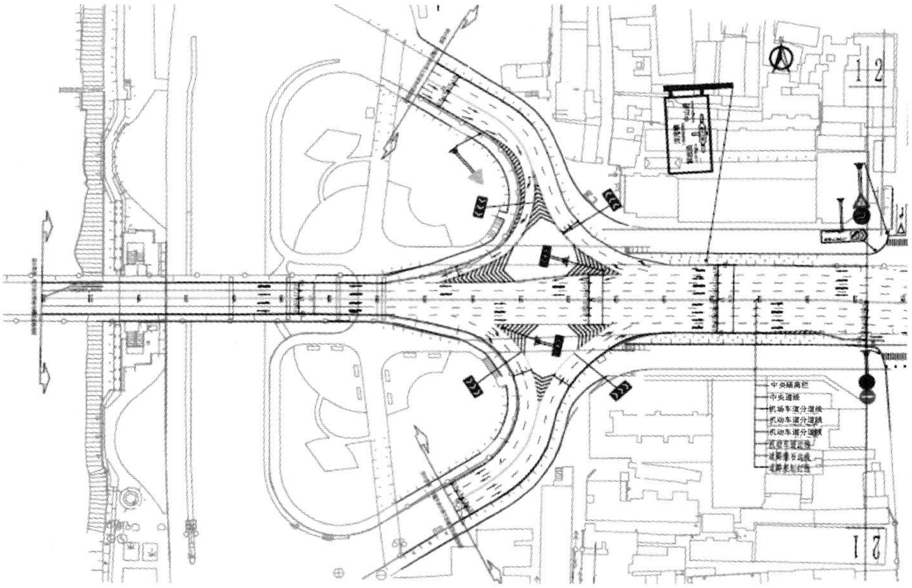

（c）方案设计

图 10-23　橘子洲大桥桥头渠化改善措施前后对比

(1) 对匝道汇入车流进行渠化调整，将匝道由 2 条车道压缩成 1 条车道，并设置隔离栏，以物理隔离的方式减少车流违章行驶的可能性，从而车流在进入交织段前即形成一股车流，减少车流交织冲突；

(2) 五一大道进入大桥处同样进行渠化线调整，使主线由 3 条车道压缩成 2 条车道，并在车道边设隔离栏分离，从而分散车流交织。

10.1.2.5 辅助性交通设施精细设计

辅助性交通设施设计包括了隔离栏、交通标志和交通标线的设计，这些都是保证五一大道交通整治思路落实的必要措施。

在公交专用道的组织与管理上，两侧单位的出入车辆以及交叉口的右转车辆，均有通过公交专用道的需要。在设计中，利用字符标线"公交专用道"和"右转车辆"明确公交专用道的使用权限，同时在公交专用道路段的起点位置均设置了公交专用道的交通标志。

如图 10-24 所示，在出口道的公交专用道起点(如①)、路段出入口后(如②)、公交专用道进口道起点(如③)位置路面施划"公交专用道"标线，从该点开始，公交专用道上禁止其他车辆驶入；在需右转进入出入口位置(如④)、进口道右转车道进入位置(如⑤)，在相邻车道上施划"右转车辆"字符标线，从该点同一断面位置开始，公交专用道上允许其他车辆汇入，至下一个"公交专用道"字符标线时止。同时，在出口位置，施划引导标线(如⑥)，引导车辆直接驶入社会车辆车道，减少对公交专用道干扰。

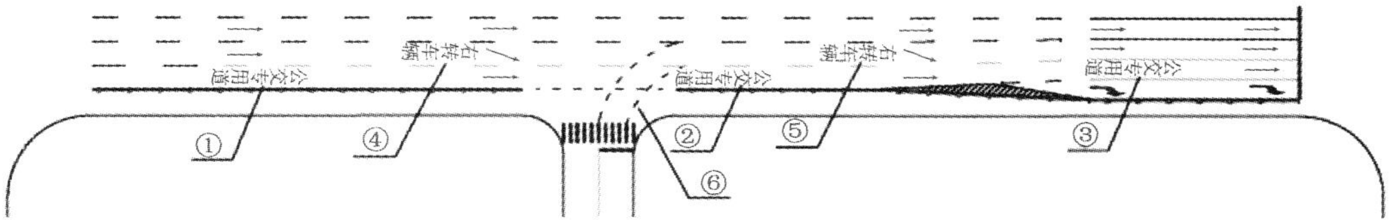

图 10-24 公交专用道字符标线示意图

五一大道整治前无中央隔离栏和行人中央驻足区，行人横穿道路困难，且横穿行人较多，存在很大的安全隐患。整治后，增设了中央隔离栏，并在人行横道处设置了中央驻足区，两端设置防撞保护设施，并采用反光标志提醒驾驶人注意(图 10-25、图 10-26)。

图 10-25 公交专用道交通标志

图 10-26 结合中央隔离栏设置行人驻足区

10.1.3 五一大道交通整治疏导效果

五一大道交通整治疏导(2008年),建立了长沙市中心城区第一条公交专用(车)道。在不改变路缘石范围的前提下,没有大拆大建,以交通需求管理思想为指导,通过科学的交通组织和精细化的设计,尽可能地达到交通需求与交通供给的均衡,使得各种交通方式运行更为有序,五一大道的通行能力明显提高。整治后(大部分都在一期完成)第三方评估结果表明,公交行程车速提高了约25%;全线社会车辆与公交车辆的交织减少,行程车速提高了约10%,公交优先的惠及措施民生效益明显(图10-27);近期2013年施工中的地铁2号线竣工后,交通整治的效果将会进一步凸显。

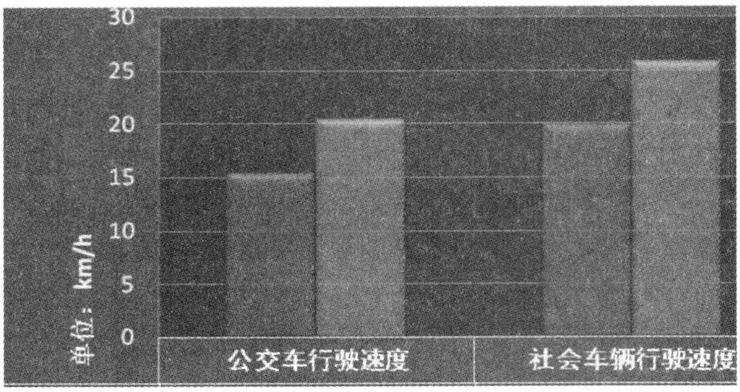

图10-27 五一大道交通疏导前后的行驶车速对比

10.2 基于TDM策略的芜湖世行项目方案优化[2-4]

10.2.1 案例背景介绍

1. 芜湖市城市发展背景

芜湖市总体规划目标定位是建成长江中下游国家重要的综合交通枢纽、区域性经济文化中心,先进制造业基地,滨江特色旅游城市。

2006年,芜湖市实施了新的区划调整,芜湖县的清水镇和火龙岗镇、繁昌县的三山镇和峨桥镇划入芜湖市区版图,芜湖市区的土地面积由原231 km^2 扩张到720 km^2。

新一轮的城市发展用地将继续向东向南拓展,逐步形成"三叶"状的空间结构(图10-28),形成城中、城北、城东、城南、三山"五大组团"的城市总体空间结构。

2. 道路交通现状及所面临的问题

城市道路骨架已形成"六纵十横"的主干网。但随着经济的发展,城市规模不断扩大,由此引发了交通、社会发展、配套设施建设等一系列的突出问题,主要包括:

(1) 城市空间格局发展偏重于以个体交通为主导的道路交通设施。

(2) 中心城区南北长40多公里,尚无一条贯穿南北的快速道路。

(3) 城北和城东组团的综合服务区形成前有可能出现居住和就业分离引发潮汐式交通。

(4) 弋江路承担了过境通道的功能,致使内外交通客货功能混杂,矛盾突出。

(5) 受体制与投资等多方面因素影响,道路建设较为落后。

3. 世行贷款项目的机遇

安徽省2010年世界银行贷款项目中,包括了芜湖主要交通走廊的建设、道路扩容、改善公共交通、提高交通安全等内容。世行专家明确提出对芜湖三环路(快速路)的项目贷款,要求充分论证其建设规模合理性以及与之平行的弋江路(快速路)和九华中路(城市主干路)的功能分担可行方案,三条道路的位置与基本情况如图 10-29、表 10-1 所示。

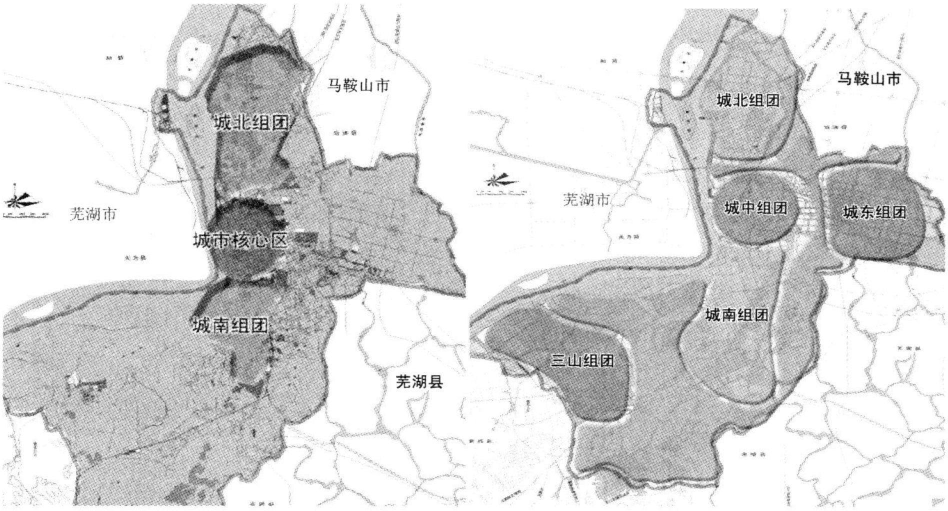

图 10-28　芜湖中心城区空间结构变化

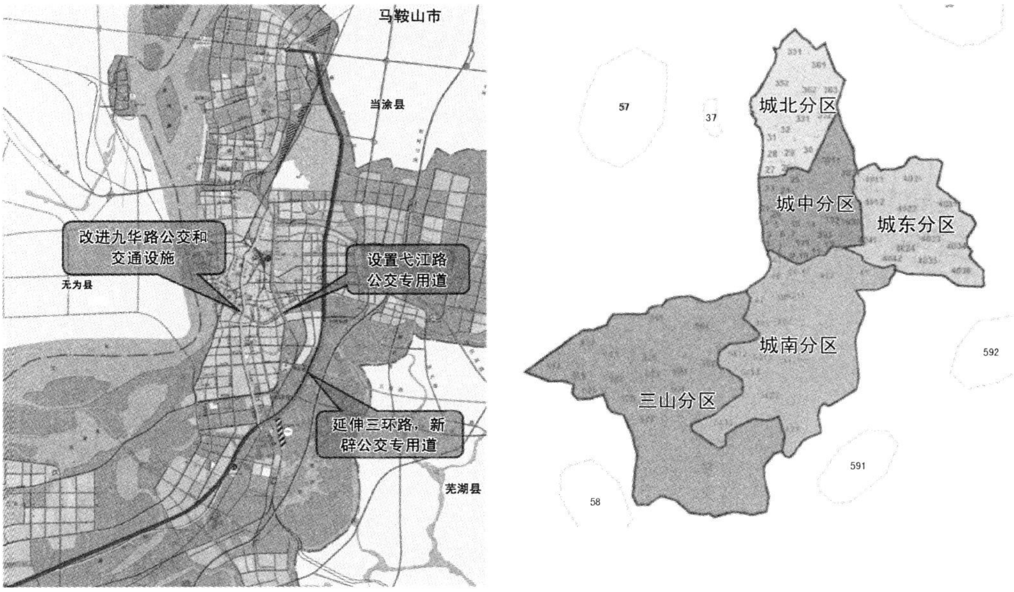

(a)“九华路、弋江路、三环路”位置

(b) 中心城组团与交通分区

图 10-29　道路与城市分区示意图

表 10-1　　芜湖市九华路、弋江路、三环路的基本情况

典型道路	功能定位	设计车速/(km·h^{-1})
九华路	城市主干路	40～60
弋江路	快速路	60～80
三环路	快速路	80

世行贷款为芜湖的大发展提供了良好的政策环境和资金支持，同时也对城市区域规划拓展与交通供需的互动发展提出了更高的要求。

10.2.2 实施多种交通方式协调发展战略

1. 交通需求管理思想指导城市交通发展

目前芜湖建成区范围包括城中组团和城北、城南组团部分地块，其中城中组团是城市的核心区，集中行政、商业等公共设施用地，开发强度高，人口、就业岗位密集，交通问题突出；城北组团主要为经济开发区，城南组团主要为居住建设基地。根据新一版总体规划，芜湖市五个组团的功能定位如下：

城中组团：城市商贸、商务文化、旅游服务中心。

城北组团：以芜湖经济技术开发区为龙头的先进制造产业区。

城东组团：以现代工业、居住为主导的综合型新城区。

城南组团：以文化科教、高新技术产业为主的城区。

三山组团：以临港产业、能源产业为主导的综合型新城区。

从芜湖现状来看，城中组团需要进行行政功能迁移、居住人口疏解；城北组团为满足经济开发区的进一步发展，需要配套公共服务设施；城南组团在承接人口转移的同时，发展高新技术产业；城东组团和三山组团属于新型区域建设，尚处于起步和规划阶段。为了实现芜湖市总体规划的目标，芜湖市主管部门与专家从芜湖实际出发，借鉴国内外经验，坚持以TDM 理念指导城市交通发展策略，提出了区域和市域层面着重于交通结构体系上的优化策略，中心城和组团层面着重于用地结构上的调整策略，在老城区层面着重于从交通流分布上的梳解平衡策略：

(1) **在区域层面上，实施一体化交通政策。**明确加强区域交通基础设施的建设是确保芜湖区域中心地位的关键，公路与高速公路的多通道成网建设、铁路复线的建设、内河航道的整治与港口的扩建以及航空的发展，都是未来区域交通设施建设的重点。打通安徽与浙江、江苏的跨省交通大动脉，完善集航空、铁路、公路、水运为一体化的综合交通体系。**在市域层面上，实施城乡公共客运一体化。**芜湖市市辖四区三县，目前主要交通通道设施为 2 条国道、4 条省道连接。未来构筑市域快速干道及市域轨道双快交通系统，以芜湖站、芜湖南站为换乘枢纽，形成 3 条放射性客运走廊。三县之间依靠市域快速干道及快速公交，以县城内二级枢纽为节点组织片区之间的客流联系。

(2) **在中心城层面上，实施 TOD 发展策略。**芜湖市由 231 km^2 扩大至 720 km^2，由“带状”向“三叶状”发展，城市核心区人口集聚将得到控制。城市片区功能的调整将影响城市交通的分布和投资趋向；通过公交导向开发（TOD 模式）带动新区的发展，引导人口向城市新区转移，控制老城区功能和人口的集聚强度，促进交通与用地的良性互动。

(3) **在组团层面上，实施公交优先发展策略。**鉴于芜湖中心城区组团布局的结构特点，居住与就业的通勤交通很适合快速公交的发展。受地形和铁路等的影响，中心城区用地比较狭长，发展快速公交可以较好地满足组团间大量的客运交通，并引导城市用地拓展。通过组团内常规公交网络，实现中心城区公交服务的全覆盖，为居民提供快速、便捷的公交出行条件。

(4) **在老城区层面上，实施交通源管理策略。**老城区作为城市行政、商业、居住生活中心，功能过于集聚，交通吸引量大。随着城市空间的进一步拓展，在未来中心城区组团布局中，包含老城区在内的中心区仍是交通汇集的焦点。因此，一方面结合行政中心的搬迁，降低老城区就业岗位密度，在外围区域加强商业、办公等公共活动中心以及居住用地的建设，引导居住人口向外围分散，降低老城区的人口集聚程度，从源头疏解交通；另一方面，采取车辆管理措施，通过经济手段和行政手段约束老城区机动车时间和空间上的出行。

2. 中心城交通发展模式选择（公交优先＋交通流引导）

1）未来“十字形”轨道交通骨架

在芜湖中心城区外围的组团开发中遵循“公交先行”这一原则，把公交发展整合到用地规划和开发之中。未来通过“十字形”轨道交通骨架实现芜湖市城市向东向南发展目标，东西向轨道交通带动城东组团以及现代工业、居住为主导的综合型新城区建设；南北向轨道交通带动城南组团文化科教、高新技术产业和三山组团的临港产业、能源产业的发展。

2）分流截流的道路交通发展模式

采用过境分流和入城截流的方法，完善道路网络体系，缓解中心区交通压力。

首先，过境分流。将205国道（现九华中路）的南北向过境交通从主城区分离出去，释放道路空间用于主城区的内部交通，缓解过境交通对主城区的干扰。在主城区外围设置过境的快速道路，既便于过境交通的快速通过，也有利于城市内外交通的合理转换。

其次，入城截流。鉴于芜湖独特的带型空间结构决定了城南与城北、城东组团之间联系的交通量也相当大，并对老城区产生严重的干扰。对该部分交通流采取截流的方式，在老城区外围设置保护性道路，引导组团之间长距离的交通联系通过各组团边缘快速通道解决。

依托中心城区轴向拓展的“三叶”形用地布局，规划形成三个交通通道，分别承担中心区交通疏解、组团间长距离联系、过境交通的功能。**其中三个通道分别是联系组团中心的客运通道（九华路）、组团间客货交通兼过境客运的客货通道（弋江路）、中心城区外围的货运及过境交通的通道（三环路）**，如图10-30所示。

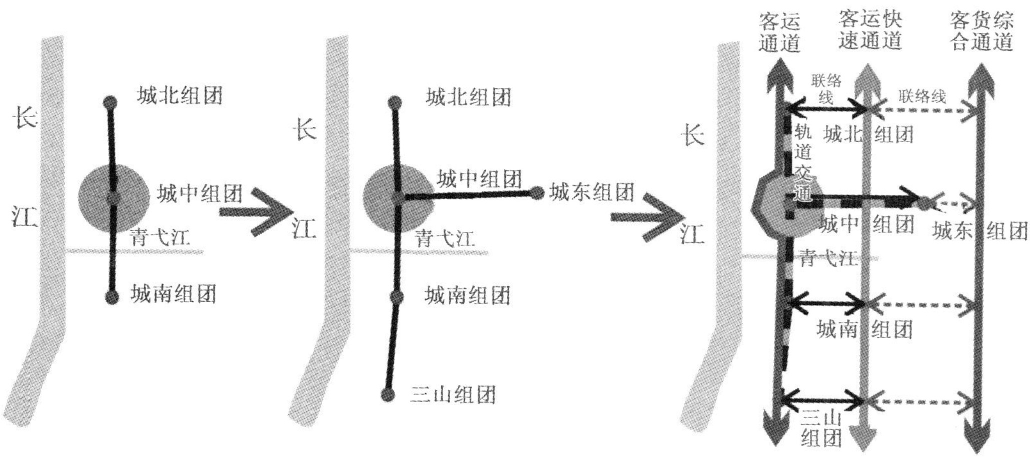

图10-30 交通战略模式演进

上述芜湖市城市拓展过程用地规划与交通发展的供需关系研究为世行项目三环路论证进行了宏观分析与背景铺垫。

10.2.3 芜湖市城市交通网络系统容量分析与平台构建

1）芜湖市城市交通网络描述

远期芜湖市中心城区规划了由道路网络和轨道交通网络组成的复合交通系统[4]，如图10-31所示。

其中，道路网总体格局为“三环＋格网”的形式。

远期规划轨道线路2条，共41.5 km。布设16个轨道交通车站和4个P＋R(停车换乘)站点。

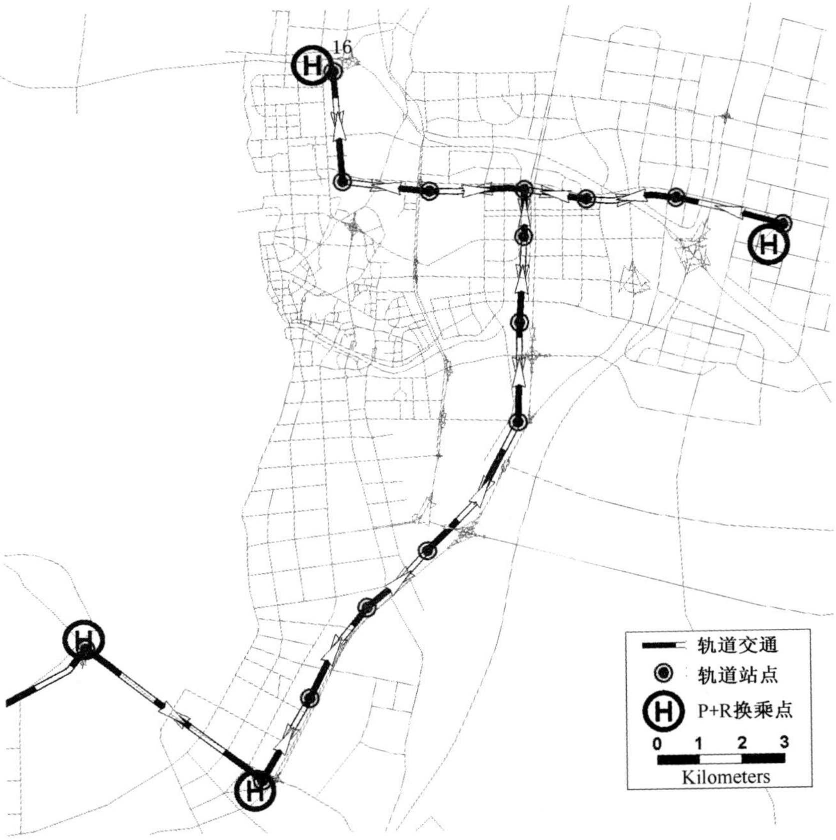

图10-31 芜湖中心城区复合交通系统结构示意图

2）平台构建

利用MATLAB优化工具箱和TransCAD交通软件进行平台仿真平台构建。

首先利用TransCAD强大的GIS功能进行输入数据处理，以行列式形式(MATLAB格式)输出。其次利用MATLAB超强大的函数工具箱拟合模型中各需求参数，编写模型求解程序，对城市交通网络系统容量模型进行求解计算。最后利用TransCAD的GIS功能对MATLAB程序计算的结果(路段流量和网络容量)进行可视化显示。仿真分析准备工作如下。

(1) 容量分析方法选择

根据第3.6.4节，芜湖市复合交通网络容量分析采用超级网络分析方法。其计算模型见第 3.6.4.1 相关内容。

（2）超级网络交通系统构建

构建芜湖市城市，如图 10-31 和图 10-32 所示的超级网络系统典型节点（轨道站点 16）网络化示意图。轨道站点 16 为轨道线路二的终点站，2 000 m 范围内服务 5 个起始点，并包括 1 个 P+R 停车换乘场所。

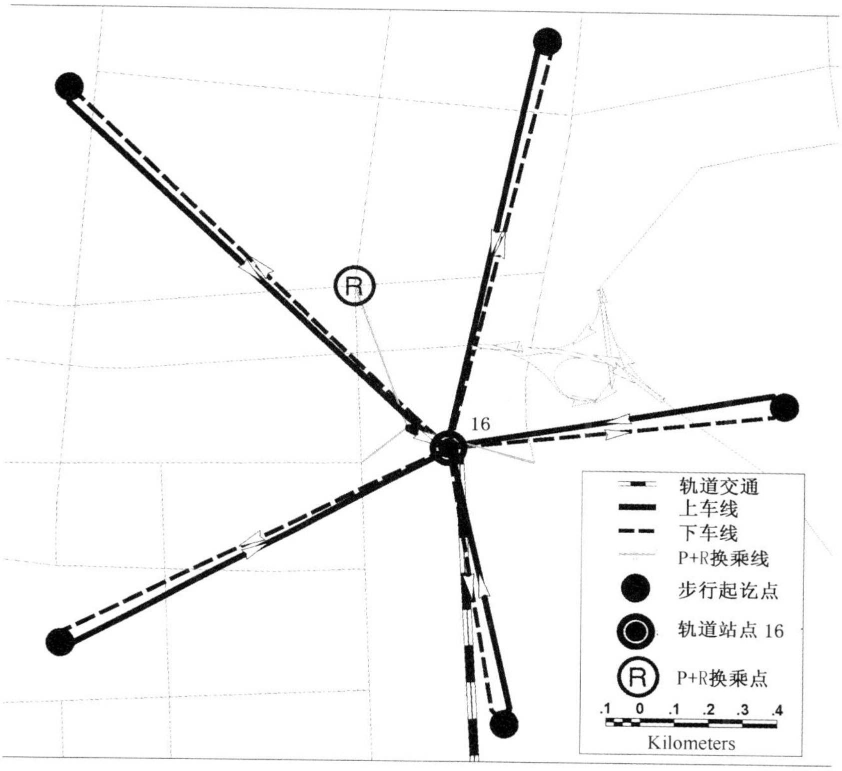

图 10-32　复合交通系统典型节点网络化示意图

（3）数据输入

其容量模型输入的主要数据被分为网络属性数据和需求数据两类。其中网络属性包括起终点分布及其质心确定、道路网络路段、P＋R 停车设施、轨道线网线段等。需求数据包括起终点间的极限开发量、现状出行结构，以及一些基本假设设置（表 10-2）。

表 10-2　模型的相关参数

相关参数	γ_e^m	F_e^{max}	$T_{rs}^{max}(w)$			γ
			1	2	3	
经验取值	2.3	4 000	1.04	1.1	1.2	2
相关参数	α_1	α_2	α_3	α_4		ε
拟合结果	1.0	1.4	0.05	1.8		0.03
相关参数	o_c	o_t	公交车外时间			费用等效时间
拟合结果	1.5	20	0.33			0.33

注：r_e^m 取欧Ⅲ标准的 CO 排放标准（2.3 g/km）；EF_e^{max} 单位为万克/km。

10.2.4 基于适度供给的三环路建设方案优化

根据第 4 章供需平衡理论中供需适度理论，三环路建设方案首先是建设时序与建设规模问题。由于交通设施具有一定的超前性，在交通设施建设时需要慎重比选不同建设时序和不同建设规模的方案，使得在满足交通出行需求的同时，获得的净效益最大。

10.2.4.1 建设时序的确定

按照在芜湖市建成国家重要的综合交通枢纽城市的总体目标，促进“一主两副”组团型城市的发展，近期，城市扩展的主要方向是城东新区、城北的高新技术产业园区和芜湖经济技术开发区；远期，城市建设的重点是向城南以及三山组团新区发展。另外，中心城区核心区特有的功能和地位在未来城市发展过程中依然发挥强大的核心作用，尤其是对外围新区发展的支持。

因此，**中心城区核心区与外围组团能否形成有效的交通联系，是规划近期交通设施实施重点，尤其是贯通“三叶”状的保持五个组团交通联系的九华路、弋江路、三环路**。其中：

(1) 三环路：北连马鞍山，在扩大中心区的东部切过，连接至三山组团，是未来芜湖中心城区的南北向交通走廊，在承担城市内部货运交通功能以外，主要分担 205 国道的过境客运交通。

(2) 弋江路(走向为九华北路、弋江路、峨山路和芜铜公路)：位于老城区东部边缘，自北向南连接城北组团、城中组团、城南组团和三山组团，以城市客运为主，是疏解老城区交通的重要通道。

(3) 九华路(走向九华南路、205 国道)：联系中心城区与南陵县方向主要客运功能。

根据组合理论分析，提出了基于三环路贷款建设芜湖市三个通道的时序组合(7 种)：

方案一：先九华路，其次弋江路，然后三环路。

方案二：先九华路，其次三环路，然后弋江路。

方案三：先弋江路，其次九华路，然后三环路。

方案四：先弋江路，其次三环路，然后九华路。

方案五：先三环路，其次九华路，然后弋江路。

方案六：先三环路，其次弋江路，然后九华路。

方案七：九华路、弋江路、三环路同时建设。

根据第 4 章交通供需均衡理论，采用最佳投资期分析方法(成本效益分析)对上述 7 种方案进行对比。其中，社会成本包括道路建设投资、维修养护费用、车辆运行费用、客货时间价值费用和外部费用等；经济效益是包括行人、(各类)车辆出行成本和时间价值节约等费用。在芜湖市综合交通规划 2030 年交通需求预测成果的基础上，计算得出**方案七，给芜湖市快速发展带来的净效益最大。**

10.2.4.2 建设规模的确定

交通网络规划与城市总体发展相匹配的同时，并处于适度超前状态。根据芜湖市总体规划近、中、远三期的城市用地布局和人口规划，确定近、中、远三期的网络供给规模。其方法是：以近、中、远三期的城市用地规划所产生的交通需求为上限，制定多种投资方案，计算各种方案的道路建设投资规模，方案分析思路如图 10-33 所示。

芜湖市九华路、弋江路、三环路的交通设施改善投资决策，是从整个社会的交通出发，在预测、选址、技术方案等研究的基础上，对项目投入产出的各种经济因素进行调查研究，通过主体方案测算及敏感性分析比较，按照效益—成本分析方法，对项目的经济可行性及合理性做出全面的分析、论证和评价，从建设规模上做到最佳，保证最优的投资分配方案（成本最小、效益最大），以获得最大限度的全社会福利。

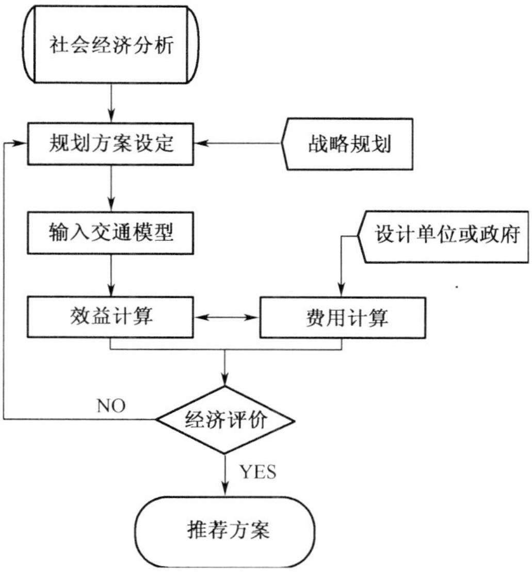

图 10-33　方案分析思路

其中，效益是从全社会的角度分析有可能获得的利益，包括行人、（各类）车辆出行成本和时间价值节约，交通事故的减少等节约的费用。成本也不仅仅是交通项目的建设费用和运营费用，而是指该项目社会总成本。

九华路是既有道路改造只有设置公交专用道一种方案；弋江路刚建成通车，但功能尚有调整余地，具有客运快速通道和客货混合快速通道两个方案；三环路属于新建快速道路，在建设上存在双向 8 车道、双向 6 车道＋预留轨道交通空间、双向 8 车道＋预留轨道交通空间等三种方案，因此在三个通道的改造建设中存在 6 种方案的比选。

经过多方案在交通规划的仿真平台(TransCAD)测试比选，最终确定芜湖市九华路、弋江路、三环路的适度供给方案，如表 10-3 所示。

投资方案可归结为：

近期：九华路高峰时期设置公交专用道，弋江路由主干道改建为客货混合快速通道；新建双向六车道的三环路为过境通道，并在道路中央为轻轨预留 8 m 空间。

中期：九华路设置公交专用道，弋江路设置 BRT，调整为快速客运通道；延长三环路为客货混合通道，并新建轻轨线路。

远期：九华路为公交专用道，弋江路全线设置 BRT 的快速通道，三环路轻轨线为客运通道；三环地面线双向 6 车道为市内市区客货混行快速通道，过境交通以致三环路以远。

表 10-3　　芜湖市九华路、弋江路、三环路的适度供给方案

年份	典型道路	里程/km	说　明
2015	九华路	10.63	双向 4 车道；赭山路至利民路之间设置高峰时段公交专用道
	弋江路	9.26	主线＋辅道，主线为双向 8 车道；承担城区客运与货运功能
	三环路	7.34	新建，双向 6 车道，8 m 中央分隔，预留轻轨空间；过境与货运通道
2020	九华路	21.29	全线设置全时段公交专用道；赭山路采用立交，赭山路上跨；北端改接凤鸣湖路市内客运通道
	弋江路	11.86	改为全封闭全立交；沿线设置 BRT 系统；北段改接九华北路市区客运通道
	三环路	23.71	利民路东延，与三环路采用立交，利民路上跨；实施纬五路，与三环路采用菱形立交，三环路上跨；以 6 车道向南延伸至三山，以 6 车道向北延伸至泰山路。在三环路预留空间，新建轻轨线路，与东西向轨道线构成“十字”形骨架；市内与市区客运与货运通道

续　表

年份	典型道路	里程/km	说　明
2030	九华路	21.29	同 2020 年，维持公交专用道性质
	弋江路	11.86	同 2020 年，维持市区快速客运通道
	三环路	34.35	实施扁担河以东部分，快速路，双向 6 车道，北接马鞍山快速路网，南接铜陵快速路网轨道交通运行稳定，成为客运主通道；三环线成为客运货运混合通道；过境客流以致三环路以外的东线

10.2.4.3　建设效果分析测试

建设效果见图 10-34。

在 2015 年九华路高峰期设置了公交专用道，服务水平明显改善；弋江路拓宽至双向 8 车道，服务水平也提高为 C 级；三环路为新建，服务水平较好，为 B 级。

2015 年至 2020 年，九华路全时段设置公交专用道，弋江路全线设置 BRT，三环路延长，至 2020 年底，三条道路的服务水平均在可接受范围内，但需要建设更大容量的交通为城市的发展服务，所以需要在期间新建轻轨线。

2020 年至 2030 年，三环路轻轨线新建并运行，与南北向轨道线形成“十字”形骨架，为新区的开发建设提供支持，九华路与弋江路维持 2020 年状态。仿真结果显示，九华路、弋江路、三环路服务水平维持在最高效状态，轻轨线也在可接受服务水平，为 C 级。

(a) 2015 年	(b) 2020 年	(c) 2030 年
九华路：C 级 弋江路：C 级 三环路：B 级	九华路：D 级 弋江路：D 级 三环路：D 级	轻轨线：C 级 九华路：D 级 弋江路：D 级 三环路：D 级

图 10-34　芜湖市九华路、弋江路、三环路适度投资决策仿真结果示意图

表 10-4 为最佳投资适度供给方案的效益成本情况，从表中可以看出，投资将在 2020 年前获取净效益，在 2030 年获得累计净效益将超过 55 亿元。

表 10-4　　**最佳投资决策的效益成本表**

年份	车辆运行成本节约/万元	比例/%	出行时间价值节约/万元	比例/%	事故减少损失/万元	比例/%	效益累计/万元	总成本/万元	结果
2015	104 897.1	83.67	5 815.76	4.64	14 650.24	11.69	125 363.1	179 429.9	负
2020	218 647.8	81.44	21 586.24	8.04	28 248.73	10.52	268 482.8	198 036.1	正
2030	596 328.2	73.05	121 346.00	14.86	98 653.22	12.09	816 327.4	253 857.7	正

10.2.4.4 网络储备容量分析

网络储备容量分析通过计算可知，在不同网络服务水平条件下，芜湖市远期(2030年)交通网络容量结果不同。在高、中、低等级服务水平时，网络还可提供的总出行分别为586 78C人次/时、706 315人次/时、799 725人次/时，具体各组团间的网络新增容量情况如表10-5—表10-7所示。

表10-5 网络储备容量计算结果(高服务水平) 人次/时

OD⁺	C	N	E	S	W	P
C	1 399	955	42 071	15 203	18 052	77 680
N	24 769	118 890	29 938	14 321	12 903	200 821
E	13 076	13 463	104 607	8 968	8 081	148 195
S	2 255	1 036	23 159	34 464	15 123	76 037
W	1 079	1 014	9 288	4 347	68 320	84 048
A	42 579	135 357	209 063	77 302	122 479	586 780

注:C为城中组团;N为城北组团;E为城东组团;S为城南组团;W为三山组团。下表同。

表10-6 网络储备容量计算结果(中服务水平) 人次/时

OD⁺	C	N	E	S	W	P
C	2 652	2 315	52 539	21 479	22 942	101 927
N	33 039	133 599	37 749	18 953	16 214	239 554
E	17 602	19 097	111 287	12 143	10 171	170 300
S	4 171	1 843	29 586	40 676	19 123	95 399
W	3 653	2 590	11 859	6 785	74 248	99 135
A	61 117	159 444	243 020	100 036	142 698	706 315

表10-7 网络储备容量计算结果(低服务水平) 人次/时

OD⁺	C	N	E	S	W	P
C	6 787	4 655	55 477	24 980	32 713	124 612
N	35 063	145 082	37 930	19 101	22 926	260 102
E	18 912	19 228	117 644	12 523	14 516	182 824
S	7 306	2 060	30 362	44 584	27 257	111 569
W	8 802	8 607	17 213	11 712	74 284	120 618
A	76 870	179 632	258 626	112 901	171 696	799 725

根据表10-5—表10-7新增容量计算结果可得：

(1) 规划网络能为城东组团(E)提供的服务最大，在高、中、低服务水平下，能为城东组团分别提供357 258人次/时、413 320人次/时和441 450人次/时的服务；其次是城北组团(N)和三山组团(W)；由于城中组团(C)道路网络等级较低，新增道路较小，采取了交通需求管理措施，所能提供的服务最小，高、中、低服务水平下分别为120 259人次/时、162 044人次/时和201 482人次/时。由此可见，该规划网络与城市向东向南发展策略一致，大力发展城东组团、城北组团和三山组团，使城市发展成“三叶”状。

(2) 到达和离开各个组团的需求量各不相同，如在高服务水平下，城东组团(E)到达209 063人次/时，离开为148 195人次/时，一方面是因为在高峰时期，网络流量本身不均衡；另一方面，也说明该网络为城东组团提供的服务不同，可根据此不同服务，协调城东组团的新开发用地性质。

10.3 基于 SID 的城市轨道枢纽车站区域的用地与交通互动规划——以长沙汽车南站为例[5,6]

10.3.1 案例特点

目前，很多城市的用地规划与交通规划是分开进行的，除了总规，还有片区（分）规划、控详规划，往往都是以用地规划为主，而交通规划为附属，并通常以“交通影响评估（Traffic Impact Assessment，TIA）”等形式出现在用地规划审批的“附属文件”中，有些地区的规划中甚至没有对交通做出专门规划与评估。这样做的可能影响是：一是土地利用单向影响交通系统，容易导致交通设施发展滞后与失衡，即部分交通设施“供不应求”而另一部分则“供大于求”的现象；二是交通系统被动地满足土地利用产生的交通需求，道路交通拥堵问题永远无法从根本上得以解决。用地是交通需求产生的源头，对用地开发的控制与引导是从根本上解决交通问题的唯一途径。

本规划案例的特点在于，在一般城市客运交通枢纽用地规划的基础上，更加强调交通对用地的引导作用，强调在交通作用下用地与空间资源的节约与集约利用。引入 SID 的理念（参见第 5.3.2 节）对城市枢纽进行规划设计，先于用地规划研究了枢纽的交通功能设施体系布局与组织控制，再考虑建筑方案及用地空间开发，研究如何使枢纽综合体基地成为城市发展的集聚点，带动周围用地的开发，成为城市发展的“触媒”。

10.3.2 规划背景分析与设计流程

长沙汽车南站（以下简称南站）地处长沙市客运交通的南大门，是长株潭城市群核心位置的交通枢纽，湖南省最大的公路客运站场之一，承担了长沙市三分之一以上的公路客运量（南站的地理位置见图 10-35）。省府行政中心的辐射使得长沙城市重心逐渐南移，综合性客运需求的增加使汽车南站呈现出运力不足、市内与市际交通衔接不良、进出站车辆与其他社会车辆相互干扰、多模式交通方式之间换乘不便、交通设施陈旧与管理落后（图10-35）。随着城际轨道的建设和城市地铁线的规划实施，长沙汽车南站将成为服务于市内和市际出行需求，集结包括公路长途客运、城际轨道客运、地铁、常规公交、出租车和社会车辆共 6 种交通方式的大型综合交通枢纽，这对交通方式间的衔接换乘、客运车辆的快速集散、社会和公交车辆的进出站交通组织和乘客的站内流线组织都提出了很高的要求。南站用地与设施亟需重新定位与规划，规划范围如图 10-36 所示。

图10-35　长沙汽车南站地理位置

图 10-36　南站项目研究范围

(a)公交停车场　　　　(b)出租车停靠带　　　　(c)社会车停车场

图 10-37　规划前的南站交通设施

南站基地位于长沙市雨花区洞井铺，离长沙火车站约 15 km，离雨花区的“东塘商圈”6.1 km。规划前用地以零售业为主，主要服务于当前到站的客流，用地开发零散无序；而在距南站 600 m 距离以外，大规模住宅区正在建设。同时，南站集合了公路客运、城际轨道和市内的常规公交、地铁、出租车、社会车辆等多种交通方式，是地区多模式交通体系构建主体，是一个大规模的人流集散场所。南站客流的集聚为其商业用地开发带来“商机”，便利的交通条件为高强度开发提供条件，周围大规模的居住区建设为其服务业发展提出需求。因此，南站应该成为地区发展的“触媒”，而不应仅仅局限于一个客运枢纽站。

根据上述背景分析，本项目的规划将分两阶段完成。第一阶段是确认枢纽功能的定位，交通整合的规划，构建城际轨、长途汽车站以及地铁、公交、出租等综合交通体系，并且对用地开发规模与交通设施容量的适应性分析；第二阶段是建筑方案与交通方案的一体化建设及其评估。基于供需关系的TDM 将作为南站规划设计的主导思想，体现并落实在规划的各个阶段。基于 TDM 的规划流程(图 10-38)，第一阶段包括交通需求规划与枢纽设施规

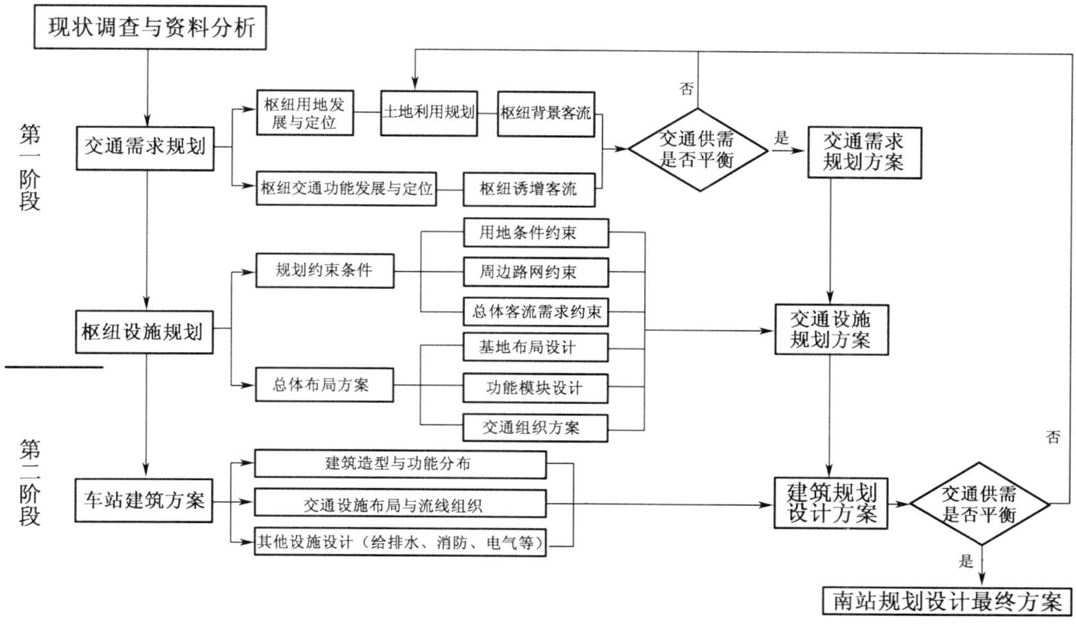

图 10-38　基于 TDM 的南站枢纽规划流程图

划;第二阶段是车站建筑设计方案。其中第二阶段以第一阶段的成果为前提,并继续对交通供需分析进行调整,使建筑方案的规划设计得到验证。

10.3.3 规划中的TDM策略实施

10.3.3.1 规划合理的交通需求

基于TDM的南站规划改变了以满足交通需求为目标的传统设施规划,而更加重视枢纽车站基地及影响区域的需求和供给平衡。因此,规划流程的第一步就要根据南站未来功能定位与周边交通条件,规划合理的交通需求。由于南站枢纽功能的发展定位是城市战略规划中既定的,而枢纽的用地开发是本规划需求确定的,因此在客流组成分析中,将南站对外交通功能产生的客流需求作为诱增交通量,将用地产生的客流需求作为背景客流量,则更有利于交通供需平衡的互动分析,以及用地与交通功能的互动调整。

南站客流需求规划的具体步骤如下。

1. 诱增客流需求的估算

诱增客流量主要包括公路客流和城际轨道客流两部分。关于公路客流量,着重于从南站公路客运功能定位、历年资料与发展规划进行估算。南站位于长沙最南端,与汽车东站、汽车西站、汽车北站和长株潭客运站一共构成长沙市公路客运交通体系(图10-39)。各个方向汽车客运站分布均衡,且都处在市中心区外围、对外交通干道沿线,与城市关系较为协调。长沙汽车南站功能着重于长沙以南城市的省域客运,特别是株洲、湘潭方向的客流。根据现状该方向发送客流比例(占53.2%)以及超过3%的增长趋势(表10-8),综合"十二五"规划长株潭方向客流增长。再考虑未来与城际轨,特别是武广高铁与在建的沪昆高铁的分担,不难作出未来年南站的客运量定位,见表10-9。

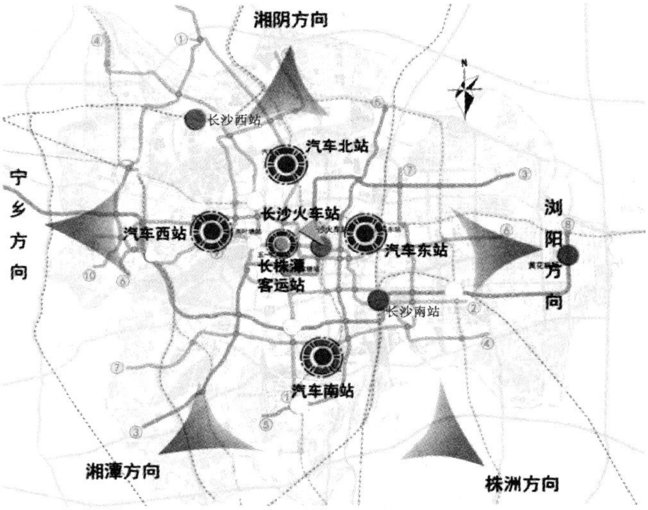

图10-39 长沙5个公路客运枢纽的布局

表10-8 长沙汽车南站近年来客运增长情况

年份	2005	2006	2007	2008	2009	2010
每日发车线路	79	87	99	108	114	121
发车班次	756	852	876	891	927	985
实载率	63.8	59.8	64.8	64.2	64	67.8
全年发送量/人次	7 300 384	8 287 749	8 670 267	8 769 468	8 935 524	9 263 816
日均发送量/万人次	2.0	2.27	2.38	2.41	2.45	2.54
年增长率/%	—	13.50	4.85	1.26	1.66	3.67

表 10-9 汽车南站公路客运量规划预测

年份	2015	2020	2030
汽车南站公路客运量/(人次·日$^{-1}$)	32 418	35 792	43 630

长株潭城际轨将于 2014 年左右建成开通，汽车南站是该城际轨线路上重要的交通枢纽站。长株潭城际轨客流预测是通过现状土地使用建立客运出行发生、吸引回归模型，采用“四步骤”交通需求预测方法完成(已有预测报告)，该站的城际轨道 2020 年日平均客流为 26 110 人次，2030 年日平均客流为 33 643 人次。将发送量看成枢纽的交通发生量(P)，到达量看成枢纽的交通吸引量(A)，得到图 10-40 所示的诱增客流需求总量。

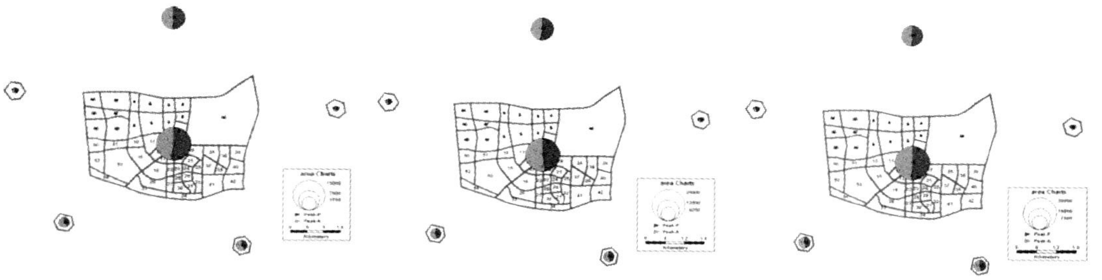
(a) 2015年 (b) 2020年 (c) 2030年

图 10-40 诱增客流需求(公路客流与城际轨客流)

2. 背景客流需求分析

背景客流需求是根据土地利用推算的，根据南站周边土地利用初步规划方案(图 10-41)。车站的综合开发将以商业开发为主，属于对外枢纽型的 SID 开发类型(见第 6.3 节)。但应以多大的强度进行开发以及功能如何布局尚存在诸多可调整因素。显然，开发强度过大，站点将带来更多的客流需求，站点的交通设施(主要是路网)可能无法满足负荷；如果开发强度较小，则难以使车站成为地区开发的“引擎”，难以带动周边地区的开发，也难以与周边高强度住宅开发产生的交通发生量形成平衡状态。因此，在背景交通需求规划中，首先拟定车站开发强度进行测试，遵循的原则为：保证枢纽的交通设施的基本用地功能规模；尽量达到交通吸引和发生的平衡；在整体影响区域内遵循“总体平衡，局部突破”的原则。

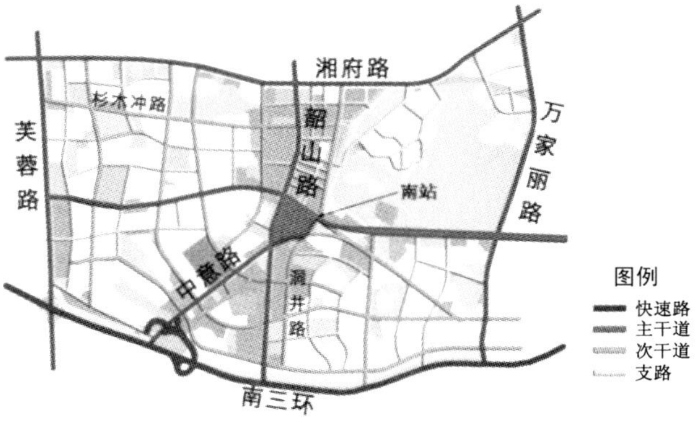

图 10-41 南站周围用地与道路网络初始方案

通过测试分析与多方商讨(包括控规文件，居住就业的平衡、地区规划与用地归属调整等，过程从简)，初步确定南站最高的容积率为 5.0，其中商业面积约占 40%。按照“四阶段”需求预测的交通生成预测，可计算背景交通生成量，如图 10-42 所示。

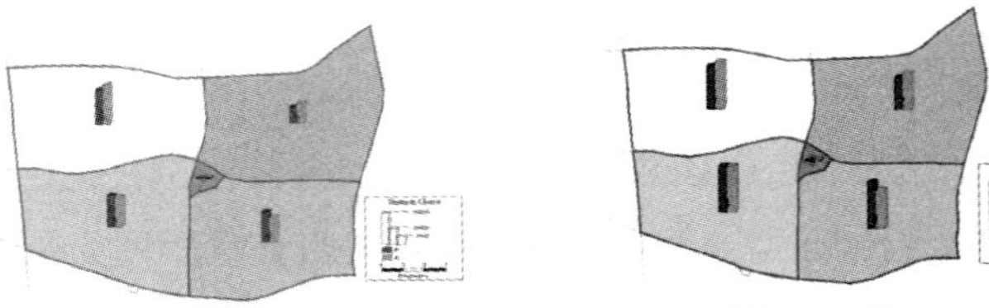

（a）2015年　　（b）2020年　　（c）2030年

注：三个年份的南站的交通生成率不同。

图 10-42　枢纽地区内部大区背景出行发生吸引量(高峰小时)

3. 南站规划的交通容量验证

以上两部分的客流需求之和即为初步拟定的南站总客流需求。为了验证以上的客流量是否在南站交通设施供给的承受范围内，还要对规划的客流量进一步验证。此项验证工作是通过仿真平台完成的，按照图 10-38 设计流程。

首先是路网容量的验证。继续采用“四阶段”交通需求分析法，进行交通分布、方式划分和交通分配的步骤。其中，交通分布采用重力模型法，结果如图 10-43 所示；方式划分参照《长沙市城市综合交通体系规划(2010—2030)》，结果如表 10-10 所示；交通分配采用 SUE 方法(随机用户均衡分配法)，结果显示如图 10-44 所示，整个过程都借助 TransCAD 交通仿真平台完成。

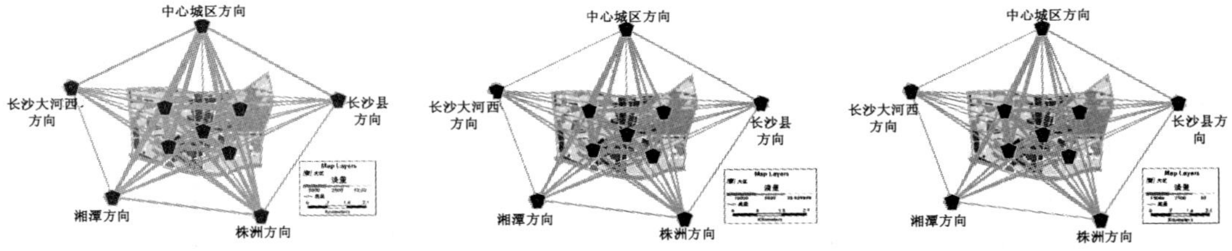

（a）2015年　　（b）2020年　　（c）2030年

图 10-43　交通分布期望线

表 10-10　南站枢纽地区交通方式分担比

预测年份	2015 年				
交通方式	轨道交通	常规公交车	小汽车	慢行交通	出租车
分担比	10%	20%	30%	37%	3%
预测年份	2020 年				
交通方式	轨道交通	常规公交车	小汽车	慢行交通	出租车
分担比	15%	25%	20%	35%	5%
预测年份	2030 年				
交通方式	轨道交通	常规公交车	小汽车	慢行交通	出租车
分担比	25%	25%	15%	30%	5%

（a）2015年　　（b）2020年　　（c）2030年

图 10-44　交通分配图

由分配图(多轮测试)可以看出,调整过路网条件基本可以满足南站及其周边地块的开发。然后,根据方式划分,计算枢纽各设施的客流需求,如表 10-11 所示。

表 10-11　　长沙南站枢纽客运量集散情况表　　人次/时

预测年份	高峰小时	公路客运量	轨道交通（城际轨与地铁）	常规公交	小汽车	出租车	合计
2015	发送量	3 890	464	4 538	843	648	10 383
	到达量	2 197	437	4 703	873	672	8 882
	集散量	6 087	901	9 241	1 716	1 320	19 265
2020	发送量	4 295	3 133	5 663	1 220	691	15 002
	到达量	4 019	2 757	6 639	1 447	828	15 690
	集散量	8 314	5 890	12 302	2 667	1 519	30 692
2030	发送量	5 236	4 037	6 496	1 473	788	18 030
	到达量	5 826	3 553	5 146	1 565	835	16 925
	集散量	11 062	7 590	11 642	3 038	1 623	34 955

由此计算南站多模式交通设施的规模:

(1) 公路客运站场:2020 年发车位 36 个,停车位 290 个;2030 年,发车位 45 个,停车位 360 个。

(2) 公交车:2020 年发车线路 19 条/时;2030 年发车线路 22 条/时。

(3) 出租车:2020 年 5 个上客位,9 个下客位;2030 年 6 个上客位,12 个下客位。

(4) 社会车辆:2020 年 1 000 个停车泊位;2030 年 1 200 个停车泊位。

规划前南站的设施需求远远达不到上述水平。例如,公交线仅有 11 条,出租车仅在站前广场西侧韶山路设一条停车停靠带,社会车辆仅有 200 个停车泊位。而规划南站的总面积达到 13 hm^2(规划前为 8.5 hm^2),为设施的扩建提供条件,在紧凑布局的合理安排下,完全有条件达到上述指标。用地方案的调整在实际中应是多轮循环检验的结果,这里鉴于篇幅,具体内容从简。

交通需求规划只是确认了一种较为合理的用地规划方案,但各种方式需求量的分配可以通过设施布局、规模及交通组织等进行导向和调整。

10.3.3.2　交通设施的供给导向

交通设施的规模、布局与设计,受到车站固有设施与用地空间和交通需求规模双重约束。

车站固有约束主要源于两部分：一是用地条件的约束。南站的总用地面积为 13 hm^2，其中要包括 10% 以上的公共开敞空间及绿地面积；南站还受到城际轨道(地下与地面)的约束，其线位、站位和占地面积都有严格的规定，难以移动和更改(图 10-45)。第二部分的约束是周边路网条件的约束。基地西侧韶山路(北—南 5 车道，南—北 2 车道)，由南向北方向采用隧道方式，交通压力较大，并且没有继续拓宽的可行性，需要通过其他道路分流减压；客运车辆大部分经过南三环进入市区，双向 4 车道的中意路是连接基地和南三环的主要通道，但目前中意路现状不能满足客运车辆快速进出基地的需求，因此需要在中意路建立地面客运专用道或者高架快速客运通道。

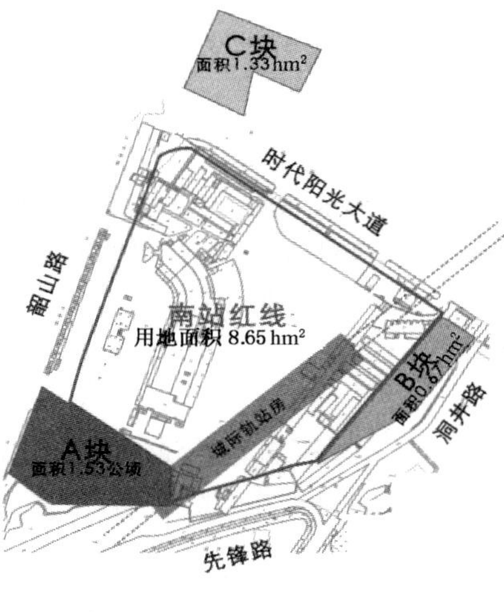

图 10-45　城际轨道站点约束

交通需求约束是南站客流总量的约束。各交通方式的需求在供给的调节下是可以改变的。例如，如果完善公共交通服务，减少换乘接驳距离，可以使客流向公交出行转移；将社会停车场定位为停车换乘设施，布置合理的停车场位置，则有利于小汽车向公共交通的转移等。因此，在各种约束条件下，以集约土地资源，改善公共交通换乘，保证其他方式的可达性，保证步行环境的安全与方便；保证多模式交通组织有序，保证商业综合开发既能增加枢纽"活力"又不会干扰枢纽的交通功能为基本原则，提出三种紧凑型的交通枢纽布局模式。

方案Ⅰ：主站房南侧布局方案(城际轨道车站有上盖)

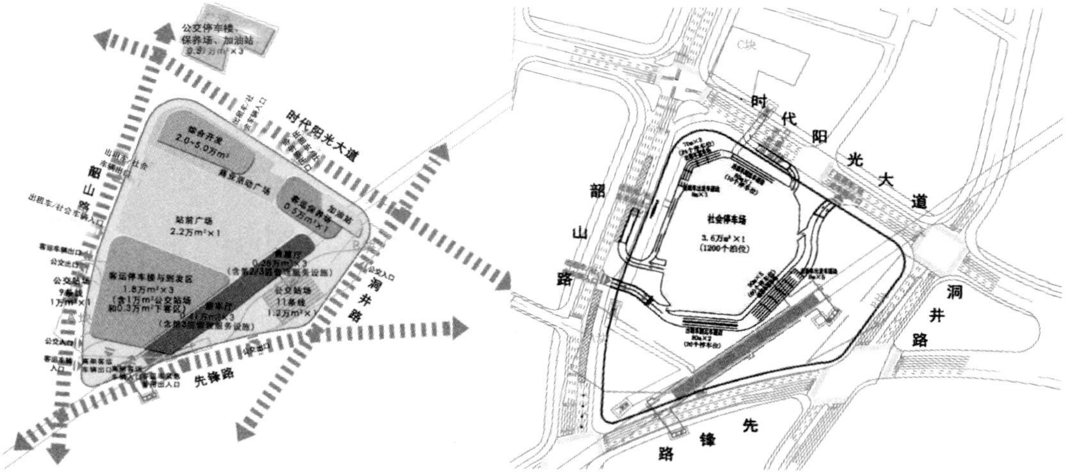

(a) 地面模块图　　　　(b) 地下层停车场

图 10-46　方案Ⅰ设施布局图

该方案的特点是：

(1) 沿城际轨道站点上方加盖主站房(售票厅、候车厅/管理服务设施)，极大地利用用地空间，使土地利用达到集约与节约的要求。

(2) 客运停车楼与到发区设在基地南侧，可通过中意路迅速进出南三环。

(3) 公交站场分两部分设在城际轨道车站及主站房的南北两侧，其中南侧公交站场设11条线，北侧公交站场与客运停车楼、到发去设在一个地块中，有9条线，这样不仅满足与轨道交通形成很好的公交接驳，增加公共交通的吸引力，而且可以分散公交客流，避免一个地块内的人流车流过于拥挤的状况。

(4) 车站的综合开发位于站前广场的北面，既能方便车站滞留人员的商业需求，又与交通设施以站前广场分隔，避免拥挤，可以通过将城际轨道出入口之一通向综合开发地块，方便购物休闲客流。

(5) 出租车上下客和社会停车场都设在地下一层，其中东侧出租车上客位5个，下客位20个，蓄车场60车位，西侧上客位3个，下客位10个，蓄车场24车位，社会停车泊位1 200个，占地3.6万 m^2，为停车换乘提供了有利条件。

方案Ⅱ：主站房南侧布局方案(城际轨道车站无上盖)

图10-47为方案Ⅱ设施布局图。与方案Ⅰ相比，方案Ⅱ的特点是：

(1) 城际轨道站点上方没有建筑物覆盖。

(2) 轨道交通东侧集中布置公交站场(20条公交线)，使乘客很方便地从公交转乘轨道或轨道换乘公交，公交集中布设方便乘客查询线路，但容易导致公交客流的拥挤。

(3) 主站房紧靠站前广场和客运停车楼到发区设计，缩小了站前广场的面积。

(4) 商业综合开发、社会停车场、出租车上下客点等功能模块的布局均与A方案相同。

方案Ⅲ：主站房原地布局方案

图10-48为方案Ⅲ设施布局图。与上述方案相比，方案Ⅲ的不同之处在于：

(1) 在南站现有布局基础上进行改良，改建费用大大节省；但主站房在地块中央，导致乘客进入南站后步行距离较长。

(2) 公交站场紧邻韶山路大门，方便乘客进出，但离主站房和轨道车站，不利于乘客换乘。

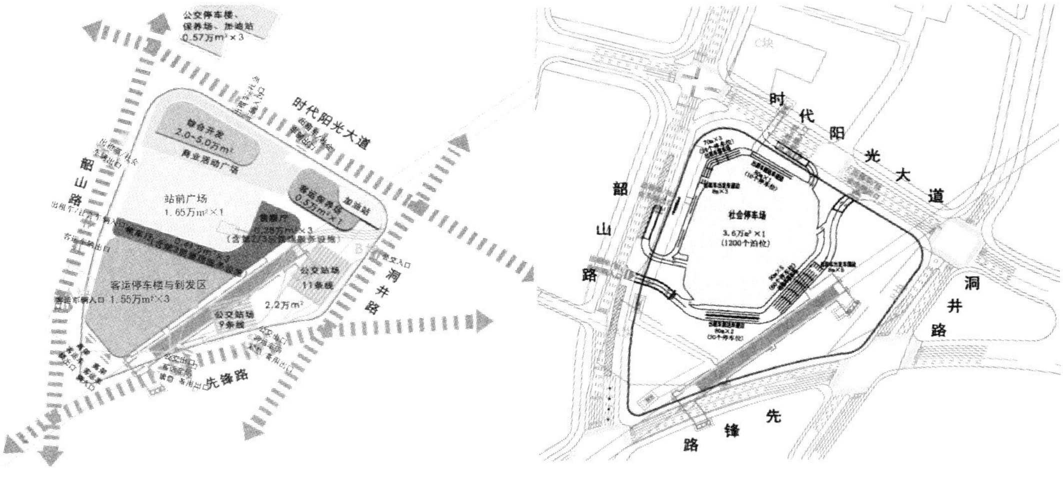

图10-47　方案Ⅱ设施布局图

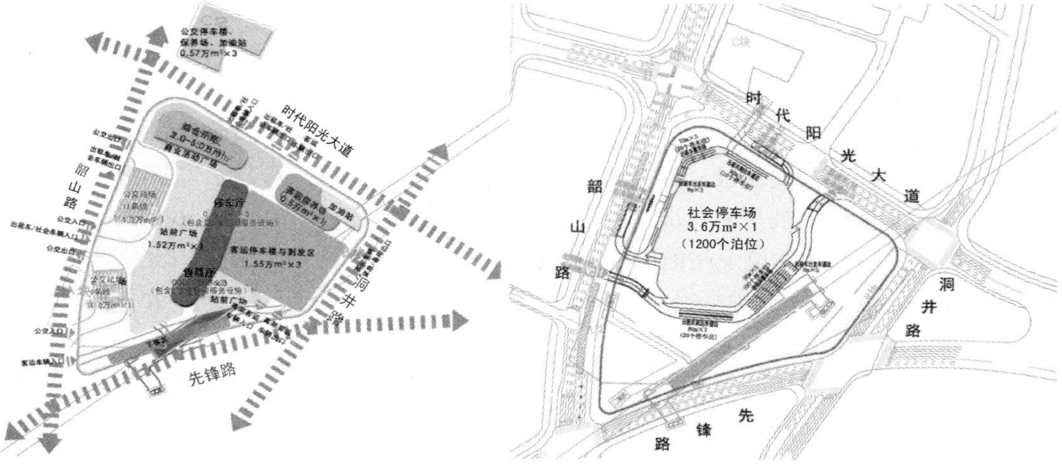

图 10-48　方案Ⅲ设施布局图

(3) 客运到发区布局在地块东侧靠近洞井路，给公路客运车辆进出南三环带来不便。

(4) 社会停车场、出租车上下客点等功能模块的布局均与方案Ⅰ、方案Ⅱ相同。

从三个方案的设施规模、设施及用地功能布局情况来看，在南站用地约束条件下，设施的紧凑布局，并增加空间的地上、地下的复合开发，使设施规模基本都能满足交通需求的要求。根据上述设施导向布局的原则，对比三个方案可以看出：方案Ⅰ在集约用地、设施布局导向、商业综合开发布局等方面，是比较理想的，为推荐方案。

10.3.3.3　车站建筑、空间、设施一体化的综合开发

交通并不能孤立存在，而是要与用地、建筑、空间的紧密结合，既能满足功能性又能体现艺术的美感，这也是“智慧型”交通体系所倡导的。南站枢纽的建筑方案就要体现用地集约、交通与建筑结合的思想。南站建筑进行地上地下综合开发，融合各种交通功能为一体，实现空间复合、功能混合的土地利用模式。南站主建筑中只有少量的零售商业，主要的商业则集中于商业综合开发的独立建筑中，以酒店功能为主、商场及娱乐功能为辅。这样，在紧凑的用地布局原则下，如何通过科学设计实现了建筑、空间、设施一体化的综合开发，成为交通供给导向的实施策略的关键。

车站建筑方案是用地规划方案的延伸。基于上述供需关系深入研讨，长沙南站主管部门对如何实现交通总体规划方案，进行南站建筑交通综合体规划设计方案国际招标，经过评审专家对竞标方案比选，认为方案 A 和方案 B 分别位于第一位和第二位。

1. 方案 A——“星云”式建筑

方案 A 是以“星云”为构想的建筑，所有的枢纽转换功能集中于“星云”内完成，当然也伴有少量的零售业，以满足候车客流的购买需求(图 10-49)。而主要的配套商业区和商务办公区设在“星云”外的 26 层商业商务开发的高层内。1～4 层为枢纽的商业裙房，4 层之上是酒店和办公写字楼。充分利用了南站集中地块，完成了枢纽功能与商业功能的结合，是复合型商业空间在狭窄用地中的体现。

围绕着主建筑，按照设施规模与供给，方案 A 设计了合理的设施布局及清晰的流线组织，如图 10-50 所示，其中公交停车场安排在地下一层。各种市内交通设施能够较好的接驳公路客运与轨道交通。关于对外衔接道路，提出韶山路改造方案，利用韶山路已有地下隧道

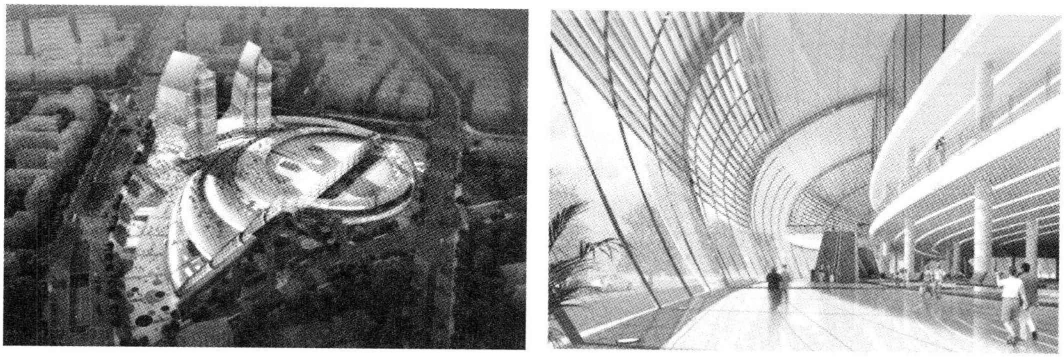

图 10-49　A 设计方案

进行隧道拓宽及延伸，利于韶山路南北向过境的快速通行，适应与引导交通需求。远期连接南三环的中意路设高架道路，作为长途公路客运衔接高速公路的专用通道。

(a) 长途车　(b) 公交车　(c) 出租车　(d) 社会车辆

图 10-50　基地交通流线组织

2. 方案 B——"流水"式建筑

方案 B 的建筑创造灵感来源于"行云流水"(图 10-51)。相比于 A 方案，B 方案留有更多的公共开敞空间，三条"流水痕"式建筑内部贯通，布局主站房及其他交通设施。内部设计通往各种交通方式的通透换乘大厅，形成换乘轴线，各种方式的人流围绕换乘轴线组织。商业综合开发布置在时代阳光大道的另一侧，与基地分设在两个地块内，意在减少购物客流与交通客流的冲突。同样，B 方案也设计了合理的交通组织流线(图 10-52)，使各种方式各行其道，减少冲突，其中公交站场在建筑外，地面布置，增加公路换乘客流的方便性。交通网络的改造方面，拓宽并延长韶山路隧道，引导过境交通快速通过；在连接南三环的中意路采取地面客运专用道结合局部高架方案，节省造价并为客运车辆减少道路干扰。

专家们认为，两种建筑方案在满足南站交通规划设施用地、空间约束条件下，较好地处理了枢纽的内部客流运行及其与外部交通换乘接驳的过程。与方案 B 相比，方案 A 的行人换乘流线更加清晰，人流冲突点更少；功能布局更加紧凑，换乘距离较短；建筑形式与周围的景观能更好地融合与协调。

图 10-51　B设计方案

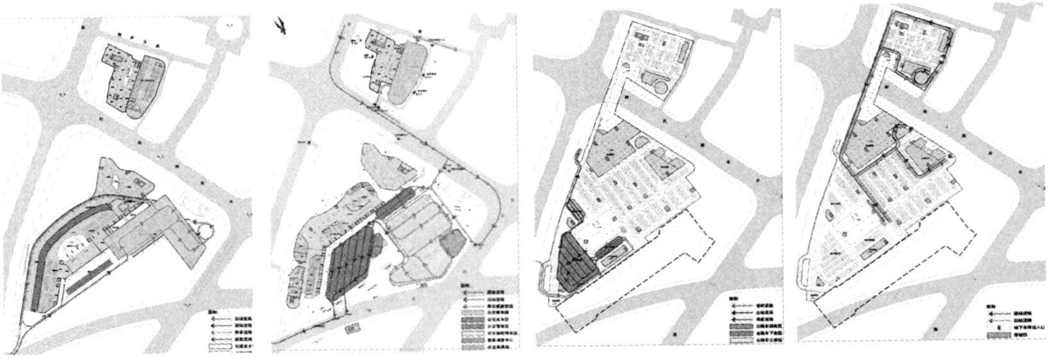

(a) 长途车　(b) 公交车　(c) 出租车　(d) 社会车辆

图 10-52　方案 B 的交通组织流线

10.3.4　基于 TDM 枢纽用地与交通规划导则要求

基于 TDM 的枢纽规划是对传统用地规划方法的改进，是基于站点综合开发的前提下进行的交通与用地互动规划。其规划导则要求增加对需求的约束，增加供给的导向与管理。在一般性枢纽规划设计导则基础上，基于 TDM 的枢纽用地与交通规划增加的要点归纳如下：

1. 站点用地开发

(1) 城市枢纽不应局限于交通集散换乘功能，而要提倡枢纽用地的综合开发，包括交通多模式一体化与商业综合开发，使枢纽地区成为城市发展的“触媒”，引导与带动城市发展。

(2) 站点的商业综合开发程度要与周围发展相适宜。既要充分发挥站点的“触媒—集聚”效应，又要处理好商业诱增客流与枢纽集散换乘客流的相互干扰，并避免人流车流的混杂局面。

(3) 站点用地类型分为三大类：一是交通设施功能用地；二是商业综合开发用地；三是公共开敞空间与绿化用地。一、二类用地代表城市枢纽的两种主要功能，可借助空间的复合达到其功能的开发(枢纽功能与商业功能)，但应保证公共开敞空间与绿化用地的合理比例。

(4) 站点地区用地应重视混合开发，应尽量达到居住与就业购物功能用地的均衡、交通发生与吸引的平衡。

2. **需求分析方法**

确定站点地区规划合理的交通需求，采用的方法流程应为开发方案的初步拟定—交通需求分析—方案的调整测试的循环过程，最终确定合理的交通需求与社会效益最大化的用地开发方案。其交通需求应受到路网容量与枢纽设施容量的约束。

3. **站点设施供给导向**

(1) 站点设施供给应满足各种条件约束并集约土地资源；

(2) 尽可能提高公共交通设施服务水平；

(3) 减少公共交通换乘距离；

(4) 保证其他交通方式的可达性；

(5) 保证枢纽内步行环境安全方便，保证多模式交通组织有序。

4. **建筑与交通的结合**

在站点设施供给导向的条件基本满足的前提下，将枢纽交通功能与建筑布局形态相结合，提出站点的建筑方案。其方案应包括空间形态、布局、规模，交通规划方案，建筑设计及相关设施配置(给排水、电气、暖通等)，体现建筑的特色与美感，用地的节约与集约，空间、功能的复合与和谐。

10.3.5 案例小结

枢纽是交通网络的重要节点，具有人流、车流的集散和疏导功能。基于 TOD 理念的交通枢纽集约复合的用地开发，是区域发展功能的触媒—集聚，是区域经济社会发展的“动力引擎”；而完善的交通系统、合理的交通组织，是枢纽客流有效集散的保证。本案例体现了 TDM 策略中三大优化之一——优化土地利用模式，采用了站点综合开发的策略进行站点的用地与交通的一体化规划，其中 TDM 的思想主要落实在以下三个方面：

(1) 规划合理的交通需求。大胆提出了交通需求预测不仅仅是在确定了用地规划之后进行的，而应该提前于用地规划，指导用地的开发。

(2) 交通设施的供给导向。根据交通需求，初步规划设计合理的设施布局与规模，通过在规划中各设施的供给倾向，引导多模式客流需求的增长方向，构建更合理的交通结构。

(3) 车站建筑、空间、设施一体化的综合开发。紧凑的设施布局导致建筑形态不能以现状平面式结构发展，而应建立地上、地下的复合结构形态。空间的复合，多模式的车流、人流如何规划有序运行，互不干扰。

10.4 基于 TDM 规划理念的上海智慧型复合交通体系规划建设实践

10.4.1 上海交通发展 30 年来基本情况回顾

10.4.1.1 20 世纪 80 年代

1. **基本情况**

20 世纪 80 年代中期上海市城市建成区 230 km^2，全市人口 1 200 万，其中流动人口近 200 万，人均 GDP3 000 元左右，700 万个岗位，每天有 2 600 万人次的出行，全年社会总产值

2 000 多亿，到 1990 年全市已有 23 万辆的机动车，600 万辆自行车。城市的布局是单中心过于密集，多中心结构难以形成，道路供给处在“历史还账”阶段，供需矛盾突出。

2. 供需关系与问题分析

这一时期交通供给方面，全市地面道路 4 700 km，路网密度 4.42 km^2/km，人均道路面积 2.89 m^2（市区只有 2.29 m^2）；城市客运主要依靠地面公交，6 000 辆公交车（汽、电车），全市公交线路 390 条，总长 1.86 万公里，平均公交客运量 1 500 万人次（可谓当时世界第一）。

根据 1986 年的居民出行调查[7]，全市日均出行次数 1.7 次/人，出行结构市区公交 35.2%，自行车 24.9%（全市 31.3%），步行 36.6%，小客车接近 1%，通勤方式主要是依靠公交和自行车，与经济发展水平相适应的自行车作为通勤交通的主要工具平均每年增长 50 万辆，到 80 年代末年增长达 100 万辆。而小汽车一共才有 4.8 万辆，但已经比 1984 年增加了 1.4 倍。正是由于小汽车和自行车交通的快速增长，中心区交通阻塞已十分严重。

这个阶段的交通问题主要表现在出行“三难”——乘车难、行车难、停车难，公交客流处于“高峰更高、低谷不低”状态，到 80 年代末，中心区的公交还拥挤不堪，中心区公交客流集散密度达 5 万人次/km^2，早高峰公交车厢每平方米站的乘客超过 9 人。机非混行、人多路少、地面道路交通趋向全面饱和与拥挤不堪。

3. 规划建设 TDM 策略

针对道路交通供需的矛盾，上海市于 1979 起开展货车调查，1981 年区市区出行调查（3%抽样），1986 年开展第一次全市综合交通调查，完成《上海综合交通规划（1990—2020）》。借鉴国内外大都市交通发展的历史经验，采取了两方面对策：一是加大城市道路建设，增加交通供给，减少交通阻塞，疏解与整治“出行难”问题；二是建立上海市交通规划模型，推进模拟技术的开发，开始了上海市综合交通规划的理论研究与实践过程。从市领导到各个主管局、委办以及众多专家在交通发展战略、规划建设与运行管理上达到了几点重要的共识。

（1）上海的人均道路面积只有 2.29 m^2 是上海交通供需关系上根本性问题[7]，在世界上是少有的。交通发展规划必须从“人均占有道路面积极少”这一基本事实出发，制定一个能以最少的道路面积完成最大交通运输量的交通政策和管理措施。

（2）交通调查数据表明，同样完成一次出行，如果使用公共交通需要的道路面积为 1，则骑自行车要 5，坐小汽车要 13～25，甚至步行也要 3，所以城市交通政策，最主要的就是要调节出行方式选择，或者称作调节城市客运结构。步行、自行车、公共交通和小汽车四种主要方式，针对不同的出行距离、出行目的和出行人群，都有不同的适应范围，都有其存在与发展的需要。如果交通设施供应和建设能力能够满足它们各自的需要，任其自由发展，那无疑是好的，但是在上海做不到这一点。以上海人口密度之高，交通活动强度之大，再对照交通活动中公共交通和个体交通所需要的城市道路面积相差之远，优先发展公共交通是解决上海城市交通唯一可行的途径[7]。上海必须坚定地实行优先发展公共交通的政策，包括有轨交通。

（3）什么是上海城市交通的现代化？首先是要有一个现代化的公共交通客运系统，而不是看它有多少小汽车。在上海没有一个大容量的城市公共交通运输体系，就不可能从根本上解决城市交通问题。上海市城市客运交通发展战略应该是：以优先发展包括有轨交通在内的公共交通为主导，逐步缩小自行车的使用范围，控制小汽车的发展速度和规模，在市区严格限制摩托车发展。

10.4.1.2 20世纪90年代

1. **基本情况**

20世纪90年代初，上海市建成区400 km^2，全市人口1 500万，人均GDP增至1.8万元人民币。结合"振兴上海，开发浦东"战略实施，以高速公路和城市快速路为代表的交通基础设施建设加快，到1995年，全市机动车达到55万辆(包括汽车、摩托车和轻便摩托车)，每年保持了每年5万～6万辆增速，到2000年，机动车总量达到105万辆(其中非郊区牌照64万辆)。公共汽(电)车1.16万辆，出租汽车3.5万辆。**这一阶段交通供应的最大特点是高强度的投入，快节奏的建设。**

2. **供需关系与问题分析**

这一时期交通供给方面，全市道路里程增加了40%，达到6 829 km，中心城区1 827 km，快速路47 km，郊区高速公路91 km。"九五"期间，公交线路增长了25%，达到2.32万公里，从1994年内环高架道路通车到1999年底，形成了"十字加环"的市区"申"字形快速高架道路网以及"三纵三横"主次干道的扩宽改建系统，南浦、杨浦大桥相继建成通车。轨道交通1号线(一期)建成通车，2号、3号线均已开工建设，沪嘉、沪宁、沪杭高速公路相继开通。道路建设主要进展如图10-53所示。

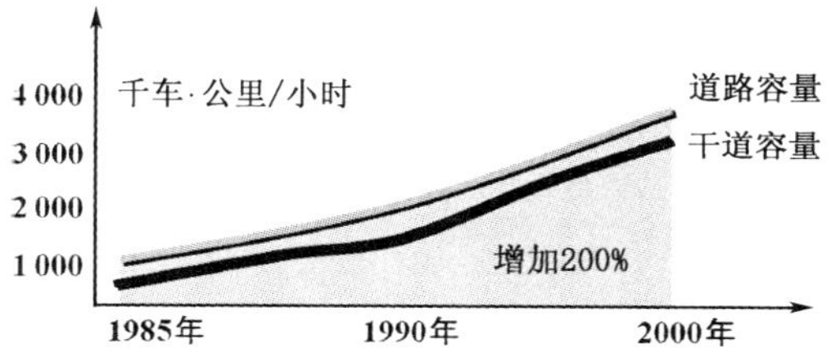

(a) 道路容量变化

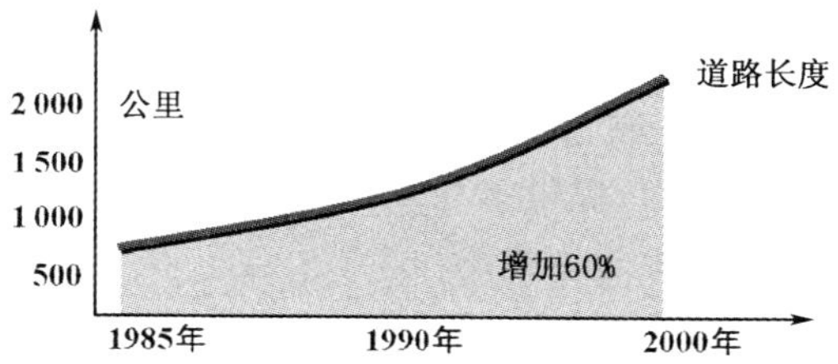

(b) 道路长度变化

图10-53 上海九十年代道路建设示意图

根据1995年上海市第二次综合交通调查[8]，个体机动交通进入迅速增长阶段，出行比例上升幅度加大(超过5%)，特别是市区和外围区机动出行(包括汽车与燃油助动车)比例上升加快；公共交通日均客运量维系1 000万乘次，由于1995年全市公交体制改革，分年度逐步取消月票补贴，曾经导致公交客流量下降，日均客运量只有800万乘次，出行比例下降至20%，使上海交通发展战略与道路交通面临严峻考验。尽管由于增大供给规模的力度，改善运营服务和管理水平(重点TDM管理)，中心区的地面道路的行程车速从12 km/h提高到15 km/h，但是，还有**四方面问题日益凸显**：一是交通体系的整合性不强，地面公共交通与个体交通(包括小汽车与燃油助动车)矛盾增多，轨道交通与地面公交、市域交通与对外交通缺少匹配与衔接；二是交通设施容量还难以适应需求增长，如轨道密度低、道路等级不完善；三是公交运行效率与服务水平不高、可靠性低，交通优势欠缺；四是机非干扰仍然十分严重，交通秩序与环境质量欠佳，"出行难、乘车难、停车难"三方面的问题依然存在。

3. **规划建设TDM策略**

基于90年代上海交通供需关系的变化特点，上海从上到下共同认识到交通发展先行的亘要定义，将交通规划的研究与城市总体规划编制同步互动开展，上海市第二轮完成的《上海综合交通规划(2000—2020)》[9],关注重大交通设施规划建设论证,关注重大交通项目建设与城市改造、规划调整的密切关系,包括高架快速路、高速公路规划和轨道交通 1 号、2 号线规划;还提出了与城乡一体、协调发展(多轴、多层、多核)空间结构相适应的“两网”(城市轨道网、高速公路网)、“两路”(高速公路、高速铁路)、“三港”(集装箱枢纽港、航空枢纽港、信息港)综合交通规划。这阶段采取的 TDM 策略有:

(1) 针对道路交通供需的矛盾,从两方面提出缓解交通拥堵、完善路网功能的综合性 TDM 策略:一方面是根据经济增长与小汽车进入家庭的发展趋势,上海从 1998 年开始实施针对桑塔纳的私车车牌竞拍限购政策(当时的私家车只有 8 760 辆),试图从小汽车快速增长的前期调剂好道路交通结构模式的转变;另一方面,根据市区高架快速干道建设发展中出现的需求急剧增长的事实,如内环高架 1994 年 12 月建成,双向 4 车道,设计通行能力5.9 万辆/日,第 2 年的 50%以上的路段流量就已经超过设计通行能力(超过 6 万辆/日);又如南北高架双向 6 车道设计通行能力 8.3 万辆/日,1995 年 12 月通车,1 年半以后,主线平均路段流量也已超过设计通行能力,达到 10.4 万辆。不得已采取标线重新漆划,增设车道的交通组织方案,以及高峰期间限制外地牌照驶入限行措施,同时积极筹划轨道交通建设的前期准备方案论证。

(2) 交通设施供给由偿还“历史欠账”转向“快节奏建设与高强度投入”,大幅提高中心城不同层次的道路容量,规划建设 3 条快速环线、10 条放射线,总长约 308 km 的快速路网,以及平衡不同区域的停车泊位供给。另外,为大力发展轨道交通,编制了以市域级(R 线)、市区级(M 线)和区域级(L 线)3 个层次为基础的轨道交通主骨架。提出改善地面公交,建设公交枢纽,提供多功能不同档次的公交服务;控制出租汽车规模总量,提升轮渡功能等多模式体系等规划策略。

(3) 重视高强度投入与交通基础设施扩容建设相适应的投融资机制的形成,改变了传统的交通设施投资纯粹依靠政府财政拨款的机制,十年间逐步形成从“举债机制”到“土地批租”直至“资产运作”的投融资渠道,建立了“政府引导、社会参与、市场运作”的投融资体制新格局。90 年代初,政府每年只有 19 亿元的财政拨款,到 90 年代末,上海累计基础设施投资达到 3 650 亿元,占了前 50 年总投资的 90%。早在 1992 年,上海就组建了国内第一家城市建设投资开发总公司,成为“申城”大手笔建设“埋单”的“粮草官”,从此建立了城市交通建设投资主体多元化、融资方式多元化、运作方式市场化的新体制。

(4) 针对 90 年代交通体系发展尚存在的几个方面的问题,特别是由于干道系统扩容面临的汽车交通快速增长的挑战,21 世纪到来之前,上海开始编制“上海城市交通白皮书”的工作。市政府邀请了英国、法国等著名国外咨询公司(例如 SYSTRA 公司和 MVA 公司)进行了为期半年的技术咨询工作。与借鉴“外脑”经验与智慧,凝练其对上海交通供需关系及其可持续发展的模式选择与政策的真知灼见,国外咨询公司为政府提供的文件中都反复阐明了如下内容[10]:

① 从国际经验出发,一个成功与有效的城市交通体系不能仅靠私人机动车交通模式的使用,而那些最有活力的城市都采用了全面的发展策略,公共交通就是其中最关键的组成部分,特别在密集的大城市发展中扮演了最重要的角色。上海一直以来作为一个高密度发展的城市,毫无疑问,以道路与轨道网为基础的公共交通将成为最重要的机动化模式。另外,还深刻认识到,调整和重组城市的布局形态是改善与缓解城市中心区交通紧张的重要途径,

城市形态向多心多核结构发展是大都市规划的方向。法国巴黎从20世纪五六十年代的高密度集中的单中心城市，通过沿塞勒河平行两条轴线发展的新城市规划，形成与用地规划相适应的城市轨道交通发展，是个典型的成功案例。建设一个可持续发展(环境维护良好)交通战略与政策，其基本的原理应该包括：综合性的土地使用、交通规划、环境规划三位一体；平衡的道路与轨道系统基础设施的发展；一体化的高容量、高质量的公共交通系统；实现多模式交通规划，并为都市门户和市中心提供无缝衔接；大规模使用交通智能、信息化技术；通过综合的定价政策实施交通运行需求管理。

② **一个平衡与互相补充的道路网和轨道网基础设施的建设发展是实现上海交通目标的关键**，公交系统作为道路和土地空间使用上最有效的方式，在上海交通系统中将起到越来越重要的作用：**到2020年，公交系统应成为城市交通系统中的中流砥柱。这一目标将通过对所有公交模式的系统化发展得以实现，其重点在于城市轨道网的发展。因为轨道是最适宜高容量出行提供服务的模式，并通过轨道换乘枢纽起到锚固城市发展的作用。**

③ 国外咨询专家为市领导起草的《上海市城市交通白皮书》的前言稿，一再阐明，勤劳、富有技能与进取心的上海市民，将是上海赶上并超过成本较高的老牌发达国家城市，甩下效率较低的新型发展国家城市的主人；尽管上海市域内只有28万辆私人小汽车(指2000年)，尽管很多人对拥有小汽车和使用小汽车自然也会有越来越高的向往，但是拥有和使用小汽车的人(需求)越多，小汽车出行带来的道路资源消耗及其与其他用户(主要指自行车)之间的冲突就越大，所需要建设道路的压力就愈大，即使像新加坡这样的城市(国家)，采用了严格控制车辆拥有和使用的政策，但是交通拥挤仍然严重；北京虽然建设了大大多于上海的道路面积，但是机动车交通拥挤却更加明显。显然，推进私人机动化初期会得到一些效率与方便性，但是不能接受其过度发展带来的严峻的负效应，特别是环境问题(排放与污染)。如果一个高出海平面之上只有近3 m的城市，不顾交通发展对局域和全球环境造成的影响，那是极不明智的。**上海有责任向全国和全世界展示，什么是真正的可持续发展的交通政策，上海又是如何在不采取严厉的限制手段的情况下，运用好这些政策。如果在21世纪的前几十年，上海能够建成为这样一个伟大的城市：商人希望前来从事商务活动，人们急于在此落户定居，每个人都能够选择良好的交通方式安全地到达要去的地方，上海有了富于人性的城市建筑与结构，又有了优良交通环境和自然生态环境，那么我们就成功了。**

上海市主管部门与交通规划、设计、管理专家在充分吸收国际先进理念和借鉴国外正反两方面经验的基础上，从上海实际出发，提出了构筑上海国际大都市一体化交通，建设国际一流的人性化、捷运化、信息化和生态化的巨型交通空间的发展战略目标，以此引领21世纪上海交通发展与建设。

10.4.1.3 21世纪前10年

1. 基本情况

进入21世纪，上海建成区面积超过800 km^2，2009年全市常住人口1 888万，人口分布呈现出从市区向郊区转移的趋势。人均GDP超过8 000美元(比90年代末的4 100美元增长一倍)上海步入了小汽车进入家庭的快速发展期。尽管对小汽车的拥有实施“牌照拍卖”计划的限制，仍然有了相当大的增长(年平均增长率超过5%)，到2010年，注册的机动车总量达到248.7万辆(同比增长2.2%)，其中汽车保有量170.7万辆，全市私人汽车上升到

101 万辆，同比增长 19.0%(表 10-12)，形势仍然严峻。

表 10-12　　上海注册机动车车型分类统计　　单位：万辆

年份	小客车	大客车	货车	其他汽车	汽车小计	摩托车	轻便摩托车	摩托车小计	其他	机动车合计
2008	104.6	4.7	21.3	4.9	135.5	6.7	90.9	97.6	1.3	234.4
2009	118.0	5.4	21.7	5.2	150.3	6.3	85.3	91.6	1.5	243.4
2010	135.5	6.3	23.1	5.8	170.7	5.8	70.6	76.4	1.6	248.7

这一时期，上海市综合交通体系发展建设取得了突破性进展，特别是“申博”(2010 上海世博会)成功，为推进多模式复合交通网络体系的构建提供了前所未有的机遇和条件；这一时期随着轨道交通客运基本网络与走廊形成，初步构建了以轨道交通为骨干的公共客运体系，全市公共交通出行比例达到 25%，中心城达到 35%。公共交通客运能力大为提高，2010 年全市公交客运量达到日均 1 623 万乘次，同比增长 13.5%，其中轨道交通日均客运量 516 万人次，占公交客运量的 32%，同比增长 42.9%(地面公交日均 769 万人次占 47%)。2010 年上海市、区两级财政为公交行业分别投入 33.9 亿元和 4.3 亿元，用于公交换乘的优惠、老年免费乘车以及车辆更新、冷线接驳等项目补贴。

2. 供需关系与问题分析

这一时期交通供给方面，道路设施建设力度进一步加大。至 2010 年末，全市公路和城市道路总里程 1.67 万公里，其中，公路通车里程近 1.2 万公里，比 2000 年增长 95%，高速公路通车里程达到 775 km，是 2000 年(98 km)的 7.8 倍。城市道路网络功能等级迅速提升，快速路、主干路基本成网。城市道路 4 713 km，同比增长 7.1%，全市道路面积达到 256.0 km^2，同比增长 4.2%。全市公共汽(电)车 1.6 万辆，比 2000 年增长近 40%；公交线路1 129条，比 2000 年增加了 492 条。轨道交通网络建设加快推进。2010 年 5 月，全市 11 条轨道交通线路投入运营，总里程 420 km，比 2 000 年(65 km)增长了 5 倍；车站 264 座，比 2000 年(48 座)增长了 4 倍多。以 600 m 车站服务半径计算，中心城范围内轨道交通车站覆盖 25%以上的土地面积，直接服务中心城 42%的人口和就业岗位。2010 年虹桥国际机场第二跑道及第二航站楼正式投入运营，至此，上海已拥有 2 个机场、4 座机场候机楼和 5 条跑道。铁路设施建设进入大发展时期。2010 年 3 月底，铁路运营里程 355 km，建设“2 主 3 辅”共 5 个铁路客运站。2010 年 7 月，虹桥火车站也已与沪宁城际铁路同步建成投用。

这一时期在上海市政府综合交通调查办公室的主持下，先后开展了第四次、第五次上海市综合交通调查[11]，根据 2009 年调查数据，全市常住人口出行率从 2004 年的 2.21 次提高到 2009 年的 2.23 次(中心城从 2.36 次提高到 2.37 次)。相应地，常住人口日均出行量达到 4 200 万人次)，值得注意的是交通结构上的两个新变化：一是 2009 年全市电(助)动车出行比例提高了 9.9%，达到 15.2%；个体机动方式(主要包括小客车、各类大客车、摩托车)提高 2.2%，达到 20%；公共交通(包括轨道交通、公共汽(电)车、出租汽车和轮渡)增长相对较慢，只提高了 0.6%，出行比例为 25.2%，见图 10-54[11]；二是随着轨道交通网络规模的扩大，多方式组合出行量(不计步行)已由 2004 年的 45 万人次/日增至 2009 年的近 122 万人次/日(2010 年已达 162 万人次/日)。组合类型更多地转向以轨道交通方式为主。沪宁、沪杭两条城际铁路开通后，日均新增 2 万～3 万客流，客流量达到 30 万人次/日。

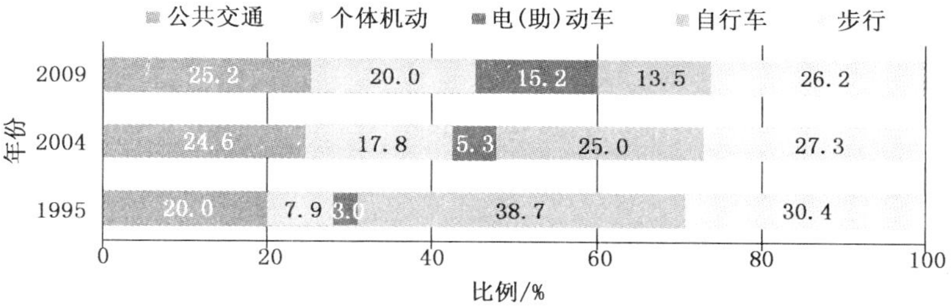

图 10-54　1995 年、2004 年和 2009 年全市人员全方式出行结构

这一时期复合交通体系建设整体构架上，还存在两方面的问题：一方面由于中心城疏解和郊区新城建设的协调未能同步，就业岗位仍然在中心城集聚，而人口已经向外围新城转移，而用地混合开发和配套设施未到位，导致人均单向通勤出行距离增大（10～13 km），交通潮汐现象仍比较严重；另一方面，交通结构模式的转变遇到了私人机动化新的挑战，即包括小汽车增长和超标助动车（电、燃油）的快速增长的双重挑战，道路交通的拥堵、混乱现象依然严峻存在。

3. **规划建设 TDM 策略**

这一时期规划建设的主要特点有：一是基于 2004 年、2009 年两次上海市综合交通调查成果，按照上海大都市的经济社会发展（四个中心）为指导，将综合交通规划的供需关系研究定位于长三角区域的范畴，将城市交通与对外区域的交通规划紧密结合；另外一个特点是，更加重视综合交通规划与城市总体规划修编的结合，并且先于城市总体规划修编，完成《上海综合交通发展战略研究（2006—2020）》，引导了城市空间和用地规划，指导了“十一五”各专项规划。

（1）2002 年，城市交通政策白皮书——《上海市城市交通白皮书》（以下简称《白皮书》）公开出版发行，总结了前 20 年上海交通发展的经验，延伸了 90 年代初第一轮《上海市综合交通规划》研究成果的方向，从交通发展战略、重大政策、设施建设与运行管理提出了更加明确和清晰的发展方向与实施策略。《白皮书》提出的建设一体化交通的理念与战略，实际上就是强调设施平衡、运行协调和管理的统一，“设施平衡”是指在平衡发展轨道交通和道路交通过程中，重视两个网络的协调匹配、互补共存，重视轨道交通车站换乘（多模式）和停车设施管理的建设。《白皮书》的编制由市政府最高层领导亲自主管，其编制过程前后历经 4 年，有国外知名咨询机构参与研究，为国内同类城市的政策规划提供了宝贵经验。

（2）《上海综合交通发展战略研究（2006—2020）》[12]提出了与上海实现“四个中心”目标，以及区域发展（长三角）相衔接的航、铁、公、水的综合交通发展的四大战略：①辐射全球的国际海空枢纽港战略，构筑资源高度集聚，服务功能健全，市场环境优良，物流服务高效，具有全球航运资源配置能力的海、空国际枢纽中心；②服务全国的公、铁网络均衡战略，建成与长三角世界级城市群核心城市地位相匹配，公路、铁路各自功能清晰，节点连通，线路复合，网络一体的快速交通体系；③畅达全市的集约交通优先战略；全面贯彻落实公交优先战略，建成设施结构完善、网络布局合理、各种方式衔接紧密、服务高质多样、畅达全市的集约型城市交通体系；④全面和谐的综合交通整合战略；建成与区域发展、土地利用、经济增长和资源环境动态协调，各类交通设施平衡发展，各种运输系统协调服务，各个职能部门统一管理的综合交通体系。该项战略规划先于城市总体规划修编，规划的范围突破城市交通，将长三角乃至全球范围纳入，是第一次真正意义上的基于区域多模式交通供需关系的规划研究。

(3) 基于交通优先的新城规划 TDM 发展策略。在上海城市规划与建设中，实现中心城功能优化与有机疏散、沿区域性交通轴线培育城镇节点，促进多中心城市空间结构目标的指导下，对于上海郊区新城的发展规划充分展现了交通体系与用地规划的 TDM 发展策略。在"十一五"规划中提出的市域"1966 城乡规划体系(即 1 个中心城、9 个新城、60 个左右新市镇、600 个左右的中心村)"基础上，结合浦东城市空间拓展和虹桥综合交通枢纽与虹桥商务区的辐射带动，成为"十二五"社会经济发展的两大空间引擎。按照创新驱动、转型发展的新理念，探索了新型城市化(包括中心城的结构调整优化和郊区新城发展规划)的多模式复合交通载体的结构、布局及其推进的建设策略。包括：如何形成高速公路、快速轨道与城际铁路构成的对外交通网络；新城内部交通设施科学规划，以及中心城的交通体系的结构优化；在新形势下如何提升"公交优先"为"公交优势"的水平，如何提高慢行交通(步行和自行车)的服务水平，以及"超标"助动车的治理。

10.4.2 基于 TDM 策略的上海交通规划建设重要事件演绎分析

10.4.2.1 20 世纪 90 年代开始的城市快速"申"字形高架道路建设

从 1991 年世界银行贷款一期(西北段 5.47 km)实施到 1999 年底东西高架道路(中段)通车，"申"字形高架道路网总长 51.8 km(其中内环高架 29.2 km)。90 年代"申"字形高架快速道路系统的建设，从供需关系的科学论证、规划设计方案的优化到投融资筹措，都有很值得总结的经验[13]：

(1) 内环快速交通系统(地处中心区与发展区的中间)是联系中心城内各个地区的重要纽带，以中山环路为基础，从中山北路向东，经黄兴路、宁国路，由杨浦大桥越江到浦东，从中山南一路，经南浦大桥越江到浦东，市区内全长 48 km(包括浦东段)。它建设的必要性来自于从 80 年代开始的综合交通规划计算机模拟计算的结论。从市内路网结构上看，尽管市区内的密度很高，但是缺少快速干道的集散及其对外交通的衔接，"出不去"、"进不来"是中心城区地面交通拥堵的写照。因此，如何利用旧城区改造的契机，通过适当的拓宽，采用"空中扩容"形成高架式的快速干道，是疏解城内地面交通拥堵的有力措施。内环高架系统的建成，将减少市区 35 万车公里的交通量(约占环内交通周转量 17%)。

(2) 内环快速交通系统是选择高架还是地面或地下的形式？两座越江工程的形式是"桥"还是"隧"？这是当时各路专家和主管部门争论的热点和难点。事实上，上海市区用地、建筑、人口的密集程度，靠地面的拆迁拓宽是不现实的(中山环路最后确定的红线全线为 35～40 m，匝道处调整为 51 m)，环线采用地下通道，从当时的经济实力和工程难度来看，几乎不大可能。而越江工程是桥还是隧，成为各种方案比较与争论不休的焦点。实际上，单从交通功能衔接、运行经济效率和城市景观上看，隧道越江方案有相当的优势，大桥方案净空要求高(48.5 m)，浦西交通衔接难度大，车辆运行的坡长能耗要大；但如果浦西采用高架形式，与大桥融为一体，有它一定的合理性。20 世纪 90 年代初，处在国家发展战略的"浦东新区开发开放"新形势下，上海大都市面临着改革开放伊始的第一个重大工程建设方案的抉择，中央及市府的高层审时度势作出了内环工程(包括南浦、杨浦大桥)全线(浦西)高架建设的决定，拉开了90年代上海“申”字形高架建设的序幕。高架系统的“空中扩容”既能解决中心城区长期困扰的干道功能不足的矛盾，充分发挥连续的汽车专用道“交通大动脉”的分流、集散、疏解功能(2001年1月“申”字形高架日吸引车流总量达到74.2万车次，高架日车公里已达到433万，比1998年底分别增长了17.6%和48.1%，占中心区出行车流总量40.6%)；另一方面高架系统(包括“杨浦”、“南浦”大桥)带动了大都市布局形态发展的新格局，对推进浦东的开发建设产生了巨大的推动作用(外部正效应)。诸多国际的投资者已经看好了内环高架对浦东开发的交通引导作用，出现了浦东开发进程中“土地批租”的热土效应。有关资料表明，随着上海浦东开发第一块土地批租的成功，上海在之后的几年间(80年代末～90年代中)就获得两个100亿的巨额投融资金(100亿人民币和100亿美元)，按当时美元兑换率，将近900亿～1 000亿人民币资金，为上海的交通设施建设获得了第一桶金(整个“申”字形高架系统建成共200多亿元)。看来，**在城市交通发展的道路上，除了规划和设计技术的先进，有时候更需要政治家从哲学高度作出权威正确的决策。**

10.4.2.2　上海城市交通白皮书(2002)

《上海市城市交通白皮书(2002)》[14]是基于90年代高强度投入、建设、交通设施规模扩大形势下，从理论上开展供需关系的研究和交通模型的测试分析，经过各个部门的反复讨论和专家的智慧形成的共识，回答了上海近期和长远如何落实交通发展战略的目标，回答了如何确保公共交通优先发展，如何控制小汽车的拥有和使用，如何平衡道路网络结构的建设，如何形成交通设施投融资的合理规模与新的机制等。核心内容包括“四大任务”，即建成协调运行的公共客运系统、建成功能完善的道路系统、多式联运的交通衔接、统一协调和高效的运输管理；“三大政策”即公共交通优先政策、区域差别化交通政策、道路车辆协调政策。从交通方式结构优化、从道路交通流量的调控体现了基于TDM的上海综合交通发展策略。《白皮书》明确提出了2020年公交方式比重全市35%，中心区达到50%的目标；提出了中心区依托大容量轨道网络为主的公共交通，控制个体机动交通，使公交方式与个体机动方式出行比例为3∶1，外围区为2∶1，郊区重点建设高速公路网，推进城市空间有序扩张，公交方式与个体机动方式为1∶1；提出了保持路、车协调发展，控制机动车总量，调控机动车流量，对机动车的增长速度进行动态调整，着重通过道路拥挤收费，停车控制等手段调节机动车的使用。《白皮书》从战略、设施、运行和管理四个层面提出了近、远结合的实施政策与行动计划，涉及道路设施、轨道设施、枢纽设施、停车设施、管理设施的实施原则与详细内容，涉及公共交通、个体机动交通、慢行交通、货运交通、安全与组织的运行服务的原则与操作内容，涉及规划与投资管理、客货运营管理、定价收费管理、交通环境管理以及管理体制与法制等原则和行动。

自2002年公布至今，上海市在小汽车规模控制、道路建设平衡发展、交通设施投资等方面，都基本坚持了《白皮书》提出的政策措施和管理目标。从实施效果来看，《白皮书》很大程度控制了小汽车规模有序增长，成为小汽车拥有额度限制的地方法规依据，成为上海从宏观控制到微观调节实施TDM策略的纲领性文件。《白皮书》的指导与引领作用巨大，10年来，情况发生了新的变化，上海政府主管部门与多方专家正在酝酿着《白皮书》的修编工作，包括白皮书前10年实施情况的全面评估，后10年复合交通网络的扩容规模、合理结构、重点建设导向，郊区新城和大型居住社区交通发展政策，推进轨道网络与市内公交、出租、慢行交通的整合，家用小汽车拥有、使用以及停车调控的新政策，“低排放、低污染、低消耗”

TDM 调控政策，以及信息化、智能化的交通推进等，预示着上海的交通体系正沿着健康与规范方向发展。

10.4.2.3 对小汽车拥有额度控制的政策导向

上海的汽车牌照拍卖有其渊源的历史原因。它始于 1986 年，因交通的急速发展带来的道路拥挤，一张私车牌照起拍价格通常在 10 万～30 万之间。1998 年初，上海推出针对桑塔纳型轿车的私牌两万元起拍；如果购买非沪产车(包括其他国产车和进口车)，仍需 10 万元起拍。2000 年 1 月开始，上海改为“国产生活用小客车上牌额度无底价竞购”，每月拍卖一次。该牌照适用于所有国产车，但对进口车仍然没有给予“国民待遇”(牌照另外拍卖，价格在 5 万左右)。直至 2003 年 3 月，上海主管部门宣布将国产车和进口车上牌额度合并拍卖，不再区分国产车和进口车。但合并拍卖也导致了牌照价格进一步上扬，2007 年 12 月份曾达到 56 042 元/车的高价，后因受到金融危机影响有所下调。然而进入 2009 年后，牌照价格继续稳步攀升，2009 年 8 月的均价回到 32 522 元/车，2011 年下半年，牌照均价返回至 50 000元/车以上(图 10-55)。

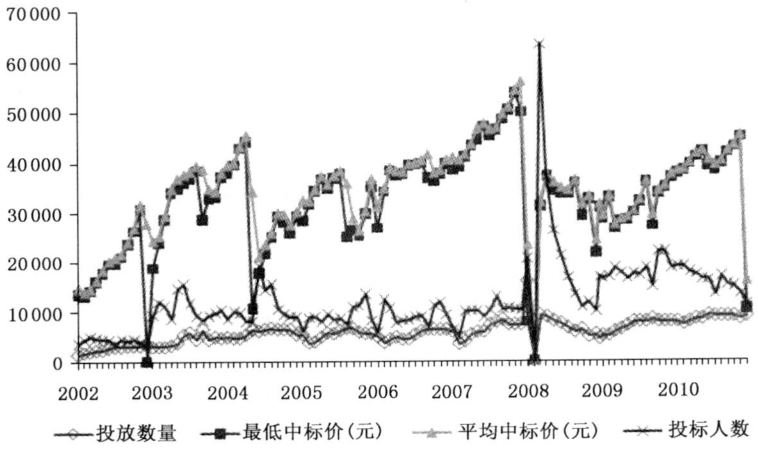

图 10-55 上海私人、私企客车额度投标历史记录

目前，上海的牌照拍卖仍按照“上海市私人、私企客车额度投标拍卖投标拍卖须知”进行，采取网上投标拍卖和电话投标拍卖两种方式，遵循价格优先、时间优先的原则。竞买人竞投的最终出价金额由高到低依次成交，最终出价金额相同的按投标拍卖服务器写入的时间先者成交。公告规定的投标拍卖时间截止后，在公证机关监督下由计算机按投标拍卖成交原则评判，当场公布投标拍卖成交结果和买受人名单及投标号。

发展小汽车交通需要有三个基本条件：首先是经济发展到一定水平，使普通百姓具备购买和使用小汽车的能力；其二是具有廉价的、符合购买能力的小汽车，经验值是一年的收入可以买得起一辆；其三是道路交通的承载能力和运行环境能够给予保障。对于上海来说，上述三个条件具备了一半，第一点基本具备，相当多的人具备了购买和使用小汽车的能力；第三点不够具备，道路容量有限，难以保障更多的人使用小汽车；我国创新型的质优廉价的自主品牌小汽车供应不足，所以第二点条件只具备一半。

关于“牌照拍卖”计划实施的争议，一般存在两种观点：一部分人认为，从扩大内需、促进国民经济继续保持平稳较快增长的大局出发，从有利于国家汽车工业长远发展的需要出发，从顺应和满足广大市民生活富裕起来之后想要提高生活质量的意愿来看，采取控制机动车总量，限制购买、限发车牌的办法是“不合适”的；而另一部分人认为，“牌照拍卖”制度是一种行之有效的 TDM 策略，如果在没有找到合适的替代方法前就贸然取消，被压抑的需求将会很快释放，私家车会出现井喷式增长，缓解上海交通状况的初衷就无法实现，城市道路交通将变得更加拥挤不堪。而且，**道路是一种准公共品，是具有排他性的，政府的主导作用就在于将占用道路资源高的私家车流量降下来，而这其中的代价就是开车的人需要付出更高的成本取得牌照**。私车牌照拍价太高是事实，这是由供求关系决定的，其中也不乏汽车经销商从中炒作，但大部分坐轨道和公交的人还是得到了实惠。高价位事实上也起到了平抑消费的作用。

事实上，上海采用的现行私车牌照拍卖方式，牌照是永久性的，拍卖制度虽然一定程度上控制了机动车的拥有量，但却不能实现长期控制机动车拥有总量的目的，按照目前每月竞拍 0.8 万～0.9 万张的额度，10 年后上海小汽车拥有量将再增 100 万辆(基本停车面积要增 30 km^2，约占上海内环的 1/3)，这样对现有的道路网络运行与停车泊位供给形成严峻的挑战。为此，上海的规划专家，包括主管部门，已经在酝酿提新的牌照额度控制方案，包括引入“限止年限的机动车牌照”方案，按车辆体积、排量和价格赋税方案，试图通过市场价格机制调节，形成弹性动态的机动车保有机制，抑制将牌照作为固定资本的投资行为，改变小汽车拥有的单边增长趋势，直至最终取消永久性牌照，逐步由市场定价平衡供需来调节新增机动车的总量，这一点值得借鉴新加坡的经验。

实践证明，通过“牌照拍卖”制度，上海每年的私家车拥有的增长得到了有序控制(年增长率在 5%～10%，图 10-56)，相比北京近几年的机动车总量高速增长(年增长 30 万～50 万辆)带来的交通拥堵、排放、能耗的显著影响，对于优化城市交通结构、推进公共交通“优势”发展要有力得多。

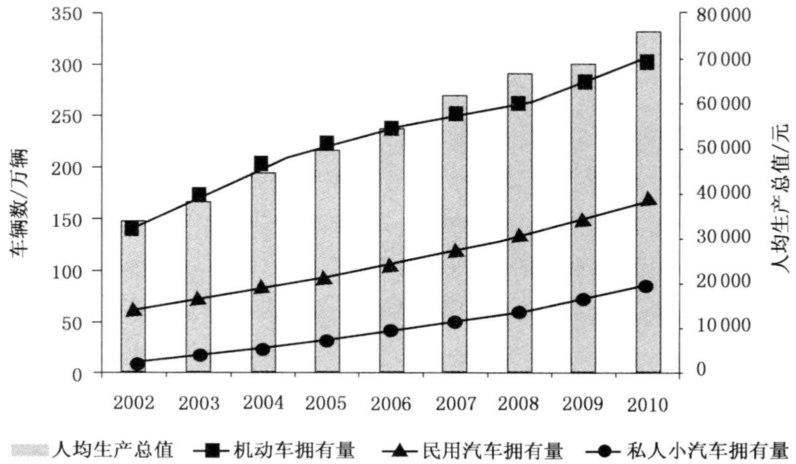

图 10-56　上海市人均生产总值与汽车拥有量指标

10.4.2.4　2010 世博会 TDM 的实践[15]

2010 年上海世博会自 5 月 1 日至 11 月 31 日，历时 184 天，客流规模累计 7 308 万人次，日均 39.7 万人次，其中 10 月 16 日(周六)客流最高达到 103.3 万人次。上海世博会总客流及单日客流量均创造了世博会历史记录(图 10-57)。

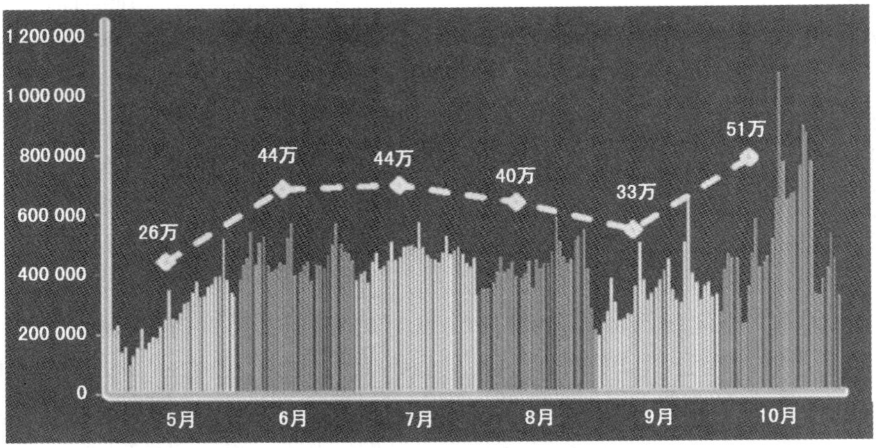

图 10-57　上海世博会客流月变情况

世博交通的 TDM 策略体现在设施供给、交通组织、管控政策、引导措施和信息服务诸方面。在总结历届世博城市交通经验与教训的基础上，进行了多项课题与实施方案的准备与研究，总的 TDM 导向策略是围绕三个方面[19]：一是多模式交通体系的转换与衔接，其重点是扩大与增强公共交通的组织发挥，特别是世博专线巴士、旅游巴士与公共交通的优先功能；二是在不同的区域实施差别化的交通组织与引导政策，以促进世博出行在时间、空间上的均衡分布，包括 P+R 枢纽、控制自驾车出入与停放，以及日常交通的错时、世博专用车道优先等；三是全方位的信息服务与多级平台指挥调度系统(市交通信息中心、园区运营指挥中心、对外交通调度中心)，实现对轨道交通客流、道路交通、公共交通、园区出入口排队以及园区内客流的发布信息。

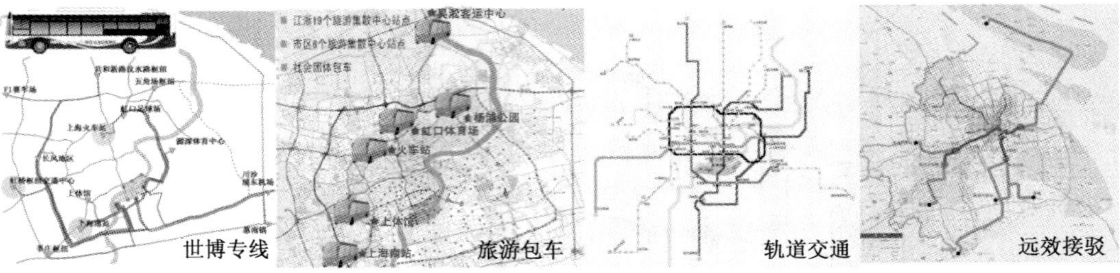

图 10-58　上海世博多模式交通体系

上海世博交通的“成功、精彩、难忘”，是我国政府主导举全国、全市之力的创举。世博交通的保障平稳有序，经受 24 次 50 万(连续多次 60 万以上)参观客流考验，经受 2010 年 10 月 16 日 103 万世博超大客流在上海中心区举办地的考验，以下几点值得总结。

1. 以大容量集约化交通为导向的基础设施建设

“十一五”期间，除道路交通基础设施以外，围绕世博会交通保障重点推进铁路、对外枢纽、城市轨道交通等功能性、枢纽性设施的建设，极大提高世博会期间交通保障能力。将近8年努力，以世博阶段为目标的上海轨道网络建设取得了举世瞩目的成就，突出表现在三方面：

(1) 建设规模与速度空前增长。从1990年1月地铁1号线开工至2000年，前10年建成62.8 km(3条线，48个车站)，至2010年达到420 km(11条线，283个车站)。后10年增加350 km，世博期间高峰客流的考验，世博后运行统计的结果(世博期间全网轨道日均客流568万人次/日，世博184天中轨道交通分担公共交通客流总量的40.7%)。

(2) 努力提高轨道交通网络化建设水平。上海地铁1号线，建设周期5.25年，地铁2号线3.75年，如此达到20条线802 km规模，按传统单线建设模式，要100年的漫长历史[18]。上海规划建设提出了由"线"到"网"的公交模式突破，重点主攻轨道"基本网络"的形成，强调网络在规划上超前、统筹布局，处理好单线与网络关系；强调资源上整合利用，形成共享，包括线路与节点的土地、空间(包括建筑空间，环境设备)的节约(集约配置，包括集中供电，13条线110 V变电站由30座改为19座)、车辆基地(由一"线"一"段"建设，改为6座车辆段和15个停车场)以及监控中心，通风空调，售检票，通道，消防报警等。

(3) 深化研究轨道网络化建设的方案，整合更大规模的融资平台，实施政府主导的建设的调配与管理。其中包括网络客流与建设规模的调整论证，包括上海轨道形式选择与地铁"浅埋为主"的论证，包括服务世博园区的轨道线路(5条世博线)、车站(12座)承载能力与实施方案论证；包括世博轨道交通列车投入(400列/2 500辆)和运营组织方案的适应性评估。

2. 以公共交通为导向的交通组织方案及配套政策

(1) 建立多样化的公共交通运输服务：积极引导游客使用轨道交通；发挥地面公交和团体包车的基础作用；完善辅助公交的补充作用；园内提供多样化的公共交通服务。

(2) 实行区域差别化的道路交通管理：将全市划分为管控区(围栏区外500 m)、缓冲区(中环以内)、引导区(中环以外)3个管理圈层，实施不同的交通组织引导政策。管控区重点强化边界管理，保障入场有序；缓冲区重点保障集约化车辆(包括公交车辆和团体大巴车辆)的抵园需求；引导区重点提高入沪道口安检通行能力，并引导世博自驾车游客向公交转换。

(3) 交通组织的需求管理政策：世博期间采取适当的交通管控措施，一是车辆管理，世博园区周边道路全日禁止摩托车通行，封存部分公车；二是施工区域管控，设置施工管制区域和限制占路施工；三是交通定价管理，对世博专线票价和远郊P&R停放实施优惠；四是储备政策，为应对可能出现的大客流储备尾号限行和集中休假等需求管理政策。

3. 以信息化为基础的出行诱导和管理

以整体交通信息化环境为基础，由交通综合信息平台、世博交通信息服务应用平台、世博园区交通信息子系统三大板块组成。通过信息采集和处理分析，及时向社会和管理部门提供信息服务。

4. 以新能源、新技术为导向的尾气减排控制

一是积极发展新能源车辆，世博会期间形成1 000辆新能源车的示范应用规模；二是逐步提高车辆排放标准，截至2010年底，上海市公交车辆欧Ⅱ普及率达到100%，国Ⅲ普及率达到35%。

世博交通的最大特点表现在：交通供给保障充分，全市交通运行平稳有序，全市的对外交通、市内公交等客流量较2009年及世博前有显著增长(世博高强度客流的叠加)的情况下，在充分调查研究和交通预测、供需协调和复合交通模式的建设、运行与管理一体化的政策机制下，2010 年上海的道路网、轨道网的交通保持了畅通运行。基于游客高峰出行的（工作日、周末、节假日时间与空间分布）客流与通勤交通的调控有力，世博的交通组织与全市的日常交通做到了平稳有序、运行畅通，原来规划好的 TDM 预案，如机动车单双号限行措施和世博专用道路，包括车道，都未践行）。

10.4.3　上海基于 TDM 交通规划实践的小结

10.4.3.1　基础调查工作成效(规范性、持续性、指导性)显著

上海市自 1981 年开展第一次居民出行调查以来，至今已进行过 5 次全市性的调查（表 10-13）。这 5 次调查获得的数据成果，在上海市城市交通规划、建设以及政策制定等方面均发挥了重要作用，上海也成为国内拥有交通调查数据最丰富、历史调查数据延续性最完备的城市之一[11]。

其中，第五次居民出行调查在 2009 年 9 月实施，经过一年左右的数据处理和校验，样本覆盖了全市所有区县，与历次调查相比，郊区（尤其是郊区新城）的抽样比例显著提高，样本分布在空间上更加均匀。调查内容、主要指标方面，注意到历次数据的可比性、持续性，并对部分指标进行了改进，反映了时代变化特征和满足交通模型技术开发需要。例如，为了反映小客车在家庭中的使用特征，将原交通方式中的小客车方式分解为驾驶小客车和乘坐小客车两项；再如，为了更好地反映出行链的活动特征，增加了轨道交通方式出行中轨道交通车站起讫点及前后交通接驳情况的调查内容，同时增加了有关世博参观意愿的调查内容等。

表 10-13　　上海市 5 次居民出行调查情况

年　份	调查范围/km²	常住人口/万人	调查人数/万人	抽样率/%
1981	230(市区)	627	21	3
1986	6 180(市域)	1 232	24	2
1995	6 340(市域)	1 415	13	1
2004	6 340(市域)	1 710	9	0.5
2009	6 340(市域)	1 888	15	0.8

上海市历次居民出行调查比较全面反映了当时上海城市交通的需求状况，为建立和更新交通模型提供了重要参数，为交通政策制定提供了重要依据。上海市城市综合交通规划研究所也在此基础上形成了一系列规划、咨询成果，如编制完成了两轮《上海市城市综合交通规划》、国内第一本《上海市城市交通白皮书》以及《上海城市交通发展战略》等。在 2010 年上海世博会交通规划和管理中，上海市第五次居民出行调查成果已经得到应用，并正在上海市“十二五”综合交通规划等项目研究中发挥积极作用。

目前，国家提出了建设“智慧城市”的发展目标，其中，上海专家提出的构建“智慧型”交通体系是“智慧城市”的重要组成部分。如何充分利用上海市 30 年来积累的 5 次居民出行调查成果以及自 1995 年以来形成的每年一次的居民出行小样本调查，从中挖掘更多有价值、有意义的潜在特征与线索，将为规划建设“智慧型”交通发挥更大的作用。

10.4.3.2　政府主导与专家的智慧结合

上海市“智慧型”交通体系的构建与 TDM 策略的顺利实施，离不开政府的主导与专家

智慧的结合，表现在：

（1）政府的高度关注及强有力的主导是确保重要规划与重大项目正确决策与实施的关键。上海市历届政府对城市的交通发展规划建设都给予了高度关注和有力的支持。从1992年倪天增副市长亲自倡导和组织的《上海市综合交通规划》到2002年公布的市政府组织编制（历经4年）的《上海市城市交通白皮书》，无一不倾注了政府的支持与专家的心血。上海市"牌照拍卖"计划的实施降低了城市交通拥堵蔓延的脚步；"申"字形高架的建立成为上海经济繁荣的主要推动力……这些决策的重大成功，无一不体现了政府的导向与专家的智慧。政府的主导与正确的决策导向是上海能够顺利实施各种TDM策略的关键，这也体现出我国社会制度保障下城市交通规划建设的优势所在。世界上诸多大城市都还很少有上海这样强有力的政府来主导与支持城市建设。如前所述（第1.1.3节）洛杉矶市大都市区，有100个城市组成，这样大的城市交通组织和规划如果让100个小城市各自为政去搞是不行的，而洛杉矶地区正是缺少一个强有力的大都市政府来对地区的交通进行统一的规划与管理，从而导致包括交通、人口就业的安置等众多城市问题经常处于难于管控的局面[17]。

（2）政府制定了可持续的、透明的投融资机制，是交通重大项目顺利实施的保证。政府的投资导向在城市重大项目决策中发挥重要的作用。例如上海内环高架、虹桥枢纽、越江工程、机场等重大项目资金筹措都是在政府的支持下，通过投融资体系，引进资本运作的政策机制，吸引国内外资金参与而顺利完成的。政府的投资导向决定了城市的发展重点。以交通白皮书作为推进上海城市交通科学发展的纲领，上海轨道网络建设的历程和持续高强度的投入，是一个生动的成功的案例。

（3）中央政府的职责。世界银行提出，中央政府可从城市交通政策导向、公交发展支持、最佳实践奖励、交通绩效标杆与评估系统、交通投融资改革以及城市交通示范项目等方面发挥作用。具体而言，中央政府应在政策导向和奖励先进实践方面发挥更大的作用，通过对城市政府的激励，使城市与国家的长期利益在地方决策过程中得到考虑[16]。在建立激励机制时，中央政府可以考虑制定城市交通绩效标准和评估系统，以监督、奖励地方城市交通的发展。

（4）与专家智慧的结合。专家的智慧体现在重大决策项目的前期研究和方案设计论证上，为政府的决策作重要的参谋和有力的支持。上海重大项目的规划设计（包括建设施工、可行性评估）都经过了各方专家的全面论证才确保了实施的顺利与成功。《白皮书》的编制过程也体现了和国内外专家结合并引进国际先进的规划设计理念、建设经验和案例的成果。

10.4.3.3　基于TDM"智慧型"复合交通网络的规划建设理念

如前所述，经过30年来上海交通规划与建设的发展历程，到2010年逐步形成了初具规模的"两个网络"的复合交通体系：一个是包括790 km的高速公路和202 km的快速道路的16 000 km的道路网络。道路网的密度达到5.0 km/km²，道路面积率达到11%，道路人均占有率达到6.9 m²；另一个网络是包括420 km和283个车站的11条线路的轨道基本网络，轨道车站的服务覆盖45%以上城市居民。"十二五"规划期间，上海提出了再建两个"200 km网络"工程。包括再建200 km的地铁和城际铁路以及200 km的高速公路和快速道路。届时，轨道交通达到650 km，将连接城市每个区域；高速公路和快速道路网络总里程将达到1 200 km。新的复合交通网络将在2015年达到一个新水平，提出的目标是：中心城内全方式平均出行时间不超过45 min；郊区新城到市中心区出行平均时间不超过60 min；本市到长三角核心地区主要城市出行平均时间不超过 90 min 的交通通行格局。

多模式复合网络是由道路网、轨道网、公交网及网络之间的换乘节点共同组成。从网络上看，轨道交通线网将作为上海“智慧型”交通体系的主体，常规公交发展应该更可靠和更具吸引力，并将接驳轨道交通站点为重点内容，使得出行者更愿意放弃私人出行工具而转向公共交通出行。节点是复合交通体系构建的重要组成，是多模式交通方式转换场所。要尽量减少换乘次数以及在换乘点的时间损失，确保站点在网络中更方便和安全换乘。多模式复合网络是一个开放的、复杂的系统，不同于单一的道路网络，涉及多样化居民出行选择、政策导向、环境生态；紧凑型用地发展与多模式交通的协调；等等。“两个网络”是上海“智慧城市”建设的基础，也是“智慧型”交通体系构建的有机组成。所谓“智慧型”交通体系的内涵，就是指客货出行体现“惠及人的智慧和赋予物的智能”，是指睿智地规划与使用土地与交通设施资源，规范有序地组织与引导各类出行方式，推进多模式交通运行的信息化与智能化，以保证城市交通高效、安全、舒适和低碳的可持续目标。

英国学者 J. M. 汤姆逊 20 世纪 80 年代初对世界上 30 大城市的调研基础上，揭示了城市交通“两个网络”的内涵和发展规律。他指出[17]：在市中心强大的城市里，不可能允许所有的人都坐私人小汽车去市中心的，它只能允许一小部分人采取小汽车方式去市中心。解决交通问题的根本办法在于搞好公共交通，使它能吸引相当多的拥有私人小汽车的人来乘公共交通，从而较少道路拥塞。许多城市都想在这两种战略(充分发展小汽车与保持市中心强大的战略)之中寻求一种折衷的战略，即既保持市中心的优点，又能较自由地使用私人小汽车。这种战略的关键在于能否吸引相当一部分小汽车拥有者乘坐公共交通来市中心上班或者进行其他活动；同时又能使私人小汽车保持适当的方便程度。遗憾的是，至今还没有一个城市达到过“这种局面”。学者提出的“这种局面”正是上海当下构建“智慧型”复合交通网络的目标之一，从 TDM 出发，其关键有两点，一是要有两个网络匹配的供给系统，二是离不开有效的政策导向。实际上，这是一个在战略和规划层面的供需平衡问题。离开了“两个网络”规划建设的供给容量的合理匹配，公交与小汽车的需求规模分配无从谈起；离开了交通管理政策(经济杠杆和限行措施)的支持，“两个网络”的供需平衡难以保障。复合交通网(轨道网和道路网)具有的“蓄水池效应”功能图(见第 1. 1. 3 节)清楚地表明了这种关系。全方式的客流需求就像水池中的水，在一定的条件下通过杠杆的“通道”在两种方式服务的体系中流动，当一种方式提供了更好的交通服务(设施供给和出行效用)时，“蓄水池”就会向这种服务方式注入更多的客流，而另一种方式的服务能力和水平也因为客流减少而相应提高，汤姆逊提到的“折衷战略”由此体现。因此，上海的规划设计专家睿智地提出了“包容增长”的理念，即公共交通与小汽车交通发展的规模与结构，不宜过分强调它们之间的竞争替演，而应更重视社会经济环境改善的条件下，不同出行者人群以“效用最大化”选择出行方式的意向，应该关注两种方式之间的互补平衡、包容增长，以适应多样化出行方式的需求。

上海市结合“智慧城市”建设进程，复合交通体系的规划与建设正向“智慧型”演绎，表现在：

(1) 坚持以“方便大众出行”来演绎城市交通发展理念。方便大众出行，即以“惠及大众，人文关怀”诠释城市发展理念，为大多数人出行提供最为方便的交通服务。从上海都市交通白皮书的提出到第二发展阶段的结束，“以人为本”的理念贯穿在整个交通系统系统的建设和运营中。特别是上海世博会期间，提出城市的发展不是一味追求经济高度发达，而是以改善民生、服务民生为宗旨，世博会的交通为 7 000 多万人提供了优质的交通服务，以实际行动印证了世博会的主题——“城市，让生活更美好”。

(2) 坚持以“低排放、低污染、低消耗”作为的“智慧型”作为复合交通体系建设目标。从《白皮书》到新一轮的交通规划战略的指引(2006—2020)，面对全球污染加剧、能源短缺的背景下，上海的复合交通体系发展面临着新的挑战。“智慧型”交通体系应该具备“低碳”交通的特点。低碳交通的核心问题是：①如何提高现有的机动车交通运输方式能源消耗的效率；②如何改变运输行业的能源消耗的结构，即采用新的能源与机动车动力，逐步替代传统的碳氢燃料的消耗模式；③从低碳城市构建的根本目标出发，如何优化城市交通运输体系的发展方式是实现低碳交通的关键，采用以公共交通运输模式来替代传统意义上的小汽车客运交通模式，减少对碳氢燃料为动力的交通运输方式的依赖。

根据各种交通方式在能耗、排放、污染等方面的比较，上海发展以公共交通主导的多模式交通体系，转变人们的出行方式，提倡公共交通出行能够体现“低碳交通”的特点。小汽车具有人均最高排放量，因此，通过制定交通政策与 TDM 调控手段，认真贯彻“摆脱对小汽车的依赖”行动计划。

(3) 坚持公交优先与慢行保障方向不容动摇。30 年来上海的发展经验坚定了城市交通要坚持公交优先与慢行保障方向不动摇，这个观点已经深深扎根于上海政府、专家与百姓的心中。面临上海交通“十二五”规划的发展与远景“5050”目标(公共交通出行量占市民使用交通工具出行的比重达到 50%，轨道交通客运量占公交客运量比重达到 50%)的实现，2011 年，上海出台的《上海市公共汽车和电车客运管理条例》(简称《条例》)正式实施，政府和经营者承担了更高更细的责任。《条例》规定，市、区、县政府应当按照城乡一体化要求，对公共汽车和电车客运在资金投入、规划用地、设施建设、场站维护和道路通行能力等方面给予扶持，并形成合理的价格机制。明确各级政府对公共汽车和电车客运的资金投入应当纳入公共财政预算体系，其中包括新县开辟、站场建设、车辆更新的各种补贴，还包括公交服务的职工的工资增长、企业发展的补贴机制。同时，慢行交通建设在城市发展中占有越来越重要的地位。打造宜人的慢行空间，发展自行车换乘轨道交通(Bike & Ride, B&R)模式，改善外围区和郊区的轨道交通车站自行车停放条件；改善自行车交通出行条件，在中心城积极实施机非分离，完善自行车专用车道系统；进一步推广公共自行车系统；加快淘汰燃气助动车，继续加强对超标电动自行车的管理等慢行交通措施，是上海市慢行交通建设的重点内容。

(4) 坚持更加睿智地使用土地与交通资源。多模式复合交通网络的构建是今后世界大城市交通建设的主流趋势，上海构建“轨道网＋道路网”两个网络的进程正是体现了交通发展的这种趋势。出行者在复合网络中将面对多种出行选择。出行者可以根据各方式的出行效用来选择出行模式，并可以在节点进行出行模式的改变。因此，网络的科学规划及节点的精细设计是引导出行者选择，聪明的使用交通资源主要内容。同时，改变土地利用格局，改变面向机动化的汽车交通规划模式，从土地利用规划的源头上实现“智慧型”交通体系的低碳要求也具有重要的意义。它包括对城市规划布局与交通规划的进行一体化整合，优化土地、建筑、设施资源的合理配置等方面。

(5) 坚持“信息化、网络化、智能化”城市交通运行管理策略。上海市的交通信息化建设取得了较大成绩：建立城市道路监控系统，实现中心区地面道路和高架、桥梁和隧道等快速网监控系统的功能整合；建立公交查询系统和站牌信息显示系统，提供公交运行的时间可靠性；建立市内泊车信息系统，向道路信息公告牌以及其他信息载体发布泊车引导信息，实现市内泊车的有效管理和充分利用等。

上海市的智能交通系统的构建告诉我们，交通系统完善、先进的运行管理机制是交通需求管理的有力手段之一。**通过“信息化、网络化、智能化”的管理手段，将加强各种交通方式线站建设、运行管理、信息发布等多方面的协同合作，实现多模式交通的资源共享；将继续推进区域内外交通运行信息兼容与诱导控制一体化建设，推进大城市拥堵地区交通综合整治常态化、规范化、精细化建设。**

思考题

1. 从长沙五一大道交通整治、疏导的案例，可以归纳出一般道路交通改善优化的 TDM 包括哪几方面的措施与对策，试结合你参加过的交通改善项目进行说明。
2. 芜湖的世行贷款项目为什么将三条道路（九华中路、戈江路、三环路）作为一条走廊带建设统盘考虑？请从 TDM 观念分析采用方案六（同时建设），以及按近、远结合的适度供给（建设规模如表 10-2 所示）是科学的、可持续的。
3. 什么是基于 SID 的轨道车站综合开发？以长沙南站枢纽为例说明在用地规划阶段如何从供需均衡关系出发，实现用地与交通的互动式规划。
4. 试以上海、北京近 20 年来交通发展的历史回顾，对比两个城市在交通体系规划、小汽车拥有与使用、公交系统发展政策、慢行交通保障等方面采取的政策、投入、交通状况分析、阐明我国大城市交通可持续发展的基本观点。
5. 为什么说上海交通发展规划从 30 年前的认识“人均占有道路面积（2.29 m^2）极少”这一基本事实出发是正确的？为什么说从四种交通方式占路比（公交 1/自行车 5/小汽车 13～25/步行 3）制定“优先发展公共交通是解决上海城市交通唯一可行途径”？为什么说从“三低目标”（低排放、低污染、低能耗）原则制定“智慧型”复合交通体系构建目标，是上海大城市交通可持续发展的正确选择？

主要参考文献

[1] 同济大学交通学院. 长沙市 2008 年城市道路交通整治方案[R]. 上海：同济大学，2008.

[2] 芜湖市建设局. 芜湖市世行贷款项目可研阶段——交通模型设计与预测[R]. 上海：同济大学交通运输工程学院，2009.

[3] 芜湖市规划局. 芜湖市城市综合交通规划（2008—2020）修编[R]. 芜湖市城市规划设计院，上海同济城市规划设计研究院，同济大学交通运输工程学院，2007.

[4] 芜湖市建设委员会. 芜湖市城市城镇体系规划，中心城区总体规划（2008—2030）[R]. 芜湖市城市规划设计院，同济大学交通运输工程学院，2008.

[5] 长沙市交通局，长沙市规划局. 长沙汽车南站综合枢纽交通总体规划方案研究[R]. 同济大学交通学院，2011.

[6] 长沙市交通局. 长沙汽车南站综合交通枢纽工程概念性方案设计[R]. 长沙：长沙市交通局，2011.

[7] 上海市城市综合交通规划研究所. 上海市综合交通规划[R]. 上海：上海市城市综合交通规划研究所，1992.

[8] 上海市城市综合交通规划研究所. 上海市第二次综合交通调查[R]. 上海：上海市城市综合交通规划

研究所,1997.
[9] 薛美根,顾煜.上海市30年综合交通规划与实践[J].城市交通,2011,3.
[10] SYSTRA,MVA.上海城市交通政策和规划——白皮书初稿[R].上海:上海市发展计划委员会,2001.
[11] 陆锡明,顾啸涛.上海市第五次居民出行调查与交通特征研究[J].城市交通,2011,9.
[12] 上海市城市综合交通规划研究所.上海综合交通发展战略研究(2006—2020)[R].上海:上海市城市综合交通规划研究所,2006.
[13] 晏克非等.上海市高架系统缓解堵塞、完善功能、提高效益综合研究[R].上海:同济大学等,2000.
[14] 上海市人民政府.上海市城市交通白皮书[M].上海:上海人民出版社,2002.
[15] 陆锡明,陈必壮,朱洪.世博集约交通[M].北京:中国建筑工业出版社,2010.
[16] 刘志.城市交通基础设施投融资[J].城市交通,2011,9.
[17] 汤姆逊J M.城市布局与交通规划[M].北京:中国建筑工业出版社,1982.
[18] 朱沪生.从零到四百二十公里的点迹[R].上海:上海申通地铁集团有限公司,2010.
[19] 同济大学.2010年上海世博交通体系规划方案[R].上海:同济大学,2005.